D1675253

Der Kölner Dom

Harald Friese

Der Kölner Dom

© Komet Verlag GmbH, Köln

Realisierung:
Thema media GmbH, München
unter Mitarbeit von
Michaela Dietrich (Redaktion)
Thomas Piller (Layout)

Gesamtherstellung: Komet Verlag GmbH, Köln
Alle Rechte vorbehalten
ISBN 3-89836-268-X

www.komet-verlag.de

Inhalt

Allgemeine Hinweise

Literaturhinweise geben in der Regel nach dem Autorennamen die Seitenzahl des zitierten Werks an; bei mehreren Publikationen desselben Autors wird zusätzlich das Erscheinungsjahr genannt. Hat ein Autor in einem Jahr mehrere Arbeiten veröffentlicht, wird das zitierte Werk mit abgekürztem Titel angegeben, z. B. KAUFFMANN, Zur Frage.

Querverweise im Haupttext und in den Fußnoten beziehen sich auf andere Fußnoten bzw. Seitenzahlen.

Wiedergabe der **Inschriften** nach DENOEL, HELMKEN, PAUL CLEMEN und eigener Anschauung

Bei **Bild- und Wappenbeschreibungen** beziehen sich „links" und „rechts" immer auf den Blick des Betrachters. Die heraldischen Rechts- und Linksbegriffe (auch: „vorne" und „hinten"), die auf den Schildträger Bezug nehmen, werden nicht verwendet.

Wappenfarben werden wie folgt dargestellt:

Rot   Blau   Grün

Schwarz   Silber (bzw. Weiß)   Gold (bzw. Gelb)

Schild geteilt   Schild gespalten   Schild quadriert mit vier „Plätzen"   Schild mit Herzschild

Schildeshaupt   Sparren   Schild „geweckt"   Binde o. Balken

Bücher des Alten und Neuen Testaments werden wie folgt zitiert:

Apg	Apostelgeschichte des Lukas	Kön	1. u. 2. Buch von den Königen
Chr	1. u. 2. Buch der Chronik	Kor	1. u. 2. Brief des Paulus an die Korinther
Dan	Daniel	Lev	3. Buch Mose (Leviticus)
Deut	5. Buch Mose (Deuteronomium)	Lk	Evangelium nach Lukas
Eph	Brief des Paulus an die Epheser	Mk	Evangelium des Markus
Ex	2. Buch Mose (Exodus)	Mt	Evangelium des Matthäus
Ez	Ezechiel (Hesekiel)	Neh	Buch Nehemia
Gal	Brief des Paulus an die Galater	Num	4. Buch Mose (Numeri)
Gen	1. Buch Mose (Genesis)	Offb	Offenbarung (Apokalypse)
Hebr	Brief an die Hebräer	Ps	Psalm
Jer	Jeremia	Sam	Samuel
Jes	Jesaia	Sprüche	Sprüche Salomos
Joh	Evangelium des Johannes	Weisheit	Weisheit Salomos

Bibelzitate erfolgen, wenn nicht anders angegeben, nach der Lutherbibel der Preußischen Hauptbibelgesellschaft, Berlin 1929.

Sonstige Abkürzungen

AT, NT	Altes Testament, Neues Testament
Bf, Bm	Bischof, Bistum
dt., frz.	deutsch, französisch
Eb, Ebtm, ESt	Erzbischof, Erzbistum, Erzstift
Ft, Gf, Mgf, Hzg	Fürst, Graf, Markgraf, Herzog
Ftm, Gft, Mgft, Hztm, Hrft	Fürstentum, Grafschaft, Markgrafschaft, Herzogtum, Herrschaft
hl. bzw. hll.	heiliger, heilige bzw. Plural
KDb.	Kölner Domblatt
Kg, Kge, Kgn, Ks	König, Könige, Königin, Kaiser
LA, MA	Legenda Aurea, Mittelalter
RGM, WRM	Römisch-Germanisches-Museum, Wallraf-Richartz-Museum
röm.	römisch
[123], [.....]	Einfügungen des Autors in den laufenden Text eines Zitats

Was ist wo zu finden?

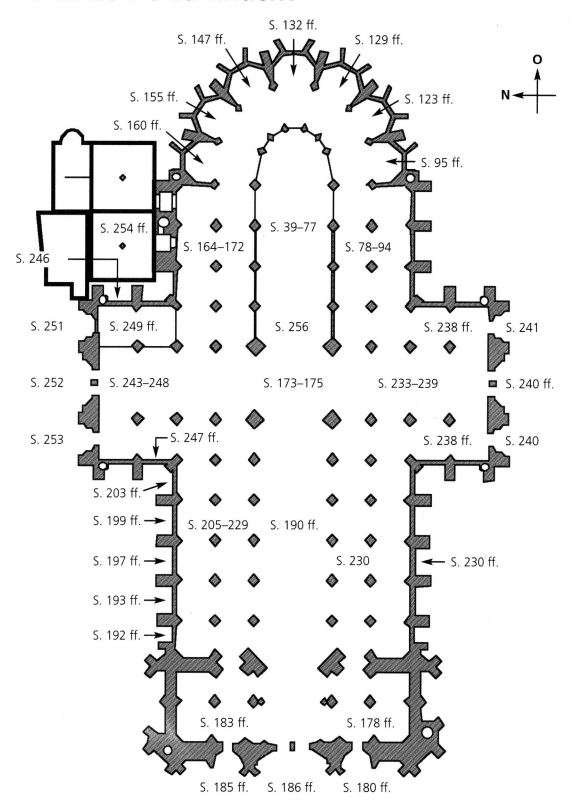

S. 132 ff.

S. 147 ff.

S. 129 ff.

S. 155 ff.

S. 123 ff.

S. 160 ff.

S. 95 ff.

S. 254 ff.

S. 39–77

S. 78–94

S. 164–172

S. 246

S. 251

S. 249 ff.

S. 256

S. 238 ff.

S. 241

S. 252

S. 243–248

S. 173–175

S. 233–239

S. 240 ff.

S. 253

S. 247 ff.

S. 238 ff.

S. 240

S. 203 ff.

S. 199 ff.

S. 205–229

S. 190 ff.

S. 197 ff.

S. 230

S. 230 ff.

S. 193 ff.

S. 192 ff.

S. 183 ff.

S. 178 ff.

S. 185 ff.

S. 186 ff.

S. 180 ff.

O

N

Vorwort

Beim Anblick des Doms, der sich – vom Verkehr des 21. Jahrhunderts umbrandet – unweit des Kölner Hauptbahnhofs majestätisch erhebt, hat sicherlich schon jeder Kölner und jeder Kölnbesucher einmal einen Moment lang gestutzt. Insbesondere wenn an einem schönen Spätnachmittag das Sonnenlicht die gewaltige Westfassade aufleuchten lässt, kann es dem Betrachter geschehen, dass sich bei ihm ein Gefühl des Unwirklichen einstellt. In Abwandlung eines Dichterworts kann man sagen: Je näher man hinblickt, um so ferner blickt der Dom zurück. Tatsächlich empfanden auch schon Menschen früherer Zeiten den Dom als außergewöhnlich. Der Dichter Heinrich Heine bezeichnete ihn als einen *„kolossalen Gesellen"*, der nächtens verteufelt schwarz emporrage; Rahel Varnhagen sprach von einem versteinerten Monument *„altfränkischer Tollheiten"*. Im 20. Jahrhundert nannte der Kunsthistoriker Hans Kauffmann den Dom ein *„Produkt stillestehender, angehaltener, sogar zurückgedrehter Zeit"*; die Westfassade, diese ungeheure Ansammlung vertikaler Linien, wirkte auf ihn wie *„ein ins Riesenhafte vergrößertes Modell"*. Mit einem eventuellen Gefühl des Befremdens beim Anblick des gewaltigen Doms befindet sich der Betrachter also nicht allein.

Ziel dieses Buchs ist es, dem Leser den Kölner Dom etwas vertrauter zu machen. Es soll vermitteln, dass dieser Bau zwar etwas von Menschen Geschaffenes ist, aber auch, dass das Ergebnis, wie wir es heute vor uns sehen, nur sehr bedingt immer so gewollt war. Denn die Arbeit an ihm und seine Ausstattung mit Kunstwerken und Objekten verschiedenster Art erstreckte sich über viele Jahrhunderte hinweg; auch wurde er im Lauf der Zeit von Gott, den Heiligen und den Menschen in Besitz genommen. Dabei mussten die nachfolgenden Generationen in der Regel den jeweils vorgefundenen Bestand berücksichtigen. Die Bauabsichten und gestalterischen Vorstellungen der Älteren gerieten aber naturgemäß in Vergessenheit, neue Formen und Vorstellungen der Jüngeren wurden dem Bauwerk häufig mutwillig, oft aber in der Meinung, den Willen der Vorväter zu vollstrecken, angetan.

Indem die Kölner Kathedrale alle diese Spuren in und an sich trägt, entwickelte sie sich zu einem bedeutenden Denkmal der westeuropäischen Kulturgeschichte. Sie war und ist ein geistiger Ort, der mit der geistlichen wie weltlichen Geschichte der Region, in der sie steht, eng verknüpft ist; dabei soll unter Region die alte Kulturlandschaft zwischen Nordfrankreich, dem Maas- und dem Rheinland verstanden sein. All dies zu erläutern und zu veranschaulichen, wird eine der Aufgaben dieses Buchs sein.

Bei der Beschreibung des gotischen Baus liegt der Akzent weniger auf der Bautechnik, als auf einer Darstellung der stilgeschichtlichen Zuordnung. Es folgt die Beschreibung der einzelnen Bauglieder des Doms und der Ausstattung in Form eines Rundgangs – bereits der Domführer des Matthias Joseph DeNoel aus dem Jahr 1834 war wie eine „Wanderung im Innern des Doms" angelegt. Im Mittelpunkt steht der Hochchor mit seiner reichen Ausstattung, gefolgt von dem Chorumgang mit den Chorkapellen, die – dem mittelalterlichen Pilgerweg folgend – von der Südseite bis zur Nordseite abgeschritten werden. Nach der noch dem Mittelalter geschuldeten Westfassade folgen Lang- und Querhaus sowie die Süd- und Nordfassade. Den Abschluss dieses Teils bildet eine Betrachtung der Umgebung des Doms.

Bei der Darstellung des Stoffs wurden die neueste Literatur sowie der jüngste Stand der Forschung berücksichtigt – der kurz referiert wird –, sodass auch neue Erkenntnisse hinsichtlich der Datierungen verschiedener Bauteile und Einzelkunstwerke Eingang fanden. Vergleichweise kurze

Kapitel sollen die Übersichtlichkeit erhöhen. Hinweise auf Bedeutungsinhalte von Bildnissen, auf Heiligenviten, auf historische Hintergründe, kontroverse Meinungen u. Ä. sowie auf zugrunde-liegende Literatur finden sich zumeist in den Fußnoten. Die Anmerkungen – eine Benutzung des Buchs ist auch ohne deren Lektüre möglich –, wie auch eine Liste der wichtigsten für dieses Buch ausgewerteten Literatur und ein ausführliches Register, befinden sich im Anhang.

Bei der Beschreibung der Ausstattung haben die mittelalterlichen Glasgemälde besondere Beachtung gefunden, denn sie spiegeln mehr als nur die vorherrschenden religiösen Tendenzen ihrer Epoche: Auch aufgrund der zeitbedingten Vorstellung von der Funktion des Lichts als Ausdruck der göttlichen Schöpfertätigkeit stellen sie einen wichtigen Teil des Sakralbaus dar. Sie sind ein integrierender Bestandteil und hauchen ihm Leben ein. Das Licht, das sie spenden, wurde im Mittelalter weniger als Beleuchtungslicht, sondern eher als „Eigenlicht", das Teil des göttlichen (Schöpfungs-)Lichts ist, verstanden. Eine detaillierte Beschreibung der Glasgemälde scheint allein aus diesem Grund notwendig. Doch gibt es einen weiteren Grund für diese Ausführlichkeit: Trotz ihrer hohen Bestimmung erfreuten sich diese Kunstwerke nicht einer kontinuierlichen, angemessenen Wertschätzung. Aufgrund ihrer Zweckgebundenheit ordnete man sie schon vor mehr als 200 Jahren der Sparte **Kunsthandwerk** zu, was um so unverständlicher ist, als Altar- und sonstige Tafelbilder zur (autonomen) **Bildenden Kunst** gezählt wurden (und werden) – trotz deren Zweckgebundenheit. Zwar hat man diese ungerechtfertigte Einstufung mittlerweile aufgegeben, aber wirklich bekannt sind die alten Glasgemälde des Kölner Doms keineswegs.

Den Ausgangspunkt der Fenster-Beschreibung bilden sowohl eigene Beobachtungen wie auch die angegebenen Publikationen, insbesondere der CVMA IV 1 (Rode: Die mittelalterlichen Glasmalereien des Kölner Domes[1], künftig nur CV). Die Bezeichnungen der Fenster(öffnungen) mit römischen Ziffern und Buchstaben entsprechen den 1972 revidierten internationalen Richtlinien der CVMA-Herausgeber, nicht der Schreibweise Rodes. In der Kölner Dombauverwaltung hat sich überdies der Brauch bewährt, die Fenster nach den Pfeilernummern zu bezeichnen. Um dem Leser das Auffinden der Fenster und anderer Ausstattungsteile zu erleichtern, befindet sich im Anhang eine Skizze mit den Pfeilerbezeichnungen und den Bezeichnungen der Fenster nach CVMA. Seit der Herausgabe des CVMA IV 1 im Jahr 1974 haben – bedingt durch den Wunsch nach einer Rückgängigmachung der zahlreichen nachmittelalterlichen Fensterumstellungen im Dom – einige Veränderungen in der Anordnung der Glasgemälde stattgefunden, die, ebenso wie die seitdem vorgenommenen Neudatierungen, berücksichtigt wurden.

Die von den älteren Kunsthistorikern Erwin Panofsky, Hans Sedlmayr und Otto v. Simson vorgenommenen Bewertungen des gotischen Kathedralbaus werden neuerdings stark relativiert. Dieser Aspekt soll zum Abschluss kurz berührt werden, ebenso die jüngere Gotikdebatte und die Würdigung des Kölner Doms innerhalb der Kunstgeschichte.

Dieses Buch ist trotz seines Umfangs kein Quellen- oder Inventarband. Als Übersicht über die Baugeschichte und das gesamte Inventar steht immer noch der von Paul Clemen 1937/38 herausgegebene – in Teilen allerdings überholte – Band „Der Dom zu Köln" zur Verfügung[2]. Ein vergleichbares Werk, das die zahlreichen durch den Zweiten Weltkrieg, aber auch durch die Weiterentwicklung der Forschung und die Erschließung neuer Quellen bedingten Änderungen berücksichtigt, steht noch aus. Es wird vielleicht auch nie erscheinen, denn der Zuwachs an Publikationen auf jedem dieser Gebiete ist so groß, dass ihre Zusammenstellung einen eigenen Band füllen würde.

1 Die tausend Jahre vor dem Dombau

Die Erhebung, die heute oft als **Domhügel** bezeichnet wird, war ursprünglich eine sich zum Rhein hin neigende schiefe Ebene, die ihren höchsten Punkt am westlichen Ende der heutigen Straße namens „Burgmauer" hatte. Im Norden begrenzte ein längs der heutigen „Trankgasse" fließender Bach das Gebiet. Den südlichen Abhang des Bachs und das Rheinufer, das noch viel näher lag, nutzten die Römer als Nord- und Ost-Limitation ihrer Stadtmauer. Somit befand sich die kleine Erhebung im äußersten Nordosten des unregelmäßigen Quadrats, das die Grundfläche der römischen Stadt bildete. Der Platz, an dem heute der Dom steht, war also keiner jener hochaufragenden Hügel, die so häufig einen Ort sakralen Geschehens darstellten; doch trotz seiner unbedeutenden Höhe, zog dieser Platz die Menschen magisch an und lud sie zu seiner Bebauung ein.

Spätestens nach der Mailänder Konvention der beiden römischen Kaiser Licinius und Konstantin vom Jahr 313 hat man wohl an dieser Stelle eine Kirche errichtet. Es ist dies die Zeit des ersten in Köln nachgewiesenen Bischofs, des heiligen Maternus. Dementsprechend könnte der Bau eine Bischofskirche gewesen sein. Sie wird vermutlich – entsprechend der in Köln üblichen Anlehnung an römische Vorbilder – die frühchristlichen Kirchen Roms mit nach Westen gerichtetem Chor nachgebildet haben, insbesondere (Alt-)St. Peter. Gesicherte archäologische Beweise für die Gestalt der Kirchenbauten auf dem Domhügel liegen erst für die Zeit ab der Wende vom fünften zum sechsten Jahrhundert vor.

Aus der Zeit zwischen 640 und 647 datiert eine Schenkungsurkunde des fränkischen Unterkönigs Sigibert III., in der die Kirche des heiligen Petrus (*ecclesia domni Petri*) in Köln genannt wird: damit wird das **Petruspatrozinium**, das heute noch besteht, erstmals erwähnt. Die Erhebung des Kölner Bistums zum Erzbistum durch Karl den Großen machte Köln zum Mittelpunkt einer Kirchenprovinz mit den Suffraganbistümern Utrecht und Lüttich. Nach der endgültigen Unterwerfung der heidnischen Sachsen kamen Münster, Osnabrück, Minden und (vorübergehend) Bremen hinzu. Damit hatte die Randlage Kölns an der Ostgrenze des fränkischen Reichs ein Ende. Hildebold, der erste Kölner Erzbischof, scheint die Kirche verschönert und erweitert zu haben. Gesichert ist, dass er vor 800 zwei Altäre mit metallenen Antependien, Verkleidungen, die mit der Schauseite zur Gemeinde zeigen, bekleiden ließ, und dass der gelehrte Alcuin die Weiheinschriften verfasst hatte. In der Mitte des 9. Jahrhunderts zerstörte ein Brand die inzwischen betagte Bischofskirche. Man begann mit der Errichtung eines Neubaus in Gestalt einer dreischiffigen Basilika, die im 19. und 20. Jahrhundert zumeist „Hildebold-Dom", heute dagegen **Alter Dom** genannt wird, da es sich beim Bauherren wohl kaum um den Erzbischof Hildebold gehandelt hat, wie es die Legende berichtet. Als Initiator des Baus kann eher der wegen seiner Einwilligung in die geplante Ehescheidung König Lothars II. beim Papst in Ungnade gefallene Erzbischof **Gunthar** gelten. Nach seiner Exkommunikation im Jahr 864 wurde das Andenken an ihn völlig aus dem Gedächtnis der Kölner Kirche getilgt.

Erst archäologische Funde, wie Steinzeug aus dem Vorgebirge, aus Pingsdorf, Walberberg u.a. Ortschaften, erlauben inzwischen eine genauere Datierung dieses Neubaus. Sein Fußboden wurde so aufgeschüttet, dass er etwa 2,00m über dem der abgebrannten Bischofskirche lag. Genau wie bei seinem Vorgängerbau handelte es sich bei dem Alten Dom um eine Doppelchoranlage. Der Ostchor war der hl. Maria, der Westchor wiederum dem hl. Petrus geweiht. Die Seitenschiffe besaßen Nebenapsiden. Unter beiden Chören lagen Krypten, von deren westlicher man weiß, dass sie der von St. Peter in Rom ähnelte. Vom westlichen Querhaus aus erstreckte sich ein Atrium bis zum Nordtor der ehemaligen römischen Stadtmauer. In der Mitte des Atriums gab es einen tiefen Brunnen, den man heute noch vom ersten Parkdeck der Domtiefgarage aus, nahe den Fundamenten der gotischen Westfassade, besichtigen kann.

Das Aussehen des Alten Doms lässt sich zum einen aus den Fundamentresten, die man bei Grabungen unter dem heutigen Dom ab 1947 freigelegt hat, erschließen, zum anderen aus alten Beschreibungen sowie einer mittelalterlichen Darstellung im sog. Hillinus-Codex[3]. Eine Weihe des Alten Doms – ob es die des fertig gestellten Gesamtbauwerks oder eines einzelnen Bauabschnitts war, ist unklar – fand am 26. Sept. 870 unter Erzbischof Willibert statt.

Im Jahr 953 ernannte Otto I., der König des ostfränkischen Reichs, seinen jüngsten Bruder Bruno (925–965) zum Erzbischof von Köln. Dieser versah das nun aufstrebende Köln, wie gerne gesagt wird, mit einem „Kranz" von Kirchen und Klöstern; dabei handelte es sich v. a. um St. Andreas, St. Martin und St. Pantaleon – Bauten, die außerhalb der alten römischen Stadtbefestigung lagen. Ferner ließ Bruno nach der „Vita Brunonis archiepiscopi Coloniensis" – einer durchaus nicht immer zuverlässigen Lebensbeschreibung – den Alten Dom erweitern bzw. verschönern, womit wahrscheinlich die Erweiterung um zwei Seitenschiffe gemeint sein dürfte. Darüber hinaus verdankt ihm der Alte Dom die ersten Heiligenleiber in seinen Mauern, denn Bruno erwarb die Gebeine der hll. Privatus und Gregor von Spoleto. Über die Reliquien des ersteren liegen keine Nachrichten mehr vor, die des zweiten Heiligen befinden sich im Schrein der Heiligen Drei Könige. Auch hochrangige Sekundärreliquien brachte der Erzbischof nach Köln: so drei Glieder der Ketten Petri sowie den Petrusstab. Dieser war in Toul aufbewahrt worden, gelangte durch Tausch an das Bistum Metz und von hier aus nach Köln. Die drei Kettenglieder aber stammten direkt aus Rom.

Fünfzig Jahre später ließ Erzbischof Heribert (reg. 999–1021) auf der Südseite des Ostchors in Anlehnung an ältere kaiserliche Bauformen die zweigeschossige Pfalzkapelle St. Johannes in curia errichten. In der Mitte des 13. Jahrhunderts stand diese jedoch dem gotischen Domneubau im Weg und musste abgerissen werden. Weitere bauliche Veränderungen erfuhr der Alte Dom unter der Regierung des Erzbischofs Anno II., der im Jahr 1056 durch Kaiser Heinrich III. auf den Kölner Erzstuhl gelangte[4]. Der Kirchenfürst, den die Kölner zunächst kaum akzeptieren mochten, ließ viel, insgesamt aber nicht so erlesen bauen, wie es die anderen Erzbischöfe getan hatten. Östlich des Doms wurde die von seinem Amtsvorgänger Hermann II. begonnene Stiftskirche St. Maria ad Gradus vollendet, ein romanischer Vorgängerbau der späteren gotischen Kirche[5]. Sie war mit dem Dom durch zwei lange Säulenhallen verbunden, zwischen denen sich das heute als salisch bezeichnete Ost-Atrium erstreckte (s. S. 263 ff.).

Die seit Anno II. zunehmende Bedeutung der Kölner Erzbischöfe im Nordwesten des ostfränkischen (späteren deutschen) Reichs als Kirchenfürsten und Territorialherren fand ihre Anerkennung darin, dass sich die kaiserliche Politik zunehmend auf sie stützte und mit Ämterverleihungen an sich zu binden wusste. Wiederholt ernannte man Kölner Erzbischöfe zu Erzkanzlern des Reichs; seit 1131 galten beide Ämter als fest miteinander verbunden. Im Jahr 1151 kam die Herzogswürde hinzu: Der neu gewählte Graf Arnold von Wied, der seit 1138 das Erzkanzleramt bekleidete, wurde von König Konrad III. mit den Regalien des Erzbistums und des Herzogtums (ducatus) belehnt. Mit dieser Verleihung des ripuarischen Herzogtums bestätigte Konrad die Hegemonie des Erzstifts im Kölner Raum und dehnte das Band der Lehnsabhängigkeit bis hin zum Königtum aus.

Nachweisbare bauliche Veränderungen erfuhr der Alte Dom erst wieder unter der Regierung des wohl bedeutendsten mittelalterlichen Erzbischofs, eines Mannes, den die Geschichte nicht vergisst und der das Gesicht von Köln nachhaltig mitprägen sollte: Rainald von Dassel (s. S. 81 ff.). In seine Amtszeit fällt die Übertragung der Gebeine der **Heiligen Drei Könige** – zusammen mit denen der hll. Felix und Nabor (s. S. 60 ff.) – vom eroberten Mailand nach Köln im Jahr 1164. Es bleibt das beherrschende Ereignis des 12. Jahrhunderts, an dem ganz Köln und die Rheinlande, ja der ganze Nordwesten des Reichs, lebhaften Anteil nahmen.

Unmittelbar nach Eintreffen der Dreikönigsreliquien – sie sollen einer Kölner Legende zufolge durch das Dreikönigspförtchen bei St. Maria im Kapitol in die Stadt gekommen sein – begann man mit dem Bau eines Dreikönigenschreins. Zu Ehren der bedeutenden Reliquien ließ Rainald den Dom renovieren und 1165 im Osten zwei (hölzerne?) Türme hinzufügen. Diese sollten jene Stelle markieren, an der im Innern des Doms die kostbaren Reliquien in Schreinen ruhten[6]. Südlich des Alten Doms, am Westende des erzbischöflichen Palasts, entstand auf Wunsch Rainalds – axial ausgerichtet auf die Schreine – eine Thomaskapelle für den privaten Gebrauch errichten. Bis dahin hatte es in Köln noch keine dem hl. Thomas geweihte Stätte gegeben[7]. Dem Verständnis der Zeit entsprechend gehörte dieser Apostel zum Themenkreis der Heiligen Drei Könige, die er der Legende zufolge getauft und später zu Bischöfen geweiht hatte. Im 12. Jahrhundert bemühte sich Köln, die im Orient ruhenden Gebeine des Heiligen an den Rhein zu bringen (s. S. 60 ff.).

Nach Rainalds frühem Tod gelangte Philipp von Heinsberg auf den Kölner Erzstuhl (s. S. 155 ff.). In der Regierungszeit dieses gleichfalls äußerst machtbewussten Kirchenfürsten, der dem ripuarischen Herzogtum auch das westfälische hinzufügte, wurde im Alten Dom ein Lettner mit Mittelziborium errichtet, der den Ostchor abschloss[8]. Auch hängte man in dieser Zeit über dem Reliquienschreinen einen riesigen Radleuchter, eine Lichtkrone, ähnlich jenem im Aachener Münster, auf. Während der Aachener Leuchter nur 48 Kerzen hat, besaß der Kölner die doppelte Zahl: 96. Diese achtfache heilige Zwölf leuchtete bis ins Jahr 1248 als Himmlisches Jerusalem über dem zentralen Kölner Heiligtum[9].

Der Alte Dom war ein würdiger und angemessener Ort der Verehrung Gottes und der Heiligen, den viele Generationen gestaltet hatten. Er galt den Zeitgenossen als die „Mutter aller Kirchen" im ostfränkischen bzw. deutschen Reich. Einen derartigen Bau verändert man, passt ihn mit neuen Seitenschiffen, Altären, Antependien, Bildnissen und Türmen den jeweiligen religiösen und liturgischen Bedürfnissen der Zeit an – aber man reißt ihn nicht ab. Dass dies dennoch in der Mitte des 13. Jahrhunderts geschehen sollte, muss vor dem Hintergrund der umfangreichen geistigen, sozialen und materiellen Veränderungen, die alle Bereiche der Gesellschaft ergriffen hatten, gesehen werden.

Schon lange vor dem Abriss hatte sich bei der politischen und geistigen Führungsschicht ein Gefühl des Ungenügens und des Unangemessenen in Hinblick auf die Verehrung Gottes und der Heiligen im Alten Dom eingestellt. Wenn man in der heutigen Geschichtsschreibung von dem politischen Willen des Kölner Erzbischofs zur Machtentfaltung und einem damit einhergehenden Repräsentationsbedürfnis spricht, so wird damit nur **eine** Ebene beleuchtet (s. S. 22 ff.). Nach wie vor fühlten sich die Menschen eingebunden in den göttlichen Heilsplan und die Schöpfung, die es in angemessener Weise zu verehren und darzustellen galt. Vorrangig um dieser Angemessenheit willen musste der Kölner Klerus den Entschluss fassen, den radikalen Schritt in Richtung Abriss zu tun. Dieser schien letztlich unvermeidbar, denn die (Bau-)Kunst – wie auch die Musik und andere Gattungen – hatte die Funktion, sich in den Dienst Gottes zu stellen und die harmonische

Struktur der Schöpfung sichtbar zu machen. Insbesondere dem Kirchenbau kam die Aufgabe zu, mit dem angemessenen Material die **Zeichen** *(figurae)* auf ihren von Geometrie und Arithmetik *(geometricis et aritmeticis instrumentis)* vorgegebenen Platz zu stellen, d. h. sie mithilfe von Maß und Zahl einander zuzuordnen[10]. Damit wird die Kunst eine Rede über Gott. Die Kunst kann, ähnlich dem Schöpfungsprozess, nicht stehenbleiben: sie muss sich immerfort weiterentwickeln, d. h. „modern" sein.

Nun bestimmten nicht mehr jene Erdenschwere und Himmelsnähe, die für die vorgotische Zeit so charakteristisch waren und die ältere Kunst prägten, das Handeln und Fühlen der Menschen (s. S. 164 ff.). Neue Techniken in der Architektur, innovative Verfahren in der Landwirtschaft, kühne philosophische Theorien, die die Aussöhnung des Glaubens mit dem Verstand betrieben, und schließlich neue theologische Konzepte, die dem Menschen Auswege wiesen aus seiner schuldhaften Verstrickung in die Sünde – all diese Faktoren hoben das Selbstbewusstsein des Menschen und erweckten seinen Stolz. Nur eine neue Kunstform, ein neuer Stil vermochte sein Empfinden auch auszudrücken, einer, der sich in der damals dynamischsten Region Europas bereits herauszubilden begann: Er strahlte von Westen her ins Rheinland herüber – jener Stil, den wir heute den **gotischen** nennen.

2 Die Baugeschichte des gotischen Doms

Von der Gotik und ihrem Ursprungsgebiet

Ist heute von **Gotik** die Rede, so wendet sich jedermanns Blick automatisch nach Westen: nach dem nördlichen Frankreich. Es erscheint mittlerweile als ganz selbstverständlich, dass sie dort entstanden ist und dass dieses Gebiet auch die gotische Kathedrale hervorgebracht hat. Wie sich später zeigen wird, galt diese Auffassung keineswegs schon immer.

Die Wiege der Gotik steht tatsächlich mitten im ehemals gallischen, fünf Jahrhunderte lang römisch beherrschten und zivilisierten Gebiet zwischen Rhein, Loire und Ärmelkanal. Dieses Land nahmen während der Völkerwanderung germanische Völker in Besitz, die aber wenig später christianisiert wurden und mit den ansässigen Galloromanen zu einem neuen Volk verschmolzen.

Die Gotik entstand also nicht in den Kerngebieten der alten Zivilisationen wie Rom, Konstantinopel oder Alexandrien. Sie war die Schöpfung einer neu entstandenen Völkerverbindung, zu der sich spät und in kleiner Zahl Nordgermanen (Normannen) hinzugesellten. Sie brachte ganz eigene Visionen zum Erblühen, selbst wenn sie vermeintlich alte, der Heiligen Schrift und der christlichen Antike entlehnte Vorstellungen in Stein und Glas umsetzte. Es entstand eine bislang in Europa unbekannte Formensprache, obwohl, mit Ausnahme des Maßwerks, eigentlich alle in der Gotik vereinten Bauelemente bereits entwickelt waren[11]. Ob die eingedrungenen Germanen einen Formenschatz einbrachten, bei dem es sich gewissermaßen um das Substrat eines kollektiven Unbewussten gehandelt hat, ist nicht leicht zu entscheiden[12].

Das veränderte Formgefühl machte sich schon vorhandene Bauformen, besonders das Kreuzrippengewölbe zunutze, das kurz zuvor in der Normandie, aber auch in Franzien entwickelt worden war. Seine den Kraftlinienverlauf markierenden Rippen eigneten sich sehr gut für eine Kombination mit den an Wänden und Pfeilern hochgeführten Diensten bzw. Dienstbündeln[13]. Aber *„nicht die Rippen und Dienstbündel sind die Träger des Gewölbes und der ausgespannten Maßwerk-Licht-Wände, sondern die [Gewölbe-]Kappen und die hinter den Diensten liegenden Pfeiler mit den sie verbindenden Mauerbogen sowie das Strebewerk. Wir haben es mit einer Illusionsarchitektur zu tun!"* (BINDING, 1999, 122).

In der Normandie, Franzien und der Picardie entfaltete sich eine fieberhafte Bautätigkeit. Der neue Stil kopierte nicht seine eigenen Schöpfungen, sondern schuf innerhalb kürzester Zeit in zahllosen Sakralbauten neue Varianten. Eine bedeutende Frucht des neuen Stilempfindens war die Kirche des Klosters Saint-Denis bei Paris, die Abt Suger zwischen 1140 und 1143 errichten ließ.

In großen und kleinen Städten experimentierte man mit verschiedensten Grundrissen und Wandgliederungen; so gestaltete man die Hochschiffwand bald vierstufig, gar fünfstufig, bald wieder dreistufig. Im Zentrum des baulichen Interesses standen das ständige Streben nach Höhe sowie die permanente Vergrößerung der Fensterfläche. Als vorläufiger Gipfelpunkt dieser Entwicklung gelten die großartigen (Königs-)Kathedralen, insbesondere die von Laon (1160), Paris (1180), Chartres (1194), Reims (1211) und Amiens (1218). Vor allem in diesen Meisterwerken verwirklichten die gotischen Baumeister den eigentümlichen Eindruck des Aufwärtsstrebens, des lastenfreien Schwebens.

Von einem gewissen Punkt der Entwicklung an weitete sich der Bereich der gotischen Formensprache auf südwestliche, nördliche, aber auch auf östliche Gebiete aus. Letztere gehörten politisch zum Reich, das damals mit dem Hennegau noch weit nach Westen ausgriff. In diesem

Suger (Sugerius; 1081–1151) war schon als Kind nach Saint-Denis gekommen, wo er zusammen mit dem späteren König Ludwig VI. studierte. Er stieg zu dessen Berater und zum Abt des Klosters auf. Später widmete er sich ganz der Ausgestaltung des Klosters und der dazugehörigen Kirche von Saint-Denis. Diese sollte ausdrücklich ein Abbild des von Salomon errichteten Tempels sein (s. S. 272 ff.). Der französische Historiker GEORGES DUBY, 159, formulierte sehr überpointiert: *„Auf jeden Fall aber ist er der Schöpfer jener Kunst, die wir als gotische bezeichnen … Sein Denken folgte, genau wie das der Mönche des 11. Jahrhunderts, dem Lauf der Analogien, deren Umwege und Assoziationen zu den unergründlichen Höhen Gottes führen sollten, es folgte den klösterlichen Meditationen. Suger nahm die gesamte Symbolik der romanischen Kunst auf, ja man kann sogar sagen, dass sie in seinem Werk zur Vollendung gelangte."*

„deutschen", ehemals ostfränkischen Reich wurden die Liebfrauenkirche in Trier und das Münster von Straßburg in dem neuen Stil errichtet.

Aber auch jenseits der Rheinlinie entstanden Bauten in gotischer Formsprache, wie die Elisabethkirche in Marburg und die fünf Chorkapellen des Magdeburger Doms. Neue Ideen und neue Stile verbreiteten sich durch dynastische, episkopale und sonstige Verbindungen durchaus über größere Entfernungen hinweg. Auch dienten die Mönchsorden häufig als „Transportmittel", und nationale Grenzen bildeten kein Hinderniss.

Nachdem in der ersten Hälfte des 19. Jahrhunderts Frankreich als das Entstehungsland der Gotik erkannt worden war, spaltete die Kunstgeschichte, vorzugsweise die deutsche – ganz im Sinne des damals üblichen nationalstaatlichen Konfrontationsdenkens – das Phänomen Gotik bald in eine „deutsche" und eine „französische" Gotik auf. Damit schloss sie sich den Vorgaben der gleichzeitigen offiziellen Geschichtsschreibung an, die zu jener Zeit nichts unversucht ließ, um die Nation zum obersten Prinzip zu erheben, und sich auch nicht scheute den Ursprung der modernen Nation in phantastische Vorzeiten zu verlegen[14].

Somit erhob sich in der Kunstgeschichte wie zwangsläufig die Frage nach einer „deutschen" Baukunst, einer sich besonders beim Kölner Dom niederschlagenden „deutschen" Perfektion, aber auch nach einer angeblich typisch „deutschen" Strenge, usw.[15]

Diese Annäherung über Begriffe wie „französisch" und „deutsch" hat lange den Blick auf das Gemeinsame beider Gruppen verbaut. Zum Verständnis und zur Beurteilung der Gotik ist die Frage nach der Nationalität eher hinderlich als förderlich, denn sie bringt Begriffe in die Diskussion ein, die das Mittelalter in dieser Ausschließlichkeit nicht kannte. Ohnehin geht man heute davon aus, dass die Nationen **Frankreich** und **Deutschland** jünger sind, als es uns die Geschichtsschreibung des 19. und frühen 20. Jahrhunderts suggerieren wollte (BRÜHL 719 f.).

Machen wir uns diese Auffassung von der relativen Bedeutungslosigkeit der nationalen Frage zu eigen, so können wir auch leichter begreifen, dass der geografische Raum zwischen Rhein und Loire viele gemeinsame kulturelle Wurzeln besaß[16]. Schließlich hatte das betreffende Gebiet seit der Zeit Cäsars eine Geschichte, die einheitlicher war als die der verschiedenen Territorien des späteren deutschen Reichs!

Auch wenn die gotische Formensprache später noch weiter nach Osten ausgriff, fanden dort der Kathedralgedanke und die Architektur des Kölner Doms – mit Ausnahme einzelner Bauelemente und ornamentaler Details – keine Aufnahme. Der Kunsthistoriker Peter Kurmann stellte fest:

„Dass Köln keine Nachfolge gefunden hat, liegt wohl weniger in seiner auf Frankreich bezogenen exzentrischen Lage als vielmehr in der historischen Tatsache begründet, dass die hier gestellte Bauaufgabe nicht länger gefragt war" (KURMANN, 1979/80, 263).

Sicherlich hängt dies auch mit der Tatsache zusammen, dass die Zeit des großen Kathedralbaus insgesamt – also auch im französischen Kronland – rasch zu Ende ging. Die politischen und sozialen Hintergründe, die den Kathedralbau begünstigt hatten, veränderten sich schnell. Bisher war die Kathedrale in der Regel als Projekt einer prosperierenden Stadt im Zusammenwirken mit einem Bischof oder Erzbischof entstanden, doch diese günstigen Faktoren gab es bald nirgends mehr, auch nicht in Köln. Parallel zu diesen Entwicklungen traten Veränderungen im Denken der Menschen auf[17].

Etliche der gotischen Kathedralen zwischen Palma, Beauvais und Köln blieben, aus jeweils unterschiedlichen Gründen, unvollendet: Die Zeit der klassischen gotischen Kathedrale war vorbei[18]. Der Kathedralgedanke – und bald darauf die gotische Formensprache überhaupt – war den maßgebenden Kunstzentren der beginnenden Neuzeit, insbesondere den italienischen, fremd geworden. Allerorten stellte man die sich dahinschleppenden Arbeiten an noch nicht fertig gestellten Kathedralen ein. Vergleichsweise spät geschah dies in den Jahren zwischen 1510 und 1535 in Köln. Um so erstaunlicher ist die Tatsache, dass der Bau einer dieser unvollendeten gotischen Kathedralen in der frühen Neuzeit doch noch abgeschlossen wurde: der jener von Orléans. Die Umstände ihrer Vollendung und die Bedeutung für den Kölner Dombau in preußischer Zeit finden an späterer Stelle Beachtung (s. S. 31 ff.).

Der Kölner Dom und die Gruppe der klassischen gotischen Kathedralen

Die heutige Kunstgeschichte hat die alten Einschätzungen und Bewertungen hinter sich gelassen und verzichtet weitgehend auf Einordnungen in nationale Kategorien. Dementsprechend wird auch der Kölner Dom längst nicht mehr als ein typisch „deutsches" Gebäude angesehen, sondern meist zu der kleinen Gruppe der „klassischen" Kathedralen gezählt. So schrieb Peter Kurmann schon 1979:

„‚Klassische' Kathedralen gibt es mit Ausnahme Kölns nur in Frankreich. Aus diesem Grunde spielt der Kölner Dom für die französische Kunstgeschichte eine größere Rolle als für die deutsche. Allein schon vom Bautypus und von der Bauaufgabe her blieb er der deutschen Architektur fremd. Dies schloss keineswegs aus, dass er deutsche Architekten bei der Gestaltung einzelner Grund- und Aufrisselemente beeinflusste. Auch einige seiner Schmuckformen wurden übernommen. Aber nirgends hat er in Deutschland den Bau einer weiteren Kathedrale mitveranlasst, die sein gesamtes System übernommen hätte. Auch die in der Nähe Kölns gelegene, ‚kathedralhaft' gestaltete Zisterzienserkirche von Altenberg ließ sich von ihm nur sehr bedingt anregen" (KURMANN, 1979/80, 255 ff.).

Bezugnehmend auf die ältere Kunstgeschichte äußerte sich derselbe Autor folgendermaßen:

„Man wusste zwar, dass die nordfranzösische Architektur in den Jahrzehnten, die der Grundsteinlegung des Kölner Doms vorausgingen, genau dieselben, von rationalen Überlegungen bestimmten Tendenzen verfolgt hatte, aber man hielt oft ihre in Köln bis zur letzten Folgerichtigkeit getriebene Verwirklichung für ein Phänomen, das nur in Deutschland möglich gewesen sei. Dabei wurde übersehen, dass es lediglich der Zufall einer bestimmten historischen Konstellation gewesen war, die den Kölner Dom am Ufer des Rheins und nicht im Gebiet zwischen Loire, Somme und Aisne entstehen ließ. In den Jahrzehnten vor 1248 hatte das Kerngebiet der Gotik sämtliche Voraussetzungen für eine architektonische Planung geschaffen, deren Resultat dem Kölner Dom bis in das kleinste Detail hinein hätte gleichen können. Von keinem anderen Bauwerk der Gotik in Deutschland ließe sich dies sagen. Keines von ihnen, auch nicht das Langhaus des Straßburger Münsters, könnte man sich ohne weiteres an die Seine verpflanzt denken."

Kurmann gelangt schließlich zu der Auffassung, dass die Kölner Kathedrale die einzige „französische" sei, *„die alle Eigenschaften des ‚klassischen' Typus mit dem Formengut des voll entwickelten ‚style rayonnant' vereinigt"* (vgl. u.). Er spricht ausdrücklich das **Normative**, das von diesen (wenigen) klassischen Bauten ausgeht, an und lenkt den Blick auf deren Bestreben nach „absoluter ästhetischer Perfektion" und Monumentalität:

„Nach dem Willen der Auftraggeber sollte die jeweilige Kathedrale die in jeder Hinsicht unüberbietbare sein, sie sollte die ‚Grenze des Machbaren' erreichen ... Mit dem Absolutheitsanspruch, dem Wunsch, jeweils ‚das letzte Wort gesagt zu haben', gewinnt der Begriff der

‚klassischen' Kathedrale aber auch eine ikonologische Qualität. Die formale Gestalt des Kirchen-baus richtet sich wie nie zuvor nach dem Anspruchsniveau der Auftraggeber."

Im Folgenden spricht Kurmann den oben erwähnten „style rayonnant" als zweites Wesens-merkmal der Kölner Kathedrale an[19]. Der Begriff „rayonnant" (ausstrahlend), der aus der Mitte des 19. Jahrhunderts stammt, bezeichnet den seit etwa 1230 auftretenden hochgotischen Stil, der weniger nach schierer Größe, sondern nach *„immer höherer Perfektion, raffiniert feiner Oberflächenbehandlung, kleinteiliger Ausformung der Einzelglieder"* strebt. Der Widerstreit der beiden Tendenzen – hier Monumentalität, da Verfeinerung –, so der Autor weiter, scheine sich in Frankreich eine zeitlang lähmend ausgewirkt zu haben:

„Erst in Köln stellte sich die ‚klassische' Bauaufgabe erneut. Hier ging es wieder darum, einen Bau normativen Charakters zu errichten ... Naturgemäß erinnerte man sich in Köln an die bisher letzten Vertreter des ‚klassischen' Erbes: Amiens und Beauvais. Aber im Streben nach absoluter Ausgewogenheit korrigierte man die Aufrissproportionen dieser Vorbilder; wie in Chartres und Reims nimmt das Triforium als Ganzes ungefähr die halbe Höhe der Mittschiffswand ein. Trotz dieser Rückbesinnung auf die Normen der großen Kathedralen aus der Frühzeit des Jahrhunderts wich man jedem Anflug von Retrospektive in der Wahl des Formenschatzes aus. Vielmehr assimilierte man die allerneuesten Muster des Pariser Rayonnant in völlig selbstverständlicher Weise – viel konsequenter sogar, als dies etwa in den mit dem Kölner Chorerdgeschoss gleichzeitig errichteten, etwas schwerfälligen Oberteilen des Chors von Amiens geschah. Die Verschmelzung von Formen des Pariser Rayonnant mit dem Typus der ‚klassischen' Kathedrale hat in Köln ein Kunstwerk allerhöchsten Ranges hervorgebracht – allerdings ein völlig vereinzeltes."

Was den Aspekt der Einzigartigkeit angeht, dürfte der jüngere Kunsthistoriker Bruno Klein dem Gesagten in vollem Umfange zustimmen. Ausgehend von der Überlegung, dass der Kölner Erz-bischof für seine Zwecke keinen extravaganten Bau, sondern eine „klassische" Kathedrale benö-tigte, entwickelt er dann aber die These, dass die hier erreichte Perfektion etwas der französischen Gotik Fremdes sei, womit er den Dom wieder aus der genannten Gruppe herauslöst.

Fraglich ist, ob Klein aber Recht hat, wenn er behauptet, dass in Köln mit dem ersten Bau-abschnitt, also mit dem 1322 geweihten Chorbau, eine Kathedrale vollendet wurde, *„die so nie in Frankreich errichtet worden wäre. Denn innerhalb des lebhaften französischen Baugeschehens hätte unmöglich der Versuch unternommen werden können, einen Schlussstrich unter die bisherige Entwicklung zu ziehen und die ‚perfekte' Kathedrale zu erschaffen. Das künstlerische Ziel bestand in Köln darin, die perfekte Architektur zu erzielen, frei von jedem Hauch individueller Gestaltung"* (KLEIN 114).

Der ältere Kunsthistoriker Richard Hamann (1879–1961) ordnete dagegen – ähnlich wie Peter Kurmann – den Dom eindeutig der Gruppe der klassischen, französischen Kathedralen zu:

„Nur durch diese Fremdheit [gegenüber der alten rheinischen Architektur] konnte der Bau [des Doms], mit dem ein reicher und stolzer Klerus den Anschluss an den herrschenden Zeitstil zu gewinnen und den Vorrang der großen westlichen Kathedralkirchen einzuholen versuchte, so Kopie und so französisch werden" (HAMANN 337).

Mit seiner Aussage, der jeweils letzten klassischen Kathedrale hafte der Charakter eines *„letzten Wortes"* an, meint Kurmann, dass dieser Bau die „Summe" der vorherigen zu bilden trachtet – kein ungewöhnliches Bestreben im Zeitalter der Scholastik, die gerade in der Mitte des 13. Jahrhunderts ihren Höhepunkt erlangte und sich anschickte, aus dem reichen Vorrat des angehäuften Wissens vergangener Zeiten die „Summe" zu bilden.

Der Dom – eine Königskathedrale?

Der später als heilig angesehene Erzbischof Engelbert I. forderte das Domkapitel – dem der (alte) Kölner Dom seit Erzbischof Gunthars Zeiten gehörte – auf, diesen vollständig zu erneuern. Er versprach, für diesen Zweck jährlich die enorme Summe von 500 Mark in Silber bereitzustellen. Seine Ermordung durch seinen Verwandten Friedrich von Isenburg am 7. November 1225 vereitelte jedoch erst einmal alle Neubaupläne. Dass der Mörder nach seiner Verurteilung reuig die Räderung ertrug, half auch nichts mehr: der Förderer war tot.

Erst Ende 1247 rang sich das Domkapitel zu dem Entschluss durch, mit dem Neubau zu beginnen. In diesem Jahr war ein bedeutender Bauabschnitt der Kathedrale von Amiens, der Chorkapellenkranz, fertig gestellt worden. Angeblich soll jedoch erst die Nachricht aus Paris, dass die königliche Hofkapelle Sainte-Chapelle vollendet sei, den Ausschlag gegeben haben[20]. Am 13. April 1248 unterzeichneten acht Domherren in Abstimmung mit Erzbischof Konrad von Hochstaden und dem Priorenkolleg den sog. Thesaurievertrag zur Finanzierung des Baus. Aus ihm geht klar hervor, dass das Domkapitel der Bauherr war. Bestätigt wird eine Absprache mit dem Domthesaurar Philipp von Altena, der gegen eine Rente für die Dauer von sechs Jahren zugunsten des Dombaus auf die ihm zustehenden Gaben, die dem Petrusaltar außerhalb der Messe zuflossen, verzichtete. Die beträchtlichen Einkünfte des Altars bildeten die Hauptmasse der zum Domneubau bereitstehenden Gelder, die künftig von einem neuen Amt, der Domfabrik (*fabrica*), verwaltet wurden. Ferner forderten die Herren vom Domkapitel ihre adlige Verwandtschaft dazu auf, an eben diesem Altar ihre Spenden reichlich fließen zu lassen. Schließlich war der Dom (bis zur französischen Revolution!) für die Adligen auch Pfarrkirche. Obwohl dies nicht für das gemeine Volk galt, wird dieses dem Bauprojekt viel Aufmerksamkeit, wenn nicht Begeisterung gezollt haben.

Am 26. April 1248 brannte der Alte Dom großenteils ab; Brandstiftung wird ausgeschlossen. Eher hatte sich bei den Abbrucharbeiten Leichtsinn breit gemacht. Man hatte die Mauern untergraben, mit Stützhölzern abgefangen und diese schließlich angezündet. Dabei muss der gesamte Dom in Brand geraten sein. Seine westliche Hälfte wurde provisorisch wiederhergestellt und gegen den östlichen Bauplatz, wo der gotische Chor entstehen sollte, durch eine Mauer verschlossen. Am 15. August 1248, dem höchsten Marienfeiertag, fand die feierliche Grundsteinlegung durch Erzbischof Konrad von Hochstaden in Anwesenheit des deutschen (Gegen-)Königs Wilhelm von Holland und zahlreicher Adliger statt (s. S. 147 ff.).

Zu diesem Datum waren sicherlich bereits bedeutende Vorarbeiten an den Kapellenfundamenten geleistet worden. Der Grundstein befindet sich mit großer Wahrscheinlichkeit unter der Achskapelle[21].

Schon allein die Ausschachtungsarbeiten, die wohl lange vor der Grundsteinlegung begonnen hatten, müssen den aufmerksamen Zeitgenossen mit Nachdruck darauf hingewiesen haben, dass eine neue Epoche angebrochen war. Fünfzehn Meter, durch die ottonische und fränkische Schicht sowie den Bauschutt der römischen Stadt hindurch, reichte das Fundament des Neubaus in die Tiefe. Bescheiden dagegen waren die Dimensionen der zahlreichen romanischen Kirchen Kölns. Im Jahr der Grundsteinlegung zum Dom hatte man als letzte Kirche der Romanik St. Kunibert vollendet. Welch ein Wandel in den Dimensionen innerhalb kürzester Zeit! Selbst die nur wenig älteren gotischen Kathedralen wie die von Laon, Paris, Chartres, Reims oder Amiens (alle in den Jahren zwischen 1160 und 1218 begonnen) wiesen nur ein Viertel bis ein Drittel der für den Kölner Dom vorgesehenen Steinmassen auf.

Dass sich im Erzbistum Köln, das über das Maasland der nordfranzösischen Kultur so nahe stand, der Wunsch nach einem zeitgemäßen gotischen Bau regte, ist verständlich (s. S. 14 ff.). Dass der Bau dann aber derart gewaltig, zugleich so konsequent und modern in Bezug auf die vorangegangene Gotik ausfallen würde, kann aber sicher nur mit dem Ehrgeiz des Kölner Erzbischofs und seinem Wunsch nach dem „letzten Wort" erklärt werden[22].

Konrad von Hochstaden, seit 1238 Erzbischof, wird eine Kathedrale dieses Formats sicher als angemessen angesehen haben: In ihrer Größe kommt der Wille der Kölner Kirche zum Ausdruck, *das Reich zu repräsentieren"* (ENGELS). Konrad fühlte sich zu Recht als der mächtigste Fürst im Nordwesten des Reichs: Durch die Dauerfehde Papst Gregors IX. mit dem staufischen Kaiser Friedrich II. in Italien hatte sich diesseits der Alpen ein Machtvakuum entwickelt, das der Erzbischof auszufüllen gedachte. Für seine politischen Pläne brauchte er eine „Königskathedrale" – auch wenn dieser Aspekt später eher im religiösen als im konkret-politischen Bereich Umsetzung finden sollte (s. S. 51 ff.).

Wenn man von den Bemerkungen zum französischen Königtum absieht, so gilt im prosperierenden Köln weitgehend das, was der französische Historiker Georges Duby für den nordfranzösischen Raum feststellte:

„Der Bischof war der große Grundherr, der ‚grand seigneur'. Als Fürst legte er Wert darauf, im Gespräch zu bleiben. Eine neue Kathedrale kam ihm vor wie eine Heldentat, ein Sieg, die gewonnene Schlacht eines Heerführers ... Und schließlich feiert die neue Kathedrale den Wohlstand der gesamten städtischen Siedlung, dieser wirren Ansammlung von Läden und Werkstätten, die alle zu ihrem Aufbau beigetragen haben und nun von ihr beherrscht und gepriesen werden. Sie ist auch ein Bild des Bürgerstolzes. Wie eine Traumstadt erheben sich die zahllosen Turmspitzen, Giebel und Zinnen als Krönung des Bauwerks gen Himmel, und diese ideale Gottesstadt verklärt die städtische Landschaft" (DUBY 193 f.).

Dubys folgende insbesondere auf Nordfrankreich zugeschnittene Behauptung kann für Köln allerdings nicht gelten:

„An zweiter Stelle drückt die neue Bischofskirche das Bündnis zwischen Melchisedech und Saul aus, das heißt, die Vereinigung von Hirtenamt und Königtum ..."[23]

Im Gegenteil: für das Rheinland, ja für das ganze Reich galt, dass eine königliche Zentralgewalt bestenfalls in Ansätzen bestand. Daher musste der Kathedralbau ohne die dauerhafte Unterstützung eines Königs betrieben werden – eine enorme Leistung, die der Wirtschaftskraft der Region abverlangt wurde. Im ostfränkischen, im deutschen Reich wurde eben gerade **nicht** das Bündnis zwischen Saul und Melchisedech verwirklicht: Melchisedech übernahm die Aufgaben Sauls und wurde zunehmend dessen Konkurrent.

Ein Aspekt des Dombaus, der heute in der Regel wenig Beachtung findet, ist das kurz vor Baubeginn anzusetzende Auftauchen des Fronleichnamsgedankens; er kann nicht spurlos am Konzept des Doms vorbeigegangen sein. Nur zwei Jahre vor der Grundsteinlegung, also 1246, fand im zur Kölner Kirchenprovinz gehörenden Lüttich die erste Fronleichnamsfeier statt (s. S. 54 ff.). Dem Dom kam – über die traditionelle Symbolik als Himmlisches Jerusalem, das praktisch jeder christliche Sakralbau abbildet, hinausgehend – nicht nur die Aufgabe zu, *„eine ins Riesenhafte gesteigerte Hülle für die zahlreichen hier aufbewahrten Reliquien"* zu sein (KURMANN, 2002, 102), sondern darüber hinaus die Funktion, durch seine Bauform eine symbolische Darstellung des Leibes Christi zu zelebrieren (s. S. 272 ff.) – ja selbst ein einziges gewaltiges eucharistisches Tabernakel zu bilden.

Baubeschreibung und Pläne

Der Dom ist als eine nach Osten ausgerichtete („geostete"), zweitürmige, fünfschiffige Basilika mit einem dreischiffigen Querhaus angelegt. Das Lang- und das Querhaus haben gleich breite Mittelschiffe von jeweils etwa der doppelten Breite eines Seitenschiffs. An der Stelle, an der sich die beiden Mittelschiffe durchdringen, entsteht die quadratische Vierung. Während mit der durchgehenden Fünfschiffigkeit an die Kathedralen von Paris, Troyes, Beauvais und Bourges angeknüpft wird, nehmen Chor und Querschiff Gliederungen der Kathedrale von Amiens auf. In Köln findet sich deren dreischiffiges Querhaus sowie der Chor mit sieben polygonalen Chorkapellen wieder.

Bei dem jüngeren Bau springt das Querhaus jedoch nicht um ein, sondern um zwei Joche über die Chorseitenschiffe vor. Die inneren Seitenschiffe des Chors werden in beiden Kathedralen nach vier geradegeführten Jochen (Zählung vom Vierungspfeiler aus) mittels polygonaler Flächen in den Halbkreis des Chorumgangs geleitet; die äußeren Seitenschiffe finden ihre östliche Begrenzung in Querwänden, hinter denen der Halbkreis der Polygonkapellen beginnt. Das Langhaus misst bei beiden Kathedralen in Längsrichtung acht Joche (vom Vierungspfeiler aus), wovon in Amiens eins, in Köln zwei auf den Turmbereich entfallen. Wo aber die Kathedrale von Amiens in der Turmpartie einen massigen Westbau aufweist, suchen die Kölner Türme eine einheitliche und flächenmäßige Wirkung zu erzielen, indem sie das in verschmälerter Weise zwischen sie vorstoßende Mittelschiff ganz vereinnahmen. Daher ist die Festellung legitim, dass aus der Fassade ein „Turmbau" (RODE) geworden sei.

Finden sich im Grundriss einige Anlehnungen Kölns an Amiens, so gibt es doch weniger Gemeinsamkeiten im Aufriss, in der Wandgliederung, im Strebewerk und in der Behandlung des Maßwerks. Zwar zeigen die Hochschiffwände beider Kathedralen die zu jener Zeit längst übliche dreizonige Wandgliederung aus Arkade, Triforium und Obergaden – auf die Empore verzichtete man längst –, doch während man in Köln den größenmäßigen Ausgleich zwischen Arkade und Obergaden gefunden hat, kann davon in Amiens noch keine Rede sein. Erst recht nicht im Fall des mit Köln ebenfalls vergleichbaren Kathedralbaus von Beauvais. Das Kölner Triforium setzt gewissermaßen den Obergaden nach unten hin fort, dagegen ist das nicht völlig durchlichtete Triforium in Amiens „noch ersichtlich aus dem Motiv der Emporenfenster entwickelt"[24]. Unterschiedlich ausgebildet sind ferner das Strebesystem und die Wimperge, die in Amiens nur „schüchtern über die Balustrade des Hochschiffs"[25] aufsteigen.

Im Gegensatz zu Amiens und anderen französischen Kathedralen, wo lediglich die Pfeiler der Vierung mehrere gliedernde Dienste, diejenigen der Mittelschiffe aber nicht mehr als vier davon aufweisen (sog. kantonierte Pfeiler), vereinheitlicht Köln den Pfeilertyp und entwickelt seine Form bis zur letzten Konsequenz. Als Bündel umgeben die Dienste den Pfeiler so, dass sein runder Kern fast unsichtbar wird[26]. Zwölf Dienste bei den Mittelschiffpfeilern, zehn bei den sechs (im Kern ovalen) Pfeilern des Chorrundes und acht an jenen der Seitenschiffe eilen den Kreuzrippen sowie den Gurt- und Schildbögen entgegen, um deren – größtenteils fiktive – Last aufzufangen. „In Köln hat der Architekt den Schritt zur Verleugnung der Grundform des Pfeilerkerns getan, indem er Kanneluren hineinschnitt. So entsteht optisch der Eindruck schattiger Furchen und sanfter Übergänge. Der Raum im Innern der Kirche scheint hier in die Masse der Pfeiler einzudringen, so wie vorher die Pfeilermassen in romanischer Weise vom Raum Besitz ergriffen."[27] Dabei hat man, anders als in Amiens, die Höhe der Kapitelle vereinheitlicht und ihre Größe stark reduziert – ein Prozess setzte ein, der in der Spätgotik vielfach zu einem völligen Verzicht auf Kapitelle führen wird (s. S. 178 ff.).

Wahrscheinlich fertigte man im Mittelalter außer einigen generalisierenden Rissen, die zur Anschauung für den Bauherren, das Domkapitel, dienten, detaillierte Baupläne nur bei Bedarf an. Den **einen**, alles vorwegnehmenden Urplan, den das 19. Jahrhundert vermutete, hat es wohl nicht gegeben. Das bedeutet, dass bei Baubeginn keineswegs alle Lösungen bereits feststanden. Nicht nur eine so bedeutende Frage wie die Breite und Höhe der Türme wurde erst spät entschieden, auch viele andere, heute weniger spektakulär erscheinende Details unterlagen vielfältigen Veränderungen. Inzwischen weiß man, dass für die seitlichen Strebewerke des Chorobergadens ursprünglich tiefere Ansatzpunkte vorgesehen waren, weshalb die schon fertigen Auffanglager beim Fortgang des Baus weggemeißelt werden mussten[28]. Auch die scheinbar wenig bedeutsamen Maßwerksformen hatten einen großen Einfluss, denn aus ihnen ergaben sich die wichtigen Kapitellhöhen der Obergadenfenster. Aus deren differierenden Höhen sollten beim Fortgang des Baus noch manche Schwierigkeiten entstehen.

Die noch existierenden mittelalterlichen Pläne sind in einem Maßstab von etwa 1:42 gezeichnet (mit Abweichungen). Dabei muss es sich um zufällig überkommene Glieder einer größeren Gruppe verschollener Zeichnungen handeln. Gemeinsam ist ihnen, dass sie lediglich Planungsvorstufen sind. Somit spiegelt keiner von ihnen den exakten, bei Wiederaufnahme des Baus im 19. Jahrhundert vorgefundenen Bestand wider. Auch wenn sie – abgesehen vom Fassadenriss „F" – nur Teilausschnitte zeigen, erlauben sie doch wichtige Rückschlüsse, und zwar nicht nur auf die Entwicklung der Bauplanung, sondern auch auf Veränderungen im Stilempfinden. Dem 19. Jahrhundert bedeutete der auf wundersame Art wiedergewonnene Fassadenriss (s. u.) jedoch mehr als alle anderen Pläne, weshalb es ihn zum verbindlichen Bauplan und zur Richtschnur erkor. Ein mittelalterlicher Grundriss, der den gesamten geplanten Kölner Bau zeigt, hat möglicherweise bis in die Barockzeit vorgelegen, heute ist er verschollen. Die noch existierenden mittelalterlichen Pläne – von Paul Clemen (CLEMEN 23 ff.) übrigens recht beiläufig behandelt – erfuhren erst nach dem Zweiten Weltkrieg eine umfassende Würdigung. Der Kunsthistoriker Hans Kauffmann (1896–1982) unterzog sie einer genauen Analyse und versah sie mit Bezeichnungen von „A" bis „F"[29]. Während ihre chronologische Reihenfolge bis heute – mit Ausnahme von „F" – unbestritten ist, führten neuere Forschungen von Arnold Wolff zu einer Präzisierung der Datierungen und Straffung der Systematik[30]. Indem Wolff sowohl die (gezeichneten) Planungs- wie die (ausgeführten) Bauphasen zueinander in Bezug setzte, konnte er vier wichtige Entwicklungsphasen unterscheiden: (ausgeführter) Chor-Obergaden, Plan „F", (ausgeführter) Südturm und „E"-Pläne (WOLFF, 1969, 147). Ferner führte Wolff einen weiteren, bislang unberücksichtigten Plan in die Literatur ein (s. u.). Die heute bekannten Pläne sind nachstehend im Einzelnen aufgeführt:

■ **Der Wiener Grundriss** („A"), nach seinem früheren Aufbewahrungsort in der Wiener Bauhütte benannt, ist eine Tuschzeichnung auf Pergament (70×61 cm), die eine fünfportalige Variante der Westfassade abbildet. Diese deckt den Bereich vom Hauptportalmittelpfeiler (Trumeau) bis zum Gewölbescheitel des Mittelschiffs ab. Wahrscheinlich handelt es sich um eine mittelalterliche Kopie eines vor 1280 in Köln entstandenen Plans.

■ **Den 1. Wallrafplan** („B"), ein Pergament (53×72 cm), das den Grundriss des unteren Geschosses des Südturms zeigt, hatte F. F. Wallraf (s. S. 87 ff.) aus dem Bestand des Hüttenarchivs erworben und so vor der Vernichtung bewahrt. Auf dem Plan ist bereits die später realisierte Einzwängung des Mittelschiffs zwischen den mächtiger (und höher) konzipierten Türmen zu erkennen; ferner sind nur noch drei Portale vorgesehen. Der Plan wird in die Zeit des Dombaumeisters Arnold, also in die Jahre deutlich nach 1280 datiert.

- **Der 2. Wallrafplan** („C") befindet sich auf der Rückseite des vorigen Plans. Er zeigt den Grundriss vom 1. Obergeschoss des Südturms als vierjochige Kapelle mit Mittelpfeiler und zwei Altären. Seine Datierung entspricht der von Plan „B".

- **Der Kölner Grundriss** („D"), ein zweiteiliges Pergament (90 x 82 cm) aus der Zeit Meister Arnolds, von den Franzosen geraubt und von Boisserée im Jahr 1816 in Paris wiedergefunden, zeigt den Grundriss des Südturms. Er stimmt in den Maßen weitgehend mit Plan „F" überein und stellt eine Weiterentwicklung von Plan „B" dar, indem er die darin zum Ausdruck kommende Massigkeit zurückzunehmen versucht.

- **Der Kölner Ostriss** („E"), ein ebenfalls von Boisserée in Paris wieder entdecktes Pergament (93 x 76 cm), zeigt die Ansicht von Osten auf die südliche Hälfte der Westfassade im Bereich des ersten Obergeschosses mit einem Schnitt durch die anschließende Hochschiffwand des Langhauses. Der Plan deutet gleiche Pfeilerbreiten nach allen Richtungen an, was bei seiner baulichen Realisierung ein näheres Zusammenrücken der beiden Türme bedeutet hätte. Hans Kauffmann setzte ihn mit dem vorangegangenen Plan „D" in Verbindung und vermutete, dass beiden bereits das volle Höhenmaß der Türme zugrundelag. Er datierte den Plan auf *„kaum nach 1322"*. Die Datierung durch Rode und Wolff entspricht der des folgenden Plans „E$_1$".

- **Der Langhausplan** („E$_1$"), bestehend aus zwei zusammengehörigen Pergamentblättern (46 x 22 cm und 48 x 22 cm), zeigt im Anschluss an den Südturm den Aufriss des ersten – also westlichsten – Obergadenfensters vom Triforium bis zur Dachgalerie. Boisserée kannte diesen Plan, erblickte in ihm jedoch den *„Aufriss eines der breiten Chorfenster und verhinderte dadurch, dass dieser Plan später bei der Ausführung des Langhauses in die Diskussion gezogen wurde, was zweifellos heftige Kontroversen hervorgerufen hätte. So aber wurde die Zeichnung im 19. Jahrhundert nicht weiter beachtet"* (WOLFF, 1969, 146). Der Plan wurde von Herbert Rode noch auf *„um 1280"* datiert, von Arnold Wolff jedoch ins späte erste Drittel des 14. Jahrhunderts verlegt. Der mit Riss „E" eng verwandte Plan ging durch fehlerhafte Archivierung später verloren; er wurde erst 1952 von Rode wiederaufgefunden und mit der korrekten Bezeichnung „E$_1$" versehen[31].

- **Der große Fassadenplan** („F"), der ebenfalls vorübergehend verschollen war (s. S. 149 ff.), stellt ein geschichtliches Dokument mit einer ganz eigenen Ästhetik dar. Dieser Entwurf bedeutet stilistisch *„eine Endstufe innerhalb der von der französischen Fassade des 13. Jahrhunderts ausgehenden Entwicklung. Aber die Vorstufen sind schöpferisch verarbeitet, sodass die ‚klassische' Fassade – durch den vertikalen Auftrieb überwunden – ein machtvoll einheitlicher Turmbau geworden ist. Anregungen von Straßburg (Wimperg des Hauptportals) und Freiburg (Helm) sind souverän mit dem Ganzen verschmolzen"*[32]. Der Kunsthistoriker Hans Kauffmann bescheinigte dem Plan *„Kraft und Klarheit der Darstellung"*, indes habe seine unkritische Inkraftsetzung beim Fortbau des Doms im 19. Jahrhundert ein *„Produkt stillestehender, angehaltener, sogar zurückgedrehter Zeit"*[33] geschaffen. Seit den 60er-Jahren des 20. Jahrhunderts erfolgt seine Würdigung in der internationalen Literatur sehr viel vorsichtiger und weniger wertend. Die Bezeichnung des Plans durch Kauffmann mit „F" beruhte auf der Annahme einer Entstehung nach den „E"-Plänen. Wolff erkannte jedoch, dass er *„nach dem Bau oder doch nach der endgültigen Fixierung des Oberchors, jedoch vor der Errichtung des Südturm-Erdgeschosses gezeichnet wurde"* (WOLFF, 1969, 155), womit er vor den „E"-Plänen einzuordnen ist; an eine Korrektur der Bezeichnungen ist jedoch nicht mehr zu denken.

■ **Den Strebewerksplan** („G n"), die neuzeitliche Kopie (darum „n") einer mittelalterlichen Entwurfsstudie, führte 1969 Arnold Wolff, der Assistent des damaligen Dombaumeisters Willy Weyres, in die Literatur ein (WOLFF, 1969, 140). Die etwa 58 × 45 cm große Tuschzeichnung aus dem Jahr 1858 (?) zeigt im Maßstab 1:42 bis 1:52 einen Schnitt durch die Hochschiffwand der südlichen Langhausseite mitsamt dem doppelten Strebewerk, durch das man auf das nördliche Fenster des Südquerhauses blickt. Da die Pläne „E" und „E$_1$" völlig unterschiedliche Strebebogen- und Fensterkapitellhöhen aufweisen, kann Plan „G" nicht in ihrer direkten Nachfolge stehen. Die weiterentwickelten Krabben- und Kreuzblumenformen ließen Wolff zu dem Schluss kommen, dass das angenommene mittelalterliche Original („G m") in die Zeit um 1380–1400 zu datieren ist. Aus den mit „E$_1$" übereinstimmenden Strebebogenneigungen folgerte Wolff, dass evtl. ein Urplan („G u") als Entwurfsstudie für einen heute verlorenen Plan „E$_2$" vorgelegen haben könnte (WOLFF, 1969, 172 ff.).

Die mittelalterliche Bautätigkeit

Der erste Dombaumeister, Gerhard, leitete die Bauarbeiten bis zu seinem Tod (zwischen 1260 und 1271). Die Quellen führen ihn unter den Bezeichnungen *magister operis, magister lapicida rector fabricae* und als *lapicida de summo*. Bei Gerhard handelt es sich wahrscheinlich um den ausführenden Baumeister, vor allem aber um den Schöpfer des Gesamtkonzepts. Auch wenn es Dombaumeister Wolff für möglich hält, dass er nach Frankreich gereist war, um die gotischen Kathedralen, insbesondere aber die Pariser Hofkapelle, die Sainte-Chapelle, kennenzulernen, *„hat (er) die Hütten nicht betreten, ihrem Baubetrieb und ihrer Organisation keine Beachtung geschenkt. Er wollte ja auch nicht das Bauen erlernen, sondern die neue Baukunst, die Gotik"* (WOLFF, 1998, 44).

Als Erstes ließ Gerhard den kleinen, zweijochigen Nordbau (s. S. 254 ff.) sowie die sieben Kapellen mit polygonalem Grundriss errichten, die sich wie ein Hufeisen um den Chorumgang legen. Dabei begann er mit den beiden westlichen Kapellen (heute Engelbertus- und Stephanuskapelle) und arbeitete sich allmählich zur Mitte im Osten vor. Nun folgten die zwei Rechteckkapellen (Kreuz- und Marienkapelle) sowie die Pfeiler des Binnenchors.

Die Kölner Chorkapellen müssen bereits 13 Jahre nach der Grundsteinlegung fertig und auch teilweise verglast gewesen sein, denn 1261 fand Erzbischof Konrad von Hochstaden in der mittleren, der Achskapelle, seine letzte Ruhestätte (s. S. 132 ff.). Unter der Leitung Meister Arnolds, der bis 1299 nachgewiesen ist, vollendete man in wenigen Jahren ebenso das Erdgeschoss des Chors wie die Ostseite des Querhauses. Der unvollendete Binnenchor, noch mehr als 30 Jahre lang eine Baustelle, lag von dem neuen Raum umfangen und gegen ihn abgeschlossen da. Auch nach Westen, gegen die westliche Hälfte des Alten Doms, sowie nach Norden und Süden verschloss man den gewonnenen Raum mit Mauern. Im Jahr 1265 konnte er dem Gottesdienst übergeben werden. Zwei Treppen stellten eine Verbindung zwischen den inneren Seitenschiffen des Chors und dem zwei Meter tiefer liegenden Alten Dom her (vgl. Skizze).

Der Hochchor mitsamt dem äußeren Strebewerk erfuhr wohl um 1300 seine Vollendung. Die berühmte, fast 60 m hohe Trennwand, die den Chor bis zum Jahr 1863 nach Westen hin abschloss, war spätestens 1304 fertig gestellt. Kurz danach hat man auch die Verglasung der 15 großen Fenster des Chorobergadens sowie die der drei Fenster in der Wand selbst eingesetzt (s. S. 51 ff.). Ebenfalls zügig voran ging die Arbeit im Binnenchor: Zwischen 1308 und 1311 wurde das Chorgestühl angefertigt und aufgestellt (s. S. 69 ff.). Datierung und ursprüngliche Plazierung des Hauptaltars sind dagegen nicht restlos geklärt (s. S. 57 ff.). Anlässlich einer Synode der Kölner

Kirchenprovinz fand am 27. September 1322 die feierliche Schlussweihe durch Erzbischof Heinrich II. von Virneburg statt[34].

Bald danach nahm man die Fundamente für die südlichen Seitenschiffe und anschließend diese selbst in Angriff. Wohl um für deren Pfeiler und Wände ein festes Widerlager zu schaffen, setzten um 1360 die Baumaßnahmen am südlichen Turm der Westfassade ein. Dabei unterlief dem Baumeister ein kleiner Kunstfehler: Da der westliche Teil des Alten Doms noch stand, war die exakte Positionierung des isoliert begonnenen Südturms recht schwierig. Im 19. Jahrhundert stellte man dann fest, dass sich die mittelalterlichen Baumeister bei der Standortbestimmung des Südturms um etliche Zentimeter geirrt hatten. Bei den während des Zweiten Weltkriegs systematischer vorgenommenen Messungen ergaben sich übrigens noch zahlreiche weitere Unregelmäßigkeiten[35].

Der Südturm war in Maß und Gestalt durch den großen Fassadenplan „F", der bald nach 1300 gezeichnet worden sein muss, festgelegt (s. S. 149 ff.). Urheber dieses Entwurfs war entweder Meister Johannes, Sohn des Arnold, der ab 1296 nachweisbar ist und schon unter seinem Vater am Dom gearbeitet hat, oder – was weniger wahrscheinlich ist – Meister Rutger. Letzterer stand dem Dombau in den Jahren 1331 bis 1333 vor. Danach schweigen sich die Quellen für zwei Jahrzehnte über die Dombaumeister aus. Möglicherweise war das Amt in dieser Zeit nicht besetzt, denn 1337 führte Erzbischof Walram von Jülich Klage, dass wegen eines Spendenmangels die Bautätigkeit am Dom ins Stocken geraten sei (CLEMEN 60). Im Jahr 1353 findet der Dombaumeister Michael Erwähnung, dessen Tochter die Frau des Heinrich von Gmünd war, eines Neffen des Prager Dombaumeisters Peter Parler. Möglicherweise befand sich Michael über 40 Jahre lang im Amt. In dieser Zeit wurden die Seitenschiffe des südlichen Langhauses über die 13,20 m hohen Pfeiler hinaus bis zu einer Höhe von etwa 13,50 m errichtet und mit hölzernen Dächern abgedeckt, die vom Südturm bis zur Ostwand des Querhauses verliefen. Gegen das Mittelschiff, weiterhin eine Baustelle, grenzten sie Mauern ab. Am 6. Januar 1389 wurden die beiden Seitenschiffe bei einer Feier zur kurz zuvor erfolgten Universitätsgründung feierlich in Gebrauch genommen.

In Michaels Amtszeit fällt auch der Baubeginn des Südturms, der – obwohl unvollendet – der gewaltigste Turm des Mittelalters blieb (s. S. 178 ff.). Sein Portal stattete man zwischen 1370 und 1380 mit Skulpturenschmuck aus, der eine unverkennbare Verwandtschaft mit der gleichzeitigen böhmischen Kunst aufweist (s. S. 180 ff.). Bedingt durch den Sitz der Regierung Kaiser Karls IV. (1316–1378) in Prag, hatten sich enge Beziehungen zwischen der böhmischen, der rheinischen und der süddeutschen Kunstlandschaft herausgebildet.

Der Bau des etwa 27 m hohen zweiten Stockwerks fiel in die Amtszeit des Dombaumeisters Andreas von Everdingen, dessen Tätigkeit sich bis etwa ins Jahr 1411 verfolgen lässt. Aufgrund von Veränderungen, die sich seit der Jahrhundertwende im Stilempfinden ergeben hatten (Milderung von Kontrasten im Architektonischen, Herausbildung des Weichen Stils), fühlte man sich nicht mehr an den Fassadenriss „F" gebunden, und so ergaben sich zahlreiche bauliche Abweichungen, die sich im 19. Jahrhundert noch als problematisch erweisen sollten (s. S. 178 ff. u. S. 190 ff.).

Im Turminnern entstand ein mächtiger hölzerner Glockenstuhl. Er nahm in den Jahren 1448 und 1449 die beiden noch heute existierenden Glocken Pretiosa (10 t) – um sie zu läuten benötigte man zehn bis zwölf Männer! – und Speciosa (5,6 t) auf, die man zuvor in Gruben unter dem unvollendeten Mittelschiff gegossen hatte. Merkwürdigerweise fanden die mittelalterlichen Glocken in der preußischen Frühzeit am Rhein wenig Beachtung. Erst im Jahr 1846 untersuchte sie der Sammler und Historiker Johann Jacob Merlo genauer, wobei er die Inschriften entzifferte und notierte[36].

Die Bautätigkeit am Südturm endete schließlich mit dem unteren Teil des dritten Stockwerks in einer Höhe von etwa 56m. Aus seinem Dach ragte bis 1868 der so häufig abgebildete Kran als ein Symbol des Bauwillens heraus.

In der Folge wandte man das Augenmerk den beiden nördlichen Seitenschiffen des Langhauses zu. Als Dombaumeister sind in den 20er- bis 40er-Jahren Nicolaus von Büren, danach Konrad Kuyne van der Hallen verbürgt[37]. Letzterer hatte eine Nichte des Älteren zur Frau. Konrads Sohn, Johannes von Frankenberg, führen die Quellen bis 1491 als Dombaumeister. Das 15. Jahrhundert ahmte getreulich die ihm bereits fremd gewordenen, strengen Formen der Hochgotik der Domsüdseite nach. *„Nur das Laubwerk und die Baldachine der Pfeilerfiguren verraten spätgotischen Zeitstil"* (WOLFF, Der Dom, 8). Die Nordwand wurde bis auf das Couronnement zwischen den Pfeilern F7 und F8 fertig gestellt (s. S. 203 ff.) und mit einem hölzernen Dach versehen. Gleiches geschah auch mit den anderen Teilen des Langhauses und dem größten Teil des Querhauses, von dem lediglich die äußersten Joche im Norden und Süden (die beiden seitlichen Eingangsbereiche) ungedeckt blieben. Somit stand der größte Teil des Doms zur Nutzung zur Verfügung. Schon ab 1415 begann man, im südlichen Seitenschiff Glasgemälde einzusetzen. Leider ist der 1440 vollendete Zyklus inzwischen verschollen (s. S. 230 ff.). Das nördliche Seitenschiff erhielt in den Jahren 1508/1509 eine Folge von Glasgemälden, der heute noch existiert (s. S. 190 ff.).

Die östliche Wand des Nordturms reichte bis in eine Höhe von 22 m, während die West- und Nordwand nur 6 m Höhe aufwiesen (s. S. 183 ff.). Bei den Fundamentierungsarbeiten begann sich eine gewisse Nachlässigkeit abzuzeichnen. Vorboten eines Überdrusses an einem Bauvorhaben oder an Bauformen, die nicht mehr zeitgemäß waren? Dass die Binnenpfeiler des Nordturms E2 und D2 nicht im Zuge der Arbeiten um 1460 fundamentiert wurden, könnte allerdings dadurch bedingt sein, dass hier ein Vorgängerbau der Dompfarrkirche St. Maria im Pesch (‚in pasculo', vgl. S. 237 ff.) stand.

Bei der letzten bedeutenden Baumaßnahme am Dom handelte es sich um die Einwölbung der sechs westlichen Joche der nördlichen Seitenschiffe. Quellen belegen danach wiederholt einen normalen Baubetrieb; noch im Jahr 1559 gab man über 6400 Mark aus. Aus diesen Angaben schloss die ältere Domforschung, dass sich der Baubetrieb – wenn auch schleppend – bis zum Beschluss der Baueinstellung durch das Domkapitel 1560 hingezogen haben muss. Neuere Auswertungen der Quellen führten jedoch zu der Annahme, dass die belegten Summen nicht den Bautätigkeiten am Dom selbst, sondern denen an anderen domeigenen Gebäuden zuflossen. Aus heutiger Sicht kam es in den Jahren zwischen 1510/20 und 1535 zur endgültigen Einstellung der Arbeiten am Dom. Diese Entwicklung ist wohl nicht nur im Zusammenhang mit den neuen religiösen Vorstellungen und veränderten ästhetischen Vorstellungen zu sehen, sondern auch mit den damals in Köln spürbaren wirtschaflichen Auswirkungen der Reformation[38]. Pilger- und Ablasswesen waren stark zurückgegangen; auch konnte man nicht mehr, wie es zuvor selbstverständlich gewesen war, außerhalb Kölns, im Reichsgebiet, für den Dombau sammeln.

Die Zeit nach der Baueinstellung

Der Truchsess'sche, auch „Kölnische Krieg", sowie der Dreißigjährige Krieg verwüsteten das Rheinland bzw. weite Teile des Reichsgebiets und absorbierten auf lange Zeit die ohnehin schwindenden Kräfte Kölns und des Erzstifts. Nach den Auseinandersetzungen, während derer sich Köln auf wundersame Art von den Gräueln verschont sah, richtete der Jesuit und Gelehrte Hermann Crombach[39] an den Kurfürst-Erzbischof Maximilian Heinrich die Bitte, den Heiligen Drei Königen mit der

Der Beschluss des Domkapitels zur gänzlichen Baueinstellung fiel in die Regierungszeit des Grafen Johann Gebhard von Mansfeld (reg. 1558–1562). Gebhard, ein Sohn des Grafen Ernst II. von Mansfeld und der Dorothea Philippine von Solms, war vor seiner knappen Wahl zum Erzbischof mit einer Stimme Mehrheit Domherr in Köln und Propst der Stifte St. Georg in Köln und St. Servatius in Maastricht. Die Finanzlage des Erzbistums war so schlecht, dass eine Kollekte durchgeführt werden musste, um die 28 000 Gulden betragende Taxe für das Pallium des Erzbischofs aufzubringen. Gegen die Wahl Johann Gebhards, den er für völlig ungeeignet hielt, hatte sich der Priesterkanoniker und designierte Kardinal Johannes Gropper, der zu dieser Zeit in Rom weilte, vergebens ausgesprochen. Der Erzbischof stiftete für seine beiden Amtsvorgänger Adolf und Anton von Schauenburg Grabmäler im Dom. Nach seinem Tod wurde er zunächst im Bodengrab seiner beiden Vorgänger bestattet, heute ruht er in der Domkrypta.

Vollendung des Doms eine würdige letzte Ruhestätte zu geben. Er veröffentlichte 1654 auf zwei Kupferstichtafeln erstmals den Grundriss und den Fassadenriss des Doms. Während letzterer in Kenntnis des bekannten Fassadenrisses „F" unter Einbeziehung einiger im Mittelalter vorgenommenen Abweichungen gezeichnet wurde, beruht der Grundriss wahrscheinlich auf der heute verschollenen Vorlage. Bemerkenswert ist der in ihn eingetragene Hinweis auf die geplante Aufstellung der Dreikönigsreliquien in der Vierung[40]. Der Aufruf Crombachs veranlasste den angesprochenen Kurfürst-Erzbischof zwar nicht, die Bautätigkeit am Dom wieder aufzunehmen, doch stiftete er dem Schrein der Heiligen Drei Könige eine kleine Geldsumme für ein barockes marmornes Mausoleum (s. S. 243 ff.). Zu einer erneuten Veröffentlichung der Crombachschen Pläne kam es erst im Jahr 1720. Sicherlich steht das allmählich erwachende Interesse an dem Domtorso im Zusammenhang mit veränderten ästhetischen Vorstellungen, die vor allem in England, aber auch in Frankreich entwickelt worden waren (s. S. 258 ff.).

In der Barockzeit führte man einige dringende Reparaturen durch; auch ließ der Kurfürst-Erzbischof Clemens August in den Jahren 1748/51 durch seinen Hofarchitekten Michael Leveilly über den noch nicht eingewölbten Jochen des Lang- und Querhauses hölzerne stuckierte Scheingewölbe anbringen. Insgesamt wirkten sich die Verschönerungsmaßnahmen des 18. Jahrhunderts für den mittelalterlichen Bestand des Doms jedoch nachteilig aus, zumal denkmalpflegerische Gesichtspunkte noch unbekannt waren. Das gesamte Steinwerk im Innern sowie die zahlreichen Wandmalereien, selbst das Chorgestühl und die hölzernen Scheingewölbe, wurden weiß übertüncht, zahlreiche farbige gotische Plastiken, wenn nicht gar zerstört, so doch hellgrau gestrichen. 1769 nahm man erneut die „Modernisierung" des Chors in Angriff, d. h. man trieb die barocke Umgestaltung voran: Weiß lackierte, eiserne Gitter ersetzten nun die östlichen durchbrochenen Maßwerkschranken aus Stein, an die Stelle der mittelalterlichen Ornamentscheiben in den Triforien trat eine Blankverglasung. Man zertrümmerte das prächtige, spätgotische Sakramentshäuschen, nahm dem Hochaltar an drei Seiten seine weißen Marmorarkaden und überbaute ihn stattdessen mit einem siebensäuligen Ziborium oder Tempietto – wörtlich „Tempelchen" – das auch die Bezeichnung „Haus der Weisheit" trug (s. S. 57 ff.).

Als sich 1794 die Truppen der französischen Republik der freien Reichsstadt Köln näherten, gingen ihnen Abgesandte des Kölner Rats bis Melaten, einem alten Richtplatz an der Landstraße nach Aachen, entgegen, um die Schlüssel der Stadt zu überreichen. Max Franz, als Kurfürst-Erzbischof der letzte Territorialherr des Kurstaats, floh.

Im November 1796 kam es auf Verlangen der Besatzungsmacht zur Schließung des Doms für den Gottesdienst, den man nun als Verpflegungsmagazin und Gefangenenlager der französischen Armee nutzte. Soldaten und antiklerikal gesinnte Kölner richteten im Dom schwere Schäden an[41]. Ausstattungsteile aus Kupfer und Bronze wurden gestohlen, zahlreiche Bildnisse, Wappen und Grabinschriften aus Holz öffentlich verbrannt. Im Winter 1797/98 verheizten Tausende österreichischer Kriegsgefangene die gesamte hölzerne Ausstattung des Lang- und Querhauses.

Von der vollen Wucht des antiklerikalen, revolutionären Bildersturms wurde Köln jedoch nicht erreicht. Zwar eignete sich Frankreich mit dem Frieden von Lunéville vom 9. Februar 1801 die linksrheinischen deutschen Gebiete an, was das Ende des Kölner Erzstifts bedeutete[42], doch die auf Liquidierung der Revolution gerichtete Politik Napoleon Bonapartes erwies sich in kirchlichen Dingen als eher pragmatisch. Noch im gleichen Jahr kam es mit dem Konkordat vom 15. Juli zu einem Abkommen mit der Kirche und es durften wieder Gottesdienste im Dom stattfinden.

Maximilian (Max) Franz Xaver Joseph von Österreich (von Habsburg; 1756–1801), jüngster Sohn der Kaiserin Maria Theresia, war trotz preußischen Widerstandes 1780 mithilfe des österreichischen Staatskanzlers Kaunitz und dessen Agenten Franz Georg Graf von Metternich zum Koadjutor gewählt worden. 1784 erhielt er auch die Würde des Erzbischofs. In dieser Eigenschaft kämpfte der aufgeklärte Fürst, der sich offensichtlich an seinem älteren Bruder Kaiser Joseph II. orientierte, energisch gegen die päpstlichen Nuntiaturen. 1787/88 wollte er den wenigen Kölner Protestanten das Recht auf ein Bet- und Schulhaus verschaffen, während die städtischen Institutionen wie Bannerrat und Gaffeln dagegen protestierten (s. S. 257 ff.). Der Kurfürst-Erzbischof konnte sich gegen diese nicht durchsetzen (sog. Toleranzstreit). 1794 musste er vor den Franzosen fliehen; nach seinem Tod 1801 wurde er in der Kapuzinergruft in Wien beigesetzt (Wappen vgl. S. 78 ff.).

Im Jahr 1803 wurde der Dom Hauptpfarrkirche einer neugeschaffenen Dompfarre. Diese Herabstufung stand in der Folge der Zerschlagung des Kurstaats und der Umgestaltung der alten Kölner Kirchenprovinz: Während der rechtsrheinische Teil vom Domherren Johann Hermann Joseph v. Caspars zu Weiß als Generalvikar (Kapitularvikar) zunächst von Arnsberg, seit 1805 von Deutz aus verwaltet wurde[43], teilten die Franzosen den linksrheinischen dem Erzbistum Mecheln zu. Dieses umfasste die alten, zu einfachen Bistümern herabgestuften Metropolen Mainz und Trier, ferner Lüttich, Namur, Tournai, Gent und ein neugeschaffenes Bistum Aachen. Napoleon, der sich schon in der Nachfolge Karls des Großen sah, wollte die alte Kaiserstadt mit der Verleihung eines Bischofssitzes aufwerten. Er besetzte ihn mit dem Elsässer Marc Antoine Berdolet (1740–1809), der sich bald mit dem Gedanken trug, den Dom abreißen zu lassen: Köln benötigte keine Bischofskirche mehr. Da die Kosten für einen Abriss vermutlich viel zu hoch gewesen wären, kam es jedoch nicht einmal ansatzweise zur Realisierung dieses Vorhabens. Stattdessen stellte die französische Verwaltung Überlegungen an, den Domtorso mit Pappeln zu umgeben[44].

Romantik und preußische Vollendung

Ein paar Fürsprecher und Bewunderer hatte der Dom jedoch auch in dieser Zeit. Der zunehmend nach dem „Sublimen" spähende Blick der gebildeten Welt war schon vier Jahre vor der französischen Besetzung von dem Kosmopoliten Johann Georg Forster auf ihn gelenkt worden (s. S. 257 ff.). Im Zuge einer Reise nach England, die er 1790 zusammen mit Alexander von Humboldt unternahm – bei der Rheinfahrt bis Düsseldorf war auch der Schauspieler A. W. Iffland dabei – , hatte er den Dom besichtigt und begeistert geschrieben:

„Die Pracht des himmelan sich wölbenden Chors hat eine majestätische Einfalt, die alle Vorstellung übertrifft. In ungeheurer Länge stehen die Gruppen schlanker Säulen da, wie die Bäume eines uralten Forstes; nur am höchsten Gipfel sind sie in eine Krone von Aesten gespalten, die sich mit ihren Nachbarn zu spitzen Bogen wölbt und dem Auge, das ihnen folgen will, fast unerreichbar ist. Lässt sich auch schon das Unermessliche des Weltalls nicht im beschränkten Raume versinnbildlichen, so liegt gleichwohl in diesem kühnen Emporstreben der Pfeiler und Mauern das Unaufhaltsame, welches die Einbildungskraft so leicht in das Grenzenlose verlängert ..."[45]

Forster, der mit vielen geistig führenden Zeitgenossen im Austausch stand, war weit davon entfernt, das Mittelalter und seine Baukunst zu politischen Zwecken auszubeuten. Das geistig und politisch rückständige Köln jener Zeit widerte ihn als radikalen Aufklärer an. Ihm und seinen Freunden in der späteren Mainzer Republik schwebte die Vereinigung der linksrheinischen Gebiete Deutschlands mit dem revolutionären Frankreich vor. Um diesen Plan zu realisieren, reiste er 1793 sogar in offizieller Mission der provisorischen Mainzer Regierung nach Paris.

Der Plan eines freiwilligen Anschlusses der revolutionären Rheinlande an die französische Republik scheiterte. Stattdessen verfügte Napoleon Bonaparte einseitig den Anschluss der linksrheinischen deutschen Gebiete an Frankreich, der bis 1814 andauerte. Damit ergab sich merkwürdigerweise noch einmal kurzzeitig die Zusammenlegung jener Territorien, die seit der Antike bis zum Mittelalter **eine** Kulturlandschaft gebildet hatten, und der die gotischen Kathedralen entstammten.

Die Angliederung an Frankreich brachte dem Rheinland einigen Fortschritt. So kam es etwa zur Einführung des *Code Civil* und des *Code Napoléon*; das übrige Deutschland verspürte viel frischen Wind und verzeichnete die Tilgung zahlreicher winziger Territorialherrschaften von der Landkarte. Die andauernden Kriege des französischen Kaisers und die Anmaßungen seiner

Statthalter jedoch, ließen allmählich bei der Bevölkerung des zerschlagenen Reichs ein Nationalbewusstsein sowie die Sehnsucht nach einer deutschen Einheit aufkommen. Von ihr erhoffte man sich viel, um nicht zu sagen alles. Hatten sich gebildete Deutsche bislang eher als Weltbürger und nicht als Deutsche empfunden, so trat nun allmählich ein Wandel ein. Die romantische Begeisterung für das Mittelalter und das als mächtig gedachte Heilige Römische Reich deutscher Nation fokussierte sich auf die gotische Baukunst, die als altdeutsch aufgefasst wurde. So geriet der unvollendete Dom, das *„deutscheste aller deutschen Baudenkmäler"*, bald in den Blick einer rückwärtsgewandten Avantgarde, die ihn zum Nationalsymbol einer Nation erhob, die kein natürliches Zentrum, ja nicht einmal eine Hauptstadt besaß[46].

In seiner torsohaften Form appellierte der Dom durchaus an romantische, in die Vergangenheit gerichtete Reichsvorstellungen: So wie das mittelalterliche „deutsche" Reich der Wiederherstellung bzw. Vollendung harrte, so wartete der Dom auf seine Fertigstellung. Dieses Projekt fand zunächst jedoch nur in dem Kölner Kaufmann Sulpiz Boisserée einen Fürsprecher, der seit 1808 sowohl gründliche Bestandsaufnahmen des Domtorsos als auch antizipierende Darstellungen seines künftigen, vollendeten Zustandes anfertigen bzw. zeichnen ließ.

Boisserées Enthusiasmus, mit dem er bald auch andere anstecken sollte, war vor allem durch die Lektüre der Schriften J. G. Forsters ausgelöst worden. Vereint in der Ansicht, dass sein ruinöser Zustand eine Schande für Deutschland sei, feierten auch Friedrich Schlegel und Joseph Görres den Dom als nationales Heiligtum bzw. als einmaliges („altdeutsches") Kunstwerk[47].

„Praktische Arbeit aber leistete allein Sulpiz Boisserée, der nicht müde wurde, die Vollendung des Doms zu fordern und der in seinem 1821 bis 1831 erschienenen monumentalen Kupferstichwerk ,Ansichten, Risse und einzelne Theile des Doms von Köln' das Anliegen der Öffentlichkeit nahebrachte", schreibt der ehemalige Dombaumeister Arnold Wolff in seinem kleinen Domführer (WOLFF, Der Dom, 8).

Die Qualität der Zeichnungen gilt bis heute als sehr hoch, da sie vor allem die Fähigkeit ihres Schöpfers, sich in die gotische Architektur einzufühlen, widerspiegeln, mit der er in dieser Zeit einzigartig und anderen um Jahrzehnte voraus war; Dombaumeister Willy Weyres nannte das Boisseréesche Domwerk *„das Muster- und Gesetzbuch der rheinischen Neugotik"*.

Im Dezember 1813, also noch vor der endgültigen Niederlage des napoleonischen Frankreich am 18. Juni 1815 bei Waterloo, hatte Sulpiz Boisserée das alliierte Hauptquartier in Frankfurt/M. besucht und dort mit dem preußischen Kronprinzen Friedrich Wilhelm sowie dem Freiherrn von Stein, Hardenberg und Gneisenau Kontakt aufgenommen, um auf die Kölner Altertümer aufmerksam zu machen. Bereits am 16. Juli 1814 konnte Boisserée den begeisterten Kronprinzen Friedrich Wilhelm (1795–1861), den Prinzenerzieher Johann Peter Friedrich Ancillon sowie General Neidthard v. Gneisenau durch den Dom führen.

Die Rheinlande samt Köln fielen durch die Beschlüsse des Wiener Kongresses vom Februar 1815 an Preußen, womit natürlich auch der Dom seinen Besitzer wechselte[48]. Goethe, längst im ganzen deutschsprachigen Raum eine Autorität, wurde vom Freiherrn von Stein gebeten, ihn nach Köln zu begleiten. Man erhoffte sich von dem dichtenden Minister wahrscheinlich eine endgültige Meinungsäußerung zu den Kölner Kunstschätzen. Dieser fuhr tatsächlich mit – immerhin stand er seit 1811 unter dem Einfluss Boisserées – und machte einen Rundgang durch den Dom. Kurz danach verfasste er den 1817 erschienenen Aufsatz „Über Kunst und Alterthum in den Rhein- und Mayn-Gegenden", der halbamtlichen Charakter besaß. Hierin beklagte Goethe den vernachlässigten Zustand des Doms und dessen gänzliche finanzielle Mittellosigkeit. Kurz nachdem man

Sulpiz Boisserée (1783–1854) und sein Bruder Melchior (1786–1851) – beide einer katholischen, aus Brabant eingewanderten Kaufmannsfamilie entstammend – aber auch ihr gemeinsamer Freund, der Jurist J. B. Bertram, haben sich unschätzbare Verdienste um die Bewahrung alter Kölnischer Kunst und den Dom erworben. Dass ihre Sammlung Köln 1827 verließ und an den bayrischen König Ludwig I. ging, wird immer ein dunkler Punkt in der Kölner Stadtgeschichte bleiben. Ohne die Initiative Sulpiz Boisserées hätte der Dom weder bewahrt noch vollendet werden können. Auf eigene Kosten beschäftigte er die Zeichner M. H. Fuchs, A. Quaglio und J. M. Schauss mit der Aufnahme des baulichen Bestandes. Zwischen 1821 und 1831 erschien das von ihm herausgegebene monumentale Kupferstichwerk „Ansichten, Risse und einzelne Theile des Doms von Köln", meist „Domwerk" genannt.

mit dem Druck des Aufsatzes begonnen hatte, sandte er dem preußischen Innenministerium einen Vorabdruck mit einem Begleitschreiben zu. Als beides auf lediglich geringe Beachtung stieß, veröffentlichte Goethe die zögerlichen amtlichen Stellungnahmen. Gleichzeitig richtete er Appelle an Metternich und Hardenberg, die leitenden österreichischen und preußischen Staatsmänner. Dies führte letztendlich dazu, dass im August 1816 der später so berühmte Geheime Ober-Baurat Karl Friedrich Schinkel von der preußischen Regierung nach Köln entsandt wurde, um den Dom in Augenschein zu nehmen.

Schinkels Gutachten vom 3. September nach Berlin empfahl zwar die Erhaltung und den Fortbau des Doms, stellte aber auch die allerschwerste Schädigung der Bausubstanz fest; zusätzlich schlug er die Verschönerung *„durch Räumung des Platzes von hinderlichen Gebäuden durch Ebnung und Reinigung"* vor (s. S. 258 ff.).

Dennoch geschah auch jetzt wenig; lediglich einige kleinere Reparaturarbeiten kamen zur Ausführung. 1819 wurde der baufällige hölzerne Kran auf dem Südturm aus Mitteln einer Stiftung des ehemaligen Kölner Bürgermeisters Reiner Josef Anton v. Klespe (1744–1818) repariert – und dieses Unterfangen hatte Folgen: Der Chor jener Stimmen, die den Weiterbau des Doms forderten, schwoll nun an. Zu dieser Entwicklung trug vermutlich auch das Ende der preußischen Reformbestrebungen bei, da sich die Bürger nun in andere, weniger politisch besetzte Betätigungsfelder gelenkt sahen. Bald schon gingen die Richtungen, in die argumentiert wurde, auseinander, und so wechselten sich Kirche, Kunstwerk und Nationaldenkmal als Hauptmotiv in den zahlreichen Denkschriften ab. Bald sollte noch das Thema Finanzierung hinzutreten.

Ein Abkommen zwischen Papst und preußischem Staat (die Bulle *De salute animarum*) stellte 1821 das Erzbistum wieder her. Der Staat, der seine Hand auf alle Güter des Domkapitels, der Kurfürst-Erzbischöfe und der Stifter gelegt hatte, übernahm im Gegenzug die Baulast für die Herstellungskosten der erzbischöflichen Kathedrale, was freilich noch nicht den Weiterbau, sondern nur die Sicherung des Bestehenden bedeutete[49].

Mit den entsprechenden Arbeiten begann man endlich im Jahr 1823. Der damit betraute Bauinspektor Friedrich Adolph Ahlert verbrachte zunächst viel Zeit damit, einen Kostenvoranschlag für die Reparaturen zu erstellen. 1824 erhielt der Chor einen neuen Dachstuhl sowie ein neues Dach. Ahlert erkannte dabei die enormen Schäden an dem komplexen Strebewerk und reparierte dieses so gut es ging mit völlig unzureichenden Finanzmitteln und der Hilfe von elf Arbeitern. Für diese Reparaturen erhielt er später Kritik, größtenteils jedoch zu Unrecht. Schinkel, der oberste Baubeamte des sparsamen preußischen Staats, hatte selbst Vereinfachungen befohlen und fand diese bei einer Inspektionsreise im Jahr 1830 einigermaßen vertretbar. Bei Ahlerts frühem Tod 1833 (er wurde lediglich 43 Jahre alt) waren vier von 14 Strebesystemen in graugestrichenem Eifelbasalt erneuert.

Nun entsandte Schinkel den begabten schlesischen und – für Rheinländer unerhört – protestantischen Architekten Ernst Friedrich Zwirner als Dombauinspektor nach Köln. Zusammen mit Schinkel entwickelte dieser die Pläne für den Ausbau des Westteils des Doms. Dabei handelte es sich aus Kostengründen um Übergangslösungen ohne Gewölbe. Die 1833 und 1834 präsentierten Pläne erlaubten jedoch einen weiteren Ausbau. 1838 legte Zwirner einen neuen, später „Zweiter Schinkelplan" genannten Entwurf vor, der zwar die Einwölbung von Lang- und Querhaus vorsah, das äußere Strebewerk, das eiserne Zuganker ersetzen sollten, aber weg ließ. Der Klassizist Schinkel, dem die Hochgotik nicht wie den Neugotikern die einzigartige und höchste Baustufe der Menschheit bedeutete, war nämlich der Auffassung, dass das Strebewerk nicht unbedingt ein

August Reichensperger (1808–1895), zunächst Richter in Koblenz und Trier, ab 1849 in Köln, war 1848 Mitglied des Frankfurter Parlaments, seit 1867 Mitglied des norddeutschen Abgeordnetenhauses. Bis 1884 gehörte er auch dem deutschen Reichstag an. Der kämpferische Katholik galt den Preußen als „ultramontan". Bereits 1852 gründete Reichensperger die katholische Fraktion im preußischen Landtag, aus der 1861 das „Zentrum" (1871 erneuert) hervorging. Schon früh forderte Reichensperger – auch einer der Väter des Central-Dombau-Vereins – den Fortgang der Bauarbeiten am unvollendeten Dom. 1842 gab er eine Schrift zu den Chorpfeilerfiguren heraus, 1845 erkannte er durch seine Beschäftigung mit den Portalen der Kathedrale von Amiens den französischen Ursprung der Gotik. Seit den 60er-Jahren trat er vehement für die Errichtung eines Lettners im Dom ein; auch forderte er (gegen Zwirner) einen hölzern Dachstuhl.

Johannes v. Geissel (1796–1864), 1836 bis 1841 Bischof von Speyer, dann Koadjutor des Kölner Erzbischofs v. Droste zu Vischering, wurde 1846 Erzbischof. Zur Grundsteinlegung waren verschiedene Fürsten erschienen, u. a. Prinz Wilhelm von Preußen, Erzherzog Johann von Österreich sowie Fürst Clemens Lothar Wenzel v. Metternich, der sich über die romantische Rede des Königs moquierte. Ferner waren anwesend Alexander v. Humboldt, Sulpiz Boisserée, August Reichensperger und viele andere (Beschreibung u. Literaturhinweise u. a. bei A. Klein, 112 ff.).

ästhetischer Gewinn für den Dom sei: *„Dieser kostbare [gemeint: teure] Theil konnte demnach ganz entbehrt werden, ohne dass das Innere dabei beeinträchtigt wurde, im Gegentheil gewann das Gebäude in seiner Construction"* (Bericht vom 5. Sept. 1838). Boisserée und andere Neugotiker liefen dagegen Sturm. Nach Schinkels Ausscheiden aus dem Dienst vermochten sie den Dombaumeister Zwirner für ihre Vorstellungen zu gewinnen. Diesem gelang es in mühseliger Überzeugungsarbeit, die Forderungen der Neugotiker nach dem Strebewerk durchzusetzen. Allerdings übersahen die Anhänger des hochgotischen Strebewerks, dass man bei einer spätmittelalterlichen Vollendung des Doms diesen sicher auch in einer anderen Formensprache und mit anderen technischen Mitteln als den hochgotischen ausgestattet hätte.

Der Regierungsantritt Friedrich Wilhelms IV. am 7. Juni 1840 hatte Hoffnungen auf eine Ausweitung der bürgerlichen Freiheiten geweckt, da man diesen Fürsten für erheblich liberaler als seinen Vorgänger hielt. Die politischen Erwartungen des Bürgertums wurden zwar bald enttäuscht, dafür sollte es mit einem Fortgang des Dombauprojekts entschädigt werden. Der Dichter Heinrich Heine, der bis dahin dem Pariser Hilfsverein als zweiter Vorsitzender angehört hatte, verließ diesen und wandte sich fortan gegen den Dombau, den er für ein politisches Spielzeug und Surrogat zu halten beschloss. Die Entscheidung des preußischen Königs für den Fortbau des Doms hatte sicherlich ihre Hauptquelle in seiner schon 1813/14 von Boisserée geweckten Begeisterung für das Bauwerk. Immerhin gelang es ihm, die Spannungen zwischen der katholischen Kirche und dem preußischen Staat beizulegen, die sich aus dem „Kölner Ereignis" ergeben hatten. Damit waren günstige Bedingungen für den endgültigen Weiterbau geschaffen.

Verschiedene Rheinländer, darunter vor allem der Jurist August Reichensperger und der Kaufmann Everhard v. Groote, riefen zur Gründung eines Dombauvereins auf. Im November 1840 genehmigte der preußische König die Vereinsgründung und gewährte die bisherigen jährlichen 10 000 Thaler auch weiterhin.

Im Jahr 1841 gründeten Kölner Bürger den Central-Dombau-Verein, der in seinem Statut als seinen ersten Zweck den Fortbau *„nach dem ursprünglichen Plan"* angab. König und Verein versprachen, jährlich je 50 000 Thaler aufzubringen. Am 12. Januar 1842 ordnete der König per Kabinettsordre die endgültige Vollendung des Doms an, und am 4. September 1842 legten Erzbischof-Koadjutor Johannes (später Kardinal-Erzbischof) von Geissel und König Friedrich Wilhelm IV. gemeinsam den Grundstein zum Weiterbau der Südfassade.

Mit patriotischem Pathos, das durch eine ironische Anspielung auf das Mischehenproblem aufgelöst wird, reimte der liberale Dichter Ludwig Uhland 1842 unter dem Titel „Dompfennige":

„Deutscher Bau am deutschen Strom,
Großer Vaterlandsgedanke!
Bauen wir den Kölner Dom!
Straßburgs Münster baut der Franke.
Dass man nicht sein Glück vergesse,
Müssen Fest und Denkmal sein:
Gutenberg – die freie Presse,
Kölner Dom – der freie Rhein.
Heil'ger Dom von Köln, erstehe!
Sinnbild unsrer Friedenszeit,
Deutscher Eintracht, Christlichkeit,
Denkmal – der gemischten Ehe!"

Mit der Erwähnung der gemischten Ehe bezog sich Uhland auf das gerade mit Not überstandene „Kölner Ereignis" (s. S. 153 ff.). In einer Zeitungsbeilage vom 10. Februar 1842 forderte er nicht nur zum freudigen Spenden für den Bau auf, er wies auch die erneut vorgetragenen französischen Ambitionen auf die deutschen Gebiete links des Rheins zurück: *„Das große Sinnbild deutscher Eintracht, deutscher Gesinnung, deutscher Tatkraft wäre für immer gefunden. Jeder aber, der vor dem deutschen Dome stünde, würde in ihm auf die gallische Rheinfrage die stille deutsche Rheinantwort erkennen und empfinden."*

Sehr viel frommer war die Art, in der sich der schlesische Dichter Joseph v. Eichendorff, preußischer Staatsbeamter im „Ministerium für geistliche Angelegenheiten", mit dem Dombau beschäftigte. Er war in den Jahren 1842/43 mit der gesamten Akte „Baue und Reparaturen am Dom zu Coeln betreffend" befasst[50]. Auch hatte er sich um die Erschließung von Geldquellen bemüht und darüber hinaus im Jahr 1842 in Berlin einen Verein zur Unterstützung der Dombauidee gegründet. Ihm war, wie vielen Romantikern, die Vollendung des Doms eine Herzensangelegenheit.

Wer aber glaubt, dass die preußisch-kölnischen Bestrebungen zur Vollendung des Domtorsos etwas bisher nie Dagewesenes und Einmaliges bedeutet hätte, sei auf die bereits erwähnte Vollendung der Kathedrale von Orléans verwiesen. Ähnlich wie beim Kölner Dom hatte man in Orléans im Mittelalter im wesentlichen den Chor mit den Chorkapellen errichtet. Darüber hinaus bestanden jedoch nicht nur einige Langschiffteile, an denen man vermutlich bis ins 16. Jahrhundert hinein gebaut hatte, sondern auch die von einem mächtigen Turm bekrönte Vierung. Im Jahr 1568 sprengten die Hugenotten die Vierungspfeiler, sodass der Turm einstürzte und die Kathedrale zunächst einmal unbenutzbar wurde. Schon 1601 begann man jedoch mit der erneuten Errichtung des Bauwerks.

Erstaunlicherweise hielt man auch in dieser frühbarocken, der Gotik schon so fern stehenden Zeit an dem Plan fest, die Kirche im gotischen Stil zu vollenden. Es lässt sich von einem *„frühen und herausragenden Fall historistischer Architektur"* sprechen (KURMANN, Spätgotik, 157). Da keine mittelalterlichen Pläne vorlagen, kopierte man die gotischen Formen aus dem noch Bestehenden. Für die Fassaden mussten später jedoch eigene – neugotische – Formen entwickelt werden, was sich belebend auf die beginnende europäische Gotikrezeption auswirkte. Der Wiederaufbau zog sich mit Unterbrechungen bis 1829 hin. Somit brachten Neugotiker den gewaltigen Kathedralbau von Orléans elf Jahre vor Beginn der Wiederaufnahme des Dombaus zu Köln zum Abschluss, und man blickte daher auch von Frankreich mit Interesse und wohlwollender Anteilnahme nach Osten auf das wieder aufgenommene Werk im Rheinland[51].

Die königlich preußische Regierung ging allerdings zunächst davon aus, dass nach dem kostengünstigeren „zweiten Schinkelplan" gearbeitet würde, d.h. ohne die aufwändigen, teuren Verstrebungen. In einer Privataudienz gelang es dann dem von König Friedrich Wilhelm IV. hochgeschätzten Zwirner, diesen umzustimmen, und es erging im Februar 1843 per Kabinettsordre der Erlass, dass nach dem (im Grunde fiktiven) Originalplan gearbeitet werden würde.

Zunächst stand die Errichtung der beiden Querhausfassaden an, von denen keine mittelalterlichen Pläne existierten. Zwirner erarbeitete für dieses Vorhaben – in ständigem Austausch mit Boisserée, Schinkel und dem König – zwei Entwürfe in der Formensprache der Westfassade (s. S. 240 ff. u. S. 251 ff.). Im Jahr 1848 waren die Seitenschiffe schließlich vollendet und das Mittelschiff bis über das Triforium hinaus errichtet. Anlässlich des 600. Jahrestags der Grundsteinlegung am 15. August 1848 wollte Erzbischof v. Geissel das Bauwerk konsekrieren und dem gottesdienstlichen Gebrauch übergeben. Trotz der europaweiten revolutionären Unruhen sollte

Mitten in dieser unruhigen Zeit, am 28. Mai 1852, führte der Gymnasiallehrer Dr. Caspar Garthe[52] im Chor einen heute noch berühmten physikalischen Versuch durch: das Experiment mit dem Foucaultschen Pendel zum Nachweis der Erddrehung. Hierbei ging es darum, anhand der Abweichungen eines bewegten Pendels die Eigenbewegung der Erde nachzuweisen. Anders als der französische Physiker Foucault selbst, der schon 1851 mit einem 2 m langen Pendel, dann in Gegenwart von Louis Napoléon mit einem 65 m langen Pendel in Paris experimentiert hatte, verwendete Garthe exakte Skalen zum Bestimmen der Pendelabweichungen. Im Beisein des Erzbischofs Geissel fand das Experiment im Hochchor mithilfe eines 45 m langen Pendels statt. Die gewonnenen Daten dienten Garthe zur Formulierung einer Gesetzmäßigkeit des Phänomens. Noch im gleichen Jahr veröffentlichte er eine Schrift mit seinen Berechnungen. Darin ist ebenfalls eine gezeichnete Abbildung des Domchors enthalten[53].

Karl Richard Voigtel (1829–1902) war seit 1855 am Dom tätig; 1861–1902 als Dombaumeister. Als sein Hauptwerk gilt die Westfassade, die er weitgehend nach Plan „F" gestaltete. 1868 ließ er auf öffentlichen Druck das älteste gotische Bauglied, den sog. Nordbau zerstören (s. S. 254 ff.). Voigtel war Protestant und im Sinne des Kulturkampfs antikatholisch eingestellt. Nach seinem Tod kritisierte man seine Befangenheit „in streng historischer Doktrin" (CLEMEN), ferner dass er „sich im zweiten Geschoss [der Westfassade] sogar

dieser Tag in Köln gebührend gewürdigt werden. Zu der drei Tage währenden Feier erschienen König Friedrich Wilhelm IV., sein Bruder Wilhelm, Heinrich von Gagern, Präsident der Nationalversammlung in Frankfurt, Erzherzog Johann von Österreich, der Reichsverweser des kaiserlosen deutschen Bundes, der greise Wissenschaftler Alexander v. Humboldt, der Apostolische Nuntius in Wien und Freund v. Geissels, Viale-Prela, sowie zahlreiche andere bedeutende Persönlichkeiten. Der bayerische König Ludwig I., der die Bayernfenster gestiftet hatte, erschien nicht: Nach der Affäre mit der Tänzerin Lola Montez war er während der Märzrevolution von 1848 zum Rücktritt gezwungen worden (s. S. 230 ff.).

Der Katzenjammer nach der gescheiterten Revolution und der Rückzug vieler engagierter Bürger aus dem öffentlichen Raum bescherten dem Dombau zunächst eine Finanzflaute, die jedoch bald überwunden war. Das geistige Klima in Deutschland hatte sich nach der Revolution allerdings unwiderruflich verändert. War der Dombau bis dahin vor allem von Männern romantischer Geisteshaltung getragen worden, traten nun nüchternere, protestantische Persönlichkeiten von ausgeprägt utilitaristischer Geisteshaltung in den Vordergrund. Die noch von der Toleranz und Humanität des 18. Jahrhunderts bzw. vom romantischen Geist beflügelten Förderer des Doms – Sulpiz Boisserée, König Friedrich Wilhelm IV. und Dombaumeister Zwirner – verstarben. Boisserée bereits 1854, die beiden anderen 1861.

Die Nachfolge Friedrich Wilhelms IV. trat sein Bruder Wilhelm an, der für den Dombau nur insoweit Interesse aufbrachte, als er der Preußenpropaganda im katholischen Rheinland Vorschub leistete. Zwirners Amt übernahm der Magdeburger Karl Richard Voigtel.

Im Jahr seines Amtsantritts wurde das Dach mit dem 109 m hohen, eisernen Dachreiter vollendet (s. S. 173 ff.). 1863 konnten auch die Gewölbe über dem Lang- und Querhaus geschlossen und die über 500 Jahre alte Trennwand vor dem Chor abgebrochen werden. Den Abriss dieser annähernd 1,00 m starken Wand nahm man äußerst behutsam und schrittweise vor, um die Statik der Vierungspfeiler nicht zu gefährden. Dombaumeister Karl Richard Voigtel untersuchte das zu Tage tretende Material genau und erkannte, dass man nicht nur das beim Chorkapellenbau verworfene Material verwendet hatte, sondern auch Spolien, die er als aus römischer Zeit erkannte. Er fand einige korinthische Kapitelle, was die Hoffnung nährte, endlich Spuren des Mercurius-Augustus-Tempels zu finden[54]. Der Bonner Germanist und Dichter Karl Simrock (1802–1876) bejubelte den Abriss der Trennwand in einem Gedicht, das er selber auf der 28. Generalversammlung des Akademischen Dombauvereins in der Universität Bonn am 17. November 1863 vortrug. Seine ersten zwei Verse lauten:

„Gefallen ist die böse Wand, gefallen,
Die Chor und Schiff so lange hielt geschieden;
Und wie er taucht in diesen tiefen Frieden,
Durchmisst ein Blick die weiten Säulenhallen.
Dies ist ein Wald, und willst du ihn durchwallen,
So fesselt Staunen dir den Fuß hinieden,
Schon wähnst du dir die Seligkeit beschieden,
Hörst vom Altar das Dreimalheilig schallen ..."

Leider wurden beim Abriss der Wand die mittelalterlichen Wandmalereien mit dem thronenden Christus sowie drei Fenster (zwei unten und eins mittig höhergestellt) aus der Zeit um 1304 unwiderruflich zerstört[55]. Die Fenster waren eine Stiftung des Erzbischofs Wigbold von Holte. Auch die alte Orgel von 1572, die an der Wand über dem Chorgestühl ihren Platz hatte, ging großteils verloren.

Der Fall der Wand ließ bei vielen Freunden des Doms die Forderung nach der Errichtung eines neugotischen Lettners aufkommen, der ihrer Meinung zufolge unbedingt zu einem Sakralbau der Gotik gehörte. Bereits 1859, also noch vor dem Fall der Trennwand, hatte Zwirner einen Entwurf vorbereitet, und Voigtel legte neun Jahre später einen ebensolchen vor. Der jüngste Lettnerentwurf – ein Gemeinschaftswerk W. Mengelbergs und A. Rincklages – stammt von 1901. Auch wenn die Forderung nach einem Lettner sich letztlich nicht durchsetzte, verband sie sich mit der bereits von Boisserée begonnenen Diskussion um die Ausgestaltung des Chorraums und des Hochaltars.

Um dem immer wieder deutlich spürbaren Geldmangel abzuhelfen, veranstaltete der Central-Dombau-Verein 1864 – gegen den Widerstand seines Ersten Sekretärs, August Reichensperger – erstmals eine Lotterie. Sie erbrachte von ihrer ersten Ziehung an so große Einnahmen, dass der Bedarf an staatlichen Zuschüssen, die bis 1863 über die Hälfte der Ausgaben bestritten hatten, ständig zurückging. Auf diese Weise gelang es, die Türme in nur 17 Jahren zu vollenden. Schon 1868 erreichte der Nordturm die Höhe des aus dem Mittelalter stammenden Südturms. Schließlich musste auch der knarrende alte **Kran**, seit fast fünf Jahrhunderten das weithin sichtbare Wahrzeichen Kölns, zum Bedauern vieler abgebaut werden. Noch 1842 war er anlässlich der Grundsteinlegung, geschmückt mit dem schwarzen Adler Preußens, erneut in Betrieb genommen worden. Die jahrhundertealte Maschine hätte es verdient gehabt, der Nachwelt in einem Museum erhalten zu werden[56].

Schließlich war der Dom samt Türmen am 14. August 1880 de facto fertig. Es fehlte nur der an der Kreuzblume des Südturms einzusetzende Schlussstein. Dieser hätte den Wünschen des Dombau-Vereins zufolge am 15. August, dem höchsten Marienfeiertag, an dem auch die mittelalterliche Grundsteinlegung durch Konrad von Hochstaden erfolgt war, eingesetzt werden sollen. Die anlässlich der Feier geladenen Teilnehmer – allen voran Kaiser Wilhelm I. – ließen den Termin einfach verstreichen. Anschließend aber ordnete der neudeutsche Kaiser an, dass die Feier am 15. Oktober, dem Geburtstag seines verstorbenen Bruders Friedrich Wilhelm IV., stattzufinden habe.

Bei diesem Befehl handelte es sich – zusammen mit der Anweisung, an jenem Tag ein Tedeum abzuhalten und die Domglocken läuten zu lassen – um eine gewollte Brüskierung der katholischen Kirche. Der Kölner Erzbischof Paulus Melchers hatte sich wegen des Kulturkampfs bereits fünf Jahre zuvor gezwungen gesehen nach Holland ins Exil zu gehen[57]. Der in einer Immediateingabe ausgesprochenen Bitte einiger Zentrumsabgeordneter, dem Erzbischof für die Dauer der Feier die Rückkehr nach Köln zu gestatten, wurde nicht entsprochen. Vielmehr deutete man von offizieller Seite an, dass Melchers bei seinem Erscheinen in Köln mit seiner Verhaftung zu rechnen habe.

Ein gegenüber der katholischen Kirche ebenso barsches Verhalten legte das Komitee an den Tag, das die bevorstehenden Festlichkeiten ausrichtete: es lud das Metropolitankapitel nicht ein. Reichensperger zog sich daraufhin ganz aus den Aktivitäten zurück und forderte die Katholiken zur *„würdigen Zurückhaltung"* auf. Am 14. Oktober, dem Tag vor dem von Wilhelm I. verordneten Fest, zierte das Äußere des Doms sowie die protestantischen Kirchen Kölns die volle Beflaggung, während die katholischen Kirchen und das Innere des Doms ungeschmückt blieben.

Am Vormittag des 15. Oktobers 1880 empfing Weihbischof Johann Baudri in der unfestlichen Tracht eines Domdechanten Kaiser Wilhelm und seine Frau Augusta[58]. Baudri brachte den Mut auf, die erzwungene Abwesenheit des Erzbischofs Melchers in seiner kurzen Begrüßungsrede anzusprechen. Nachdem man den letzten Stein mit einer Urkunde auf der Kreuzblume des Südturms

das Motiv der großen Rose entgehen ließ" (FÖRSTER). Dieser Vorwurf entbehrt allerdings jeder Grundlage, da Voigtel gar nicht die Möglichkeit hatte, vorbei an Regierung, Erzbischof, Domkapitel, Dombauverein und Kölner Bürgertum so wichtige Entscheidungen zu treffen: *„In Sachen Dombau fühlten sich alle Beteiligten kompetent und zum Eingreifen berechtigt"* (WOLFF, 1969, 162).

Wigbold von Holte (Wikbold; reg. 1297–1304) war zum Zeitpunkt seiner Wahl zum Erzbischof schon sehr alt. Seine Regierung fing friedlich an. Er verbündete sich jedoch 1300 mit den rheinischen Kurfürsten zu einem Bund, der zum Sturz des habsburgischen Königs Albrecht I. führen sollte. 1302 musste sich Wibold unterwerfen. Danach begann er eine erfolglose Fehde mit den Grafen von Berg. Sein plötzlicher Tod verhinderte Schlimmeres. Er wurde in St. Patrocli zu Soest bestattet. Wigbold stiftete außer den genannten Fenstern auch das Wandgemälde mit der Majestas Domini, das sein Wappen zeigte.

eingefügt hatte (s. S. 178 ff.), war der Dom nach 632 Jahren und zwei Monaten vollendet. Die Hohenzollern hatten es verstanden, sich mit der Fertigstellung ein politisches Denkmal im Rheinland zu setzen. Am nächsten Tag fand ein Umzug von mit historischen Kostümen verkleideten Bürgern durch Köln statt. Das deutschnationale Gepräge dieses Festzugs kam insbesondere in dem Mitführen einer großen Germaniafigur zum Ausdruck, die ein Modell des Doms mit einem Lorbeerkranz bekrönte. Der Zug ergötzte den Hohenzollernkaiser derart, dass er einen zweiten Vorbeimarsch anordnete – begeistert kam man diesem Wunsch nach.

Ohne Baugerüst, in all seinen Teilen vollendet, stand der Dom nun da. Als der Dombaumeister Voigtel verkündete, er halte weitere staatliche Fördermittel für die Erhaltung einer katholischen Kirche für unvertretbar, entschied man sich, diese für den Dom zu streichen. Trotz dieses bedauerlichen Entschlusses musste nicht mit Geldern gegeizt werden, doch leider wurde so manche Summe für den Ankauf von Immobilien verschwendet, um das Freilegungs- und Zerstörungsprogramm, das den Bereich um den Dom betraf, weiter durchführen zu können (s. S. 257 ff.).

Im Innern des Doms schritten derweil die Umgestaltungsarbeiten im Sinne der Neugotik voran: Das Dreikönigenmausoleum (s. S. 132 ff.) und barocke Altäre, insbesondere der barocke Hochaltar (s. S. 57 ff.) fielen dem Abriss zum Opfer, dafür stellte man u.a. den domfremden, aber gotischen Claren-Altar (s. S. 206 ff.) hinter dem Hochaltar auf und vereinheitlichte den Fußboden (s. S. 39 ff.).

Es folgten nur wenige Jahre, in denen der Dom ohne Baugerüste dastand. Schon im Jahr 1905 musste Dombaumeister Bernhard Hertel eine neue Dombauhütte zur Behebung der schweren Verwitterungsschäden einrichten.

Die leichtsinnige Außerachtlassung denkmalpflegerischer Gesichtspunkte in den letzten Jahrzehnten des 19. Jahrhunderts und die allzunahe Heranführung des Eisenbahnverkehrs durch die Trassenführung der Eisenbahnbrücke hatten sich inzwischen gerächt[59]. Hertel und sein Nachfolger Güldenpfennig, Dombaumeister von 1928 bis 1944, mussten das gesamte Strebewerk des Chors in Muschelkalk erneuern[60].

Die schwersten Schäden an der Bausubstanz richtete der Zweite Weltkrieg an. 14 schwere Fliegerbomben und mindestens eine Luftmine trafen den Dom. Im Langhaus und im nördlichen Querhaus stürzten zehn Hochschiffgewölbe sowie vier Seitenschiffgewölbe ein. Ferner traten Schäden am Fußboden und an sämtlichen Fenstermaßwerken auf. Die mittelalterlichen Glasmalereien und zahlreiche Kunstschätze hatte man jedoch sicherheitshalber frühzeitig ausgelagert oder in den Bunker im Nordturm gebracht.

Das nördliche Querhaus und der nordwestliche Eckpfeiler des Nordturms mussten besonders schwere Schäden verzeichnen. Auch 19 Granaten, die von den bereits abziehenden deutschen Einheiten auf die vorrückenden US-Truppen abgefeuert worden waren, trafen den Dom. Selbst nach Beendigung der Kampfhandlungen kam es noch zu Verlusten der Bausubstanz. So blieben etwa die Sprengungen der Trümmer der Hohenzollernbrücke in den Monaten August und September 1945 nicht ohne Folgen – zu den gravierendsten zählte der Einsturz eines Langhausgewölbes.

Den Auftrag, den Chor des Doms bis zur Feier des 700. Jahrestags der Grundsteinlegung, dem Jubiläumsjahr 1948, wieder benutzbar zu machen, erhielt der Dombaumeister Willy Weyres. Das Vorhaben gelang – allerdings nur mit knapper Not, da auch auf die zeitgleich durchgeführten Ausgrabungen Rücksicht genommen werden musste.

Der westliche Teil des Doms, der im Krieg besonders gelitten hatte, konnte nach dem Abriss der provisorischen Chortrennwand rechtzeitig zum Katholikentag 1956 dem gottesdienstlichen Gebrauch übergeben werden. Vereinzelte Kriegsschäden gilt es heute noch zu beseitigen.

Bernhard Hertel (Dombaumeister 1903 bis 1927) war ein „Glücksfall für die Denkmalpflege". Nach dem Tod des alten, amtsmüden und resignierten Dombaumeisters Voigtel (1902) erkannte er als einziger den hohen Grad der Verwitterung des Domchors. Er war auch ein entschiedener Gegner des Abrisses von Gebäuden im Umfeld des Doms, der sog. Freistellung, und legte schon 1912 einen Plan zur teilweisen Wiederbebauung des Domhofs (heute Roncalliplatz) vor (vgl. S. 258 ff.).

Willy Weyres (1903–1989), Diözesanbaumeister von 1944 bis 1955, war von 1947 (schon seit 1944 kommissarisch für H. A. Güldenpfennig) bis 1972 Dombaumeister, seit 1955 auch Professor für Baugeschichte an der TH Aachen. Ornamente u.Ä., die an den in seiner Amtszeit reparierten und erneuerten Bauteilen ausgeführt wurden, waren meist sehr stark vom Zeitgeschmack geprägt. Sein markantestes Werk ist wohl der erneuerte Dachreiter über der Vierung des Doms.

Der Chor; Binnenchor und Chorumgang 3

Grundriss und Baugeschichte

Der Grundriss des Chorpolygons wurde aus einem regelmäßigen Zwölfeck entwickelt[61]. Über sieben Ecken des Zwölfecks errichtete man die sieben polygonalen Chorkapellen, sodass sich ein so genannter $7/12$-Schluss ergab. Der Mittelpunkt des Zwölfecks liegt daher nicht an der Abschlusslinie des Polygons, sondern innerhalb des Vielecks. Bei den älteren französischen Kathedralen stieß man bei der Gestaltung des Polygons und seines Übergangs in den geraden Teil des Chors mitunter noch auf einige Schwierigkeiten. In der wohlhabenden nordfranzösischen Tuchmacherstadt Beauvais, deren Kathedrale im Fall der Vollendung selbst die Maße des Kölner Doms übertroffen hätte, war es nicht gelungen, hinsichtlich des Chors eine geometrisch vollkommen befriedigende Form zu finden. In Amiens wählte man als Grundlage des Chorpolygons ein Dreizehneck. Es ist viel darüber spekuliert worden, ob den Geometrien der Gotik nicht etwa geheime, symbolträchtige Zahlenverhältnisse zugrunde liegen, und diese Frage kann keinesfalls als völlig geklärt gelten (s. S. 266 ff.).

Das Erdgeschoss des Chors besteht mit Ausnahme der Sockel noch aus dem originalen Trachyt vom Drachenfels. Da die städtische Bebauung im Mittelalter bis an den Dom heranreichte, eine Auflösung der Architekturformen also nicht erforderlich war, weist dieser Gebäudeabschnitt keinerlei Schmuckformen auf. Um so reicher sind die um 1300 ausgeführten Zierformen im Strebewerk und den Gaden des Obergeschosses der Südseite ausgebildet; ihre Üppigkeit nimmt nach Norden hin allmählich ab. Eine erste Erneuerung des komplexen Strebewerks führte erst Ahlert (ab 1823), dann Zwirner durch. Eine zweite Erneuerung, die auch die Wimperge sowie die Dachgalerie einschloss, die Obergaden jedoch aussparte, erfolgte unter Dombaumeister Güldenpfennig in den Jahren 1926 bis 1939.

Wie in Reims standen ursprünglich über den Chorkapellen in offenen Tabernakeln zwölf apokalyptische, große Posaunen blasende Wächterengel. Die Gestalten sowie die sie bergenden Tabernakel, die der preußische Oberbaurat Karl Friedrich Schinkel als *„Heiligenhäuschen"* bezeichnete, waren im Lauf der Zeit jedoch fast bis zur Unkenntlichkeit verwittert. Trotz der großen Geldnot richtete Schinkel sein Augenmerk bald auf diese markanten Stellen des Domchors, *„weil sie im Profil des ganzen Gebäudes ein wesentliches Glied bilden"*. Aus Kostengründen schuf er selber Entwürfe für musizierende Engel – das Apokalyptische der posaunenblasenden Engel traf er damit aber nicht. Die Figuren, die in den Jahren 1834/41 von dem Bildhauer Wilhelm Josef Imhoff (1791–1858) in Sandstein ausgeführt wurden, ließen sich zur Gänze mithilfe von Spenden – vornehmlich aus Kreisen des Berliner Hofs – finanzieren [62]. Von diesen zwölf musizierenden Engeln sind heute noch acht erhalten; drei wurden 1934/37 erneuert, 1968 schuf Erlefried Hoppe einen weiteren Engel mit Posaune.

Vor den Augen des Betrachters weitgehend verborgen durchzieht den Obergaden des Chors ein geschlossener, eiserner Ringanker; er besteht aus drei Gruppen horizontaler Vierkanteisen, die sich von Pfeiler zu Pfeiler spannen. Die oberste Ankerreihe liegt auf der Oberkante der höchsten Rechteckscheiben der Chorobergadenfenster. Der Beweis für die Geschlossenheit des Ankers ließ sich im Rahmen eines Versuchs erbringen, in dessen Verlauf man elektrischen Strom durchleitete. Bei diesen Untersuchungen stellte man zudem fest, dass das Eisen – gemessen an heutigen Maßstäben – ziemlich unrein ist (LÜPNITZ 72 f.). Solche eisernen Hilfskonstruktionen wurden

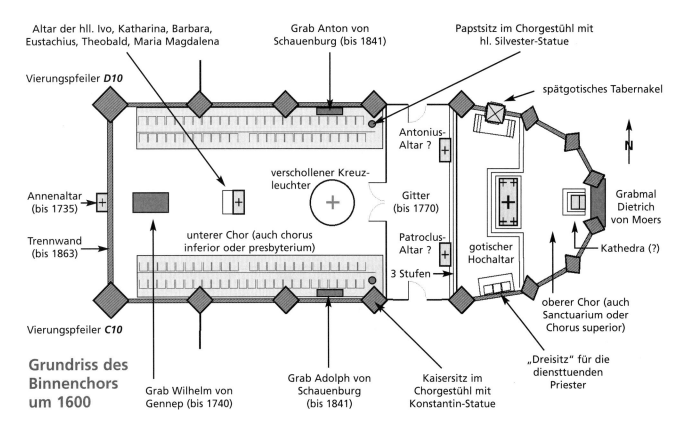

Altar der hll. Ivo, Katharina, Barbara, Eustachius, Theobald, Maria Magdalena

Grab Anton von Schauenburg (bis 1841)

Papstsitz im Chorgestühl mit hl. Silvester-Statue

spätgotisches Tabernakel

Vierungspfeiler D10

Antonius-Altar ?

N

verschollener Kreuzleuchter

Gitter (bis 1770)

Annenaltar (bis 1735)

unterer Chor (auch chorus inferior oder presbyterium)

Grabmal Dietrich von Moers

Trennwand (bis 1863)

Patroclus-Altar ?

gotischer Hochaltar

Kathedra (?)

3 Stufen

Vierungspfeiler C10

oberer Chor (auch Sanctuarium oder Chorus superior)

Grundriss des Binnenchors um 1600

Grab Wilhelm von Gennep (bis 1740)

Grab Adolph von Schauenburg (bis 1841)

Kaisersitz im Chorgestühl mit Konstantin-Statue

„Dreisitz" für die diensttuenden Priester

in fast allen gotischen Kirchenbauten zur Festigung des Baus gegen Winddruck und Seitenkräfte verwendet, denn die Statik als Wissenschaft stand den Baumeistern noch nicht zur Verfügung. Diese mussten sich auf Erfahrungswerte stützen, wobei sie an die Grenzen des Machbaren stießen. Dabei kam es gelegentlich sogar zu Einstürzen von Gebäudeteilen wie Chor oder Turm[509]. Die Kunde von der Existenz bzw. dem Einsatz der eisernen Ringanker ging spätestens in der Renaissance verloren, und so konnte es geschehen, dass unwissende Barockbaumeister den eisernen Ringanker am Chor des Aachener Münsters durchtrennten, der die beträchtlichen Seitenkräfte aufnehmen sollte. Die Baumeister taten dies in gutem Glauben, da das etwa 10 cm breite, ihrer Ansicht nach überflüssige Eisen den Blick aus den Fenstern beeinträchtigte. Glücklicherweise hielt der Chor trotz dieses Eingriffs stand – und gottlob blieb dem Ringanker im Kölner Chorobergaden ein vergleichbares Schicksal erspart. Der Kölner Hochchor hätte nicht so „gutmütig" wie der Aachener reagiert!

Die Entdeckung des Eisenbaus in gotischen Kirchen geht auf den französischen Architekturhistoriker Viollet-le-Duc zurück, der in der Mitte des 19. Jahrhunderts zahlreiche französische Kathedralen untersuchte und in diesem Zusammenhang nachwies, dass Frankreich als Wiege der Gotik zu gelten hat[63].

Das 8,35 m hohe, mehrfach neu vergoldete Kreuz auf dem östlichen Dachfirst stammt aus der Zeit der Vollendung des Chors, also aus dem ersten Viertel des 14. Jahrhunderts. Das mittelalterliche Dach zeigte in Form von flachen Zinnlötungen aufgebrachte Ornamente und Verse auf die Heiligen Drei Könige in großen Buchstaben und war jener Bedeckung nachempfunden, die sich über dem Allerheiligsten breitete[64]. Den 1,45 m hohen Dachkamm aus Bronzeguss mit seinen 187 vergoldeten Lilien erneuerte man zwischen 1984 bis 1991 nach altem Vorbild.

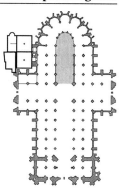

Die innere Ausgestaltung des Domchors, insbesondere die des Binnenchors, war im Lauf der Jahrhunderte starken Wandlungen unterworfen. Für die Zeit der gotischen Erstausstattung ist es der Forschung inzwischen gelungen, eine leuchtende Polychromie und reiche Vergoldung der Statuen, Wandgemälde und sonstigen Ausstattungsteile nachzuweisen, die mit feinster Auflösung der gotischen Form einherging. Dieses Streben nach Auflösung hatte nicht nur bis in die spätgotische Zeit bestand, sondern erfuhr zudem eine zunehmende Verfeinerung. Ferner stellte man nachträglich Altäre auf und richtete mehrere Begräbnisplätze für Erzbischöfe ein. Einen stärkeren Eingriff bedeutete die Errichtung zweier hoher Grabmäler im Renaissancestil vor den Chorschranken (s. S. 120 ff. u. S. 161 ff.). Damit wurde das bis dahin einheitlich gotische Gepräge des Binnenchors aufgegeben. Während des Dreißigjährigen Kriegs folgten barockisierende Eingriffe vor allem beim Hochaltar. Ab 1735 begann man mit der Beseitigung einiger Grabstellen und Nebenaltäre. Im Spätbarock setzte sich schließlich ein neuer radikaler Umgestaltungswille durch (s. S. 46 ff., S. 57 ff. u. S. 74 ff.).

Die vierzehn Chorpfeilerfiguren

An den Innenseiten der Pfeiler des Binnenchors, einem seiner repräsentativsten Plätze, stehen sechs Meter über dem Fußboden auf achteckigen und farbig bemalten Blattkonsolen vierzehn Figuren von jeweils 2,15 m Höhe. Die Gestalten im Chorscheitel stellen Christus und Maria, die übrigen die zwölf Apostel dar; letztere tragen ihre jeweiligen Leidenswerkzeuge bzw. Attribute. Über den Bildnissen der zwölf Jünger erheben sich gotische Architekturbaldachine, auf denen sich je ein musizierender Engel befindet. Die Gesamthöhe des Systems einschließlich Konsole und Baldachinengel beträgt etwa 5,2 m.

Die sieben Figuren der **Nordseite** sind (von der Vierung aus gesehen):

- **Thomas** (darüber Engel mit Zither), der mit beiden Händen links vor der Brust ein Buch hält, in dem er wie versunken liest; von den übrigen Figuren weicht er durch seine frontale Stellung ab. ■ **Jakobus d. J.** (darüber Engel mit Handorgel); er führt mit der Rechten den auf dem Boden aufgestützten Knüppel, mit der Linken hält er das Buch. Diese Figur gilt als weniger qualitätvoll. ■ **Philippus** (darüber Engel mit Zupfgeige); seine Augenbrauen sind leicht zusammengezogen, mit Oberkörper und Kopf vollzieht er eine auffällige Rechtsdrehung. Er trägt in der Rechten das Buch, in der Linken den Kreuzstab; sein rechter Fuß ist unbekleidet. Die Philippusfigur ist von hoher Qualität. ■ **Paulus** (darüber Engel mit Geige); seinen recht groß geratenen kahlen Kopf bedeckt ein Tuch, in der Rechten hält er das Buch, in der Linken das Schwert, durch das er gestorben ist. ■ **Jakobus d. Ä.** (darüber Engel mit Dudelsack), der in einem weiten Umhang erscheint. Seine Brust ziert die Muschel der Pilger, in der Rechten führt er den Stab, in der Linken das Buch; der Blick aus den tiefliegenden Augen der ausgesprochen qualitätvollen Figur wirkt visionär. ■ **Johannes** (darüber Engel mit Glöckchen), wie üblich bartlos dargestellt, präsentiert sich in relativ faltenarmer Gewandung. Mit der Rechten hält er sein Attribut, das Giftfässchen. Der Ausdruck seines Gesichtes ist introvertiert; seine Kopfform eng verwandt mit der Mariens. Die Figur ist von hoher Qualität. ■ **Maria,** die in der Rechten das Buch hält, und mit der zartgliedrigen Linken ihren Umhang an sich drückt. Ihr Gürtel, Zeichen ihrer Unberührtheit, ist gut erkennbar. Die Füße sind bedeckt; ihre Hüfte schwingt stark nach links aus. Christus am südl. Nachbarpfeiler antwortet ihr allerdings nicht mit der entsprechenden Gegenbewegung, sondern mit einem Parallelschwung. Das freudig erregte Gesicht Mariens erscheint in reiner Frontalansicht etwas breit, sonst aber elegant und beinahe keck. Über der qualitätvollen Figur erhebt sich ein Baldachin mit Fiale.

Auf der **südlichen Seite** befinden sich (von der Vierung aus):

■ **Judas Thaddäus** (darüber Engel mit Horn), eine der schwächeren Figuren im Zyklus. Er hält mit der Rechten den Knüppel, mit der Linken das Buch. ■ **Matthias** (darüber Engel mit Mandoline?) trägt genau wie die Paulusfigur ein Kopftuch; überhaupt ähneln sich beide Gestalten; jedoch erscheint sein Kopf kleiner als der des Paulus. Mit der Rechten schwingt er das Beil, in der Linken hält er das Buch. Diese Figur gilt als sehr gelungen. Bei der Darstellung des Matthias als Großplastik handelte es sich um ein Novum mit einer damals besonderen Aktualität: Man hatte erst im Jahr 1127 das Grab des Heiligen in Trier aufgefunden. Was die Ikonografie anbelangt, so war es auch eine Neuerung, ihm das Beil beizugeben. ■ **Simon Zelotes** (darüber Engel mit Bratsche); diese etwas unglücklich proportionierte Figur hält in der Rechten das Buch, in der Linken die Säge. Über der Figur des Apostels türmt sich ein besonders aufwändiger Baldachin; dieser wirkt – wie H. Rode bemerkte – wie das doppelstöckige Modell eines frühgotischen Chors, eng verwandt mit der Architektur der Kirchen in Soissons und der Liebfrauenkirche in Trier. ■ **Bartholomäus** (darüber Engel mit Guitarra), mit Kopftuch; er hält in der Rechten das Messer, in der Linken das Buch. Dieses Werk gilt als weniger qualitätvoll. ■ **Andreas** (darüber Engel mit Harfe); seine Figur führt eine schwache Drehung nach links durch. Sein Kreuz trägt er mit beiden Händen. ■ **Petrus** (darüber Engel mit Tamburin); diese qualitätvolle Figur hält in der Rechten das Buch, in der Linken die Schlüssel. ■ **Christus,** der die Rechte leicht zum Segensgestus erhebt; in der Linken hält er einen Reichsapfel (vgl. u.). Sein Körper schwingt wie im Fall Mariens nach links aus; gleichzeitig wendet er Kopf und Oberkörper zu ihr hin. Das schmale, leicht hohlwangige Gesicht wirkt asketisch. Die Gewandung umfließt die Figur in harmonischer Weise. Bei dieser Figur handelt es sich mit Sicherheit um eine der schönsten des Zyklus. Über dem Christus erhebt sich ein ähnlicher Baldachin mit Fiale wie bei der Mariengestalt.

Die vierzehn Konsolen sind alle unterschiedlich gestaltet. Das Laubwerk, dem sie entsteigen, ist von großer Schönheit. Trotz der Stilisierung lassen sich die verschiedenen Pflanzen identifizieren: Es handelt sich um Eibischlaub, Weinblätter, Distel, Hopfen, Rosen, Eichenblätter, Ahorn, Storchschnabel, Pappel, Wacholder, Feigenblätter und Bärenklau[65].

Die Engel auf den Baldachinen sind einander paarweise zugewandt. Gewandung, die kugeligen Köpfe und kindlichen Gesichtszüge unterscheiden sich deutlich von den unteren Figuren, wirken teilweise gröber – ein Tribut an die große Entfernung zum Betrachter oder aber ein Stilwandel? In jedem Fall verfügen sie über eine große Lebendigkeit und Körperhaftigkeit.

Die Figuren sind aus feinem Tuffstein gehauen, der mit einem Kreidegrund überzogen und bemalt wurde. Man zählte im 19. Jahrhundert 39 verschiedene Stoffmuster, die sich angeblich alle an mittelalterlichen Originalstoffen nachweisen ließen. Diese Muster zeigen eine reiche Ornamentik sowie stilisierte Drachen, Löwen, Panther, Greife und Adler. Eine Verwandtschaft zu byzantinischen Webereien ist nicht zu leugnen. Merkwürdigerweise zeigte sich das 19. Jahrhundert von diesen Stoffmuster mehr fasziniert als von den Figuren in ihrer Gesamtheit und der ikonologischen Bedeutung. So gab David Levy-Elkan (1808–1865) im Jahr 1842 ein Buch mit Farblithografien heraus, das diese Muster vorstellte.

1840 wurden die Figuren zu Restaurierungszwecken abgenommen; dabei hat man die Bemalung auf Anweisung des Dombaumeisters Zwirner *„genau dem Vorgefundenen entsprechend"* erneuert und Namensschilder unter den Konsolen angebracht. August Reichensperger, der den Restaurierungsvorgang miterlebte, erspürte wohl die Bedeutung dieser Werke und brachte zwei

Anordnung der Chorpfeilerfiguren

(mit Attributen; nach Wedemeyer)

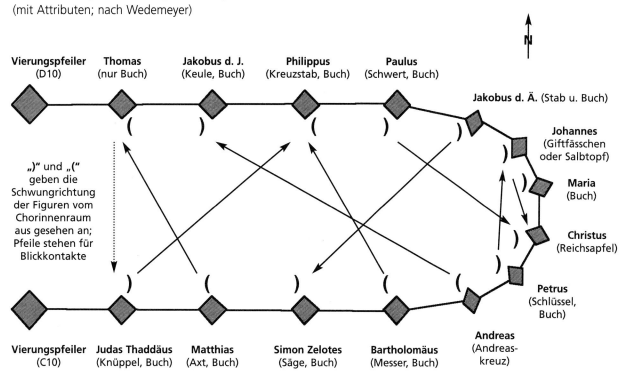

Vierungspfeiler (D10)

Thomas (nur Buch)

Jakobus d. J. (Keule, Buch)

Philippus (Kreuzstab, Buch)

Paulus (Schwert, Buch)

Jakobus d. Ä. (Stab u. Buch)

Johannes (Giftfässchen oder Salbtopf)

Maria (Buch)

Christus (Reichsapfel)

„)" und „(" geben die Schwungrichtung der Figuren vom Chorinnenraum aus gesehen an; Pfeile stehen für Blickkontakte

Petrus (Schlüssel, Buch)

Andreas (Andreas-kreuz)

Vierungspfeiler (C10)

Judas Thaddäus (Knüppel, Buch)

Matthias (Axt, Buch)

Simon Zelotes (Säge, Buch)

Bartholomäus (Messer, Buch)

Jahre später eine Schrift zu dem Figurenzyklus heraus. Die Reihenfolge der Figuren unterlag seit dem Mittelalter keinerlei Veränderungen und wurde nie angezweifelt. Den zweiten Weltkrieg überstanden diese Kunstwerke auf ihrem Platz hinter einem Splitterschutz aus Brettern, Sandsäcken und Mörtel.

Die Entstehungszeit der Chorpfeilerfiguren setzte man im 19. Jahrhundert viel zu spät an, da die Historiker zunächst der falschen Behauptung des Chronisten Ägidius Gelenius Glauben schenkten, es handle sich bei ihnen um eine Stiftung des Erzbischofs Wilhelm von Gennep, der von 1349 bis 1361 regierte[66]. Tatsächlich liegen keinerlei schriftliche mittelalterliche Quellen über die Figuren vor. Die Kunstgeschichte des 20. Jahrhunderts verlegte die Entstehungszeit zunächst zögernd in die 20er-Jahre des 14. Jahrhunderts. Der Kunsthistoriker Richard Hamann datierte sie 1932 auf die Zeit *„bald nach 1300"*. Paul Clemen behauptete 1937: *„Aus vielfachen Gründen ist die Datierung um oder vor 1322 die einzig richtige"* (CLEMEN 151). Im Jahr 1973 schlug Herbert Rode, der zuvor Stilvergleiche mit der Liegefigur des Konrad von Hochstaden (s. S. 147 ff.) und einer Josephsfigur der Kathedrale von Reims angestellt hatte, einen fast 50 Jahre früheren Zeitpunkt vor, nämlich 1270/80. Damit konnte sich der Domarchivar jedoch nicht behaupten. Robert Suckale u. a. vermochten eine spätere Datierung durchzusetzen[67]. Mit einer salomonischen Formulierung umging Dombaumeister Arnold Wolff 1995 eine eigene Festlegung: *„Die Chorpfeilerfiguren zeigen die Bildhauerkunst der Kölner Dombauhütte in der Zeit um 1270–1290 auf ihrem Höhepunkt"* (WOLFF, Der Dom 29).

Die Datierungsfrage des Figurenzyklus' spielt bis heute eine große Rolle. Sowohl was die Würdigung, als auch die stilistische Ableitung anbetrifft, schwank(t)en die Aussagen durch die Kunstgeschichte in auffälliger Weise zwischen den Extremen. Beschrieb Wilhelm Pinder (1925) die vierzehn Gestalten als Äußerung eines *„übersteigerten Idealismus"*, so sah Richard Hamann (1932) in ihnen den Ausdruck einer *„ins Barocke hin"* gesteigerten Gotik; ferner erblickte er an ihnen eine *„stählerne Biegsamkeit"*, aber auch etwas *„Musikalisches"* und *„Festliches"*. Paul Clemen urteilte: *„In ihrer an den Konventionalismus reichenden allgemeinen Schönheit gehören die Kölner Chorfiguren dem mitteleuropäischen Weltstil* [gemeint ist der französische Hofstil] *der ersten Hälfte des 14. Jahrhunderts an, an dessen Anfang die französische Plastik steht"* (CLEMEN 150). Herbert Rode bescheinigte den Figuren dagegen *„Realismus"*, erklärte sie aber auch zur *„festlich aristokratischen ...Versammlung ..., bei der alle wie Verwandte auftreten"*, denen *„etwas Schwebendes zu eigen"* ist (RODE, 1973, 440). Robert Suckale erkannte (1979/80) aufgrund von Vergleichen mit der Kunst des Pariser Raums in den Figuren monumentale Reflexe der *„schematisierten nordfranzösischen Plastik"* des späten 13. Jahrhunderts, wiederum andere, wie Dombaumeister Arnold Wolff, *„edle Werke"*, die ganz in der Tradition der Reimser Plastik stünden[68]. Dagegen fällte erst jüngst der Kunsthistoriker Peter Kurmann ein ganz gegensätzliches Urteil: *„... mit ihrer geradezu penetrant zur Schau getragenen Affektiertheit stellen die Chorpfeilerfiguren meines Erachtens Werke der Schatzkunst dar, die in einen monumentalen Maßstab übertragen wurden"* (KURMANN, 2002, 100).

Da Arnold Wolff mittels seiner bemerkenswerten Bauarchäologie die Datierung der Fertigstellung des Chorerdgeschosses auf *„um 1268"* eingegrenzt hat und feststeht, dass die Konsolen beim Bau der Pfeiler gleich mit eingebaut wurden, wird man im Fall der Figuren tatsächlich einen Werkbeginn für die gleiche Zeit annehmen dürfen. Dennoch nahm der renommierte Kunsthistoriker Robert Suckale als Entstehungszeit der Figuren die Jahre *„nicht viel später als 1290/1300"* an (SUCKALE, 1979/80, 247). Wie kam er zu dieser vergleichsweise späten Einordnung der Werke? Er sah den Grund in einer starken Abhängigkeit der Kölner von der Pariser Skulptur:

„Seit ca. 1280 dominiert [in Paris] ein in sich einheitlicher Stil ... Auffällig ist, wie formen- und ornamentreich diese Figuren vor allem im Gewand werden. Vereinfacht könnte man von reich gegliederten Gewandfassaden sprechen. Diese raffinierten Formsysteme ... haben für ein halbes Jahrhundert fast kanonische Geltung gehabt, vielleicht gerade deshalb, weil sie leicht nachzuahmen waren und weil sie wie eine geltende Mode überall nachgeahmt wurden". Und: *„Wohl ... hat die Pariser Skulptur nach 1280/90 vorbildlich gewirkt. Ohne die Kenntnis der Gestaltungsprinzipien und Kompositionstypen dieser Kunst sind die Kölner Domfiguren nicht zu erklären. Deshalb können sie erst nach deren Aufkommen entstanden sein"* (SUCKALE, 1979/80, 232 f., 247).

Es war Bernd Wedemeyers Verdienst, sich nach der scheinbar unumstößlichen Spätdatierung beim Domkolloquium im Jahr 1979 erneut der Datierungsfrage und Bewertung des Figurenzyklus zugewandt und mit einer fundierten Analyse den Weg zurück zu Rodes Frühdatierung freigemacht zu haben[69]. Wedemeyer erkannte zunächst – trotz eines *„Gleichklangs"* der Figuren – eine ältere und eine jüngere Stilstufe; ersterer ordnete er Christus, Maria, Petrus, Johannes, Jakobus d. Ä. und Philippus zu. Ferner entdeckte er eine ausgesprochen ausgeprägte Individualität der meisten Figuren:

„Einige der Pfeilerfiguren erhielten durch die Gestaltung der Köpfe ein eigenständiges Aussehen. Für Petrus, Paulus und Johannes hatte man sich an einer langen ikonografischen Darstellungstradition orientieren können, die für die anderen Apostel fehlte. Um diesen Mangel auszugleichen, wurden die Gesamtgebärden – die spezifischen Figurendrehungen mit besonderer Handhabung der Attribute – entworfen. Diese Art der Individualisierung war die Stärke der

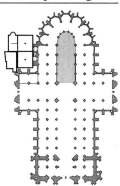

Bildhauer, wie immerhin elf der 14 Pfeilerfiguren beweisen ... Von den Figurenköpfen weist dagegen nur die Hälfte der Köpfe betont eigenständige Züge auf ... Elf Figuren sind individualisiert, während die schwächeren Apostelbildnisse – der jüngere Jakobus, der Bartholomäus und der Simon – nur wenige eigenständige Züge aufweisen. Allein für sie trifft zu, was Suckale zu Unrecht von allen Pfeilerfiguren behauptet hatte, dass ,die Formensysteme (ihrer Gewänder) dem Apostelthema gegenüber neutral (seien) ..., was das Unterscheidende des Apostels ausmacht, sei nicht Absicht der Bildhauer gewesen'" (WEDEMEYER 70 f.).

In seiner Studie widmete Bernd Wedemeyer einer jüngeren Gruppe von weniger erforschten Reimser Kathedralplastiken aus den oberen Partien der mittleren Westfassade und von den Langhaustabernakeln viel Raum, die zwischen 1255 und 1275 entstanden waren, und die Suckale nicht berücksichtigt hatte. Wedemeyer fand hier zahlreiche Übereinstimmungen mit dem Kölner Zyklus, und zwar sowohl bei der Gestaltung der 14 Großplastiken als auch bei der von Baldachinen und Engelsfiguren. *„Die hier ausgewählte Reimser Figurengruppe prägte aus dem Ensemble der Kölner Figuren besonders den Philippus, Petrus, Christus, den Johannes, Jakobus d. Ä., den Mathias, Thomas und von den Engeln den des Johannes, des Thomas und ... den Engel des Judas Thaddäus"* (WEDEMEYER 154). Weitere Beispiele ließen sich anführen.

Er entdeckte auch, dass *„die bogige Körperhaltung* [der Kölner Figuren] *eine Gewandpracht von diagonaler Grundform und von höchster Funktionalität (Drehungseffekte, Dynamisierung)"* bewegt und stellte (im Gegensatz zu Suckale) fest, dass die Pariser Skulpturen teilweise recht steife Gewandpartien (dieser hatte sie selber als *„Gewandfassaden"* bezeichnet!) aufweisen, die wie ein *„gewandliches Schichtwerk vor dem Figurenkörper"* liegen.

Allmählich erkennt man die eigengewichtige künstlerische Bedeutung der Figuren an. Der ehemalige Dombaumeister Arnold Wolff, der sich wohl nie mit der Datierung und Einordnung Suckales abgefunden hatte, urteilte fast überschwänglich: *„In geradezu himmlischer Entrücktheit, fern aller irdischen Realität, halten die schlanken Gestalten in vornehmer Gewandung und mit lebhafter Gestik Zwiesprache untereinander"* (WOLFF, Der Dom, 29). Doch sowohl Datierungsfrage, als auch die stilistische Ableitung des Kölner Figurenzyklus' werden noch länger ein Gegenstand der kunstgeschichtlichen Diskussion bleiben. Im Jahr 2002 stellte Peter Kurmann – unter Außerachtlassung der Wedemeyerschen Untersuchungen und Datierungen auf 1270/80 – ausdrücklich die richtige zeitliche Einordnung durch Suckale fest[70].

Mit den Chorpfeilerfiguren erhielt der Binnenchor eine moderne, hochrangige, von vornherein geplante Ausstattung, an deren Werdegang der Bauherr, das Domkapitel, ganz gewiss lebhaft Anteil genommen hatte. Zwar kam es zuvor bereits im Magdeburger Dom und der Pariser Hofkapelle Sainte-Chapelle (von wo die maßgebenden Kölner Domherren dieses Ausstattungsmerkmal für den Domneubau übernahmen) zur Errichtung von Chorpfeilerfiguren, aber die stilistische Abhängigkeit von der klassischen Reimser Plastik dürfte hinreichend erwiesen sein.

Auch die endgültige ikonografische und theologische Deutung des Figurenzyklus' steht mangels eindeutiger zeitgenössischer Quellen nach wie vor zur Debatte. So deutete etwa die Historikerin Renate Kroos – obwohl wenn man sich darüber einig war und ist, dass sich aus Mimik und Haltung der Gestalten Christi und Mariens ein bräutliches Gespräch ableiten lässt – die Zweiergruppe als Marienkrönung. Und das, obwohl sie selbst auf das Fehlen einer Krone bei der Mariengestalt hingewiesen hatte. Sie ging allerdings davon aus, dass der sich zu Maria hinneigende Christus ursprünglich eine Krone in der Hand gehalten hätte[71]:

„Hier sind also zwei Themen zusammengekommen und in der modernen Form der Statuenreihe vor Pfeilern verbildlicht: einerseits das verhältnismäßig neue Bild der Marienkrönung, andrerseits Christus zwischen Aposteln, möglicherweise in Erinnerung an die gemalte Majestas sowohl im Marien- wie im Peterschor."[72]

Dazu hätte Christus die Krone statt des Reichsapfels in seiner (tatsächlich erneuerten) Linken gehalten, also in der Maria abgewandten Hand. Jedoch selbst eine anders gestaltete (Original-) Hand wäre noch zu nahe beim Körper verblieben und kaum glaubhaft in der Lage gewesen, eine Krone zu tragen. Hinzu kommt die große Entfernung von 4,5 m zwischen den beiden Gestalten. Es gibt eigentlich kein Vorbild für eine noch zu vollziehende Marienkrönung, bei der die Entfernung so groß ist wie hier. Zwar spielt sich im Allerheiligenfenster (s. S. 151 ff.) die Marienkrönung auch über eine größere Distanz ab, doch ist sie bereits vollzogen: Maria trägt die Krone und zeigt darüber hinaus eine anbetende Haltung. Dies trifft nicht für die Chorpfeilerfiguren zu: Mariens Gesicht weist hier einen freudig erregten und kaum als demütig zu bezeichnenden Ausdruck auf. Vielmehr muss wegen des oben Gesagten angenommen werden, dass in diesem Fall die „Hochzeit des Lammes", die **nach** dem Gericht stattfinden wird, dargestellt ist. Die Apostel sind die Trauzeugen. Diese Auffassung wird auch von anderen Autoren geteilt[73].

Es fällt auf, dass die Baldachine über Christus und Maria nicht von Engeln bekrönt sind (anders als z. B. im Chor des Aachener Münsters). Ihr Fehlen lässt nur den Schluss zu, dass auch hiermit die Einhaltung der Zwölfzahl aus der Offenbarung gewollt ist: Es sind die zwölf Tore des himmlischen Jerusalem gemeint, auf denen statt der zwölf Namen der Apostel des Lammes diese selbst stehen. Über den Figuren befinden sich die zwölf Engel – die auch als Sternbilder aufgefasst werden können – mit ihren Instrumenten, auf denen sie Sphärenmusik hervorbringen (WEYRES 11 ff). Schließlich nötigt sich auch der Vergleich zwischen den Apostelfiguren und den tragenden Pfeilern des Hochchors selbst auf: Tragen letztere, eingestellt in eine durch Geometrie sinnvoll begründete Ordnung, den Chorbau als *„ecclesia materialis"*, so dürfen die Apostel als Stützen der unsichtbaren *„ecclesia spiritualis"* gelten.

Die ikonologische Aussage des Binnenchors wird von der Aufstellung der Marienfigur **rechts** der Christusgestalt nicht berührt. Die Plazierung der (in Bezug auf ihren Sohn nachgeordneten) Muttergottes auf dem Ehrenplatz ist nur innerhalb der Figurengruppe zu verstehen. Nach wie vor bleibt die nördliche Binnenchorseite, auf der sich Maria befindet, Ehren-, Papst- oder Evangelienseite, während die Südseite auch Kaiser- oder Epistelseite genannt wird[74]. Das gilt auch für die im folgenden behandelten Chorschrankenmalereien sowie das Gestühl.

Die Chorschranken

Zwischen den acht westlichen Pfeilern des Binnenchors erheben sich sechs gemauerte, etwa 0,3 m starke Chorschranken. Ihre äußeren, zum Chorumgang weisenden Seiten gliedern plastische gotische Arkaden, deren Zwischenräume mit inzwischen fast völlig verblassten mittelalterlichen Gemälden gefüllt sind. Die zum Binnenchor weisenden, inneren Seiten der Schranken haben eine Länge von je 5,65 m und eine Höhe von etwa 2,85 m; ihre glatte Oberfläche zieren bedeutende Gemälde aus dem Mittelalter.

Die Schranken führten ursprünglich ganz um den Binnenchor herum, und schirmten diesen von dem seit 1322 aufgenommenen Pilgerbetrieb zum Dreikönigenschrein ab (s. S. 60 ff. u. S. 132 ff.). Die Gemälde auf ihren Innenseiten wurden in der Regierungszeit des Erzbischofs Walram von Jülich, also zwischen 1332 und 1349, vollendet. Auf dem geschliffenen Kreidegrund liegt keine

Anordnung der Chorschrankenmalereien

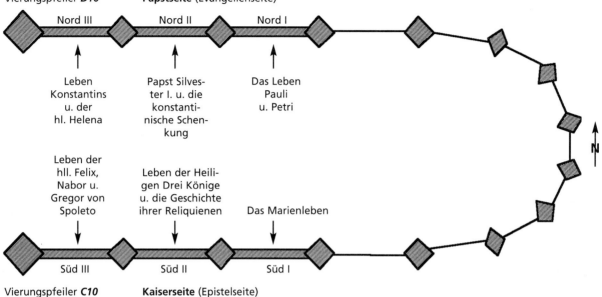

Vierungspfeiler **D10** | **Papstseite** (Evangelienseite)

Nord III · Nord II · Nord I

Leben Konstantins u. der hl. Helena

Papst Silvester I. u. die konstantinische Schenkung

Das Leben Pauli u. Petri

Leben der hll. Felix, Nabor u. Gregor von Spoleto

Leben der Heiligen Drei Könige u. die Geschichte ihrer Reliquienen

Das Marienleben

Süd III · Süd II · Süd I

Vierungspfeiler **C10** | **Kaiserseite** (Epistelseite)

N

ältere Gemäldeschicht. Dies bedeutet, dass zur Zeit der Chor- und Altarweihe wohl ein Wandbehang oder ähnliches existiert haben muss. Anton Legner (* 1928), von 1975 bis 1990 Direktor des Schnütgen-Museums, hielt es für möglich, dass sich hier der ursprüngliche Aufstellungsort der gotischen Reliquienschränke befunden hat (LEGNER, 1986, 195 ff.). Den östlichen Teil der gemauerten Schranken ersetzten in der späten Barockzeit weißlackierte eiserne Gitter, die von dem Kunstschmied Gottfried Jungbluth stammen (geschmiedete Jahreszahl 1769 im Süden).

Die sechs Schranken weisen an ihren Innenseiten je sieben große, gemalte Arkaden mit einem szenischen Motiv auf. Unter jeder der sechs Siebenerreihen sind 23 kleine Arkaden zu sehen, die auf der Nordseite Kölner Bischöfe, auf der Südseite römische bzw. römisch-deutsche Kaiser zeigen (s. u.): Insgesamt gibt es also 42 große und 138 kleine Arkaden. Der Rhythmus der hinteren Reihe des Chorgestühls ist an die großen Arkaden angepasst.

Lange Zeit blieben die Chorschrankenmalereien unbeachtet. Erst 1842 lenkte Reichensperger den Blick der Öffentlichkeit auf sie. Seitdem unterlag ihre Datierung und kunsthistorische Bewertung noch einigen Schwankungen. Im 19. und frühen 20. Jahrhundert sah man die Malereien als früheste Erzeugnisse einer damals postulierten „Kölner Malerschule" an, eine Einschätzung, die heute nicht mehr geteilt wird[75]. Sicherlich ist es aber nicht falsch, wenn Paul Clemen meinte: *„Die Chorschrankenmalereien sind das entwicklungsgeschichtlich wichtigste und dazu das künstlerisch höchststehende Werk der deutschen Monumentalmalerei aus der 1. Hälfte des 14. Jahrhunderts"* (CLEMEN 167). Die qualitätvollste Malerei findet sich seiner Ansicht nach auf der östlichen Südschranke (S I). Auch heute wird den Malereien ein hohes künstlerisches Niveau bescheinigt. Vielfach hat man Bezüge zum Schaffen in anderen Kunstzentren Europas erkannt. Domarchivar Rolf Lauer bemerkte in ihrem Stil Einflüsse der Pariser Hofkunst sowie böhmischer, englischer und italienischer Malerei. Über letztere könnte ihm zufolge eine Verbindung zum Umkreis des Malers Simone Martini führen (MATZ-SCHENK 45). Auf die Nähe zu den Malereien des böhmischen Hohenfurter Altars wies auch Hans Peter Hilger hin (HILGER, 1983, 275 ff.). Gleichwohl fehlen den Kölner Malereien jene fortgeschrittenen Merkmale, die besonders für die zeitgleiche italienische Kunst typisch sind. Vor allem die Perspektive ist noch alten Vorstellungen verhaftet und weist vielfach Elemente der Bedeutungsperspektive auf (Schmidt 326 ff.).

Der Erhaltungszustand der Malereien ist insgesamt schlecht; dennoch darf man froh sein, dass sie überhaupt noch vorhanden sind. Die Neugotiker versäumten die Zerstörung dieser Werke nur, weil bis Anfang der vierziger Jahre des 19. Jahrhunderts die barocken Bildteppiche nach Kartons von P. P. Rubens, danach Stickereien nach Entwürfen von Joh. Anton Ramboux die Innenseiten der Chorschranken bedeckten[76.].

Auf der **Südseite** sieht man (von Osten ausgehend):

■ Schranke S I. Das Marienleben ■ Joachim erscheint der Engel, um ihm die Geburt Mariens anzukündigen. ■ Die Geburt Mariens. Sie zeigt Maria als Kind, ihre Mutter, die hl. Anna, eine Wärterin sowie fünf musizierende Engel. ■ Die Verkündigung an Maria, die in demütiger Haltung vor einem Betpult kniet ■ Die Geburt Christi. Maria hält den Jesusknaben auf dem Schoß, dahinter ergänzen Josef, ein Ochse und ein Esel sowie vier Engel die Szene. ■ Die Darbringung (auch „Darstellung") im Tempel. Maria und Jesus stehen im Vordergrund, dahinter ist Josef vor Simeon zu sehen, dazwischen Engel. ■ Der Tod der Maria. Hinter dem Leichnam der Mutter befindet sich Christus und nimmt deren Seele in die Arme. Apostel begleiten das Geschehen. ■ Die Marienkrönung. Auf einem Thron sitzend krönt Christus seine Mutter Maria (dazu vier Engel).

■ Schranke S II. Geschichte der Heiligen Drei Könige und die Wanderschaft ihrer Reliquien ■ Der Stern erscheint den Heiligen Drei Königen über dem Berg Vaus (auch *„mons victorialis"* genannt) in „Indien"[77.] ■ Die Heiligen Drei Könige huldigen dem Jesuskind, das auf dem Schoß der Mutter steht (s. S. 54 ff.). Die Szene hält sich an Mt 2, 9–12. Es findet lediglich eine Aufwertung von Magiern zu Königen statt. ■ Der hl. Apostel Thomas weiht die Heiligen drei Könige zu Bischöfen. (Pseudo-)Johannes Chrysostomos kennt diese Weihe nicht, und es stellt sich die Frage, ob sie für die Chorschrankenmalerei eigens erfunden wurde. Sie ist auch auf dem nur wenig jüngeren Claren-Altar zu finden (s. S. 206 ff.). ■ Die Heiligen Drei Könige werden alle im selben Sarkophag begraben. ■ Die Überführung der Reliquien der Heiligen Drei Könige nach Konstantinopel ■ Der hl. Eustorgius bringt die Reliquien nach Mailand. ■ Die Reliquien werden durch Rainald von Dassel nach Köln übertragen. Abgesehen von der Buchmalerei gibt es dort das früheste Bildnis des Dreikönigenschreins: Re. steht Erzbischof Rainald, umgeben von Klerikern, von links tragen kleine Helfer den Schrein heran, der als **gotisch** dargestellt ist. Die Frontplatte ist nur vergittert, sodass die drei Häupter der drei Könige zu sehen sind. Es fällt auf, dass außer in der zweiten Szene keinerlei Übereinstimmung mit dem Neuen Testament besteht. Das bedeutet, dass die **dreimalige Übertragung** der Reliquien das Hauptprogramm der Darstellung ist, nicht das Leben der drei Heiligen! Licht in diese ungewöhnliche Tatsache bringt ein mittelalterlicher Text, der zwar mindestens 35 Jahre jünger als die Malereien ist, das Bildprogramm jedoch sehr genau beschreibt. Es handelt sich um das Buch des Johannes von Hildesheim, der die Geschichte der Heiligen Drei Könige unter dem Gesichtspunkt des **Erwerbs** ihrer Reliquien beschrieb[78].

■ Schranke S III. Das Martyrium der Heiligen Felix, Nabor und Gregor von Spoleto [(115)] ■ Das Verhör und die Einkerkerung der hll. Felix und Nabor ■ Die Folterung der beiden Heiligen; dahinter ein Henker ■ Der hl. Nabor wird gequält und ans Kreuz gehängt; Schergen mit Folterinstrumenten begleiten die Szene. ■ Die beiden Heiligen stehen – von den Flammen

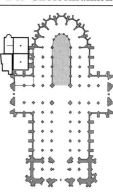

unberührt – im Feuer. ■ Der Tod der beiden Heiligen durch Enthauptung; dahinter sind rot gekleideter Henker mit Schwert und Keule zu erkennen ■ Gregor von Spoleto predigt zu einer Menschengruppe. ■ Gregor von Spoleto erleidet auf Befehl des Präfekten Flaccus (li.) das Martyrium.

Die **Nordseite** zeigt (von Osten ausgehend, also v. re. nach li.):

■ Schranke N I. Das Leben der hll. Petrus und Paulus in sieben Bildern ■ Die Berufung von Petrus und Andreas, die in einem Fischerboot sitzen ■ Petrus im Gefängnis. Im Vordergrund Herodes Agrippa I.; links öffnet sich der Turm, aus dem Petrus entweicht. ■ Petri Stuhlfeier in Antiochien. Rechts befindet sich ein Engel, der noch zur vorherigen Szene gehört, links sitzt Petrus in Papstkleidung unter einem Altar zwischen Klerikern, die ihm die Mitra aufsetzen. Das Ereignis ist in Anlehnung an die in Köln übliche Altarsetzung der Erzbischöfe gestaltet ■ Petrus und Paulus begegnen sich in Rom. Hinter den beiden steht ein Priester. ■ Petrus und Paulus erscheinen vor dem re. sitzenden Nero, dahinter zwei Magier. ■ Sturz des Simon Magus, der von Teufeln gehalten zur Höhe fährt; auf das Gebet des knienden Paulus und des beschwörenden Petrus hin stürzt Simon wieder herab (s. S. 180 ff. u. S. 193 ff.). ■ Das Martyrium von Petrus und Paulus. Petrus wird (apokryphen Berichten zufolge) mit dem Kopf nach unten gekreuzigt, Paulus geköpft. Nero (li. im Schmalfeld; mit Eselsohren) sieht dabei zu.

■ Schranke N II. Das Leben des hl. Papstes Silvester I. (nach der Legenda aurea; hier wird auch die Konstantinische Schenkung an Papst Silvester dargestellt) ■ Die Mutter Justa übergibt Silvester als Kind dem Priester Cyrinus zur Erziehung. ■ Silvester beherbergt den verfolgten Priester Timotheus. ■ Predigt und Martyrium des Timotheus in drei Szenen ■ Gefangennahme des Silvester durch den Präfekten Tarquinius (re.), der es auf die Schätze des Timotheus abgesehen hat. Silvester wird durch Knechte abgeführt. ■ Die Befreiung des Silvester. Re. der nach der Voraussage Silvesters am selben Tage beim Fischessen erstickte Tarquinius, li. befreit Papst Melchiades (auch: Miltiades) Silvester. ■ Silvester wird zum Papst ernannt. Vorne der inzwischen verstorbene Papst Melchiades[79], dahinter Silvester im Ornat, umgeben von vier Bischöfen. Im unteren Teil befindet sich die älteste bekannte Darstellung eines Rosenkranzbeters. ■ Der Ritt des aussätzigen Kaisers Konstantin zum Blutbad. Im Vordergrund der Kaiser auf tänzelndem Pferd, vor ihm elf klagende Frauen, deren Kinder geschlachtet werden sollen. Das schmale Bildfeld (li.) zeigt eine Tonne, als Sammelbehältnis für das Blut der Kinder, das den Kaiser heilen soll. Der Kaiser verzichtet jedoch auf das Bad.

■ Schranke N III. Das Leben Kaiser Konstantins und seiner Mutter Helena ■ Traumgesicht des Konstantin. Dem Kaiser erscheinen Petrus und Paulus, die den Kaiser auffordern, Silvester zu holen, damit er ihn im Bad der Taufe vom Aussatz heile. ■ Silvester erscheint mit den beiden Apostelbildern in den Händen vor Konstantin (re. auf einem Thron). Der Kaiser erkennt in den Bildern die Männer, von denen er geträumt hat. ■ Taufe Konstantins. In einem Becken hockend empfängt der Kaiser von Papst Silvester die Taufe. ■ Verleihung der Papstkrone durch Konstantin an das Kirchenoberhaupt. Der Papst sitzt auf einem Klappstuhl in der Mitte zwischen vier Bischöfen, vor ihm steht der Kaiser, der ihm die Mitra aufsetzt, die er bis dahin selbst im Innern seines Kronreifs trug. ■ Glaubensgespräch zwischen jüdischen Schriftgelehrten. Daran nehmen sowohl die Mutter des Kaisers – Helena, die zunächst zum Judentum übertreten möchte –, als auch Papst Silvester und Konstantin teil. Im Hintergrund befinden sich acht Männer mit Judenhüten. ■ Ende der Disputation. Der jüdische Priester Zambri tötet einen Stier durch die Anrufung des Namens Gottes, doch Silvester erweckt das Tier durch die Anrufung Jesu Christi wieder zum Leben. Im Hintergrund gestikuliert Zambri, ferner sind die Kaiserin Helena sowie mehrere Juden dargestellt. ■ Helena und die Juden empfangen die Taufe von Papst Silvester.

Unter den Bildnissen der sechs Schranken verläuft ein schmaler, bemalter Sockelfries, dessen Sinngehalt man erst wieder im 20. Jahrhundert zu deuten vermochte. Das hängt damit zusammen, dass lange Zeit die Lehnen des Chorgestühls die Inschriften verdeckten und diese erst im Rahmen von Restaurierungsarbeiten wiedergefunden wurden.

Auf der Südseite präsentiert bzw. präsentierte der Fries – in Schrift wie im Bild – alle **römischen** (auch oströmischen) bzw. **römisch-deutschen Kaiser** und **Könige**. Der Kaiserkatalog beginnt im Osten hinter dem Sitzplatz des Kaisers mit Gaius Julius Cäsar, dessen Bildnis und Bildunterschrift zerstört sind, und setzt sich lückenlos bis zum weströmischen Kaiser Valentinian III. (reg. 425–455) und dem oströmischen Kaiser Flavius Marcianus (reg. 450–457) an der 52. Stelle fort (danach entstehen einige Unklarheiten, die hier nicht erläutert werden können). Jede Schranke schmückten 23 Kaiser. An den drei Schranken der Südseite hätten also 69 Herrscher Platz gefunden. Da dies zur Auflistung der mittelalterlichen Kaiserkataloge keinesfalls ausreichte, vermutet man, dass der Fries um die 1863 niedergelegte Chorquerwand herumführte.

Die Nordseite der Chorschranken zeigt den vollständigen Katalog der Kölner Bischöfe und Erzbischöfe. Dieser beginnt ebenfalls im Osten – und zwar mit Bischof Maternus[80] hinter dem Sitz des Papsts (s. S. 69 ff.) – und endet bei dem Erzbischof Walram von Jülich: In späterer Zeit kamen Bildnisse sowie die Namen der Erzbischöfe bis zu Philipp von Daun hinzu.

Dieser Herrscher- bzw. Bischofskatalog ist eine Merkwürdigkeit, die in dieser Form wohl sonst nirgends existiert. Nach dem Zweiten Weltkrieg erforschte der damalige Domarchivar Herbert Rode die beiden mittlerweile sehr unleserlichen Kataloge und fand heraus, dass sich die durch bauliche Veränderungen und das Abblättern von Farbe entstandenen Leerstellen mit den fehlenden Kaiser- bzw. Bischofsnamen aus den alten Listen sinnvoll füllen lassen. Rode konnte nachweisen, dass die Kölner Malereien weniger von bildlich-gestalterischen als von literarischen Vorlagen beeinflusst worden sind. Er verwies insbesondere auf die im Mittelalter sehr bekannte Chronik des Dominikaners Martin von Troppau, die in Köln ein Unbekannter bis zum Jahr 1326 fortgeführt hatte[81]. Sie listete alle Kaiser und Päpste bis in die Gegenwart hinein auf. Dass die Kölner es wagten, an den Chorschranken einen vergleichbaren Katalog mit ihren Bischöfen dem Kaiserkatalog entgegenzustellen, zeugt von einem mehr als gesunden Selbstbewusstsein[82]. Grundsätzlich bleibt aber auch in dieser Kölner Variante der im Mittelalter herausgebildete Gedanke einer Weltchronik erhalten. Gemäß dem göttlichen Heilsplan lebten die Menschen in einer vorgegebenen Abfolge der Zeiten oder Reiche (*ætates*), deren Gesamtzahl je nach Auffassung des Chronisten vier oder sechs betragen konnte. Zu dessen Aufgaben gehörte es, den genauen Standort der Lebenden in diesem Plan festzustellen und den Abstand zur Endzeit zu bestimmen.

Der oben erwähnte Chronist Martin von Troppau legte, ebenso wie die Konzeptoren des Chorschranken-Katalogs, die Vierweltreiche-Theorie zugrunde, die bei Cäsar beginnt und bis zum Ende der Zeiten führt. Es ist das **römische** Reich, das als christlich gewordenes Reich das „*Sacrum Imperium*" bedeutet und bis zu Christi Wiederkunft (*Parusie*) fortbestehen wird. Daher ist es berechtigt, in den Gemälden der Chorschranken ein Abbild des letzten Zeitalters zu sehen, das man als die Erfüllung des Vorangegangenen ansah. Es ist die Zeit „in der Gnade" (*sub gratia*) und

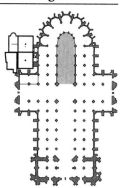

„unter dem Gesetz" (*sub lege*), welches von den „zwei Schwertern", dem geistlichen und dem weltlichen behütet wird[83].

Die östliche Chorschranke der Kaiserseite (auch Epistelseite genannt) weist als einzige eine Abweichung von den übrigen fünf Schranken auf. Unter den Kaiserabbildungen erscheinen Szenen der Schöpfungsgeschichte, weshalb die Malereien auch den Namen Genesisfries tragen. Der Fries beginnt bei Cäsar mit einer Darstellung Gottes beim Erschaffen der Tiere. Rode vermutete, dass man für die Nordseite (Bischofs- bzw. Papst- oder Evangelienseite) ursprünglich einen ähnlichen Fries mit Szenen aus dem Neuen Testament geplant hatte, der aus unbekannten Gründen allerdings nicht zur Ausführung kam.

Der Zyklus der Chorobergadenfenster

In fast 27 m Höhe über dem Fußboden steigen die 15 Fenster im Obergaden des Chors bis zu einer Höhe von 43 m auf. Sie bilden einen einheitlichen Zyklus, der in seiner Geschlossenheit als die größte erhaltene Glasmalerei des frühen 14. Jahrhunderts gilt. Auf einer Fläche von 850 m² umfasst der Zyklus ohne die Triforienfenster 3000 Scheiben, mit denselben über 3700. Er befindet sich noch an seiner ursprünglichen Stelle und ist mit fast 95 % Altbestand gut erhalten. Die Höhe eines Fensters beträgt 16,70 m, die Breite der vierbahnigen Fenster misst etwa 5,45 m.

Erst zu Anfang des 19. Jahrhunderts begann mit Sulpiz Boisserée die Erforschung der Obergadenfenster. Er erblickte in ihnen Stiftungen der Sieger der Schlacht von Worringen (1288), und dementsprechend fiel seine zeitliche Einordnung der Glasgemälde aus. Ferner beschäftigte er sich mit Fragen zu deren Ikonographie und Komposition. Im Zusammenhang mit der Geschichte und Genealogie zogen bald auch die Stifterwappen, die der Koblenzer Archivar Leopold Eltester 1855 identifizierte, das Interesse auf sich[84].

Dombaumeister Zwirner erkannte rasch die künstlerische Bedeutung der Fenster. Seiner Einschätzung schloss sich Franz Kugler an[85]. Im 19. Jahrhundert fanden insbesondere – ähnlich wie bei den gemalten Stoffmustern der Chorpfeilerfiguren – die Teppichfelder und Couronnements Beachtung. In ihren Ornamenten erblickte man vorbildliche, nachahmenswerte Muster. Herbert Rode([1]) datierte den Fensterzyklus in die Jahre 1315 bis 1322. Heute wird jedoch angenommen, dass die Fenster sämtlich in den 90er–Jahren des 13. Jahrhunderts begonnen und spätestens um 1304 fertig gestellt wurden (BRINKMANN/LAUER 27, 31).

Der Zyklus weist drei übereinander liegende waagerechte Zonen auf. Oben steht das kleinteilige Couronnement mit geometrischen und pflanzlichen Mustern, in der Mitte folgt der helle Ornamentteppich mit Bandgeflechten sowie farbigem Maßwerknetz, und unten schließt das farbige dichte Band mit den in hochgotischen Architekturtabernakeln auf Wappensockeln stehenden Königen bzw. Ältesten an[86]. Die Figuren sind paarweise in einem Architekturfries angeordnet. Je zwei zeigen sich einander leicht zugewandt, abwechselnd ein Ältester mit Bart und ein König ohne Bart (drei Fenster bilden eine Ausnahme).

Zusammen mit der Verglasung der Triforienfenster bildeten die Obergadenfenster früher ein Ganzes. Sulpiz Boisserée rekonstruierte, dass jedes Triforiumfenster einst den gleichen Ornamentteppich wie das dazu gehörige Obergadenfenster besaß[87]. Damit waren die Könige und Ältesten ursprünglich von den Ornamentteppichen – die wohl als das „Gläserne Meer" gesehen werden müssen – gleich einem farbigen Band eingerahmt[88].

Diese auf der Nord- und Südseite durchgeführte symmetrische Ordnung erhält durch das Achsenfenster eine senkrechte Mitte. Es ist als einziges bis in das Couronnement hinein figürlich ausgestattet. Zuunterst sieht man die Anbetung der Heiligen Drei Könige, über ihnen steigt eine Reihe von Brustbildern in Medaillons auf.

Zur Ikonografie der Fenster schrieb Herbert Rode (CV 102):

„Der ikonografische Grundgedanke dürfte die Durchdringung eines im Achsenfenster vertikal aufsteigenden mariologischen Programms sein, das sich in der Horizontalen mit einem christologischen verbindet. Beide Programme begegnen sich in der Anbetung der Heiligen Drei Könige im Achsenfenster, wo das Jesuskind mit dem Apfel (kein Reichsapfel, sondern ein Apfel mit Stengel in der Linken) Maria als die Neue Eva ausweist".

Zwar erfolge der Wechsel zwischen einer jüngeren Königsgestalt und der Gestalt eines der Ältesten aus der Apokalypse aus Gründen der Rhythmisierung. Jedoch gehe es wohl hauptsächlich um die Darstellung der Aufhebung des Unterschieds zwischen Altem und Neuem Testament, Altem und Neuem Bund beim Gericht. Die Königsgestalten seien als Vorfahren Christi zu verstehen. Hierin zeige sich eine Verwandtschaft mit den Königsgalerien der französischen Kathedralen[89].

Virneburg

Kleve

Hennegau-Holland

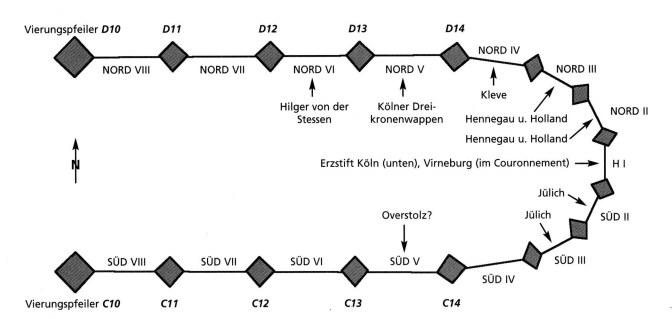

Anordnung der Chorobergadenfenster
(mit identifizierten Stifterwappen)

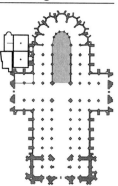

Auffällig ist, dass die Gesamtzahl der Könige bzw. Ältesten (durch Hinzuzählen der Heiligen Drei Könige sind es 51) der Summe der Mitglieder des Domkapitels entspricht (48 Domherren + Erzbischof + Papst bzw. Stellvertreter + Kaiser bzw. Stellvertreter; vgl. s. S. 69 ff.). Noch einmal Herbert Rode:

„Durch die waagerechte und senkrechte Ordnung wird die geistliche und weltliche Genealogie Christi dargestellt, sein Priestertum und sein Königtum. – Das von ikonografischen Vorstufen abhängige, für die 'Königskathedrale' Kölns ins Monumentale übersetzte Programm steht im Zusammenhang mit der übrigen Ausstattung des Chors, der Chorpfeilerplastik und den Wandmalereien der inneren Chorschranken."

Gestiftet wurden die Fenster vom regierenden Kölner Erzbischof, dem Adel, der Stadt Köln und Kölner Patriziergeschlechtern. Die vornehmsten Plätze im Chorhaupt mit seinen sieben Fenstern waren dem gräflichen Adel des Nordwestens des Reichs zu seiner Selbstdarstellung vorbehalten.

Das Achsenfenster (H I) zeigt unten das Wappen des Erzstifts (schwarzes Kreuz in Weiß; erneuert) und mitten in der Rosette des Couronnements das des Erzbischofs Heinrich II. von Virneburg (sieben rote, stark verwitterte Rauten in Gelb; vgl. Abb.), rechts und links die Wappen der drei Grafenhäuser von Hennegau und Holland (N II, N III; je zwei goldene quadrierte Wappen, oben ein schwarzer und ein roter Löwe, unten umgekehrt), Jülich (S II, S III; je zwei Wappen, ein schwarzer Löwe in Gold; Abb. S.123) und Kleve (N IV; vier Wappen, die auf rotem Feld eine achtspeichige goldene Lilienhaspel, auch Glevenrad genannt, mit grüner Achse sowie ein weißes Herzschild zeigen; vgl. Abb.)[90]. Die Fensterbezeichnung mit Großbuchstaben und römischen Ziffern entspricht den Richtlinien des CVMA([1]). Daneben hat sich in Köln die Angabe der Fenster unter Zuhilfenahme der Pfeilernummern durchgesetzt.

Die Wappen einiger Kölner Patriziergeschlechter (Herren von der Salzgasse, Lang von der Sandkaul, Overstolz, Hardevust, Kleingedank von Mummersloch) glaubte man bis vor kurzem identifiziert zu haben; neueste Untersuchungen haben jedoch ergeben, dass außer den Wappen des Hilger von der Stessen († 1338) in Fenster N VI keines als gesichert gelten kann[91]. Daneben erscheinen übrigens zum ersten Mal vier Wappen von Köln mit drei Kronen im roten Schildeshaupt. Das Weiß des Schildes gliedern zarte Blättermuster (N V).

Das Achsenfenster mit der Anbetung der Heiligen Drei Könige
(H I oder D17–C18)

Während in den beiden untersten Feldern des zweibahnigen Fensters die (erneuerten) Wappen des Erzstiftes zu sehen sind, prangt darüber in zwei mal drei Feldern die Epiphanie, verbunden mit der Anbetung durch die Heiligen Drei Könige[92]. Im linken Architekturtabernakel nahen die huldigenden Heiligen Drei Könige, im rechten sieht man die thronende Maria, auf deren Schoß das grüngewandete Jesuskind **steht** (vgl. S. 54 ff.). Das Kind streckt in ganz menschlicher Manier sein rechtes Ärmchen den Geschenken des ältesten Königs entgegen. Der Apfel in seiner Hand weist Maria als die Neue Eva aus. Der Stern von Bethlehem leuchtet nicht über dem Kind, sondern – anders als im Dreikönigenfenster der Achskapelle (s. S. 133 ff.) – über Maria. Möglicherweise waren gestalterische Gründe ausschlaggebend, vielleicht betont der Stern aber auch die Position Mariens.

Über der Szene steigt durch die Brustbilder von elf Propheten und elf Königen, der geistliche und weltliche Stammbaum Christi auf, der ikonografisch von den Wurzel-Jesse- sowie den Bibelfenstern herleitet[93]. Wahrscheinlich war ursprünglich die Zwölfzahl geplant, die man aber aus technischen Gründen (die Größe der Nachbarscheiben stellte ein Problem dar) nicht erreichen konnte.

Die Zwölfzahl hatte unvergleichlich stärkere symbolische Bedeutung als die Elfzahl: Zwölf Könige als Vertreter der zwölf Stämme Israels, zwölf Tore des Himmlischen Jerusalem usw.

Die übrigen Chorobergadenfenster

(NORD II–NORD VIII und SÜD II–SÜD VIII oder D10–D17 und C10–C18)

Wie schon oben erwähnt, wird der figürliche Bereich dieser Fenster von den Reihen der Ältesten und der Könige bestimmt. Die Reihe der Könige des Chorobergadens sieht man heute weniger denn je als Genealogie historischer (römischer oder deutscher) Könige an, wie es bei denen im Seitenschiff des Straßburger Münsters erlaubt ist. Auch Rode hatte diese Ansicht vertreten, während Hans Sedlmayr noch von der Darstellung **realer** Könige ausging, da ihm der Dom *„als Königskirche des unter Anführung des Erzbischofs von Köln gewählten und ... in Aachen gekrönten Richard von Cornwallis und Poitou"* erschien (SEDLMAYR 158).

Rode verwies auf die große stilistische Nähe der Königs- bzw. Ältestenfiguren zu den Heiligenfiguren in den Chorfenstern der ehemaligen Kölner Dominikanerkirche (um 1280; S. 114 ff.). Die Tabernakel, die die Standfiguren umfangen, sind deutlich flächiger und weniger differenziert, als die etwa 35 Jahre jüngeren in vergleichbaren Fenstern der Kapellen des Chorumgangs. Gleichwohl verdienen sie als ein damals modernes, gliederndes Prinzip in der Glasmalerei Beachtung, das wohl zuerst in Straßburg zur Anwendung kam. Bei den Tabernakeln handelt es sich um die Darstellung von „Architektur in der Architektur" oder um „gläserne Baurisse"[94]. Den gotischen Glasmalern boten sie sich gerade für die Gestaltung der hohen, mehrfach gegliederten Maßwerkfenster der Bauten des „Rayonnant" an. Während man unten zumeist Standfiguren darstellte, türmte sich darüber eine in die Höhe gestreckte Tabernakelarchitektur.

Das farbige Band der Königsgalerie war ursprünglich von unten her durch die Triforienverglasung wie von oben durch die Ornamentteppiche eingeschlossen, die alle gleichartige Ornamentscheiben enthielten. Auch damit entspricht die Kölner Obergadenverglasung den Tendenzen der damaligen Zeit. Diese Art der Verglasung mit farbigen Bändern machte es leichter, die gewünschte Raumhelligkeit zu erzielen. Letztere stand übrigens in Zusammenhang mit der Feingliedrigkeit der Architektur: Gerade die Sakralbauten des „Rayonnant" forderten wieder mehr Helligkeit in ihrem Innern, damit der Betrachter die feinen Profile auch würdigen konnte. Allerdings konnte eine Unterteilung mittels heller Grisaillen(streifen) letztlich die Zerstörung der Illusion von der einheitlichen, leuchtenden Glaswand bedeuten. Den eingerahmten farbigen Bildfriesen wäre eine Autonomie wie etwa einem großen Tafelbild zugekommen (wie bei dem Fensterzyklus im nördlichen Seitenschiff; s. S. 190 ff.). Um dies zu verhindern überlagerten die Kölner Glasmaler die farblose Grisaille mit einem farbigen Netzwerk, das *„die Illusion eines gleichsam aus sich selbst leuchtenden Wandkontinuums"* erzeugt (KURMANN).

Das Muster der Grisaille bilden allein die Bleistege. Darüber lagern die verschiedenfarbigen Bänder aus Rauten, Kreisen, sphärischen Vierecke o. ä. In gleicher Weise gestaltet sind lediglich die beiden sich gegenüberliegenden Fenster N II und S II, die anderen Fenster unterscheiden sich.

Zur Ikonografie des Achsenfesters

So eingängig das Motiv der Anbetung im Achsenfenster zunächst erscheinen mag, so schwierig erweist sich jedoch seine Deutung in ikonografischer Hinsicht. In jüngerer Zeit unternahm man verschiedene Interpretationsversuche, die alle von der Beobachtung des auffälligen Stehens des Christuskindes auf dem Schoß Mariens ausgehen.

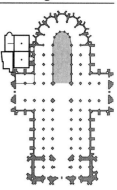

■ Prälat **Joseph Hoster** nahm 1964 die Deutung des Achsenfensters und des Motivs des stehenden Christuskindes im Zusammenhang mit der des gesamten Binnenchors als Sakralraum vor[95]. Dabei ging er von der Beobachtung aus, dass der Obergaden des Domchors eine genaue Umsetzung der Vision der Apokalypse des Johannes darstellt. Die Gestalt des angebeteten Christuskindes identifizierte er in diesem Zusammenhang mit dem **Lamm** (Offb 5, 6–14). *„Auf jeder der beiden Chorseiten stehen vierundzwanzig gekrönte Gestalten, den vierundzwanzig Ältesten mit goldenen Kronen auf dem Haupt entsprechend. Das Lamm aber, das dasteht inmitten der Vier Lebenden Wesen, inmitten der Ältesten, ist Christus auf dem Schoß Mariens und zwar wie das Himmelslamm stehend dargestellt im Anbetungsfenster in der Achse des Chors ... Auf eine besondere, kölnische Art sind auch die Vier Lebenden Wesen der apokalyptischen Liturgie in unsere Darstellung einbezogen."* Hoster folgte hier dem Apokalypse-Kommentar des Abts und Theologen Rupert von Deutz (†1129), der die Heiligen Drei Könige und Maria mit den Vier Lebenden Wesen (bei Luther: *„vier Tiere"*) gleichsetzte. Mit letzteren waren eigentlich die vier Evangelistensymbole, nämlich der **Mensch** bzw. **Engel** (Matthäus), der **Stier** (Lukas), der **Löwe** (Markus) und der **Adler** (Johannes) gemeint, die bereits vom hl. Augustinus in Bezug zu den vier Hauptereignissen im Leben Christi (Menschwerdung, Opfertod, Auferstehung, Himmelfahrt) gesetzt worden waren. Indem Rupert jedoch die Symbole Stier, Löwe und Adler mit den drei Gaben der Heiligen Drei Könige (Myrrhe = Leid und Opfertod, Gold = Auferstehung, Weihrauch = Himmelfahrt) in Verbindung brachte und den Menschen mit **Maria** gleichsetzte, könnte er bereits 50 Jahre vor Eintreffen der Dreikönigsreliquien in Köln einen Wandel in der Ikonographie vorbereitet haben. Hoster verwies des weiteren auf den Umstand, dass Maria nicht nur als Symbol der Menschwerdung erscheint, sondern zugleich auch den Thron, ja den Altar des Lamms bildet. Das Lamm sei *„stehend dargestellt, weil es nicht in der Haltung des Herrschers, sondern nach antiker Vorstellung in der des Fürbittenden sich befindet. Der Bittende steht, der Herrschende sitzt"* (HOSTER 23 f.).

■ Eine andere Ableitung des Motivs mit dem stehenden Christuskind lieferte **Herbert Rode** in seinem 1974 erschienenen umfangreichen Werk über die mittelalterlichen Fenster des Doms (CV 111). Er führte das Stehen auf byzantinische Bildtraditionen zurück. Er schrieb: *„Typ des stehenden Jesuskindes nördlich der Alpen seit dem 12. Jhdt. nachweisbar, abzuleiten vom byzantinischen Typ der Elëusa ..."*[96]. Eine wichtige Stütze für seine Ableitung dürfte er in dem Achsenfenster der Propsteikirche St. Laurentius in Wedinghausen gefunden haben, die durch ihre Lage bei Arnsberg, dem Hauptort des erzstiftlichen Westfalen, zum engeren kölnischen Raum gehörte. In dieser Glasmalerei sieht man eine thronende, sehr byzantinisch anmutende Muttergottes mit dem stehenden Kind. Die Komposition entspricht der Eleousa, selbst das Ärmchen des Kindes umfasst den Hals Mariens. Die Scheibe wird im Ausstellungskatalog „Himmelslicht" von U. D. Korn vorgestellt und auf *„um 1250"* datiert[97]. Der Autor schreibt: *„Die seltene Darstellung der Madonna im byzantinischen Typ der Eleusa bzw. Glykophilousa ['die Süßküssende'; feststehender Typ von noch größerer Intimität als die Eleousa] hat im letzten Drittel des 12. Jhs. im Rheinland markante Vorgänger: die Steinmadonna in St. Maria im Kapitol, das Stiftssiegel von Schwarzrheindorf und das Basilika-Reliquiar aus Sayn."*[98]

■ Eine umfassende Deutung des Motivs des stehenden Kindes nahm 1986 der Kunsthistoriker **August Bernhard Rave** vor. Er lehnte die von Rode angenommene byzantinische Herkunft des „Stehmotivs" ab: *„Wir möchten es im Folgenden ikonografisch unterschieden wissen von einer Herleitung aus dem Bereich der byzantinischen Tradition"* (RAVE 17). Auch blieb er nicht bei dem von Prälat Hoster lediglich aus dem Offenbarungstext hergeleiteten Deutungsversuch stehen, sondern untersuchte die ikonografischen Voraussetzungen vor der Zeit der Entstehung des Achsenfensters. Er verwies – indem er ältere Beobachtungen der Kunsthistoriker Raymond Koechlin und Richard Hamann zugrundelegte – auf die Häufigkeit des Motivs des stehenden Christuskindes bei thronenden Madonnen in den frühen Zentren der Fronleichnamsverehrung, wo es oft in Verbindung mit Darbringungsszenen, auch mit Passionsszenen, erscheint. Rave machte auf Bildprogramme aufmerksam, die bereits um 1150 in der französischen Kathedralplastik, insbesondere im Königsportal der Kathedrale von Chartres, vorgebildet waren. Dessen Tympanon zeigt drei genau lotrecht übereinandergestellte Ereignisse, wobei im untersten die Geburt Christi zu betrachten ist. In dieser Szene erscheint das liegende, in Binden gehüllte Kind gleich einem (geopferten) **Brot** auf dem Altartisch. Darüber findet sich das Element der Vertikalen in der **Darbringungsszene** im Tempel. Christus **steht** auf dem Altar zwischen Maria und dem Priester Simeon. Im obersten Tympanonfeld sieht man die frontal thronende Maria mit Christus auf dem Schoß: Maria ist hier nicht nur der *„sedes sapientiae"* (s. S. 125 ff.), sondern auch das *„tabernaculum dei"*, auf dem Christus als der Fleisch gewordene Gott wohnt[99]. *„Das zentrale Thema war dabei die theologische Behandlung und Lösung der Frage nach der eucharistischen Realität des Leibes Christi, ob dieser als leidender Körper mit all seiner irdischen Existenz oder als spiritueller, nicht länger leidender Körper zu denken sei"* (RAVE 21). Tatsächlich war es in der römischen Kirche seit dem 9. Jahrhundert zu Debatten darüber gekommen, wie real die Eucharistie sei. Neuerer, die man in die Nähe der späteren Nominalisten stellen darf, hatten – was die äußere Erscheinung angeht (den Inhalt wollten sie gar nicht antasten) – auf der *„figura"* (imago) bestanden, während die neuplatonisch-augustinisch Orientierten im „realistischen" Sinn auch auf der „Realität" *(veritas)* des Bildes beharrten: Als Sakrament war ihnen die Eucharistie **Bildwirklichkeit**. In der Mitte des 11. Jahrhunderts kam es zu einem erneuten Auflodern des Streits. Wieder standen philosophische Probleme, den Protagonisten jedoch wenig bewusst, im Hintergrund. Der Disput endete vorübergehend mit dem Glaubensbekenntnis von 1079, in dem man die substanzhafte Verwandlung *(substantialiter converti)* postulierte. In der Mitte des 12. Jahrhunderts erschien bei Petrus Comestor erstmals der Begriff *„transsubstantiatio" (transsubstantiatis pane in corpus, et vino in sanguinem)* als Zurückweisung der albigensisch-waldensischen Leugnung der **wirklichen** Gegenwart des Leibes und Bluts Christi. Die letztliche Antwort auf die Frage nach der wahren Substanz des Leibes Christi war also, dass die Eucharistie als *„das wahre Fleisch Christi, sein corpus verum, anzusehen sei"*. Von diesen Voraussetzungen ausgehend, stellte Rave die Verbindung zum Fronleichnamsfest her, das man als logischen Endpunkt der bisherigen theologischen und ikonografischen Entwicklung ansehen darf. Das Fest war auf Betreiben der Juliana von Cornillon 1246 erstmals in Lüttich eingesetzt worden[100]. *„In unserem Zusammenhang von besonderem Interesse ist das auffallend häufige Vorkommen des Madonnentyps mit dem stehenden Kind in den Zentren der frühen Fronleichnamsverehrung wie in Lüttich und ... in der mittelalterlichen Kölner Kirchenprovinz, wo er Eingang findet in die Dreikönigsikonografie und der angebetete Christus zum eucharistischen König wird"* (RAVE 22). Im übrigen nahm Rave an, dass der luxemburgische Kaiser Heinrich VII. nach seiner Krönung in Aachen durch den Kölner Erzbischof Heinrich von Virneburg am Dreikönigstag 1309 das gerade fertig gestellte Achsenfenster im Kölner Dom gesehen und gewürdigt haben muss[101]. Auf seinem anschließenden Italienzug beauftragte Heinrich VII. nämlich in Pisa den Bildhauer Giovanni Pisano

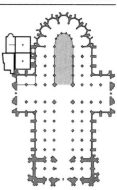

(† um 1320) mit der Anfertigung einer Plastik, die den Kaiser selbst in Anbetung der thronenden Maria mit dem Kind zeigt: Das Christuskind **steht** in diesem Werk auf dem linken Oberschenkel der Mutter.

Der Hochaltar

In dem um drei Stufen angehobenen oberen Chor *(Sanctuarium, Chorus superior)* steht der Altar der hochgotischen Erstausstattung. Ein dreistufiges Podest hebt ihn nochmals empor. Das große Gewicht des Hochaltars machte eine Abstützung durch ein kräftiges, annähernd 8 m in die Tiefe reichendes Fundament notwendig. Die Weihe fand am 27. September 1322 zusammen mit der des Chors statt. Im Mittelalter lag der Standort des Altars möglicherweise fast 2 m weiter im Westen. Zwischen ihm und den östlichen Chorschranken befand sich die erzbischöfliche Kathedra. Ein Altarretabel existierte daher wohl nicht (KROOS, LQ 72). Ob der plastische Schmuck um 1320 oder vielleicht bereits zwei Jahrzehnte früher entstanden ist, ließ sich noch nicht zur Gänze klären.

Die reichprofilierte Altarplatte *(mensa)* besteht aus einem einzigen, 25 cm starken schwarzen Marmorgestein aus Dinant. Dabei handelt es sich um eine der größten Altarplatten überhaupt und gleichzeitig den größten und schwersten Stein des Doms[102]. Der Fuß *(stipes)* aus Drachenfelstrachyt ist mit dem gleichen tiefschwarzen Marmor verkleidet; davor stehen – heute kontrastreich leuchtend – die weißen Maßwerkarkaden sowie der figürliche Schmuck aus Carraramarmor. Die Vorderseite befindet sich noch im Originalzustand; der figürliche Schmuck der übrigen Seiten wurde im Rahmen der barocken Erweiterung des Altars abgebaut. Die ehemals polychromen Figuren sind heute weiß. Die Arkaden der Nord-, Ost- und Südseite ergänzte der Bildhauer Alexander Iven zwischen 1899 und 1904 und stattete sie mit heute im Schnütgen-Museum befindlichen Kopien der Originale aus. Über den Nachschöpfungen liegt – wie Anton Legner (LEGNER, 1972, 372) bemerkte – eine *„neoklassizistische Kopistenkühle".*

- Die mittlere Arkade der Vorderseite, also die Westseite, zeigt die Krönung Mariens durch Christus, der die Weltkugel in der Linken hält, mit der Rechten aber noch die Krone Mariens berührt. In den rechten und linken Arkaden zu beiden Seiten stehen je sechs Apostel; die linke Reihe wird durch Johannes (mit Salbgefäß) angeführt, die rechte Reihe von Petrus mit dem Schlüssel.

- Im Norden lässt sich in der mittleren Arkade die Darbringung (Darstellung) im Tempel betrachten[103]. Das Christuskind steht, die Rechte im Segensgestus erhoben, auf dem Altar; zu seiner Linken befindet sich der (stellvertretend) empfangende Simeon, zur Rechten die darbietende Maria.

- Im Osten, (auch im Mittelalter) dem Schrein der Heiligen Drei Könige zugewandt, ist die Anbetung der Heiligen Drei Könige dargestellt. In der Mittelarkade thront die gekrönte Maria, den stehenden Christusknaben auf ihren Knien haltend. Leicht beugt sich das Kind zum ältesten König hin, der in Verehrung kniend seine Gabe darbietet. In den beidseitigen Arkaden stehen auf der einen Seite sechs Propheten (darunter Johannes der Täufer und Bileam[104], dieser nach oben – zum Stern – weisend). Ihnen gegenüber sind, anschließend an den ältesten König, der jüngere König, der junge König sowie die Könige David und Salomo und Moses positioniert.

- Auf der Südseite sieht man in der Mittelarkade die Verkündigung an Maria. Mit der Linken ein Buch haltend, mit der Rechten den Grußgestus ausführend, thront Maria. Ihren Blick wendet sie dem von links nahenden Engel zu. Der Himmelsbote trägt eine Inschriftenrolle, auf die er mit dem rechten Zeigefinger verweist. Die Mitte ziert eine Vase mit einer Lilie (s. S. 87 ff.). Das Bildprogramm des Altars weist ihn als Marienaltar aus, da alle Themen im Zusammenhang mit dem Leben Mariens stehen. Trotzdem war der Altar ursprünglich dem zweiten Hauptpatron des Doms, dem hl. Petrus, geweiht (KROOS, 1984, 94). Zumindest ein bedeutender Aspekt der Marienverehrung taucht nicht am Hochaltar auf: der Marientod, der ebenso mit dem 15. August, dem Datum der Grundsteinlegung des Doms, verknüpft ist, wie die Marienkrönung. Dieses Motiv fand allerdings schon etwa 60 Jahre früher in der Marienkapelle eine bildliche Würdigung (s. S. 78 ff.), als man für den Kult des abgerissenen Marienchors des Alten Doms Ersatz schaffen musste, und erschien wahrscheinlich später auch in einem Glasgemälde der Michaelskapelle (s. S. 125 ff.).

Die Altarfiguren gehören stilistisch nicht zu dem älteren, gestreckteren Typus der Chorpfeiler- figuren. Sie werden heute allgemein einer kölnisch-lothringischen Stilrichtung zugerechnet. Anton Legner schrieb dazu im Jahr 1972:

„Dank den Forschungen von J. A. Schmoll gen. Eisenwerth wissen wir heute mit Bestimmtheit, dass ein ausschlaggebendes neues Element der Kölner Skulptur des frühen 14. Jh., das dem über- züchteten, höfischen Schönheitsidedal der Dompfeilerskulpturen maßgeblich entgegensteht, dem Einfluss lothringischen skulpturalen Stils zu danken ist ... Ihr Figurentypus, wie alles in dieser Zeit vor dem Hintergrund des hochgotischen statuarischen Ideals von Nordfrankreich gebildet, zeigt gedrungenere Proportionen, das statuarische Ideal der französischen Hochgotik findet hier eine ‚konservativ-beruhigende Ausgleichskraft'.“[105]

Wenn man einen Altar – d. h. grundsätzlich jeden Altar –, die wiederholende Darstellung des von Jakob gesalbten Steins, der den heiligen Mittelpunkt der Welt bezeichnet, ansieht, dann ist es nicht erstaunlich, dass beim Neubau des Doms versucht wurde, für den neuen Altar exakt den gleichen Standort zu wählen, den sein Vorgänger im alten karolingischen Dom innegehabt hatte[106]. Tatsächlich feiert man heutzutage die Messe noch an fast derselben Stelle wie vor über 1000 Jahren. Im Zuge baulicher Veränderungen und Liturgiereformen büßte der Hauptaltar gegenüber dem Vierungsaltar jedoch zunehmend an Bedeutung ein (s. S. 175 ff.).

Zur Barockzeit erfuhr der mittelalterliche Altar tiefgreifende Umwandlungen, die jedoch im von der Gotik begeisterten 19. Jahrhundert abgelehnt wurden. S. Boisserée wollte keine barocken Elemente in der gotischen, für ihn „deutschen" Architektur dulden. Ihn und die nachfolgenden Neugotiker störte insbesondere das barocke Dreikönigenmausoleum in der Achskapelle, aber auch der barock umgestaltete Hochaltar.

Im Jahr 1894, also 40 Jahre nach Boisserées Tod und fünf Jahre nachdem man das Drei- königenmausoleum entfernt hatte, genehmigte das Domkapitel auch die Beseitigung des Altar- aufbaus. Damit rangierte der neugotische Purifikationsdrang eindeutig vor denkmalpflegerischen Gesichtspunkten.

In einer ersten barocken Umgestaltungswelle war der Hochaltar praktisch zum Grab des hl. Engelbertus umgewandelt worden: 1636, also mitten im Dreißigjährigen Krieg, kam der Engelbertusschrein als Aufsatz hinzu, 1664 wurde hinter ihm die heute in der Kreuzkapelle befindliche barocke Liegefigur des Engelbert als Grabfigur aufgestellt (SCHULTEN, 1979/80, 353). Letztere gilt als Werk des Kölner Bildhauers Heribert Neuss. Sie zeigte mit der Schauseite nach Osten, sodass sie sich vom Chorumgang aus betrachten ließ (s. S. 160 ff. u. S. 167 ff.). 1665 er- folgte die Aufstellung der marmornen Bildnisse der Dompatrone Petrus und Maria. Sie stammen ebenfalls aus der Hand des H. Neuss, der sie im Auftrag des Domherrn H. Mering schuf.

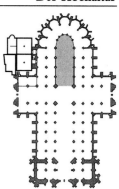

Beim Engelbertusschrein, heute in der neuen Schatzkammer des Doms, handelt es sich um eine Stiftung des Kurfürst-Erzbischofs Ferdinand von Bayern. Er galt – wie jeder geweihte Reliquienschrein – als Symbol der alttestamentlichen Bundeslade und ist das Werk Konrad Duisberghs[107]. Auf der Stirnseite erscheint Christus mit der Weltenkugel in Begleitung des Erstapostels Petrus und dessen Schüler Maternus, dem Gründer der Kölner Kirche. Die Anbetungsszene auf der Rückseite des Schreins ist als Epiphanie Christi zu verstehen. Mit dieser Seite zeigte der Schrein zu dem der Heiligen Drei Könige, der sich zu dieser Zeit noch in der Achskapelle befand und eine vergleichbare Szene aufweist (s. S. 60 ff. u. S. 132 ff.). Damit existierte ein Bezug zwischen beiden Schreinen.

Die vier Ecken des Engelbertusschreins tragen die vier Evangelisten; an den beiden Langseiten sind zweimal fünf heilige Kölner Erzbischöfe zu sehen. Mit der obenauf ruhenden Liegefigur des hl. Engelbertus und der erwähnten Darstellung des Maternus von der Stirnseite ergibt das zusammen zwölf heilige Bischöfe[108]. Mit diesem Bildprogramm zielte man auf das Abbild des Himmlischen Jerusalem, und mit den Bildern der zwölf heiligen Bischöfe war deren Gleichsetzung mit den zwölf Aposteln gemeint. Nun lässt sich verstehen, weshalb der Engelbertusschrein damals als die „kölnische Bundeslade" galt.

Eine zweite Barockisierungswelle griff noch stärker in das Äußere des Hochaltars und das des Binnenchors ein. Bereits seit Beginn des 18. Jahrhunderts hatte sich das Metropolitankapitel mit Plänen für eine zentrale Umgestaltung des Altars mit eucharistischem Tabernakel in barocker Ziborien- oder Baldachinform getragen. Zu diesem Zweck musste auch das weit abseits der Mittelachse stehende, spätgotische Sakramentshaus weichen, da es liturgisch überflüssig war und den ästhetischen Vorstellungen der Zeit widersprach. Der Architekt Étienne Fayn (1712–1790) aus Lüttich legte die Umbaupläne für den Altar vor, die 1767 vom Domkapitel genehmigt und bis 1770 umgesetzt wurden.

Der Kunsthistoriker und damalige Leiter des Diözesanmusemums Pater Walter Schulten (1920–1993) machte 1979 darauf aufmerksam, dass diese Pläne mit einiger Sicherheit in enger Anlehnung an den Sakramentsaltar von St. Peter in Rom – dem *„zentralen Ort nachtridentinischer Frömmigkeit"* – geschaffen wurden (SCHULTEN, 1979/80, 364 f.). Bei diesem römischen Vorbild handelt es sich um ein Werk Gian Lorenzo Berninis (1598–1680) aus dem Jahr 1674, das selbst wiederum auf ältere Vorbilder zurückgriff[109]. Der auf einer Marmormensa stehende Altaraufsatz hat die Gestalt eines zwölfsäuligen Rundtempels; den Abschluss bildet ein kleinerer, von einer Kuppel bekrönter Tambour. Das überaus farbenprächtige Werk kann Anklänge an Renaissanceformen nicht verleugnen. Rechts und links der Tempiettoarchitektur knien zwei anbetende Engel aus Gold.

Der umgestaltete Hochaltar des Kölner Doms wich jedoch in vielem vom römischen Vorbild ab. Dass man auf eine Verkürzung der breiten gotischen Altarmensa der Erstausstattung verzichtete, deutet auf einen gewissen Respekt vor dem alten Bestand hin. Stattdessen erfuhr die Mensa eine Erweiterung nach Osten (mit schwarzem Marmor), um für das Ziborium eine ausreichende Stellfläche zu erhalten. Der Aufsatz, ein spätbarocker Tempietto, auch „Haus der Weisheit" genannt, wurde weder von den traditionellen vier noch von den zwölf Säulen des römischen Vorbildes, sondern von **sieben** getragen, womit eine andere Symbolik zum Tragen kam[110].

Anders als das Werk Berninis besaß das Étienne Fayns im Innern keine Cella. Aufgrund der damit einhergehenden Transparenz war die Hostie den Blicken Aller ausgesetzt. Transparenz – und damit die Rücksichtnahme auf den gotischen Bestand – bestimmte auch den Oberbau und die stark durchbrochene Kuppel. Das Gesamtsystem reichte mit seiner Bekrönung bis in Brusthöhe der mittelalterlichen Chorpfeilerfiguren (s. S. 41 ff.). Dass ein Bezug zu diesen gemeint war, ergibt sich aus deren damals durchgeführte Reinigung.

Anstelle der zwei Engel des römischen Werks flankierten die Hauptpatrone des Doms in Gestalt überlebensgroßer Sitzfiguren, Maria mit dem Kinde und Petrus, das Ziborium. Die plastischen Werke entstanden um 1770. Verschiedentlich unternahm man den Versuch, sie dem Kölner Bildhauer Johann Joseph Imhoff d. Ä. (1739–1802) zuzuschreiben. Interessant ist, dass es in dem Tempietto Schienen gab, über die ein kleiner Wagen mit der Monstranz – von einem Priester von hinten geschoben – nach vorne ins Sichtfeld der Gläubigen fahren konnte. Die 1894 abgebauten barocken Teile des Hochaltars, samt den hölzernen Plastiken, birgt heute die Modellkammer des Doms. Im Jahr 1980 plädierte Walter Schulten, der kenntnisreiche Freund des barocken Hochaltars, für dessen Wiedererrichtung.

Der Schrein der Heiligen Drei Könige

Schon von der Vorhalle zwischen den beiden Türmen aus leuchtet das Gold dieses größten aller mittelalterlichen Reliquienschreine dem Dombesucher entgegen. Trotz seiner Aufstellung in einem sterilen Glaskasten und der etwas beengten Lage zwischen Chorschluss und Hochaltar stellt der Schrein heute, abgesehen vom Altar, das Zentrum des Hochchors dar.

Der Schrein ist in der Hauptsache ein Werk des bedeutenden maasländischen Goldschmiedes Nikolaus von Verdun, der 1181 mit dem Gesamtentwurf und der eigenhändigen Ausführung der Prophetenreihen der Langseiten begann[111].

Neun Jahre später, vor seiner Abreise nach Italien und seinem Tod vor den Mauern des belagerten Neapel, konnte Erzbischof Philipp von Heinsberg die Reliquien der Heiligen Drei Könige und die der hll. Felix und Nabor eigenhändig in den noch nicht vollständig ausgeführten Schrein betten. Zum Abschluss gebracht wurde die gesamte goldene Bekleidung des Schreins allerdings erst um 1225. Das jüngste Element, die Rückseite, stammt nicht aus Köln, sondern von einer maasländischen – wahrscheinlich in Aachen befindlichen – Werkstatt,.

An Epiphanias, dem Dreikönigstag des Jahrs 1200 stiftete der Welfe Otto von Braunschweig im Rahmen eines Hoftags in Köln den Reliquien der Heiligen Drei Könige zur Zierde ihrer Häupter drei goldene Kronen. Ihr Stifter, nach seinem englischen Lehen auch Otto von Poitou genannt, war der Gegenkönig zum gewählten staufischen König Philipp von Schwaben, der ein paar Tage zuvor, am Weihnachtstag 1199, ebenfalls einen Hoftag in Magdeburg abgehalten hatte. Otto, der außer den Kronen noch Gold, Edelsteine, vielleicht auch antike Gemmen für die Frontplatte des Schreins gestiftet hatte, stach mit dieser Geste seinen Rivalen aus und gewann in Köln und im Rheinland hohes Ansehen. Strittig bleibt die Herkunft der umfangreichen Mittel Ottos. Seit der Untersuchung der am Schrein angebrachten Gemmen und Kameen durch die Archäologin Erika Zwierlein-Diehl weiß man, dass Beutestücke aus der Plünderung Konstantinopels im Jahr 1204 hier wohl kaum Verwendung fanden. Die Stiftungen Ottos dürften eher aus dem Welfenschatz oder dem Besitz seines Onkels, dem englischen König Richard Löwenherz, stammen. Nach dessen Tod 1199 versiegten auch Ottos Geldquellen vorübergehend. Eine Klärung dieses Sachverhalts ist keineswegs unwichtig, kann sie doch bei der Datierung des Schreins bzw. einzelner Teile behilflich sein.

Die Reliquien der Heiligen Drei Könige, um derentwillen der Schrein geschaffen wurde, zählten zu den Gaben, mit denen Kaiser Friedrich I. Barbarossa den Kölner Erzbischof Rainald von Dassel für seine Verdienste um das Reich, namentlich bei der Eroberung Mailands 1162

Otto IV. (um 1175–1218), zweiter Sohn Heinrichs des Löwen und der Mathilde (Maud) von England, Tochter König Heinrichs II. von England, wuchs im lange zu England gehörigen Aquitanien am Hof Richards Löwenherz auf und lebte ganz in der Welt des anglo-französischen Rittertums. Richard belehnte ihn 1198 mit der Grafschaft Poitou und dem Herzogtum Aquitanien. Bei der deutschen Doppelwahl im gleichen Jahr wurde er gegen Philipp von Schwaben in Köln gewählt und in Aachen gekrönt, konnte sich aber erst nach dessen Ermordung 1208 durchsetzen. Die Krönung hatte ohne die echte Königskrone stattgefunden, da sich diese in den Händen Philipps befand. 1209 krönte man Otto in Rom zum Kaiser, doch er verlor bald seine Anhängerschaft. Im Jahr 1803 fielen die drei Kronen Ludwig, dem habgierigen Landgrafen von Hessen-Darmstadt, in die Hände und er ließ sie einschmelzen.

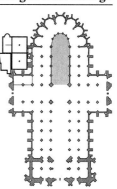

belohnte[112]. Leider wissen wir nicht, was den Kaiser zur Schenkung gerade dieser Reliquien fast zwei Jahre nach dem Fall Mailands veranlasst hatte. War es Rainald gelungen, dem Kaiser die Reliquien abzuschwatzen? Standen sie gar schon vor der Eroberung Mailands, als sie noch in der Kirche S. Eustorgio ruhten, auf seinem Wunschzettel? Wusste Barbarossa um ihre mögliche Bedeutung oder waren sie ihm gleichgültig?

Jedenfalls brach der inzwischen von Papst Alexander III. exkommunizierte Rainald am 10. Juni 1164 mit den Dreikönigsreliquien, den Reliquien der hll. Felix und Nabor und anderen Schätzen von der alten Langobardenhauptstadt Pavia auf. Er reiste über Turin, den Mont Cenis und weiter durch Burgund. Dort versuchte er – allerdings vergeblich – die burgundischen Bischöfe auf die Seite „seines" (Gegen-)Papsts Paschalis III. zu ziehen. Anschließend begab er sich an den Rhein. Er musste schnell und unauffällig vorgehen, denn sein Feind, Papst Alexander III., hatte den Erzbischof von Reims angewiesen, ihn samt Reliquienschatz in seine Gewalt zu bringen. Am 23. Juli 1164 traf er jedoch mit den Reliquien wohlbehalten bei Remagen/Rh. ein, wo ihn Philipp von Heinsberg erwartete.

Mit dem Erwerb der Dreikönigsreliquien verfolgte Rainald keine eigensüchtigen Ziele; bedingungslos war er dem Staufenkaiser ergeben. Mit geradezu fürsorglichem Übereifer gedachte er, für diesen eine Vorrangstellung gegenüber dem Papsttum zu erstreiten. Als Ziel schwebte ihm ein papstfreies Kaisertum vor, vielleicht auch ein Priesterkönigtum bzw. -kaisertum, wie es nach dem Ende der staufischen Dynastie vielerorts noch lange als Wünschenswert galt. Auf dem Weg dorthin sollten die Dreikönigsreliquien ein mächtiges Instrument in seinen, Rainalds, Händen sein. Mit ihrem Besitz ließ sich ja dokumentieren, dass Christus das Königtum bereits bei der Epiphanie ausdrücklich bestätigt hatte. Wenn also die römisch-deutschen Herrscher in direkter Nachfolge der drei von Christus bestätigten Könige stünden, so bedürften sie genauso wenig des Segens des (historisch jüngeren) Papsttums wie der oströmische Kaiser (dessen Legitimation sich ungebrochen aus der Antike speiste). Gerade in der zweiten Hälfte des 12. Jahrhunderts müssen derartige Überlegungen angestellt worden sein. Zu den seit den Zeiten Kaiser Heinrichs IV. bekannten Spannungen zwischen Papsttum und Kaisertum waren auch wachsende Gegensätze zwischen dem westlichen und östlichen Kaisertum getreten. Der sich trotz seines heidnischen Ursprungs als „apostelgleich", gar als „Zweiter Christus" verstehende oströmische Kaiser (später Reflex der Göttlichkeit der heidnischen Cäsaren!) erblickte in dem erstarkenden abendländischen Kaisertum der Staufer einen mächtigen Rivalen[113].

Rainald starb bereits 1167. Die Reliquien, die, einer späteren Quelle zufolge, in seinen Händen *„ad perpetuam Germaniæ gloriam"* hätten dienen sollen, verblieben im Besitz der nachfolgenden Kölner Erzbischöfe, die meist nur eigene territoriale Interessen als Landesherren verfolgten und/oder romgebunden waren. Ein gutes Beispiel dafür bietet Rainalds direkter Nachfolger Philipp von Heinsberg: Sein Handeln konzentrierte sich lediglich auf den territorialen Zugewinn des Kölner Erzstifts (s. S. 155 ff.).

Ihr Recht auf die Krönung des „Rex Germanorum" im Marienmünster zu Aachen, in dem beziehungsreich Grab und Thron Karls des Großen standen, haben die Kölner Erzbischöfe allerdings fortan geschickt zu nutzen gewusst und in der Regel gegen Mainzer Ansprüche auch erfolgreich verteidigt. In den Jahren zwischen 1028 und 1531, dem Jahr der letzten Krönung in Aachen, nahmen Kölner Erzbischöfe insgesamt 27 Krönungen vor.

Für die Aufwertung des Kaisertums hatte Rainald zu Lebzeiten noch ein Zweites getan: Er ließ Kaiser Karl, den Erneuerer des westlichen Kaisertums, durch den von ihm selbst eingesetzten

(Gegen-)Papst Paschalis III. im Jahr 1165 heilig sprechen – ein Akt, den auch die folgenden Päpste nicht zurücknehmen mochten. Damit war ein weiterer Schritt zur sakralen Aufwertung des abendländischen Kaisertums getan, der die ersehnte Unabhängigkeit vom Papsttum bringen sollte. Wie stark der Bezug zu den sakralen Quellen des Kaisertums – nicht mehr nur des Königtums – war, erwies sich mit Otto IV., jenem König, der es vierzig Jahre später nicht wagen sollte, sich mit Krone und Krönungsmantel am Kölner Schrein darstellen zu lassen, solange er nicht als rechtmäßiger Kaiser galt.

Abgesehen von den genannten politischen Implikationen hatten die Heiligen Drei Könige für den mittelalterlichen Menschen als biblische Heilsgestalten eine religiöse Bedeutung: Nach alter Vorstellung erfolgte nach der Sintflut die Teilung der Welt in drei Erdteile; die drei Söhne des Stammvaters Noë (Noah) namens Sem, Ham und Japhet, galten nach der sog. Völkertafel (Gen 10) jeweils als die Urväter der Asiaten, der Afrikaner („Mohren") sowie der Europäer. Man verstand die drei Könige als ferne Nachkommen der drei verschiedenfarbigen Söhne Noës. Diese galten somit als die Vertreter der gesamten Menschheit und der drei (bekannten) Kontinente[114]. Zugleich repräsentierten sie drei grundlegende Befindlichkeiten des Menschen: die Jugend, das Mannes- sowie das Greisenalter. Daher sind sie in diesen drei Altersstufen dargestellt.

Viele Könige haben nach ihrer Krönung durch den Erzbischof von Köln im Aachener Marienmünster ihre Geschenke am Dreikönigenschrein niedergelegt, um den Segen Christi für ihre Statthalter-Herrschaft zu erflehen – verstanden sie sich doch als Vikare Christi (vicarii Christi). Der Besuch der Dreikönigsreliquien, in der Regel der erste Amtsakt eines neu gekrönten Herrschers, wird nicht nur ein staatspolitischer Akt, sondern auch eine Handlung echter Frömmigkeit gewesen sein. Wenn ein römischer (deutscher) Kaiser vor dem Dreikönigenschrein im Gebet niederkniete, so huldigte er damit einerseits dem göttlichen Heilsplan, andererseits kam dabei aber auch der Anspruch auf Fortsetzung eines universalen Kaisertums zum Ausdruck.

Der Schrein ist 2,20 m lang, 1,53 m hoch und 1,10 m breit, die Formensprache romanisch. Er ähnelt einer kleinen Basilika mit einem Mittelschiff und zwei niedrigeren Seitenschiffen. Unten ruhen die Gebeine der Heiligen Drei Könige, darüber die der hll. Felix und Nabor und des hl. Gregor von Spoleto. Die Gebeine des letzteren hatte schon Erzbischof Bruno nach Köln gebracht[115]. Mitte des 19. Jahrhunderts fasste man alle Gebeine zusammen. Die Häupter der Drei Könige waren im Mittelalter abgetrennt und auf ein besonderes Brett (sog. Häupterbrett) gelegt worden. Nach Abnehmen der trapezförmigen Platte an der Stirnseite konnten sie durch ein Gitter betrachtet werden.

Der Schrein ist ganz aus Gold bzw. vergoldetem Silber und Kupfer getrieben. 304 antike Gemmen und Kameen – meist solche mit Szenen, denen man im Mittelalter apotheotischen Charakter zuwies – mehren seinen Glanz. Des weiteren steigern über 1 000 Edelsteine und Perlen die heilsbringende Kraft der Reliquien. Die Bildinhalte der geschnittenen Steine entstammen bis auf wenige Ausnahmen der heidnischen Antike, was das Mittelalter jedoch nicht daran hinderte, sie im Sinne einer christlichen Ikonografie zu deuten. Entweder sah man in ihnen Typologien, also zueinander in Beziehung zu setzende Ereignisse des Alten und Neuen Testaments, oder interpretierte sie als Huldigungsszenen[116]. Letzteres dürfte der Grund dafür gewesen sein, dass gerade an der Stirnseite des Schreins zwei große geschnittene Steine angebracht wurden (s. unten). Die auf ihnen dargestellten Szenen waren früher vermutlich als Hinweis auf die Anbetung Christi verstanden worden, bis sie durch die Politisierung der Dreikönigenverehrung eine neue Deutung erfuhren. Der Archivar des Kölner Erzdiözesanarchivs Jakob Torsy beschäftigte sich anlässlich

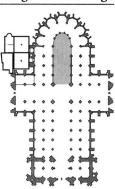

des 800. Jahrestags der Reliquienüberführung nach Köln in einer ausführlichen Arbeit mit dem Dreikönigenthema. Darin vertrat er die Auffassung, dass die Krönungsszenen der beiden Steine von den Entwerfern des Schreinprogramms als *„zweimalige göttliche Bestätigung des deutschen Königtums und des Kaisertums"* aufgefasst worden sein könnte (TORSY 29).

Die Stirnseite (Westseite) weist unten zwei Kleeblattfelder auf, die ein schmäleres, einbogiges Arkadenfeld in ihre Mitte nehmen. Über den drei Feldern befindet sich eine trapezförmige Platte. Der obere Teil der Stirnseite zeigt ein einzelnes, großes Kleeblattfeld; in den seitlichen Zwickeln liegen zwei Medaillonfelder, in der Mitte oben befindet sich ein kreisförmiges Feld. Im Gegensatz zu den Figuren der anderen Seiten wurden diejenigen der vier Hauptfelder aus purem Gold getrieben. Sie sind es auch, die die theologische Hauptaussage des Schreins vermitteln. Die figürlichen Szenen stellen die drei **Erscheinungsweisen** Christi dar: Im unteren Mittelfeld und dem linken Kleeblattfeld erscheint Christus den **Heiden** (Anbetung durch die Könige; zu der gleichfalls huldigenden Figur König Ottos vgl. u.), im rechten unteren Kleeblattfeld den **Juden** (Taufe im Jordan) und im oberen Feld in der Majestas Domini erscheint er **Allen** als Weltenrichter mit dem Buch des Lebens (Inschrift: LIBER VITÆ) und einem Spruchband (IUDEX), von den Erzengeln begleitet. Es handelt sich um eine dreifache Erscheinung Christi: bei der Menschwerdung, der Taufe (Epiphanie) und schließlich bei der Wiederkehr (Parusie) anlässlich des Jüngsten Gerichts.

Die bereits erwähnte Trapezplatte weist zwei Griffe auf, die darauf hinweisen, dass sie sich abnehmen lässt. Je ein großer geschnittener Stein flankiert die Tragevorrichtungen.

■ Der linke, eine Gemme (Intaglio) von 90 x 80 mm Größe, ist ein rötlich bis bräunlicher Sard. Er zeigt die thronende Göttin Venus und den vor ihr stehenden Kriegsgott Mars. Ein kleiner Genius (Amor) setzt der Schönen einen Kranz auf. Diese außerordentlich feine Arbeit datiert in die frühaugusteische Zeit (ZWIERLEIN-DIEHL 204). Nach TORSY könnte der rötliche Stein als Apotheose des deutschen Königtums verstanden werden.

■ Der rechte Stein, ein Kameo von 80 x 64 mm Größe, ein hellbraun-graublau-dunkelbrauner arabischer Sardonyx, verbildlicht die Krönung des Kaisers Nero durch seine Mutter Agrippina d. J.: Der thronende Nero als Jupiter wird von der stehenden Agrippina als Ceres-Fortuna mit einem Kranz gekrönt. Über dem Kaiser sieht man den Stern der Vergöttlichung Cäsars *(sidus Julium)*, in seiner Linken hält der Herrscher einen bislang nicht eindeutig identifizierten Gegenstand, evtl. ein Schiffsteil *(aplustre)*, das auf seine maritimen Ambitionen verweisen könnte. Die Arbeit muss auf die Jahre zwischen 54 bis 59 n. Chr. datiert werden (ZWIERLEIN-DIEHL 109 ff.). Torsy erblickte in dem Stein die Apotheose des abendländischen Kaisertums.

■ Während die beiden oben beschriebenen Steine zum ursprünglichen Schmuck der Trapezplatte gehören, ist der 80 x 66 mm große Citrin in ihrer Mitte lediglich ein Ersatz für ein 1574 geraubtes Exemplar. Dabei handelt es sich um den berühmten Ptolemäer-Kameo, einen 115 x 113 mm messenden indischen Sardonyx mit 17 Schichten, von denen elf für die Darstellung des Herrscher-/Geschwisterpaars Ptolemaios II. und Arsinoë II. genutzt wurden. Das Bildnis entstand vermutlich anlässlich der inzestuösen Ehe, die das Paar im Jahr 278 v. Chr. einging. Im Mittelalter geriet der Kameo durch die völlige Fehldeutung seines Bildinhalts zu einer Hauptstütze der Legende von dem dritten der Heiligen Drei Könige als „Mohrenkönig". In seinem Buch „De mineralibus" beschrieb der große Gelehrte Albertus Magnus das Bildnis als das zweier hellgesichtiger Jünglinge, denen „das tiefschwarze Haupt eines Äthiopiers mit langem Bart" *(caput Aethiopis cum longa barba nigerrimum)* beigegeben sei. Den aus einer dunklen, bräunlichen Gesteinsschicht geschnittenen Helm, auf dem dieses Äthiopierhaupt als Zierde abgebildet ist, erkannte Albertus nicht; daher deutete er auch den ebenfalls bräunlichen Wangenschutz des Helms als den Bart des vorderen, hellen Kopfes. Schon seit dem 8. Jahrhundert war die Festlegung der Könige auf drei Altersstufen und verschiedene Hautfarben vorgegeben. Als die Beschreibung des Ptolemäer-Kameos durch Albertus ganz in diesem Sinn erfolgte, wird man in ihr eine nachträgliche Bestätigung der alten Ansichten gesehen haben. Der Stein war in der Nacht zum 28. Januar 1574 gegen sechs Uhr morgens von Unbekannten geraubt worden, obwohl der Schrein vergittert und bewacht war. Seinen Wert gab man damals mit 2 t Gold an. Zwölf Jahre nach dem Raub tauchte der Kameo bei einem flämischen Kunsthändler in Rom auf, später gelangte er in die Kunstsammlung des Herzogs von Mantua, Vincenzo Gonzaga, wo ihn auch P. P. Rubens sah. Nach der Plünderung Mantuas 1630 durch kaiserliche Truppen geriet das Kleinod in den Besitz Alberts von Sachsen und gelangte möglicherweise durch Schenkung an die Habsburger. Erst 1952 wurde es in der Antikensammlung des Wiener Kunsthistorischen Museums entdeckt und aufgrund der Beschreibung Albertus Magnus' von Prälat Joseph Hoster und Eduard Neuffer (1900–1954), dem Leiter des Rheinischen Landesmuseums (Bonn), identifiziert.

Antike Gemmen und Kameen besaßen im Mittelalter, das über die Herkunft der Steine nur spekulieren konnte, eine hohe Autorität. Häufig glaubte man nämlich, dass sie einem von den Sternen abhängigen Wachstum unterlägen oder hielt sie für prophetische Bildnisse der alttestamentlichen Juden[117].

Den unteren Abschluss der Trapezplatte bildet ein schmaler Fries, den u. a. Jagdszenen zieren, weshalb man ihn auch als Jagdfries bezeichnet. Darüber hinaus tummeln sich dort Kentauren und andere Fabeltiere. Jagdszenen wollen – Hoster zufolge – die Bitte um Stärke bei der Abwehr des Bösen ausdrücken.

Der Anbetungsszene im o. g. linken Arkadenfeld der Stirnseite des Schreins kommt im Zusammenhang mit der Darstellung des Welfen Otto IV. (ohne Krone – so auch bereits in alten Abbildungen – und allem Anschein nach ohne Mantel) besondere Bedeutung zu, die sich an die Gruppe der huldigenden Drei Könige anschließt. Die von Otto offerierten Geschenke, wie Gold und Edelsteine, stellen eine Verbindung zu den Heiligen drei Königen dar, da man damals nämlich glaubte, dass der dritte König den Jesusknaben mit Gold beschenkt habe. Die Gestalt Ottos wird durch die Inschrift **OTTO REX** auf der Westseite des Schreins oberhalb seiner figürlichen Darstellung ausgewiesen.

In der Frage der Darstellung Ottos IV. gehen die Meinungen auseinander. Während einige behaupten, der König trage sehr wohl einen (allerdings kaum sichtbaren) Mantel, nahm JÜRGEN PETERSOHN (57 ff.) an, dass Otto ohne Krone und Mantel dargestellt sei. Petersohn vermutete nämlich, dass erst die Schenkung oder Stiftung dieser beiden

Letztlich handelt es sich jedoch nicht um eine der üblichen Stifterdarstellungen, wie man vielleicht annehmen könnte, denn die Position Ottos ganz links hinter den Heiligen Drei Königen signalisiert sicherlich seine gegenüber diesen geringere Bedeutung, zumal er keine der Insignien, weder Mantel noch Krone, trägt. Sie zeigt aber auch seine Nachfolge an: Otto ist – nach eigenem Verständnis und dem seiner Förderer im Reich, insbesondere in Köln – durch himmlische Zeichen dazu bestimmt, das Werk der Heiligen Drei Könige wiederaufzunehmen und zu Ende zu führen[118].

Den Hintergrund der Geschichte bildet eine Legende, die schon um das Jahr 500 in Alexandrien Verbreitung fand. Dabei handelt es sich um die Wiederaufnahme eines Texts des hl. Johannes Chrysostomos [(436)], vielleicht aber auch nur um den eines arianischen Autors, der sich für diesen ausgibt: *„... Doch nach ihrer Rückkehr verehrten und priesen sie weiter Gott noch eifriger als* *anfangs und predigten allen in ihrer Art und unterwiesen viele. Als schließlich nach der Auf-erstehung des Herrn der Apostel Thomas in jene Provinz kam, schlossen sie sich ihm an, ließen sich von ihm taufen und wurden zu Helfern in seiner Predigt gemacht."* Die Rede war von den Heiligen Drei Königen. Aus dieser Textstelle entstand die Legende von der Christianisierung „Indiens", was damals soviel wie Orient bedeutete. Die Legende überliefert erstmalig die Namen der drei Könige (Kaspar, Melchior und Balthasar) und berichtet weiter von einer alten, im Orient angeblich geläu-figen Prophezeiung. Dieser Zufolge würde einst ein mächtiger römischer Kaiser kommen und die dem Christentum verlorenen Gebiete zurückgewinnen.

Mit Beginn der Kreuzzüge erhielt diese Legende neue Nahrung. Auch der im Zisterzienser-kloster Heisterbach im Siebengebirge als Prior lebende Cäsarius von Heisterbach (um 1180–1240) berichtet von dieser Prophezeiung. Sie soll einem Mitbruder seines Klosters namens Wilhelm von einem Sohn des Sultans Saladin persönlich übermittelt worden sein: *„Wir fürchten keinen eurer Könige, nicht einmal euren Kaiser Friedrich [gemeint: Friedrich II.; Enkel des Kaisers Friedrich I. Barbarossa]; aber wie wir in unseren Büchern lesen, wird sich ein christlicher Kaiser erheben mit dem Namen Otto, der dieses Land mit der Stadt Jerusalem dem christlichen Kult wiedergeben wird."*

Dieser Bericht des Cäsarius von Heisterbach wurde zwar etwa 10 Jahre nach dem Tod Ottos IV. veröffentlicht – sein Inhalt war aber schon früher im Rheinland allgemein bekannt. Ein ebensolches Gemeingut stellte die ältere Legende vom Apostel Thomas, der „Indien" zusammen mit den Heiligen Drei Königen missioniert haben soll, dar. Die Partei, die die Wahl des Welfen Otto unterstützte, glaubte alledings nicht nur wegen dieser Legenden an die besondere Rolle ihres Kronprätendenten, denn seine Wahl zum REX im Juni 1198 in Köln war von außergewöhnlichen Himmelszeichen begleitet.

Cäsarius von Heisterbach, zu dieser Zeit Student an der Schule des Kölner Domstifts, berichtet über die Ereignisse: *„Während nach dem Tod Kaiser Heinrichs im Palast* [des Erzbischofs] *von Köln über den Nachfolger verhandelt wurde, erschien am Nachmittag* [!] *ein ungemein heller Stern. Wir* [die Studenten] *liefen in der Bischofskurie zusammen* [die neben dem Alten Dom lag] *und sahen ihn alle, aber was die ganz ungewöhnliche Erscheinung prophezeite, konnten wir* [noch] *nicht wissen."*[119]

Das Verblüffende an dieser Himmelserscheinung war, dass ja auch den Heiligen Drei Königen ein heller Stern als ein Zeichen geleuchtet hatte[120]. Zwar wird bei Matthäus (Mt 2,1–10) nicht gesagt, dass dieser Stern bei Tag sichtbar gewesen sei, doch ging man seit der Antike davon aus, dass dem so war. Für Cäsarius und seine Zeitgenossen lag es also auf der Hand, dass der an diesem Nachmittag gewählte Otto IV. der in der Weissagung angekündigte König war.

Vor diesem Hintergrund kann man verstehen, dass die Wahl des neuen Königs mit hohen Erwartungen verband. Es galt – zumindest im Rheinland – die Meinung, Otto würde in der Nachfolge der Heiligen Drei Könige den Orient neu missionieren. Und es ist auch verständlich, dass sich Köln, das seit 34 Jahren die Reliquien der Heiligen Drei Könige beherbergte, der Orient-missionierung in besonderer Weise verpflichtet fühlte. Da Otto IV. bereits 1218 entmachtet starb, lösten sich die Heilserwartungen jedoch von seiner Person und knüpften direkt beim hl. Thomas, dem angeblich bevorstehenden Erwerb seiner Reliquien und dem damit verbundenen Segen an. Für die Kölner stand es zu dieser Zeit ganz außer Frage, dass die Überreste des Heiligen in ihre Stadt überführt werden müssten, um dort – ähnlich den Gebeinen der Heiligen Drei Könige – ihre endgültige Ruhestätte zu finden.

königlichen Insignien zur Verwendung beim Schreinbau ihn, Otto, den drei Königen eben-bürtig und der Darstel-lung am Schrein würdig gemacht habe. Diese Auffassung wird gestützt durch eine vom Epi-phaniastag 1154 berich-tete Vision, die die hl. Elisabeth von Schönau (Taunus) ihrem Bruder, Abt Ekbert, mitteilte. Sie glaubte geschaut zu haben, wie die Heiligen drei Könige vor Christus die Knie beugten, ihre Kronen abnahmen, diese Christus aushändigten und dann aus seinen Händen zurückempfin-gen. Bestehen bleibt aber die bedenkenswerte Tatsache, dass König Philipp die echte Krone in seiner Gewalt hatte, Ottos Krönung also einen sehr bedeuten-den Makel aufwies. Schließ-lich hatten die Reichs-kleinodien und -insig-nien sakrale Bedeutung. Otto selbst glaubte sicherlich an die Kraft und Bedeutung der Krone sowie die der übrigen Reichsklein-odien; nicht grundlos wird ihm GERVASIUS VON TILBURY (1140–1220) das Buch „Otila Imperialia" gewidmet haben, das von Edelsteinen und Kleinodien handelte; s. auch E. ZWIERLEIN-DIEHL 62. An dem um 1225 vollendeten Aachener Karlsschrein erscheint dagegen der in aller Pracht thro-nende Otto mit Krö-nungsmantel, Krone, Szepter und Reichs-apfel. Die darüber befindliche Inschrift lautet: „Otto IIII. Imperator".

Der seit der Schlacht von Bouvines (1214) insgesamt glücklose Otto musste etliche politische Rückschläge erleiden, bevor er auf der Harzburg verstarb. Besiegt, gedemütigt und durch die Spielleidenschaft seiner Frau Maria schließlich verarmt – ohne je die Missionierung „Indiens" begonnen, geschweige denn durchgeführt zu haben. Die ideologische „Aufladung" und Überhöhung der Position Ottos spiegelt sicher nicht nur den frommen Glauben, sondern auch ein Stück Welfenpropaganda der damaligen Zeit wider, was angesichts der von den Staufern gleichzeitig betriebenen eschatologisch gefärbten Eigenpropaganda nicht verwundern kann.

Die **Rückseite** (Ostseite) des Schreins erweckt durch gliedernde Leisten die Illusion dreier übereinandergestellter Schreine. Aus dem mittleren Dreiecksfeld ragt eine kleine Porträtbüste des Erzbischofs Rainald von Dassel heraus. Das Feld unten links zeigt Christus an der Geißelsäule, darüber befindet sich eine Darstellung der Tugend „patientia". Das rechte untere Feld ist der Kreuzigung Christi gewidmet, darüber stehen Engel sowie die alten himmlischen Zeichen Sonne und Mond. Zwischen beiden Feldern ist der Prophet Jeremias zu erkennen, der als der älteste Künder eines Neuen Bundes gilt. Das obere Feld präsentiert die Verherrlichung des auferstandenen Christus, der die beiden Blutzeugen Felix und Nabor in den Himmel aufnimmt. Bei den ebenfalls dort abgebildeten Personifikationen handelt es sich um die der Paulinischen Tugenden Glaube, Liebe und Hoffnung (*fides, caritas, spes;* nach 1 Kor 13,13)[121].

Beide Langseiten zeigen in je zwei siebenbogigen Arkadenreihen im unteren Bereich alttestamentliche Könige und Propheten, im oberen Engel und die Apostel des Neuen Testaments. Die Schrägen enthielten vor der Franzosenzeit Szenen aus dem Leben Christi, die mittlerweile verschollen sind. Im 19. Jahrhundert unternahm man Versuche, diese Tafeln zu ersetzen. Die uns heute kaum befriedigenden Ergebnisse sind in der neuen Schatzkammer (eröffnet im Oktober 2000) mitsamt dem alten, sechsjochigen Eichenholzkern des Schreins zu besichtigen.

Die südliche Langseite beherrschen in der unteren Reihe alttestamentliche Figuren. Nach der mittleren Figur trägt sie die Bezeichnung **Davidseite**. In der oberen Arkadenreihe sind die Apostel zu sehen, die als Beisitzer des Weltgerichts aufgefasst werden. Die Reihe beginnt links mit Paulus, der nahe dem Weltgericht platziert ist. In der Mitte thront, den richtenden Überschwang der Beisitzer dämpfend, ein Engel, der *„Cherub plenitudo scientiæ"*. Bei den Halbfiguren in den Bogenzwickeln handelt es sich um die Personifikationen der Tugenden.

(*kursiv* = erneuert, **fett** = immer an dieser Stelle)
Südliche Langseite (sog. Davidseite)

Paulus	Matthäus	Jakobus d. Ältere	*Cherub* (Kopf alt)	Bartholomäus	Simon	*Philippus*[122] (Kopf alt)
Moses	**Jonas**	Abdia	David	Daniel	Joachim	Jeremias[123]

Auf der **nördlichen Langseite**, nach der unteren, mittleren Figur die **Salomonseite** genannt, beginnt rechts die Reihe der Apostel mit Petrus, dem Erstapostel. Er und Paulus, der die südliche Reihe anführt, befinden sich aufgrund ihrer hohen Autorität unmittelbar beim Weltgericht der Stirnseite. Der „Seraph ardens caritate" teilt die Apostelreihe; vielleicht mäßigt sein vor Liebe brennendes Wesen den Zorn der Richtenden. Die Stadtbilder in den Händen der Apostel bezeich-

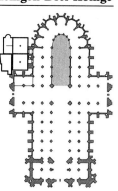

nen sowohl die Orte ihrer Tätigkeit als auch ihres Martyriums. Die Figur des Salomon hebt sich aufgrund der Tatsache, dass sie weibliche Brüste besitzt, von den anderen ab.

Die alten Figuren wurden von Nikolaus von Verdun aus einem einzigen Stück Metall getrieben, lediglich Hände und einige Attribute bestehen aus einem zusätzlichen Metallstreifen.

Nördliche Langseite (sog. Salomonseite)

Thomas	Judas Thaddäus	Johannes	Seraph (Kopf neu)	Jakobus d. Jüngere	Andreas	**Petrus**[124]
Amos	Na(h)um	Joel	Salomon	Ezechiel	Habakuk	**Aaron**[125]

Sehr schön beschrieb der Kunsthistoriker Richard Hamann die ausdrucksvollen Figuren der Langseiten: *„Die Gestalten sitzen mit der großen, freien Gliederentfaltung eines entwickelten plastischen Stils, körperlich ausdrucksvoll vom Scheitel bis zur Sohle. Aber sie sitzen nicht schön. Die Glieder irren gleichsam im Raum umher, tasten durch das weiche kostbare Gewand hindurch, suchend wieder Blick der großen Augen in den charaktervollen, tief gefurchten Physiognomien. Weder Augen noch Glieder finden sich in dieser Welt zurecht. Das Suchen geht darüber hinaus in ein Jenseits. Es sind wahrhaft Propheten. Spätantike Geistigkeit und Gewandkunst haben durch die vom Mittelalter neu geschaffene große Form und Wahrhaftigkeit eine neue Überzeugungskraft gewonnen. Weil diese Gestalten noch nicht den entwickelten gotischen Faltenwurf haben, nennen wir sie noch romanisch, obschon alle romanische, kubische Monumentalität, alle archaische Blockform völlig durch die freie Entfaltung der geistigen Persönlichkeit überwunden sind"* (HAMANN 272).

Ähnlich beurteilte Joseph Hoster den Stil der Gestalten: *„Der Stil seiner Figuren bedeutet eine Lösung aus der kubig typisierenden Befangenheit der Vorgänger in der Reihe der Kölner goldschmiedischen Metallplastiken, etwa der Figuren der beiden Meister des Heribertusschreins (1160–70). Er lockert die Oberfläche der rhythmisch geordneten Figuren in einer rieselnden, strengen Führung des verzweigten Faltenwerks, die das Drängende der Körperlichkeit kontrapunktisch noch praller herausstellt, als dies vor ihm der Fall war … Die Erfahrung im Verkehr mit Gott psychologisch im pathetischen Ausdruck kraftvoll deutlich zu machen, ist ein Beginn zum Neuen, das unmittelbar auf die Gotik hinweist."* (HOSTER 15)

Als sich die Franzosen 1794 Köln näherten, flüchtete das Domkapitel mit dem Schrein nach Arnsberg, dem Hauptort des kurkölnischen Herzogtums Westfalen. Die Gebeine der Heiligen Drei Könige verblieben im nahen Prämonstratenserkloster Wedinghausen, während man den Schrein in die Freie Reichsstadt Frankfurt brachte. Durch den Reichsdeputationshauptschluss von 1803 fiel Arnsberg jedoch mitsamt Kurkölnisch-Westfalen an Hessen-Darmstadt, woraus sich in den Augen des hessischen Landgrafen Ludwig ein Anspruch auf Gebeine und Schrein ergab. Nachdem sich seine Kommissare überzeugt hatten, dass der in Wedinghausen verbliebene Kasten kein Gold und keine Edelsteine enthielt, wurden die Gebeine freigegeben und nach Köln gebracht. Dort setzte man sie unter lebhafter Beteiligung der Kölner am 6. Januar 1804, dem Dreikönigstag, feierlich in ihrem barocken Mausoleum bei. Der Schrein war in Frankfurt bei einem Scholaster am Frankfurter Bartholomäus-Stift, Stephan Franz Anton Molinari, der das Vertrauen des Domkapitels besaß, untergebracht. In dessen Auftrag veräußerte er fünf der 16 Kisten, um dem Domkapitel zu Geld zu verhelfen. Nun beanspruchte der Landgraf von Hessen-Darmstadt die restlichen elf Kisten. Nur durch den Einspruch des französischen Residenten in Frankfurt gelang es, den Schatz vor dessen Zugriff zu retten und ihn einschließlich des Engelbertusschreins (s. S. 57 ff.) nach Köln zurückzuführen. Der von Napoleon eingesetzte Bischof M. A. Berdolet behielt jedoch große Teile des Domschatzes für Aachen ein. Nach der Wiedererrichtung des Erzbistums Köln gab Aachen die Stücke 1825 zurück. Die berühmte Dombibliothek, die ebenfalls in die Hände des Landgrafen von Hessen-Darmstadt gefallen war, fiel erst nach dem Mainfeldzug 1866, bei dem Preußen die mit Österreich verbündeten süddeutschen Staaten (darunter auch Hessen-Darmstadt) besiegte, wieder an Köln.

Durch Diebstahl, Unachtsamkeit und andere Umstände, die mit der Flucht des Domkapitels zusammenhängen, gingen viele Teile – darunter die Reliefs der Dachflächen mit Szenen aus dem Leben Jesu und den Bildern der Apokalypse –, einige Einzelfiguren sowie Kameen verloren.

Nach der Rückkehr des Schreins an seinen ursprünglichen Aufstellungsort reduzierte man ihn auf sechs Jochbögen und setzte ihn fehlerhaft zusammen, obwohl zwei genaue Beschreibungen des alten Zustandes existierten und zur Verfügung standen. Die ältere stammt von dem Stiftsvikar von St. Andreas, Bartholomäus Joseph Blasius Alfter, der 1748 alle Inschriften genauesten verzeichnete. Die jüngere dieser Beschreibungen aus dem Jahr 1781 stammt von dem kurfürstlichen Bonner Hofrat Johannes Philippus Nerius Maria Vogel, der sie sogar durch Kupferstiche ergänzte[126]. Bei der Wiederherstellung unter Wallrafs Leitung wurden u.a. zwei Propheten zu Aposteln gemacht. Aus heutiger Sicht lässt sich die damalige Sorglosigkeit bei den Restaurierungsarbeiten schwer nachvollziehen.

Als im Jahr 1942 die Bombenangriffe auf Köln immer heftiger wurden, musste der Schrein ein zweites Mal in Sicherheit gebracht werden. Zusammen mit dem Lochner'schen „Dombild" (s. S. 87 ff.) lagerte man ihn ins Schloss Pommersfelden aus. Im September 1944 holte das Metropolitankapitel beide Kunstwerke wieder nach Köln zurück. Der Schrein fand seinen Platz in der Sakristei, während das Dombild im Bunker des Nordturms untergebracht wurde. Als Nazifunktionäre den Klerus bezichtigten, die beiden Kunstwerke für einen Handel mit den anrückenden US-amerikanischen Truppen bereitzuhalten und mit Beschlagnahmung bzw. Zerstörung drohten, flüchtete man Schrein und Dombild am 9. 1. 1945 in einer Nacht- und Nebelaktion in die Diözese Paderborn. Erst am 5. 9. 1945 führte man sie zurück nach Köln und verwahrte sie im Dombunker des Nordturms bis Sommer 1948.

Die jetzige, siebenjochige Form hat der Schrein erst wieder seit der erneuten Restaurierung unter der Leitung des Prälaten Joseph Hosters in den Jahren 1961–1974. Dabei verlieh man dem Schrein wieder seine alten Abmessungen und fügte die Originalfiguren – soweit die Beschreibungen bei Vogel eine Rekonstruktion zuließen – an alter Stelle ein. Einige der Figuren wurden neu geschaffen. Schon früh erhoben einige Kunsthistoriker Einwände gegen die Hostersche Rekonstruktion, Kritik kam in erster Linie von Richard Hamann-MacLean, aber auch von Herbert Rode[127]. Insbesondere die Aufteilung der Stirnseite (Westseite) mit der Anbetungsszene stieß auf Kritik.

Trotz des unermesslichen Werts des Schreins, bedeuteten die Reliquien selbst dem Kölner Rat noch mehr als deren Gehäuse. Im Jahr 1393 erwirkte der Rat der Stadt von Papst Bonifaz IX. das Privileg, dass niemand ohne Zustimmung des Rats – nicht einmal der Erzbischof – Kölner Reliquien oder Teile davon weggeben dürfe; ansonsten drohte die Exkommunition. Als ein wesentlicher Aspekt ist in diesem Zusammenhang sicherlich der wirtschaftliche Faktor, den das Wallfahren zu den Heiligen Drei Königen in besonderem Maß darstellte.

Dass den Reliquien bereits in frühester Zeit eine sehr hohe Wertschätzung entgegenschlug, kommt in der Kostbarkeit und Seltenheit der Stoffe zum Ausdruck, die sie ursprünglich umhüllten.

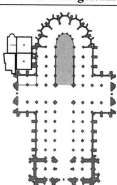

Während das Eichenholz des alten Schreininnern aus dem 11. Jahrhundert stammt, sind die Seiden, von denen die Dreikönigsreliquien umgeben waren, erheblich älter. Erst 1978 gerieten sie durch einen bemerkenswerten Fund in Rappoltsweiler (Ribeauvillé) im Elsass in das Blickfeld der Wissenschaftler. In der dortigen Pfarrkirche St. Gregor (St-Grégoire) hatte man ähnliche Stoffreste mit einer beigefügten Inschrift „SANCTI TRES REGES + CASPAR + MELCHIOR + BALTHASAR. ORATE PRO NOBIS NUNC ET IN HORA MORTIS NOSTRAE" aufgefunden. Diese wohl in die Barockzeit zu datierende Inschrift wies auf einen Zusammenhang mit den Kölner Reliquien hin. Möglicherweise hatten einst die Stoffe von Rappoltsweiler zu einer von Rainald auf seiner Reise von Mailand nach Köln gespendeten Teilreliquie gehört. Moderne Analysen der Stoffe ergaben nicht nur eine sehr große Ähnlichkeit der verschiedenen Kölner Stoffe mit denen von Rappoltsweiler, sondern belegten auch ihr hohes Alter: Sie stammen mit großer Wahrscheinlichkeit aus dem 2. Jahrhundert[128].

Über Hunderte von Jahren hinweg war es üblich, die Trapezplatte an Sonntagen, Montagen, Donnerstagen sowie an Epiphanias und am 11. Januar, dem Todestag des dritten Königs, abzunehmen. Bei dieser Gelegenheit konnten die Gläubigen persönliche Gegenstände, wie etwa Rosenkränze, mit den Reliquien in Kontakt kommen lassen; mittels einer silbernen Zange führte ein Priester die Objekte an die Schädel der Heiligen und gab die nun zu Berührungsreliquien gewordenen Stücke zurück. Kruzifixe schieden dabei natürlich aus, da sie höherrangig waren als die Gebeine der Heiligen. Ab dem späten Mittelalter konnte man sich von den Dienst tuenden Priestern an der Dreikönigenkapelle eine Bescheinigung ausstellen lassen, dass man das Pilgerziel erreicht hatte.

Neben der religiösen Bedeutung bildeten die Dreikönigsreliquien schon bald einen entscheidenden Wirtschaftsfaktor. Das mittelalterliche Köln entwickelte sich neben den Wallfahrtsorten Santiago de Compostela (Grab des Jakobus d. Ä.), Rom und Jerusalem zu einem Anziehungspunkt für Pilger aus aller Welt. Kaiser und Könige kamen – auch Petrarca, Luther, Erasmus von Rotterdam[129] und 1815 auch Goethe. Letzterer reiste allerdings wohl eher in seiner Rolle als ein früher Kulturtourist[130] an. Heutzutage pilgern jährlich etwa 100 000 Gläubige zum Schrein, viele von ihnen am Dreikönigstag. Seit 1975 wird wieder die Trapezplatte der Stirnseite geöffnet, um den Besuchern einen Blick auf die mit (erneuerten) Kronen gezierten Königshäupter zu gestatten.

Das Chorgestühl

Das zweiteilige, fast 23 m lange Chorgestühl aus Eichenholz zeigt mit dem Rücken zu den jeweiligen gemauerten und bemalten Chorschranken.Die zwei doppelten Sitzreihen können insgesamt 104 Personen aufnehmen; damit ist es das größte Chorgestühl des deutschsprachigen Raums. Dendrochronologische Untersuchungen ergaben, dass es in den Jahren 1308–1311 geschnitzt wurde. Die jeweils vordere Reihe weist in der Mitte einen Durchgang zu der hinteren, erhöhten Reihe auf. Auf diese Weise wird die vordere Reihe in zwei Abschnitte unterteilt, deren östlicher 13 und deren westlicher zwölf Sitze zählt. Die jeweils hintere Reihe gliedern die Pfeiler, zwischen denen sich die Chorschranken erheben, in drei Abschnitte zu je neun Sitzen.

Die Durchgänge der unteren Sitzreihen weisen in ihrer Mitte und an den Enden etwa brusthohe Wangen mit reich geschnitzten Aufsätzen auf. Nach Osten schließen doppelten Wangen, die einen Durchgang bilden, das Gestühl ab; ebenso ist der Durchgang in der Mitte gestaltet. Im Westen stehen nur einfache Wangen (insgesamt handelt es sich um zehn Wangen).

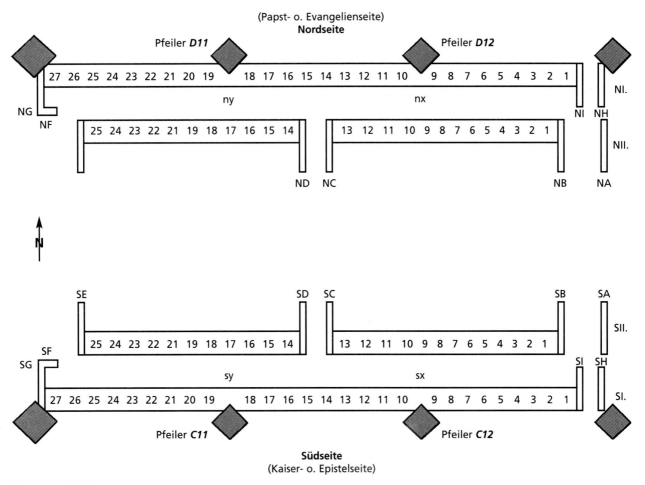

(Papst- o. Evangelienseite)
Nordseite

Pfeiler *D11*

Pfeiler *D12*

27 26 25 24 23 22 21 20 19 18 17 16 15 14 13 12 11 10 9 8 7 6 5 4 3 2 1

NG

NF

ny

nx

NI.

NI NH

25 24 23 22 21 19 18 17 16 15 14   13 12 11 10 9 8 7 6 5 4 3 2 1

NII.

ND NC

NB NA

N

SE

SD SC

SB

SA

SII.

25 24 23 22 21 19 18 17 16 15 14   13 12 11 10 9 8 7 6 5 4 3 2 1

SG

SF

sy

sx

SI SH

SI.

27 26 25 24 23 22 21 20 19 18 17 16 15 14 13 12 11 10 9 8 7 6 5 4 3 2 1

Pfeiler *C11*

Pfeiler *C12*

SI.

Südseite
(Kaiser- o. Epistelseite)

Chorgestühl
mit den Bezeichnungen der Teile

Die als ungewöhnlich breit und komfortabel geltenden Sitze werden durch Zwischenstützen getrennt, die figürlich geschnitzte Knäufe zieren. Die Sitzflächen sind das einzig Bewegliche an der massiven Eichenholzkonstruktion: Werden sie hochgeklappt, erscheint eine sog. **Miserikordie**, die sich an der Sitzunterseite befindet. Sie gab in Gesäßhöhe dem stehenden Domherren Halt und erweckte somit den Anschein, er stünde frei. Den Sockelbereich unter den Sitzen gliedern zwei nebeneinanderliegende Vierpässe, die ebenfalls reiche figürliche Schnitzereien aufweisen und deren Zwischenräume mit Blattwerk ausgefüllt sind.

Das Gestühl stellte bis zur Besetzung Kölns durch die Franzosen 1794 den Ort dar, an dem sich das **Domkapitel** sieben Mal am Tag zum Chorgebet zusammenfand. Die Mitglieder dieser Institution mussten zunächst nur adlig, später hochadlig sein, d. h. dem Dynastenadel angehören.

Seit dem 13. Jahrhundert besaß das Domkapitel 72 Pfründen (*præbendæ*), von denen 24 als Inhaber „größerer Tische" (*mensæ maiores*) das Domkapitel im engeren Sinn bildeten (s. S. 155 ff.). Diese „Domgrafen", wie sie seit dem späten Mittelalter genannt wurden, kleideten sich in Pelze und rote Talare. Sie mussten die Subdiakonweihe empfangen und ledig bleiben. Ansonsten erfreuten sie sich vieler Freiheiten; auch wurde ihre Residenzpflicht, d. h. ihr Wohnen innerhalb

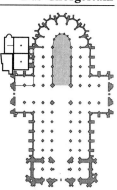

Kölns, nicht so ernst genommen. Da sie bald immer seltener zu den kirchlichen Tageszeiten erschienen, vergab man acht, später sieben der 24 Domgrafenstellen an studierte und geweihte Priester, die sog. Priesterkanoniker *(canonici presbyteri*, auch *sevenpriester)*. Diese waren nicht-adliger Herkunft, trugen schwarze Talare mit weißen Pelzen und nahmen zwar an der Wahl des Erzbischofs teil, konnten jedoch nicht Prälat werden. Die Priesterkanoniker lebten in Köln, wo sie die laufenden Geschäfte des Kapitels erledigten und für die Einhaltung der Gebetszeiten sorgten.

Für die 24 Inhaber der mensæ maiores gab es je einen Stellvertreter, der auch am Chorgebet teilzunehmen hatte. Dazu kamen je ein Stellvertreter für den Papst und den Kaiser – Ehrenmit-glieder des Kapitels – sowie der Dompropst. Für diese insgesamt 51 Personen waren die Sitze der oberen Reihen bestimmt, wobei dem Papst bzw. dessen Vertreter der östlichste Sitz auf der Nord-seite, dem Kaiser der entsprechende der Südseite zukam. Beim Platz des weltlichen Oberhaupts stand die Figur eines Kaisers, mit ziemlicher Sicherheit die des **Konstantin**, bei dem des Papsts eine Figur des hl. **Silvester**[131]. Beide Werke wurden später durch die von Heribert Neuss geschaffenen Altarfiguren der Dompatrone Petrus und Maria ersetzt (s. S. 57 ff.). Die älteren sind verschollen, die Neuss'schen Figuren stehen heute in der Beichtkapelle. Die beiden unteren Sitzreihen standen den Domvikaren und anderen Geistlichen sowie den Gästen zur Verfügung.

Das Gestühl weist trotz der barocken und neugotischen Eingriffe noch immer eine vorwiegend mittelalterliche Substanz auf. Insbesondere entsprechen die meisten Sitze im östlichen Bereich der Erstausstattung. Auch haben Untersuchungen ergeben, dass sich die mittleren Durchgänge von jeher an dieser Stelle befanden, die östlichen Abschlusswangen aber großen Veränderungen unterworfen waren. Nach Westen hin, in Richtung der mittelalterlichen Chorquerwand, nehmen die durchgeführten Eingriffe insbesondere bei den Sitzen zu. Auch die ursprünglichen westlichen Abschlusswangen sind verloren. Die Form des ursprünglichen Chorgestühls lässt sich nicht mehr rekonstruieren. So ist z. B. unklar, ob man es um die Abschlusswand herumgeführt hatte oder nicht. Gerade in diesem Bereich können sich bereits vor 1362 Veränderungen ergeben haben, als sich Erzbischof Wilhelm von Gennep nahe der Wand eine Grabtumbe (s. S. 169 ff.) errichten ließ.

Bei der barocken Umgestaltung, in deren Verlauf man das Gennepsche Grab in ein Bodengrab umwandelte, wurde das Chorgestühl im westlichen Abschnitt dem Zeitgeschmack entsprechend in geschweifter Form aufgestellt. Im Rahmen dieses Eingriffs ging ein Teil der alten Substanz verloren. Mit dem Chor erhielt auch das Chorgestühl um 1770 einen hellen Anstrich. In der Mitte des 19. Jahrhunderts nahm man die barocke Aufstellung zurück und überstrich die Farbe in einem dunklen Holzton. Nach dem Zweiten Weltkrieg wurden alle alten Farbanstriche abgelaugt.

Für den Betrachter am augenscheinlichsten, ist die reiche dekorative Verzierung des Gestühls mit Schnitzereien, die groteske Fabelwesen, Tiere und Blattmasken darstellen[132], aber auch Menschen, die tanzen, sich küssen, betteln, sich prügeln oder als Ritter kämpfen bzw. sterben oder gar fliehen. Auch die Knäufe zwischen den Sitzen sind mit Laubwerk sowie Gestalten aus der Welt der Tiere und Menschen verziert. Die dargestellten Szenen entstammen dem Alten und Neuen Testament, der (heidnischen) Antike und literarischen Tradition oder dem Volksglauben. Besonders grotesk oder „drolatisch" sind die Schnitzereien unter den Miserikordien.

„In dem peinlich verhafteten Bereich sitzt der Kanoniker, bis an die Ohren von diesem Gestühl umgeben, und unter seinem Sitz wohnt im Dunkel das Niedrige, das von unten aufsteigt. Diese Bezeichnung bedeutet seine erbärmliche Menschlichkeit, der er angehört wie jeder andere arme Mensch. Aber das Niedrige bezeichnet ihn nicht vollends ... Im Kanoniker begegnen sich das Oben

und das Unten, Gutes und Böses, Heiliges und Gebrechliches, Himmlisches und Höllisches, Göttliches und Teuflisches. Der ethische und metaphysische Dualismus des Platonismus, dessen Weltbild die ganze Chorordnung folgt, kann nicht schärfer ausgesprochen werden" (HOSTER 26). Exemplarisch seien aus verschiedenen Themengruppen einige Darstellungen herausgegriffen:

▨ Unter den beiden Plätzen, die für **Papst** und **Kaiser** reserviert waren (vgl. auch S. 46 ff.), zeigen Miserikordien Warnungen vor dem Fall. Unter dem Platz des Papsts ist ein gekrönter, stürzender Teufel zu sehen (Miserikordie NI 1). Analog dazu ist unter dem Sitz des Kaisers ein stürzender Ritter (Miserikordie SI 1) abgebildet[133].

▨ **Alttestamentliche Themen**: ▪ Samsons Kampf mit dem Löwen (Knauf NI 4/5) ▪ Das Urteil Salomons in einer Erbschaftssache (Wange ND) ▪ Propheten mit Spruchbändern (Vierpässe NII 23) ▪ Daniel in der Löwengrube („patientia", Miserikordie SII 11) ▪ Kain mit Ährengarbe und Abel mit Bock (Wange SD v. Westen)[134]

▨ **Szenen aus antiken Stoffen**: ▪ Terra als lächelndes Mädchen, das aus Erdschollen, in den Händen Pflanzen haltend, auftaucht (linker Vierpass NI 12) ▪ Pero und Cimon oder die „Caritas romana" (Knauf NI 15/16) ▪ Aristoteles trägt zum Gespött des ganzen Hofs Phyllis, die Geliebte Alexanders des Großen, auf seinem Rücken (Knauf SII 20/21).[135]

▨ **Ritter- und Kampfszenen**: ▪ Kämpfender Ritter mit Kettenpanzer und Schild (Wangenaufsatz NB) ▪ Kämpfende Männer mit Keule bzw. Schwert (viell. „discordia", Miserikordie SII 23) ▪ Kampf eines Mannes mit dem Hammer gegen einen Bären (rechter Vierpass SI 10) ▪ Kampf zweier Männer mit dem Schwert (linker Vierpass SI 12)[136]

▨ **Gaukler und Musikanten**: ▪ Mädchen mit einer Zither (Miserikordie NI 7) ▪ Gauklerpärchen (Knauf NII 8/9) ▪ Zwei musizierende Affen (Knauf NII 10/11) ▪ Musikantenpärchen mit Dudelsack und Glocke (Knauf SII 1/2)[137]

▨ **Tanzende oder turnende Personen**: ▪ Tänzerin (Miserikordie NI 3) ▪ Tänzerin (Miserikordie NII 2) ▪ Rad schlagendes Mädchen (Miserikordie NII 5) ▪ Tänzerin (Miserikordie SI 7)

▨ **Minne- und Liebesszenen**: ▪ Liebespaar (Knauf NI 6/7) ▪ Zwei sich Küssende (Knauf NI 11/12) ▪ Sich umarmendes Pärchen (Knauf NI 17/18) ▪ Sich umarmendes Pärchen (Knauf NII 20/21)[138]

▨ **Drachen, Phönixe und sonstige Fabelwesen**: ▪ Lächelnder Kentaur mit Kranz und wilder Jäger mit Pfeil und Bogen (Vierpässe SII 20) ▪ Drachen ohne Flügel (Miserikordie SII 20) ▪ Zwei Drachen zu einem Knäuel verschlungen (Knauf SII 22/23)

▨ **Tierdarstellungen**: ▪ „Judensau"-Szene. Drei Juden machen sich an einem Schwein zu schaffen. Einer hält es hoch, ein anderer füttert es, ein dritter trinkt an den Zitzen. (Wange NC, Vierpass links) ▪ Antijüdische Darstellung. Ein Jude kippt einen Trog mit Sau und Ferkeln um. Ein anderer führt an der Hand einen durch Kreuznimbus als Christen gekennzeichneten Knaben heran (Anspielung auf angebliche rituelle Christenschlachtungen). (Wange NC, Vierpass rechts) ▪ „Jungenprobe". Ein Adler zwingt seine Jungen, in die Sonne zu blicken. Ein aufsteigender Adler führt ein Junges mit sich, zwei andere sitzen im Nest. (Wange NH von Westen) ▪ Löwe, der seinen totgeborenen Jungen Leben einhaucht und Pelikan, der sich mit dem Schnabel die Brust öffnet (Vierpässe SII 12) ▪ Eulen (Miserikordie SII 16) ▪ Adler mit erbeutetem Löwen (Miserikordie SII 17) ▪ Fuchs mit Gänsen (Knauf SII 19/20) ▪ Zwei Schweine (Knauf SI 6/7)[139]

Die **stilistische Beurteilung** des Chorgestühls durch die Kunstgeschichte unterlag ähnlichen Schwankungen wie die der Chorpfeilerfiguren (s. S. 41 ff.). Auch hier führte die (heute korrigierte) zeitlich zu späte Einordnung zu inzwischen nicht mehr haltbaren stilistischen Verknüpfungen. Die Kunsthistoriker der ersten Hälfte des 20. Jahrhunderts neigten dazu, die Gestalten des Chor-

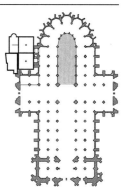

gestühls mit den Chorpfeilerfiguren in Zusammenhang zu bringen, in ihnen sozusagen einen derberen und späten Widerschein dieser Werke zu sehen. Auch die gedrungenen, lothringisch geprägten Figuren des Hochaltars (s. S. 57 ff.) wurden zuweilen zusätzlich vergleichend herangezogen; so auch noch von Anton Legner, dem langjährigen Leiter des Schnütgen-Museums. Daneben existierte die Meinung, dass der Stil des Gestühls allein im Kontext mit dem des Hochaltars zu sehen sei. Neuere Forschungen gehen jedoch von einem völlig eigenständigen, isoliert zu betrachtenden Stil des Gestühls aus, dessen Vorbilder am wahrscheinlichsten in Paris und Rouen zu finden sind (BERGMANN, I, 111 ff.). Hinsichtlich des am Chorgestühl nachgebildeten Maßwerks ließen sich deutliche Abweichungen von dem im Fassadenplan „F" entwickelten feststellen. Diese Tatsache wurde mit der rascheren Verarbeitung importierter Muster durch die Holzschnitzer erklärt. Verbindungen nach Südwestengland sind nicht auszuschließen.

Was die früher üblichen Vergleiche zwischen den Gestalten des Chorgestühls und gleichzeitiger „hoher" Kunst anbetrifft, so ist man vorsichtiger geworden. Einen direkten Stilvergleich des Chorgestühls als Träger reiner Dekorationskunst mit der Kunst der Großplastiken sieht man als sehr problematisch[140].

Das Grabmal des Erzbischofs Dietrich II. von Moers

Unmittelbar östlich des Schreins der Heiligen Drei Könige, jedoch nur vom Chorumgang aus sichtbar, steht auf einem Logenplatz im Chorscheitel (zwischen den Pfeilern D17–C18) das außergewöhnliche Grabmal des Kurfürst-Erzbischofs Dietrich (Theoderich) II. von Moers, des Neffen und Nachfolgers Friedrichs von Saarwerden (s. S. 51 ff.). Vor seiner Wahl zum Erzbischof war Dietrich Probst des vornehmen Cassiusstifts zu Bonn gewesen, wo er im Jahr 1414 von der Mehrheit des Domkapitels gewählt wurde. Im Lauf seiner 49 Jahre währenden Amtszeit sollte er sich den Ruf einer schillernden, renaissancehaften Gestalt erwerben; mehrfach wurde er von der Kurie wegen Tragens weltlicher Kleidung gerügt. Es wäre aber falsch, daraus den Schluss zu ziehen, dass er religiösen Dingen gegenüber gleichgültig gewesen wäre. Er interessierte sich sehr für liturgische Fragen, auch war er ein Mitglied der angesehenen Dreikönigsbruderschaft ([178]); als solches hat er nicht nur mit dem Grabmal und seiner Gruft unter dem Chorumgang die Nähe zum Schrein, auch seine Grabplastiken sind von der Dreikönigenthematik bestimmt.

Gleich Krippenfiguren wurden die Gestalten um die in der Mitte auf einem Sockel thronende Madonna (0,81 m hoch) gruppiert. Diese hält das Christuskind auf dem Schoß, das begehrlich sein rechtes Ärmchen ausstreckt. Von rechts nahen die Heiligen Drei Könige mit ihren Gaben (zum ersten Mal wird ein König im Dom schwarz dargestellt; in den fast 200 Jahre älteren Bibelfenstern war eine blaue Gesichtsfarbe üblich, um eine fremdländische Herkunft zu bezeichnen; vgl. auch S. 60 ff.). Auf der linken Seite kniet Dietrich mit Mitra und Chormantel, der hl. Petrus (mit Schlüsseln) empfiehlt ihn der Muttergottes. Zwischen den beiden anbetenden Gruppen und der Madonna sitzt je ein Wappenengel auf einem kleinen Sockel. Die Engel halten das erzstiftliche Wappen, das beim rechten als Herzschild das von Moers einschließt (ein von Gold, Schwarz und Gold geteilter Schild). Zum Stil der Figuren bemerkte Paul Clemen, dass sich in den untersetzten Gestalten mit den großen, ausdrucksstarken Köpfen etwas ganz Neues zeige, nämlich der Ausdruck eines *„neuen Realismus"* (CLEMEN 268).

Die acht Wappen seitlich der Inschrifttafel dienen der „Ahnenprobe" (Ahnenaufschwörung) des Verstorbenen[141]. Die linke Wappengruppe (li. nicht im Sinne der Heraldik!) zeigt vier Wappen väterlicher Vorfahren: ■ Gespaltener Schild, re. mit einem Pfahl (Zuordnung unklar) ■ Steigender

Graf Dietrichs von Moers (1414–1463) Streben galt der Wiederherstellung der Hegemonie des Erzstifts in der Region und des geistlichen Stadtregiments in Köln. Die Koelhoffsche Chronik schrieb über ihn: „keirde he de stat den ars zo" (kehrte er der Stadt den Arsch zu). Seine Aufmerksamkeit konzentrierte sich seit 1417 ganz auf die Ereignisse in den Nachbarterritorien. Die Wirren im Herzogtum Kleve-Mark hoffte er für seine Pläne zu nutzen, was zu langjährigen Fehden führte. 1421 und 1431 nahm Dietrich als einer der Anführer am Hussitenkrieg teil. Er engagierte sich auch als Vermittler für König Sigmund und das Basler Konzil (1431–49). Der Besuch Herzog Philipps des Guten von Burgund am Dreikönigenschrein 1440 markiert den Gipfel Dietrichs politischer Laufbahn (s. S. 230 ff.). Die sich anbahnende Soester Fehde war bald mehr als ein Konflikt um den Besitz der Stadt Soest. Sie wuchs sich zu einem Regionalkrieg aus, bei dem sich das Herzogtum Kleve, dem sich die Soester angeschlossen hatten, auf Burgund stützen konnte.

1449 kam es zum Maastrichter Frieden, der dem zerrütteten Erzstift Soest samt Börde endgültig nahm und es Kleve-Mark zuschlug. Fast alle Zölle und Einkünfte des Erzstifts waren verpfändet; Dietrich stürzte das Domkapitel, das für ihn bürgen musste, in eine tiefe Krise, engagierte sich nun aber trotzdem mit geliehenem Geld in der Münsterschen Stiftsfehde, aus der er abermals als Unterlegener hervorging. Gleichzeitig scheiterte das Projekt des Erwerbs des Herzogtums Berg. Damit war er am Ende; die letzten Lebensjahre kämpfte er mit der Schuldenlast. Nach seinem Tod in Zons am 13. 2. 1463 musste das Domkapitel sich Geld leihen, um die Kosten für die Überführung nach Köln zu bestreiten; erwähnt seien die den Sarg begleitenden 36 Paar Fackelträger sowie die Schreibrüder – vom jeweiligen Erzbischof ausgehaltene Arme, die auf lautstarke Weise dem Verstorbenen das Geleit gaben. Nach Dietrichs Tod vereinigten sich die Stände in der bis 1803 gültigen ‚Unio rhenana‘ (Rheinische Landesvereinigung, Erblandesvereinigung), um die landesherrlichen Befugnisse des Erzbischofs einzuschränken. Sie wurde vom Domkapitel, Vertretern verschiedener Städte und lehnsabhängigen Grafen unterzeichnet.

roter, gekrönter Löwe in Gold (Herrschaft Bronckhorst-Batenburg?) ■ Schräger roter Balken in goldenem Feld (Herrschaft Baer) ■ Von Gold, Schwarz und Gold geteiltes Wappen (Grafschaft Moers). Zur rechten Wappengruppe gehören vier Wappen von Vorfahren der mütterlichen Linie: ■ Goldener Adler in schwarzem Feld (Grafschaft Saarwerden; er müsste doppelköpfig und silbern sein) ■ Von Schwarz, Gold und Schwarz geteiltes Wappen (Herrschaft Finstingen; richtig wäre blau, weiß und blau) ■ Drei goldene Adler (2:1) in schwarzem Feld (Grafschaft Leiningen; das Wappen müsste drei silberne Adler in Blau zeigen) ■ Zwei goldene aufgerichtete abgekehrte Fische (Salme) in Rot mit fußgespitzten Kreuzchen bestreut (Grafschaft Salm; die Salme müssten silbern sein)[142].

Das Grabdenkmal wurde bereits 1460, also noch zu Lebzeiten des Dietrich von Moers, errichtet. Johann Jacob Merlo vermutete als Schöpfer dieses ungewöhnlichen, ganz außerhalb der Tradition der Erzbischofsgräber stehenden Werks den Dombaumeister Konrad Kuyne. Besaßen die Gräber der Vorgänger bis dahin als wesentliches Merkmal eine rechteckige Tumbe, die in der Regel eine Liegefigur, einen Gisant, trug, so war Dietrich in Anbetracht der besetzten Chorumgangskapellen zu einem Ausweichen auf diese Stelle gezwungen. Dass er sich hier trotz der beengten Verhältnisse keine rechteckige Tumba errichten ließ, rechnete er sich – wie die Kölner Bischofschronik „Cronica presulum" vermerkt – als Ausdruck seiner Bescheidenheit und Demut an! Ob letztendlich beim Aufstellen dieses Grabmals ein Eingriff in die Umschrankung des Binnenchors vorgenommen wurde und dabei sogar ein der Bürgerschaft wichtiges Anbetungs-Bildnis zerstört wurde, lässt sich heute nicht mehr mit Gewissheit sagen (s. S. 87 ff.). Auf jeden Fall stellt das Figurenprogramm des Dietrich-Grabmals eine ikonografische Neuerung dar: Es ist das erste Mal, dass einer Anbetungszene eine Stifterfigur mit Petrus beigesellt wird. Möglicherweise schlägt sich hierin der politische Dauerkonflikt Dietrichs mit Stadtköln nieder. Der Muttergottes der Anbetungsgruppe, die inzwischen wahrscheinlich als Patronin der Stadt empfunden wurde, hätte man – gewissermaßen zur Neutralisierung – den Patron Petrus als Vertreter des Erzstifts hinzugefügt.

Die kleine blaue Inschrifttafel an dem Sockel, auf dem Maria mit dem Kinde thront, trägt goldene, erhaben gearbeitete Buchstaben. Der lateinische Text preist die körperlichen und sonstigen Vorzüge Dietrichs:

THEODERICUS ERAT FORMOSUS CORPORE, MENTE
PULCHRIOR ET LINGUA DULCIS, IN ORBE VALENS,
PRAESUL AGRIPPINUS NULLI PIETATE SECUNDUS
MAGNIFICIS FACTIS, RELIGIONE, FIDE
OCTENIS LUSTRIS TOTIDEM LABENTIBUS ANNIS
PRAEFUIT ECCLESIÆ PASTOR UBIQUE BONUS
MORSA DEDIT MODO TZONS HUNC SED AD ASTRA REMISIT
QUEM DUCE TU PETRO SUSCIPE VIRGO PIA.

Das Sakramentshäuschen und sein spätgotischer Vorgänger

Im Binnenchor steht nördlich des Hochaltars zwischen den Pfeilern D14 und D15 (vgl. Pfeilerschema) das achteckige Sakramentshäuschen von Elmar Hillebrand (* 1925) aus dem Jahr 1964. Diese Arbeit steht in Bezug zur Nordseite des mittelalterlichen Hochaltars, den an dieser Stelle die Darbringung Christi im Tempel ziert. Dieses Ereignis wurde (und wird) als Präfiguration des Opfertodes Christi gesehen (s. S. 137, Scheibe 5b). Das Werk Hillebrands setzt sich aus Savonnières-Kalkstein und grünlichem Cipollinomarmor zusammen. In dem „wohlgeordneten Laubwerk" verbergen sich kleine Darstellungen von Szenen mit den Wundern Jesu. Die Bronzetüren verweisen mit ihren Motiven auf den Opfertod Christi und die Eucharistie.

An fast derselben Stelle befand sich bis 1766 der Vorgänger des heutigen Tabernakels. Der Bildhauer Franz Maidburg hatte hier aufgrund einer Stiftung des im Jahr 1508 verstorbenen Kurfürst-Erzbischofs Hermann von Hessen ein etwa 18 m hohes Sakramentshaus in spätgotischem Stil errichtet[143].

Dieses Sakramentshaus war dem bekannten Tabernakel von St. Peter in Löwen und dem von St. Lorenz in Nürnberg vergleichbar. Bei der Kölner Arbeit muss es sich um ein Meisterwerk der Steinmetzkunst mit einer unglaublich fein gearbeiteten Oberfläche („Haut") gehandelt haben. Der Kölner Chronist Ägidius Gelenius (66) erwähnte dieses Stück, und der Jesuit Hermann Crombach beschrieb es im Jahr 1654 als ein viereckiges, sich in Kreiswindungen mit eingerückten Stockwerken emporschraubendes Gewirk mit reichem Figuren-, Fialen- und Schleierschmuck.

Stilistisch gehörte das Werk nicht zur Kunst des kölnisch-südniederländischen Raums. Anton Legner, der ehemalige Leiter des Schnütgen-Museums, erkannte Verbindungen zum oberdeutschen Raum[144].

Im Lauf einer erneuten, massiven Barockisierungswelle im Chorbereich ab 1766 wurde das Sakramentshaus auf Beschluss des Domkapitels nächtens heimlich abgebrochen, *„als der bekannte gelehrte Domherr von Hildesheim verreist war, um so der steten edlen Widersetzlichkeit des genannten Kunstfreundes mit Einem Schlage zuvorzukommen"*[145]. Die meisten der Trümmer warf man in den Rhein, einige Teile wurden allerdings zuvor gerettet. Die Kölner Legende berichtet, dass auch der junge Wallraf (s. S. 87 ff.) sich an der Rettungsaktion beteiligt habe. Eine genaue Rekonstruktion des Werks und seiner Einzelszenen ist heute nicht mehr möglich.

In der Regel kreisen die Bildwerke eines gotischen Tabernakels um Themen, die mit der Eucharistie zusammenhängen. Es tauchen Ölbergszene, Passionsszenen, von Engeln vorgewiesene Marterwerkzeuge, das Schweißtuch der hl. Veronika[146], aber auch typologische Vorbilder aus dem Alten Testament wie der Mannaregen, das Opfer des Melchisedech oder die Speisung des Elias in der Wüste auf[147].

Gegen die Zerstörung des spätgotischen Meisterwerks hatte sich vielfältiger Widerstand geregt, der aber letztlich erfolglos geblieben war. Die Förderer der Barockisierung des Domchors sahen ihr Tun in keinster Weise als zerstörerisch an, vielmehr wollten sie den Gedanken der Eucharistie in konsequenter Weise auch architektonisch zentral am geplanten Sakramentsaltar umsetzen. Es wirft jedoch ein Licht auf die „geistige Verfassung" Kurkölns, dass man so beharrlich, so spät und mit einer derartigen Inbrunst den geistigen und stilistischen Vorstellungen des Barock anhing, während sich andernorts bereits klassizistische Regungen zeigten (s. S. 57 ff.).

Die Engel in den Arkadenzwickeln

In den Zwickeln der Arkaden des Binnenchors existierten mittelalterliche Wandmalereien, die schwebende Engel darstellten. Sie gehörten zum polychromen Erscheinungsbild der Erstausstattung des Doms und wurden im 18. Jahrhundert übertüncht. Bei ihrer Wiederentdeckung im Jahr 1841 entschloss man sich – entgegen dem Wunsch Boisserées – nicht zu einer Restau-

Hermann (Landgraf) von Hessen, Dechant an St. Gereon, wurde 1480 zum Erzbischof gewählt. Er war der Nachfolger Ruprechts von der Pfalz, den das Domkapitel nach diversen politischen Abenteuern 1473 vom Domkapitel absetzte. Der Konflikt hatte sich zu einem regelrechten Krieg, der Kölner Stiftsfehde ausgewachsen, in die auch Herzog Karl der Kühne eingriff. Die Gefangennahme Ruprechts sowie sein Tod beendeten den Krieg. Hermann, noch ‚Stiftsgubernator', wollte seinen toten Gegner im Dom beisetzen lassen; allein, das aufgebrachte Domkapitel verweigerte seine Zustimmung und duldete nur die Bestattung im Bonner Münster. Hermann galt als demütig und fromm. Er las oft selbst die Messe, kümmerte sich um kirchliches Leben und Liturgie. Sein Herz wurde in Brühl, seine Gebeine im nördlichen Chorumgang gegenüber der Engelbertuskapelle beigesetzt, unweit des von ihm gestifteten Sakramentshauses. Die Stelle ist durch eine erneuerte, bronzene Bodenplatte gekennzeichnet. Die alte Platte war 1796 von Revolutionären geraubt worden. Eine porträthafte Darstellung des Erzbischofs mit seinem Wappen befindet sich im typologischen Dreikönigenfenster (s. S. 199 ff.).

rierung. Der für die Arbeiten vorgesehene Maler Edward (v.) Steinle (1810–1886) hatte sich einem entsprechenden Ansinnen empört verschlossen und wurde in dieser Haltung von A. Reichensperger bestärkt. So führte man die Engel zwischen 1843 und 1846 im „nazarenischen" Stil aus – jenem von mehreren deutschen Künstlern in Rom entwickelten Stil, der vornehmlich bei Giotto und seinen Zeitgenossen anknüpfte. Zwar hieß es, die Figuren würden den Umrissen der mittelalterlichen Engelsgestalten folgen, doch ist dies eher unwahrscheinlich. Von den Trachytquadern wurde nämlich bis zu 4 cm abgetragen, damit die für die „a fresco" ausgeführte Malerei benötigte Putzschicht aufgetragen werden konnte. Sulpiz Boisserée, dem die vorgesehene Größe der Engel von 3,5 m als zu mächtig erschien, konnte zumindest deren Reduzierung auf 2,9 m durchsetzen.

Die Fußbodenmosaiken des 19. Jahrhunderts

Als sich nach dem deutsch-französischen Krieg von 1870/71 die Vollendung des Doms abzuzeichnen begann, lebte die Debatte um dessen innere Ausgestaltung verstärkt auf. Im Mittelpunkt standen zunächst Fragen, die die Gestaltung des Hochaltars (s. S. 57 ff.), der Kanzel, der Beichtstühle sowie die eventuelle Errichtung eines Lettners betrafen. Im Jahr 1872 schrieb das Domkapitel einen Wettbewerb für eine würdige Innenausstattung, *„zur Anfertigung eines Mobiliars, welches mit den Bauformen des Doms in schöner Harmonie stehe"*, aus.

Auf die Gestaltung des Fußbodens richtete man erst ein Jahrzehnt später sein Augenmerk. 1885 erhielt August Ottmar Essenwein den offiziell Auftrag, ein Programm für einen neuen Bodenschmuck zu erarbeiten[148]. Im Gegensatz zu anderen Entwürfen sah sein Plan von vornherein nur eine Fläche von etwa 1300 m² im Chorbereich zur Umgestaltung vor. Ferner beschränkte er sich auf Darstellungen aus der „natürlichen Ordnung" der Menschenwelt.

In Anbetracht der Tatsache, dass die Mosaiken von vielen Füßen begangen werden sollten, verzichtete Essenwein ganz auf „heilige Zeichen" wie Kreuzdarstellungen, Kelche oder andere Sakramentsdarstellungen. Im Jahr 1887 legte er seinen fertigen Plan vor. Der frischgebackene Hohenzollernkaiser Wilhelm II. fühlte sich berufen, diesem 1888 seine „kaiserliche Genehmigung" zu erteilen. Dem Werk, das unter Verwendung von Materialien der Firma Villeroy & Boch (Mettlach) in Mosaiktechnik ausgeführt wurde, musste vielfach historisch Gewachsenes – wie etwa Bodengräber oder der diagonal geschachte Bodenbelag des Barock – weichen. Die Arbeiten konnten erst 1899, sieben Jahre nach dem Tod Essenweins, abgeschlossen werden.

Der Chorumgang zeigt die vollständige Liste der Kölner Bischöfe bzw. Erzbischöfe, deren Namen in Form einer Mosaikinschrift vermerkt sind. Die Auflistung beginnt im Norden vor der Kreuzkapelle und führt bis zur Marienkapelle im Süden. Diese Nord-Süd-Ausrichtung schien dem späten 19. Jahrhundert, das den Bezug zum entgegengesetzt verlaufenden mittelalterlichen Pilgerweg verloren hatte, als selbstverständlich (s. S. 96 ff.).

Auf eine Darlegung des sonstigen Programms wird an dieser Stelle verzichtet. Es sei hier allein auf die erzbischöflichen bzw. kurfürstlich-erzbischöflichen Wappen vor den Kapellen der Heiligen Maria, Stephanus, Michael und Agnes verwiesen (s. S. 78–131) sowie auf folgende Kunstwerke:

- Mosaikbildnis des Erzbischofs Hildebold im Chorumgang bei der Kreuzkapelle (s. S. 164 ff.). Diesen Bischof hielt man früher für den Erbauer des Alten Doms.
- Darstellung Konrads von Hochstaden mit Pallium und Kurhut, einen Plan mit dem Grundriss des gotischen Domes präsentierend. Diese Darstellung vor der Achskapelle (s. S. 132 ff.)

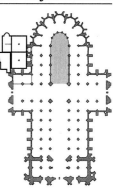

basiert auf der im 19. Jahrhundert üblichen Verehrung Konrads als Domgründer.

■ Mosaikfeld in der Vierung (s. S. 175 ff.; wird z.Z. von einem großen Podest verdeckt)

Auch die Achskapelle (s. S. 132 ff.) war in das figürliche Mosaikenprogramm einbezogen: In ihr wurde mit einem Dreikönigenthema an die jahrhundertelange Verehrung der Dreikönigs-reliquien an diesem Ort erinnert.

4 Die Marienkapelle

Geschichte und Ausstattung

Die drei Joche des südlichen Chorseitenschiffs werden heute Marienkapelle genannt. Bis ins 19. Jahrhundert bezeichnete man sie gelegentlich auch als „Liebfrauenkapelle" und „Marienchörchen". Im Mittelalter war die Kapelle durch ein Gitter vom Chorumgang abgetrennt. Damals führte diese Kapelle ein gewisses „Eigenleben": Sie besaß eine eigene Gottesdienstordnung, eigene Messtexte, eine eigene Orgel (1579 bezeugt) sowie Sakristei (1664 genannt, 1834 abgerissen; die heute vermauerte Tür ist noch sichtbar). Mit dieser besonderen Position führte sie die Tradition des im Osten gelegenen Marienchors des Alten Doms fort. Die Marienkapelle war seit etwa 1265 fertig, d. h., dass man sie noch vor dem Binnenchor, vielleicht gleichzeitig mit der Achskapelle, die ja auch einen Marienaltar besitzt, nutzte. Ferner gab es einen Dreikönigenaltar und einen Hubertusaltar. Aus der Zeit der Fertigstellung der Kapelle stammen die Wandmalereien an der Ostwand, die in der Mitte den Marientod zeigen (hinter dem Altarbild, dem „Dombild", noch teilweise sichtbar). Durch die bald erfolgte Abschirmung der Wandmalerei durch einen davor aufgestellten steinernen Baldachin für die Mailänder Madonna (s. S. 80 ff.) wurde das Mittelteil dieser Malerei erhalten. Die Seitenpartien übermalte man mit Bildern der hll. Cosmas und Damian. Diese beiden Heiligen besaßen bereits im Alten Dom einen fast an derselben Stelle befindlichen Altar. Ihr Nebenpatrozinium wurde in den neuen Dom mit übernommen und gewann im Spätmittelalter noch einmal an Bedeutung.

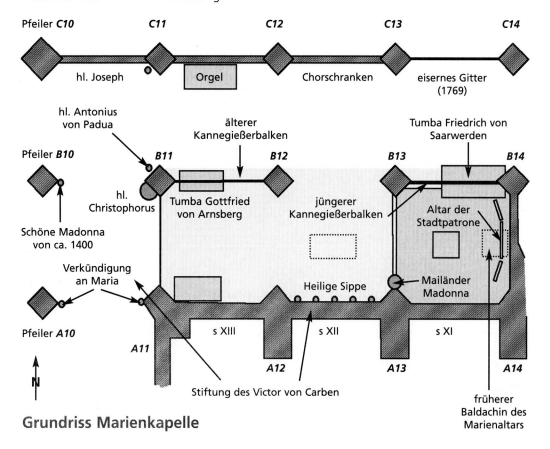

Grundriss Marienkapelle

Erzbischöfliche Wappen in historischer Abfolge:

01 Johann Gebhard von Mansfeld
02 Friedrich IV. von Wied
03 Salentin von Isenburg
04 Gebhard Truchsess von Waldburg
05 Ernst von Bayern
06 Ferdinand von Bayern
07 Maximilian Heinrich von Bayern
08 Joseph Clemens von Bayern
09 Clemens August von Bayern
10 Maximilian Friedrich von Königsegg-Rotenfels
11 Maximilian Franz von Österreich
12 Feld mit den Wappen der Erzbischöfe nach der Säkularisierung u.
   einigen Dombaumeisterwappen

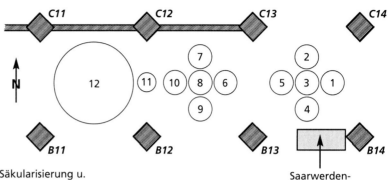

Johann Gebhard von Mansfeld   **Salentin von Isenburg**   **Gebhard Truchsess von Waldburg**   **Max. Friedr. von Königsegg-Rotenfels**   **Maximilian Franz von Österreich**

Der Hauptaltar der Kapelle wurde mehrfach erneuert, erstmals schon vor 1300. 1663 erfolgte eine radikale Umgestaltung im Stil des Barock. Der aus Rotterdam stammende ehemalige Protestant, nun Weihbischof und Domkapitular Adriaan van Walenburch (1609–1669), stiftete einen neuen Altar, den der Bildhauer Heribert Neuss anfertigte. 1856/57 ließ Dombaumeister Zwirner, dem der Barockaltar seit fast zwei Jahrzehnten ein Dorn im Auge war, diesen in Abstimmung mit dem Domkapitel abreißen. Nun entstand ein hoher, wimpergüberkrönter neugotischer Altar, dessen Zentrum das Overbeck'sche Gemälde mit der Himmelfahrt Mariens bildete (s. S. 236 ff.). Der barocke Altar ging in den Verkauf. Zwei der Säulen fanden im alten, heute zerstören Stadthaus von Köln Verwendung, der puttengeschmückte Rahmen, der die Figur der Mailänder Madonna fast 200 Jahre umgeben hatte (s. S. 80 ff.), gelangte auf Umwegen in das historische Kölner Rathaus, wo er noch heute den Rahmen für den Petrusbrunnen (im Innenhof) abgibt. Damit war die Ausstattung der Marienkapelle „ein vom Geist der romantischen Neugotik durchdrungenes, farbiges Gesamtkunstwerk geworden. Erst 1949 schritt man zur Beseitigung des neugotischen Altars, sechs Jahre später, 1956, kam der von Dombaumeister Weyres geschaffene Sakramentsaltar zur Aufstellung. Die Erstverglasung der Kapelle bestand wie im Chorpolygon aus Grisaillen (s. S. 96 ff.). Um 1330 wurden in den unteren vier Zeilen eines der drei Kapellenfenster heute noch existierende Figurenfenster mit Bildnissen der hll. Silvester, Gregor von Spoleto, Felix und Nabor ein – alles Stiftungen der Grafen von Kleve und von Nassau (s. S. 124 ff.). Die hll. Felix, Nabor und Gregor von Spoleto standen in Bezug zu Rainald, dessen Grab in dieser Kapelle lag. Rainald hatte deren Reliquien zusammen mit denen der Heiligen Drei Könige nach Köln gebracht bzw. als Teilreliquien geschenkt. Ferner gehörten die Heiligen zu Themenkreisen, die sich auf den unzugänglichen Chorschrankenmalereien befanden, den Pilgern aber dennoch nicht vorenthalten werden sollten. Um 1850 ersetzten neugotische Fenster die mittelalterlichen Scheiben, nach dem Zweiten Weltkrieg traten die jetzigen an ihre Stelle (s. S. 78 ff.).

Der Fußboden der Marienkapelle stammt – wie der im gesamten Chorbereich – vom Ende des 19. Jahrhunderts. Die historische Substanz hatte darunter zu leien (s. S. 39 ff.). Im Zuge der Arbeiten verschwanden nicht nur der schwarz-weiß geschachte, diagonal verlegte Boden aus der Barockzeit, sondern auch etliche Bodengräber. Bei der Verlegung des Fußbodenmosaiks bezog man den Chorumgang vor der Marienkapelle in die vor der Agneskapelle beginnende Abfolge historisch korrekter Wappen von Kölner Erzbischöfen ein.

Die Marienkapelle wies im Mittelalter und auch danach deutlich mehr kirchliches Leben auf, als die fünf Polygonkapellen. Es wurden hier so viele Messen gelesen, dass *„Klage geführt* [wurde], *dass Vikare in der Marienkapelle statt an den dafür vorgeschriebenen Altären zelebrierten"* (KROOS, LQ 127). Aufgrund einer Stiftung des Erzbischofs Dietrich von Moers hielt man seit 1454 in der Kapelle eine Marienmesse mit Musik ab, die wegen des gewährten Ablasses in Köln sehr beliebt war. Diese Institution hat an die 150 Jahre überdauert. Ferner gab es in dieser Kapelle wegen der zahlreichen Grabstellen häufige Anniversare zu feiern. Besonders feierlich wurden diejenigen Rainalds und des Grafen Gottfried von Arnsberg begangen.

Die Mailänder Madonna

Die stehende Madonnenfigur auf einer Konsole an Pfeiler A13 wird seit Jahrhunderten als „Mailänder Madonna" bezeichnet[149]. Der Name nimmt Bezug auf die Eroberung Mailands durch Kaiser Friedrich I. Barbarossa 1162 nach einer fast einjährigen Belagerung. Einem Bericht des Ägidius Gelenius [66] zufolge brachte Erzbischof Rainald von Dassel, gleichzeitig Erzkanzler Kaiser Barbarossas, 1164 außer den Reliquien der Heiligen Drei Könige und denen der hll. Felix und Nabor auch eine Madonna aus der eroberten Stadt mit, die der Legende nach in der Kirche S. Celso gestanden haben soll. Diese Figur, der Rainald wohl seine ganze Verehrung angedeihen ließ, ist schon lange verschollen; Beschreibungen existieren nicht. Ähnelte sie möglicherweise einer von Gelenius beschriebenen thronenden Drachenmadonna, die im bekannten Pilgerblatt des Petrus Schonemann 1671 abgebildet war, oder wurde ihre Gestalt in verändertem Formempfinden in einer neuen Figur aufgenommen?

Es lässt sich vermuten, dass die ursprüngliche, aus Mailand stammende Figur dem Brand des Alten Doms im Jahr 1248 zum Opfer fiel. Später, als die Gebeine Rainalds von ihrem alten Ruheplatz in die neu errichtete Marienkapelle übertragen wurden, wird man den heute noch existierenden Ersatz für das Marienbildnis geschaffen haben, auf das sich wahrscheinlich in der Folge der alte Name übertrug. Die Bezeichnung „Mailänder Madonna" ist allerdings erst seit dem 16. Jahrhundert überliefert.

Auf die Frage nach der Datierung dieser Figur gab es sehr unterschiedliche Antworten. Da keinerlei Quellen vorlagen, blieb nur das Mittel der Stilkritik. Zwar erkannte man die stilistische Abhängigkeit der Figur von den Chorpfeilerfiguren, doch wurden diese von der älteren Kunstgeschichte viel zu spät datiert – ein Irrtum, der sich auf die zeitliche Einordnung der Mailänder Madonna auswirkte[150].

Seit der Auffindung von Skulpturenresten unter dem Marienaltar (1949) und erneuten Funden im Chor (1967) haben sich einige Schleier gelüftet. Herbert Rode gelang 1950 eine Deutung der älteren Funde, die bereits in die richtige Richtung ging: In ihrem Fall handelte es sich um die Reste eines hochgotischen Baldachins, der eine Art Tabernakel für die Mailänder Madonna gebildet hatte und offensichtlich in Abhängigkeit zur Formensprache des Fassadenrisses „F" entstanden war (RODE, 1950, 30 ff.). Neuere Überlegungen unterstützen diese Auffassung, sodass sich sagen

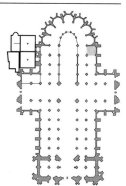

lässt, dass die Mailänder Madonna, ihr Baldachin und das Grab Rainalds von Dassel in engem zeitlichen Zusammenhang stehen, vielleicht sogar zur gleichen Zeit geschaffen wurden. Die sorgfältig ausgearbeitete Rückenpartie der Madonnenfigur ließ aber auch Zweifel aufkommen, ob sie von Anfang an für die Aufstellung im Baldachin bestimmt war (KROOS, L. Q., 118).

Die Mailänder Madonna stellt nach heutiger Einschätzung ein Hauptwerk der Kölner Dombauhütte dar. Die Behandlung der Gewandpartien sowie der stark bogige Körperschwung zeigen ihre stilistische Nähe zu den Chorpfeilerfiguren. Die aus Holz geschnitzte 1,65 m hohe Statue stand ursprünglich wahrscheinlich über dem Altar der Kapelle unter dem oben erwähnten, etwa 6 m hohen Steinbaldachin. Dort blieb sie zunächst – auch als dieser 1663 einem Barockaltar weichen musste. Zu dieser Zeit besaß das Gesicht der Madonna eine viel dunklere Färbung. Das Bildnis, das im Ruf stand, wundertätig zu sein, war (und ist) das Hauptheiligtum der Kapelle.

Die farbige Fassung stammt aus dem Jahr 1855 und wurde anlässlich der Verkündigung des Dogmas der Unbefleckten Empfängnis aufgebracht. Im selben Jahr ergänzte man auch die – für die Figuren jedoch viel zu hohen und massigen – Kronen sowie das Zepter. Der Nimbus der Madonna besteht aus zwölf Sternen, die gemäß dem Heilsspiegel die Apostel symbolisieren[151]. Diese gelten als Zeugen der leiblichen Aufnahme Mariens in den Himmel. Leider musste die Figur ein Jahr später dem von Dombaumeister Zwirner entworfenen neugotischen Maria-Himmelfahrts-Altar Friedrich Overbecks weichen. Zwirner ließ die Konsole und den Baldachin anbringen, auf dem die Mailänder Madonna heute steht (A13).

Das Hochgrab des Erzbischofs Rainald von Dassel

Erzbischof Rainald wurde als bedeutender Reichs- und Kirchenfürst nach seinem Tod im Jahr 1167 zunächst im Alten Dom, und zwar im südlichen Teil des Westquerhauses, beigesetzt. Eine zeitgenössische Chronik berichtet, dass ein steinernes Bild des Verstorbenen darauf gelegen habe. Als der Chorneubau ab den 60er-Jahren des 13. Jahrhunderts nutzbar war, ging man dazu über, dort erste Bestattungen vorzunehmen und die Erzbischofsgräber des Alten Doms allmählich zu überführen.

Vermutlich gegen Ende des 13. Jahrhunderts errichtete man Rainald zu einem nicht genauer bestimmbaren Zeitpunkt ein neues Grabmal mit einem Bronzegisant in der Mitte der Marienkapelle. Das Monument war axial auf den Altar mit der Mailänder Madonna ausgerichtet, jedoch nicht architektonisch mit ihm verbunden. Domarchivar Rolf Lauer schreibt:

„Bekannt ist aber der Ort, an dem das Grabmal ursprünglich [im gotischen Dom] stand. Hinweise bei Gelenius und in den Protokollen des Kölner Domkapitels sind so zu deuten, dass die Tumbe in der Ost-West-Achse der [Marien-] Kapelle, ausgerichtet auf den Altar vor der Ostwand stand" (LAUER, 1984, 9 u. 12).

Alle Spuren der ursprünglichen Bestattung sind inzwischen durch den Einbau einer Gruft während des Barock sowie durch die Grabungen von 1948 vernichtet. Das 3,15 m lange, 1,42 m breite und 0,88 m hohe Grabmal mit den Maßwerkarkaden ist jedoch erhalten. Es besteht aus Sandstein und weist eine gotische Blendarchitektur auf, deren Felder früher offenbar blau waren. Nach 1663 wurde es an die jetzige Stelle in der Südwestecke der Kapelle gerückt. In dieser Zeit betrieb der Domherr Heinrich Mering die Barockisierung des gesamten Chorumgangs (s. S. 78 ff.). Die deutliche Zuordnung zum Marienaltar ging damit jedoch verloren.

Die mittelalterliche bronzene Liegefigur fiel zu Beginn der französischen Besatzung, vermutlich bereits 1794, der Zerstörung zum Opfer. Der Domführer von A. E. d'Hame berichtet, dass das

Graf Rainald von Dassel (Reynald, um 1120–1167), Kaplan Kaiser Friedrich Barbarossas, seit 1156 Kanzler, wurde 1159 zum Erzbischof von Köln erhoben. Er betrieb eine expansive Reichspolitik und arbeitete die Grundzüge der kaiserlichen Hegemonialstellung auf der Grundlage des oströmischen Kaiserrechts heraus. Den imperialen Anspruch verkündete er auf den Reichstagen von Besançon 1157 und Roncaglia 1158. Mehr noch als die kaiserlichen Berater vor ihm, führte er das Kaisertum in eine antipäpstliche Konfrontationspolitik. In Anknüpfung an die imperialen Traditionen der Karolinger und Ottonen ließ Rainald 1165 die Gebeine Karls d. Gr. in Aachen erheben (ebenso wie Kaiser Otto III. im Jahr 1000). Von dem Italienfeldzug 1162 brachte er zahlreiche Beutestücke mit, wie die Reliquien der Heiligen Drei Könige sowie der

Märtyrer Felix und Nabor und auch eine Madonna (s. S. 78 ff.). Rainalds Sieg über das stadtrömische Heer bei Tusculum 1267 wurde vom Kaiser mit der Schenkung Andernachs (Rheinzoll) und der Eckenhagener Silbergruben im Bergischen an das Erzstift belohnt. Rainald war erst in Hildesheim, dann in Münster Dompropst gewesen. Seine Verbindung zu Hildesheim ist wohl nie ganz abgerissen: Er schenkte dem Hildesheimer Dom drei Finger von den Dreikönigsreliquien.

Grab „nun" (1821) oben mit Holz abgedeckt sei, das metallene Bildnis des Rainald samt allen Metallgegenständen gestohlen sei. Früher habe das Grab wie folgt ausgesehen:

„An dem Haupte standen vier aus Kupfer gegossene Engeln, welche die Seele dieses Erzbischofs zwischen sich haben und zum Himmel führen. In der rechten Hand hatte er seinen Bischofsstab und auf der Linken einen zugespitzten Thron, worin das Bildnis der allerseligsten Jungfrau Maria, das noch gegenwärtig auf diesem Hauptaltar stehet, welches er wie gemeldet, mit von Mailand hieher gebracht hat, und vor welchem er in betender Stellung kniet; zu seinen Füßen war auf der einen Seite ein Löwe und auf der andern ein Hund, Alles aus Metall kunstvoll gegossen, zu sehen".[152]

Später legte man den Gisant des zerstörten Grabmals Erzbischofs Wilhelm von Gennep (s. S. 169 ff.) auf das Grabmal, entfernte diesen aber wahrscheinlich 1903 wieder. Im folgenden Jahr kam es – in Gegenwart von Paul Clemen – zur Öffnung des Grabs, um den Inhalt zu untersuchen. Gleichzeitig beauftragte das Domkapitel den Bildhauer Alexander Iven (1854–1934) mit einer neuen Grabfigur. Die komplexen Bezüge machen die Worte des Domarchivar Lauer deutlich:

„Die neu geschaffene Figur zeigt ein zunächst unerklärliches Detail: Rainald trägt in der linken Hand eine auf einem nach oben spitz zulaufenden Thron sitzende Madonnenfigur. Iven hat dieses Motiv natürlich nicht erfunden, sondern auf Wunsch des Auftraggebers eingefügt. Die historisch gebildeten Domherren konnten sich hierbei auf die erstmals von Gelenius (1645) publizierte Beschreibung der Bronzefigur stützen. Der Einfachheit halber sei die auf Gelenius fußende deutsche Beschreibung [Maximilian Wilhelm] Schallenbachs (1771) zitiert: ,In der rechten Hand hat er einen Stab, in der lincken einen zugespitzten, worinn das Bildnis der allerseligsten Jungfrauen Maria, welches er von Mailand hierher gebracht, und das gegenwärtig auf dem Hauptaltar dieser Kapelle stehet, zu sehen ist, vor welchem er kniet und betet.' Nun stimmt die Madonna von Ivens Grabfigur ja keineswegs mit der ... Mailänder Madonna überein. Auch das ist erklärbar. 1905 war selbstverständlich bekannt, dass die in der 2. Hälfte des 13. Jahrhunderts entstandene Mailänder Madonna nicht die sein konnte, die Rainald der Überlieferung nach 1164 aus Mailand mitgebracht hatte. Die Ivensche Sitzmadonna ist jedoch auf dem 1671 publizierten Pilgerblatt des Petrus Schonemann mit Darstellung der Heiltümer des Doms unter Nr. 16 abgebildet[153]. Die Beischrift sagt: ,Ein grosses Bild der Mutter Gottes, sitzend auf einem Thron; alles aus Silber und Golt mit Edelstein verzieret, darin viele Reliquien seynd einverfasset.' ... Dieses nach 1794 zerstörte Marienbild ... wurde ... von den Auftraggebern Ivens für die ursprüngliche Mailänder Madonna gehalten und deshalb Rainald als Attribut beigegeben. Seit 1950 wissen wir jedoch, was die mittelalterliche Grabfigur Rainalds wirklich in der Hand hielt. Herbert Rode veröffentlichte im Kölner Domblatt[154] die im Altar der Marienkapelle aufgefundenen Architekturteile eines ca. 6 m hohen gotischen Altarbaldachins, den er zu Recht als ursprünglichen Aufstellungsort der erhaltenen Mailänder Madonna bezeichnete. Schon Rode vermutete, dass der von ihm rekonstruierte Baldachin der ,zugespitzte Thron' der Beschreibung des Grabmals vor der Zerstörung gewesen sei und diese These hat jüngst eine überraschende Bestätigung gefunden. In Kölner Privatbesitz fand sich ein gezeichneter Katalog der Kölner Erzbischöfe, den der Bonner Maler und Zeichner J. M. Laporterie im Jahr 1793 geschaffen hat[155]. In dem Katalog ist auch das Portrait Rainalds enthalten, das durch die Beischrift ausdrücklich als Nachzeichnung nach dem damals noch erhaltenen Grab im Kölner Dom gekennzeichnet ist. Rainald hält in der linken Hand, zwar schematisiert, aber eindeutig erkennbar, den rekonstruierten Architekturbaldachin, in dem auch die stehende Marienfigur und der seitlich kniende Erzbischof zu erkennen sind. Da im Jahr 1793 der Baldachin

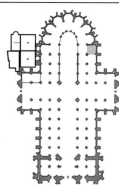

selbst schon über 100 Jahre verschwunden war, kann es sich bei Laporteries Zeichnung nur um die exakte Wiedergabe des Baldachins in der Hand Rainalds handeln. Jetzt wird auch eine Differenz in den Beschreibungen des Rainaldgrabs vor seiner Zerstörung verständlich. Schallenbach erwähnt zwar 1771 die Marienfigur in der Hand der Grabfigur, geht aber mit keinem Wort auf den Baldachin ein. Er konnte ihn auch nicht mehr kennen, da an der Ostwand der Marienkapelle schon seit 1663 ein barocker Altaraufbau mit der Statue der Mailänder Madonna im Zentrum stand. Deshalb blieb ihm auch unverständlich, was der von ihm als Quelle benutzte Gelenius 1645 geschrieben hatte ... Wir müssen also in die Untersuchung des Rainaldgrabs auch den Baldachin der Mailänder Madonna und selbstverständlich auch die Marienfigur selbst einbeziehen, da sie eine höchst beziehungsreiche Einheit bildeten ... die Mailänder Madonna und ihr Altarbaldachin sind entweder kurz vor oder zusammen mit dem Dasselgrab entstanden. Mit der Entstehungszeit des Dasselgrabs ließe sich also auch die Marienfigur zeitlich bestimmen" (LAUER, 1984, 10 f.).

Dass dem von ihm exkommunizierten Rainald im Alten Dom ein ehrenvolles Grab mit Liegefigur errichtet worden war, veranlasste Papst Alexander III. zu einem ungewöhnlichen Schritt: Bei einem Treffen mit Erzbischof Philipp von Heinsberg in Venedig im Jahr 1177 forderte er nicht weniger als die Entfernung der Grablege – allerdings vergebens. Noch als ein Jahrhundert später die Umbettung in den gotischen Dom erfolgte und die neue Tumba mit einem Bronzegisant (höherrangig als eine Steinfigur!) geschmückt wurde, äußerte man in Rom seine Missbilligung.

Epitaphe beim Rainald-Grab

An der Südwand hinter der Grabmal vermitteln eine Reihe barocker und älterer Epitaphe eine Vorstellung davon, wie das Innere des Doms vor der 1842 beginnenden neugotischen „Reinigung" ausgestattet war – auch wenn nicht alle beschriebenen Teile dort immer ihren Platz hatten. Dabei handelt es sich (von Ost nach West) um folgende Epitaphe:

■ Epitaph von Mitgliedern der kölnischen Familien **v. Geyr**, **v. Bequerer**, **v. Plettenberg**, **v. Kurtzrock** und **v. Buschmann** (errichtet im Jahr 1760). Eine schwarze und zwei weiße Marmorplatten – alle im gleichen Stil gestaltet – umschließen den Sockel des Pfeilers A12. Darüber befindet sich ein Wappen mit Geierkopf und Reichsapfel sowie ein Putto, der die Fackel senkt.

(in schwarzer Tafel, links): EODEM SEPULCRO CONDITA ILLUSTRIS DOMINA ANNA VIDUA RUTGERI DE PLETTENBERG HERTING CONJUX HERBOLDI DE GEYR CIVIT: WARBURG: CONSULIS, PETRI PROAVI MATER, JOANNIS DE MENNEN, ET ANNÆ DE PLETTENBERG FILIA. NAT. 1603. 6. FEB: DEF. 1683. 6. JAN. / AC EX PROAVI, PROAVIAQUE PROGENIE. / R(EVERENDISSI)MUS D: JOANNES BAPTISTA BARO DE KURTZROCK PRÆPOSITUS S. CRUCIS HILDESII, NAT. 1705. 26. FEB: DEF. 1725. 10. FEB. / R—MUS D: CHRISTIAN AUGUST JOSEPH: DE BUSCHMAN, DOM: IN ARFF: HUJ: METR: CAN: CAP: PR: DECANUS AD SS. APOSTOLOS, NAT. 1700. 6. AUG: DEF. 1753. 11. DECEMB: EJUSDEM SOROR GERMANA DOMICELLA ANNACLARA THERESIA DE BUSCHMAN. NAT. 1719. 6. AU: DEF. 1760, 24. f.

(in weißer Tafel, mitte): REV—MIS, PERILLUSTR. HUJ. ECCLES. CANON. D. CHRISTOPHORO FRIDERICO DE GEYR VAR. PIARUM FUNDATIONUM AUCTORI. NAT: MDCXXV, DEF: MDCXCVII, VII. JUNII. / D. JOANNI DE GEYR, SIGILLIFERO MAJ., NAT: MDCXXXVII. XXV. JANUARII. DEF: MDCLXXXIV. XIX. DECEMBRIS. / PRO – PATRUIS ET EX FRATRE D. PETRO DE GEYR, PUBLICI PATRIÆ. ÆRARII THESAUR. NAT: MDCXXXIX. XX. MARTII. DEF: MDCLXXXIII. II. DECEMBRIS. DESCENDENTES JUXTA HORUM SEX REQUIESCANT.

(in weißer Tafel, rechts): AMPL—MIS METROP. CAPITUL. PRESBYT. D. JOANNI GODEFR. DE BEQUERER QUOND. REGIM. PRÆS. OFFIC. COLON. PRÆP. KERP. NAT: MDCXLVI. IV. AUGUSTI, DEF. MDCCXX. XVI. JULII.

SENIORI PR. / D. JOS. PET. DE BEQUERER PRÆP. DEV. NAT: MDCXLVIII. XVI. AUGUSTI. DEF: MDCCXXI. I. MARTII. / PRO - AVUNCULUS AC SORORE D. MARIA SIBYLLA DE BEQUERER CONJUGIBUS. NAT: MDCXLIV. XXV. JANUARII. DEF: MDCCXXX. VIII JANUARII. POSUE—RE. MDCCLX. MAJORUM TUMULOS IN PACE[156].

■ Epitaph aus schwarzem Marmor mit braunen Säulen, reich verziertem Wappen und einem Porträtrelief des **Johann Werner v. Veyder**, (Titular-)Bischof von Eleutheropolis, (geb. 1657). 1695 ernannte ihn Kurfürst-Erzbischof Joseph Clemens zum Generalvikar, Ende 1703 trat er von dem Amt zurück und wurde am 2. März 1704 Weihbischof[157]. Er starb am 30. Oktober 1723. Das Epitaph fand ursprünglich an der Südseite der südl. Chorschranken seinen Platz.

HIC IACET JOANNES WERNERUS DE VEYDER EPISCOPUS ELEUTHEROPOLITANUS, ECCLESIÆ COLONIENSIS SUFFRAGANEUS ET CANONICUS CAPITULARIS, PRÆPOSITUS MESCHEDENSIS, DOMINUS IN MALBERG, MEHR ET BETTENFELT, DOMINUS IMMEDIATUS IN HOVELSHEIM, VIATOR CHRISTIANE! ORA PRO DEFUNCTO PECCATORE MISERICORDIAM DEI IUSTI, UT ET ILLA TIBI FIAT IN DIE MAGNA ET IN VIA NON DEFICIAS, OBIIT ANNO DOMINI 172 [es fehlt die 3 !] DIE VERO 30 OCTOBRIS, RESQUIESCAT IN PACE. AMEN. ÆTATIS ANNO 66.

■ Epitaph mit der Kreuzigungsszene in einem Renaissancerahmen des **Hanso Scherrer Britzhemius**. Unter dem Kreuz stehen die zwei Marien und Johannes (re.), Maria Magdalena umklammert das Kreuz (um 1550).

Unter dem Bildnis nennt eine Inschrift den (abgewandelten) 14. Vers aus dem sechsten Kapitel des Paulusbriefs an die Galater: AD GALATAS 6: MICHI AUTEM ABSIT GLORIARI NISI IN CRUCE D(OMI)NI NOSTRI IHESU XPIP QUE MICHI MUD CRUCIFIXUS EST ET EGO MO(N)DO HAC PI- EST HA(N)SO SCHERRER BRITZHEM(IUS) CODIT- HEC POSUIT PACE FRUAT OVANS.

■ Epitaph mit weißer Inschrifttafel in schwarzem Rahmen des **Ferdinand Eugen de Francken-Sierstorff** (Franken-Siersdorf, 1714–1781; ehemals im südlichen Querschiff). Das Denkmal zeigt im oberen Teil ein Bahrtuch, darüber eine Portraitsilhouette sowie ein Wappen. Auf der Bekrönung sind u. a. Säule, Tuch und Totenkopf zu sehen[158].

MEMORIÆ FERD. EUGEN. DE FRANCKEN SIERSTORPFF, QUI FRATRIBUS SUIS GERMANIS IOANNI ANDREÆ, VICARIO GENERALI. E. I. PETRO GERUINO EIUS IN VICARIATU SUCCESSORI NEC NON PATRUO PETRO IOSEPHUO EPISCOPO ANTWERPIENSI AB PATRUO IOANNI AT PATRUO HENRICO AC SIBI SINGULIS HUIUS METROPOL. CANONICIS CAPITULARIBUS IDEM CUM PATRUO SUO EPISCOPO RODIOPOLITANO SIBI ELIGENS SEPULCHRUM EXPECTANSQUE IUDICIUM, MONUMENTUM HOC VIVUS POSUIT, VIATOR VALE, ET PRO SINGULIS DEUM PRECARE. NATUS I. IAN. MDCCXIV, DENAT. I. OCTOB. MDCCLXXXI.

Wappen der Grafen von Saarwerden

Das Hochgrab des Erzbischofs Friedrich III. von Saarwerden

Dieser Erzbischof, der von 1370 bis 1414 das Kölner Erzstift regierte, wurde unter der mächtigsten aller Grabtumben im Dom beigesetzt. Diese besteht aus Kalkstein und misst 3,30 m in der Länge, 1,70 m in der Breite und 1,25 m in der Höhe. Auf ihrer Deckplatte ruht die porträtähnliche Bronzefigur des Toten. Eine Inschrift auf dem erneuerten Baldachin weist einen EILOGIVS LODCVS, also einen Lütticher Meister, möglicherweise als Schöpfer der Figur aus.

Anton Legner schrieb zur Liegefigur: *„Import aus einer, so darf vielleicht gefolgert werden, belgischen Kunstgießerei, bleibt die repräsentative Bronzefigur, die den Realismus individueller Züge im Klassizismus geglätteter Oberfläche vorträgt, am Rhein ein isoliertes Denkmal. Um so ersichtlicher werden die Gebundenheit in der Tradition der Grabmalskulptur des vorhergehenden Jahrhunderts und die Verbundenheit mit jenem ‚magischen Realismus', der südniederländischen und französischen Bildnisgrabsteinen der Zeit nach 1400 eigentümlich ist"* (LEGNER, 1972, 414).

Die Bronzefigur wurde von den Franzosen während der Besetzung nach 1794 stark beschädigt (Riss im Hals), auch verschwanden die zwei das Haupt umgebenden Engel. Vermutlich waren diese Zerstörungen der Grund dafür, dass man den Gisant später lange in einem Keller aufbewahrte.

Die vier Seiten des Grabmals sind mit gotischen Arkaden reich gegliedert, in denen 23 Sockel-figürchen, je 0,42 m hoch, ihren Platz fanden. Die westliche Schmalseite zeigt die Verkündigung an Maria, an der Nordseite thronen Christus mit der Weltkugel, dem sich der Erzbischof (als „priant") betend zuwendet, sowie fünf Apostel. Jede der Endarkaden ist mit Wappenengeln besetzt. Die südliche Langseite enthält die zwölf Apostel; Petrus, Paulus und Johannes sind leicht zu erkennen. Die Figuren werden heute als die höchste künstlerische Leistung des neuen Weichen Stils kölni-scher Prägung vom Anfang des 15. Jahrhunderts angesehen.

Zu den Gestalten äußerte sich Anton Legner wie folgt: *„Zur Charakteristik ihrer Eigenart muss das ganze Vokabular über den Weichen Stil herangezogen werden: die Rundheit der Köpfchen, die Zartheit, Innigkeit und Verhaltenheit in Ausdruck und Gebärde, die sanften Übergänge und Bewegungen, die Geschmeidigkeit der Gewanddrapierung, die Modellierung weicher Massen. Der Empfindungsgehalt ist so stark wie der Sinn für Material, Stofflichkeit und für die Artikulierung des plastischen Volumens. Nicht minder überrascht die schauspielerische Leistung: der schwärme-risch und verzückt emporblickende Johannes ist ein Geschöpf aus der reichen Gefühlswelt des Weichen Stils ... Nicht – wie des öfteren mitgeteilt – die Archivoltenfiguren des Petrusportals ... bilden eine stilistische Voraussetzung, aber der verwandtschaftliche Klang mit diesen der Parler-hütte verbundenen Skulpturen von kölnischem Stilidiom ist dennoch vernehmbar. Schon die milde Weichheit und zugleich herbe Anlage der Statuetten weisen darauf hin, dass die Stilherkunft dieses überragenden Bildhauers in der südniederländischen Kunst wurzelt. André Beauneveu aus Valenciennes im Hennegau, in den Diensten des Herzogs von Berry am Hof in Bourges, hatte den wesentlichen Einfluss ausgeübt. Der Bildhauer der Saarwerdentumbafiguren ... mag vielleicht über Aachen nach Köln gekommen sein. In Köln leistete er den schönsten Beitrag dieser Stadt im Verband des Internationalen Stils der Zeit um 1400"* (Legner, 1972, 414 f.).

Die Umschrift und das Schutzgitter aus Gusseisen kamen im Jahr 1848 hinzu. Das Grabmal – von vornherein für diese Stelle in der Marienkapelle vorgesehen – führte der Neffe und Nach-folger Friedrichs III. von Saarwerden, Dietrich von Moers, aus. Dieses Werk markiert einen Ein-schnitt in der Anordnung der erzbischöflichen Gräber im Dom, da es die bis dahin übliche achsia-le Ausrichtung auf einen Altar zugunsten einer baulichen Verbindung mit einem Altar aufgibt.

Das Grabmal des Grafen Gottfried IV. von Arnsberg

Das gotische Grabmal des Grafen Gottfried von Arnsberg († 1371) ist das einzige Hochgrab einer rein weltlichen Person im Dom. Die Tumba misst 2,17 m in der Länge, 0,90 m in der Breite und 0,94 m in der Höhe. An jeder Langseite befinden sich alternierend drei in Arkaden stehende Gestalten bzw. zwei Vierpässe. Letztere zeigen Helmzier und Wappen von Arnsberg – der Adler, der auch auf der Brust der Liegefigur wiederkehrt (vgl. auch S. 199 ff., Scheibe 3a–5a). Zu Füßen der gepanzerten, 1,86 m langen, sehr gut erhaltenen Liegefigur (aus Syenit) ruhen zwei Hunde; möglicherweise handelt es sich hier um die Symbole der niederen Gerichtsbarkeit. Paul Clemen konnte noch Spuren der alten Bemalung am Gisant festzustellen (Clemen 280).

Das Gitter über der Liegefigur bemerkte schon die Koelhoffsche Chronik von 1499. Demnach war es angebracht worden, um den Gisant vor Attacken zu schützen: Der kinderlose Graf hatte seine Grafschaft nämlich 1368, also zur Zeit der Administration des Trierer Erzbischofs Kuno

Friedrich von Saarwer-den trat 1371 mithilfe seines Großonkels Kuno von Falkenstein (Erz-bischof von Trier und Administrator des un-fähigen Engelbert III.) die Regierung des mit 500 000 fl. verschuldeten Erzstifts an. Er versuchte die kommunalen Selbst-ständigkeitbestrebungen zu unterbinden und ge-riet mit Neuß in einen schweren Konflikt, in dessen Verlauf er 1373 die Stadt Zons als Fes-tung und Zollstation gründete. Er hoffte auch, in dem von inner-städtischen Konflikten zerrissenen Köln (Weberaufstand 1372) wieder als Landesherr anerkannt zu werden. Die Spannungen mit der Stadt Köln entluden sich im ‚Schöffenkrieg', in dessen Verlauf Stadtköl-ner Truppen die Deutzer Abtei verbrannten. Erst Anfang 1377 kam es zu Sühneverhandlungen und einem Vergleich zwischen den Parteien. 1388 konnte der Erzbi-schof Linn, den Nordteil der alten Grafschaft Hülchrath, erwerben. Weihehandlungen sind von Friedrich, der immerhin Mitra und Pluvialschließe verpfän-det hatte, nicht bezeugt. In seiner für das Erzstift insgesamt segensreichen Regierungszeit wurde die erste städtische Uni-versität in Köln gegrün-det (1388). Der Kirchen-fürst, der drei Söhne hatte, stammte aus dem Hause Saarwerden, das sich nach der Burg Saarwerden (bei Sarre-Union) nannte. 1397 fiel die Grafschaft durch die Heirat der Erbtochter Walburga (Schwester Friedrichs und Mutter des Dietrich von Moers) an die Grafen von Moers.

von Falkenstein, für 130 000 Gulden an das Kölner Erzstift verkauft und sich ferner eine lebenslange Rente, einen Wohnsitz auf Schloss Brühl sowie das Begräbnis im Dom ausbedungen. Die Arnsberger sollen damals sehr erbost gewesen sein, dass sie man sie an ein geistliches Fürstentum verkauft hatte. 925 Morgen Laubwald waren bereits zuvor an Neheim (heute Neheim-Hüsten) gefallen, das 1358 von dem Grafen vom Dorf zur Stadt erhoben worden war.

Der Zorn der Arnsberger scheint sich mittlerweile gelegt zu haben, und Neheim-Hüstener bzw. Arnsberger Honoratioren bringen (seit nunmehr über sechshundert Jahren) am Sonntag vor Michaelis (29. Sept.), dem sog. Grafenbegängnis, einen Kranz zum Grab des Grafen, um ihm für seine Wohltaten zu danken. Darüber hinaus erhalten noch heute die Neheimer Kinder einmal im Jahr ein Milchbrötchen („Stütchen"), und die Honoratioren richten sich ein Festessen aus, bei dem auf feierliche Reden verzichtet wird. Die Kosten decken die Einkünfte, die man mit dem Wald erwirtschaftet.

Die Rechtmäßigkeit des Kaufs der Grafschaft bestätigten Kaiser und Papst. Nach dem Tod des Grafen Gottfried belehnte Kaiser Karl IV. den neuen Erzbischof Friedrich von Saarwerden mit der Grafschaft. Von da an trugen die Kölner Erzbischöfe auch den Titel eines Grafen von Arnsberg und führten deren Wappen.

Die beiden Kannegießerbalken

Über dem Hochgrab des Kurfürst-Erzbischofs Friedrich von Saarwerden hing bis zum Zweiten Weltkrieg der Kannegießerbalken[159]. Verankert an den Pfeilern B13 und B14, entsprach er spiegelbildlich dem Schneiderbalken in der Kreuzkapelle. Über dem 5,40 m langen und 0,35 m hohen Balken befand sich ein Gitter zur Anbringung fünf gewaltiger Kerzen. Der Balken war, wie viele Ausstattungsgegenstände des Doms, während des Kriegs in den Dombunker im Nordturm (s. S. 183 ff.) ausgelagert worden. Als man 1949 zu seiner Wiederanbringung schritt, entdeckte man unter den äußeren, barock gestalteten Abdeckbrettern einen inneren Balken, bei dem es sich um eine ältere Stiftung derselben Bruderschaft handelte. Es zeigte sich, dass ihn beiderseits spätgotische Temperamalereien aus der Zeit um 1400 bedeckten. Leider waren diese in so schlechtem Zustand, dass man sich zu einer vorsichtigen und partiellen Restaurierung entschloss, die allerdings nicht restlos glückte. Mitte der 90er-Jahre fand der ältere Balken über dem Grabmal des Grafen Gottfried von Arnsberg seinen Platz. 1998 rissen Beleuchter des WDR den Balken aus seiner Verankerung, sodass er zu Boden fiel. Dabei blätterten Malereien mit Szenen aus dem Marienleben (Südseite) und aus dem Leben des hl. Nikolaus (Nordseite) ab. Nach dreijähriger Restaurierungsarbeit hing der Balken am Nikolaustag 2001 wieder an seinem alten Platz.

Der jüngere, barocke Balken über dem Grabmal des Kurfürst-Erzbischofs Friedrich von Saarwerden trägt auf seiner Nordseite folgende Inschrift: AVE MARIA, GRATIA PLENA, DOMINUS TECUM. Darüber ist eine kleinere Tafel angebracht, deren Inschrift lautet:

„Diese des Ehrbaren Kannegisser Ambs Bruderschaffdt Ist zu der Ehren Gottes und Seiner Gebenedeitenn Mutter Maria Ihrer Patronerin Angstelt • Aõ 1622 Renovatus 1722".

Über der Schrift erhebt sich das schwarz-rot quadrierte Wappen der Kannegießer. Die Plätze 1 und 4 im Wappen tragen die goldenen Buchstaben K und A, die Plätze 2 und 3 zeigen je eine schwarze Kanne. Auf der Südseite des Balkens ist als Chronogramm die Inschrift zu lesen: PIA VIRGINIS MARIÆ SODALITAS ANNO SÆCVLARI RENOVAT. Sie ergibt aufgelöst die Jahreszahl 1722 (IVIII-MIDLICVLIV = 1722).

Die Heilige Sippe

Auf fünf Wandkonsolen unter dem mittleren Kapellenfenster stehen fünf spätgotische Steinfiguren bzw. -gruppen, deren jede zwischen 0,90 m und 1,00 m groß ist. Sie stellen eine Stiftung des 1473 im Alter von etwa 50 Jahren konvertierten Juden Victor von Carben dar. Am Fuß tragen alle Statuen die Inschrift: *„victor sacerdos olim iudeus".*

Die mittlere Plastik zeigt die hl. Anna Selbdritt (hl. Anna, hl. Maria und Jesus, letztere im Kindesalter); zu ihren Füßen kniet der Stifter Victor von Carben, der nach seiner Taufe alle Kraft auf die Bekehrung der Juden zum christlichen Glauben richtete. Die anderen Figuren zeigen die hll. Joachim (den Ehemann Annas), Josef und Barbara[160]. Die hl. Katharina (mit zerbrochenem Rad) ersetzt die verschollene, westliche Figur. Sie wurde in der Dombauhütte angefertigt und 1993 angebracht[161]. Ebenfalls von dem Stifter Victor stammt die auf zwei Pfeiler verteilte Verkündigungsgruppe im südlichen Querhaus (Pfeiler A10/A11).

Alle Figuren stammen von einem namentlich nicht bekannten Meister, der heutzutage als von-Carben-Meister bezeichnet wird. Der derzeitige Direktor des Schnütgen-Museums, Fritz Witte († 1937), wies die Arbeiten wegen einer überlieferten Quittung über drei Gulden einem Johann Spee zu, der jedoch für eine derartige Summe wohl höchstens eine Aufhängevorrichtung errichtet haben dürfte. Neuere Forschungen nehmen einen Meister an, der sehr wahrscheinlich aus der Werkstatt des Tilman (s. S. 233 ff.) hervorgegangen ist: *Sehr viel naheliegender und durch eine Vielzahl von archivalischen Quellen begründet erscheint hingegen ... die Identifizierung des von-Carben-Meisters mit dem zwischen 1506 und 1533 kontinuierlich nachgewiesen Kölner Bildschnitzer Wilhelm von Arborch, der in diesen Jahren als wohl wichtigster Bildschnitzer in Köln angesehen werden kann"* (KARRENBROCH, in: Die Holzskulpturen, 58).

Die Marienorgel

Dieses Instrument hat eine lange Geschichte. Bereits die oben erwähnte, von Erzbischof Dietrich von Moers gestiftete Messe wurde von Orgelklängen begleitet. Das jetzige Gehäuse entstand um 1700. Im Jahr 1963 baute man ein altes Orgelwerk (1874) ein, das aus der Kirche zu Balve an der Hönne (bei Arnsberg) stammt.

Der Altar der Stadtpatrone von Stephan Lochner

Das gewaltige, goldschimmernde Triptychon auf dem Altar der Marienkapelle, häufig auch als „Anbetung der Könige" oder als „Dombild" bezeichnet, ist das Retabel eines Altars. Es wurde im Auftrag des Rats der Stadt Köln von Stephan Lochner (s. u.) für den Altar der Ratskapelle gemalt. Diese war 1426 an derselben Stelle entstanden, an der man erst drei Jahre zuvor nach antijüdischen Ausschreitungen die Synagoge abgerissen hatte[162].

Bezeichnend war der Name, den man für die christliche Kapelle wählte: St. Maria in Jerusalem. Den Grundriss dieses im Zweiten Weltkrieg stark beschädigten Gebäudes – der auch mit dem der zerstörten Synagoge weitgehend identisch ist – hat man bei der Nachkriegsgestaltung des Rathausplatzes im Pflaster markiert.

Der prächtige Flügelaltar diente bis 1794 dem Gottesdienst der Kölner Ratsherren und natürlich auch deren Wunsch nach angemessener Selbstdarstellung. Seine Aufstellung an der Ostwand der rechteckigen Kapelle erfolgte in der Weise, dass die rechts und links sitzenden Ratsherren die Darstellung der beiden äußeren Altarflügel gewissermaßen „real" fortsetzten und sich der Reihe der gemalten Anbetenden anschließen konnten. Vor Ratssitzungen pflegte man an diesem

Victor von Carben († 1515) bezog in dem Streit zwischen einem ebenfalls konvertierten Juden namens Johann Pfefferkorn († 1520) und dem Humanisten Johann Reuchlin (1455–1522) eine antijüdische Position. Pfefferkorn hatte dazu aufgerufen, alle jüdischen Bücher, die „Lästerungen" an Christus und Maria enthielten, zu vernichten. Daraufhin wurde der Mainzer Kurfürst-Erzbischof beauftragt, verschiedene Gutachten bei Universitäten einzuholen. Dasjenige der Kölner Universität forderte zum Spott vieler die Vernichtung des Talmud. Bei der Abfassung der sog. Dunkelmännerbriefe *(epistolæ obscurorum virorum)* „that sich besonders der verkommene Ulrich von Hutten hervor; der gelehrte aber sehr unkirchlich gesinnte Erasmus spendete ihnen seinen vollen Beifall" (PODLECH, 359). Der Dichter Heinrich Heine nahm das Thema der Dunkelmännerbriefe auf: *„Ja, hier hat einst die Klerisei / Ihr frommes Wesen getrieben, / Hier haben die Dunkelmänner geherrscht, / Die Ulrich von Hutten beschrieben"* (H. Heine, Deutschland – ein Wintermärchen, C IV).

87

Franz Ferdinand Wallraf (1748–1824), Kanonikus und Professor, letzter gewählter Rektor der 1798 von den Franzosen geschlossenen Kölner Universität, Historiker und Sammler von Kölner Altertümern, rettete zahlreiche alte Kunstwerke vor der Vernichtung. Ihm schwebte die Zusammenführung geretteter Inschriften und Kunstdenkmäler aus säkularisierten Klöstern und Kirchen im Dom als einem Pantheon o. Ä. vor. Neben Boisserée trug er wohl am meisten zur Rettung des Doms bei. Im Juli 1815 führte er den Freiherrn vom Stein, Goethe und Ernst Moritz Arndt durch den Dom, wobei auch der Altar der Stadtpatrone besehen wurde. Diese Besichtigung machte auf die Gäste nachhaltigen Eindruck. Den umfangreichen Nachlass Wallrafs verwaltete umsichtig Matth. Jos. DeNoel (178–1849), der sich selber auch als Sammler betätigte. Seine und Wallrafs Sammlung bildeten den Grundstock der Glasgemäldeabteilung des späteren Schnütgen-Museums. 1834 gab DeNoel einen Domführer heraus, der sehr bekannt wurde. Stephan Lochners Geburtsort dürfte das nahe bei Meersburg/Bodensee liegende Hagnau gewesen sein. Er wanderte nach Köln ein, wurde in die Malerzunft aufgenommen und 1447 in das Bürgerbuch aufgenommen. Er war mehrfacher Hausbesitzer und zeitweise auch Ratsherr. Er heiratete und starb kinderlos im Jahre 1451 vermutlich an der Pest. 1442 erschien er in Köln das erste Mal urkundlich gesichert: Er hatte den Auftrag erhalten, zum bevorstehenden Besuch des habsburgischen Königs Friedrich III.

Ort gemeinsam zu beten; auch Vereidigungen wurden hier vorgenommen. Zeitgenössische Ansichten vom Innern der Kapelle gibt es leider nicht. Ägidius Gelenius[66] jedoch berichtet in seiner berühmten Köln-Chronik, dass die Kapelle 36 Schädelreliquien von Ursulanischen Jungfrauen und Heiligen der Thebaischen Legion besessen hätte. Dies erscheint durchaus glaubhaft, denn welche Reliquien – abgesehen von denen der Heiligen Drei Könige, die aber nicht zu haben waren – hätten dem Stadtkölner Selbstverständnis mehr entsprochen als diese?

Nach der Besetzung Kölns durch französische Truppen 1794 kam der Altar in ein Versteck im Rathaus, da die neuen Herren durch Plünderungen und Zerstörungen von Kunstschätzen unangenehm auffielen. An diesem Ort entdeckten ihn 1804 Sulpiz Boisserée, Franz Ferdinand Wallraf, Friedrich Schlegel und Joh. Bapt. Bertram. Im Jahr 1808 sprachen der Philosoph Schlegel und seine Frau Dorothée (geb. Mendelssohn) im Angesicht des Triptychons und in Gegenwart Wallrafs feierlich das katholische Glaubensbekenntnis. Die Autorschaft des Triptychons blieb den Entdeckern zu jener Zeit allerdings verborgen. Sie glaubten einige Zeichen in den gemalten Fliesen auf der Außenseite als „1410" deuten zu dürfen und fühlten sich berechtigt, das Werk einem (legendären) Meister Wilhelm zuzuschreiben (B. BRINKMANN 81). Damit begann die Debatte um Datierung und Herkunft des Werks.

1809 erfolgte eine Reinigung und Rahmung der Altartafel. Anschließend wurde sie entweder aufgrund einer Gefährdung durch Feuchtigkeit oder auf Bitten der Dompfarre[163] in den Dom überführt und zunächst in der Agneskapelle (s. S. 129 ff.) aufgestellt, wo sie später auch Goethe sehen sollte[164]. Zum Gedächtnis an die Überbringung in den Dom fügte man folgende von Wallraf verfasste Inschrift in der Predella hinzu:

ID QUUM PIORUM VOTA RELIGIONI RESTITUTUM ESSE VELLENT REINER A KLESPE REGIONIS COLON. PROPRÆFECTUS ET JAC. A WITTGENSTEIN CIVIUM MAGISTER, IDEMQUE LEG. HONORARIÆ SODALIS PROBANTE PATRUM CONCILIO IN HOC PRISCÆ METROPOLEOS TEMPLO, PROPE SSS. MAGORUM TUMBAM SOLEMNI DEDICATIONE, EXPONI CURAVERUNT IPSO DIE SERVATORIS A MAGIS ADORATI FESTO MDCCCX.

(„Dieses, Gott, den heil. Schutzpatronen Kölns und der Religion der Väter gewidmete Bild, dieses Denkmal unserer alten Kunst, einst über dem Altar der Kapelle befindlich, in welcher sich seit dem J. 1425 der Senat vor seinen Berathungen zum Gottesdienst zu versammeln pflegte, welches dann durch die Unbilden der Zeit nach vernachlässigter Beachtung des Orts seinen Bewunderern entzogen ward, haben nun auf den Wunsch der Frommen, dass es der Religion wiedergegeben werden möchte, Reiner von Klespe, Unterpräfect des Kreises Köln, und Jacob von Wittgenstein, Ritter der Ehrenlegion und Bürgermeister, mit Zustimmung des Stadtrathes, in dieser ursprünglichen Metropolitankirche, nächst der Ruhestätte der hh. drei Magier, nach öffentlicher Weihe am Feste der Erlösung und der Anbetung durch die Magier, im Jahr 1810 hier aufstellen lassen." Übersetzung nach DeNoel 53).

Einen bedeutenden Schritt zur Identifizierung des Künstlers tat der Historiker Johann Friedrich Böhmer († 1863) im Jahr 1823, als er das Werk erstmals mit einer Tagebuchnotiz Albrecht Dürers zu „maister Steffan" in Verbindung brachte. Diesen Hinweis griff J. J. Merlo 1852 im Rahmen seiner Forschungen auf und publizierte die wichtigsten Quellen. Seitdem ließ sich die Entstehungszeit des Werks auf den Zeitraum zwischen 1442 und 1450 eingrenzen. Die heutige Forschung gibt bevorzugt die Jahre 1442 bis 1445 an (z. B. BAUDIN 219). Es ist jedoch auch denkbar, dass das Triptychon bereits im Sommer 1442 an seinem Platz stand[165].

Im Jahr 1857 forderte der Rat der Stadt Köln das Altarbild für das neue Wallraf-Richartz-Museum zurück. Das Domkapitel verweigerte die Herausgabe und es kam zum Rechtsstreit. In

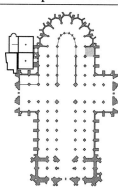

einem endgültigen Gerichtsurteil des rheinischen Appellationsgerichts vom 23. Dezember 1857, das starke Beachtung hervorrief, wurde festgestellt, dass der Anspruch des Rats unberechtigt sei und dass der Altar – was noch heute bindend ist – in ständigem gottesdienstlichen Gebrauch sein (der „Frömmigkeit" dienen) müsse. Auf eine evtl. Rückführung des Altars in den Besitz der Stadt konnte man nun nicht mehr hoffen. In den 80er-Jahren des 20. Jahrhunderts gab es zwar Bestrebungen – die besonders von der damaligen Stadtkonservatorin Hiltrud Kier ausgingen – das Bild dem Dom zu „entreißen" (KIER 77), doch war zu jenem Zeitpunkt nicht mehr damit zu rechnen, dass die erst nach dem Zweiten Weltkrieg komplett abgeräumte Ratskapelle St. Maria in Jerusalem wieder aufgebaut würde. Somit kann wohl auch den im Gerichtsurteil von 1857 festgelegten Bedingungen von Seiten der Stadt nie Genüge getan werden. 1926 kam das Altarbild aufgrund der günstigeren Lichtverhältnisse in die Maternuskapelle. Seinen heutigen Platz in der Marienkapelle hat das Altarbild erst seit Herbst 1949 inne.

Das umstrittene Werk zählt zu den bedeutendsten mittelalterlichen Flügelaltären des Rheinlands und gilt auch in diesem Raum als die einzige Darstellung einer „Maria in der Majestà". Die Zuweisung an den Maler Stephan Lochner wird seit Merlo von allen maßgeblichen Autoren für sinnvoll und richtig erachtet. Einzig der Historiker Michael Wolfson bezweifelte Lochners Autorschaft[166].

Der Wandelaltar misst in geschlossenem Zustand – sichtbar in der Fasten- und Adventszeit – in der Höhe 2,60 m, in der Breite 2,85 m (einschließlich einer 12 cm breiten, tiefbraunen Umrahmung). Dem Betrachter bietet sich der Blick in einen gotischen Innenraum, den die doppelte Rahmenleiste in eine rechte und eine linke Hälfte teilt. Den räumlichen Abschluss bildet ein prächtiger Vorhang aus Goldbrokat, den Vordergrund dominiert die Szene der Verkündigung an Maria durch den Erzengel Gabriel. Im linken Feld kniet Maria, angetan mit einem weiten, hellen Übergewand, vor einem gotischen Pult. Darauf liegt ein aufgeschlagenes Buch, in dem sie wohl bis eben gelesen hat. Ein geschlossenes Buch mit Lesezeichen ist unten auf einer Stufe des Möbels zu sehen. Maria hebt grüßend die linke Hand und wendet ihr von einem Nimbus umgebenes Haupt zur rechten Bildseite hin. Sie hält den Blick gesenkt; ihr langes Haar ist nach hinten gekämmt. Von oben rechts schwebt die Taube des Heiligen Geists auf sie herab. Im Hintergrund steht eine Bank mit einer Vase, in der drei Lilien blühen. Der rechte Flügel zeigt den wohl im Redegestus begriffenen, ein wenig linkisch knienden Engel, der offensichtlich durch die an der Seite angedeutete rundbogige Tür eingetreten ist. Der Himmelsbote trägt unter seinem grünen Gewand ein helles Unterkleid, darüber einen samtenen roten Mantel. Diesen hält eine Agraffe zusammen, deren einzige Funktion es zu sein scheint, das Bildnis Gottvaters mit der Weltkugel zu tragen; ein Zug der Textilien lastet nicht auf ihr. Der Engel besitzt riesige Schwingen, die seine Flugfähigkeit durchaus glaubhaft machen könnten, wirkten sie nicht so angesetzt. In den Händen hält er einen Stab und ein gesiegeltes Schriftstück, dessen Text als *ave gracia plena dominus tecum* zu entziffern ist.

Die Idee, ein biblisches Ereignis in einen Innenraum zu versetzen, entspricht der fortschrittlichsten flämischen Malerei des 15. Jahrhunderts, insbesondere der Kunst Robert Campins[167]. Die Symbolik, einschließlich der des sorgfältig mit Schablonen gemalten, sich über beide Bildhälften erstreckenden Brokatvorhangs, bleibt aber insgesamt im Rahmen des traditionell Vorgegebenen[168]: Die versiegelte Urkunde in der Hand des Engels ist, ebenso wie die weißen Lilien, eines der zahlreichen gängigen Symbole für die Jungfräulichkeit Mariens. Bei den zwei Büchern handelt es sich wahrscheinlich um Hinweise auf das Alte und Neue Testament[169]. Maria hat, wie meist in Verkündigungsszenen, demütig den Blick gesenkt, sodass sie den Engel nicht sehen kann – zumindest

im Juni desselben Jahrs Schilder mit dem Stadtwappen und Stangen für einen Baldachin zu malen bzw. zu verzieren. Die Kunsthistoriker weisen heute Lochner bzw. seiner Werkstatt außer dem „Altar der Stadtpatrone" u. a. folgende Tafelbilder zu: „Hl. Hieronymus im Gehäuse" (North Carolina Museum of Art, Raleigh); „Weltgericht" (WRM 66); zwei Altarflügel mit den „hll. Mattäus, Katharina u. Johannes Evangelist"/„hll. Hieronymus, Cordula (?) u. Gregor d. Gr." (The Trustees of the National Gallery, London) u. den „hll. Markus, Barbara u. Lukas"/„hll. Ambrosius, Cäcilia (?) u. Augustinus" (WRM 68/69); „Darbringung im Tempel" (Lissabon, Calouste-Gulbenkian-Museum); „Hl. Ursula"/„Hl. Antonius Abbas" u. „Hl. Katharina"/„Hl. Barbara" (WRM 828 u. 829); „Muttergottes in der Rosenlaube" (WRM 67); „Johannes Evangelist" u. „Maria Magdalena" (Boymans-van-Beuningen-Museum, Rotterdam); ein Triptychon mit der „Muttergottes im Paradiesgarten", dem „Hl. Johannes Evangelist" u. dem „Hl. Paulus" (WRM 70); „Madonna mit dem

Veilchen" (Erzbischöfl. Diözesanmuseum, Köln). Daneben betätigte sich Lochner mit großer Wahrscheinlichkeit auch als Buchmaler. Beispielsweise werden ihm folgende zwei Stundenbücher zugeschrieben: eines von 1444 (Staatl. Museen zu Berlin, Preußischer Kulturbesitz, Kupferstichkabinett, Inv. 78 B 1a) sowie ein anderes von 1451 (Hessische Landes- u. Hochschulbibliothek, Inv. Hs 70).

kann sie ihn in der abgelieferten Fassung des Bildes nicht sehen. Mithilfe der Infrarotfotografie konnte man jedoch bereits 1985/86 festgestellt, dass Maria dem Engel ursprünglich mit einem Auge entgegenblickte. Handelt es sich dabei um eine Vorstudie, die später auf Wunsch der Auftraggeber korrigiert wurde? Auch war das Gesicht blühender, der Mund schwellender, die Augen größer und die Haare üppiger. Kurz: Aus heutiger Sehweise gab sich dieses Gesicht Mariens weniger heilig, dafür „moderner" und sehr viel sinnlicher.

Die Antwort Mariens an den eher anfragenden als verkündenden Engel steht bereits fest: etwas kippgefährdet steht die Vase mit der dreiblütigen Lilie (Reinheitssymbol, zugleich Trinitätssymbol) und der Umschrift „ecce ancilla domini" auf einer gotischen Holzbank, die in keiner Weise den Gesetzen der Perspektive gehorcht. Merkwürdigerweise ist die Schrift stark verblasst, so als wäre sie uralt. Wollte der Maler damit auf das hohe Alter der Messiasverheißung anspielen?

Die Darstellung Gottvaters auf der Mantelschließe des Engels war in dieser Form zur damaligen Zeit recht modern. Sie manifestiert die Anwesenheit Gottes, ersetzt aber die bis dahin meist übliche Darstellung des selbständig im Raum schwebenden Gottes.

In geöffnetem Zustand erblickt man die Festtagsseite des Altars, der mit einer Gesamtbreite von 5,70 m sehr eindrucksvoll wirkt. Sofort wird das Auge des Betrachters von dem reichen Goldgrund – dem traditionellen Abbild des Himmlischen oder Paradiesischen – und dem vergoldeten gotischen Maßwerk im oberen Bildbereich gefesselt[170]. Aber auch die vor dem illusionistischen Gold besonders phantastisch wirkende Farbigkeit der drei Personengruppen nimmt gefangen. Die bedeutendste, also mittlere Gruppe, zeigt in Übergröße die zentral thronende Muttergottes mit Kind und die Anbetung durch die Könige. Auf den Außenflügeln gesellen sich (von rechts und links) Personengruppen hinzu. Auffällig ist die Porträthaftigkeit einiger Gesichter, die große Plastizität der Gegenstände, der Stoffe, Rüstungen und Geschmeide. Eher unklar erscheint die Anordnung der Gruppen. Auch haben manche Gesichter etwas Unscharfes und Unplastisches, an das sich der an Werken der Altniederländer geschulte Blick erst gewöhnen muss. Ganz offensichtlich ist der Kölner Maler in diesen Punkten noch dem Weichen Stil verhaftet (BRINKMANN 81).

Beim Entziffern des Geschehens erkennt man, dass die Heiligen Drei Könige mitsamt drei Gefolgen – diese um drei Banner geschart – der frontal thronenden Madonna mit dem Kind von rechts und von links ihre Aufwartung machen. Bei dieser zentralen Anordnung kann es nicht ausbleiben, dass ein König, der jüngste, sich mit einem minderen Platz bescheiden muss. Für den hl. Joseph findet sich gar überhaupt kein Platz: auf ihn wird verzichtet. Die thronende Maria trägt auf ihrem Haupt eine Krone, die sie als Himmelskönigin ausweist. Auf der von den Bügeln gebildeten Spitze sitzt eine kleine Taube als Symbol des Hl. Geistes. Hinter dem Thron Mariens spannen zwei kleine Engel einen Brokatvorhang auf; ihre blauen Gewänder weisen sie als noch zur irdischen Sphäre gehörig aus. Das unbekleidete Jesuskind wendet sich segnend dem ältesten König zu, der ein Schatzkästlein mit Gold am Boden abgestellt hat. Maria ist in einen prachtvollen, aber ungesäumten blauen Mantel gehüllt. Möglicherweise ist das Fehlen eines Saums ein formelhafter Hinweis auf den älteren italienischen Typus der „Madonna dell' Umiltà"[171]. Über ihrer Brust hält eine Agraffe den Mantel zusammen, die Maria zeigt, wie ihr das gezähmte Einhorn den Kopf in den Schoß legt[172]. Genau über dem Kopf des Jesuskindes, schon umgeben von dem dreidimensionalen Maßwerk, erscheint der Stern von Bethlehem. Er geht ganz im Goldgrund auf. Außer dem Christuskind und Maria trägt in der Mitteltafel niemand einen Nimbus. Derjenige Mariens, der geradezu einen Teil des Vorhangs auszustanzen scheint, verschmilzt im oberen Bereich nahezu mit dem Goldgrund.

90

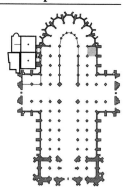

Im rechten Altarflügel steht zuvorderst der kostbar gepanzerte, bannertragende hl. Gereon mit Gefährten der Thebaischen Legion (s. S. 197 ff., Scheiben 3d–5d), von denen einige nicht den Jesusknaben anblicken, sondern vielmehr dem Betrachter ins Auge sehen. Der unmittelbar neben Gereon Stehende muss aufpassen, dass er nicht gleich einen ausgewachsenen Hirschkäfer, der zu seinen Füßen herumkrabbelt, tottritt. Sehr beeindruckend und plastisch gemalt sind die dunklen, hochglänzenden Beinschienen des Heiligen und einiger seiner Gefährten. Manche Kunsthistoriker gehen soweit zu behaupten, dass sich auf ihnen die Fenster der Ratskapelle widerspiegelten.

Der linke Altarflügel wird von der – offenbar in Meditation versunkenen – hl. Ursula beherrscht. Ihr Quasi-Bräutigam Aetherius, links von ihr stehend, himmelt sie an[173]. Für die Geburt Christi hat er keinen Blick übrig. Auch die Gruppe um die hl. Ursula verfügt über ein eigenes Banner. Im Hintergrund dieser dicht gedrängten Menschenansammlung, vielleicht ein bisschen zu weit hinten – manche wollen darin eine bewusste Brüskierung sehen –, kann man einen Papst sowie einen Priester erkennen. Unter der Ursulagruppe breitet sich ein winziges Stückchen Rasen aus, das sich zur Mitteltafel hin fortpflanzt, dort prächtiger gedeiht, sogar Erdbeeren hervorbringt, und sich dann rechts unter den Füßen der Gruppe des hl. Gereon wieder verliert. In den beiden Seitenflügeln tragen lediglich die beiden Hauptheiligen einen Nimbus.

Der Goldgrund und die auffallende Übergröße („Bedeutungsperspektive"[174]) der thronenden Maria sind für eine Darstellung dieser Zeit schon nicht mehr ganz selbstverständlich. Beide Gestaltungsmittel waren jedoch bis über Lochners Zeit hinaus in Köln gebräuchlich. Der Kunsthistoriker Robert Suckale schrieb zu diesen und anderen altertümlichen Stilmitteln: *„Wir spüren, dass die älteren Motive und Darstellungsweisen nicht nur ein Stilideal Lochners sind, sondern ein Lebensideal. Ihm liegen nur die lieblichen und sanften Themen des Glaubens – in seinem Werk finden wir keine Passionsdarstellung"* (SUCKALE/WENIGER 126).

In den Gesichtern und in der Haltung der knienden Könige wollen einige Kunsthistoriker reale Personen der damaligen Zeit wiedererkennen. So heißt es, die beiden knienden Könige trügen die Züge zweier bestimmter Kölner Bürgermeister; andere behaupten, dass sie zwei deutsche Fürsten darstellten, nämlich Kaiser Sigismund und Albrecht II. von Habsburg. Dies alles muss so lange Spekulation bleiben, bis neue Bild- oder Schriftquellen auftauchen. Immerhin wurde das Gewand des rechts knienden Königs tatsächlich als Amtsrobe eines Ratsherren identifiziert. Auch hat man Überlegungen angestellt, ob der Hirschkäfer nicht eine Anspielung auf den Familiennamen Hirtz sein könne: Zwei Mitglieder der Kölner Bürgerfamilie Hirtz gehörten 1440 und 1442 dem Kölner Rat an. Und schließlich die Erdbeeren: Sie sind die Blumen der Seligen und ein Symbol der Gerechtigkeit; nicht zufällig gedeihen sie zu Füßen der Madonna. Die Vorstellung, dass Maria mit Weisheit und Gerechtigkeit in Verbindung zu bringen sei, ja, dass man in ihr die Personifikation der *„Justitia mediatrix"* sehen könne, war schon in italienischen Stadtrepubliken wie Siena entwickelt worden.

Tatsächlich gibt es Hinweise, die den Schluss erlauben, dass der Altar der Stadtpatrone in einem geistigen Zusammenhang mit älteren italienischen Vorbildern steht. Schon 1952 wies der Kunsthistoriker Hans Kauffmann auf die Möglichkeit hin, dass die Anbetungsszene auf ikonografische Vorbilder aus Siena zurückgeht (KAUFFMANN, Dombild, 7 ff.). Dieser Meinung schloss sich 1987 auch Domarchivar Lauer an (LAUER, SCHULZE-SENGER, HANSMANN 20–29). Die evtl. Vorbilder aus Siena hätte Lochner wohl nicht selbst gesehen, doch war ihm vielleicht von den dortigen Maestà-Darstellungen, wie denen Duccio di Buoninsegnas und Simone Martinis, berich-

Wie wir heute wissen, ist diese Datierung des Dombildes durch DeNoel falsch, doch brachte er das Werk instinktiv mit der poli- tischen Umwälzung von 1396 in Köln, der Ent- machtung der Patrizier, in Verbindung. Ob er einer alten Tradition folgte, als er die Anbe- tungsszene mit der thronenden Maria als politische Manifestation einer selbstbewussten Bürgerschaft auffasste? Jedenfalls kann es als erwiesen gelten, dass, dieser Bildtyp, ausge- hend von Siena, zum Ausdruck des bürger- lichen Freiheitssinns geworden ist. Ein ent- sprechendes Bild im Chorscheitel könnte durchaus auf das Vorbild der Sienesischen Maestà zurückgegriffen haben; es ist denkbar, dass der Bildtyp schon lange in Köln bekannt war[178]. Auch könnte eine Stadt- patronen-Darstellung mit der Maestà zunächst noch als unproblema- tisch aufgefasst worden sein; das Bild könnte seine Brisanz erst im Lauf der Zeit während der zunehmenden Span- nungen zwischen Stadt und Erzbischof erlangt haben. Die völlige Ent- fremdung zwischen beiden Parteien, die in ständigen Fehden zum Ausdruck kam, hatte bei den Repräsentanten der Stadt das Verlangen genährt, eine eigene Stätte der Verehrung und Selbstdarstellung zu besitzen. Zünfte und Rat waren mit der Auf-

tet worden[175]. Auf deren Tafeln thront Maria majestätisch und frontal in der Mitte, von rechts und links nähern sich Engel und die sienesischen Heiligen, also die Ortsheiligen. Diese Darstellung – in Vorform auch ohne diese Heiligen – besaß zur damaligen Zeit einen eindeutig politischen Charakter, denn unter dem Schutz eines ähnlich gestalteten Bildes hatte Siena einen entschei- denden Sieg über Florenz errungen[176]. Dieser Bildtyp wird daher zu Recht mit den städtischen Freiheiten in Verbindung gebracht.

Des weiteren stellte Lauer die berechtigte Frage, ob nicht in Köln selbst Vorläufer für eine derartige Komposition zu finden seien. Er verwies auf eine schon von Paul Clemen (CLEMEN 171 f.) registrierte Wandmalerei des 14. Jahrhunderts auf dem nördlichen (D17) der beiden Pfeiler, zwischen denen die Begräbnisstelle des Erzbischofs Dietrich von Moers liegt (s. S. 73 ff.). Sie zeigt offensichtlich Ritterheilige. Auf den schlecht erhaltenen Gemäldefragmenten sind in einer gemal- ten Maßwerkarchitektur die hll. Gereon und Gregorius Maurus, der Mitpatron von St. Gereon, zu identifizieren. Lauer überlegte nun weiter, dass sich an der spiegelbildlich gegenüberliegenden Seite die fehlenden Kölner Heiligen der Ursulagruppe befunden haben könnten. Tatsächlich ließen sich hier noch heute sichtbare Malereireste mit Stifterwappen feststellen; Reste, die zumindest diese Möglichkeit nicht ausschließen (LAUER, SCHULZE-SENGER, HANSMANN 30 ff). Könnte es nicht möglich sein, dass sich in der Mitte zwischen diesen beiden bemalten östlichsten Pfeilern des Binnenchors eine Anbetungsszene befand? Diese hätte sich demnach auf einem baulichen Binde- glied zwischen den genannten Pfeilern befunden. Da der mit Stadtköln in einer Art Dauerfehde liegende Erzbischof Dietrich II. von Moers sich jedoch just an dieser Stelle sein freifigürliches Grabmal errichten ließ, musste dieses Bauglied fallen. Eine Maßwerkschranke wird es nicht gewesen sein, denn nur wenige Schritte westlich im Binnenchor, da wo heute der Schrein steht, befand sich damals wohl der Thron des Erzbischofs, die Kathedra. Aus diesem Grund wird es sich eher um eine bemalte Trennwand gehandelt haben. Rolf Lauer folgerte ganz plausibel, dass dieses später unterbrochene Ensemble eine Stiftung wichtiger geistlicher und weltlicher Personen Kölns gewesen sein könnte, vielleicht eine Stiftung der alten Dreikönigsbruderschaft, deren Mitglied auch Erzbischof Dietrich von Moers selbst war. Damit hätte sich ausgerechnet hier im Dom ein erster Ort städtischer Selbstdarstellung befunden[177].

Hinsichtlich der künstlerischen Bewertung ist zu sagen, dass der Altar der Stadtpatrone verschiedene Kunstrichtungen wie die seeschwäbische, die altniederländische und die traditionelle Kölner Kunst in sich vereint. Mit dem Monumentalen in der Darstellung bringt er für Köln etwas unerhört Neues mit sich. Es lässt sich jedoch nicht leugnen, dass die Künstler der Rheinmetropole nicht zur europäischen Avantgarde gehörten: Die italienische und niederländische Malerei war innovativer, plastischer und vor allem eleganter. Die Gruppen der Heiligen sind deutlich weniger aufgeräumt und strukturiert als beim zwanzig Jahre älteren Genter Altar von St. Bavo. Insbeson- dere auf den Innentafeln ist der Einfluss des Weichen Stils nicht zu übersehen. Trotzdem ist die Idee, alle bedeutenden Kölner Heiligen zentral als Anbetende um Maria und das Kind zu grup- pieren, sehr gut umgesetzt: Zum höheren Ruhm des Rats und insbesondere der Stadt Köln, die ja von Anfang an eine enge Bindung an die Muttergottes hatte. Nach mittelalterlicher Vorstellung ist Köln vom römischen Feldherrn Marcus Vipsanius Agrippa in dem Augenblick gegründet worden, als Maria Christus gebar[180].

Auch lässt das Werk weitgehend die Wärme und Intimität eines Andachtsbildes vermissen; die aus den Niederlanden stammende Bewegung der *„Devotio moderna"* ist an ihm vorbeigegan- gen[181]. Dennoch kann man sich gut vorstellen, dass den Kölner Ratsherren – bei denen es sich seit

1396 mehrheitlich um Handwerker und Gewerbetreibende handelte – dieses hieratische Repräsentationsbild sehr gut gefiel. Vor allem der prächtige Goldgrund, die kostbaren Stoffe und die realistisch abgebildeten Materialien wird man bewundert haben. Lochner hatte, neueren Untersuchungen zufolge, weder mit hochwertigem Pigment noch mit Gold gespart. Das Bild besaß genau das Prächtige und Affirmative, das eine erst kürzlich zur Macht gelangte Klasse – die sich vielleicht noch unsicher umblickte, ob sie auch alles richtig machte – brauchte.

Die Fenster

Im westlichen (süd XIII, zwischen den Pfeilern A11/12) und östlichen (süd XI, A13/14) Kapellenfenster wurden 1948 Ornamente eingesetzt, die nach Entwürfen des damaligen Dombaumeisters Willy Weyres entstanden. Das mittlere Fenster (süd XII, A12/13), auch Pius-Fenster genannt, ist eine Stiftung der katholischen Laienvereinigung *„Fides Romana"*. Es ist den vier letzten Piuspäpsten gewidmet: Oberhalb des jeweiligen Wappen sieht man die vier Gestalten der Päpste. Über jedem von ihnen befindet sich in einem großen Oval die symbolische Darstellung des besonderen Anliegens seines Pontifikats. Die Entwürfe stammen von Wilhelm Geyer (Ulm) aus dem Jahr 1956. Zu sehen sind (v. li. n. re.):

- **Pius IX.**, darüber: Maria mit empfangend geöffneten Händen, umgeben von zwölf Sternen – Unbefleckte Empfängnis Mariens
  Papst Pius IX. (1792–1878, Giovanni Maria Mastai-Ferretti) äußerte anfänglich starke Sympathien für die italienische nationalistische Bewegung, was zu Kontroversen mit dem in der Lombardei und Venetien herrschenden Österreich führte; 1859 nahmen päpstliche Truppen sogar am Krieg Louis Napoleons III. gegen die Habsburgermonarchie teil. Im Religiösen betonte der Papst – gegen Aufklärung und Jansenismus – das Sinnfällige und Greifbare: Herz-Jesu- und Marienverehrung. Auf einer Versammlung von 167 Bischöfen verkündete er 1854 die Unbefleckte Empfängnis Mariens. Auf dem I. Vatikanischen Konzil 1869/70 definierte er gegen starke Widerstände die päpstliche Unfehlbarkeit. Kurz nach Ende des Konzils – die französischen Schutztruppen hatte man wegen des Kriegs gegen Preußen/Deutschland aus Rom abgezogen – schlossen italienische Truppen den Kirchenstaat dem neuen italienischen Staat an. Die Seligsprechung Pius' IX. am 3. 9. 2000 durch Papst Johannes XXIII. löste auch Empörung aus und wurde von manchen als ein Schlag gegen den Geist der Ökumene gewertet.
- **Pius X.**, darüber: Stehendes Lamm mit Kreuznimbus auf dem Altar – Empfang der hl. Eucharistie im Kindesalter
  Pius X. (1835–1914, Giuseppe Melchior Sarto) wurde 1903 wurde zum Papst gewählt (die Wahl gegen den franko- und slavophilen Mitbewerber Rampolla verdankte er dem Veto des Kardinal-Erzbischofs von Krakau, Puzyna, das dieser im Namen Österreich-Ungarns vortrug). Ab 1905 geriet Pius X. in heftigen Konflikt mit dem laizistischen Frankreich, später mit diversen anderen Regierungen, dann gewerkschaftlichen, literarischen und allen ‚modernistischen' Bewegungen verschiedener Länder. 1910 erließ er ein Dekret über das zum Empfang der Erstkommunion erforderliche Mindestalter, womit das Alter um sieben Jahre gemeint war.
- **Pius XI.**, darüber: Thronender Chistus, mit der Rechten die Segensgeste machend, links das Buch des Lebens haltend – Fest „Christus-König"
  Die Papstwahl Pius' XI. (1857–1939, Achille Ratti) erfolgte 1922. Er richtete sein Augenmerk auf die Bekämpfung des europäischen Nationalismus und dessen Anmaßungen im östlichen Missionswesen. Nach dem Motto *„Regina circumdata varietate"*, das die Kirche als „Königin

stellung von Lochners Bild in der Ratskapelle geistig aus dem Dom „ausgezogen". In einem Emanzipationsprozess hatten sie den von Erzbischof und Domkapitel beherrschten Bereich verlassen. Dabei stellten sie sich – wie es schon die Sieneser getan hatten – wahrscheinlich ausdrücklich unter den Schutz Mariens. Die Reliquien der Heiligen Drei Könige konnten sie zwar nicht mitnehmen, doch es gelang ihnen, sich mit dem Altar der Stadtpatrone ein fast gleichwertiges Heiligtum zu verschaffen[179].

mit vielfältiger Pracht umkleidet" bezeichnet, förderte er massiv den internationalen Charakter der katholischen Kirche, zeigte sich aber dem protestantisch beherrschten Ökumenismus gegenüber reserviert. Das sog. Heilige Jahr 1925 schloss er mit der Einsetzung des Christkönigfests. 1929 handelte Pius XI. mit dem faschistischen Italien die Gründung des souveränen Vatikanstaats aus. Erst 1937 konnte er sich durchringen, den deutschen Nationalsozialismus in der Enzyklika „Mit brennender Sorge" zu verurteilen.

■ **Pius XII.**, darüber: Himmelfahrt Mariens, als Orantin (Betende) dargestellt; im Hintergrund zwei Bäume – Leibliche Aufnahme Mariens in den Himmel

Pius XII. (1876–1958, Eugenio Pacelli) wurde 1939 Nachfolger Pius' XI. Er war ein inniger Marienverehrer, dogmatisierte 1950 die leibliche Aufnahme Mariens in den Himmel und erhob sie 1954 zu königlicher Würde in der Enzyklika *„Ad caeli Reginam"*. Stil und Inhalt seiner Regierung werden heutzutage selbst in der katholischen Kirche nicht unkritisch gesehen. „In der Person und in der Regierung Pius' XII. hatte ein streng römischer, absolutistischer Pontifikatsstil seine höchste Aufgipfelung erreicht, aber auch sein Ende gefunden" (Georg Schwaiger, in: Gestalten der Kirchengeschichte, XII, 296). Rolf Hochhut erhob in seinem Theaterstück „Der Stellvertreter. Ein christliches Trauerspiel" 1963 den Vorwurf gegen den Papst, nichts Ernstliches zur Rettung der europäischen Juden unternommen zu haben.

Die Stephanuskapelle

5

Geschichte und Ausstattung

Genau wie die ihr gegenüberliegende Engelbertuskapelle besitzt diese Kapelle aus bautechnischen Gründen nur zwei Fenster. Das Patrozinium der Kapelle hatten zunächst Gero und der hl. Stephanus inne; seit dem Jahr 1372 wurde nur noch letzterer genannt. Außen, an der Südseite der Kapelle, befinden sich die Reste der ehemaligen Pfalzkapelle St. Johannes in Curia (s. S. 263 ff.).

Die um 1320 entstandenen, inzwischen stark restaurierten Wandgemälde über dem Altar zeigen links die Steinigung des hl. Stephanus, der als erster Märtyrer der Kirche dem Kreuz Christi am nächsten steht[182]. Auf der rechten Seite sieht man, wie der übergroße Erzbischof Gero der Empfehlung der hl. Irmgard folgt und eine Hostie in das von einem Gehilfen gehaltene Gero-Kreuz legt, um einen Riss im Haupt Christi zu schließen.

„Der malerische Stil in der kölnischen Malerei nach 1300 hat das zeichnerische Gerüst für die Farbdisposition verlassen. Die Farben beginnen in kraftvoller Eigenständigkeit sich direkt zu begegnen und in Lokal- und Lasurfarben Licht und Schatten auszudrücken" (HOSTER 53).

Die lediglich rot ausgemalte Arkade zwischen beiden Szenen könnte darauf hindeuten, dass hier einst das Gero-Kreuz stand, ehe es in die Kreuzkapelle kam. In den bemalten Diensten rechts neben dem Altarfresko sind die hll. Kentigernus und Duthacus, zwei frühmittelalterliche schottische Bischöfe, abgebildet. Seit 1902 befindet sich an der mittleren Kapellenwand eine gravierte und teilvergoldete Metallplatte, die an den 1664 im 72. Lebensjahr verstorbenen Domherren Georg von Eyschen erinnert. Das stilistisch wenig gelungene Werk wurde auf Anregung Alexander Schnütgens von Wilhelm Mengelberg entworfen und von dem Kölner Goldschmied Heinrich Birgel ausgeführt.

Der Mosaikfußboden vor der Kapelle zeigt in fünf Kreisfeldern die Wappen von fünf Kölner Kurfürst-Erzbischöfen. Es handelt sich (in historischer Reihenfolge) um die Wappen Hermanns IV. von Hessen (steigender, rot und silbern gestreifter Löwe in Blau, wie auf S. 199 ff., Scheiben 3a–5a), Philipps II. von Daun (rotes Gitter in goldenem Feld), Hermanns V. von Wied (natürlicher Pfau vor rot und gold), Adolfs III. von Schauenburg (rotes Feld mit weißem Nesselblatt und den drei Nägeln vom Kreuz Christi) und Antons von Schauenburg (wie im Fall Adolfs). In dem schmalen Rechteckfeld des Chorumgangs, das zwischen den Mosaikfeldern vor der Michaelskapelle und der Stephanuskapelle liegt (zwischen den Pfeilern B20 und C20), befanden sich bis zum Zweiten Weltkrieg Wappen und Inschrift, die an den unglücklichen Kurfürst-Erzbischof Ruprecht von der Pfalz erinnerten.

jüngeres Bibel-Fenster (s X)

Pfeiler 14

Ursula- und Clemens-Fenster (s IX)

Pfeiler 20

Piscina

hl. Kentigernus

Epitaph des Kurfürst-Eb Adolph von Schauenburg

Stephanus-Altar

Grabtumba des Eb Gero

Altarretabel des P. Coecke van Aelst

B20

B14

Grundriss Stephanuskapelle

Wappen von Schauenburg

Das Hochgrab des Erzbischofs Gero

Gero, der von 969 bis 976 als Kölner Erzbischof regierte, reiste 971 im Auftrag Kaiser Ottos I. nach Konstantinopel. Dort traf er mit Vertretern des oströmischen Kaisers Johannes I. Tzimiskes zusammen, um den endgültigen Vertrag zu unterzeichnen, der die Heirat des westlichen Thronfolgers Otto II. mit Theophanu – wahrscheinlich einer Nichte des Kaisers – besiegelte. Es ist anzunehmen. dass ihn auf dieser Fahrt der Bischof und Chronist Liutprand von Cremona, einer der Vordenker der 1204 tatsächlich erfolgenden Eroberung des oströmischen Reichs durch den Westen, begleitete. Weihnachten 971 traf Gero zur Berichterstattung mit Otto I. in Rom zusammen. Erst im Frühjahr des nächsten Jahrs erreichte Theophanu Benevent und ging in Rom mit Otto II. die Ehe ein[183]. Für Köln hatte Gero in Konstantinopel einige Reliquien des hl. Pantaleon (Panteleimon) erhalten.

Zwei Jahre nach seinem Tod setzte man Gero im Ostteil des Alten Doms ein Grabmal. Beim Abriss des Doms wurden Geros Gebeine zusammen mit den sterblichen Überresten anderer Erzbischöfe in die Westkrypta des Alten Doms gebracht.

Das axial auf den Stephanusaltar ausgerichtete Grabmal Geros ist im Unterbau gemauert und mit einer Länge von 1,94 m, einer Breite von 0,46 m und einer Höhe von 0,83 m relativ klein. Die Deckplatte misst 2,85 m x 0,60 m. Auf ihr ist noch der Belag des Gero-Grabes aus dem Alten Dom erhalten, ein Mosaikmuster aus rotem und grünem Porphyr sowie schräggeführten weißen Marmorstäben[184]. Das Material entstammt antiken römischen Fußbodenmosaiken. Die rote Sandsteinplatte, in der dieses eingesetzt ist, erhielt nach der Überführung in den gotischen Dom um 1260 ein neues Profil. Damals entstand auch der gemauerte Steinsarkophag, auf dem die Platte ruht.

Arnold Wolff: *„Das Grabmal des 976 gestorbenen Erzbischofs Gero ... wurde in engem Zusammenhang mit den vier westlichen Chorkapellenaltären errichtet. Es hat das gleiche Sockelprofil wie diese. Das Profil der Deckplatte ist mit dem der Piscina in der Johanneskapelle nahezu identisch ... Das Mosaik stammt wahrscheinlich von Geros Grabmal im Alten Dom.“* An diesem kleinen Beispiel mag man sehen, wie die Domforschung aus der Auswertung kleinster Details immer wieder neue Erkenntnisse zur exakten Datierung einzelner Objekte zu gewinnen vermag.

Zur Verglasung der sieben Radialkapellen

Als der Kranz der sieben Kapellen des Chorumgangs um 1260 im Rohbau fertig gestellt war, galt es 19 Fensteröffnungen zu verglasen. Auf jede Kapelle entfielen drei Öffnungen; lediglich die beiden äußeren, also die nördliche (Engelbertuskapelle) und die südliche (Stephanuskapelle) wiesen aufgrund eines Treppenturms je zwei auf. Die erste Verglasung bestand aus 18 Grisaillefenstern, Ornamentfenstern mit Schwarz- oder Braunlotzeichnung; lediglich in die mittlere Fensteröffnung der Achskapelle (heute Dreikönigenkapelle) hatte man ein formatfüllendes, farbigfigürliches Fenster eingesetzt, ein so genanntes Bibelfenster (s. S. 134 ff.). Das Domkapitel plante ursprünglich, den Chorbereich nach Vollendung des Gesamtbaus – wahrscheinlich mittels eines Lettners – ganz abzutrennen und für die Zwecke der Geistlichkeit zu nutzen, Quer- und Langhaus aber für die Laien und die Pilgerscharen zu öffnen. Standort der Hauptreliquien, die sich im Dreikönigenschrein befanden, sollte die Vierung sein[40]. Für den Gottesdienst der Geistlichkeit im Chorbereich hätte die schöne, helle Grisaillenfensterausstattung durchaus genügt. Zur Chorweihe im Jahr 1322 wurde jedoch der Schrein in die Achskapelle versetzt, und damit kam dem Chorumgang und den Kapellen eine neue Bedeutung zu: Der Umgang wurde zum Pilgerweg.

Chorpfeilerfiguren
Johannes, Maria,
Christus, Petrus

97

Chorschranken
Mittelalterliche
Malerei,
Südöstliche Schranke,
Das Marienleben

Chorschranken
Mittelalterliche
Malerei, Nordöstliche
Schranke, Das Leben
Petri und Pauli

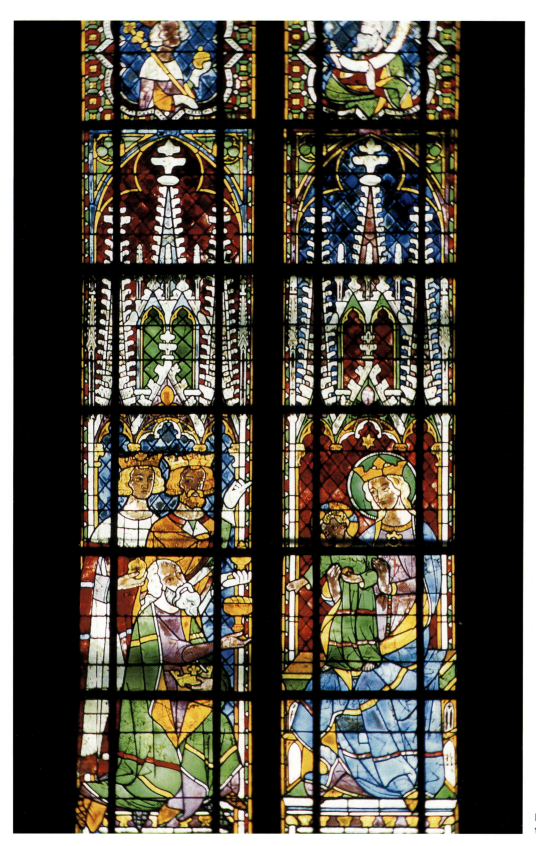

Hochchor, Achsenfens-
ter, Anbetungsszene

**Gotischer
Hochaltar der
Erstausstattung**
Darbringungszene
(Nordseite)

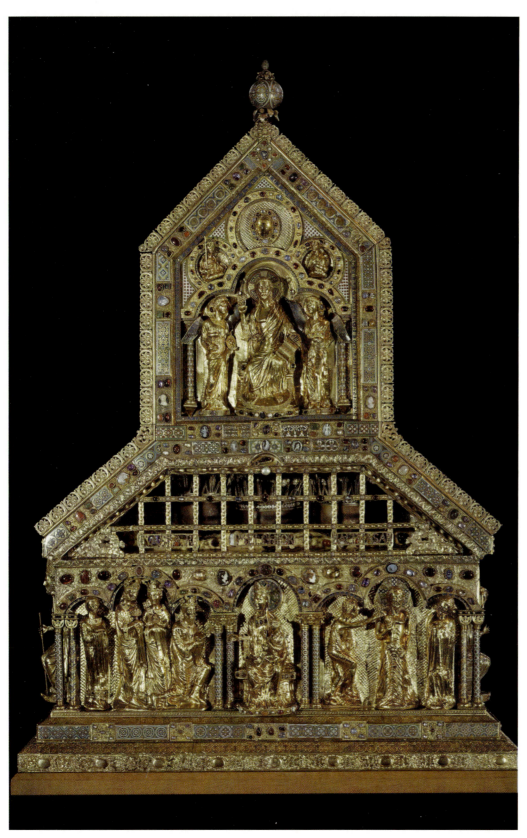

Dreikönigenschrein
Stirnseite (Westseite)
mit geöffneter Trapez-
platte

Dreikönigenschrein, Nordseite
Detail, Apostel Andreas und Petrus

Dreikönigenschrein, Nordseite
Detail, Propheten Habakuk und Aaron

Marienkapelle
Mailänder Madonna

Marienkapelle
Mittelalterliche
Malereien auf der
Südseite des
Kannegießerbalkens
Verkündigung und
Heimsuchung

Marienkapelle
Mittelalterliche
Malereien auf der
Südseite des
Kannegießerbalkens
Anbetung der
Heiligen Drei Könige

Marienkapelle
Heilige Sippe, hier:
Heilige Anna Selbdritt

Marienkapelle
Liegefigur des
Erzbischofs Friedrich
von Saarwerden

Marienkapelle
Altar der Stadtpatrone
von Stephan Lochner
Anbetungsgruppe

Marienkapelle
Altar der Stadtpatrone
von Stephan Lochner
Detail der Mitteltafel,
Maria mit dem Kinde

107

Stephanuskapelle
Mittlelalterliche
Wandmalerei, Erz-
bischof Gero und die
hl. Irmgardis schließen
die Spalte im Haupte
einer Christusfigur
(links)

Stephanuskapelle
Mittlelalterliche
Wandmalerei, Der
heilige Kentigernus an
einem Pfeilerdienst
(rechts)

Stephanuskapelle
Jüngeres Bibelfenster
Königin von Saba bei
Salomon (Scheibe 3a)

Stephanuskapelle
Jüngeres Bibelfenster
Moses und der bren-
nende Dornbusch
(Scheibe 2a)

Michaelskapelle
Kreuzigungsaltar von
Bartholomäus Bruyn

Michaelskapelle
Liegefigur des Erz-
bischofs Walram von
Jülich, Ausschnitt

Michaelskapelle
Marienkrönungs-
fenster, Ausschnitt

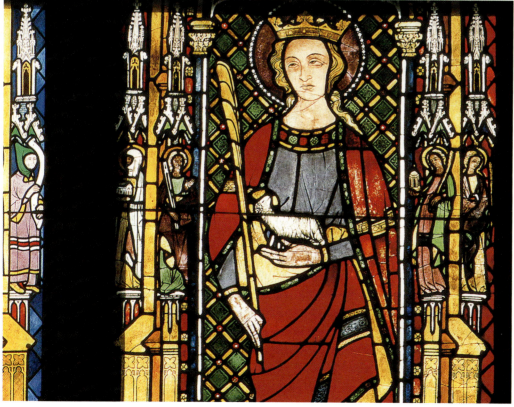

Agneskapelle
Agnes-Fenster,
Ausschnitt,
Hl. Agnes

111

**Dreikönigenkapelle
(Achskapelle)**
Die oberen Scheiben
des Älteren Bibel-
fensters

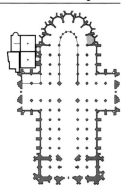

Dieser Tatsache trug man mit der Errichtung von Maßwerkbrüstungen und eisernen Gittern vor den Kapellen, vor allem aber mit einem neuen Fensterzyklus Rechnung. Den Pilgern sollte ein großartiges gläsernes Bildprogramm geboten werden. Alle Ornamentfenster der Kapellen wurden nun im Bereich der unteren vier Zeilen durch ein farbiges Figurenprogramm ersetzt. Lediglich in der Achskapelle, die den Dreikönigenschrein aufnahm, erneuerte man in den beiden seitlichen Fenstern nicht bloß die unteren Scheiben, sondern die ganze Glassubstanz, d.h. auch die Ornamente über den figürlichen Scheiben. Das einzige Fenster im Kapellenkranz, das unangetastet blieb, war somit das Bibelfenster.

Bekannt wurden diese Zusammenhänge erst durch die Forschungen des Domarchivars Rolf Lauer, der erstmals in plausibler Weise den Zusammenhang zwischen der Zweitverglasung und dem mittelalterlichen Pilgerweg im Chorumgang herstellen konnte (LAUER, 1998, 209 f.). Die Erkenntnisse Lauers bauten nicht zuletzt auf den Vorarbeiten der Historikerin Renate Kroos auf, die schon früher aufgrund von Stilanalysen, Modevergleichen u.a. Zweifel an der von Herbert Rode vorgenommenen Frühdatierung des Fensterzyklus' auf *„um 1315–1320"* geäußert hatte (KROOS, LQ 106). Rode hatte zwar auch erkannt, dass der Zyklus zur Zweitausstattung gehört, jedoch seine Entstehung lediglich mit dem Wunsch nach Angleichung an die farbigen Königsfenster des Chorobergaden begründet (RODE, CV 40 ff.). Heute wissen wir mit Bestimmtheit, dass sich die etwa 4,4m hohen Scheiben nicht an den etwa 35 bis 40 Jahre älteren Chorobergadenfenstern orientieren, deren Architekturen viel flächiger und weniger komplex sind, sondern eher den Chorschrankenmalereien nahestehen. Ihre Entstehungszeit wird mittlerweile einmütig in die Jahre 1330 bis 1340 gelegt (BRINKMANN/LAUER 23 f.).

Das ursprüngliche Bildprogramm des neu geschaffenen, farbigen Fensterzyklus muss bis in die Zeit von Ägidius Gelenius[66] noch weitgehend erhalten gewesen sein. Danach haben Umsetzungen und der Verlust von Fenstern dazu geführt, dass das ursprüngliche Programm im 19. Jahrhundert nicht mehr erkennbar war und Dombaumeister Zwirner nach heute nicht nachvollziehbaren Kriterien weitere Umstellungen vornahm. Um Fehlstellen zu schließen, fügte man neugotische Fenster (z.B. Ursula- und Clemens-Fenster sowie Barbara- und Evergislus-Fenster; s. S. 114 ff. u. S. 156 ff.), aber auch solche aus der Marienkapelle (s. S. 78 ff.) sowie domfremde Fenster ein (u.a. das sog. jüngere Bibelfenster; s. S. 114 ff.). Um den Zustand des Zufälligen und Uneinheitlichen auf die Spitze zu treiben, überschritten zwei fünfzeilige Fenster aus der Kölner Dominikanerkirche (das Thomas- und Johannes-Baptist-Fenster und das Simon- und Judas-Thaddäus-Fenster) deutlich das Höhenmaß des vierzeiligen Domzyklus und störten seinen Rhythmus empfindlich. Im letzten Jahrzehnt des vorigen Jahrhunderts wurden sie entfernt. Zugleich verstärkte man die Anstrengungen, um zu einer klaren Aussage bezüglich des Fensterprogramms zu gelangen.

Im Jahr 2002 legte Rüdiger Becksmann (Freiburg) einen Rekonstruktionsversuch des ursprünglichen Bildprogramms vor. Unter Berücksichtigung von Scheibenfragmenten aus dem Hannoverschen Kestner-Museum, von denen bekannt war, dass sie zu dem Kölner Zyklus gehörten, konnte er zunächst ein präzises Farb- und Musterschema der Baldachine, Hintergründe usw. entwickeln. Dann rekonstruierte er den mutmaßlichen theologischen Gehalt des Zyklus in Anlehnung an die ikonografischen Programme des Hochaltars und der Chorschrankenmalereien. Ferner stützte er sich auf das von Ägidius und Johannes Gelenius für den Engelbertusschrein entworfene Programm mit den zwölf heiligen Kölner Bischöfen[108]. Dieses hatten die beiden Kenner der Kölnischen Geschichte offensichtlich dem Bischofskatalog in den Chorkapellenfenstern entlehnt, der zu jener Zeit noch vollständig war. Ausgehend von der Überlegung, dass sich nur in den mittleren Kapellenfenstern – mit Ausnahme der Achskapelle – bahnübergreifende szenische Darstellungen, jedoch keine Standfiguren mit Heiligen finden ließen, war Becksmann nun in der Lage, den Zwölferkatalog heiliger Bischöfe nebst Darstellungen der Kapellenpatrone auf die entsprechenden Fenster zu verteilen. Die Antwort auf die Frage, ob die Darstellungen im Norden oder im Süden ihren Anfang zu nehmen hatten, ergab sich aus der bekannten Tatsache, dass der hl. Engelbert als letzter des Zwölferkatalogs in der nach ihm benannten Engelbertuskapelle seine Grabtumba hatte: Hier lag also der Endpunkt, in der Stephanuskapelle der Anfang. In letzterer muss folglich die Darstellung des ersten Kölner Bischofs, des hl. Maternus, ihren Platz gehabt haben (BECKSMANN 152). Der Bilderzyklus besaß also die gleiche Laufrichtung wie der von Lauer nachgewiesene Pilgerweg.

In den Kapiteln fünf bis elf werden die Fenster des Chorkapellenkranzes mit dem heutigen Bestand beschrieben; die Becksmannsche Rekonstruktion wird erwähnt. Die Fensterbezeichnungen (römische Ziffern, Buchstaben) folgen dem revidierten Standard des Corpus Vitrearum Medii Aevi und nicht den von Herbert Rode (CV) verwendeten Angaben.

Das Ursula- und Clemens-Fenster linkes Fenster (süd IX)

Das neugotische Fenster wurde 1852 von dem Maler Peter Graß geschaffen. Es zeigt in je einer Arkade die hl. Ursula und den hl. Clemens[185]. Die Ornamentteppiche entstanden in Anlehnung an mittelalterliche Vorlagen. Die Zweitverglasung der Jahre 1330/40 hat für diesen Platz Standfiguren des als heilig angesehenen Bischofs Gero und des Kapellenpatrons, des hl. Stephanus, vorgesehen (BECKSMANN 148).

Das jüngere Bibelfenster rechtes Fenster (süd X)

Das erste Fenster auf der Südseite des Chorpolygons zeigte seit der Zweitausstattung mit figürlichen Scheiben um 1330/40 – gewissermaßen als Entree in das folgende Bischofs- und Heiligenkollegium – den Erstapostel Petrus, der auch erster Papst war, und den ersten Bischof Kölns, den hl. Maternus. Möglicherweise transferierte man die Scheiben schon in der Barockzeit in die Achskapelle (BECKSMANN 146, 150). Das jetzige Fenster, das so genannte zweite oder jüngere Bibelfenster, wurde um 1891 von Domkapitular Schnütgen als linkes Fenster in der Stephanuskapelle eingesetzt; erst seit den 90er-Jahren des 20. Jahrhunderts befindet es sich rechts.

Wenn eine mittelalterliche Kirche ein Bibelfenster besaß, so war es in zentraler Position, im Achsenfenster plaziert; dementsprechend konnte es kein zweites geben (vgl. S. 134 ff.). Dass der Dom dennoch deren zwei hat, ist eine Ausnahme. Dieses zweite Fenster stammt aus der ehemaligen Kölner Dominikanerkirche Hl. Kreuz, die 1804 abgerissen wurde. Es entstand um 1280 und ist möglicherweise das älteste gotische Fenster Kölns. Bei seinen prominenten Stiftern handelt es sich um Albertus Magnus und Erzbischof Siegfried von Westerburg.

Das Fenster besitzt zwei Bahnen mit je elf Feldern, von denen die beiden obersten Scheiben als Dreipass-Spitze ausgebildet sind. Die Medaillons sind weitgehend original erhalten, die Ränder stark erneuert. Die Scheiben der rechten, neutestamentlichen Bahn zeigen in je zwei kleinen Medaillons zusätzlich Figuren, die – abweichend vom älteren Bibelfenster – nicht beides, Propheten und Könige, sondern meist nur königliche Vorfahren Christi darstellen. Des weiteren fällt, verglichen mit dem älteren Fenster, an der rechten Bahn auf, dass die starke Betonung des alles durchziehenden grünen Stamms deutlich schwächer ist: Weder das Kreuz (in 7b), noch die Himmelfahrtsszene (in 9b) werden organisch mit ihm verbunden. Dennoch ist mit der Umschlingung der Hauptmedaillons durch das grüne Band die Wurzel Jesse gemeint. Die Kunsthistorikerin Ulrike Brinkmann hält es für möglich, dass dieses Band ursprünglich aus einer verloren gegangenen Jesse-Darstellung aufstieg. Auch weicht der theologische Gehalt des älteren und des jüngeren Bibelfensters voneinander ab: In jenem strebt alles zu einer eucharistischen Aussage hin (Scheibe 11a: Christus stehend auf dem Schoß Mariens), in diesem werden dagegen mariologische Aussagen gemacht (Scheibe 11a: Maria als Braut und Scheibe 10b: Maria als Ecclesia). Das Fenster ist insgesamt von großer künstlerischer Qualität; seine Kompositionen sind als sehr elegant zu bezeichnen. Ulrike Brinkmann vergleicht das ältere und jüngere Bibelfenster:

„Die Figuren sind körperhafter, geschmeidiger in ihren Bewegungen und in ihrer Haltung harmonischer aufeinander bezogen. Die Gewänder umhüllen sie in fließenden, sanft gerundeten Faltenbahnen, ihr Haar fällt weicher und natürlicher und es ist oft üppig gelockt. Mit diesem Stil schließt das Bibelfenster an die Gotik an, die um 1250 von Paris ausging und sich rasch in Europa verbreitete; es ist das älteste erhaltene Beispiel für die Aufnahme des gotischen Formenkanons in die Kölner Glasmalerei des 13. Jahrhunderts" (BRINKMANN 33, 35).

(nichtmittelalterlicher Bestand ist kursiv geschrieben)

1a) *Gideon mit Vlies* (nach Richter 6,37–40). Die Scheibe wurde um 1891 geschaffen, vielleicht in Anlehnung an eine mittelalterliche mit derselben Thematik. Man sieht Gideon mit rotem Schild (Inschrift: GEDEON), das Schwert an der Seite, eine weiße Fahne haltend, bei einem Widderfell (Vlies) stehen.

Das vom Tau feuchte bzw. trockene Vlies ist Zeichen der Verheißung des Siegs Israels über die Midianiter und Amalekiter. Das Ereignis ist das typologische Vorbild der Verkündigung an Maria. Im älteren Bibelfenster verwendete man jedoch die Werbung um Rebekka; andernorts nahm man den brennenden Dornbusch. Im Mittelalter galt das Vlies auch als ein Mariensymbol.

1b) **Die Verkündigung an Maria** (nach Lk 1,26–38). Mit erhobener Hand, der alten Formel des Redegestus, nähert sich der rot- und grüngewandte Erzengel Gabriel von links der thronenden Maria. Zwischen beiden entrollt sich ein vom Engel gehaltenes Spruchband mit seiner Anrede: AVE GRATIA PLENA. Maria trägt ein gelbes Untergewand und einen blaugefütterten roten Umhang, darunter schauen ihre Fußspitzen heraus. Die Füße selbst stecken in fleischfarbenen Pantoffeln, womit sie auffällig von den Fußdarstellungen in den Scheiben 2b, 10b und 11a abweichen. Maria hebt grüßend die Rechte; in der Linken hält sie ein Buch, das Zeichen ihrer Weisheit und wohl auch des Gesetzes; ihr Haupt umgibt ein roter Nimbus. Von oben, ganz umgeben von einem ebensolchen Nimbus, stößt die Taube des Geistes auf einem goldenen Strahl aus einer Wolke herab. Auf zwei Säulchen seitlich hinter dem Thron stehen zwei kleine weiße Engel, die hinter Maria einen grünen Vorhang ausspannen, der als Würdeformel zu verstehen ist. Ganz links hinter dem Engel wächst, statt Lilien, ein Rosenstock. Über der Szene erscheinen, durch die zwei Inschriften ISAIAS und OSIAS ausgewiesen, der Prophet Jesaia und König Osias.

2a) **Moses am brennenden Dornbusch** (nach Ex 3,2). Moses steht in hügeliger Landschaft, die den Berg Horeb (Sinai) darstellt. Über hellem Gewand trägt er einen roten Mantel. Er löst im Stehen seinen linken Schuh; rechts ist er schon barfuß. Hinter seinem Rücken steht die Inschrift: MOYSES. Rechts über einer kleinen Herde weidender Ziegen erheben sich vor blauem Himmel drei grüne Bäume, deren Wipfel von roten Flammenzungen verzehrt werden. Ausdrücklich durch die Inschrift „jhc · xpc" (Sigel für Christus), darüber ein „Ω", ausgewiesen,

Siegfried von Westerburg (Siffrid, Syfrid; reg. 1275–1297) führte sich nach seiner Ernennung zum Erzbischof durch den Papst zunächst günstig in Köln ein, wo er das Interdikt, das noch aus der Zeit Engelberts II. auf der Stadt lag, aufhob. Er schloss mit ihr Verträge, die ihm Gelegenheit geben sollten, das von seinem Vorgänger verspielte Übergewicht des Erzstifts im Nordwesten des Reichs wiederherzustellen. Siegfried entfernte sich jedoch von allen Bundesgenossen – zuletzt, weil er statt an Rudolfs von Habsburg Seite gegen Ottokar von Böhmen zu kämpfen, mit letzterem konspirierte. Rudolf nahm Siegfried nun Kaiserswerth mit der Zollstation, die Reichsfestung Cochem und zwang ihn zum Eid auf den rheinischen Landfrieden. Bald danach manövrierte sich Siegfried durch Verwicklung in den Limburger Erbfolgestreit erneut in eine schwierige Lage. In der Schlacht von Worringen (nördl. von Köln) 1288 geriet er in die Gefangenschaft der verbündeten Herzöge von Brabant, Geldern, des Grafen von Berg und der Stadt Köln. Er kam erst nach über einem Jahr frei und büßte infolgedessen die Herrschaft über die Stadt Köln gänzlich ein. Als Siegfried 1294 den Landfrieden brach, indem er in die Grafschaft Berg einfiel, wurde er von König Adolf von Nassau, dem einstigen Kampfgefährten bei Worringen, mit Entzug weiterer Besitzungen gestraft.

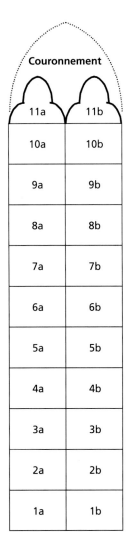

Couronnement

11a	11b
10a	10b
9a	9b
8a	8b
7a	7b
6a	6b
5a	5b
4a	4b
3a	3b
2a	2b
1a	1b

**Jüngeres
Bibelfenster**

erhebt sich aus den Flammen Christus, der ein weißes Gewand mit hellblauem Umhang trägt. Sein goldener Nimbus weist ein rotes Kreuz auf.

Anders als im älteren Bibelfenster windet sich hier zu Füßen des Moses eine Schlange – Hinweis auf das Wunder, das er nach seiner Rückkehr bewirken wird, indem er seinen Stab vor die Zweifler hinwirft, der sich in eine Schlange verwandelt (s. S. 134 ff., Scheibe 3a).

2b) **Geburt Christi** (nach Lk 2,1–20). Maria, rotgekleidet mit grünem Übergewand, ruht halb aufgerichtet auf einem hellen Tuchlager. Ihre langen Beine und auch die Füße sind auffällig von grünem bzw. weißem Tuch verhüllt. Sie trägt ein weißes Kopftuch und ist goldnimbiert. Das Christuskind, mit goldenem Nimbus und rotem Kreuz, liegt in einer roten – gleich einem Haus gestalteten – Krippe mit goldenem Rand. Aus deren grüner Füllung rupfen der rotköpfige Ochse und der fahlgelbe Esel ihr Futter; ihre Köpfe heben sich vom tiefblauen Hintergrund ab. Am rechten Rand der Szene hockt Joseph, in Grün, klein und unbedeutend. Zwei anbetende Engel halten ein Band mit der Inschrift: GLORIA IN ALTISSIMIS DEO. In der Mitte darüber leuchtet der verheißene Stern von Bethlehem. Die Gestalten in den zwei roten Medaillons darüber sind durch zwei Inschriften ausgewiesen, deren linke falsch erneuert wurde. Sie lautet ABZAS REX, müsste aber heißen „Abias Rex". Die rechte lautet ZOROBABEL[186].

3a) **Die Königin von Saba vor Salomon** (nach 1 Kön 10,1ff.; 2 Chr 9,1 ff.). Auf einem goldenen Thron mit runder Rückenlehne und Durchbrüchen im unteren Bereich, die wie gotische Kirchenfenster gestaltet sind, sitzt König Salomon. Er trägt ein rotes Gewand, darüber einen offenen, grünen Mantel. In der Linken führt er sein in einer Lilie endendes Zepter, mit der Rechten erweist er der Besucherin einen Gruß. Diese tritt von rechts heran; über ihrem goldgelben Gewand trägt sie einen roten Mantel. Sie macht gleichfalls eine Begrüßungsgeste. Rechts hinter ihr stehen Hofdamen und Diener mit Geschenken. Die Gesichter der Königin und einer Hofdame sind blau – Hinweis auf ihre fremdländische Herkunft.

Beeindruckt von Salomons Weisheit entschloss sich die wohl südarabische Königin zur Reise nach Jerusalem. Sie stellte Fragen, die Salomon glänzend beantwortete. Das Mittelalter verstand das Ereignis als Huldigung an Salomon und den Gott Israels; daher war es das typologische Vorbild für die Anbetung (s. S. 134 ff., Scheibe 4a).

3b) **Die Anbetung der Heiligen Drei Könige** (nach Mt 2,1–12). Maria thront in der rechten Medaillonhälfte auf einer gotischen Bank, deren Perspektive angedeutet ist. Ihr rotnimbiertes Haupt wird sowohl von einem weißen Kopftuch umfangen wie auch von einer Krone geziert; ihr Untergewand ist grün, das Obergewand rot. Auf ihrem Schoß thront das Christuskind, dessen bloße Füße aus seinem goldgelben Gewand herausschauen. In seiner Linken hält es eine rote Kugel als Zeichen der Herrschaft, mit der Rechten macht es eine Segensgeste; sein goldener Nimbus zeigt ein rotes Kreuz. Die drei Könige sind der mittelalterlichen Vorstellung gemäß in drei Lebensaltern dargestellt; der älteste König – sein vollbärtiges Gesicht ist das dunkelste – kniet und reicht ein gestieltes, kugelförmiges Geschenk, wahrscheinlich Gold, dar; es befindet sich fast genau im Zentrum der Szene. Der zweite König hält eine zylinderförmige Gabe und weist mit der Hand auf den Stern, der über der Szene leuchtet; der jüngste König trägt ein rotes, flaschenförmiges Geschenk. In den zwei kleineren Medaillons erscheinen die Könige David und Nathan; die Inschriften lauten DAVID und, falsch erneuert, statt Nathan OATHAN[187].

4a) **Naëmans Reinigung** (nach 2 Kön 5,14 ff.). Der aussätzige syrische Feldhauptmann Naëman steht nackt in den grünlichen Wellenbergen des Jordans. Zwei gelbbraun gekleidete Diener halten hinter ihm ein Tuch bereit.

116

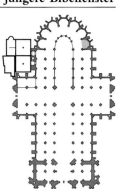

Durch siebenmaliges Baden im Jordan – er tut dies auf Geheiß des Propheten Elisa – wird Naëman geheilt. Er will Elisa belohnen, aber dieser lehnt ab. Der Geheilte preist daraufhin den Gott Israels als den wahren Gott. Besonders im 13. Jahrhundert war das Ereignis das typologische Vorbild der Taufe Christi im Jordan.

4b) **Die Taufe Christi** (nach Mt 3,13–17; Mk 1,9–11; Lk 3,21–22). Die Jordantaufe ist kompositorisch dem nebenstehenden Ereignis, der Reinigung Naëmans, sehr ähnlich. Christus steht unbekleidet in den grünlichen Wellenbergen des Jordans. Sein Haupt ist goldnimbiert mit rotem Kreuz; auf ihn schwebt die Taube als Symbol des Geistes (ruah) aus einem graublauen Himmel hernieder. Vom linken Ufer beugt sich Johannes der Täufer in bräunliche Gewänder gehüllt, die Pelzbesatz zeigen, zu Christus und legt ihm taufend die Hand aufs Haupt. Am rechten Ufer steht ein Engel, der ein weißes Gewand für den Täufling bereithält. Der Nimbus des Täufers ist rot, der des Engels golden. Die kleinen Medaillons darüber zeigen ausnahmsweise nur einen König; die andere Gestalt ist der Prophet Jeremia. Die Inschrift lautet: SALATIEL und JEREMIAS[188].

5a) ***Abraham und Melchisedech*** (nach Gen 14,18–20, Ps 110,4 u. Hebr 7,2 ff.). Diese Scheibe wurde in Jahr 1891 völlig neu, vielleicht nach alten Vorbildern, geschaffen. Gekrönt und in Gold und Rot gewandet steht der geheimnisvolle (Hirten-)Priesterkönig von Salem und hält dem von rechts nahenden Abraham einen Kelch entgegen[189]. Abrahams Beine sind geharnischt, wahrscheinlich trägt er auch unter seinem blassroten Gewand einen Panzer. An seinem Gürtel hängt ein Schwert, in der Rechten hält er eine weiße Fahne.

Abraham kehrt aus dem Feld zurück und Melchisedech trägt ihm Brot und Wein entgegen; diese Gaben werden mit dem eucharistischen Opfer verglichen. Diese Szene eignet sich daher als Präfiguration des Abendmahls (das ältere Bibelfenster zeigt an dieser Stelle das Gastmahl Abrahams; s. S. 134 ff., Scheibe 7a).

5b) **Das Abendmahl** (nach Mt 26,20–30; Mk 14,17–26; Lk 22,14–23; Joh 13,21–30). An einer gedeckten Tafel sitzt Christus, gekleidet in Goldgelb und Rot; sein Nimbus ist golden mit einem roten Kreuz. Er ist zur Rechten und Linken von je vier Jüngern umgeben. Johannes hat sein Haupt an die Brust Christi gelegt. Petrus, grüngewandet wie Johannes, ist in traditioneller Weise mit rundem Kopf und kurzer Haartracht dargestellt. Christus reicht dem vor der Tafel knienden Judas Ischarioth einen Bissen hin. Mit dieser Geste bezeichnete Christus dem nach dem Verräter fragenden Johannes den Judas. Vor der Tafel hocken zwei weitere Jünger. In den kleinen roten Medaillons zwei Könige des Alten Testaments; die Inschriften daneben lauten: SALOMON und JORAM[190].

Mit dem Abendmahl setzte Christus die Gedächtnisfeier mit den eucharistischen Symbolen Brot und Wein ein (vgl. S. 134 ff., Scheibe 7b).

6a) **Achior an den Baum gebunden** (nach Judith 5,5 ff.; 6,6 ff.; 14,6). An einen grünen Eichenbaum wird Achior (rotes Gewand, weiße Ärmel, roter Hut mit weißer Krempe) von zwei gelbgekleideten Schergen gebunden. Der ammonitische Hauptmann Achior, der in Diensten des assyrischen (historisch nicht überlieferten) Feldherrn Holofernes stand, warnte vor einem Angriff auf Israel, da es von einem mächtigen Gott beschirmt sei. Nun sollte Achior an einem Baum vor einer jüdischen Stadt namens Betylua (heute Sanur bei Nablus, bei Luther Bethulia) umkommen, wurde jedoch von den herbeieilenden Juden befreit und in die Reihen der Ihren aufgenommen. Das Ereignis ist das typologische Vorbild der Geißelung Christi.

6b) **Die Geißelung Christi** (nach Mt 27,26; Mk 15,15; Joh 19,1). Die Komposition ist formal wie die nebenstehende aufgebaut: In der Mitte des tiefblauen Feldes, an eine grüne Geißelsäule gefesselt, steht Christus, nur mit Lendenschurz gekleidet. Rechts und links schwingen zwei Schergen, einer in Gelb, der andere in Rot, ihre Geißeln mit drei Schwänzen. Über der Szene zwei Könige; die Inschriften dazu lauten: OSIAS und SALATIEL.

Die Geißelsäule wird in keinem der Evangelien erwähnt (Rode wies auf eine vergleichbare Darstellung in der Deckenmalerei in St. Maria Lyskirchen zu Köln hin, CV 89).

7a) **Moses und die Eherne Schlange** (nach Num 21,6–9). Um einen hellbraunen Pfahl, der die Mitte der Komposition einnimmt, ringelt sich eine dicke rote Schlange. Das obere Ende des Pfahls ist gegabelt; jede Seite endet in einem Weinblatt. Links steht Moses in gelbem Gewand und braunem Mantel, hinter ihm ein Beter, vielleicht Aaron. Rechts stehen Juden mit flehend erhobenen Händen; zwei Juden liegen am Boden; rote Schlangen kriechen über sie hinweg. Gott strafte das Volk Israel wegen seiner Zweifel mit einer Schlangenplage: *„Da machte Mose eine eherne Schlange und richtete sie auf zum Zeichen; und wenn jemanden eine Schlange biß, so sah er die eherne Schlange an und blieb leben"*[191]. Jesus selbst verglich die Erhöhung der Ehernen Schlange mit der Erhöhung des Menschensohns am Kreuz (Joh 3,14); daher ist das Ereignis die Präfiguration der Kreuzigung.

7b) **Die Kreuzigung Christi** (nach Mt 27,33–56; Mk 15,22–41; Lk 23,33–49; Joh 19,17–37). Die Komposition ist eine karge Dreifigurenkomposition mit dem Kreuz in der Mitte, an das der gestorbene Christus mit drei Nägeln geheftet ist. Sein niedergesunkenes Haupt ist umgeben von einem roten Nimbus mit einem goldenen Kreuz; darüber ist die Inschrifttafel I.N.R.I ange-bracht. Links steht trauernd Maria, die über weißem Gewand einen roten Mantel trägt; ihr Nimbus ist golden. Rechts steht der Jünger Johannes, grüngekleidet mit gelbem Mantel; sein Nimbus ist rot. In den kleinen Medaillons über der Szene erscheint links König Asa, rechts Achim, der aus einem Priestergeschlecht stammte. Die Inschriften lauten: ASA REX und ACHIM[192]. Auffällig ist, dass das Kreuz in keiner Weise den organischen Anschluss an die das Medaillon umgebenden grünen Bänder sucht (vgl. dagegen S. 134 ff., Scheibe 10a).

8a) *Jonas an Land gespien* (nach Jona 1 und 2; Mt 12,40). 1892 wurde diese Scheibe völlig neu, möglicherweise nach alten Vorbildern, geschaffen. Ein grauer Walfisch, der aus seinen Nüstern in hohem Bogen Wasser spritzt, speit den hellbraun gewandeten Propheten Jonas auf eine Erd-scholle. Das Ereignis ist das typologische Vorbild für die Auferstehung (vgl. S. 134 ff., Scheibe 9a).

8b) *Die Auferstehung Christi* (nach Mt 28,1–10; Mk 16,1–8; Lk 24,1–12; Joh 20,1–8). In dieser Scheibe ist fast alles erneuert bis auf den Kopf des Manasse. Christus, in vorne offenem weißen Gewand steigt aus einem Sarg, der zusammen mit einer Lanze deutlich ein „V" (für *victoria*) bildet. Mit der Rechten macht der Auferstandene ein Siegeszeichen, in der Linken hält er einen Kreuzstab mit Fahne. Rechts und links kauern zwei schlafende Wächter, während der dritte, stehende, zwar wach ist, jedoch nur hilflos die Hände zu erheben vermag. Die Inschrif-ten zu den beiden kleinen Medaillons lauten: MANASSE und NATHAN[193]. Anders als im älteren Bibelfenster ist kein Bezug der umgebenden grünen Ranke zum Inhalt des Medaillons her-gestellt (s. S. 134 ff., Scheibe 9b).

9a) *Die Himmelfahrt des Elias* (nach 2. Kön 2,11–13). Die Scheibe wurde um 1892 völlig neu geschaffen, möglicherweise auf der Grundlage einer mittelalterlichen Vorlage. Anders als im älteren Bibelfenster steht hier der Prophet Elias auf einem einachsigen, kampfwagenähnlichen Gefährt, dessen Radreifen von hellroten Flammenzungen statt von Speichen gehalten werden. Elias reicht seinen roten Mantel dem rechts knienden Elisa (in der Vulgata: Elisäus) hin, an den damit die Prophetenwürde übergeht. Hinter der Szene wächst ein Baum vor blauem Himmel.

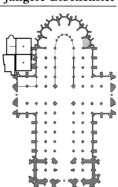

Oben links erscheint ausschnittweise die Sonne, der Elias entgegenfahren wird. Das Ereignis ist das typologische Vorbild der Himmelfahrt Christi (vgl. S. 134 ff., Scheibe 10 a).

9b) **Die Himmelfahrt Christi** (nach Mk 16,19; Lk 24,50; Apg 1,9). Christus, grüngewandet, mit rotem Mantel, steht auf einer weißen, aufsteigenden Wolke und hält den Kreuzstab mit einer langen roten Siegesfahne. Zeugen seiner Himmelfahrt sind nicht die Jünger und seine Mutter Maria, sondern zwei anbetende Engel, grün- und goldgekleidet, die rechts und links niederknien. Die Inschriften zu den beiden kleinen Medaillonfiguren lauten: DANIEL und JACHIM[194]. Die Herauslösung des Ereignisses aus dem üblichen Kontext setzt einen anderen Akzent: Nicht die Himmelfahrt, sondern der Triumph über den Tod steht im Vordergrund. Bis zum 4. Jahrhundert wurde Christi Himmelfahrt zusammen mit Pfingsten (vgl. u. Scheibe 10b) gefeiert. Danach erst richtete man einen eigenen Tag für dieses Fest ein. In den ersten Darstellungen aus dieser Zeit wird Christus von Engeln in den Himmel getragen, wie es später noch lange auf Darstellungen der Himmelfahrt Mariens üblich war (vgl. S. 134 ff., Scheibe 10b).

10a) **Moses empfängt die Gesetzestafeln** (nach Ex 19,16 ff; 31,18). Der am Berg Sinai kniende Moses, weißgewandet mit goldgelbem Mantel, empfängt aus den Händen Christi, erkenntlich an seinem Kreuznimbus, die Gesetzestafeln, den Dekalog, die Zehn Gebote. Christus (Gott) neigt sich von rechts oben aus einer roten Flammenwolke herab. Die Landschaft ist stark zerklüftet; links hängen am tiefblauen Himmel hellbraune, zackige Wolken[195]. Unter Gott-Christus wachsen drei weiße Rosen, unter der Gesetzestafel blüht eine rote Rose. Die Szene ist der Präfiguration der Ausgießung des Hl. Geistes.

10b) **Sendung des Hl. Geistes** (nach Apg 2,1–13). Inmitten der Versammlung der Jünger thront Maria hoheitsvoll und streng frontal ausgerichtet. Über einem weißen Unterkleid trägt sie einen hellblauen Mantel; ihr rechter Fuß wird vom Mantel verborgen, ihren linken verhüllt kunstvoll das weiße Gewand. Die zentrale Position Mariens wird durch die Farbe des Mantels und ihren fast vollständig sichtbaren goldenen Nimbus zusätzlich betont. Die goldenen Nimben der Jünger sind nur ausschnitthaft zu sehen. Über den Häuptern aller schweben rote Flammen, die auf den Scheitelpunkt des blauen Feldes ausgerichtet sind: Dort entfaltet sich sonnenähnlich ein Strahlenkranz, der seine roten Flammen in alle Richtungen aussendet. Die Inschriften bei den kleinen Medaillons lauten: ABYAS und ELIUD[196].

Wie die gesetzestreuen Juden sich zur Feier der Gesetzesübergabe 50 Tage nach Passah zu versammeln pflegen, so tun es auch die Jünger. Während ihrer Zusammenkunft wird über sie der von Christus (bei Joh 14,16 als Tröster und Freund; *Paraklet*) angekündigte Hl. Geist ausgeschüttet, der sie zur Predigt und zum wahren Verständnis befähigt: „ *... es erschienen ihnen Zungen, zerteilt, wie von Feuer."* In die Darstellung des Ereignisses hat Maria – man beachte ihren demonstrativ verhüllten linken Fuß – Eingang gefunden, die jedoch in der Apostelgeschichte in diesem Zusammenhang nicht erwähnt wird. Die Darstellung muss daher ekklesiologisch verstanden werden: Maria ist die Verkörperung der **Ecclesia**, der Kirche, die an diesem Pfingsttag entstand ([508]).

11a) **Maria orans**, Maria als Fürbitterin. Die Darstellung stammt, wie die re. nebenstehende, aus der runden Scheibe im ehemaligen Couronnement der Dominikanerkirche. Sie wurde 1892 an dieser Stelle eingefügt. Frontal dem Betrachter zugewandt, thront Maria hoheitsvoll in betender Haltung. Sie ist in ein weißes Gewand gekleidet, das ihr Haupt kopftuchartig umfängt und auch die Füße verhüllt, den linken Fuß jedoch auffällig betont. Ihr grüner Mantel wird von einer roten Schließe gehalten. Über dem weißen Kopftuch trägt Maria ihre Krone.

In Anlehnung an byzantinische Vorbilder wird die „Maria orans" in besonders prächtiger Kleidung als Himmelskönigin und stets ohne Kind gezeigt[197]. Mit dieser Darstellung weicht die theologische Aussage von der entsprechenden im älteren Bibelfenster (ebenfalls Scheibe 11a) ab, wo durch das Motiv des auf dem mütterlichen Knie stehenden Kindes ein eucharistischer Bezug hergestellt wurde.

11b) **Christus als Salvator**. Die Darstellung stammt, wie die nebenstehende, aus der runden Scheibe im ehemaligen Couronnement. Sie wurde 1892 hier eingefügt. Gekleidet in die gleichen Farben wie die nebenstehende **Maria orans**, thront Christus, ebenfalls frontal dem Betrachter zugewandt. Sein goldener Nimbus weist ein rotes Kreuz auf. In der Linken hält er das Buch des Lebens, mit der Rechten macht er das Segenszeichen. Auch dieser Bildtypus entstammt der byzantinischen Kunst (Christus Pantokrator). Er zeigt Christus mit strengen, überindividuellen Zügen als Herrscher und Retter.

Das Couronnement beider Fenster stammt aus dem Jahr 1948.

Das Bibelfenster war vermutlich das als erstes fertig gestellte Chorfenster der ehemaligen Kölner Dominikanerkirche und fungierte dort als Achsenfenster. Der Zyklus umfasste früher 30 Rechteckscheiben, die 1803 beim Ausbau des Fensters noch protokollarisch vermerkt wurden. Hiervon sind heute nur noch 15 erhalten. Das Protokoll vermerkte auch, dass die unteren vier Scheiben *„zwei Bischöfe"* darstellten. Bei ihnen handelte es sich um die Stifter – Albertus Magnus und den Kölner Erzbischof Siegfried von Westerburg (Erzbischof von 1275–1297). Die Inschrift unter dem Stifterbild des Albertus Magnus war in leoninischen Versen verfasst[198]. Sie ist durch Ägidius Gelenius [(66)], der das Fenster in der Dominikanerkirche gesehen hatte, überliefert:

CONDUIT ISTE CHORUM PRÆSUL, QUI PHILOSOPHORUM

LUCIDUS ERRORUM DESTRUCTOR, OBEXQUE MALORUM

FLOS ET DOCTORUM FUIT ALBERTUS, SCHOLAQUE MORUM

HUNC ROGO SANCTORUM NUMERO DEUS ADDE TUORUM.

(„Diesen Chor gründete der Bischof Albertus, der eine Blüte der Philosophen und Doktoren war, Schule der Sitten, strahlender Vernichter von Irrtümern und ein Hindernis den Bösen, Gott, ich bitte, füge diesen der Zahl deiner Heiligen zu"; Übersetzung nach Ulrike Brinkmann).

Herbert Rode wies auf die Übereinstimmung der Themen mit denen des Bibelfensters von St. Vitus in Mönchengladbach hin, die aber ikonografisch erweitert seien. Wurden im Bibelfenster von St. Vitus dem Leben Christi Propheten zugeordnet, im älteren Bibelfenster der Dreikönigenkapelle des Doms dann Propheten und Könige, so sind es nun fast ausnahmslos nur Brustbilder von Gekrönten. Sie stellen die königlichen Stammväter Christi dar. Die sich nicht mehr an originaler Stelle befindenden Namen (1892 im Rahmen von Erneuerungen vertauscht) sind vorwiegend nach den Stammbäumen bei Matthäus und Lukas angegeben, wie Abias, Eliud, Manasse, Asa, Osias, Salathiel, Nathan und Zorobabel[199].

Variante des Wappens von Schauenburg

Das Grabmal des Erzbischofs Adolf III. von Schauenburg

Das prächtige Werk aus dem Atelier des südniederländischen Renaissance-Bildhauers Cornelius Floris bildet das Gegenstück zum Grabmal des Kurfürst-Erzbischofs Anton (s. S. 161 ff.), des jüngeren Bruders des hier Verewigten. Beide Grabmale, die um 1561 im Auftrag des Kurfürst-Erzbischofs Johann Gebhard von Mansfeld entstanden, waren ursprünglich im Binnenchor (vor der Chorschranke N I bzw. S I; vgl. S. 46 ff.) aufgestellt, ehe sie im Jahr 1841 von Dombaumeister Zwirner hierher versetzt wurden. Aus diesem Sachverhalt ergeben sich die entgegengesetzten Ausrichtungen der Gisants: beide sollten mit den Füßen nach Osten zeigen. Das an der Südwestwand der Stephanuskapelle aufgestellte Epitaph erinnert an den Kurfürst-Erzbischof Adolf III. (reg. von 1547 bis 1556). Seine und seines Bruders eigentliche Gruft befindet sich indes unter dem Binnenchor.

Der Korpus des Grabmals besteht aus schwarzem Marmor, der an prominenten Stellen mit weißem Marmor verblendet ist; auch der figürliche Schmuck sowie Wappen, Reliefs etc. bestehen aus weißem Marmor. In die schmale Sockelzone ist in Augenhöhe eine Inschriftentafel aus dem gleichen Material eingelassen (s. u.). Darüber stehen an den Korpusseiten auf vorspringenden Sockeln zwei Karyatiden, die gleichzeitig Allegorien der Tugenden Klugheit (*prudentia*) und Gerechtigkeit (*justitia*, re. mit Schwert und Waage) sind. Zwischen ihnen sieht man eine große Kartusche mit dem Wappen des Verewigten (quadriert, in Platz 1 und 4 je ein sechszackiger Stern [Grafschaft Sternberg], in Platz 2 und 3 ein mit drei Pfählen beladener Balken [Herrschaft Gemen], im Herzschild das Schauenburg'sche Wappen in abgewandelter Form[200]; s. Abb.). Hinter den Karyatiden beginnend, verbreitert sich der schwarze Korpus nach oben hin. Mit ihrer zu Kapitellen umgewandelten Haartracht stützen sie einen ausladenden Sarkophag, der nach vorne vorspringt und sich über die ganze Breite des Grabmals erstreckt. Darauf ruht die von einer Mitra gekrönte Gestalt des Kurfürst-Erzbischofs. Paul Clemen beschrieb diese Figur wie folgt:

„Der Tote liegt in der Haltung der Gisants, wie sie in den Denkmälern Sansovinos[201] in Santa Maria del Popolo in Rom vorgebildet waren, das schlummernde schwere Haupt auf die linke Hand gestützt, die Knie angezogen, den Körper von einem schweren Chormantel bedeckt, die Füße auf einen Löwen gestützt" (Clemen 271).

Im mittleren Feld darüber befindet sich ein Marmorrelief mit einer virtuos gestalteten Auferstehungsszene, die sich von der des brüderlichen Grabmals unterscheidet. Paul Clemen: *„Das Auferstehungsrelief* [ist] *wie das entsprechende an dem Anton-Epitaph eine Vorstufe zu der Darstellung am Lettner von Tournai."*

In den zwei Seitennischen re. und li. daneben finden wir die anderen beiden Tugenden der Vierergruppe: Mäßigkeit (*temperantia*) und Stärke (*fortitudo*). Im Giebelfeld erscheint das Wappen des Kölner Erzstifts in quadriertem Schild. Auf Platz 1 sieht man das übliche schwarze Kreuz, auf Platz 2 das steigende Pferd (Westfalen), auf Platz 3 drei Seerosenblätter (Engern) und auf Platz 4 den Adler (Arnsberg). Als Herzschild liegt darüber das Schauenburg'sche Wappen (sog. Nesselblatt, das wohl ursprünglich ein Schildbeschlag war, und die drei Nägel vom Kreuz Christi). Über der Giebelmitte erhebt sich eine weibliche Gestalt, während auf kleinen Sockeln re. und li. vom Giebel nackte, geflügelte Genien ihre Fackeln senken.

An seinem Sockelfries zeigt das erzbischöfliche Ruhelager 16 kleine, in Marmor gehauene Wappenschilde; davon befinden sich zehn an der Schauseite, je drei an den Schmalseiten. Sie dienen der „Ahnenprobe" oder „Ahnenaufschwörung" (vgl. auch S. 190 ff.). Im heraldischen Sinn korrekt sind sie allerdings nicht, was sich schon aus der Tatsache ergibt, dass sie am Anton-Epitaph in leicht veränderter Reihenfolge erscheinen (ein möglicher Fehler bei der Aufstellung der Epitaphe?).

Bei den vom Chorumgang aus nicht sichtbaren Wappen an der rechten Schmalseite handelt es sich um: ■ Nr. 1) Schild mit einem steigenden Löwen (Nassau o. Hessen-Marburg?) ■ Nr. 2) Schild mit „vollem" Kreuz (wahrscheinlich fehlerhaft erneuert, merkwürdigerweise ebenso am Anton-Epitaph) ■ Nr. 3) Schild mit dreiteiligem Nesselblatt mit drei Nägeln (Grafschaft Schauenburg-Holstein/Pinneberg)[202]

Graf Adolf III. von Schauenburg (Schaumburg) musste vor seiner Proklamation zum Erzbischof dem Domkapitel versprechen, die katholische Religion aufrechtzuerhalten und die evangelischen Prediger, die sich nicht zum Priester weihen lassen wollten, zu vertreiben. Die Regalien empfing Adolf 1548 von Kaiser Karl V. auf dem Reichstag in Augsburg. Ehe er in Köln einziehen konnte, musste Karl selbst zweimal mit der Stadt Köln verhandeln. Adolf machte alle Reformen Martin Butzers in der Kirchenordnung rückgängig und zwang inzwischen verheiratete Priester, ihre Frauen zu verstoßen. Im Jahr 1551 nahm er zeitweilig zusammen mit dem Priesterkanoniker Joh. Gropper am Trienter Konzil teil. Adolf starb 1556 im Alter von 45 Jahren.

Variante des Wappens von Schauenburg

An der Frontseite sieht man von li. nach re. (li. u. re. nicht im Sinn der Heraldik): ■ Nr. 4) Schild mit einem von drei Pfählen beladenen Balken (Herrschaft Gemen) ■ Nr. 5) Schild quadriert, Platz 1 u. 4 mit je einem steigenden Löwen, Platz 2 u. 3 mit je zwei schreitenden Leoparden; darüber Herzschild mit einer Binde (Grafschaft Nassau-Dillenburg) ■ Nr. 6) Schild mit steigendem Löwen (Nassau o. Hessen-Marburg?) ■ Nr. 7) geschachtes Schild (Grafschaft Ho[he]nstein) ■ Nr. 8) Schild mit zwei Binden (Herrschaft Wevelinghoven) ■ Nr. 9) Schild mit zwei abgekehrten Bärentatzen (Grafschaft Hoya) ■ Nr. 10) Schild mit drei Hörnern (Grafschaft Horn[e]) ■ Nr. 11) Schild mit einem geschachten Balken (Grafschaft Mark) ■ Nr. 12) neunmal geteilter Schild mit Rautenkranz belegt (Sachsen-Lauenburg) ■ Nr. 13) quadrierter Schild, auf Platz 1 u. 4 gespalten, darin je zwei aufrechte, abgekehrte Salme u. je zwei Binden; Platz 2 u. 3 zeigt je einen steigenden Löwen; in der Mitte des Wappens ein kleiner Herzschild mit steigendem Löwen (Wappen der Grafen von Loos und Heinsberg)[203].

Die folgenden drei Wappen befinden sich an der linken, also sichtbaren Schmalseite: ■ Nr. 14) quadrierter Schild, auf Platz 1 u. 4 je ein steigender Löwe, auf Platz 2 u. 3 je zwei Leoparden (Grafschaft Nassau-Dillenburg) ■ Nr. 15) quadrierter Schild, auf Platz 1 u. 4 je ein schreitender Hirsch, auf Platz 2 u. 3 je zwei Forellen (Grafschaft Stolberg-Wernigerode) ■ Nr. 16) Schild mit geschachter Binde (Mark oder Altena)[204].

Die o. g. Inschrift lautet:

REVERENDISSIMO D. D. ADOLPHO, ARCHIEPISCOPO AC PRINCIPI ELECTORI COLONIENSI, SACRI ROMANI IMPERII PER ITALIAM ARCHICANCELLARIO LEGATOQUE NATO, WESTVALIÆ ET ANGARIÆ DUCI ETC., EX ILLUSTRI FAMILIA COMITUM A SCHAUWENBURCH ORIUNDO, ELECTO DIE XXIIII JANUARII ANNO MDXLVII, QUI PIE ET PRUDENTER ARCHIEPISCOPATUI PRÆFUIT ANNOS IX MENSES II, DIES XXV; TANDEMQUE ULTIMUM DIEM IN DOMINO CLAUSIT ANNO MDLVI DIE XX SEPTEMBRIS

(„Dem hochwürdigsten Herrn Adolf, Erzbischof und Kurfürst von Köln, des Heiligen Römischen Reiches Erzkanzler für Italien und geborenem Legaten, Herzog von Westfalen und Engern etc ...").

Die Fülle der Titel kann uns nicht über den ständigen Macht- und Bedeutungsverlust der Kölner Kurfürst-Erzbischöfe seit dem Hochmittelalter hinwegtäuschen: Das Amt eines Erzkanzlers für Italien – eine lediglich nominelle Würde – blieb den Kölner Kurfürst-Erzbischöfen bis zu Maximilian Friedrich von Königsegg-Rotenfels (s. S. 146 ff.) erhalten. Das sich zuletzt nur auf die Soester Börde beschränkende Herzogtum Engern war mit der Soester Fehde an Kleve-Mark gefallen, und die Rechte des seit Erzbischof Hermann von Hessen postulierten „geborenen Legaten" kamen nicht mehr annähernd an die alten, längst verlorengegangenen Metropolitanrechte heran.

Ein Tafelbild mit einer porträthaften Darstellung des Erzbischofs findet sich an Pfeiler D13 (s. S. 127 ff.).

Altarretabel mit der Anbetung der Heiligen Drei Könige

An der Nordwand der Kapelle ist seit kurzem ein Triptychon zu sehen, das bis zum Zweiter Weltkrieg seinen Standort in der Maternuskapelle hatte (CLEMEN 299, dort Abb.). Das etwa 1 m hohe und in aufgeklapptem Zustand knapp 1,6 m breite Werk zeigt in der Mitte die Anbetung der Heiligen Drei Könige, auf dem linken Flügel die Verkündigung an Maria und auf dem rechten die Geburt Christi mit der Verehrung durch Maria. Der kleine Altar, dessen Außenseiten unbemalt geblieben sind, stammt aus dem reichen Schaffen des niederländischen Malers Pieter Coecke van Aelst (1502–1550) oder aus seinem Umkreis (LÖCHER 195 ff.).

Die Michaelskapelle

6

Geschichte und Ausstattung

Das Patrozinium dieser Kapelle hatte von Anfang an der Erzengel Michael inne. Anlässlich der Beisetzung des 1349 verstorbenen Erzbischofs Walram wurde sie in einer Urkunde auch als „capella S. Angelorum" bezeichnet[205]. Fünfzig Jahre später fand der hl. Vitus als Mitpatron Erwähnung. In der nordwesteuropäischen Welt läge der Ort der Verehrung des dämonenabweisenden hl. Michael eigentlich beim Westwerk bzw. beim westlichen Turm[206].

In dem Mosaikboden vor der Kapelle befinden sich fünf Kreisfelder, in denen die Wappen von fünf Kölner Kurfürst-Erzbischöfen eingelegt sind. Es handelt sich (in historischer Reihenfolge) um die Wappen Wilhelms von Gennep (goldenes Feld mit rotem Andreaskreuz und vier Schaf-

scheren, vgl. S. 169 ff.), Adolfs II. von der Mark, Engelberts III. von der Mark (je ein goldenes Feld, das von einem rot-weiß geschachten Balken geteilt wird), Friedrichs III. von Saarwerden (Doppeladler in schwarzem Feld; vgl. S. 84 ff.) und Dietrichs von Moers (von Gold, Schwarz und Gold geteilter Schild).

Grundriss Michaelskapelle

Das Hochgrab des Erzbischofs Walram von Jülich

Das Grabmal dieses 1349 auf ungeklärte Weise im Alter von 45 Jahren verstorbenen Erzbischofs ist axial auf den Altar ausgerichtet. Es wurde vor 1362 zusammen mit dem seines Nachfolgers Wilhelm von Gennep in dessen Auftrag wahrscheinlich vom selben Künstler geschaffen, dem Egidius de Lodich, also „von Lüttich" (s. S. 169 ff.). Dessen Autorschaft mag durch eine Inschrift an der Tumbe einigermaßen gesichert sein.

Die Walram'sche Grabtumba – sie misst 2,50 m in der Länge, 1,00 m in der Breite und ist 1,25 m hoch – besteht aus schwarzem Schiefer. Davor steht eine Architektur aus weißem Carraramarmor; diese ist äußerst fein gearbeitet und musste in starkem Maße einer Erneuerung unterzogen werden. In den Arkaden befanden sich früher Trauernde (sog. *pleurants*), die inzwischen jedoch verschollen sind. Die Deckplatte, die an der dem Betrachter zugewandten Längsseite die alte Inschrift WALRAM DE JULIACO trägt, steht deutlich über. Der weiße Marmor-Gisant ist allein ohne Baldachin 2,38 m lang. Die Figur trägt das Bischofsgewand, einen Bischofsstab im rechten Arm, die Füße treten auf einen Löwen und einen Adler, der über einen Hasen kommt. Erneuert sind die gefalteten Hände. Paul Clemen bescheinigt der Figur eine gewisse Steifheit und Unbeweglichkeit gegenüber den zeitlich vorhergehenden Bischofsgestalten (CLEMEN 259). Anton Legner wies auf die Besonderheit des Marmors als Material für den Gisant hin:

Walram (1304–1349), Sohn des Grafen Gerhard V. von Jülich und der Elisabeth von Brabant-Aarschot, Maastrichter Propst und Thesaurar des Kölner Erzstifts, wurde 1332 von Papst Johannes XXII. als Nachfolger des verstorbenen Erzbischofs Heinrich II. von Virneburg eingesetzt – und zwar auf Betreiben seines Bruders Wilhelm, der auf päpstlicher Seite (gegen Ludwig den Bayern) stand. 1335 wechselten Wilhelm und sein Bruder Walram auf die Seite des Kaisers über. Dieser unterstützte im Kurverein zu Rhens (1338) die Ausschaltung des – als unzeitgemäß empfundenen – päpstlichen Einflusses bei den deutschen Königs- bzw.

„Ungewöhnlich in der deutschen Monumentalskulptur des 14. Jh. erscheint die Verarbeitung von weißem Marmor für lebensgroße Figuren. Schon darum sind die Hochgräber des Erzbischofs Walram von Jülich und seines Nachfolgers Wilhelm von Gennep im Kölner Dom erstaunliche Werke mittelalterlicher Plastik im Rheinland ... Jedenfalls zeigt der von dieser Tumba erhaltene Pleurant seine Traditionsverbundenheit in der französischen und maasländischen Marmorskulptur von der Art der älteren Trauerfigur im Liebighaus mit überraschend gleicher Physionomik. Charakteristisch für den Stil der Jahrhundertmitte ist die Verblockung und Verhärtung der Formen und die Brüchigkeit der Falten" (LEGNER, 1972, 376).

Neueste Untersuchungen von Wolff könnten sowohl das Erstaunen Anton Legners hinsichtlich der Materialwahl wie auch die von Clemen hier und beim Gisant des Wilhelm von Gennep (s. S. 169 ff.) bemerkte „Steifigkeit" erklären: Der ehemalige Dombaumeister vermutet nämlich, dass beide erzbischöfliche Gisants aus einer einzigen antiken Spoliensäule herausgearbeitet worden sein könnten, wodurch sich zwangsläufig Einschränkungen für den Bildhauer ergeben mussten.

Die Fenster

Keines der drei Fenster befand sich ursprünglich in dieser Kapelle. Während das mittlere Fenster, das Marienkrönungsfenster, zur Zweitausstattung der Polygonkapellen von 1330/40 (s. S. 96 ff.) gehört, stammen das Silvester- und Gregor-von-Spoleto-Fenster sowie das Felix- und Nabor-Fenster ursprünglich aus der Marienkapelle, wo sie bis in die Mitte des 19. Jahrhunderts ihren Platz hatten (s. S. 78 ff.). Ihre altertümlicheren Tabernakelformen lassen vermuten, dass sie noch vor Inangriffnahme der Zweitausstattung oder spätestens bei deren Beginn geschaffen wurden.

Das Silvester- und Gregor-von-Spoleto-Fenster linkes Fenster (süd VI)

Zusammen mit dem Felix- und-Nabor-Fenster befand sich dieses Fenster anfangs in der Marienkapelle, seit 1871 auf der Westseite des nördlichen Querschiffs. Beide Fenster wurden erst 1962 in der Michaelskapelle eingesetzt. Seit der Zweitausstattung von 1330/40 muss sich an dieser Stelle das Mauritius- und Gereon-Fenster (n III) befunden haben (BECKSMANN 152).

Beide Bahnen weisen je ein Architekturtabernakel auf. Im linken steht der hl. Papst Silvester (das Gesicht wurde erneuert) in Messkleidung mit Pallium. Er trägt über einer Albe eine Dalmatika, darüber eine rot und grün gemusterte Kasel. Sein Haupt ziert eine rote Tiara, sein Bischofsstab besitzt einen Knauf. Der Papst ist ausgewiesen durch die Inschrift im roten Nimbus: S. SILVESTER. Rechts und links befinden sich in der Architektur kleine Tabernakel, die vier Figuren beherbergen. Die beiden unteren stellen Propheten mit Schriftbändern, die oberen Könige dar.

Im rechten Tabernakel sieht man den hl. Gregor von Spoleto (Gesicht erneuert) in priesterlicher Messkleidung[115]. Seine Kasel ist blau und rot gemustert. In der Linken hält er ein Buch, mit der Rechten stützt er sich auf das Schwert, das Zeichen seines Martyriums. Im roten Nimbus liest man die Inschrift S. GREGORIVS. Die vier kleinen Figuren zu seinen Seiten stellen Propheten mit Schriftbändern, die oberen Könige dar. In die Sockel, auf denen die beiden Heiligen stehen, ist je ein Stifterwappen eingelassen. In blauem Feld sieht man je einen goldenen steigenden Löwen mit roter Zunge. Es handelt sich um das Wappen der Grafen von Nassau[207]. Unten zieht sich über die gesamte Fensterbreite eine 1960 eingefügte Inschrift zur Erinnerung an August Reichensperger hin.

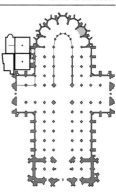

Das Marienkrönungsfenster mittleres Fenster (süd VII)

Das Fenster gehört zu der zwischen 1330/40 geschaffenen Zweitausstattung der Chorkapellen. 1848 befand es sich in der Michaelskapelle, wurde dann in der Johanneskapelle (n III) eingesetzt. In den 90er–Jahren des 20. Jahrhunderts versetzte man es wieder in die Michaelskapelle auf den mittleren Platz zurück. Renate Kroos äußerte 1979 die Vermutung, es könne seinen Platz ursprünglich in der Achskapelle gehabt haben; ein Gedanke, der angesichts der Unterrepräsentierung Mariens in besagter Kapelle – diese war immerhin eine Marienkapelle in der Tradition des alten Ostchors – nicht leicht von der Hand zu weisen ist (KROOS, LQ 106). Rüdiger Becksmann weist diesem Fenster aber mit guten Gründen seinen ursprünglichen Platz in der Agneskapelle zu. Seinen Forschungen zufolge muss sich auf dem hiesigen Platz früher eine zweibahnige Darstellung des Marientods befunden haben, bei der es sich möglicherweise um eine Stiftung des in dieser Kapelle beigesetzten Kurfürst-Erzbischofs Walram von Jülich handelte (BECKSMANN 157).

Im Gegensatz zu den Glasmalereien mit zwei Standfiguren verschmilzt diese Komposition beide Bahnen zu einer Einheit. Man sieht über einer bahnübergreifenden Spitzbogenarchitektur zwei ansatzweise perspektivisch dargestellte Treppen, die sich in der Bildmitte vereinen; auf jedem Treppenlauf tummeln sich sechs spielende Löwen. Darüber erhebt sich eine siebenachsige Architektur, die in fialenbekrönten Tabernakeln endet. In deren sechs äußeren steht je ein weißgekleideter musizierender Engel. Unter ihnen sieht man in offenen Tabernakeln die Gestalten von sechs Propheten, die Schriftbänder halten. In der Mitte der Architektur befindet sich ein Gehäuse, das von fünf kleinen Wimpergen bekrönt wird. Darin thront links die anbetende Maria, blau gewandet mit rotem Mantel und rotem Nimbus, während rechts, durch den Mittelpfosten getrennt, Christus thront. Sein Gewand ist Rot, der Umhang blau; sein Nimbus ist blau mit rotem Kreuz. Er trägt ebenso wie Maria eine Krone; in seiner Linken hält er das Zepter, mit der Rechten macht er das Zeichen des Segens. Seine Füße sind bloß, während die Mariens verhüllt sind. Beide Gestalten stehen in engem Zusammenhang mit denen der Marienkrönungsszene im Allerheiligenfenster. Die Komposition ist die einzige bekannte der Zweitausstattung von 1330/40, in der die Köpfe der Hauptgestalten in die dritte Fensterzeile hineinragen.

Links und rechts von diesem zentralen Bild lassen sich in gestuft tiefergestellten Tabernakeln je zwei weibliche Gestalten erkennen, die lange Schriftbänder halten. Es sind dies die Personifikationen der vier Tugenden, die Maria bei der Verkündigung auszeichneten: die *„Veracundia"* (Zurückhaltung) in Rotbraun und Rot (ganz li., tiefergestellt, Inschrift: VERECUNDIA etc.), die *„Prudentia"* (Klugheit) in Violett und Blau (zweite von li., Inschrift: PRUDENTIA etc.), die *„Virginitas"* (Jungfräulichkeit) in Grün und Blau (zweite von re., Inschrift: VIRGINITAS etc.) und die *„Humilitas"* (Demut) in Rottönen (ganz re., tiefergestellt, Inschrift: HUMILITAS. ECCE ANCILLA DOMINI etc.). Alle vier sind ausgewiesen durch ihre jeweiligen Spruchbänder, die Texte aus dem Lukasevangelium (Lk 1, 28-38) enthalten[208].

Die Löwen, die bereits im Alten Testament eine hohe Symbolkraft besitzen, sind in diesem Fall zu Symbolen der zwölf Apostel umgedeutet. Die drei linken Prophetengestalten der dritten Fensterzeile verweisen auf Maria, die drei rechten auf Christus. Der erste Prophet (von li. nach re.) in grünem Mantel hält die Inschrift: BENE PLACUIT ANIME MEE. Die dem zweiten, in einen violetten Mantel gekleideten Propheten zugeordnete Inschrift lautet: SUSCEPTUMQUE NOEMI PUERUM POSUIT IN SINU SUO ET NUTRICIS FUNGEBATUR OFFICIO (nach Ruth 4,16). Der dritte in Grün und Violett präsentiert den Text: SALOMON FILIUS MEVS PARVULUS EST ET DELICATUS nach 1. Chronik 22,5. Die Inschrift des vierten, in Blau und Violett gekleideten Propheten ist zu lesen als: Q ... RA,

CARISSIMA, IN DELICIIS (nach Hohelied 7,6). Der fünfte Prophet in rotem Mantel hält den Text: MULIER GRATIOSA. Der sechste, rechts stehende Prophet in rosafarbenem Mantel zeigt die Inschrift: TU GLORIA IHERUSALEM TU LETITIA ISREL TU HONORIFICIENTIA POPULI NOSTRI (Inschriften nach CV 70).

Zum Verständnis des Glasgemäldes führt am ehesten der Text des dritten Propheten („*Mein Sohn Salomo ist jung und zart ...*"). Durch den Bezug auf Maria besagt er, dass Maria die Mutter des wahren Salomon, d.h. Christi, ist. Daher sitzen beide, Maria und Christus, auf dem „Thron Salomonis", auf dem die Krönung Mariens erfolgt. Dieser Thron wird auch als „*sedes sapientiae*", als Sitz der Weisheit, verstanden. Seine Darstellung war jedoch nicht neu; so ist bereits der gesamte Wimperg des um 1280 erbauten Westportals des Straßburger Münsters selbst wie der „Thron Salomonis" gestaltet (s. S. 54 ff. u. S. 187 ff.).

Salomons Thronsitz wurde beschrieben bei 1. Kön 10,18–20: „*Und der König machte einen großen Stuhl von Elfenbein und überzog ihn mit dem edelsten Golde / Und der Stuhl hatte sechs Stufen, und das Haupt hinten am Stuhl war rund; und waren Lehnen auf beiden Seiten um den Sitz, und zwei Löwen standen an den Lehnen / Und zwölf Löwen standen auf den sechs Stufen auf beiden Seiten.*" Auf diesem Thron nahm Maria nach mittelalterlicher Vorstellung Platz, um gemeinsam mit ihm den Thronsitz Christi zu bilden; Salomon wurde als entthront gedacht. In einigen Darstellungen, z. B. in der Dominikanerkirche zu Colmar, erscheint Salomon daher **unter** seinem Thron. Im Marienkrönungsfenster erinnert noch das leere blaue Feld in der vom steinernen Pfosten geteilten Arkade zwischen den beiden Stifterwappen an diesen Ort. Der ikonografische Akzent wurde indes verschoben: Im Vordergrund steht die Krönung Mariens und ihre Erhebung zur Himmelskönigin auf diesem Thron – das Thema, das an vielen Stellen des mittelalterlichen Doms auftaucht[209].

Wappen der Herren von Holte

Die beiden Wappenschilde zeigen in Weiß drei rote Adlerflügel. Es ist das Wappen der westfälischen Freiherren von Holte. Herbert Rode nahm den Domscholaster Wedekind von Holte, einen Bruder des habgierigen Kölner Erzbischofs Wigbold von Holte, als Stifter an. Allerdings war dieser schon 1313, also fast 20 Jahre vor Beginn der Arbeiten an dem Fensterzyklus, verstorben[210]. Das nämliche Wappen befand sich ebenfalls in einem Vierpass unter der gemalten Majestas domini auf der 1863 abgerissenen Chorquerwand.

Das Felix- und Nabor-Fenster rechtes Fenster (süd VIII)

Bis 1871 befand sich dieses ursprünglich für die Marienkapelle geschaffene Fenster zusammen mit dem Silvester- und Gregor-von-Spoleto-Fenster (s. S. 124 ff.) auf der Westseite des nördlichen Seitenschiffs. Ebenso wie dieses wurde es hier erst 1962 eingesetzt. Die Zweitausstattung der Jahre 1330/40 hatte sehr wahrscheinlich für diesen Platz Standfiguren des hl. Michael, des Patrons der Kapelle, sowie des hl. Heribert vorgesehen (BECKSMANN 152).

Die Gestalten der beiden im mittelalterlichen Köln hochgeschätzten Heiligen sind samt ihren Gesichtern fast vollständig erneuert, ebenso Teile der Architektur und das Rot der Wappen. In der linken Bahn steht, den bartlosen Kopf leicht nach rechts gewandt, auf einem Podest der hl. Felix. In seinem blauen Nimbus liest man die Inschrift: S. FELIX. Über einem grünen Gewand trägt der Heilige einen bräunlichen Mantel und rote Schuhe. Seine Rechte hält er vor der Brust, die Linke stützt sich auf sein Schwert, das Attribut seines Märtyrertums. Ihn umgeben vier Gestalten, die in weißen Tabernakeln stehen. Die unteren sind Propheten mit Schriftbändern, die oberen stellen Könige dar.

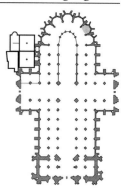

Bartlos und jugendlich wie der hl. Felix wird der hl. Nabor dargestellt. Er trägt einen blauen Mantel über einem grauen Kettenpanzer, mit der Rechten stützt er sich auf sein Schwert. In der Linken hält er einen grünen Palmenzweig, ein Attribut seines Märtyrertums. Sein linker gepanzerter Fuß tritt auf eine goldene Krone. Ihn umgeben gleichfalls vier kleine Gestalten, die in goldenen Tabernakeln stehen. Unten sieht man zwei Propheten, oben zwei Könige. Die Sockel, auf denen die beiden Heiligen stehen, tragen je ein Wappenschild. In rotem Feld zeigen sie ein silbernes Herzschild und eine achtspeichige goldene Lilienhaspel („Glevenrad") mit grüner Achse (Abb. S. 52). Es handelt sich um das Wappen der Grafen von Kleve[211].

Der Kreuzigungsaltar

Dieses Triptychon malte 1548 der vielbeschäftigte Kölner Maler Bartholomäus Bruyn der Ältere[212] auf Eichenholz. Es stand in reichsstädtischer Zeit in der domeigenen St. Marcellus-Kapelle und gelangte nach deren Abriss in den Dom[213]. Im Jahr 1866 berichtete der Historiker J. J. Merlo, dass das Altarbild seit 1864 in der Maternuskapelle Aufstellung gefunde habe.

Über einer Inschriftpredella erheben sich die Mitteltafel (0,85 m breit; 1,07 m hoch) und zwei äußere, fest mit ihr verbundene, aber je halb so breite Flügel sowie ein weiteres an der Mitteltafel angelenktes (vorderes) Flügelpaar von gleicher Größe. Somit ergeben sich insgesamt sieben Bildtafeln.

In geschlossenem Zustand wird die Mitteltafel von einer Verkündigungsszene verdeckt. Das starre Flügelpaar zeigt zwei Heiligendarstellungen. Werden die Flügel mit der Verkündigung aufgeklappt, erscheint auf der Mitteltafel die Kreuzigung Christi und auf den Flügelinnenseiten werden zwei Stifterdarstellungen sichtbar. Bis zum Jahr 2000 war das vordere Flügelpaar außen an den Heiligentafeln angelenkt, sodass bei Schließung des Werks die Kreuzigung unverdeckt blieb. Dabei konnte es sich jedoch nicht um den ursprünglichen Zustand des Altars handeln (Abb. des alten Zustandes bei CLEMEN 236 und HOSTER, Tafel 64).

In geöffneten Zustand zeigt die mittlere Tafel vor einer Landschaft mit Burg und Kirche (die Stadt Jerusalem darstellend) die Kreuzigung. Die Lenden Christi sind von einem wehenden, weißen Tuch bedeckt; sein Antlitz ist erschreckend entstellt. Re. und li. vom Kreuz stehen Maria und Johannes, hinter dem Kreuz kniet Maria Magdalena mit dem Salbgefäß. Nahe beim Kreuz liegt – der Tradition entsprechend – der Schädel Adams. Die beiden Flügel zeigen je einen Stifter in geistlicher Tracht. Der linke von ihnen wird vom hl. Andreas, erkennbar an seinem typischen Kreuz, der rechte vom hl. Petrus mit dem Schlüssel vorgestellt.

In geschlossenem Zustand erblickt man innen die sich über ein Flügelpaar erstreckende Verkündigung (über der in einem Buch lesenden Maria schwebt die Taube, während von re. ein jünglinghafter Engel naht) und außen li. den hl. Nikolaus in Bischofskleidung, drei goldene Äpfel haltend, re. den hl. Wendelin mit Stab und Hund[214].

Die Inschrift der Predella lautet:

IN LAUDEM S. TRINITATIS ET OB MEMORIA(M) S(ANC)TO(RUM) P(AT)RONO(RUM) HUIUS ALTARIS VE(NER)A(BILIS) MA(GISTE)R JOHANNES BAUNACHER DE HALFORT CANONIC(US) AD GRADUS ET H(UIUS) ECCLESI(A)E VICARIUS, CUM CERTIS BONIS AMICIS ISTAM TABULAM FIERI FECIT. ANNO D(O)M(INI) 1548

Diesem Text zufolge war ein Kanoniker an St. Maria ad gradus, Johannes Baunacher de Halfort, der Stifter. Unklar ist jedoch, welche der beiden in Stifterpose abgebildeten Personen Johannes ist; vielleicht ist es die, die sich beim Johannes der Kreuzigungsszene befindet. Hoster nannte den Kreuzigungsaltar *„ein lebhaftes, die Altersreife des Meisters aufzeigendes Werk"* (HOSTER 52).

Im Chorumgang, an Pfeiler D13, der Kreuzkapelle zugewandt, hängt ein oben halbrundes, auf Holz gefertigtes Gemälde (2,25 x 0 82 m), das ebenfalls aus der Bruynschen Werkstatt, wahrscheinlich von B. Bruyn d. J. stammt; Die Tafel stellt einen barhäuptigen Bischof dar, der den gekreuzigten Christus (mit mächtigem Brustkorb und auffallend kleinem Haupt) in einer heroischen Landschaft anbetet. Vielfach wurde vermutet, dass in dem Betenden der Erzbischof Friedrich IV. von Wied-Runkel (reg. 1562–1567, bekannt für seine öffentliche Ablehnung, das Tridentinische Glaubensbekenntnis abzulegen) dargestellt sei. Bei einer Restaurierung des Bildes im Jahr 1982/83 konnte jedoch in Gegenwart von Dombaumeister Wolff und Domarchivar Lauer das Schauenburg'sche Wappen freigelegt werden (s. S. 120 ff.). Damit war klar, dass es sich bei dem Abgebildeten um Erzbischof Adolf von Schauenburg handelt, wie es von J. J. Merlo und E. Firmenich-Richartz überliefert ist.

127

Liegefigur des Freiherrn Philipp Bertram von Hochkirchen

Dieses Werk stellt den Generalmajor von Hochkirchen dar, der 1703 in der Schlacht am Speyerbach fiel[215]. Die Figur stammt von seinem Grabmal in der 1804 abgebrochenen Franziskanerkirche des Olivenklosters („*ad Olivas*"). Die Figur stand im 19. Jahrhundert etliche Jahre auf der Grabtumba des Erzbischofs Gero (s. S. 96 ff.). Die Steinplatte mit der Inschrift befindet sich mit weiteren Inschrifttafeln im Südturm. Die „*virtuose*" Barockplastik aus weißem Marmor wurde 1701 von Joachim Fortini in Florenz geschaffen[216]. Rechts unten lässt sich folgende Inschrift lesen: JOACHIM FORTINI SCULPTOR FIORENTINUS F. MDCCI. Danach hat der Dargestellte, der letzte männliche Sproß seines Geschlechts, das Bildnis mindestens schon zwei Jahre vor seinem Tod anfertigen lassen. Der aus einem alten jülichschen Adelsgeschlecht stammende Freiherr von Hochkirchen übernahm 1696 die Führung eines seitdem nach ihm benannten Kavallerieregiments des Kurfürsten Johann Wilhelm von der Pfalz.

Die Agneskapelle

7

Geschichte und Ausstattung

Eine Nutzung dieser Kapelle lässt sich bereits lange vor der Chorweihe von 1322 nachweisen. Im Jahr 1299 wurde der Altar urkundlich genannt, 1319 als Irmtrudisaltar, 1372 als SS. Quirinus- und Agnes-Altar. Schon früher, um 1270/80, hat man aber die sterblichen Überreste der seligen Irmgardis (Irmtrudis) von Süchteln († um 1085?) in das gotische Hochgrab umgebettet. Irmgardis hatte von einer Pilgerfahrt nach Rom die Armreliquie der hl. Agnes mitgebracht und diese dem Dom geschenkt[217]. Darüber hinaus übereignete sie dem Erzstift Rees (in diesem Zusammenhang wird sie Irmtrudis genannt) und Aspel (dort als Irmgardis bezeichnet). Die fromme Frau lebte zeitweise als Einsiedlerin. Einer späteren Legende zufolge soll sie den Erzbischof Gero beraten und ihm u. a. geraten haben, mit einer Hostie einen (tatsächlich nicht existieren-

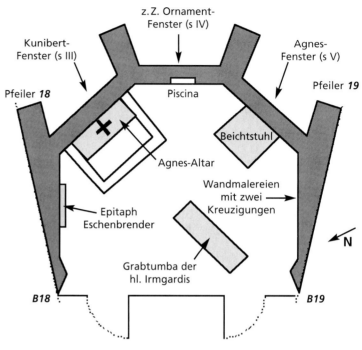

Grundriss Agneskapelle

den) Riss im Haupt der Christus-Figur vom Gero-Kreuz zu schließen. Eine mittelalterliche Darstellung von ihr und Gero befindet sich in der Stephanuskapelle. Insgesamt ist ihr Leben nur legendenhaft überliefert. Offiziell wurde sie nie kanonisiert.

Die ältesten Wandgemälde der Kapelle stammen aus den Jahren um 1265. Die um etwa 1320 ausgeführte Übermalung erneuerte 1888 der Maler Alexius Kleinertz. Die Art der Durchführung löste später Kritik aus, vor allem weil Kleinertz die Malereien mit *„einem Stich ins Spätnazarenische versetzte"* (CLEMEN; s. unten). Aus diesem Grund beauftragte man 1952 den Restaurator Roland Gassert, der 1951 bereits die Füssenicher Madonna restauriert hatte (s. S. 141 ff.), die Übermalung zu beseitigen. Aber auch diese Restaurierung musste unbefriedigend bleiben, da die Substanz insgesamt schon sehr dürftig war.

An der Wand mit dem Altar sieht man den hl. Petrus und die hl. Irmgardis in je einer Arkade mit rotem Grund, in der Mitte auf blauem Grund die Kreuzigung Christi mit Maria und Johannes. Das rechte Wandgemälde ist schwer zu deuten. Es stellt möglicherweise ein Ereignis dar, das sich auf der Romfahrt der hl. Irmgardis begeben hat: Ein Kruzifix in S. Paolo fuori le mura soll zu ihr gesprochen haben und ihr schöne Grüße an ein gleichartiges Kreuz im Kölner Dom ausgerichtet haben. Daher sieht man zwei nebeneinander gemalte Kruzifixe, der Korpus des linken mit langem Gewand (*colobium*), der des rechten mit Lendenschurz nach Art des Gero-Kreuzes, beide mit Suppedaneum (KROOS, 1984, 100; LAUER, 1998, 219). Paul Clemen glaubte, in der linken Gestalt eine nach Art der hl. Kümmernis gekreuzigte hl. Irmgardis erblicken zu dürfen (CLEMEN 170). Herbert Rode erkannte 1954 in den beiden Gestalten eine zweimalige Christus-Darstellung. Es gibt es auch die Auffassung, dass das Wandgemälde die Kreuzigung der hll. Cosmas (Kosmas) und Damian darstellt (z. B. WOLFF, Der Dom, 35)[218].

In der Agneskapelle war seit 1810 das sog. Dombild des Stephan Lochner aufgestellt, das dort über 100 Jahre verblieb (s. S. 87 ff.). DeNoel beschrieb es in seinem 1834 erschienenen Domführer (DeNoel 50 f.). Der Mosaikfußboden vor der Kapelle zeigt (in historischer Reihenfolge) in fünf Kreisflächen die Wappen fünf Kölner Erzbischöfe. Es handelt sich um die Wappen Engelberts II. von Valkenburg (goldener Falke über weißem Turm), Siegfrieds von Westerburg (goldenes Kreuz auf rotem Feld), Wigbolds von Holte (drei rote Adlerflügel in weißem Feld), Heinrichs von Virneburg (rote Rauten in goldenem Feld) und Walrams von Jülich (schwarzer Löwe in goldenem Feld); die ersten beiden Wappen sind historisch nicht belegt.

Das Hochgrab der seligen Irmgardis

Die hochgotische Tumba der Irmgardis ist mit nur 2,00 m in der Länge, 0,60 m in der Breite und 1,10 m in der Höhe die kleinste jener im Chorbereich befindlichen[219]. Sie besteht aus Trachyt und ist ein Werk der Kölner Dombauhütte aus der Zeit um 1280. Ihre Wände gliedern zierliche Wimperg-Arkaden, von denen sich an den Stirnseiten je zwei, an den Längsseiten je sieben befinden. Die krabbenbesetzten Giebel stehen offensichtlich in einem Verhältnis zum Fassadenplan. Noch im 19. Jahrhundert wurden von verschiedenen Autoren farbige Malereien innerhalb der Arkaden bezeugt; heute ist davon nichts mehr sichtbar.

Die Tumba gehört zum älteren Typus ohne figürlichen Schmuck. In ihr ruhen neben den Gebeinen der hl. Irmgardis möglicherweise einige Reliquien des hl. Gerebernus. Letzterer ist ein Heiliger, von dem niemand genau weiß, um wen es sich dabei handelt. Möglicherweise liegt auch eine Verwechslung vor.

Die Fenster

Bis 1998 waren im mittleren Fenster (s IV) zwei Standfiguren, die der hll. Kunibert und Agnes, zusammengefasst. Weil diese Zusammenstellung erst im 19. Jahrhundert erfolgt war, wurden sie schließlich wieder getrennt und in die linke bzw. rechte Fensteröffnung versetzt. Die daraufhin jeweils fehlende Bahn füllte man mit einer Kopie des dazugehörigen Architekturbaldachins.

Das Kunibert-Fenster linkes Fenster (süd III)

Die um 1330/40 geschaffene Bahn mit der Standfigur des hl. Kunibert gehört zur gotischen Zweitausstattung des Chorkapellenkranzes. Die rechte Bahn des Fensters ist eine Kopie. Die untere Scheibe der Kunibert-Bahn wurde vollständig, die zweite Scheibe vor allem im Bereich des Gewandes und des Gesichts des Heiligen erneuert. Nach den Forschungen Rüdiger Becksmanns befindet sich die Bischofsdarstellung an ihrem ursprünglichen Platz, rechts neben ihr hat sich mit Sicherheit eine Darstellung der hl. Ursula befunden (Becksmann 152).

Auf einem Sockel mit dem im 19. Jahrhundert hinzugefügten Wappen der Stadt Köln steht der hl. Kunibert, ausgewiesen durch die Inschrift im roten Spitzbogen: SANCTVS KVNIBERTVS. Der Heilige in gelbgefütterter, violetter Glockenkasel trägt eine weiße Mitra und weiße Handschuhe. In der Linken hält er den Bischofsstab, mit der Rechten macht er das Segenszeichen. Sein Haupt ziert ein roter Nimbus; darüber schwebt die weiße Taube, die sich der Legende zufolge auf dem Grab der hl. Ursula niederlassen wird. In Brusthöhe sind in die umgebende Architektur vier Tabernakel mit kleinen, Schriftbänder tragenden Figuren eingefügt. Mit den vier Gestalten sind wahrscheinlich die Könige David und Salomon (li.) und die Propheten Daniel und Isaias (re.) gemeint. Über dem zentralen Wimperg steht in einem Türmchen ein von zwei Rittern umgebener König.

Das mittlere Fenster (süd IV)

Zur Zeit befinden sich hier nur Ornamentscheiben, die durch ein neu gestaltetes Fenster ersetzt werden sollen (an dieser Stelle befand sich bis 1998 das Agnes- und Kunibert-Fenster, s. o.). Bei der Rekonstruktion der Zweitausstattung von 1330/40 ermittelte Becksmann für diesen Platz die bahnübergreifende Komposition der Marienkrönung, die sich gegenwärtig auf dem mittleren Fensterplatz der Michaelskapelle befindet (BECKSMANN 157).

Das Agnes-Fenster rechtes Fenster (süd V)

Die rechte Bahn, die im Architekturtabernakel die hl. Agnes zeigt, gehörte wie die oben beschriebene Kunibert-Bahn zur Zweitausstattung des Chorkapellenkranzes von 1330/40. Die unteren vier Scheiben der linken Bahn zeigen eine 1998 geschaffene Kopie des Architekturrahmens aus der Kunibert-Bahn. Nach den jüngsten Forschungen standen hier ursprünglich rechts die hl. Agnes und links die hl. Irmgardis (BECKSMANN 152).

Emporgehoben von einem Sockel präsentiert sich in der rechten Bahn die Mitpatronin dieser Kapelle, die hl. Agnes. Sie trägt ein blaues Gewand und einen roten, goldgefütterten Mantel. Die Heilige wird nicht nur durch ihre Attribute – Lamm, Palmzweig und Buch – ausgewiesen, sondern auch durch die Inschrift im roten Spitzbogen: SANCTA AGNES.

In dem die Figur umgebenden Architekturrahmen befinden sich in Brusthöhe der hl. Agnes vier kleine weiße Baldachine. In ihnen stehen vier weibliche Heilige mit ihren Attributen. Links außen sieht man eine Gestalt (hellblau und gelb gekleidet, mit weißem Kopftuch, ein Kirchenmodell oder ein Behältnis haltend), die Herbert Rode als die hl. Helena identifizierte; links innen steht die hl. Apollonia (dunkelrosa und grün gewandet, mit dem Attribut der Zange); rechts innen erkennt man die hl. Barbara (grün und rosa gekleidet, mit Turm)[220]. Die violett gekleidete Gestalt rechts außen ist mit Palmzweig und Buch als Märtyrerin gekennzeichnet. Die von Rode vorgenommene Identifizierung der linken Figur als hl. Helena bezweifelte die Historikerin Renate Kroos allerdings aus gutem Grund. In Anbetracht der fehlenden Krone, die üblicherweise ein Attribut der Kaiserinmutter Helena ist, vermutete sie, dass hier die hl. Irmgard mit einem Behältnis dargestellt ist, in dem sie das Haupt des hl. Silvester nach Köln brachte (KROOS, LQ 113). Die Dreiergruppe im Baldachin über dem Wimperg ist in gleicher Weise wie in der Kunibert-Bahn gestaltet: Zwischen zwei Rittern steht ein König.

Das Epitaph des Andreas Eschenbrender

In etwa 4 m Höhe befindet sich an der nördlichen Kapellenwand das barocke Epitaph des 1717 verstorbenen Andreas Eschenbrender. Dieser, ein gebürtiger Unkeler, war zu Lebzeiten u. a. Vorsitzender des kurfürstlichen Hofrats, Domkapitular, Dechant an St. Georg zu Köln und für einige Jahre erzbischöflicher Offizal gewesen. Die eigentliche Grabstelle des Verstorbenen liegt sehr wahrscheinlich unter dem Chorumgang westlich von Pfeiler B 18.

Den Giebel der grauschwarzen Marmortafel zieren geflügeltes Stundenglas, Knochen sowie zwei Totenschädel. Über der Schrift sieht man das Wappen des Verstorbenen, drei dreiblättrige Kleeblätter. Die Inschrift darunter lautet:

IN DOMINO / OBIJT 29TO JULÿ 1717 / REV(ERENDISSI)MUS AMPLIS(SI)MUS(QUE) VIR AC D: D: / ANDREAS ESCHENBRENDER J. U. D. / METROPOLITANÆ ELECTORALIS ECCLESIÆ CANNO(NICUS): / PRESBYTER & CAPITULARIS / INSIGNIS COLLEGIATEA AD SANCTUM GEORG, DECANUS, SERENITATIS SUÆ ELECTORIS COLONIENSIS CONSILII AULICI PRÆSES PRIMARIUS CUIUS ANIMA REQUIESCAT IN PACE.

Andreas Eschenbrender verwaltete nach der Flucht des Domherrn Thomas Quentel kommissarisch das Offizialat und wurde 1690 zum Offizial ernannt, allerdings schon 1696 wegen seiner Eigenmächtigkeiten abgesetzt. Quentel hatte bei der den kanonischen Regeln nicht genügenden Wahl (vom 19.7.1688) für den vom wittelsbachischen Kurfürst-Erzbischof Maximilian Heinrich begünstigten und von der französischen Partei im Domkapitel gewählten Kandidaten, Wilhelm Egon von Fürstenberg, gestimmt und war mit diesem 1689 nach Straßburg geflohen, wo er bald darauf verstarb. Auch der trinkfeste Domherr Heinrich Mering flüchtete, allerdings nur vorübergehend, nach Straßburg. Das Offizialat wurde als höchstes erzbischöfliches Gericht im 13. Jahrhundert eingerichtet. Seinen Sitz hatte es zunächst im 1674 abgerissenen erzbischöflichen Palast.

131

8 Die Achskapelle (Dreikönigenkapelle)

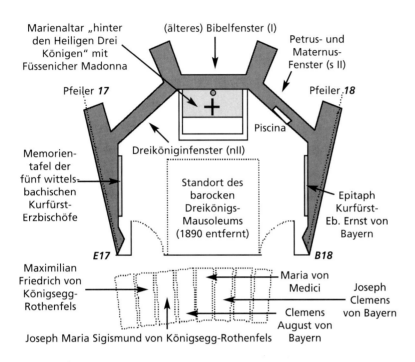

Marienaltar „hinter den Heiligen Drei Königen" mit Füssenicher Madonna

(älteres) Bibelfenster (I)

Petrus- und Maternus-Fenster (s II)

Pfeiler *17*

Pfeiler *18*

Piscina

Dreiköniginfenster (nII)

Memorientafel der fünf wittelsbachischen Kurfürst-Erzbischöfe

Standort des barocken Dreikönigs-Mausoleums (1890 entfernt)

Epitaph Kurfürst-Eb. Ernst von Bayern

E17

B18

Maximilian Friedrich von Königsegg-Rothenfels

Maria von Medici

Joseph Clemens von Bayern

Clemens August von Bayern

Joseph Maria Sigismund von Königsegg-Rothenfels

Grundriss Achsenkapelle

Geschichte und Ausstattung

Aus architektonischer Sicht handelt es sich bei dieser Kapelle um die Achskapelle. Wegen des dort platzierten Dreikönigenaltars und in Erinnerung an den früheren Standort des Dreikönigenschreins trägt sie heutzutage die Bezeichnung **Dreikönigenkapelle**. Im Mittelalter wurde sie oft Marienkapelle genannt, obwohl das südliche Seitenschiff des Chors den gleichen Namen hatte. Dieser erinnerte an den Kultus im Alten Dom, in dem der Ostchor Maria, der Westchor Petrus geweiht war.

Mit großer Wahrscheinlichkeit fand Konrad von Hochstaden 1261 zunächst in dieser Kapelle seine letzte Ruhestätte. Demnach hatte man die Kapelle schon zu dieser Zeit fertig gestellt und wohl auch verglast[221]. 1322 wurde das Grab in die benachbarte Johanneskapelle verlegt (s. S. 147 ff.), da man den prominenten Platz für den Dreikönigenschrein benötigte. Die Reliquien sollten ursprünglich ihren Platz in der Vierung des Doms finden, die jedoch im Mittelalter unvollendet blieb.

In der Achskapelle wurde nach 1322 – der genaue Zeitpunkt ist nicht geklärt – für die Sicherheit des Schreins ein eigenes Gittergehäuse errichtet, dessen Äußeres mehrfachen Veränderungen unterlag. Der letzte Zustand ist uns durch einige alte, aber ungenaue Stiche überliefert. Im Jahr 1574 gelang es trotz aller Schutzmaßnahmen, den so genannten Ptolemäerkameo von der Frontseite des Schreins zu stehlen (s. S. 60 ff.).

Mitte des 17. Jahrhunderts plante man vorübergehend, vor dem eingegitterten Schrein einen Dreikönigenaltar zu errichten, gab dieses Projekt aber zugunsten eines massiven steinernen Mausoleums, das die vorhandenen eisernen Gitter ersetzen sollte, auf. Der Domherr Heinrich Mering, der uns auch vom Kreuzaltar in der Kreuzkapelle bekannt ist, betreute den Entwurf und stiftete 5000 Gulden. 1668 wurde mit dem Bildhauer Heribert Neuss ein Kontrakt für die Ausführung unterzeichnet. Die Schirmherrschaft über das Projekt hatte der wittelsbachische Kurfürst-Erzbischof Maximilian Heinrich, der im folgenden Jahr ebenfalls einen kleinen finanziellen Beitrag leistete. Das barocke Bauwerk aus schwarzem Marmor mit hellen Alabasterreliefs an Vorder- und Rückseite konnte nicht zügig vollendet werden, da Heribert Neuss verstarb und das Domkapitel 1682/83 langwierige Rechtsstreitigkeiten mit dessen Witwe ausfechten musste. 1699 fügte der Bildhauer Michiel van der Voort Standfiguren der hll. Felix und Nabor hinzu. Ferner brachte man ein Brustbild des hl. Gregor von Spoleto an, dessen exakte Platzierung an dem Bauwerk nicht mehr erschlossen werden kann.

Im Zuge der allgemeinen Entbarockisierung des Doms gegen Ende des 19. Jahrhunderts, die schon Sulpiz Boisserée gefordert hatte, wurde das Mausoleum 1889 ohne vorherige genaue Vermessung abgetragen. Die (westliche) Vorderseite des Mausoleums wurde in leicht veränderter

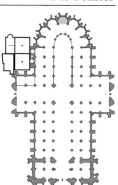

Gestalt an der Ostwand des nördlichen Seitenschiffes später wiedererrichtet und bildet nun den Rahmen für die Gnadenmadonna (s. S. 243 ff.). Die (östliche) Rückseite landete im Depot.

Die Wandbemalung der Kapelle, die eine barocke Marmorverkleidung verdeckte, wurde unter Berücksichtigung mittelalterlicher Reste von dem Kirchenmaler Friedrich Stummel (1850–1919) aus Kevelaer in Anlehnung an die Ausmalung der Pariser Sainte-Chapelle erneuert. Die Kreuzigungsgruppe über dem Abschlussgitter der Kapelle, möglicherweise ein Werk des spätgotischen Bildschnitzers Tilman, stellt mit der geschweiften Konsole, auf der Maria und Johannes stehen, den Bezug zum *„arbor vitae"* her. Im 19. und 20. Jahrhundert hatte die Gruppe ihren Platz an der Domorgel des nördlichen Querhauses, die einem Bombenangriff in der Nacht vom 28. zum 29. Juni 1943 zum Opfer fiel (s. S. 244 ff.).

Der Fußboden der Achskapelle wurde Ende des 19. Jahrhunderts in die Essenwein'sche Beflurung (s. S. 39 ff.) einbezogen: Bis 1947 sah man an dieser Stelle ein Mosaik, das die Anbetung der Heiligen Drei Könige in Anlehnung an das „Dombild" Stefan Lochners (s. S. 87 ff.) zeigte. Als man 1947/48 nach der Gründungsurkunde von 1248 grub – leider blieb die Aktion erfolglos –, hat man es abgeräumt.

Die Fenster

Die Achskapelle ist die einzige im Kapellenkranz, in der sich ein mittelalterliches Fenster der Erstausstattung an seiner ursprünglichen Stelle befindet: das ältere Bibelfenster. Es war ursprünglich das einzige farbig-figürliche der Polygonkapellen. In den übrigen Fenstern befanden sich ornamentale Grisaillen[222]. Schon nach etwa sechzig Jahren wurden in deren untere vier Zeilen figürliche Darstellungen eingesetzt (s. S. 96 ff.). Von dieser Zweitausstattung sind einige Fenster erhalten geblieben; bis zu der Rekonstruktion durch Rüdiger Becksmann herrschte über ihre Anordnung allerdings Unsicherheit. Schon länger hatte man vermutet, dass die Seitenfenster der Achskapelle, die ja auch eine Marienkapelle war und in der Nachfolge des Marienchors des Alten Doms stand, bahnübergreifende Marienthemen zeigten. Dass Maria nur im Dreikönigenfenster eine Huldigung erfahren hätte, nahm man nicht an. Renate Kroos vermutete, dass auch das Marienkrönungsfenster hier seinen ursprünglichen Platz gehabt haben könnte (KROOS, LQ 106; vgl. 7.3.2), Becksmann hingegen nimmt in diesem Zusammenhang eher eine (verschollene) Darbringungsszene an (vgl. S. 140 ff.).

Das Dreikönigenfenster linkes Fenster (nord II)

Dieses Fenster gehört zu der um 1330/40 geschaffenen Zweitausstattung der Chorkapellen und befindet sich mit großer Sicherheit an seinem ursprünglichen Platz (BECKSMANN 150). Von den acht Scheiben wurden die unteren zwei 1844 ganz neu geschaffen; Stifterwappen gibt es hier keines. Der goldene Wimperg über der Hauptgruppe und Teile des Maßwerks der Architektur nehmen Formen aus dem Fassadenplan „F" auf.

Eingefügt in eine dreiteilige Architektur, die vorwiegend von goldenen Wimpergen, Arkaden und Fialen gebildet wird, findet das Ereignis der Anbetung durch die Heiligen Drei Könige statt. In der mittleren, emporgehobenen Arkade thront rechts Maria, in Rot gekleidet mit einem hellvioletten Mantel. Ihr perlengesäumter Nimbus ist grün. Auf ihrem Schoß steht das grüngewandete Christuskind mit rotem Nimbus und grünem Kreuz. Über dem Kind strahlt der Stern von Bethlehem. Links kniet der älteste der drei Könige. Er ist in Blau gekleidet, darüber trägt er einen roten Mantel. Seine goldene Krone hat er abgenommen und bringt einen mit Goldmünzen gefüllten Kelch dar, nach dem das Kind das rechte Ärmchen ausstreckt. Der linke König, als jüngster bartlos dargestellt, steht deutlich tiefer und blickt zu dem Geschehen hinauf. Er trägt ein grünes Gewand, darüber einen rotvioletten Mantel mit einem üppigen Hermelinkragen. Der rechte, das Mannesalter verkörpernde König, steht ebenfalls tiefer. Er trägt über violettem Gewand einen blauen Mantel; seine Rechte weist in traditioneller Geste zum Stern.

In den Tabernakeln über den beiden äußeren Königen steht links Johannes der Täufer, gekleidet in einen braunen, härenen Mantel. Er hält in der Linken ein Medaillon mit dem Bildnis des Lammes *(Agnus Dei)*, auf das er mit der Rechten verweist. In dem Tabernakel über dem rechten König steht der hl. Gereon, geschützt durch einen hellen Kettenpanzer, gekleidet mit rotem Wams, hellem, gezaddeltem Waffenrock und violettem Mantel. Sein Nimbus ist rot, ebenso das Schild, das zusätzlich ein weißes Kreuz trägt. In vier kleineren Tabernakeln über dem Wimperg stehen vier Könige, in zwei Tabernakeln über Johannes dem Täufer und dem hl. Gereon zwei Propheten.

Die Szene der Anbetung hat mit der älteren Darstellung im Chorobergaden das Motiv des stehenden Kindes gemeinsam[223]. Das Christuskind erscheint auch hier sehr intim und menschlich, indem es sich begehrlich zum Geschenk des ältesten Königs vorbeugt. Anders als im etwa 35 Jahre älteren Achsenfenster des Hochchors nähern sich die Könige von rechts (einer) und von links (zwei); Maria und das Kind blicken nach links.

Über den acht Scheiben erhebt sich ein schöner alter Ornamentteppich, der alle oberen Felder ausfüllt. In den Scheiben 11a und 11b sieht man je ein Stifterwappen, das in rotem Feld drei übereinandergestellte weiße Turnierkragen mit fünf, dann vier, schließlich drei Lätzen zeigt. Dieser Wappentyp erscheint auch im Allerheiligenfenster (s. S. 151 ff.) und im Chorobergadenfenster (S V, s. S. 51 ff.). Herbert Rodes Vermutung, dass es sich um das Wappen einer gewissen Sophia Overstolz (1313 verwitwet) handeln könnte (CV 60), blieb nicht unwidersprochen. Das Couronnement ging im Zweiter Weltkrieg verloren und wurde durch neue Scheiben ersetzt.

Renate Kroos bezweifelte schon 1979 die von Rode vorgenommene und nicht mehr aufrechterhaltene Datierung des Fensters, und zwar aufgrund von Modevergleichen: „ *... der nicht nur leicht erweiterte, sondern fast schulterbreite und tiefe Halsausschnitt ihres* [Mariens] *Gewandes ... Dort* [beim hl. Gereon] *sieht man einen unten gezaddelten Waffenrock, den Plattenpanzer aus breiten Querschienen, den tief durchhängenden Schwertgurt, Rüstungsformen, die frühestens seit den dreißiger Jahren ausgebildet wurden ... Auch die angenommene Stifterin, Sophia Overstolz, lebte noch 1335"* (KROOS, LQ 106).

Das ältere Bibelfenster mittleres Fenster (I)
Das zwischen 1250 und 1260 entstandene Fenster ist das älteste im Doms und gehört stilistisch der Übergangszeit von der rheinischen Romanik zur Gotik an. Sein Aufbau ist kleinteiliger als der der übrigen Fenster des Kapellenkranzes: Herbert Rode gab für jede Scheibe durchschnittlich etwa 400 Glasstücke an (CV 49). Das Fenster, das in Abgrenzung zu einem zweiten (jüngeren) Bibelfenster in der Stephanuskapelle als das „ältere" bezeichnet wird, hat seine Bezeichnung von der Darstellung biblischer, sowohl alt- wie neutestamentlicher Szenen, die zueinander unter bestimmten Gesichtspunkten in Beziehung gesetzt werden. Der Typ des Bibelfensters entwickelte sich in der Mitte des 13. Jahrhunderts vor allem im Rheinland aus der Verbindung des älteren Wurzel-Jesse-Fensters mit dem ebenfalls schon bekannten typologischen Fenster. Von Bedeutung ist auch das bekannte Bibelfenster aus St. Vitus in Mönchengladbach.

Die spätantiken und mittelalterlichen Exegeten der Bibel bezogen vor allem aus dem Wort des auferstandenen Christus „ *... es muss alles erfüllet werden, was von mir geschrieben ist im Gesetz*

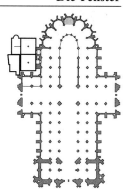

des Moses, in den Propheten und in den Psalmen" (nach Lk 24, 44/45) und der Erklärung, dass er den Jüngern damit das *„Verständnis"* geöffnet habe, *„dass sie die Schrift"* verstünden, den Auftrag, alle vorbildlichen Ereignisse des Alten Testaments und ihre neutestamentlichen Entsprechungen aufzuspüren. Dem hl. Augustinus war konsequenterweise das Alte Testament nichts anderes, als das mit einem Schleier verhüllte Neue Testament[224]. Die von ihm und anderen Exegeten herausgearbeiteten Entsprechungen blieben sich aber nicht über die Jahrhunderte gleich, sondern waren einem gewissen Wandel unterworfen.

In diesem Fenster, das wegen seiner Lage in der Mittelachse des Doms auch die Bezeichnung „Achsenfenster" trägt, werden in zwei senkrechten Bahnen mit zehn waagerechten Zeilen zehn Ereignissen aus dem Neuen Testament zehn Entsprechungen aus dem Alten Testament gegenübergestellt. Die alttestamentlichen Szenen stehen in der linken Bahn in kreuzförmigen Feldern. Die Medaillons mit Szenen des Neuen Testaments werden in der rechten Bahn von einem aufsteigenden grünen Band durchzogen. Es ist das Kreuz Jesu (Scheibe 8b), das als „Baum des Lebens" alle Bildfelder zusammenfasst und aus dessen Ranken Propheten und Könige herausschauen. Über den Rechteckfenstern wird gewissermaßen das Resümee aus ihrer theologischen Aussage gezogen: Hier befinden sich in zwei von gespitzten Kleeblattbögen eingeschlossenen Scheiben eine Darstellung Mariens mit dem auf ihrem Schoß stehenden Kinde sowie eine mit dem thronenden Christus (vgl. S. 114 ff.). (nichtmittelalterlicher Bestand ist *kursiv* geschrieben)

1a) **Die Erschaffung Evas** (nach Gen 1,27). Gott führt die aus der Seite des ruhenden Adam entsteigende Eva dem Leben zu, indem er sie beim rechten Unterarm ergreift und mit seiner Rechten das Segenszeichen macht. Inschrift links neben Gott: DEUS. Der führende Griff Gottes darf sicherlich zu jenem in Beziehung gesetzt werden, den Christus bei Darstellungen der Höllenfahrt tut, wenn er Adam und Eva errettet. Die Scheibe zeigt wahrscheinlich die alte Ikonografie, wurde aber um 1844 und erneut 1900 kaputtrestauriert.

1b) **Die Geburt Mariens** (nach dem apokryphen Pseudo-Jakobus 4,1). Die hl. Anna liegt als Wöchnerin auf ein Lager hingestreckt, rechts von ihr bereiten Helferinnen das Bad für das Neugeborene vor. Im Vordergrund ist auf dem Schoß der Hebamme das Kind Maria zu sehen. Inschriften: JESAIAS und DANIEL[225]. Die Scheibe wurde um 1844 und erneut 1901 kaputtrestauriert.

2a) **Die Werbung um Rebekka** (nach Gen 24,52 f.). Abrahams Diener Elieser (in rotem Gewand mit gelben Ärmeln, über ihm im roten Rahmen klein die Inschrift: ELIEZEB) wirbt in dessen Auftrage um Rebekka als Braut für Isaak. Der Diener hält in seiner Rechten Geschenke. Links unter einem weißen Baldachin steht die rotgewandte Auserkorene mit Bruder und Mutter (li.). Unten bei Elieser das Schriftband PLATIS VASIS + DEDIT REBECE, in der Mitte die Schrift REBECCA + VADAM.

Im jüngeren Bibelfenster ist der Richter Gideon mit dem Vlies das typologische Vorbild der Verkündigung an Maria (s. S. 114 ff.).

2b) **Die Verkündigung an Maria** (nach Lk 1,26–38). In die gleichen Farben gekleidet wie Elieser in der nebenstehenden Szene, tritt der Engel Gabriel (li.) auf Maria zu; diese sitzt auf einem braunen Thron und ist in einen rotvioletten Umhang und ein weißes Untergewand und ein weißes Kopftuch gekleidet. Jeremias (li.) und Salomon (re.) strecken ihre Köpfe von unten in das Feld. Die linke untere Ranke (außerhalb des Kreuzfeldes) mündet als einzige in eine (gelbe) Weintraube aus: ein Hinweis auf Christus. Inschriften: JEREMIAS und SALOMON[226].

3a) **Der brennende Dornbusch** (nach Ex 3,1ff.). Moses, in grünem Mantel mit gelben Ärmeln, hat sich hingesetzt, um seine Schuhe auszuziehen, sowie er Gottes Rede (im Schriftband:

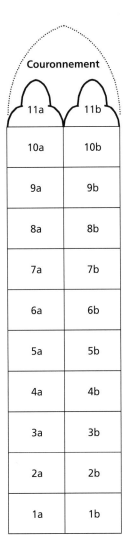

Couronnement

11a	11b
10a	10b
9a	9b
8a	8b
7a	7b
6a	6b
5a	5b
4a	4b
3a	3b
2a	2b
1a	1b

Älteres Bibelfenster

SOLVE CALCIAMENTUM) vernimmt. Geschickt hat man bei der Komposition die Möglichkeiten, die das kreuzförmige Feld bietet, ausgenutzt: Moses streckt sein rechtes Bein tief in den unteren Teil des Feldes. Gott, hier mit den Gesichtszügen von Christus dargestellt, ist über roten Flammen in einem grünen Baum mit einem goldgelben Stamm erschienen. Gott-Christus trägt einen hellblau-gelb gespaltenen Mantel. Im weißen Nimbus erscheint ein rotes Kreuz.

Der brennende Dornbusch ist das typologische Vorbild der Geburt Christi. Im Mittelalter sah man ihn auch als Symbol der Jungfräulichkeit Mariens: Er brennt, verzehrt sich aber nicht – sie gebiert und bleibt dennoch Jungfrau.

3b) **Die Geburt Christi** (nach Mt 1,25; Lk 2,1–20). Vorne rechts liegt die Wöchnerin Maria, in grünem Kleid und rotem, blau gefütterten Mantel, auf einem Ruhelager, das sie wie ein Kokon umgibt. Ihr Nimbus ist rot. Links hinten steht Joseph, gelbgekleidet mit rotviolettem Mantel, einen Stab in der Rechten. In der Mitte der Komposition liegt das Christuskind (mit goldgelbem Nimbus) als Wickelkind in einer gemauerten Krippe. Hinter ihm stehen in zwei Architekturbögen ein rötlicher Ochse und ein grauer Esel. Beide Tiere werden im Neuen Testament weder bei Lukas noch bei Matthäus erwähnt[227]. Über den Bögen erhebt sich ein Gebäude mit rotem Kuppeldach, wahrscheinlich der Palast Davids (vgl. S. 199 ff., Scheiben 6b ff.). Aus der unteren Scheibe recken König Jeruboa (li. in rotem Mantel) und der Prophet Ezechiel (re. in Rosa) ihr Haupt unter die Szene. Die Inschriften in den Kreismedaillons lauten: REX IERVBOA (li.), EZECHIEL (re.). Die Darstellung des Letzteren bezieht sich auf Ez 44,1 ff.: *„Und er [der Herr] führte mich zu dem äußern Tor des Heiligtums gegen Morgen; es war aber geschlossen / Und der Herr sprach zu mir: Dies Tor soll zugeschlossen bleiben und nicht aufgetan werden [sog. porta clausa], und soll niemand dadurchgehen; denn der Herr, der Gott Israels, ist dadurch eingegangen, darum soll es zugeschlossen bleiben / Doch den Fürsten ausgenommen; denn der Fürst soll daruntersitzen, das Brot zu essen vor dem Herrn; durch die Halle des Tors soll er hineingehen und durch dieselbe wieder herausgehen.“*[228]

4a) **Die Königin von Saba vor Salomon** (nach 1 Kön 10,1–13 und 2 Chr 9,1–12). Salomon, in rotem Mantel, thront auf einem perspektivisch dargestellten Thron und hält sein langes, weißes Zepter. Links hinter ihm steht ein Diener. Von rechts naht die Königin von Saba mit ihrem Gefolge. Ihre blaue Gesichtsfarbe soll vermutlich ihre fremdländische Herkunft bezeichnen. Sie ist in einen roten, hermelingefütterten Mantel gekleidet, trägt eine Krone und präsentiert ein Geschenk. Hinter ihr stehen zwei ihrer Hofdamen, eine davon hat ebenfalls ein blaues Gesicht.

Der Legende zufolge zeugen Salomon und die Königin ein gemeinsames Kind, Menelik, auf das sich die äthiopischen Könige später zurückführen werden. Der Besuch der Königin ist ein häufiges typologisches Vorbild der Anbetung durch die Heiligen Drei Könige.

4b) **Die Anbetung der Heiligen Drei Könige** (nach Mt 2,1–12). Links thront in Rot gekleidet Maria; auch ihre Krone ist rot. Auf ihrem rechten Oberschenkel sitzt das Christuskind, das ein helles Gewand trägt und in der Rechten das Zepter führt. Sein Haupt hinterfängt ein goldener Nimbus mit einem weißen Kreuz. Links im Hintergrund steht ein Gebäude, vielleicht der Palast Davids. Im Feld rechts, nahezu in der Mitte, kniet der blaugewandete älteste König, der seine Gaben darbringt. Hinter ihm sind die beiden jüngeren Könige zu sehen; der jüngste ist bartlos. Die Gesichter der beiden bärtigen Könige lassen sich leicht als erneuert erkennen. Unter der Szene in den Medaillons sieht man den Propheten Daniel in hellem Rotviolett und König Osias in Gelb; seine Krone in Rot. Die Inschriften, noch in der unteren Scheibe, lauten: PRO DANIEL und REX OZIAS.

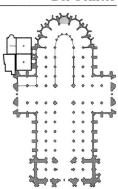

Der Prophet Daniel findet sich in dieser Darstellung aufgrund der folgenden Stelle bei Dan 11,3: *„Ein mächtiger König wird aufstehen und mit großer Macht herrschen."*[229]

5a) **Die Aufopferung Samuels** (nach 1. Sam 1,24 f.). In der Mitte der Szene sitzt auf einem perspektivisch gestalteten Altar das Kind Samuel – der zukünftige Richter, der Saul zum König salben wird; es ist oben weiß, unten grün gekleidet. Links steht Eli, der Priester des Bundesladenheiligtums in Silo (Schilo), in Goldgelb gekleidet mit hellblauer Kopfbedeckung und ebensolchem Tuch vor dem Leib. Er legt seine Rechte auf das Haupt des Kindes. Rechts stehen der Priester Elkana, der Vater, violett und grün gekleidet, sowie die Mutter Hanna, beide mit weißen, spitzen Judenhüten.

Das Ereignis ist das typologische Vorbild der Darbringung im Tempel[230].

5b) **Die Darbringung im Tempel** (nach Lk 2,22–40). Das Ereignis wird in einer formal ähnlichen Szene wie der nebenstehenden (5a) abgehandelt. In der Mitte auf einem vergleichbaren Altar präsentiert sich das Christuskind, grün gewandet mit rotem Nimbus. Links steht Joseph in Violett mit gelben Ärmeln, rechts Maria in Rot; beide sind goldnimbiert. Maria hält auf ihren Händen die weiße Taube[231]. In den (unteren) Medaillons sieht man links König David, gelbgekleidet mit roter Kopfbedeckung, und rechts den Propheten Amos in Rot. Die Inschriften lauten: AMOS und REX DAVID[232].

Die Darbringung wurde ab dem 9. Jahrhundert in der Regel mit Christus, Simeon und Maria dargestellt. Ab dem 12. Jahrhundert erscheint Christus aufrecht auf dem Altar stehend, von dem alten Priester und seiner Mutter gehalten; so auch an der Nordseite des Hochaltars im Dom (s. S. 57 ff.; vgl. aber auch die Chorschrankenmalereien in S I, 5; hier sind Christus, Maria, Joseph, Simeon und Engel dargestellt).

6a) **Die Arche Noës** (Noah; nach Gen 7,1 ff.). Die Arche fährt über grüne und gelbe Wellenberge; ihr weißer Rumpf trägt einen zweistöckigen, durchfensterten Aufbau, der oben von einer Kuppel geschlossen ist. Noë (sein Kopf ist erneuert), in gelbem Gewand, in der Hand hält er die weiße Taube. Das Ereignis der Sintflut ist das typologische Vorbild der Taufe Christi. Im jüngeren Bibelfenster ist jedoch die Reinigung Naëmans vom Aussatz das typologische Vorbild (vgl. S. 114 ff., Scheibe 4a).

6b) **Die Taufe Christi** (nach Mt 3,13–17; Mk 1,9–11; Lk 3,21–22). Die stark erneuerte Scheibe zeigt in der Mittelachse den unbekleideten Christus, umspült von den grünlichen Wellenbergen des Jordans. Der Nimbus ist golden mit einem roten Kreuz. Links steht Johannes der Täufer. Über seinem weißen Gewand trägt er einen zurückgeschlagenen roten Umhang; sein Nimbus ist grün. Mit der Rechten macht er das Segenszeichen. Rechts steht ein Engel in blauem Mantel, sein Nimbus ist rot; er hält ein weißes Gewand bereit. Unmittelbar über dem Haupt Christi stößt von oben die weiße Taube herab. Unter der Szene sieht man links Jakob und rechts Abraham. Die Inschriften lauten: JAKOB und ABRAHAM[233].

7a) **Das Gastmahl Abrahams** (nach Gen 21,8). Hinter einer gedeckten Tafel, den mittleren Platz einnehmend, sitzt Abraham, grüngewandet. Zu seiner rechten Seite (also li. im Bild) sitzen zwei Gäste. Links von Abraham ist seine Frau Sarah, rotgewandet mit gelbem Mantel, zu sehen; ihre entblößte linke Brust schaut aus einem Schlitz im Kleid heraus und wird offenbar von dem Knaben Isaak (re. in Grün) festgehalten, den gerade eine weißgekleidete Dienerin fortträgt[234]. Alle Tafelnden tragen spitze Judenhüte.

Rode (CV 54) wies darauf hin, dass das Ereignis, das bisher als Passahmahl gedeutet wurde, als solches nicht charakterisiert ist: Es fehlt auf dem Tisch das Lamm, wie es im Bibelfenster von

137

St. Vitus in Mönchengladbach erscheint. Die genaue Betrachtung dieser ungewöhnlichen Szene lässt nur den Schluss zu, dass es sich um das Gastmahl Abrahams handelt, das dieser am Tag der Entwöhnung Isaaks abhielt (nach Gen 21,8): *„Abraham machte ein großes Mahl an dem Tage, da Isaak entwöhnt ward."* Als typologisches Vorbild für das Abendmahl wird dieses Gastmahl selten verwendet; geläufiger ist das Mahl des Melchisedech mit Abraham.

7b) **Das Abendmahl** (nach Mt 26,20–30; Mk 14,17–26; Lk 22,14–23; Joh 13,21–30). Es wird kompositorisch ähnlich behandelt wie die nebenstehende Szene (7a). Hinter einer Tafel befindet sich Christus in rotem Mantel mit einem grünen Kreuz im goldgelben Nimbus. Neben ihm sitzt Johannes, grüngewandet; sein Haupt ist an die Brust Christi niedergesunken. Die beiden werden rechts und links von je zwei Jüngern umgeben, denen aber keine Attribute beigegeben sind; alle erscheinen nimbiert. Vor der Tafel hockt der Verräter Judas Ischarioth, dem Christus einen Bissen zusteckt. Unter der Szene links und rechts sind zwei Medaillons mit Josaphat und Jesaia zu sehen. Die Inschriften verweisen auf beide: JOSAPHAT und PRO ISAIAS[235].

8a) **Die Opferung Isaaks** (nach Gen 22,2 ff.). Das Kind Isaak, gelb gewandet, kniet auf einem Altar; sein Blick richtet sich auf seinen Vater Abraham. Dieser steht links in weißem Gewand und rotem Mantel, hält in der Rechten ein Messer, um seinen Sohn zu schlachten, erblickt aber mit rückwärtsgewandtem Haupt den Engel des Herrn und den Widder, der sich in einem grünen Bäumchen mit den Hörnern verfangen hat.

Die Opferung – das typologische Vorbild zur Kreuzigung – sollte auf Geheiß Gottes in dem Land Morija stattfinden[236].

8b) **Die Kreuzigung Christi** (nach Mt 27,33–56; Mk 15,22–41; Lk 23,33–49; Joh 19,17–37). Christus ist mit ein weißem Lendentuch bekleidet dargestellt, sein Haupt zieren ein weißer Nimbus und ein rotes Kreuz. Er hängt an einem grünen Rankenkreuz *(arbor vitæ)*, das gebogene Arme besitzt und dessen Stamm das grüne Band ist, das sich durch alle neutestamentlichen Szenen des Bibelfensters hindurchzieht. Im linken Bildfeld steht Maria, die über grünem Gewand einen roten Mantel trägt, auf der anderen Seite der Jünger Johannes in Grün und Violett; die Nimben beider Figuren sind golden. Weiße und gelbe Ranken hinterfangen die gesamte Szene. Unten erscheinen die Köpfe des Propheten Joel (li. in Rot) und des unglücklichen Absalom (re. in gelb). Ersterer erscheint in dieser Darstellung im Zusammenhang mit der Stelle *„und der Herr wird aus Zion brüllen und aus Jerusalem seine Stimme lassen hören, dass Himmel und Erde beben wird ..."* (nach Joel 4,16), letzterer mit der folgenden: *„Da nahm Joab* [einer der drei Feldhauptleute Davids] *drei Spieße in seine Hand und stieß sie Absalom ins Herz, da er noch lebte an der Eiche"* (nach Sam 2;18,14). Die Inschriften zu den Medaillons – PRO IOHEL und ABSALOM – stehen noch in der unteren Scheibe.

Das Rankenkreuz trat in Köln erstmals in der Kreuzigung im Wurzel-Jesse-Fenster in St. Kunibert auf[237].

9a) **Jonas wird an Land gespien** (nach Jona 2,1 ff. und Mt 12,40). Aus grünen und gelben Wellenbergen steigt ein hellgraublauer Fisch auf, der aus seinem Maul den violett gewandeten Propheten ausspeit. Im Hintergrund sieht man eine Insel mit einem grünen Baum.

Jonas, der neunte der Kleinen Propheten, hatte sich dem Auftrag Gottes, das Volk von Ninive zur Buße zu mahnen, durch Flucht per Schiff entzogen, wurde während eines Sturms über Bord geworfen, von einem Fisch verschluckt und am dritten Tag wieder ausgespien. Dieses Ereignis ist das typologische Vorbild der Auferstehung Christi par excellence, denn Christus selbst verglich seine Auferstehung mit diesem Ereignis: *„Denn gleichwie Jonas*

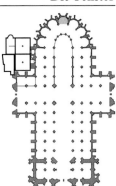

war drei Tage und drei Nächte in des Walfisches Bauch, also wird des Menschen Sohn drei Tage und drei Nächte mitten in der Erde sein" (Mt 12,40).

9b)**Die Auferstehung Christi** (Mt 28,1–10; Mk 16,1–8; Lk 24,1–12; Joh 20,1–8). Christus, weiß nimbiert mit rotem Kreuz, tritt in offenem rotem Mantel, sieghaft aus seiner Grabtumba (Oberkante gelb). Mit der Rechten macht er ein Siegeszeichen, in der Linken hält er den Schaft einer langen, gelben Fahne, die in einem weiten Bogen nach links schwingt. Spiegel-bildlich zur Fahnenstange steht links eine Lanze der zwei schlafenden Wächter, sodass Chris-tus gewissermaßen aus einem großen „V" *(für „victoria")* heraustritt. Vor ihm liegt einer der gepanzerten, schlafenden Wächter in blauem Waffenrock und gelber Schärpe; links schläft in sitzender Haltung ein zweiter in rotem Waffenrock. Unterhalb der Szene ragen die Köpfe von König Hosea und Prophet Jonas. Die zugehörigen Inschriften lauten: HOSEA und PRO JONAS[238].

10a) **Die Himmelfahrt des Elias** (nach 2 Kön 2,11 ff.). Das kreuzförmige Feld ist optimal genutzt (vergleichbar der Komposition in 3a): Der Prophet Elisa (in der Vulgata: *Elisæus*) streckt beim Sitzen seine Beine tief in den unteren Arm des Kreuzfeldes; er ist weiß gewan-det, trägt um die Hüften einen grünen Mantel und streckt seine Hände aus nach dem gelben Mantel, den ihm sein Lehrer, der Prophet Elia hinreicht. Dieser steht auf einem goldgelben Wagen mit vier Rädern, der mit einem Apfelschimmel bespannt ist; jedoch ist nur die hintere Hälfte des Pferdes zu sehen. Elias selbst ist gelb und grün gekleidet und hat einen violetten Nimbus[239].

Die Himmelfahrt des Elias ist das typologische Vorbild der Himmelfahrt Christi.

10b) **Die Himmelfahrt Christi** (nach Mk 16,9; Lk 24,50–51; Apg 1,6–11). In dieser Scheibe verbreitert sich das grüne Band, das alle Ereignisse der rechten Bahn durchzieht, zu etwa drei-facher Breite und endet in einem gelben Plateau. Auf diesem steht Christus mit bloßen, von den Wundmalen gezeichneten Füßen, weißgewandet mit rotem Mantel, die gleiche Fahne und Stange wie bei der Auferstehung haltend. Sein Nimbus ist golden mit einem violetten Kreuz; seine Rechte macht ein Zeichen des Segens. Abgeteilt von einem gebogenen Spruchband (ORA PRO NOBIS) sehen im linken Feld vier Aposteln der Himmelfahrt zu, im rechten drei. In den kreisförmigen Medaillons unter der Szene recken zwei Gestalten ihre Köpfe; sie sind durch die Inschriften (noch in Feld 9b) als MICHEAS und EZECHIEL ausgewiesen. Rode (CV 56) vermu-tete, dass die letzten Buchstaben falsch erneuert worden sind und dass eigentlich König Eze-chias gemeint war[240].

11a) **Thronende Muttergottes mit Kind**. Auf dem linken Oberschenkel der gekrönten, in Gelb und Rot gekleideten Maria steht das grüngewandete Christuskind. Dieses Motiv des auf dem Schoße Mariens stehenden Jesuskindes ist eng mit dem Gedanken der permanenten Eucharis-tie verknüpft. Herbert Rode leitete es noch linear vom Einfluss des byzantinischen Eleousa-Bildes ab (vgl. S. 54 ff.).

Ulrike Brinkmann hielt es für wahrscheinlich, dass der Christusknabe erst nachträglich ein-gefügt wurde, und dass hier ursprünglich eine thronende Maria zu sehen war, die als *„sponsa Christi, als Braut, die im Hohelied Salomos besungen wird"*, anzusehen ist (BRINKMANN, 1998, 176). Damit hätten die beiden Scheiben dieser Zeile eine ekklesiologische Aussage getroffen wie die entsprechenden Scheiben im jüngeren Bibelfenster (508). Zur Beobachtung Brinkmanns könnte vielleicht das Sichtbarmachen des rechten Fußes Mariens passen, der in einem weißen Schuh steckt (197).

11b) **Thronender Christus**. Seine Gestalt ist in Grün und Rot gekleidet; die Füße sind bloß. Mit der Rechten macht er das Segenszeichen, mit der Linken hält er ein weißes Buch. Seinen goldenen Nimbus ziert ein blaues Kreuz. Unter dem goldenen Thron endet das die ganze Bahn vertikal durchziehende grüne Band in einer Lilie (in Scheibe 10b).

Die Scheiben des Couronnements gingen im Zweiten Weltkrieg verloren und wurden ersetzt.

Das Petrus- und Maternus-Fenster rechtes Fenster (süd II)

Diese Glasmalerei gehört zur gotischen Zweitausstattung des Chorkapellenkranzes der Jahre um 1330/40. Die hier gezeigte Zusammenstellung des hl. Petrus mit dem hl. Maternus entspricht alter Kölner Tradition: Maternus, der erste nachgewiesene Kölner Bischof, war der Legende nach ein Petrusschüler und wird als der legitime Nachfolger des Erstapostels und der Begründer der Kölner Kirche ausgewiesen[241]. Domarchivar Rode war fest davon überzeugt, dass sich die Glasmalerei am ursprünglichen Platz befände, denn er erblickte in ihr die thematische Entsprechung zum Dreikönigenfenster. Heute lässt sich dagegen mit Sicherheit sagen, dass die Konzeptoren der gotischen Zweitausstattung das Fenster für die Stephanuskapelle vorgesehen hatten (s X). Rüdiger Becksmann nimmt mit guten, auch archäologisch fundierten Gründen an, dass die Entfernung aus der Stephanuskapelle mit der von den Brüdern Ägidius und Johannes Gelenius [66] inspirierten Gestaltung des Engelbertusschreins zusammenhängt: Hier wurden erstmals die Themen der „Anbetung durch die Könige" und die Paarung „Petrus – erster Papst / Maternus – erster Bischof Kölns" zusammengefügt. Möglicherweise war die Idee so erfolgreich, dass sie beim Domklerus den Wunsch auslöste, die Petrus- und Maternusdarstellung zu den Heiligen Drei Königen zu holen (in der Achskapelle befand sich ja auch der Schrein mit ihren Gebeinen). Der Rekonstruktion von Becksmann zufolge muss der jetzige Platz des Petrus- und Maternus-Fensters früher von einer bahnübergreifenden, heute verschollenen Komposition mit der Darbringung Christi im Tempel eingenommen worden sein (BECKSMANN 154).

Das Fenster zeigt in zwei Bahnen je eine Architektur mit einer Heiligengestalt. Das linke Architektursystem ist golden und trägt einen weißen Wimperg, weiße Krabben, Fialen und Tabernakel, während rechts die Farbverhältnisse umgekehrt sind. Die unteren Scheiben wurden 1846 vollständig erneuert; damals kamen auch die Wappen des Erzbistums hinzu.

In der linken Bahn sieht man auf einem Podest den hl. Petrus (Gesicht erneuert), ausgewiesen durch den gewaltigen Schlüssel, den er in der Linken hält. In seinem blauen Nimbus erscheint die Inschrift: S PETRVS. Den Heiligen kleidet eine gelb und grün gemusterte Dalmatika, darüber trägt er ein rotes Pluviale, das von einer Schließe gehalten wird. Diese setzt sich aus einem Dreipass mit einem darübergelegten Dreieck zusammen – ein Hinweis auf die Trinität. Kopfbedeckung und Kreuzstab weisen die Figur als Papst aus. In den weißen Tabernakeln steht links unten die hl. Barbara (Turm), darüber der hl. Johannes Ev. (Buch); in den rechten Tabernakeln sieht man zuunterst die hl. Katharina (Rad und Palmzweig), darüber den hl. Paulus (Buch und Schwert).

In der rechten Bahn steht auf einem Sockel der hl. Maternus (Gesicht erneuert), ausgewiesen durch die Inschrift im roten Nimbus: S MAT ERN. Er ist pontifikal gewandet mit violetter Dalmatika und grünem, rotgefüttertem Pluviale; die Schließe bildet ein Vierpass mit darübergelegtem Quadrat – ein Hinweis auf das irdische Wirken des Heiligen. In der Linken hält er einen Bischofsstab, der mit einem Weinblatt abschließt. Auf dem Haupt trägt er eine weiße Mitra. In den linken Tabernakeln zeigt sich zuunterst der hl. Stephanus (Palmzweig), darüber der hl. Bartholomäus. Im rechten Tabernakel sieht man unten den hl. Laurentius (Rost), darüber den hl. Petrus als Apostel (Schlüssel).

140

Der Dreikönigenaltar und die Füssenicher Madonna

Der neugotische Altar wurde 1890/91 von Friedrich Wilhelm Mengelberg (1837–1919), einem Schüler des Bildhauers Christoph Stephan, in Anlehnung an die Formen des Claren-Altars geschaffen. Den Auftrag hatte Domkapitular Alexander Schnütgen erteilt, der wohl auch das gesamte Konzept zur Umgestaltung der Kapelle erarbeitet hatte. In seinem oberen Teil sollte das Werk eine bestimmte Madonnenfigur aus dessen Privatsammlung aufnehmen – entsprechend erhielt diese in der älteren Kunstgeschichte meist die Bezeichnung „Schnütgen-Madonna". Für den unteren Teil des Altars, die Predella, waren von Schnütgen drei Heilige Könige und vier Reliquienbüsten vorgesehen. Zwei der etwa 65 cm hohen Dreikönigsfiguren, die er in München angekauft hatte, erwiesen sich später als Fälschungen. Einzig die dritte, kniende Figur stammt aus dem frühen 15. Jahrhundert.

Integriert in das farbige neugotische Ensemble thront im oberen Tabernakel über den Figuren der Heiligen Drei Könige die Füssenicher Madonna, deren hoher künstlerischer Rang sich erst bei genauerem Hinsehen erschließt. Ihre Bezeichnung erhielt sie nach dem Dorf Füssenich bei Zülpich, bei dem sich ein 1157 vom Papst bestätigtes Prämonstratenserkloster befand. Mit großer Wahrscheinlichkeit stammt die Madonna aus der St. Nikolauskirche eben dieses Klosters. Schnütgen bekam sie nach eigenen Angaben in den Jahren zwischen 1880 und 1890 zugeschickt. Zum Vorbesitzer machte er keine Angaben. Für den Kunsthistoriker Richard Hamann, der sich später mit der Madonna befasste und auch eine Abbildung in seinem Bildarchiv „Foto-Marburg" abdrucken ließ, war der Herkunftsort von Bedeutung. In einem 1963 im Kölner Domblatt erschienenen Aufsatz würdigte Heinrich Appel die Madonna. Dabei machte er auch auf die Tatsache aufmerksam, dass in den von dem Maler F. Stummel erneuerten Wandmalereien der Achskapelle die Wappen des Grafen Wilhelm von Jülich (Abb. auf S. 123 ff.) und seiner Frau, Gräfin Johanna von Holland (Hochzeit um 1320; Wappen von Hennegau-Holland; Abb. auf S. 51 ff.) wiedergegeben werden, „zählten doch die Herren von Jülich zu den Schutzvögten des oben erwähnten Prämonstratenserinnenklosters"[242].

Die wahrscheinlich zwischen 1270 und 1280 entstandene, 0,96 m hohe Figur aus Nussbaumholz, ist kunsthistorisch sehr bedeutsam. Alexander Schnütgen, dessen Privatsammlung nicht weniger als 14 hochgotische Madonnen umfasste, ehe er sie dem Dom „opferte", sah in dieser Madonna sein „Juwel". Allerdings fällte er sein Urteil nicht unter ikonografischen Gesichtspunkten; ihm war die reiche Polychromie das wichtigste Kriterium. Um so erstaunlicher ist die Tatsache, dass gerade sie mit seiner Billigung „umgearbeitet" wurde. Es war der o. g. Mengelberg (s. S. 206 ff.), der sich mit Farbe, Kitt und Schnitzmesser an der Madonna zu schaffen machte und ihren Originalzustand gründlich veränderte, um sie seinen Vorstellungen anzupassen. Heinrich Appel, der durch die Verwendung des Prälaten Hoster in der glücklichen Lage war, die Madonna ausführlich in der Domsakristei zu studieren, äußerte sich in diesem Zusammenhang folgendermaßen:

„Besonders krass tritt die willkürliche Veränderung im Ausdruck der beiden Gesichter in Erscheinung, deren Augenstellung eine völlig andere Blickrichtung erhielt. Es fällt ... weiterhin auf, dass die von Schnütgen ausdrücklich hervorgehobene Musterung des Untergewandes gemildert, wenn nicht gar vollständig überdeckt wurde, während alle übrigen Gewandteile, einschließlich der Tunika des Kindes, einer nivellierenden Glättung der Oberfläche unterzogen wurden, die jede Zufälligkeit, Unebenheit und Unregelmäßigkeit auszuschalten bemüht war. Verfolgt man den Verlauf der Gewandfalten im einzelnen, so findet man allenthalben Stellen, die den Schluss nahelegen, als habe der Restaurator auch in den plastischen Bestand entweder durch Auflage von bildsamer Masse oder durch korrigie-

Johann Wilhelm Alexander Schnütgen (1843–1918), Domkapitular, Professor und Kunstsammler, war der Motor bei der Umgestaltung des Doms im neugotischen Geschmack, was allerdings auf Kosten der nichtgotischen (mitunter auch gotischen!) Substanz ging. Der zeitgenössischen Kunst stand Schnütgen ablehnend gegenüber. Um seine Person rankt eine Vielzahl humoristischer Geschichten. So heißt es, dass Schnütgen einem Dieb, der kurz zuvor in einer ländlichen Kapelle eine Madonnenfigur gestohlen hat, die Beichte abgenommen habe. Der Dieb bereute die Tat und beschrieb, von Schnütgen dazu gedrängt, die Beute. Nun wurden Details erfragt, bis es plötzlich aufgeregt aus dem Beichtsstuhl klang: „Aber das ist ja hochgotisch!" Das früher in Deutz, seit 1956 in der ehemaligen Kirche St. Cäcilien untergebrachte Schnütgen-Museum geht auf ihn zurück.

rendes Wegschneiden mit dem Schnitzmesser eigenmächtig eingegriffen. Solche Stellen lassen sich besonders in den Haarpartien, aber auch in Einzelheiten, wie der Falte, die sich vom Knie des Kindes herunterzieht, und in den sog. Schüsselfalten des Madonnenmantels, aber auch in der Detaillierung des Drachenkopfes und des Drachenschwanzes erkennen."[243]

Nach dem Zweiten Weltkrieg wurde der Restaurator Roland Gassert beauftragt, die Madonna wiederherzustellen. Dazu musste die Lackierung des 19. Jahrhunderts komplett beseitigt werden. Es wurden schwache Reste der mittelalterlichen Bemalung gefunden, die ein Goldornament, bestehend aus Löwen und Adlern in Kreisen, auf blauem Grund aufwies. Dieses Muster wurde vorsichtig ergänzt, sodass der Gesamteindruck dem alten Zustand entsprechen dürfte. Auch machte man die von Mengelberg willkürlich veränderte Blickrichtung der Figuren nebst einiger ornamentaler Hinzufügungen rückgängig.

Die nicht völlig geklärte Herkunft der Madonna wirkte sich auch auf die Frage nach der kunsthistorischen Einordnung aus[244]. Für eine exakte Datierung gab es zum Zeitpunkt, als die Figur in Schnütgens Besitz überging, keinerlei Anhaltspunkte. Schnütgen selbst glaubte, die Entstehungszeit in die Mitte des 14. Jahrhunderts legen zu dürfen, obwohl er bereits erkannte, dass Ähnlichkeiten mit der französischen Plastik um 1300 bestanden.

Richard Hamann, der bei seinen Untersuchungen der gotischen Madonnen den Faltenwurf zu einem der wichtigsten Kriterien machte, unterschied zwei Madonnengruppen voneinander: die „Linksmadonnen" und die „Rechtsmadonnen". Die Füssenicher Madonna rechnete er zur Gruppe der Linksmadonnen. Die Unterscheidung der Gruppen nahm er wie folgt vor: Läuft die dominierende Diagonalfalte in der Kniepartie von rechts oben nach links unten, so gehört die Figur zur Gruppe der Linksmadonnen; läuft sie dagegen andersherum, so handelt es sich um eine Rechtsmadonna. Hier greift das Schema allerdings nicht, denn die Füssenicher Madonna hat keine in dieser Art ausgeprägte Falte, sondern weist – anders als die Rechts- bzw. Linksmadonnen – den Drachen unter dem Fuß auf. Hamanns Feststellung einer Nähe zur *„starren"* romanischen Plastik und zum Archaischen weist jedoch in die richtige Richtung, auch wenn er damit nur eine *„Befangenheit, die Primitivität des Könnens"* meinte bezeichnen zu dürfen.

Paul Clemen legte die Entstehungszeit der Füssenicher Madonna in die Mitte des 14. Jahrhunderts (CLEMEN 246), erkannte aber eine Nähe zu den Chorpfeilerfiguren, die er jedoch wie die meisten seiner Zeitgenossen zu spät datierte (s. S. 41 ff.). Erst Herbert Rode (¹), dem das Verdienst gebührt, etliche Ausstattungsteile des Doms in den richtigen zeitlichen Rahmen gerückt zu haben, datierte die Madonna nach der Gassert'schen Restaurierung 1951 vorsichtig in die Zeit um 1300. Heute ist man sogar geneigt, einen noch früheren Entstehungszeitpunkt anzunehmen (RAVE 39; *„1270–1280"*), während Appel in dem o.g. Aufsatz noch 1963 für die Datierung um 1310 eintrat (APPEL 136). Letzteres ist nicht erstaunlich, denn zwar erkannte er, dass die Füssenicher Madonna *„stilgeschichtlich den bewegteren Kölner Domaposteln vorausgeht"*, war aber deren von der Kunstgeschichte vorgenommenen Spätdatierung verhaftet.

Die Füssenicher Madonna gehört zu einem Typ von thronenden Madonnen, die in der Kölner Kirchenprovinz zu dieser Zeit häufiger anzutreffen waren. Oft steht das Kind auf dem Oberschenkel der Mutter[245]. An dieser Madonna ist die feierliche, streng frontale Ausrichtung bemerkenswert; keine Drehung, kein Schwung mildert den herrscherlichen, ja archaischen Ausdruck. Sie schaut den Betrachter mit ihrem minimal asymmetrischen Gesicht direkt an, während das Christuskind den frontalen Betrachter nicht anblickt. Das Kind, von Marias linker Hand leicht gestützt, sich selbst mit der Rechten an ihrer Schulter leicht haltend, trägt in der linken Hand einen Apfel bzw.

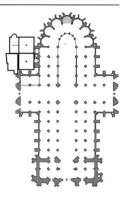

eine goldene Kugel, während es mit der erhobenen Rechten den Segensgestus vollzieht. Maria trägt in ihrer Rechten ebenfalls einen Apfel, der sie als die Neue Eva ausweist. Weiterer Hinweis auf die Neue Eva ist der Drache unter ihrem linken Fuß, der – als alter Widersacher und Verführer seit alttestamentlicher Zeit – nun zertreten wird[246].

Es ist denkbar, dass sich hier in diesem Bildnis zwei Strömungen begegneten: Einerseits könnte man einen italienischen Einfluss, nämlich das Bild der thronenden Maestà (s. S. 87 ff.) voraussetzen, das schon früher (vielleicht bereits in staufischer Zeit?) in die kölnische Kirchenprovinz gekommen ist, andererseits wäre es möglich, dass – beflügelt vom Fronleichnamsgedanken (s. S. 54 ff.) – das eucharistische Motiv des stehenden Kindes aus dem Maasland eingedrungen war. In der Verbindung von beidem wäre dem Meister der Füssenicher Madonna eine Synthese gelungen, die in dieser Strenge späteren Zeiten fremd gewesen wäre.

Memorientafel der fünf wittelsbachischen Erzbischöfe

Wappen der Wittelsbacher

Nach verschiedenen Versuchen Kölner Erzbischöfe, im Erzbistum den Protestantismus einzuführen, war es für die katholischen Reichsstände und den Wiener Hof eine Notwendigkeit, den Erzstuhl und das Kurfürstentum beim römisch-katholischen Glauben zu halten([304]). Die bayrischen Wittelsbacher hatten sich als eins der ersten Herrscherhäuser mit Entschiedenheit gegen die Reformation gewandt und damit für die Besetzung des Kölner Erzstuhls empfohlen. Hinzu kam, dass sie von den Habsburgern gerne als Vasallen angesehen wurden, weshalb sie bei der Erzbischofswahl zunächst deren Unterstützung erhielten. Infolgedessen stellte das wittelsbachische Haus zwischen 1583 und 1761 fünf Kurfürst-Erzbischöfe nacheinander, beginnend mit Ernst von Bayern (s. S. 145 ff.). Die zunehmende Abhängigkeit dieser Fürsten von Frankreich schränkte die Handlungsfreiheit der habsburgischen Politik im Nordwesten des Reichs jedoch massiv ein.

An das fünfmalige Pontifikat bzw. die fünfmalige Kurwürde der Wittelsbacher erinnert die an der Nordwand der Achskapelle angebrachte 6 m hohe Memorientafel. Sie besteht aus verschiedenen Marmorarten. Der Rahmen ist schwarz, die Inschriftentafel fast weiß. Eine Kartusche am Giebel zeigt das muschelbekrönte Wappen wie folgt: Im quadrierten Schild sieht man auf Platz 1 und 4 je einen steigenden Löwen (Pfalz) und auf Platz 2 und 3 die bayrischen Rauten („geweckt"). Die Inschriften in lateinischer Sprache erinnern an: Ernst von Bayern, Ferdinand von Bayern, Maximilian Heinrich von Bayern, Joseph Clemens von Bayern, Clemens August von Bayern.

Ferdinand von Bayern (*1577, †1650 in Arnsberg; reg. 1612–1650), ein Sohn Herzog Wilhelms V. von Bayern und der Elisabeth Renata von Lothringen, wurde in Ingolstadt von den Jesuiten erzogen und 18-jährig zum Koadjutor seines Onkels, des Erzbischofs Ernst von Bayern, bestellt. Nach dessen Tod trat seine Nachfolge an, avancierte ferner zum Bischof von Lüttich, Hildesheim und Münster, seit 1618 war er auch Bischof von Paderborn. Obwohl nur zum Subdiakon geweiht, war er fromm, hielt fünf Diözesansynoden ab und verpflichtete die Pfarrer auf das Trienter Glaubensbekenntnis. Ferdinand förderte die Jesuiten, belebte den Reliquienkult und bekämpfte die Protestanten. 1607 erließ er eine Hexenprozessordnung und widmete sich mit Eifer der Hexenjagd, deren bekanntestes Opfer die Postmeisterin Katharina Henoth wurde (†1627).

Maximilian Heinrich von Bayern (*1621, †1688; reg. 1650–1688), ein Sohn des Herzog Albrecht VI. von Bayern und der Mathilde von Leuchtenberg, war ein Neffe Ferdinands. Seit Adolf III. empfing er als erster Erzbischof die bischöflichen Weihen. Unter dem Einfluss der Brüder Franz Egon und Wilhelm Egon von Fürstenberg schloss er sich Frankreich an und verbündete sich 1671 mit Ludwig XIV. Dies schürte das Misstrauen Roms, dem der verstärkte Einfluss des sog. Galli-kanismus missfiel. Der Kurfürst-Erzbischof nahm an dem Krieg Frankreichs gegen die General-staaten teil. Die Eroberung Bonns 1673 durch Kaiserliche und Brandenburger trug zu Frieden bei, der 1674 endlich zustande kam. Schon 1673 aber hatte sich Maximilian Heinrich in das Kölner Kloster St. Pantaleon zurückgezogen, wo er sich alchemistischen Versuchen widmete. Wilhelm Egon von Fürstenberg (1629–1704), Minister Maximilian Heinrichs, wurde 1674 wegen seiner reichsfeindlichen Umtriebe von den Kaiserlichen aus Köln entführt, zum Tode verurteilt, später aber freigelassen. In dem 1681 von Frankreich annektierten Straßburg setzte ihn Ludwig XIV. nach dem Tod seines Bruders Franz Egon als Bischof ein. 1688 wurde er Koadjutor des Kölner Erzbischofs und konnte hoffen, mit Ludwigs Hilfe auf den Erzstuhl zu gelangen. Um das Dom-kapitel für sich einzunehmen, stiftete er acht Bildteppiche (s. S. 225 ff.). Seine Pläne wurden aber durch kaiserliche und päpstliche Intervention vereitelt. Sein Bruder Franz Egon von Fürstenberg (1625–1682) war Domherr zu Köln, Straßburg, Lüttich, Hildesheim und Speyer; ferner war er Weihbischof und Domdechant zu Köln, Dompropst zu Hildesheim, ab 1663 für kurze Zeit Bischof von Straßburg, auch Abt zu Stablo und Malmedy. Er diente als Geschäftsträger des Erzbischofs von Köln. 1675 wurde er in die Reichsacht getan und von Ludwig XIV. wieder zum Bischof von Straßburg erhoben.

Joseph Clemens von Bayern (*1671; †1723, reg. 1688–1723), Sohn Kurfürst Ferdinand Marias von Bayern und der Herzogin Adelheid Henriette von Savoyen, wurde 13-jährig Koadjutor des Bischofs von Freising, dann dessen Nachfolger, 1685 auch Bischof von Regensburg. 1688 erklärte ihn Kaiser Leopold I. für mündig und verhalf ihm mit Papst Innozenz XI. zum Erzstuhl von Köln. Im Spanischen Erbfolgekrieg (1701–1714) stellte er sich zusammen mit seinem Bruder, dem Kurfürsten Max Emanuel von Bayern, auf die Seite Frankreichs, verlor durch die Schlacht von Höchstädt (1704) und die über ihn 1706 verhängte Reichsacht sein Land und floh nach Frank-reich. Hier erlebte er eine innere Wandlung und empfing unter dem Einfluss des Erzbischofs von Cambrai, Fénelon, Priester- und Bischofsweihe. Der Absetzung durch das von Dompropst Chris-tian August von Sachsen-Zeitz geführte kaisertreue Domkapitel in Köln entging er nur durch päpstliche Fürsprache.

Clemens August von Bayern (*1700, †1761; reg. 1723–1761), Sohn Max II. Emanuels von Bayern, Statthalter der Niederlande, und der Therese Kunigunde Sobieska, Tochter des polnischen Königs Johanns Sobieski, studierte in Rom, wurde 1719 Bischof von Paderborn und Münster. 1723 trat er die Nachfolge seines Onkels Joseph Clemens an; 1724 wurde er Bischof von Hildes-heim und Osnabrück. Widerstrebend empfing er 1725 die Priesterweihen und übernahm die Regierung seiner Territorien, die er später meist Ministern überließ. Er gab sich wie ein weltlicher Barockfürst, jagte und reiste viel. 1734 erlangte er die Würde des Großmeisters des Deutschen Ordens. Im Österreichischen Erbfolgekrieg (1741–1748) verband er sich eng mit Frankreich.

Clemens August erneuerte das Kölner Priesterseminar, erbaute die „Heilige Stiege" zum Kreuzberg in Bonn, hauptsächlich aber die Schlösser Augustusburg und Falkenlust in Brühl. Entsprechende Geldmittel bezog er aus seiner Stellung als Großmeister des Deutschen Ordens (Ausschüttung der Ordenskasse einmal im Jahrhundert). Am 6. 2. 1761 starb er auf der Durch-reise in Ehrenbreitstein. Sein Begräbnis erscheint merkwürdig: Nachdem sein Leichnam über eineinhalb Monate in Bonn ausgestellt worden war, bestattete man ihn vor der Dreikönigen-kapelle im Dom, Gehirn, Zunge und Augen bei den Kapuzinern in der Bonner Remigiuskirche, das Herz aber in der Wallfahrtskirche Altötting.

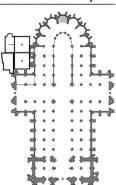

Die Inschrift der marmornen Memorientafel lautet:

Ernesti Ducis Bavari Archiepiscopalem pro Religione Catholica Zelum constanter æmulati Ecclesiam Coloniensem illustrarunt et ossa quæ ante sacrarium hoc dicatum Lipsanis ss. Magorum condi voluere

Utriusque Bavariæ Duces:

Ferdinandus Archiepiscopus Coloniensis, Princeps Elector, Episcopus Princeps Paderbornensis, Leodiensis, Monasteriensis, Administrator Hildesiensis, Berchtolsgadensis et Corbeyensis, Princeps Abbas Stabulensis et Malmundariensis, Coadjutor electus MDXCV. Successit MDCXII. Decessit MDCL. Arensbergæ, 13. Septembris.

Maximilianus Henricus Archiepiscopus Coloniensis, Princeps Elector, Episcopus Princeps Hildesiensis et Leodiensis, elect. Monaster. Administrat. Berchtolsgad. Coadjut. electus MDCLII. Decessit MDCLXXXVIII, 3. Junii.

Josephus Clemens Archiepiscopus Coloniensis, Princeps Elector, Episcopus Princeps Hildesiensis et Leodiensis, Administrator Berchtolsdadensis. Electus MDCLXXXVIII. Decessit MDCCXIII, 12. Novemb.

Clemens Augustus Archiepiscopus Coloniensis, Princeps Elector, Supremus Teutonici Ordinis Magister, Episcopus Princeps Hildesiensis, Paderbornensis, Monasteriensis et Osnabrugensis, Coadjutor electus MDCCXXII. Decessit MDCCLXI. 6. Febr.

Quod morientes expectabant Principes optimi memores pio voto, favete posteri.

Direkt unter der Achskapelle legten die Wittelsbachischen Kurfürst-Erzbischöfe eine Gruft für ihre Bestattungen an. In der Zeit der französischen Besetzung nach 1794 wurde sie so gründlich geplündert und geschändet, dass man heute nur noch die Gebeine von Joseph Clemens und Clemens August eindeutig zuordnen kann. Die fünf in der Kapelle stehenden Bleisarkophage wurden im Jahr 2000 mit neuen Steinplatten abgedeckt und am 16. August 2000, am Vortag des 300. Geburtstag Clemens Augusts, von Erzbischof Kardinal Meisner gesegnet. Die Gruft ist von der Krypta (s. S. 256) aus zu erreichen, für die Öffentlichkeit jedoch nicht zugänglich. Vor dem Eingangsbereich der Kapelle lagen früher in einer Reihe große Inschriftenplatten zur Erinnerung an Ernst von Bayern, Maximilian Heinrich von Bayern, Joseph Clemens von Bayern und Clemens August von Bayern; doch gab es hier auch andere Platten. Die Grabplatten, die noch im 19. Jahrhundert u. a. von DeNoel und im 20. Jahrhundert z. T. von Paul Clemen (CLEMEN 275; hier auch einige Inschriften) beschrieben wurden, räumte man bei der Verlegung des Mosaikbodens (s. S. 39 ff.) ab und verbrachte sie auf die östliche Terrasse. Nachlässigkeit führte dazu, dass sie mittlerweile verschollen sind.

Das Wandepitaph des Erzbischofs Ernst von Bayern

An der südlichen Wand der Achskapelle befindet sich ein Marmorrahmen, der samt Wappen im Giebel demjenigen der Memorientafel (s. S. 143 ff.) entspricht. Er enthält das Wandepitaph des von 1583–1612 regierenden Kurfürst-Erzbischofs Ernst.

Ernst von Bayern (1554–1612), ein Sohn Herzog Albrechts V. von Bayern und Annas, einer Tochter Kaiser Ferdinands I., war bei Abdankung des Kölner Erzbischofs Salentin von Isenburg 1577 von den Jesuiten als dessen Nachfolger vorgesehen. Das Domkapitel wählte jedoch Gebhard Truchsess von Waldburg. Nach Gebhards Übertritt zum Protestantismus und seiner anschließenden Exkommunizierung wurde der Bayer nun zum Kurfürst-Erzbischof von Köln gewählt. Ernst erhielt nie irgendwelche Weihen, und sein Lebenswandel war der eines rein weltlichen Fürsten. Mit kaiserlicher und spanischer Hilfe führte er den sog. Truchsess'schen Krieg (1582–88), begünstigte die Jesuiten, verfolgte die Protestanten und unterdrückte Schulen sowie bürgerliche Bildung. Sein Verhältnis zur Stadt Köln war schlecht; auch mit dem Domkapitel lag er in ständigem Streit; seiner Absetzung kam er 1595 durch Einwilligung in die Wahl eines Koadjutors, seines Neffen Ferdinand, zuvor. Die Trauerfeier für Ernst dauerte viele Tage. Nachdem man seinen Leichnam mit der „Deutzer Fahr" (der erzbischöflichen Rheinfähre) übergesetzt hatte, bewegte sich ein langer Trauerzug – voran der Klerus, daran anschließend der Rat der Stadt Köln und ganz zum Schluss die Schreibrüder – auf Umwegen zum Dom. Vor dem Schrein der Heiligen Drei Könige wurde der Sarg dreimal geneigt (AMBERG 111 ff.).

Das Wandepitaph besteht aus einer kostbar modellierten, wahrscheinlich in München bald nach Ernsts Tod gegossenen Bronzetafel mit den Wappen der Bistümer und Stifte, denen der Erzbischof vorstand. Es wird von einem breiten Fries aus farbigem Marmor gerahmt. Die Inschrift lautet:

ERNESTUS BAVARORUM DUX INCLYTUS ARCHIPRÆSUL COLONIENSIS, PRINCEPS ELECTOR, RELIGIONIS COLUMEN, PUBLICÆ PACIS ASSERTOR, PATRIÆ PATER LAUDATISSIMUS, IN HOC TUMULO GLORIOSAM PRÆSTOLATUR RESURRECTIONEM PRECIBUS. ELECTUS 23. MAJI 1583. OBIIT 17. FEBRUARII 1612.

Verschwundenes Bodengrab des Erzbischofs Maximilian Friedrich von Königsegg-Rot(h)enfels

Unter einer Grabplatte aus schwarzem Marmor (sie lag in der selben Gräberreihe vor der Dreikönigenkapelle wie die der Wittelsbacher) wurde dieser Erzbischof aus einem süddeutschem Grafengeschlecht bestattet. Mit seinem Amtsantritt 1761 als Erzbischof war das Ende eines fast hundertachtzigjährigen wittelsbachischen Kurfürstentum-Pontifikats eingetreten, das auch das Ende der frankreichorientierten Politik des Kölner Erzstuhls bedeutete. Die Grabplatte wurde Ende des 19. Jahrhunderts bei der Neugestaltung des Fußbodens im Chor abgeräumt; leider ist sie heute verschollen (Inschrift bei CLEMEN 276). Eine Abbildung des Wappens befindet sich in Gestalt eines Fußbodenmosaiks im mittleren Chorumgangsfeld vor der Marienkapelle; sie zeigt das rot und gold „geweckte" (Rauten-)Wappen des Grafengeschlechts in Gesellschaft der vier Wappen der letzten wittelsbachischen Kurfürst-Erzbischöfe.

Verschollene Urne der Maria von Medici

Auch Maria, die Witwe des im Jahr 1610 ermordeten französischen Königs Heinrich IV. und Mutter König Ludwigs XIII. wurde (allerdings nicht „vollständig") vor der Achskapelle beigesetzt[247]. Ihre verschollene Grabplatte trug drei Kronen, ein Hinweis auf ihre besondere Verehrung der Heiligen Drei Könige. Maria, von ihrem ehemaligen Protegé, Kardinal Richelieu, ins Exil getrieben, starb 1642 nach knapp einjährigem Aufenthalt in Köln. Ihr „Herz" (Eingeweide) wurde an ihrer Lieblingsstelle vor dem Dreikönigenschrein begraben. Der Domführer DeNoels von 1834 verzeichnet die ihrer Inschriften beraubte Grabplatte. Auch scheint es, dass noch Victor Hugo bei seiner Rheinreise 1839 äußere Spuren des Grabes – die Platte oder wenigstens ihre Befestigungsschrauben – vorgefunden hat (VICTOR HUGO, Le Rhin, Brüssel 1842). Als man 1947 an dieser Stelle mithilfe eines Suchschachts nach der Ostapsis des Alten Doms grub, erwies sich die kleine Grabkammer als leer. Es ist niemals geklärt worden, wo die Urne mit den königlichen Eingeweiden geblieben ist.

Im Gewölbe des Chorumgangs, gerade vor der Achskapelle, erinnert eine ovale Gedenktafel an einen Orkan vom 17. Oktober 1434, in dessen Verlauf eine Fiale herabstürzte und beinahe den Schrein der Heiligen Drei Könige zerschmettert hätte. Der Text der Inschrifttafel lautet:

ANNO MILLENO, C QUATUOR QUARTORQUE TRIGENO

NONAS OCTOBRIS VENTUS DE NOCTE FLAT INGENS,

GRANDEM PER TECTUM LAPIDEM TESTUDINE PELLENS.

Die Johanneskapelle

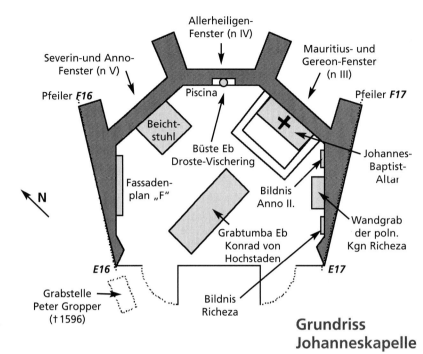# 9

Geschichte und Ausstattung

Der Altar der hll. Johannes Baptista (Johannes d. Täufer) und Laurentius wurde bereits im Jahr 1285 dotiert. Vor 1800 bezeichnete man die Johanneskapelle mitunter auch als Laurentiuskapelle. Das Johannespatrozinium verdankt die Kapelle sicherlich einer Fortführung der alten Taufkapellentradition im Osten des Dombereichs (s. S. 264 ff.). Hinter dem Altar erblickt man eine Wandmalerei des frühen 14. Jahrhunderts, die eine Kreuzigungsdarstellung zeigt.

„In der Form eines ungleichen Triptychons ist in der Mitte gegen einen blauen Fonds (mit kleinem Granatapfelmuster) Christus am Kreuz in der neuen Form des 14. Jahrhunderts dargestellt, eingeknickt, mit seitlich verschobenen Knien, zierlich erhobenen Händen, umgeben einerseits von der Gestalt des bewegt ausschreitenden Johannes, der seine gefalteten Hände erhebt, andererseits von der Gruppe dreier Frauen, deren vorderste, Maria in der Not, zusammensinkt. Es scheint, dass hier u. W. zum ersten Mal ein Schwert in der Brust Mariens dargestellt ist. Dekorativ und statuarisch unbewegt stehen links St. Johannes d. T. und rechts St. Laurentius unter Spitzbogen. Ihre Bilder sind gegenüber den Figuren bei der Kreuzigung wesentlich ausgedehnter" (HOSTER 53).

Grundriss Johanneskapelle

Das Hochgrab des Erzbischofs Konrad von Hochstaden

Ursprünglich wurde Graf Konrad, der Grundsteinleger des gotischen Domneubaus, in der Achskapelle beigesetzt. Umstritten ist allerdings, ob es sich dabei um die Erstbestattung nach seinem Tod handelte, oder ob er zuvor – wie es die Bischofschronik „Cronica presulum" berichtet – zuvor im Alten Dom bestattet wurde. Im Jahr 1322 verlegte man das Grab in die Johanneskapelle, weil die Achskapelle die Reliquien der Heiligen Drei Könige aufnehmen sollte (s. S. 96 ff.).

Auf einer schwarzen, 2,70 m x 1,03 m messenden Marmorplatte mit der Inschrift „CONRADUS DE HOCSTEDEN" ruht die jugendlich idealisierte Liegefigur des Erzbischofs *„wie ein antiker Apoll"* (BURCKHARDT), ein hochrangiger Bronzeguss von 2,18 m Länge[248]. Zusammen mit der Kreuzblume des krönenden (erneuerten) Wimpergs überschreitet er leicht die Länge der Marmorplatte. Die Kleidung der Liegefigur zeigt, wie üblich, den Faltenwurf des stehenden Zustandes und nicht des liegenden. Der Erzbischof trägt eine Bischofsmütze, in der Rechten den Bischofsstab, in der Linken ein Buch. Seine Füße ruhen an einem Löwen, der bei der Wiederherstellung des Grabmals 1847 — zusammen mit der rechten Hand, dem Stab und der umgebenden Wimpergarkade – nach Vorgaben des Dombaumeisters Zwirner und des Bildhauers Ludwig Schwanthaler (1802–1848) erneuert wurde. Die Statuetten in den Arkaden stammen von dem Bildhauer Christian Mohr

Konrad von Hochstaden (*1205 auf Burg Hochstaden an der Erft, †1261), ein Sohn des Grafen Lothar von Hochstaden und der Mathilde von Vianden, war vor seiner Wahl zum Erzbischof wegen Gewalttaten, die er als Propst des Mariengradenstifts begangen hatte, exkommuniziert. Als Erzbischof focht er zahlreiche Fehden mit den Herzögen von Brabant und Limburg, den Grafen von Berg, von Geldern, von Jülich und denen von Arnsberg aus. 1242 wurde er bei Lechenich vom Grafen Wilhelm IV. von Jülich gefangengenommen und verbrachte 1¾ Jahr in

Gefangenschaft. 1238 wurde Konrad zum Erzbischof von Köln gewählt. Dem staufischen Kaiser Friedrich II. schwor Konrad im selben Jahr anlässlich seiner Romfahrt, auf der er sich die Wahl zum Erzbischof bestätigen lassen wollte, insgeheim ab und trat 1240 offen zur päpstlichen Partei über. Er hielt zu dem von Herzog Heinrich II. von Brabant favorisierten deutschen Gegenkönig Wilhelm von Holland; später ließ er einen Mordanschlag auf ihn verüben. Nach Wilhelms traurigem Ende im Sumpf beim Kampf gegen die aufständischen Friesen (1257) begünstigte er einen anderen, ihm genehmeren Nachfolger, Richard von Cornwall. Dieser herrschte nie wirklich in Deutschland; zeitweise übte Konrad für ihn das Reichsvikariat und die Investitur der Bischöfe aus; es begann die Zeit des „Interregnums", die erst 1273 mit der Thronbesteigung Rudolfs I. von Habsburg beendet werden sollte. Den Orten Essen, Dorsten und Uerdingen verlieh Konrad die Stadtrechte, der Stadt Köln nach der Aussöhnung nach der Schlacht von Frechen das Stapelrecht (1259), das bis 1831 bestand. Seinen Bruder Friedrich, seit 1238 Propst von St. Maria ad gradus zu Köln und seit 1247 an St. Viktor zu Xanten, bewog er, am 30. April 1246 in einem feierlichen Schenkungsakt am Petrusaltar dem Kölner Erzstift die Grafschaft und Burg Hochstaden, die Burgen (Alten)-Ahr und Hart zu übereignen. Konrad förderte das „studium generale" der Kölner Dominikaner, obwohl die zwei Schiedssprüche des Dominikaners Alber-

(1823–1888) und ersetzen verlorengegangene mittelalterliche Bronzefigürchen. Die sieben mittleren Figuren der südlichen Langseite stellen Personen aus dem politisch-geistlichen Umfeld des Erzbischofs dar (von li. nach re.): Kardinal Pietro Capoccio, Bischof Heinrich von Lüttich, Graf Dietrich von Kleve, König Wilhelm von Holland, Herzog Heinrich von Brabant, Graf Adolf VII. von Berg, Albertus Magnus. Rechts und links werden die Gestalten von zwei wappenhaltenden Engeln eingerahmt; der linke hält das Hochstaden'sche (Adler), der rechte das erzstiftliche Wappen (Kreuz).

Die exakte Datierung und Herkunftsbestimmung des Bronzegusses fiel und fällt auch heute noch schwer. Paul Clemen nahm eine (süd-)niederländische Herkunft an (CLEMEN 257). In den 80er-Jahren wurde die Arbeit aufgrund von Stilvergleichen einer ganzen Gruppe von Werken der Kölner Dombauhütte zugewiesen, die in und nach der zweiten Hälfte des 13. Jahrhunderts entstanden waren. Gleichwohl nahm man stets französische Vorbilder von der königlichen Grablege Saint-Denis und der Kathedralplastik von Reims an, denn „es besteht kein Stilzusammenhang mit den Chorpfeilerfiguren"[249]. Im Jahr 2002 beschäftigte sich der Kunsthistoriker Peter Kurmann erneut mit dem Bronzewerk. Er verglich es u.a. mit zwei um 1260 entstandenen Bischofsfiguren der Reimser Kathedralplastik, die eine große Verwandtschaft mit der Konrad-Figur aufweisen. Letztlich mochte er sich aber nicht auf eine Datierung „um 1260" oder „um 1300" festlegen:

„Es gibt offensichtlich Kunstwerke, die aufgrund ihrer formalen und manchmal auch materiellen Beschaffenheit die Methode der vergleichenden Stilanalyse überfordern ... Trotz der Überzeugung, dass die Gewandformation des Kölner Gisant stilistisch den Gestaltungsgepflogenheiten der 1260er-Jahre viel eher entspricht als denjenigen der Zeit kurz vor oder um 1300, sei die Möglichkeit einer Entstehung an der Schwelle zum 14. Jahrhundert nicht völlig ausgeschlossen. In diesem Fall wäre die Grabfigur Konrads das Werk einer retrospektiven Kunstauffassung" (KURMANN, 2002, 135 f.)

Während der französischen Besetzung Kölns erlitt der Gisant wie andere Figuren schwere Schäden. Der später berühmt gewordene Kunst- und Kulturhistoriker Jacob Burckhardt (1818–1897) beschrieb ihn im Jahr 1843 in zerstörtem Zustand. Sulpiz Boisserée, der in Konrad den Domgründer sah, setzte sich sehr für die Wiederherstellung des Bronzewerks ein, mit der schließlich 1847 die Kgl. Erzgießerei zu München beauftragt wurde. Vor der erneuten Aufstellung des Bildnisses führte man Untersuchungen im Bereich der Kapelle durch, die einige Knochen und Paramentenreste einer Zweitbestattung zutage förderten. Nach dem Zweiten Weltkrieg fanden die hundert Jahre alten Berichte erneut Beachtung, da bei den nun systematischer durchgeführten Grabungen ein bis auf wenige Paramentenreste leeres, axial ausgerichtetes Grab in der benachbarten Achskapelle (Dreikönigenkapelle) gefunden wurde. Die Domforschung schloss aus diesen archäologischen Funden, dass Konrad als Domgründer zunächst in der Achskapelle beigesetzt worden sein muss, im Jahr 1322 aber dem dahin versetzten Schrein der Heiligen Drei Könige zu weichen hatte. Im Gegensatz dazu gab und gibt es vereinzelt Stimmen, die nicht nur die Gründerrolle Konrads bestreiten, sondern darüber hinaus daran zweifeln, dass er je ein Stiftergrab in der Achskapelle besessen hat[250].

Seit der Zeit der Wiederherstellung des Bronzegusses wird an jedem 8. November das Grab des Konrad von Hochstaden mit Laub, die Stirn der Liegefigur mit Lorbeer und frischen Blumen geschmückt. Um 11 Uhr versammeln sich vor der Kapelle sämtliche Mitarbeiter der Dombauhütte zur sog. Boisserée-Messe. Sie geht auf das Testament Sulpiz Boisserées von 1851 zurück, in dem der Verstorbene das Schmücken der Konrad-Figur mit Laub bestimmte, da man in diesem Erzbischof den „ersten Bauherren" des Doms sah. Das für die Messe gewählte Datum hängt mit dem an diesem Tag von der Kirche begangenen „Fest der vier Gekrönten", der Schutzpatrone der Steinmetzen zusammen[251]. Der strenggläubige Sulpiz Boisserée soll eine besondere Beziehung zu diesen Patronen gehabt haben, und es muss ihm wie ein Auftrag des Himmels zum Weiterbau des Doms vorgekommen sein, als er gerade an einem 8. November – es war im Jahr 1815 – die Nachricht vom Fund des noch verschollenen Teils des Fassadenplans erhielt (die andere Hälfte hatte sich bereits zuvor eingefunden, s. S. 149 ff.).

Der große Fassadenplan „F"

Vor dem Tageslicht durch einen grünen Samtvorhang geschützt, hängt die berühmte, aus elf zusammengefügten Pergamentblättern bestehende Tuschzeichnung an der Nordwestwand der Kapelle. Im 19. Jahrhundert schützte den Plan an dieser Stelle lediglich eine Verglasung.

Der Plan „F", dessen Bezeichnung von der Durchnumerierung vorhandener mittelalterlicher Pläne durch den Kunsthistoriker Hans Kauffmann nach dem Zweiten Weltkrieg herrührt, wird auf die Zeit um bald nach 1320 datiert (s. S. 24 ff.). Er zeigt etwa im Maßstab 1:42 die westliche Domfassade mit den beiden Türmen in der später realisierten dreiportaligen Variante (es hatte auch eine fünfportalige Variante gegeben). In der Zeit der französischen Besetzung nach 1794 war er vorübergehend verschollen. Später stellte es sich heraus, dass seine beiden Hälften an verschiedene Orte verbracht worden waren[252].

Die Hälfte der Zeichnung mit dem nördlichen Teil der Fassade hatte es in den Darmstädter Gasthof „Zur Traube" verschlagen. Dieser Gasthof diente nach dem Frieden von Lunéville als Lager- und Umverteilungsplatz zahlreicher beschlagnahmter Schätze des säkularisierten Kölner Erzstifts[253]. Im Jahr 1814 fand schließlich der Handwerker Johann Fuhrer († 1854) den Plan auf dem Speicher des Gasthofs. Auf Umwegen geriet das Dokument an den hessischen Oberbaudirektor Georg Moller (1784–1852). In Erkenntnis der Bedeutung dieses Fundes ließ er ihn nachstechen und überreichte das Original dem preußischen König Friedrich Wilhelm III., der es allerdings erst im Jahr 1840 an den Dom zurückgab.

Die den Nordturm zeigende Planhälfte misst 0,95 m x 4,12 m, die andere Hälfte der Zeichnung, die die Fassade mit dem südlichen Turm zeigt, etwa 1,00 m x 4,11 m. Auch sie wurde durch glückliche Umstände aufgefunden, und zwar in Paris im Jahr 1816. Boisserée konnte sie, zusammen mit den gleichfalls nach Paris verschleppten Plänen „D" und „E", für Köln erwerben. Der Plan „F" trägt auf seiner Rückseite zwei Zeichnungen mit Turmgrundrissen, die zeitlich vor den Plänen „B" und „C" einzuordnen sind.

Der Fund kann in seiner Bedeutung nicht hoch genug eingeschätzt werden, trug er doch in entscheidender Weise zum Sieg der archäologischen Denkmalpflege über die rein konservatorische bei: *„Ohne diesen glücklichen Fund würde die Zeit vielleicht nicht den Mut und die Sicherheit zu diesem großen Unternehmen gefunden haben"* (CLEMEN 112). Zum Zeitpunkt des Fundes ahnte man allerdings noch nichts von den Schwierigkeiten, die sich aus den Abweichungen zwischen dem Plan und dem mittelalterlichen Baubestand ergeben sollten (s. S. 176 ff.).

Während des zweiten Weltkriegs wurde das Dokument zusammengerollt in einer Zinkrolle aufbewahrt. Zur Parler-Ausstellung 1978 reinigte und glättete man die Pergamentblätter und zog sie auf Leinen auf. Später wurde ein neuer Rahmen um den Plan errichtet, an dem sich der Vorhang so befestigen ließ, dass er aufgezogen werden konnte. Die Familie Boisserée, die sich dem Plan – der ihren Ahn in so starkem Maße inspiriert hatte – besonders verbunden fühlt,

tus Magnus (1252 und 1258), die Konflikte mit Stadtköln betrafen, eher ungünstig ausfielen. Die finanziellen Verpflichtungen eines Erzbischofs jener Zeit waren so hoch, dass sie von seinen Jahreseinkünften kaum gedeckt wurden: Die Reisekosten nach Rom betrugen etliche Tausend Mark Silber; allein 2 000 Mark Silber (die Pallientaxe nicht eingerechnet) musste ein gewählter Erzbischof an die Kurie zahlen, ehe es zur sog. „Altarsetzung" kam (neu gewählte Kölner Erzbischöfe wurden in einem feierlichen Akt öffentlich und in Gegenwart von rheinischem Adel und Vertretern der Stadt auf den Hochaltar des Doms gesetzt!).

stiftete für die Zugvorrichtung ein Spanngewicht, das die Inschrift trägt: „Dem Andenken von Sulpiz Boisserée, 1783–1854. Zur Wiederaufrichtung des Domplanes gestiftet von der Familie Boisserée. 9. Mai 1981."

Wandgrab und Schrein der Königin Richeza

Richeza (Richenza, Rixa) war eine der sieben Töchter des lothringischen Pfalzgrafen Ezzo († 1034), Schwester des Kölner Erzbischofs Hermann II. und eine Enkelin von Kaiser Otto II. und Theophanu. In jungen Jahren heiratete sie – ein früheres Eheversprechen Kaiser Ottos III. einlösend – den Sohn Herzog Boleslaws I., Mieszko Lambert, der 1025 als Miesko II. den polnischen Königsthron bestieg[254]. Somit wurde Richeza die erste polnische Königin. Ihr Mann verstarb nach einer zehnjährigen, insgesamt recht erfolglosen Herrschaft. Noch ehe ihr Sohn Kasimir, der „Restaurator Poloniæ", die Aufstände unterdrücken und den böhmischen Einfall abwehren konnte, kehrte die Witwe ins Reich zurück und starb etwa 60-jährig im Jahr 1063 in Saalfeld/Thüringen. Erzbischof Anno II., dem kaum an der Entstehung einer Verehrungsstätte der von ihm selbst verdrängten Ezzonen gelegen sein konnte, ließ die Verstorbene entgegen ihrem 1054 geäußerten Wunsch nicht in der Abtei Brauweiler, sondern in St. Maria ad Gradus (s. S. 14 ff.) beisetzen. Auch übereignete er das von der Verstorbenen für Brauweiler bestimmte Gut Klotten an der Mosel dem Mariengradenstift.

Die von Anno errichtete Begräbnisstelle dürfte vor 1420 erneuert worden sein. Eine Beschreibung dieses Grabes, das an prominenter Stelle gestanden haben muss (*„in medio Ecclesiæ"*), überliefert der Kölner Chronist Ägidius Gelenius, der übrigens auch berichtet, dass in einem Chorfenster dieser Kirche eine Glasmalerei mit Darstellungen der seligen Richeza und der hll. Anno und Agilolfus existierte. Das genannte Grab wird der noch existierenden Grabtumbe der hl. Irmgardis in der Agneskapelle geähnelt haben (s. S. 130 ff.). Noch im späten 18. Jahrhundert wurde das Grabmal der Richeza in eine Seitenkapelle verlegt.

Beim Abbruch von St. Maria ad gradus im Jahr 1817 kamen die Gebeine der Richeza zunächst in die Engelbertuskapelle ([468]). Später bettete man sie in den heute an der südlichen Wand der Johanneskapelle sichtbaren kleinen hölzernen Schrein um. 1845 und 1913 kam es zu dessen Öffnung. Im Jahr 1959 wurde ihr Grab in Gegenwart von Dompropst H. J. Hecker, dem Pfarrer von Brauweiler, Tücking, Domvikar J. Hoster, einem Pathologen, dem Franziskanerbruder Angelicus Meier u. a. Personen „kanonisch visitiert": Man fand die Gebeine einer sehr zarten Frau unter einem rotgeblümten Stoff. Ihr Haupt, das auf einem roten Kissen ruhte, war mit einer goldenen Netzhaube umhüllt. Bei dieser Visitierung der Gebeine wurde eine kleine Knochenreliquie (Atlaswirbel) für die Pfarrkirche Brauweiler, die ehemalige Ezzonische Abtei- und Grabeskirche, entnommen. Eine Rippe der Richeza schenkte der Kölner Erzbischof nach einer erneuten Öffnung des Grabes im Jahr 1975 der Benediktinerabtei Tyniec bei Krakau anlässlich ihrer 900-Jahr-Feier[255]. 2001 kam es wiederum zu einer Öffnung des Wandschreins, in deren Verlauf man eine weitere Rippe entnahm, die für die Pfarrkirche in Klotten an der Mosel bestimmt war.

Die beiden fast 1 m hohen Bildnisse auf eisengerahmten Schieferplatten rechts und links vom Schrein zeigen die stehenden und nimbierten Gestalten der Richeza (Inschrift: RICHEZA REGINA) und des Erzbischofs Anno (trotz der späteren Bildunterschrift HERMANNUS PIUS EPISCOPUS COLON ist nicht ihr Bruder dargestellt). Diese Bildnisse stammen vom Ende des 14. Jahrhunderts und zeigen jeweils ein Wappen; während auf dem des Anno ein steigender Löwe zu sehen ist, ist das der Richeza gespalten: Es zeigt den polnischen Adler und den pfalzgräflichen Löwen.

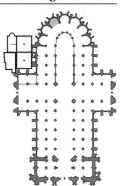

Richeza hatte dem Dom eine Holz- und Weinrente in Unkel/Rh. geschenkt (s. S. 254 ff.). Seit einigen Jahren weist eine polnischsprachige Inschriftentafel am Kapellengitter auf die Grabstelle der ersten Königin Polens hin.

Die Fenster

Das Severin- und Anno-Fenster linkes Fenster (nord V)

Das Fenster wurde für die Zweitverglasung des Chorkapellenkranzes um 1330/40 geschaffen und befindet sich an seinem ursprünglichen Platz (BECKSMANN 153). Die beiden unteren Scheiben sind erneuert; bei dem Rest handelt es sich weitgehend um mittelalterlichen Bestand. Die zwei Wappen in den unteren Scheiben sind auf Wunsch der Stadt Köln nach 1843 eingefügt worden, als auf deren Kosten die Fenster restauriert wurden; es sind also keine mittelalterlichen Stifterwappen.

Der Wimperg des linken Tabernakels wird von weißen Krabben geziert; in ihm steht in pontifikalem Gewand der hl. Severin (Kopf erneuert). Seine Kasel zeigt ein Muster von auf die Spitze gestellten grünen Quadraten zwischen breiten roten bzw. gelben Streifen. Er trägt Mitra und Pallium als Zeichen der bischöflichen Würde. In der Linken hält er den Bischofsstab, dessen Krümme ein Weinblatt einschließt. Im blauen Nimbus des Heiligen liest man die Inschrift: S. SEVERINVS. In den beiden oberen Fensterzeilen sieht man in kleinen Tabernakeln zwei Schriftbänder haltende Propheten, darüber drei Gestalten, die Könige und Propheten darstellen.

Im rechten Tabernakel, dessen Giebel von goldenen Krabben bekrönt wird, steht, ebenfalls in pontifikalem Gewand, der hl. Anno (Kopf erneuert). Die Kasel zeigt ein Muster von auf die Spitze gestellten Polygonen in den Farben Blau und Gelb. In der Rechten führt Anno den Bischofsstab, der ebenfalls in einem Weinblatt endet; in der Linken hält er ein violettes Buch. Sein blauer Nimbus trägt die Inschrift: SCS ANNO. Über dem Heiligen stehen in eigenen kleineren Tabernakeln zunächst zwei Figuren mit Stäben in den Händen; ganz oben befinden sich drei Könige, deren zwei äußere einen goldenen Reichsapfel tragen.

Das Allerheiligenfenster mittleres Fenster (nord IV)

Das Fenster, das ebenfalls zur Zweitausstattung der Jahr 1330/40 gehört, befand sich ursprünglich in der Engelbertuskapelle und ist für diese auch geschaffen worden – eine Erkenntnis, die sich schon vor den Forschungen Rüdiger Becksmanns durchgesetzt hatte. Für den hiesigen Platz ermittelte Becksmann eine bahnübergreifende Darstellung mit der Enthauptung des Kapellenpatrons Johannes d. T. (BECKSMANN 160). Das Allerheiligenfenster verdankt seine Entstehung der Ermordung des Erzbischofs Engelbert I. im Jahr 1225, dessen Aufstieg zu den Heiligen als Märtyrer der Kölner Kirche es zu verkünden galt (s. S. 160 ff. u. S. 167 ff.). 1848 entfernte man das Fenster auf Geheiß Zwirners aus der mittleren Position in der Engelbertuskapelle (n X) und setzte es links in der Johanneskapelle (n V) ein. 1998 kam es an seinen jetzigen Platz.

Das 4,4m hohe Fenster weist neun bogenförmige Felder auf, in denen rechts und links je vier Arkaden stehen. Deren Architekturen und die Bögen sind hellgelb gehalten und kontrastieren mit den dunklen Gründen. In den Arkaden steht jeweils eine Heiligen- bzw. Engelsgestalt, deren Hauptfarbe in jeder Arkade weitgehend einheitlich ist. Von unten ragt in den untersten Bogen ein blaues, segmentförmiges Feld mit goldenen Sternen hinein: Es ist das Firmament über der Erde, über dem sich direkt die Bögen der himmlischen Hierarchie erheben. Den obersten Bögen krönt ein Feld, das konstruktionsbedingt oben mit einer waagerechten Linie abschließt. Unter Ausnutzung seiner geometrischen Besonderheit ist hier eine breite gotische Bank dargestellt, auf der ganz

Im Jahr 827 schenkte der oströmische Kaiser Michael II. (reg. 820–829) Kaiser Ludwig dem Frommen Abschriften der Werke des (Pseudo-) Dionysios Areopagita. Sie wurden vom Abt von Saint-Denis, Hilduin (806–842), der von der Identität des hl. Denis mit dem von Paulus genannten Dionysios Areopagita (vgl. u.) überzeugt war, in den 30er-Jahren ins Lateinische übersetzt. In den 50er-Jahren erfolgte eine erneute und verbesserte Übersetzung der Werke durch Johannes Scotus Eri(u)gena (810–877). In der Schrift des Dionysios „De cælesti hierarchia" werden die Engel eingeteilt in neun Chöre zu je drei Triaden: die Seraphim, Cherubim und Throne; Herrschaften, Mächte und Gewalten; Fürstentümer, Erzengel und Engel. Darunter schließt sich unmittelbar die kirchliche Hierarchie an, die sich in analoger Gliederung fortsetzt. Das Werk des Dionysios übte einen starken Einfluss auf Albertus Magnus und Thomas von Aquin aus, die nicht nur Vorlesungen darüber hielten bzw. Kommentare dazu schrieben, sondern auch einzelne Themen aufgriffen, etwa die symbolische Theologie und die Hierarchie der Engel. Auch Meister Eckhart ließ sich von Dionysios beeinflussen. Seit dem Ende des 19. Jahrhunderts weiß man, dass die Schriften tatsächlich erst aus dem späten 5. oder frühen 6. Jahrhundert stammen, möglicherweise von einem Syrer namens Paulus der Walker. Der Beweis wurde von Philologen erbracht, die in den Schriften Stellen fanden, die die Kenntnis des Neuplatonikers Proklos (412–485) voraus-

links die gekrönte Maria (in Grün; ihr Gesicht ist erneuert) und rechts Christus (in Rot) Platz genommen haben. Es handelt sich um die Marienkrönung, ein modernes Thema zur Entstehungszeit des Fensters, von dem Prälat Joseph Hoster, Theologe und Kunsthistoriker, annahm, dass es eine Weiterentwicklung der Deesis sei (HOSTER 27).

Die neun Bogenfelder, die sich über dem blauen, goldbestirnten Firmament erheben, bilden die von unten nach oben gestaffelte himmlische Hierarchie der Heiligen und Engel in ihren Chören ab, das „spirituale coelum". In der untersten Arkadenreihe – sie wird als einzige von Rundbögen gebildet – erscheinen weißgekleidete Gestalten in Dreiergruppen, die mit gefalteten Händen beten. Die jeweils seitlichen Gestalten tragen Kronen und sind damit von den mittleren verschieden; dennoch deutete das 19. Jahrhundert alle als Seelen. Im Mittelalter war aber lediglich die mittlere Gestalt als Seele verstanden worden. Deren Aufstieg *(ascensio)* durch den – als von Dämonen durchflogen gedachten – Himmelsäther wurde von den zwei begleitenden Engeln geschützt (alle Dreiergruppen wurden wahrscheinlich ungenau erneuert, CV 66).

In den sich darüber erhebenden größeren Bögen, die in modernen, gotischen Formen gestaltet sind, stehen je acht Einzelgestalten, abwechselnd je ein geflügelter Engel und ein Heiliger; von unten nach oben (nach RODE) Märtyrer, Märtyrerinnen, Bekenner, Könige, Bischöfe, Propheten, Päpste und Apostel. Erkennbar an ihren Attributen sind die hll. Laurentius, Stephanus, Katharina, Barbara, Ursula und Margaretha. Den meisten Gestalten sind jedoch keine Attribute beigegeben. Im siebten Bogen stehen Propheten mit Schriftbändern zwischen Engeln. Die weißgekleideten Päpste des achten Bogens tragen einen Kreuzstab. In der obersten, neunten Reihe stehen von li. nach re.: Jakobus d. Ä., Petrus (Schlüssel), Paulus (Schwert) und Johannes (Buch); zwischen ihnen befinden sich vier sechsflügelige Seraphim, die der höchsten Engelsklasse angehören.

Die Achtzahl der Bögen hat ihre Grundlage in der Achtzahl als Symbol der Himmelsharmonie und Gerechtigkeit. Mit dem untersten Bogen wird die Neunzahl erreicht, die als vollkommene Zahl dreimal die Drei enthält[256]. In dieser Darstellung der Heiligen in neun Arkadenbögen vereinigen sich sehr alte west- und ostkirchliche Vorstellungen zu einem Bild. Zunächst ist die *„Unio Sanctorum"*, die Gemeinschaft der Heiligen, gemeint, wie sie schon von Augustinus in seinem Werk „De Civitate Dei" entwickelt wurde: Er sprach von einer Vereinigung der Glieder der Kirche, der Geistlichen und Laien mit den Engeln und Heiligen zu einem Reich nach dem Weltgericht; dabei stützte er sich auf bestimmte Textstellen der Offenbarung[257]. Aus diesen Vorstellungen entwickelte sich im Lauf der Zeit das Fest „Allerheiligen", das von Papst Gregor IV. und Kaiser Ludwig dem Frommen endgültig bestätigt und auf den 1. November gelegt wurde.

Es flossen jedoch auch Vorstellungen der östlichen Kirche in das Allerheiligenbild ein, und zwar hauptsächlich über den geheimnisvollen Autor Dionysios Areopagita, der nicht nur eine Engelslehre, sondern auch eine komplexe Hierarchie des Himmels entwickelt hatte. Die neun Bögen müssen mit den Neun Chören der Engel in Zusammenhang gebracht werden.

Die beiden in den untersten Scheiben schräg gestellten Stifterwappen sind vollständig erneuert. Auf Weiß sieht man drei übereinandergestellte tiefblaue Turnierkragen mit fünf, dann vier, schließlich drei Lätzen. Dieser Wappentyp tritt auch am Dreikönigenfenster (n II) und im Chorobergadenfenster (S V, s. S. 51 ff.) auf. Es handelt sich entweder um das Overstolz'sche oder (wahrscheinlicher) um das der Ritter von der Scheuren.

Das Mauritius- und Gereon-Fenster rechtes Fenster (nord III)

Das um 1330/40 geschaffene Fenster gehört ebenfalls zur gotischen Zweitausstattung. Sein ursprünglicher Platz ist sehr wahrscheinlich die linke Position in der Michaelskapelle (s VI), denn thematisch gehören die beiden kämpferischen Heiligen an diese Stelle. Für den hiesigen Platz rekonstruierte Rüdiger Becksmann zwei Tabernakel mit Standfiguren des hl. Laurentius – er war Mitpatron der Kapelle – und des heiligen Kölner Bischofs Evergislus (BECKSMANN 153).

Bei Restaurierungsarbeiten in den 90er-Jahren versetzte man das Fenster, das sich lange in der Agneskapelle (s V) befunden hatte, hierher; darüber hinaus tauschten die beiden Heiligen ihre Plätze. In dem Fenster treten deutlich sichtbar die für den Fassadenriss „F" so typischen Krabben und Knollen auf; Teile der dargestellten Architektur stimmen mit dem mittelalterlichen Bauplan des Doms überein. Die acht Scheiben der 4,4 m hohen Komposition zeigen in zwei unabhängigen Arkaden je einen gewappneten Ritter. Die linke Fensterhälfte ist blau hinterlegt, die rechte rot. Davor erheben sich die goldenen Arkaden, die nur wenig voneinander abweichen.

In der linken Arkade steht auf einem dreiteiligen Sockel der hl. Mauritius, ausgewiesen durch die Inschrift im roten Spitzbogen über ihm; sie lautet: SACTVS MVRICIVS. Der Heilige trägt ein grünes Wams, darüber einen dunkelrosafarbenen Mantel; die Beine stecken in Kettenpanzern. Auf dem Haupt trägt er einen weißen Hut mit roter Zier; sein Nimbus ist grün. Mit der Linken hält er ein blaues Schild mit goldenem Kreuz, in der Rechten einen Stab mit einer Fahne in den Farben des Schildes. Über dem goldenen Wimperg erheben sich rechts und links weiße Zinnen, auf denen zwei weltlich gekleidete Musikanten aufspielen. Rode (CV 75) sah in ihnen einen Hinweis auf die Weltlichkeit des Heiligen. In der obersten Scheibe stehen zwei vielflüglige Cherubim, die dem Märtyrer Mauritius die Krone des Lebens bereithalten.

Die Architektur der rechten Arkade ist entsprechend gestaltet. Der hl. Gereon, gleichfalls durch Inschrift – SANCTVS GEREON – im roten Spitzbogen ausgewiesen, steht auf einem Sockel. Seine Gestalt musste anhand von alten Vorlagen fast gänzlich erneuert worden. Insbesondere die am Ärmel angearbeiteten Handschuhe waren im 19. Jahrhundert falsch erneuert worden. Er trägt über graublauem Kettenpanzer einen violetten Waffenrock und einen grünen, innen hellen, Mantel. Seine Kopfbedeckung ist weiß und rot, sein Nimbus rot. Fahne und Schild weisen in gold-gelbem Feld ein rotes Kreuz auf. Auch hier musizieren zwei Figuren über den Zinnen, ebenso halten ganz oben zwei vielflüglige Cherubim die Krone des Lebens bereit.

Büste des Erzbischofs von Droste zu Vischering

In der gotischen Piscina(²⁷²) sieht man die um 1857 von dem Koblenzer Bildhauer Jacob Schorb (1809–1858) geschaffene Marmorbüste des Erzbischofs von Droste zu Vischering, eine Stiftung des Clemens-August-Vereins aus dem Jahr 1858. Clemens August II. von Droste zu Vischering war in seiner nur 17 Monate währenden Amtszeit zum Gegenspieler der preußischen Regierung in der sog. Mischehenfrage geworden und 1837 auf die Festung Minden abgeführt worden.

Im Jahr 1835 war Droste-Vischering zum Nachfolger des verstorbenen Erzbischofs Ferdinand August Graf Spiegel zum Desenberg und Canstein gewählt worden. Dieser war noch ganz dem aufklärerischen Denken verbunden gewesen. Im nämlichen Jahr verwarf Rom die bislang von Erzbischof Spiegel geduldete, gemäßigt-rationalistische Theologie des 1831 verstorbenen Bonner Professors Georg Hermes. Kaum hatte der neue Erzbischof sein Amt angetreten, ging er scharf gegen die Hermesianer vor. Zuvor hatte er aber der preußischen Regierung das Versprechen gegeben, Rücksicht auf die 1834 mit seinem Vorgänger getroffenen Absprachen bezüglich der

setzen. Im Hochmittelalter schrieb man sie jedoch dem Dionysios Areopagita zu, der ein Schüler des Apostels Paulus und erster Bischof von Athen war (Apg 17,34). Überdies verwechselten die Äbte von Saint-Denis, von Hilduin bis Suger, den Areopagiten mit dem in Saint-Denis als Märtyrer verehrten hl. Dionysius (Denis). Ein weiterer wichtiger Aspekt des Denkens des (Pseudo-)Dionysios, seine „Lichttheorie", wurde von Suger u.a. für die „Erfindung der Gotik" genutzt: Da Gott Licht ist und fortwährend göttliches Licht als Ausdruck seines permanenten Schöpfungsprozesses ausstrahlt, können die Menschen daran teilhaben, ja, es durch besondere Brechungen, denen das Licht folgt, z.B. mittels Edelsteinen oder buntem Glas, das mit heiligen Bildern bemalt ist, steigern.

Wappen der von Scheuren?

„gemischten" Ehen zu nehmen. Im September 1837 erklärte er die Absprachen von 1834, über deren vollen Umfang er wohl erst nach und nach Kenntnis erhielt, als gegen das päpstliche Breve von 1830 gerichtet und daher nicht bindend. Die preußische Regierung forderte nun seinen Rücktritt. Als sich der Erzbischof weigerte, dieser Aufforderung nachzukommen, verhaftete sie ihn im November 1837 und brachte ihn auf die Festung Minden, wo er bis 1839 verblieb. Der Konflikt ging als das „Kölner Ereignis", gelegentlich auch die „Kölner Wirren" genannt, in die Geschichte ein. In seiner Streitschrift „Athanasius" verglich der in München lebende Joseph Görres die Verhaftung Droste-Vischerings mit der Verbannung des hl. Athansios durch Kaiser Julian Apostata. Die Schrift löste im deutschen Katholizismus starke Reaktionen aus. Damals entstand im Keim das, was man später den politischen Katholizismus nannte. Im Jahr 1840 wurde unter Mitwirkung des neuen preußischen Königs Friedrich Wilhelm IV. und Papsts Gregor XVI. (1831–1846) der Streit beigelegt, indem der Speyerer Bischof von Geissel als Drostes Koadjutor die Verwaltung des Erzbistums übernahm (vgl. dazu S. 31 ff.).

Die Maternuskapelle

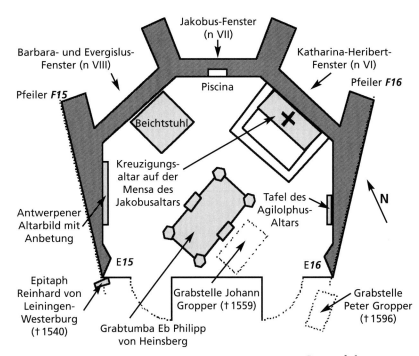

Geschichte und Ausstattung

Im Mittelalter wurde die Kapelle wegen ihres Jakobuspatroziniums als Jakobuskapelle bezeichnet, die hl. Cäcilie gelegentlich als Mitpatronin genannt. Häufig suchten Pilger, die auf dem Weg nach Santiago de Compostela durch Köln kamen, die Kapelle auf. Die heutige Bezeichnung Maternuskapelle geht wohl nicht auf das Mittelalter zurück; es scheint, dass sie erstmals 1834 im Domführer DeNoels auftaucht[258]. Von der Fensterausstattung von 1330/40 blieb lediglich das Mittelfenster mit den bahnübergreifenden Darstellungen aus dem Martyrium des hl. Jacobus erhalten.

Jakobus-Fenster (n VII)

Barbara- und Evergislus-Fenster (n VIII)

Katharina-Heribert-Fenster (n VI)

Pfeiler *F15*

Pfeiler *F16*

Piscina

Beichtstuhl

Kreuzigungs-altar auf der Mensa des Jakobusaltars

Tafel des Agilolphus-Altars

N

Antwerpener Altarbild mit Anbetung

E15

E16

Epitaph Reinhard von Leiningen-Westerburg († 1540)

Grabstelle Johann Gropper (†1559)

Grabstelle Peter Gropper (†1596)

Grabtumba Eb Philipp von Heinsberg

Grundriss Maternuskapelle

Das Hochgrab des Erzbischofs Philipp von Heinsberg

Philipp von Heinsberg war Vertrauter und Nachfolger des Erzbischofs und kaiserlichen Kanzlers Rainald und später Initiator des Baus des Dreikönigenschreins.

Philipp wurde nach seinem Tod vor Neapel nach Köln überführt und zunächst im Alten Dom beigesetzt *(„juxta sepulchrum episcopi Reinoldi")*. Die Entstehungszeit des Grabmals im neuen, gotischen Dom wurde von Paul Clemen in die Mitte des 13. Jahrhunderts verlegt (CLEMEN 253), doch gab es auch stets Stimmen, die für eine frühere Datierung plädierten (KROOS, LQ 100 f.).

Die aus Trachyt bestehende Tumba ist 3,10 m lang, 1,60 m breit und ohne Zinnen 0,80 m hoch. Der Gisant einschließlich Löwen zu seinen Füßen misst 2,25 m. Die Figur trägt in der Linken ein Buch und in der Rechten den Bischofsstab. Paul Clemen lobte den Faltenwurf und die freie Beweglichkeit der Figur. Die Platte trägt oben die Inschrift: PHIL(I)PPVS DE HENGSBERCH. Eins der beiden Wappen an der Außenseite der Tumba ist das heute noch geläufige Dreikronenwappen von Stadtköln, wahrscheinlich das zweitälteste dieser Art (vgl. S. 51 ff.) Das andere Wappen (drei Sparren im Feld) wurde von Paul Clemen als das von Heinsberg bezeichnet, andere Autoren erblickten in ihm das der Familie Schall[259]. Kürzlich wies die Dombaumeisterin Schock-Werner darauf hin, dass es sich bei dem fraglichen Wappen um das der Familie van Troyen – ein Zweig der Schall (von Bell) – handle. Ihren Recherchen zufolge könnte ein Kölner Bürger namens Lutfred III. van Troyen (Luffred de Troya) das Grab schon zu Beginn des zweiten Drittels des 13. Jahrhunderts gestiftet haben und dadurch sein Wappen als Stifterwappen zusammen mit dem stadtkölnischen auf das Grabmal gekommen sein (SCHOCK-WERNER, 2000, 112). Mit ihrer Gestaltung fällt die Begräbnisstelle ganz aus dem Rahmen des Üblichen: Sie mutet wie eine ummauerte Stadt mit zinnengekrönten Türmen an. Unumstritten ist, dass damit an den in der Regierungszeit Philipps

Philipp von Heinsberg (reg. 1168–1191), der zweite von fünf Söhnen des Freiherrn Goswin II. von Valkenburg und Heinsberg und der Pfalzgräfin Aleydis (Adelheid) von Sommerschenburg, Tochter des Pfalzgrafen von Sachsen, war seit 1155 Archidiakon zu Lüttich, seit 1156 Domdekan zu Köln und ab 1165 Propst von St. Lambert zu Lüttich. In Lüttich befand sich die Werkstatt des Reiner (Renier) von Huy, aus der Nikolaus von Verdun hervorging. Es ist klar, dass Philipp die Meisterwerke der maasländischen Metallkunst kannte. Zum Schutz des südlichen Kölner Raums errichtete er zusätzlich zu den Burgen Ahr und Nürburg die Burg Rheineck. In Philipps Regierungs-

zeit erfuhr das Dom-
kapitel tiefgreifende
Veränderungen: Die
klosterähnliche Verfas-
sung des Domstifts
(„*vita communis*") wurde
1181 aufgehoben, um
die Gemeinschaft nicht
mit den Verpflichtungen
ihrer adligen Mitglieder
zu belasten. Das Stifts-
vermögen wurde in
Präbenden aufgeteilt
(s. S. 69 ff.). Diese Maß-
nahme führte zu einer
größeren Unabhängig-
keit der Stiftsmitglieder
und einer erneuten
Stärkung der Position
des gesamten Dom-
kapitels, das schon
durch das Wormser
Konkordat (1122) und
das sog. Decretum
Gratiani (1139/40) an
Bedeutung gewonnen
hatte.

begonnenen Bau der großen, „staufischen" Mauer ab 1179 erinnert werden soll. Die Nachbildung der Mauer an der Tumba hat man früher gern als Mahnung an die Kölner Bürgerschaft verstanden, nie zu vergessen, wer der eigentliche Herr der Stadt sei[260]. Wenn man den Überlegungen der Dombaumeisterin folgt, wäre es möglich, dass das Grab jedoch nach dem Ausgleich der Stadt mit dem geistlichen Regiment, also kurz nach dem Tod des Erzbischofs Heinrich von Virneburg im Jahr 1332, entstanden ist. In diesem Fall könnte die Mauerdarstellung jeder Polemik entbehren und lediglich den einträchtigen Gestaltungswillen beider politischer Kräfte widerspiegeln.

Philipp, ein tatkräftiger Mann *(„vir strenuus et victoriosus")*, erwarb für das Erzstift Köln von den eingezogenen sächsischen Gebieten, mit denen Heinrich der Löwe belehnt war, Engern und jenen Teil Westfalens, der innerhalb der Diözesangrenzen der Bistümer Paderborn und Köln lag[261]. Damit war dem ripuarischen Dukat (Herzogtum) ein weiterer hinzugefügt und die erzstiftliche Macht *(terra Colonienis)* in Richtung Weser ausgeweitet worden. Allerdings sollten Philipps zahlreiche Ankäufe von Burgen und kleineren Territorien am Rand seines Herrschaftsbereichs dem Erzstift keine dauerhafte Vergrößerung bescheren. In der Regel vergab der Erzbischof das Erworbene als Lehen an die Vorbesitzer. Die Entwicklung des Lehnsrechts sollte jedoch insgesamt eine Stärkung der Vasallen mit sich bringen, sodass sich diese schließlich wieder der Kölner Lehnsherrschaft entziehen konnten.

Philipp war wie Rainald der Kreuzzugsgedanke nicht fremd; vielleicht dachte er an eine christliche Expansion im Orient. Möglicherweise hat er auch Anstrengungen unternommen, um für Köln – zusätzlich zu den Dreikönigsreliquien – noch die Gebeine des Apostels Thomas aus Edessa (s. S. 60 ff.) in Mesopotamien hinzuzugewinnen. Bei einer Altarweihe im Kloster Brauweiler ließ er Teile vom Haar und vom Gürtel des hl. Thomas darin einschließen.

Die Fenster

Das Barbara- und Evergislus-Fenster linkes Fenster (nord VIII)

Die Scheiben dieses Fensters wurden um 1855 in neugotischem Stil von dem Maler und Glasmaler Peter Graß (1813–1882) geschaffen. Sie vereinen als Standfiguren unter Arkaden eine weibliche Heilige aus der Gruppe der Quattuor Virginæ Capitales, nämlich die hl. Barbara mit einem hl. Kölner Bischof, hier dem hl. Evergislus. Die Rekonstruktion des Fensterzyklus' von 1330/40 ergab für diesen Platz zwei Architekturtabernakel mit Darstellungen der hll. Bruno und Hildebold (BECKSMANN 153).

Das Jakobus-Fenster mittleres Fenster (nord VII)

Das Fenster gehört zu der zwischen 1330/40 geschaffenen Zweitausstattung der Chorkapellen und befindet sich an seinem ursprünglichen Platz. Die acht Scheiben beider Bahnen fügen sich zu einem 4,4 m hohen und etwa 2 m breiten Gesamtbild zusammen, das in einer dreiteiligen Arkadenarchitektur drei Szenen aus dem Martyrium des hl. Jakobus zeigt. Die inzwischen stark erneuerte Komposition gehört zu den weniger eleganten der Zweitausstattung.

In der breiten, von Stufen emporgehobenen Mittelarkade sieht man das Verhör des Apostels durch König Herodes Agrippa I.[262] Links steht der barfüßige, goldnimbierte Jakobus; er ist gekleidet in das Rot der Märtyrer und trägt einen blauen Mantel. An seinem Hals hängt die Muschel, das Zeichen der Pilger. Mit der Rechten hält er ein grünes Buch, seine Linke hat er im Redegestus erhoben. Er wird von zwei Schergen bewacht, von denen der hinter ihm stehende mit dem rechten Zeigefinger abwärts weist, der andere ihn aber mit einer umarmenden Geste dem Herodes anempfiehlt: Es ist Josias, der sich gleich bekehren lassen wird. Rechts thront in rotem Mantel mit

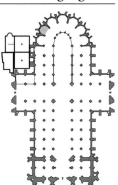

Hermelinkragen der bärtige, gekrönte Herodes. Seine Rechte ist gleichfalls im Redegestus erhoben, sein von einem Podest erhöhter Thron hebt ihn auf die Augenhöhe des Jakobus. Wimperg und Krabben über dieser Szene entsprechen in vielem dem Fassadenriss[263].

In der linken Arkade kniet der betende Scherge Josias; vor ihm steht Jakobus, der die Taufe mit Wasser aus einem weißen Krug vollzieht. In der rechten Arkade kniet betend der verurteilte Jakobus, während über ihm der Henker mit dem Schwert zum Schlag ausholt. Ganz rechts der Rumpf des schon gerichteten Josias; sein Haupt liegt vor dem Apostel. In den oberen seitlichen Tabernakeln stehen Märtyrer und Propheten, die nicht individuell ausgewiesen sind.

In den beiden unteren Scheiben sieht man je einmal das Wappen der Grafen von Virneburg, wohl das des Kölner Erzbischofs Heinrich von Virneburg: sieben rote Rauten in goldenem Feld (wie im Obergadenfenster H I und im nördl. Seitenschiff nord XXI; vgl. Abb. S. 52). Wahrscheinlich sind die Wappen erst 1846 von Peter Graß eingefügt worden (Becksmann 147).

Das Katharina-und Heribert-Fenster rechtes Fenster (nord VI)

Dieses Fenster schuf der Maler und Glasmaler Peter Graß in den Jahren 1856/1857. Es vereint, ähnlich wie das rechte Fenster dieser Kapelle, eine weibliche Heilige aus der Gruppe der Quattuor Virginæ Capitales, nämlich die hl. Katharina mit einem hl. Kölner (Erz)bischof, hier dem hl. Heribert. Für die Zweitausstattung von 1330/40 wurden Glasmalereien mit Standfiguren der hll. Agilolfus und Hildiger (Hildeger) ermittelt (Becksmann 153).

Der Kreuzigungsaltar

Über der steinernen Altarmensa des 13. Jahrhunderts steht ein von der Kunstgeschichte wenig beachtetes Altarretabel, das in geschlossenem Zustand stattliche 2,85 m hoch und 2,00 m breit ist. In geöffnetem Zustand zeigt es eine aus Eichenholz geschnitzte Kreuzigungsgruppe, bestehend aus dem lebensgroßen Christus mit Maria zu seiner Rechten und dem Jünger Johannes zu seiner Linken. Die zeitliche Einordnung des Werks war bis in die neueste Zeit umstritten, jedoch haben dendrochronologische Untersuchungen ergeben, dass es sich eindeutig um ein spätgotisches Werk handelt (es gab Stimmen, die es der Neugotik zuwiesen). Unklar wie die Datierung war lange auch die stilistische Zuordnung des Kunstwerks. Die wenigen, die sich im 20. Jahrhundert überhaupt mit dem Altar befassten, sprachen ihn als „vielleicht mittelrheinisch" an (z.B. Clemen 231); dies ist jedoch nicht zutreffend (s.u.).

Vor einem blauen, gestirnten Grund steht das Kreuz mit Christus, der fast einen halben Meter über dem Boden mit drei Nägeln angeheftet ist. Das herabgesunkene Haupt ist nach rechts gewandt, sodass es vom Kapellengitter aus kaum gesehen werden kann. Der Gekreuzigte trägt nur ein weit nach links ausflatterndes, goldenes Lendentuch, das zwischen seinen dünnen Beinen hindurchgeführt ist. Das Tuch flattert so sehr, dass es sich störend an den Kopf der links stehenden Maria heranschiebt – ein Mangel der Komposition, der durch eine spätere Verringerung der Schreintiefe um 15 cm verstärkt wurde.

Maria ist rotgewandet, zudem trägt sie einen blauen, weißgefütterten Mantel; ein weißes Kopftuch verhüllt Haupt und Kinn. Mit der Rechten hält sie den Mantel, mit der Linken ein Ende des Schleiers. Auf der linken Seite des Gekreuzigten, also rechts vom Betrachter, steht Johannes, grüngekleidet; mit einem rotem Mantel, der von seiner linken Schulter gerutscht ist; sein linker Fuß ist bloß. Über der Szene weist der Schreinskasten eine goldene Maßwerkverzierung auf; über ihm ist ein Maßwerkkamm angebracht.

Das Gehäuse kann mittels zweier bemalter Flügel geschlossen werden. In geöffnetem Zustand lassen sich auf jeder Seite zwei Tafelbilder auf Goldgrund betrachten: links oben steht, in einen roten Mantel gekleidet, Johannes d. Täufer; seine Linke hält das Buch, worauf er das Lamm gebettet hat. In der Tafel unter ihm steht, gekleidet in Albe und grüne Kasel, der hl. Laurentius, der mit der Linken den Rost, mit der Rechten das Buch hält. Die rechte Innenseite zeigt oben den rot- und grüngewandeten hl. Jakobus d. Ä., kenntlich an der Muschel an seiner Kopfbedeckung (früher hielt man ihn auch für Aaron); in der Rechten führt er den Pilgerstab, in der Linken hält er einen Beutel. Unten rechts sieht man den hl. Stephanus in weißer Albe und roter Kasel, die er mit beiden Händen hochgerafft hat, um die Steine seines Martyriums darin zu halten; zusätzlich hält er in der Linken das Attribut des Buchs.

Bei geschlossenem Retabel sieht man zwei flügelfüllende Grisaillenmalereien, die geschickt den Eindruck hervorrufen, man blicke von unten nach oben auf Skulpturen: Unter je einem Baldachin stehen zwei fast lebensgroße Heiligenfiguren, deren Namen auf den Konsolen zu lesen sind. Es handelt sich demnach um den hl. Vitus (li.), den Schutzheiligen gegen den Veitstanz, der in weltlicher Tracht mit seinen Attributen Palme, Buch und Hahn gezeigt wird, und um den hl. Valentinianus (re.), den Schutzheiligen gegen Fallsucht, der in Bischofstracht mit Palmzweig in der Linken erscheint[264]. Die beiden Konsolen sind mit jeweils drei sehr detailliert gemalten Figuren, die Tanzwütige darstellen, geschmückt – Hinweise auf die Schutzfunktionen der Heiligen.

Was die plastischen Figuren anbelangt, fällt dem Betrachter schnell die geringe Homogenität der Gruppe auf – ein Umstand, der vielleicht die vermeidende Haltung der Kunstgeschichte zu erklären vermag. Der Schnitt der Gesichter der Maria und des Johannes weist starke Ähnlichkeit mit den entsprechenden Figuren in der Grablegungsgruppe im Nordturm auf (s. S. 186 ff.). Sie werden neuerdings auf einen namentlich nicht bekannten Meister aus Ulm zurückgeführt. Ungewohnt, ja erschreckend wirkt das entstellte, dicklippige Antlitz Christi in diesem Retabel. Auch befremden seine kurzen, dünnen Beine und der lange Unterkörper mit den starken Hüften. Wahrscheinlich geht diese Darstellungsart auf ältere Vorbilder zurück.

Die Malereien auf den Retabelflügeln wurden schon 1841 von F. Kugler erwähnt. Ihre stilistische Zuordnung war aber seitdem ebenso ungesichert wie die des Schnitzwerks. Paul Clemen sah in den Tafeln Arbeiten aus dem Umkreis des Meisters der Heiligen Sippe ([356]) und bescheinigte ihnen einen höheren Rang als der geschnitzten Kreuzigungsgruppe. Zwar sind bis heute weder der Schnitzer dieser Gruppe noch der Maler der Flügelbilder identifiziert, ebensowenig der Stifter, doch machten neuere Forschungen eine annähernde Zuordnung möglich[265]. Man erkannte durch Stilvergleiche auch bei den Bildern einen Ulmer Einfluss, aber auch eine Verwandtschaft mit Werken des Meisters der Georgslegende; datiert werden sie auf die 80er-Jahre des 15. Jahrhunderts[266].

Altarbild mit der Anbetung

Links an der Kapellenwand hängt ein flachrechteckiges Bild (2,25 m breit, 1,25 m hoch), das die Anbetung der Heiligen Drei Könige zeigt. Es handelt sich um ein kostbares, die Art eines Triptychons nachahmendes Altarbild eines Antwerpener Meisters (um 1520) aus dem Umkreis des Jan Gossaert und stammt ursprünglich aus dem Kloster Bethlehem bei Charleville in Nordfrankreich. Eine Fülle von Personen belebt die reiche Architektur: Links an dem rotverhangenen, wappengeschmückten Betpult kniet der Stifter Philipp von Nevers mit Tonsur und in der Tracht der Franziskaner. Seine (zu dieser Zeit bereits verstorbene) Frau Marie Katharina de Roye und ihre Tochter sind auf der rechten Seite dargestellt. Joseph Hoster schrieb:

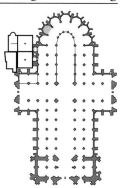

„Bei aller spatiösen Disparatheit der sich vereinzelnden Figuren ist das Werk durchsetzt mit allegorischen Bezogenheiten und detaillierten Kostbarkeiten ... Es zeigt eine gegenständliche Aufwendigkeit, die leicht zum Historienbild führen kann, hier aber die Schwelle vom andächtigen Geschehnisbild noch nicht überschritten hat. In einem gewissen, aber gern beobachteten Sinne zeigt unsere Tafel noch Nachklänge an Rogier von der Weydens Altar der Anbetung der hl. Drei Könige, ehemals in der St. Columba-Kirche zu Köln, nun in der Alten Pinakothek in München" (HOSTER 52).

Das Bild kam 1960 durch Tausch gegen den Halderner Altar (ein Werk, das dem münsterländischen, nicht aber dem kölnisch-südniederländischen Kunstschaffen angehört, Abb. CLEMEN 227) in den Besitz des Doms und wurde hier aufgehängt[267]. Im Jahr 1974 führte man eine Restaurierung des Werks durch.

Ein Tafelbild, Teil des Agilolfus-Altars

Dargestellt sind die hll. Bischöfe Blasius und Agilolfus[268]: Das um 1521 in Antwerpen entstandene Tafelgemälde stammt von dem zweiten Flügelpaar des Agilolfusaltars (s. S. 233 ff.) und wurde 1986 für den Dom erworben. Andere erhaltenen Tafeln befinden sich in der Kreuzkapelle zwischen den Pfeilern E11 und E12 in etwa drei Metern Höhe.

Das Epitaph des Reinhard von Leiningen-Westerburg

An dem Pfeilerkopf (E15), der die Maternuskapelle von der Engelbertuskapelle trennt, befindet sich in Mannshöhe das 1,2 x 0,85 m große Epitaph des 1540 verstorbenen Domdechanten Reinhard, Freiherrn von Westerburg und Grafen von Leiningen[269]. Die Inschrift lautet:

DEO / OMNIPOTENTE / MAIORIBUS SUIS P. PATRUIS / PATRUIS FRATRIQUE DULCISSIMO / AMORIS ET PIETATIS ERGO / HIC IN FIDE RESURRECTIONIS / QUIESCENTIBUS REINHARDUS EX / BARONIBUS A WESTERBURCH / ET COMITIBUS IN LEININGEN / HUIUS COLLEGII CLARISSIMI / DECANUS MONUMENTUM HOC / LECTOR POSUIT: IN QUO ET SE FATALI LEGE SOLUTUM, COMPONI / VIVUS CONSTITUIT / MORTUUS EST ANNO MDXL / ÆTATIS SUÆ XLVIII.

An einer heute nicht mehr bezeichneten Stelle im Chorumgang vor Pfeiler E16 liegt die Grabstelle des Generalvikars Peter Gropper († 1596), eines Neffen des berühmten Priesterkanonikers Johann Gropper († 1569), der selber innerhalb der Kapelle neben Philipp von Heinsberg ruht.

11 Die Engelbertuskapelle

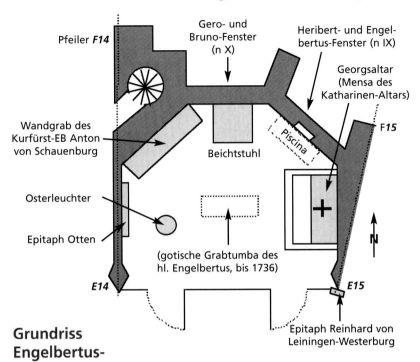

Pfeiler **F14**

Gero- und Bruno-Fenster (n X)

Heribert- und Engelbertus-Fenster (n IX)

Georgsaltar (Mensa des Katharinen-Altars)

Wandgrab des Kurfürst-EB Anton von Schauenburg

F15

Piscina

Beichtstuhl

Osterleuchter

Epitaph Otten

N

(gotische Grabtumba des hl. Engelbertus, bis 1736)

E14

E15

Epitaph Reinhard von Leiningen-Westerburg

Grundriss Engelbertus-kapelle

Geschichte und Ausstattung

Die Kapelle wurde seit dem Jahr 1319 aufgrund des Altars, der der hl. Katharina von Alexandrien zugeeignet war, Katharinenkapelle genannt[270]. Schon im Alten Dom hatte es einen Katharinenaltar gegeben, der mit dem Grabmal des Engelbert I. von Berg verbunden war. Die Gebeine des 1225 ermordeten Erzbischofs wurden 1268 in einem neuen Reliquiengrab in dieser Kapelle beigesetzt. Zu diesem Zweck schuf man eine Grabtumba in gotischem Stil, deren Aussehen sich in etwa aus einem Relief am Engelbertusschrein (s. S. 57 ff.), der in der Zeit um 1633 entstand, erschließen lässt.

Sie ähnelte denen, die für die Bestattung Geros, Rainalds und Irmingardis' Verwendung fanden, und trug wie diese keinen figürlichen Schmuck an den Wänden[271]. Sie blieb auch nach der Erhebung der Gebeine des hl. Engelbertus im Jahr 1621 stehen und wurde erst 1736 abgerissen. Ihre genaue Lage ist inzwischen nachgewiesen: Sie besaß, wie bei Erzbischofsbestattungen in Domkapellen üblich, eine axiale Ausrichtung auf den Altar der Kapelle. Gewissermaßen als Bestandteil des Grabs befand sich damals in dieser Kapelle mit allergrößter Wahrscheinlichkeit das Allerheiligenfenster (s. S. 151 ff.), das eigens zur Verherrlichung des Märtyrertums Engelberts angefertigt worden war. Die Gebeine des Heiligen bettete man bald nach deren Erhebung in einen prächtigen barocken Reliquienschrein um (s. S. 57 ff.). Dabei kam es zur Zerstörung der alten Grabtumba; ein Rest, dessen irreführende Inschrift von „Engelbertus de Marcka" spricht, steht noch unter der Piscina[272].

Der Georgsaltar

Der Georgsaltar, ein Schnitzaltar mit seitlichen, gemalten Flügeln, wurde 1842 von dem Kölner Kunsthändler Geerling für den Dom angekauft[273]. 1878 erfolgte eine erste Restaurierung durch Richard Moest (1841–1906). Das Werk entstand um 1520 in einer Antwerpener Werkstätte. Altäre dieser Art waren damals ein Exportartikel der Scheldestadt (vgl. S. 233 ff.).

Die Predella des Altars zeigt gemalte Darstellungen der zwölf Apostelhäupter. Das Schnitzwerk der unteren Gefache zeigt die Passion Christi, der Aufsatz den Drachenkampf nach der Georgslegende[274]. Dem Martyrium des hl. Georg sind die gemalten Flügel gewidmet.

Der geschlossene Altar ist 3,50 m breit und 1,60 m – mit Aufsatz (aber ohne Predella) 2,60 m – hoch. Die gemalten Flügel haben eine Breite von je 1,72 m; damit erreicht der Altar in aufgeklapptem Zustand eine Gesamtbreite von fast 7 m. Auf den ersten Blick fallen die verschiedenen

Maßstäbe der geschnitzten Figuren in den Fächern sowie die reich gestalteten, vergoldeten Hängebaldachine auf.

Der Schrein gliedert sich in drei etwa gleich große Fächer, in denen Szenen der Passion erzählt werden. Sie stehen über kleineren Gefachen mit geschnitzten Figuren. Über dem mittleren großen Fach erhebt sich ein Aufsatz von etwa gleicher Größe.

Die unteren kleinen Gefache zeigen (von li. nach re.): ▪ 1) die hl. Agnes ▪ 2) den hl. Laurentius mit Rost ▪ 3) die „Verkündigung" ▪ 4) die „Visitatio" (Heimsuchung) ▪ 5) die „Anbetung der Hirten" ▪ 6) die „Anbetung der Könige" ▪ 7) die „Beschneidung" ▪ 8) die „Darbringung" (Darstellung) im Tempel ▪ 9) den hl. Georg ▪ 10) die hl. Barbara.

In den drei großen Fächern darüber sind zu sehen: ▪ links die „Kreuztragung" (im Hintergrund „Christus vor Herodes") ▪ in der Mitte die „Kreuzigung" mit den beiden Schächern, dazwischen Engel, im Vordergrund links die weinenden Frauen

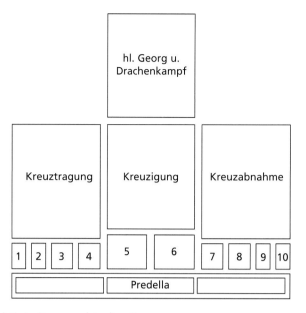

und Johannes, rechts vier Kriegsknechte, die sich um den Rock Christi streiten ▪ rechts die „Kreuzabnahme" und die „Beweinung".

Der Aufsatz über dem mittleren Fach erzählt den Drachenkampf des hl. Georg: Der Heilige reitet auf seinem Hengst, hinten links steht die Prinzessin; ihre königlichen Eltern schauen besorgt von der Burg aus zu. Sehr wahrscheinlich ist diese Szene später von fremder Hand hinzugefügt worden, sodass aus einem Passionsaltar ein Georgsaltar wurde.

In vier Feldern der gemalten Altarflügel wird über andere Begebenheiten der Georgslegende berichtet. Im Fall der Öffnung sind sichtbar: ▪ (u. li.) der an zwei Pfosten gefesselte hl. Georg, der und mit Eisenhaken gemartert wird ▪ (u. re.) der Heilige wie er von einem Pferd geschleift und anschließend gekocht wird (großer Kessel im Hintergrund) ▪ (o. li.) der gerüstete Heilige, wie er sein Pferd am Zügel führt und den Auftrag zur Bekämpfung des Drachen erhält ▪ (o. re.) der hl. Georg, der auf die zu befreiende Prinzessin trifft, die mittels eines Bandes an den Drachen gebunden ist (fast sieht es so aus, als führte die Gefangene ihr Haustier aus); im Hintergrund steht die elterliche Burg der Prinzessin.

Der Stil des Schnitzwerks wurde von Paul Clemen mit dem Schaffen des Meisters Gielisz in Verbindung gebracht (CLEMEN 230 f.). Die Malereien auf den Flügeln erkannte Clemen als Werkstattarbeiten aus dem Kreis um Jan de Beer und (Pseudo-)Blesius[275]; sie stammen aus der Zeit um 1520. Eine Würdigung des gesamten Werks durch die Kunstkritik steht noch aus.

Das Grabmal des Erzbischofs Anton von Schauenburg

Anton starb nach nur zweijähriger Amtsführung, noch ehe er die Priester- und Bischofsweihe empfangen hatte. Sein Amtsnachfolger Johann Gebhard von Mansfeld (1558–1562) stiftete 1561 das äußerst prächtige Grabmal – zusammen mit einem zweiten für Antons zuvor verstorbenen Bruder und Vorgänger Adolf III. Beide Werke waren ursprünglich im Binnenchor vor den Chorschranken aufgestellt, das Grabmal Antons vor Schranke N I, das Adolfs vor S I. Erstaunlich ist, dass dem jüngeren Bruder dabei die Ehrenseite des Binnenchors zufiel (s. S. 41 ff.). Hatte ein Schwinden alter Kenntnisse und Bedeutungen eingesetzt? Im Jahr 1841 ließ Dombaumeister Zwirner beide Grabmale versetzen, das Adolfs in die Stephanuskapelle (s. S. 120 ff.), das Antons in die Engelbertuskapelle.

Graf Anton von Schauenburg (Schaumburg), Sohn des Grafen Jobst (Jodokus) von Schauenburg-Holstein/Pinneberg und der Gräfin Maria von Nassau-Dillingen, war ein jüngerer Bruder des 1556 verstorbenen Adolf. Früher Dompropst von Lüttich und Dechant von St. Gereon in Köln, wurde Anton am 26. Oktober 1556 vom Kölner Domkapitel zum Erzbischof gewählt. Im Jahr darauf bestätigte Papst Paul IV. die Wahl. Die Regalien sollte Anton nicht mehr von Kaiser Karl V., der am 21.9.1558 gestorben war, sondern von dessen Nachfolger Ferdinand I. (1503–1564, römischer Kaiser seit 1558) empfangen. Anton war dazu eigens nach Frankfurt gereist. Er verstarb bereits am 18.6.1558 auf der Godesburg bei Bonn.

Diese beiden bedeutenden Arbeiten der südniederländischen Renaissance wurden von Cornelius Floris und seiner Werkstatt in schwarzem und weißem Marmor ausgeführt[276]. Zwei Karyatiden, die gleichzeitig zwei Tugenden verkörpern – Klugheit und Gerechtigkeit, letztere erkennbar an der Waage (eine Waagschale abgebrochen) – tragen den mit Ranken und Zentauren geschmückten Sarkophag mit der Liegefigur des Verstorbenen. Aus dem Blattwerk wachsen die Oberleiber eines Mannes und einer Frau heraus.

Die Liegefigur des Verstorbenen trägt Chormantel und Barett, jedoch keine Mitra; diese steht neben dem Toten (ein Zeichen der fehlenden Konsekration und Priesterweihe!). Zu Füßen der Figur ruht ein Löwe. Im Mittelfeld über der Figur befindet sich ein Relief mit einer Auferstehungsszene. Rechts und links daneben befinden sich in zwei Nischen die Personifikationen für Mäßigkeit und Stärke. Im Giebelfeld erscheint das Wappen des Erzstifts und das Schauenburg'sche Wappen. Die lateinische Inschrift am Sockel ist ähnlich abgefasst wie diejenige am Grabmal des Bruders und weist auch dieselben Titel vor. Zusätzlich enthält die hiesige den Hinweis auf den Stifter Johann Gebhard von Mansfeld.

REVERENDISS(IMO) D(OMI)NO, D(OMINO) ANTONIO ELECTO AC CONFIRMATO PRINC(IPI) ELECTORI COLONIEN(SI), S(ANCTI) ROM(ANI) IMPERII, PER ITALIAM ARCHICANCELLARIO LEGATOQUE NATO, WESTVALIÆ ET ANGARIÆ DUCI ETC., EX ILLUSTRI FAMILIA COMITUM A SCHAUWENBURGH ORIUNDO, ELECTO ANNO MDLVI DIE XXVI OCTO(BRIS), QUI FRATRI SUCCEDENS IN D(OMI)NO OBDORMIVIT AN(NO) MDLVIII DIE 18 JUNII ATQUE PRÆVENTUS MORTE FRATRI IUSTUM MONUMENTUM ERIGERE NON POTUIT, UTI CEPERAT. REVERENDISSIMUS D(OMI)N(U)S D(OMINUS) GEBHARDUS ELECTUS ARCHIEP(ISCOPU)S, PRINC(EPS) ELECTOR COLONIEN(SIS) D(OMI)NIS ET AFFINIBUS SUIS CHARISS(IMIS) PIETATIS ERGO POSUIT AN(NO) 1561.

(Zu Übersetzung und Wappen vgl. S. 120 ff.; Hinweise zu weiteren Inschriften bei CLEMEN 273)

Der Osterleuchter

In der Kapelle wird der 1988 von Elmar Hillebrand geschaffene Osterleuchter verwahrt, der von der Osternacht bis Christi Himmelfahrt zwischen Sakramentshaus und Vierungsaltar steht. Aus den zahlreichen Details dieses riesigen, 3,50 m hohen Bronzeleuchters sprechen frühchristliche und mittelalterliche Glaubensinhalte. Die sechs Schildkröten, auf denen er steht, verweisen dagegen auf ein antik-heidnisches Fruchtbarkeitssymbol.

Der Leuchter gleicht eigentlich einer gedrehten Säule, die in der Mitte von einem kleinen Tambour mit sitzenden Figuren (den vier Evangelisten?) unterbrochen ist. Sicherlich ist eine Assoziation mit der Trajanssäule in Rom oder den Säulen des Tempels von Jerusalem gewollt (s. S. 225 ff.). Auch aus dem Mittelalter stammende Osterleuchter weisen wohl vergleichbare spiralförmige Drehungen auf. Vielleicht ist auch die Wolken- bzw. Feuersäule gemeint, in der Gott vor dem Volke Israel einherzog nach Ex 13,21: *„Und der Herr zog vor ihnen her, des Tages in einer Wolkensäule, dass er sie den rechten Weg führte, und des Nachts in einer Feuersäule, dass er ihnen leuchtete zu reisen Tag und Nacht."*[277]

Das Epitaph des Max Franz Joseph von Otten

An der Westwand der Engelbertuskapelle sieht man unter einem Wappen mit barockem Schmuck eine große, helle Sandsteintafel (1,4 x 3,5 m). Ihre Inschrift erinnert an Maximilian Franz Joseph von Otten, einen im Jahr 1725 im kanonischen Alter von 33 Jahren verstorbenen Domherrn. Dieser war zugleich Stiftsherr in Kerpen, Domherr in Konstanz, ferner Siegler und Berater des wittelsbachischen Kurfürsten Max Emanuel (1662–1726):

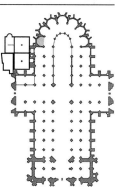

SISTE GRADUM VIATOR / QUI SACELLUM PIE INGRESSUS / HOC DOLORIS MONUMENTUM ASPICIS / LEGE QUOD
VIDES ET LUGE / HIC QUIESCIT / QUI IN VIRTUTIS ET SCIENTIARUM STADIO /MAGNOS FECIT GRESSUS ET PRO-
GRESSUS / RECTI ET VERI CONSTANTER AMANS / NEMPE / REVERENDISSIMUS PER ILLUSTRIS AC / GENEROSUS
DOMINUS MAXIMILIANUS FRANCISCUS JOSEPHUS / AB / OTTEN / ILL ᵗᵘˢ ECCLESIÆ METROPOLITANÆ COLO-
NIENSIS / ET CATHEDRALIS / CONSTANTIENSIS NEC NON REGIÆ / COLLEGIATÆ KERPENSIS PRESBYTER CANONI-
CUS / CAPITULARIS ET RESPECTIVE PRÆPOSITUS DECANUS / ET SIGILLIFER MAIOR ADIUNCTUS / QUEM / SERENIS-
SIMUS ELECTOR ET DUX BAVARIÆ / MAXIMILIANUS EMANUEL DIGNATUS EST / HABERE A CONSILIIS AULICIS / EUM-
QUE / DESTINAVIT COMITEM SERENISS FILIORUM PRINCIPUM (?) / AD LIMINA APOSTOLORUM / IBI SUBSISTENS /
GLORIA SÆCULARIS PER TÆSUS AD CHRISTI COLLEGIUM ADIECIT ANIMUM / ET CANONICUS FACTUS / VITÆ SUÆ
CANONEM. VIRTUTEM STATUIT / NOVITENIM LEGEM STATUAM OMNIBUS / MORI / QUAM HEU NIMIS MATURE ADIM-
PLEVIT / SCILICET / ANNO ÆTATIS 33. DIE 4. MAJI 1725 / DUM / PLENITUDIDEM ÆTATIS CHRISTI ATTIGIT / IAM
MATURUS CÆLO / UTPOTE BREVITATEM VITÆ VIRTUTE COMPENSANS / CUIUS ENCOMIA MODESTI CINERESTACERI
MALUNT / QUAM ALIQUID VANITATI DARI / TU VIATOR / PARENTIBUS, QUI, QUOD A FILIO POTUIS EXPECTASSENT /
HOC EI POSUERE DOLORIS MONUMENTUM / FAVE / ET / PIIS MANIBUS   BENE PRECARE:

Die Fenster (nord IX, nord X)

Hinter dem Blindfenster links über dem Grabmal des Anton von Schauenburg verbirgt sich ein
Treppenhaus. Die zwei Glasmalereien (Entwurf von Wilhelm Ruprecht; 1956) spiegeln deutlich den
Zeitgeschmack. Sie sind ein Geschenk des Deutschen Städtetags an den vom Krieg verwüsteten
Dom. Die Dombauverwaltung sähe sie heutzutage lieber im Depot. Das mittlere Fenster (n X) stellt
die hll. Bischöfe Gero und Bruno vor, das rechte (n IX) die Bischöfe Heribert und Engelbert I. Mitt-
lerweile nimmt man an, dass die Fenster-Zweitausstattung von 1330/40 neben dem Allerheiligen-
Fenster ein Fenster mit Standfiguren der hll. Katharina und Engelbert zeigte (BECKSMANN 147).

12 Die Kreuzkapelle

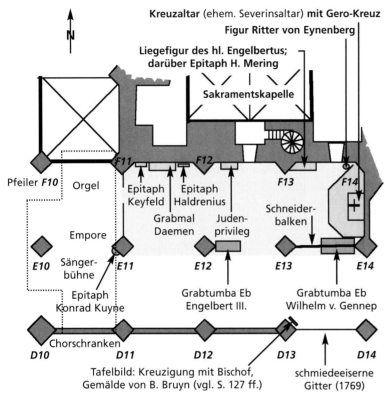

Kreuzaltar (ehem. Severinsaltar) **mit Gero-Kreuz**
Figur Ritter von Eynenberg

Liegefigur des hl. Engelbertus;
darüber Epitaph H. Mering

Sakramentskapelle

Pfeiler *F10* — Orgel

F11 — *F12*

Epitaph Keyfeld — Epitaph Haldrenius

F13

F14

Grabmal Daemen — Juden-privileg

Schneider-balken

Empore

E10 — Sänger-bühne — *E11* — *E12* — *E13* — *E14*

Epitaph Konrad Kuyne

Grabtumba Eb Engelbert III.

Grabtumba Eb Wilhelm v. Gennep

Chorschranken

D10 — *D11* — *D12* — *D13* — *D14*

Tafelbild: Kreuzigung mit Bischof, Gemälde von B. Bruyn (vgl. S. 127 ff.)

schmiedeeiserne Gitter (1769)

Grundriss Kreuzkapelle

Geschichte und Ausstattung

Die Kapelle wird von den drei Jochen des nördlichen Chorseitenschiffs gebildet; zunächst trug sie die Bezeichnung **Severinskapelle**, da sich einer Urkunde von 1319 zufolge an diesem Ort ein dem hl. Severin geweihter Altar befand. Schon im Alten Dom hatte es an nahezu gleicher Stelle einen Severinsaltar gegeben, der damals im nördlichen Querhaus an der Ostseite gestaden hatte[278], also gar nicht weit vom neuen Standort. Die Bezeichnung Kreuzkapelle kommt vom Kreuzaltar mit dem Gero-Kreuz, das spätestens Ende des 14. Jahrhunderts hierher übertragen wurde.

Wegen des Anbaus des Kapitelsaals (heute Sakramentskapelle) sind die Fenster unten geschlossen, oben zeigen sie in drei Couronnements zeitgenössische Ornamente. Ehe man vom nördlichen Querschiff kommend die Kapelle betritt, sollte man kurz innehalten, damit man im Dunkeln nicht das schöne kleine Epitaph des Konrad Kuyne von der Hallen – von 1445 bis 1469 Dombaumeister – übersieht (Pfeiler E11). Es besteht aus zwei Teilen, einer stehenden, etwa 0,60 m hohen Madonna im „schönen Stil" mit Kind auf einer Blattkonsole (re.) und der auf einer eignen Konsole knienden anbetenden Stifterfigur des Konrad, der vom hl. Petrus vorgestellt wird (li.). Die Inschrift – sie gibt das Jahr 1469 an – lautet:

ANNO DOMINI MCCCCLXIX DIE XXVIII. JANUARII OBIJT VIR MAGISTER CONRADUS KUYN MAGISTER OPERIS HUIUS ECCLESIE ANIMA REQUIESCAT IN PACE, AMEN.

Die Gruppe ist einschließlich der farbigen Fassung stark erneuert.

Der Fußboden vor der dreijochigen Kapelle zeigt ein Mosaik, das kein Domführer auszulassen bereit ist. Es zeigt den ersten Erzbischof Kölns, Hildebold, der dem 19. und auch noch dem 20. Jahrhundert als Gründer des Alten Doms galt. Deshalb stellte man ihn als Stifter mit dem Kirchenmodell in Händen dar (s. S. 39 ff.). Links oben, in etwa drei Metern Höhe, sind die gemalten Flügel des Agilolfusaltars (s. S. 233 ff.) zu sehen.

Der Kreuzaltar mit dem Gero-Kreuz

An der Ostwand der Kapelle steht, umfangen von einer barocken Brüstung, in einem hohen, schwarzen Architekturrahmen der Kreuzaltar. Über ihm erhebt sich, emporgehoben von einem mehrfarbigen Marmorsockel, ein großes Kruzifix mit dem überlebensgroßen Korpus des Gekreuzigten. Ein goldener Strahlenkranz, der das Kruzifix hinterfängt, schafft einen starken Kontrast

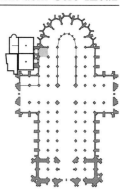

zum hellblauen Grund im Rahmen. Dieser ist bemerkenswert, da er an der Stelle von Architrav und Tympanon lediglich eine ovale Schrifttafel mit der Inschrift Sᴀᴄʀᴏ Sᴀɴᴄᴛᴀ ᴇᴛ Iɴᴅɪᴠɪᴅᴜæ Tʀɪɴɪᴛᴀᴛɪ trägt.

Die Marmorumrahmung, der ein Altar in Rom als Vorbild gedient haben soll, und der Strahlenkranz sind barocke Ergänzungen, Stiftungen des Domherrn Heinrich Friedrich Mering aus dem Jahr 1683. Dieser war für die Ausgestaltung des Domchors zuständig und betrieb mit großem Eifer dessen Umgestaltung im Stil des Barock. Sein eigenes Epitaph befindet sich links oben an der Wand über der ebenfalls von ihm gestifteten Liegefigur des hl. Engelbertus (s. S. 164 ff.). Nach dem Abriss zahlreicher Barockaltäre im Zuge mehrerer im 19. Jahrhundert vollzogenen Purifizierungswellen ist der Kreuzaltar heute der einzige Altar, der an seinem Ursprungsplatz verblieben ist.

Bereits im Alten Dom gab es einen Kreuzaltar, der in der Mitte des Langhauses stand. Für diesen stiftete Erzbischof Gero – nach Ansicht einiger war der Erzbischof Everger, der von 985 bis 999 regierte, der Stifter – ein überlebensgroßes Kruzifix. Ob es, wie in Köln gerne gesagt wird, zum Vorbild für zahllose Kreuzigungsdarstellungen im gesamten Abendland wurde, sei dahingestellt, denn in dieser Zeit entstanden etliche Großkreuze. Besonders bekannt ist das von dem Mainzer Erzbischof Willigis gestiftete, als „Benna" bezeichnete Kreuz aus Zedernholz. Einen Teil seines berechtigten Ruhms verdankt das Kölner Kreuz der Tatsache, dass es sich dabei um eins der wenigen Großkreuze der ottonischen Zeit handelt, die uns überhaupt erhalten sind. Im Jahr 1248 entging es beim Brand des Alten Doms der Vernichtung und wurde im gotischen Dom wahrscheinlich erst in der Stephanuskapelle aufgerichtet (s. S. 95 ff.). Bereits für das 14. Jahrhundert ist es am heutigen Ort bezeugt.

Der Korpus des Gero-Kreuzes ist aus einem Stück Steineiche gearbeitet; die Arme sind angesetzt. Der auf der Rückseite auf einer Länge von 1,07 m und etwa 17 cm Breite tief ausgehöhlte Körper ist 1,87 m hoch, die Spannweite der Arme beträgt 1,66 m. Entgegen der früher oft geäußerten Behauptung war die Plastik nicht als Behältnis für Reliquien (Reliquiensepulcrum) konzipiert gewesen. Vielfach wurde von Kunsthistorikern nämlich vermutet, dass alle Großplastiken von vornherein als Reliquienträger bestimmt gewesen seien[279]. Die Identifizierung des in der Chronik des Bischofs Thietmar von Merseburg (zwischen 1012–1018) beschriebenen Kreuzes als das von Gero gestiftete Kreuz gelang erst 1925 dem Kunsthistoriker Richard Hamann. Noch 1924 hatte der Leipziger Privatdozent Hermann Beenken das Kruzifix in das späte 12. Jahrhundert datiert. Die restauratorischen und dendrochronologischen Untersuchungen dagegen, die im Jahr 1976 im Auftrag des Kölner Metropolitankapitels durchgeführt wurden, haben Hamann glänzend bestätigt[280]. Das Fälldatum der 400-jährigen Eiche konnte von dem Entwickler der Dendrochronologie, Ernst Hollstein, auf das Jahr 965 eingeengt werden. Auch gelang es, das Alter der beiden etwa 0,40 m breiten und etwa 4,5 cm dicken Kreuzesbalken, die oft als Zutat späterer Jahrhunderte angesehen wurden, auf das letzte Drittel des 10. Jahrhunderts festzulegen. Die Leistung Hamanns ist insofern bemerkenswert, als er allein mit den Mitteln der Stilanalyse seine Datierung vornehmen musste[281].

Im Rahmen der Untersuchungs- und Restaurierungsarbeiten von 1976 stieß man am Korpus auf die Spuren von alten farbigen Fassungen, die jedoch noch nicht eindeutig datiert werden konnten. So gehen z. B. die Meinungen der Forschung dahingehend auseinander, ob als ursprüngliche Farbe des Lendentuchs rot oder gold anzunehmen ist.

Die beiden Kreuzesbalken weisen auf der Vorderseite zahlreiche kleine Nägel auf, sodass die Vermutung ausgesprochen wurde, sie könnten einst einen Goldblechbeschlag gehalten haben. Sollte diese Annahme richtig sein, so muss der farbig gefasste Korpus mit einem möglicherweise roten Lendentuch einen enormen Kontrast zu dem goldglänzenden Kreuz gebildet haben.

Die Kreuzigung war dem Christen um die Jahrtausendwende ein viel tieferer Einschnitt in die Geschichte der Menschheit als jenen späterer Zeiten, denen Gott ferner war. Der Gott der Jahrtausendwende war nah; er war ein zorniger Gott und das Leben des Menschen wurde als mühselig und in Schuld verstrickt gedacht, mehr als es später der sich aufrichtende Mensch der Gotik empfand. Daher hatte das Ereignis der Kreuzigung einen einschneidenden Aspekt: Die Erlösung der Menschheit stand mit Christi Tod bevor, und das war in der damaligen Zeit als in naher Zukunft gedacht! Denn auch der Tod des Menschen war allgegenwärtig und nah.

Das Bildnis dieser Kreuzigung sollte den Augenblick festhalten, in dem Christus verstorben ist. Damit sollte **die** Zeitenachse der Menschheitsgeschichte dargestellt werden. Von Christi Opfertod an lebte der Mensch im Zeitalter der Gnade, nicht mehr im Zeitalter des „Gesetzes".

Das Haupt Christi trägt in dieser Kreuzigungsdarstellung keine Dornenkrone. Diese war zu jener Zeit auch nicht gebräuchlich und kam erst später unter franziskanischem und mystischem Einfluss auf[282].

Das Gero-Kreuz wurde sehr wahrscheinlich unter byzantinischem Einfluss geschaffen, denn es unterscheidet sich deutlich von früheren im Westen bekannten Kreuzigungsdarstellungen. Bei diesen trug der Heiland meist ein langes Gewand (colobium, so schon im Rabbula-Kodex; vgl. u.) und hielt die Augen weit geöffnet, selbst wenn durch den abgebildeten Lanzenstich des römischen Legionärs Longinus der Betrachter begriff, dass er als schon tot gedacht war. Die geöffneten Augen bezeugten das Durchscheinen des unsterblichen Logos.

In der byzantinischen (oströmischen) Kunst begann die Darstellung Christi mit geschlossenen Augen und mit Lendenschurz gekleidet ab dem 9. Jahrhundert. Aus der Seitenwunde floss ein breiter Blutstrahl, wobei oft zwischen Blut- und Wasserstrahl unterschieden wurde. Ganz sicher hatte der in Konstantinopel ausgefochtene Bilderstreit auf diese veränderte Sichtweise großen Einfluss. Die oströmischen Verteidiger der Bilder versuchten die Darstellbarkeit Christi mit seinem Auch-Menschsein zu verteidigen, und zum Menschsein gehört die Darstellung des tatsächlich eingetretenen Todes[283]. Byzantinisch mutet auch das Fußbrett, das „*Suppedaneum*" an, auf dem Christus steht. Auf diesem sind die Füße mit je einem Nagel angeheftet, sodass sich mit den beiden Handnägeln (im Gegensatz zu späteren westlichen Bildnissen mit drei Nägeln) eine Zahl von vier Nägeln ergibt. Die Darstellung des Suppedaneums in Kreuzigungsszenen war in der Ostkirche verbindlich; die alttestamentliche Präfiguration war in dem Fußschemel des Herrn gegeben (Jes 66,1).

Joseph Hoster urteilte: „*Die deutliche, veristische Körperlichkeit, die sich aus antiken, karolingisch-byzantinischen Traditionen speist, lässt noch ein wenig von der antiikonoklastischen Bewegung herüberverspüren. So naturalistisch und unidealisiert wird über Jahrhunderte hin der gekreuzigte Herr nicht mehr dargestellt werden.*" Herbert Rode deutete das Gero-Kreuz in heute noch gültiger Weise als „*ein sakramentales Kultbild, in dem antike Leibhaftigkeit sich mit ottonischer Expressivität und byzantinischer Linienstrenge verbindet*".

Für den Alten Dom ist eine Gegenfigur, vielleicht aber auch ein Gegengemälde zu diesem gestorbenen Gott anzunehmen, eine Figur des siegreichen Christus, die auch an exponierter Stelle, wahrscheinlich beim oder im Westchor, im Alten Dom gestanden haben muss[284].

Bei der kniend anbetenden Gestalt links neben dem Gero-Kreuz an der Nordwand der Kapelle handelt es sich um ein Votivbild aus Lindenholz. Es stammt vom Ende des 15. Jahrhunderts und stellt einen Ritter dar, dessen Name Ägidius Gelenius [66] mit Hermann von Einemberg (Eynenberg, Herr zu Landskron) angab. Das Vorhandensein eines solchen Votivbildes zeigt an, dass es sich bei dem Gero-Kreuz um ein sog. Gnadenbild handelt[285].

Die älteste bekannte Kreuzigungsdarstellung, die alle auch späterhin verwendeten Attribute zeigt, findet sich im sog. Rabbula-Kodex aus dem Jahr 586, der aus dem mesopotamischen Kloster Zagba stammt. Darin sind versammelt: der Legionär Longinus mit der Lanze, der Mann, der Christus mit dem Essigschwamm tränkt, die um den Mantel würfelnden Soldaten, die zwei Schächer am Kreuz, die Mutter Jesu, Johannes, die Gruppe der klagenden Frauen, ferner die Sonne und der Mond. Im 6. Jahrhundert tauchte eine Reliquie, die sog. Heilige Lanze, auf, von der man annahm, dass sie mit oben erwähnter Lanze identisch sei. 1241 gelangte sie in den Besitz König Ludwigs IX. von Frankreich. Sie ist nicht mit der zu den Reichsinsignien gehörenden Heiligen Lanze des ostfränkischen (später Hl. Römischen) Reichs, der Mauritiuslanze, identisch, von der aber auch angenommen wurde, dass sie mit der Lanze des Longinus identisch sei.

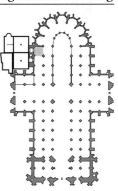

Liegefigur des Erzbischofs Engelbert I. von Berg

Engelberts barocke Liegefigur aus weißem Marmor wurde im Auftrag des Domherrn Heinrich Mering von Heribert Neuss im Jahr 1664 geschaffen und stand ursprünglich als Grabfigur, nach Osten blickend, hinter dem umgestalteten Hochaltar[286].

Engelbert I., Erzbischof seit 1216, ist der eigentliche Initiator des Dombaugedankens. Er wollte den Neubau mit 500 Mark Silber jährlich unterstützen; in dieser Höhe bezifferten sich damals in etwa die Jahreseinkünfte eines amtierenden Erzbischofs. Die Ermordung Engelberts bei Gevelsberg am 7. November 1225 durch seine missvergnügte Verwandtschaft verzögerte den Dombau um fast ein Vierteljahrhundert.

1979, also 754 Jahre nach der Tat, ließ das Kölner Diözesanmuseum den Leichnam durch den Gerichtsmediziner Prof. G. Dotzauer untersuchen. Dieser fand heraus, dass der Erzbischof von 37 bis 40 Hieben und Stichen niedergestreckt worden war. Wahrscheinlich hatte der Haupttäter, Friedrich von Isenburg, die übrigen Beteiligten dazu verpflichtet, gleichzeitig zuzuschlagen, damit alle gleich schuldig würden. Der Zisterzienser Cäsarius von Heisterbach beschrieb später als Biograf des Ermordeten die genauen Umstände der Tat.

Noch ehe die Mörder ergriffen wurden, sprach ein auf der Nürnberger Burg zusammengetretenes Gericht unter der Leitung Heinrichs von Hohenstaufen (1211–1242) die Reichsacht über die Männer aus. Dies führte zu einem Tumult unter den anwesenden Rittern, von denen viele die Meinung vertraten, dass es sich um eine reine Privatfehde handele: Sie maßen Engelbert an seinen früheren Taten. Friedrich war vergeblich nach Lüttich geflohen. Sein Prozess deckte ein weitverzweigtes Netz von Verschwörern auf[287]. Am 13./14. November 1126 wurde er zusammen mit vier Helfern vor dem Kölner Severinstor zu Tode gerädert: eine Warnung an das stets aufsässige Stadtköln, das unmittelbar nach dem Tod Engelberts glaubte, es sich leisten zu können, die von ihm diktierten Satzungen verbrennen zu können.

Der Mord an dem Erzbischof muss vor dem Hintergrund eines großen Umbruchs im Feudalsystem gesehen werden. Die Phase der Territorialisierung des Lehnsbesitzes ging ihrem Höhepunkt entgegen. Überall im westlichen Mitteleuropa hatten während einer Zeitspanne von über hundertfünfzig Jahren die Grafen (die früher ja nur königliche Amtsträger waren) die Erblichkeit ihrer Rechte und Besitzungen dem Königtum abgerungen. Es lag nahe, dass sie auch ihre Rechte als Vögte von Klöstern u. Ä. in diesen Prozess einbeziehen wollten. Doch gerade in diesem Bestreben mussten sie heftig mit einer völlig entgegengesetzten Strömung kollidieren: Die römische Kirche betrieb zu dieser Zeit überall die „Entvogtung", d. h. die Entmachtung der Laienvögte, einer Institution, die ihre Wurzeln in der Karolingerzeit hatte. Ludwig der Fromme hatte einst verfügt, dass die Grundherrschaft der Klöster von Laien verwaltet wurde. Gegen diese Laienmacht ging man in der Kölner Diözese besonders unerbittlich vor. Der Konflikt spitzte sich hier durch den Umstand zu, dass Engelbert als Erzbischof zwangsläufig auf die Zusammenballung und Ausweitung erzstiftlicher Macht setzen musste[288]. Während dieses Prozesses, der auch eine Wiederbelebung herzoglicher Ansprüche in Westfalen durch den Erzbischof nach sich zog (was sich u. a. im häufigeren Gebrauch dieses Titels niederschlug), musste der Adel im Randbereich des Erzstifts empfindliche Gebietseinbußen und Beschneidung ihrer Rechte hinnehmen.

Nach dem Mord an Engelbert wurde Cäsarius von Heisterbach beauftragt, eine Lebensbeschreibung des Toten zu verfassen, die durch reichliche Aufzählung von Wundern und guten Taten einen frommen Kirchenmann und Märtyrer nach Art des Erzbischofs von Canterbury, Thomas Beckett (ermordet 1170), aus ihm machen sollte. Der Kardinallegat Konrad von Porto

Heinrich von Müllen-
arck (Molenark, Erz-
bischof 1225–1238) aus
dem Hause der Herren
von Diest, zuvor Propst
des St. Cassiusstifts in
Bonn, verstrickte sich
nach seiner Wahl zum
Erzbischof in eine Fehde
mit den Grafen von
Limburg-Berg, zerstörte
zwar die Isenbergsche
Burg Nienbrügge und
zog die o. g. Essener
Vogtei ein, musste es
aber hinnehmen, dass
Heinrich von Limburg-
Berg eine neue Burg
Limburg (seit 1871
„Hohenlimburg")
errichten ließ. Dagegen
gelang ihm ab 1228 der
Erwerb des Vests Reck-
linghausen. Er verlieh
1228 Rees und Xanten,
1233 Rheinberg die
Stadtrechte zur Stärkung
der herzoglichen Macht
am Niederrhein. Das
von seinem Vorgänger
Engelbert geförderte
Dombauprojekt nahm
er nicht in Angriff. Sein
Regierungsstil galt den
Zeitgenossen als blass
und profillos. In seiner
Regierungszeit wurde
im Zusammenhang mit
dem beschriebenen Ter-
ritorialisierungsprozess
das Priorenkolleg end-
gültig vom Domkapitel,
das die aufstrebenden
Territorialherrschaften
repräsentierte, in den
Hintergrund gedrängt.

Graf Engelbert III.,
Sohn Engelberts von
der Mark und Mathildes
von Aremberg, zahlte
seinem Neffen Adolf
(reg. 1363/64; als Erzbi-
schof II., als Graf von
der Mark III., †1394)
zum Schaden der
„ecclesia Coloniensis"
große Geldsummen.
Er verpfändete sogar die
Pontifikalien und konnte
somit keine Weihehand-
lungen vornehmen.
Überhaupt konnte er der
Probleme der Regierung
(Verschuldung, Konflikte
mit Raubrittern und
Städten, insbesondere
mit Andernach) nicht

erklärte Engelbert, der schließlich als „Mehrer" der Kölner Kirche sein Ende gefunden hatte, zum Märtyrer. Doch das Erzstift konnte aus der Situation keinen Nutzen ziehen und sein Gebiet nicht arrondieren. Ungerührt nahm auf dem Erbweg der Drahtzieher der Verschwörung, Graf Heinrich IV. von Limburg, die Grafschaft Berg in Besitz[289]. Als mögliche Landbrücke zwischen den erzstiftlichen linksrheinischen Gebieten und Engern-Westfalen schied die Grafschaft Berg für immer aus. Auch spätere Kölner Versuche, wie z. B. jene der Erzbischöfe Konrad von Hochstaden, Siegfried von Westerburg, Wigbold von Holte und Dietrich von Moers, diese Lücke zu schließen, waren zum Scheitern verurteilt. Nach der Ermordung Engelberts wurde es sehr unwahrscheinlich, *„dass der Erzbischof seinen herzoglichen Vorrang durch rücksichtslose Anwendung seines politischen Übergewichts aus-bauen und die Ansätze des Adels zur eigenen Landfriedenskompetenz sogar ersticken konnte"* (ENGELS 257).

Engelberts Nachfolger, Erzbischof Heinrich I. von Müllenarck, setzte sich aus verständlichen Gründen für die baldige Heiligsprechung des Toten ein. Offiziell kanonisiert wurde Engelbert jedoch nie; später gestand ihm Kurfürst-Erzbischof Maximilian Heinrich lediglich einen Feiertag zu.

Den Leichnam Engelberts brachte man nach dem Mord zu seiner Hauptburg, Schloss Burg an der Wupper, wo man ihm aber keinen Einlass gewährte. Daraufhin wurde er nach Altenberg, der Grablege der Grafen von Berg, überführt, wo das Herz beigesetzt wurde. Die Gebeine fanden 1226 im Alten Dom zu Köln neben der ersten Grabstelle Philipps von Heinsberg ihre vorerst letzte Ruhestätte. 1268 wurden sie in der jetzigen Engelbertuskapelle (s. S. 95 ff.) – damals hieß sie noch Katharinenkapelle – des neuen, gotischen Doms ein weiteres Mal beigesetzt. Zu diesem Zweck schuf man eine Tumba in gotischem Stil, die denjenigen Tumben ähnelte, die als Gräber Geros und Irmingardis' dienten. Ein Abbild davon befindet sich auf dem prachtvollen barocken Schrein, den der Goldschmied Konrad Duisbergh 1633 angefertigt hatte[290]. In diesen wurden die sterblichen Überreste Engelberts umgebettet; und im Jahr 1636 fand der Schrein seinen Platz auf dem Hochaltar. Zu dieser äußerst ungewöhnlichen Ehre kam der hl. Engelbert, weil er 1623 von Kurfürst-Erzbischof Ferdinand von Bayern als Schutzpatron im Dreißigjährigen Krieg empfohlen worden war[291]. Im Mai 1634, als sich die Schweden unter General Wolf Heinrich von Baudissin Köln näherten, hielt man sogar eine Bittprozession mit den Reliquien Engelberts und denen anderer Heiliger und ihren Schreinen ab[292]. Aber auch wegen seiner Initiative zum Neubau eines (gotischen?) Doms war Engelbert nie in Vergessenheit geraten. Cäsarius von Heisterbach hatte schon von den Neubauplänen Engelberts berichtet, und auch der Kölner Chronist Ägidius Gelenius berichtete 1633 in einer Lebensbeschreibung des Heiligen davon.

Die Liegefigur unter dem gotischen Wandgemälde war jedoch nicht Bestandteil seines Schreins. Sie wurde bei der Entbarockisierung des Doms im 19. Jahrhundert genau wie die anderen nichtgotischen Ausstattungsteile des Hochaltars entfernt. Der Schrein steht heute in der neuen Schatzkammer des Doms.

Hochgrab des Erzbischofs Engelbert III. von der Mark

Der über 70-jährige Engelbert, der als Nachfolger seines aus dynastischen Gründen vom Erzbischofsamt zurückgetretenen Neffen Adolf von der Mark im Jahr 1364 auf den Erzstuhl gekommen war, hatte zuvor schon 18 Jahre auf dem Bischofsstuhl von Lüttich gesessen. Noch zu Lebzeiten ließ er sich das Hochgrab in der Kreuzkapelle errichten.

Auf einem Unterbau, dessen Langseiten von je neun und die Schmalseiten von je drei Arkaden gegliedert sind, liegt eine 2,77m x 1,17m messende Deckplatte von schwarzem Marmor aus

Dinant. In den 24 Arkaden steht jeweils einer Reihe von trauernden Männern eine Reihe trauernder Frauen gegenüber (sog. *pleurants*; bei Ä. Gelenius: *Schreibrüder*). In den Arkadenzwickeln sieht man abwechselnd das Wappen des Kölner Erzstifts und jenes der Mark. Auf der Marmorplatte ruht der 2,17 m lange, aus feinem, hellem Kalkstein gefertigte Gisant des Toten, dessen jugendliches Gesicht auffällt[293]. Die Füße der Gestalt ruhen an bzw. auf den Figuren eines Hundes und eines Löwen, die manchmal als Symbole der niederen und hohen Gerichtsbarkeit, auch als niedergetretene Laster sowie als Symbol der Wachsamkeit und der Heiligkeit gedeutet wurden. Paul Clemen stellte einen stilistischen Vergleich zwischen den Arkadenfigürchen und dem Gisant an:

„Die Figürchen, die von einer anderen Hand sind als die noch ganz konventionelle Bischofsfigur, stellen wohl Angehörige einer Bruderschaft oder einer Trauergilde in der Art der im 14. Jh. üblichen pleurants, der Schreibrüder, dar, aber ohne den bei diesen üblichen ausgesprochenen Wirklichkeitssinn und bringen bürgerliche Typen mit leichter Differenzierung. In der Geschichte der Kölner Plastik wichtig als erstes Denkmal eines bewussten Naturalismus" (CLEMEN 262).

Zwischen dem 2. und 5. Juni 1970 wurde von einem besonders dreisten Dieb einer der männlichen Pleurants abgebrochen und gestohlen. Leider tauchte die Figur nie mehr auf. Seit 1979 ist das Grabmal mit einem Gitter umgeben. Vorher reinigte man die Arkaden und Figuren der Seitenwände. Dabei konnten Reste einer originalen Farbgebung, die nie übermalt wurde, festgestellt werden. Einige der Figuren tragen – ursprünglich vergoldete – Rosenkränze.

Hochgrab des Erzbischofs Wilhelm von Gennep

Freiherr Wilhelm von Gennep avancierte nicht durch Wahl des Domkapitels, sondern durch die Ernennung von Papst Clemens VI. im Jahr 1349 zum Nachfolger Walrams von Jülich. Er starb am 15. September 1362 an dem Biss einer Meerkatze, die er sich zu seinem Vergnügen gehalten hatte. In seiner Amtszeit wurde mit dem Bau des Südturms begonnen.

Das Hochgrab des Erzbischofs besteht aus einem erst 1904 von W. Mengelberg entworfenen Unterbau aus hellem Tuffstein. Die Langseite der Tumba zeigt das erzstiftliche (Kreuz) und das Gennep'sche Wappen (vier Schafscheren in den Zwickeln des Andreaskreuzes). Das Grabmal bedeckt eine schwarze, 3,39 m x 1,67 m große Marmorplatte. Auf dieser ruht eine auffallend schmale, 2,38 m lange Liegefigur aus weißem Marmor, einem Material, das bei einem Gisant nur noch an der Tumba des Erzbischofs Walram von Jülich auftaucht (s. S. 123 ff.). Paul Clemen empfand die Gestalt als *„ängstlich zusammengepresst"* (CLEMEN 260). Die Füße des Verewigten ruhen an zwei kleinen Löwen[294]. Im Jahr 2001 stellte Arnold Wolff die These auf, dass die Figur aus dem gleichen Material (sehr wahrscheinlich Carraramarmor) wie die Liegefigur des Walram von Jülich geschaffen sein müsste. Er vermutete aufgrund von Sägespuren und dem Vorhandensein einer etwa 67 cm längs verlaufenden Kerbe an der rechten Seite der Wilhelm-Figur, die er als alte Kannelur deutete, sogar, dass sie wie auch die Walram-Figur aus einer einzigen antiken Spoliensäule herausgehauen worden sind[295]. Bis 1904 hatte die Liegefigur Wilhelms auf der Grabplatte des Erzbischofs Rainald von Dassel in der Marienkapelle gelegen und wurde erst nach Fertigstellung des Unterbaus an ihren heutigen Standort gebracht.

Seit Konrad von Hochstaden pflegte man Kölner Erzbischöfen einen Begräbnisplatz axial vor einem bestehenden Altar zu gewähren. Da bei der Bestattung Walrams von Jülich in der Michaelskapelle der letzte mögliche Platz dieser Art belegt worden war, mussten die folgenden Erzbischöfe neue Altäre stiften, um einen ähnlich privilegierten Platz zu erhalten. Genau dies tat auch Wilhelm von Gennep: Er stiftete einen Altar im westlichen Binnenchorbereich, der den

169

stiftlichen Zölle wurden dem Erzbischof 1355 von Kaiser Karl IV. nach dessen Kaiserkrönung bestätigt; der Stadt Köln wurden aus gleichem Anlass einige Privilegien gewährt, die aber widerrufen wurden („Revocation" 1356). Wilhelm, dem ein großer Anteil der städtefeindlichen Bestimmungen in der Goldenen Bulle von 1356 zugeschrieben wird, vermochte das hochverschuldete Erzbistum zu konsolidieren. Jedoch vergebens versuchte er auf der Rheininsel Nonnenwerth eine Burg mit Zollstation zu errichten: Köln, Bonn, Andernach und Koblenz zwangen ihn 1359 zur Aufgabe des Vorhabens.

hll. Eustachius, Theobald, Ivo, Maria Magdalena, Barbara und Katharina geweiht war[296]. Indem sich Wilhelm in Ausrichtung auf diesen neuen Altar bestatten ließ, gelangte auch er in den Genuss dieses heilsfördernden Begräbnisses. Sein Nachfolger Engelbert III. von der Mark und alle folgenden Erzbischöfe mussten sich seitdem mit minderen Plätzen begnügen, auch wenn sie noch so repräsentativ gestaltet waren. Die verlorengegangene Tumba seines Grabs ist möglicherweise vom gleichen Künstler, dem Egidius de Lodich (Lüttich), geschaffen worden wie die des Walram von Jülich.

Das Grab Wilhelms blieb bis 1740 an seinem westlichen Platz in der Achse des Hochchors. Dann wurde es in ein Bodengrab umgewandelt, um vom neugeschaffenen mittleren Portal in der provisorischen Chorquerwand eine freie Sicht auf den Hochaltar sicherzustellen. Der Gisant vom Grab und der von Wilhelm gestiftete Altar wurden entfernt; letzteren errichtete man außerhalb der Wand von neuem. Da durch das Einlassen der Deckplatte in den Boden die umlaufende Inschrift auf den Kanten nicht mehr lesbar war, wurde sie auf der Oberseite nun wiederholt.

Der Zunftbalken der Schneider

Beim Schneiderbalken (bei CLEMEN „Schröder") über dem Gennep'schen Grabmal handelt es sich nach einer Urkunde vom Ende des 14. Jahrhunderts um einen Teil der Beleuchtung des Sakraments im Haupt des Christus vom Gero-Kreuz (s. S. 164 ff.). Der Balken wird von fünf hohen, scherenbewehrten Kerzenhaltern gekrönt. Der Stifterin, der Schneiderzunft von 1361, ging es sicherlich nicht nur um ein frommes Werk, sondern auch um eine repräsentative Art des Kerzenopfers.

Tatsächlich spielten innerhalb der Schneiderzunft, aber auch in anderen Handwerkszünften, das Wachs, die Kerzen und die damit verbundene Repräsentation eine große Rolle. Zunftmitglieder, die beispielsweise eine Kerzenprozession versäumten, wurden in der Form gestraft, dass sie eine bestimmte Wachsmenge stiften mussten. Selbst Lehrlingsanwärter hatten vor Antritt der Lehre $\frac{1}{2}$ Pfund Wachs zu stiften. Das Gebet und das religiöse Erleben traten bei dieser auf das Äußere gerichteten Frömmigkeit in den Hintergrund.

Wappen der Herren von Gennep

Der mit Profilen etwa $\frac{1}{2}$ m hohe Balken aus dem 15. Jahrhundert ist mit gotischer Miniaturmalerei, bei der elf Szenen unterschieden werden können, bedeckt. Die Bilder sind von links nach rechts laufend nahtlos aneinandergereiht. Die Passion umfasst acht Bilder: Gebet am Ölberg, Verrat des Judas, Christus vor Pilatus[297], das Tragen des Kreuzes, Kreuzigung, Grablegung und Beweinung. Drei Bilder betreffen Ereignisse bei und nach der Auferstehung: Auferstehung, Noli me tangere[298] und Christi Höllenfahrt[299]. Die Inschrift von der „Bruderschaft der ehrbaren Schneider-Zunft" erinnert an die Ursprünge der Handwerkerzusammenschlüsse in religiösen Gemeinschaften, den „Bruderschaften".

Die Wahl Engelberts II. von Valkenburg (reg. 1261–1274) zum Erzbischof wurde erstmals allein vom Domkapitel ohne Mitwirkung des Priorenkollegs vorgenommen. Als Stadtherr von Köln begünstigte er die bis dahin von Konrad im Zaum gehaltenen

Das Judenprivileg Engelberts II. von Valkenburg

Die 2,05 m hohe, 0,94 m breite und 16 cm dicke steinerne Urkunde von 1266 enthält einen Erlass des Erzbischofs Engelbert II. von Valkenburg (bei Maastricht) zum Schutz der in Köln lebenden Juden. In ihr bestätigt der Erzbischof, der als Landesherr des Erzstifts wohl einer der ungeschicktesten war („vir in suis negociis minime prosperatus"), den Juden der Stadt seinen Schutz vor den christlichen Mitbürgern und das ungehinderte Begräbnisrecht. Auch wird bestätigt, dass auf dem Friedhof keine Hinrichtungen stattfinden dürfen, ferner, dass die Juden keine anderen Zölle und Wegegelder als die Christen zahlen müssen.

Anlass für die Aufstellung der steinernen Urkunde waren wiederholte Überfälle des Kölner Pöbels auf jüdische Trauerzüge. Der Judenfriedhof lag weit außerhalb der damaligen Stadt, in der

Gegend des heutigen Güterbahnhofs an der Bonner Straße. Es kam häufig zu Übergriffen, sobald der Beerdigungszug das Severinstor hinter sich gelassen hatte. Der Friedhof, der in den 20er-Jahren des letzten Jahrhunderts beim Bau des Bahnhofs Bonntor ausgegraben und dessen Knochenfunde in einem Mausoleum auf dem jüdischen Friedhof in Bocklemünd neu bestattet wurden, diente im Mittelalter auch als Hinrichtungsstätte.

Das Judenprivileg stand bis 1868 in dem dann abgerissenen Nordteil der Sakristei. Ob dieser der ursprüngliche Ort der Aufstellung war, kann nicht mehr ermittelt werden. Paul Clemen registrierte das steinerne Dokument 1937 in der Halle des Südturms, wo es bis 1981 stand[300]. Nach sorgfältiger Restaurierung wurde das Privileg dann neben dem Eingang der Sakramentskapelle aufgestellt. Später fügte man noch einen stilistisch angeglichenen Rahmen hinzu.

Das Grabmal des Adam Daemen

Schon zu Lebzeiten ließ sich Adam Daemen, Priesterkanoniker, Erzdiakon von Emmerich (Embrica), apostolischer Vikar in den Niederlanden und (Titular-)Erzbischof von Adrianopel (Adrianopel in Pisidien oder das heutige Edirne in der europäischen Türkei?) von dem venezianischen Architekten Conte Matteo Alberti dieses prächtige 7,70 m hohe Grabmal errichten[301].

Umgeben von je zwei Säulen zur Rechten und Linken sieht man eine gewaltige, einen abgeplatteten Zylinder andeutende Inschrifttafel aus schwarzem Marmor. Über ihr erscheint in einem Medaillon ein Portrait des Verstorbenen. Der ganze architektonische Aufbau wird oben von einem gekröpften Gesims aus schwarzem Marmor abgeschlossen. Dieses trägt das erzbischöfliche Wappen Daemens (nicht für Köln, sondern für Adrianopel!). An dem Werk fällt insbesondere der geschweifte Sockel auf, den größtenteils ein virtuos in hellen Marmor gehauener Chormantel mit Kapuze bedeckt. Alles ist von allerreichstem Faltenwurf bedeckt. Die Inschrift lautet:

AD MAIOREM DEI GLORIAM REVERENDISSIMUS DOMINUS ADAMUS DÆMEN AMSTELODAMENSIS ARCHIEPISCOPUS ADRIANOPOLITANUS, METROPOLITANÆ ELECTUS HUIUS ECCLESIÆ CANONICUS CAPITULARIS, COLLEGIATÆ STI. ANDREÆ PRÆPOSITUS ET ARCHIDIACONALIS EMBRICÆ DECANUS CAMERÆ RATIONARIÆ PRÆSES, PER FOEDERATAS BELGII PROVINCIAS VICARIUS APOSTOLICUS A PAPA CLEMENTE XI. CONSTITUTUS, PRO SEDANA TEMPESTATE CESSIT OFFICIO ET DEMUM VITA ANNO 1717 MENSIS DECEMBRIS DIE 30 MA. VIVENS HOC MONUMENTUM SIBI POSUIT. TRANSEUNTIUM PIA SUFFRAGIA INDESINENTER POSTULAT; QUÆ SI INDULSERINT, ERIT ET EORUMDEM SECURIOR HINC TRANSITUS AD ÆTERNA.

CERTA DIES NULLI, MORS CERTA, INCERTA SEQUENTUM,

CURA LOCET TUMULUM, QUI SAPIT, ANTE SIBI.

Zwei Epitaphe

Links neben dem Daemen'schen Grabmal (s. S. 171 ff.) befindet sich in Augenhöhe das Renaissance-Epitaph (ca 1,90 m x 1,00 m) des Anton Keyfeld (†1530). Es zeigt zwischen zwei Säulen die Auferstehungsszene: Christus erhebt sich aus dem Sarkophag, einer der schlafenden Wächter hat eine Armbrust. Gegenüber kniet anbetend der Stifter. Die Inschrift in der schwarzen Schrifttafel lautet:

OBIJT ANNO 1530 PRIDIE IDUS JULII / HAC TUMULATUS HUMO KEYFELD ANTONIUS ABDOR / HUC EGO DUM PATRIO LIMINE CARPO VIAS / SACRA TRIUM REGUM SERVATA HIC OSSA PIORUM / TANTA SENI QUIVIS VISERE CURA FUIT AT NUNC EMPYREO FULGENTIA NUMINA OLYMPO / IN CHRISTI VIDEO CONDITUS IPSE SINU / SPES QUOQUE SURGENDI QUAM VIS NEGET IMPIA TURBA / CORPORIS ARTICULIS, ME TAMEN ALMA FOVET.

Rechts vom Daemen'schen Grabmals sieht man das mit diesem stilistisch vergleichbare Epitaph (ca. 1,70 m x 1,20 m) des Domkapitulars Arnold Haldrenius aus Wesel (†1534), das Christus am

Patrizier. Die Bedrückungen und Kriegsrüstungen durch den Erzbischof führten zu einem Bündnis der verfeindeten Kölner Parteien, denen es gelang, dessen Truppen zu schlagen. Bei einer Fehde unterlag er auch dem Grafen Wilhelm IV. von Jülich (Schlacht am Marienholz bei Zülpich vom 18.10.1267), der schon Konrad gefangen genommen hatte. Er geriet in eine 3½-jährige Gefangenschaft und wurde vom Domkapitel verlassen. Aus der Gefangenschaft heraus intrigierte er in Köln mit dem Erfolg, dass die von ihm gestützte Partei der „Weisen" 1268 an der Ulrepforte geschlagen wurde. Zwar ließ sich der erfolglose Engelbert von Papst Gregor X. später von allen Zusagen und beschworenen Verpflichtungen entbinden, allein, er hatte nicht mehr die Mittel, seine Politik fortzusetzen und verlegte sogar seine Residenz nach Bonn: Er hatte die Machtposition Konrads hoffnungslos verspielt.

Heinrich Mering (1620–1700), seit 1658 als (nichtadliger) Priesterkanoniker Mitglied des Domkapitels, war Vertrauter des Kurfürst-Erzbischofs Max Heinrich und bestärkte diesen sehr wahrscheinlich in seinen episkopalischen Tendenzen. Mering vergab auf eigene Kosten Aufträge an verschiedene Künstler. Er bezog wie mehrere Kölner Domherren eine „Pension" von dem französisch und gallikanisch orientierten Domdechanten Wilhelm Egon von Fürstenberg, der gleichzeitig Bischof von Straßburg war. Bei der ergebnislosen Kölner Wahl vom 19.7.1688, bei der es um die Nachfolge des verstorbenen Wittelsbachers Maximilian Heinrich ging, stimmte er für den Fürstenberger und gab danach (gegen kanonisches Recht) unter tumultuarischen Umständen den Sieg desselben bekannt. Nach Fürstenbergs Vertreibung aus Bonn floh Mering, wie einige andere profranzösische Domherren, vorübergehend nach Straßburg. Er galt im Übrigen seinen Zeitgenossen als begnadeter Zecher!

Ölberg zeigt. Ganz rechts kniet die kleine Gestalt des Stifters, dessen Betpult die Buchstaben A. V. H. trägt. Interessant ist der Text der Schrifttafel unter dem Relief:

QUISQUIS ES, IN REQUIE(M) SI VIS INTRARE BEATAM / ATQ(UE) ITA CUM CHRISTO PERPETE PACE FRIU / VERBA DEI AUSCULTES, EADE(M)Q(UE) SEQUARIS OPORTET / ERGO DUM DATUR HIC VIVERE, DISCE MORI / TRA(N)SITUS AD VITA(M) MORS EST, SI CREDIS IN ILLUM / QUI MORTEM NOSTRI CAPTUS AMORE TVLIT.

Das Epitaph des Heinrich Mering

Der uns vom Gero-Kreuz schon bekannte Domherr Mering betätigte sich auch bei seinem eigenen Wandepitaph als Stifter und Entwerfer. Das Epitaph ist in mehr als 4 m Höhe angebracht, besteht aus schwarzem Marmor und misst etwa 2 m x 1 m. Oben sieht man in einer hochovalen Kartusche ein lackiertes, aus Bleiguss gefertigtes Porträtrelief des Verstorbenen. Rechts über ihm neigt sich der Tod mit einem Pfeil herab (Inschrift: TERROR MORTIS); von links oben reicht eine Frauengestalt einen Apfel (Inschrift: DULCEDO VITÆ). Das kreisförmige Feld unter dem Portrait trägt in der Mitte eine Taube, darum die Umschrift: QUÆ ULTRA ME NON AGUNT und SAPIENTER ET CANDIDE.

In der unteren Schriftkartusche liest man (Auflösung in Klammern):

MON: HEN. MERING METROP(OLITANÆ) HUI(US) AB A(NN)O 1658 & 79. VS(QUE) 98 R(ES)P(ECTIV)E SEN(IOR) P(RES)B(YTE)RI CAN(ONICI) QVI IN SERVO S. SED(IS) PR(INCI)PV(MQUE) VARIIS MUNERIB(VS) DOMI & PEREGRE FUNCT(US), BON(Æ) ART(IS) AMANTISSIM(US) TANDE(M) RERU(M) LOCORU(MQUE) VICISSITUDINES PERTÆS(US) 70 GENARI(US) IN PATR(IAM) REDUX RELIQVVM VITÆ TRANQUILLE TRANSIGERE VOLVIT OBIIT A(NN)O 1700 4. APRILIS.

Die Vierung

Geschichtliches

Schon in der Zeit, als das Mittelschiff älterer französischer Kathedralen nur von Pfeilern mit vier starken Diensten, den „kantonierten" Pfeilern getragen wurde, zeichneten sich ihre gewaltigen Vierungspfeiler durch eine aufwändige Gliederung mittels zahlreicher vorgelegter Dienste aus, so als sollte dadurch eine Aufwärtsbewegung angedeutet werden. Um diesen Eindruck noch zu verstärken, achtete man zusätzlich darauf, dass der Lauf der Dienste nicht von horizontal-gliedernden Elementen unterbrochen wurde. Die Vierungspfeiler im Kölner Dom unterscheiden sich dagegen kaum von den übrigen Mittelschiffpfeilern – lediglich vier zusätzliche Dienste, die ebenfalls ihre Entsprechungen im Gewölbe finden, sind dem kräftigeren Vierungspfeiler vorgelegt. Ist das die Folge eines gelegentlich bemängelten Schematismus (Dehio: *„kalte archäologische Abstraktion"*), oder drückt diese Vereinheitlichung des Pfeilertyps den Wunsch des Baumeisters nach gleichmäßiger Durchgestaltung des gesamten Kirchenraums aus?

Die beiden östlichen Pfeiler (D10, C10) wurden noch im 13. Jahrhundert, die unteren Teile der westlichen Pfeiler (D9, C9) im 14. und 15. Jahrhundert errichtet; deren obere Abschnitte stammen aus dem 19. Jahrhundert. An ihnen befinden sich die 1866 vom Bildhauer Peter Fuchs geschaffenen vier Evangelisten und die vier Kirchenväter[302]. Es ist als sicher anzunehmen, dass der Dreikönigenschrein ursprünglich in der Mitte der Vierung stehen sollte, damit ihn die Pilger vom Lang- und Querhaus aus hätten sehen können. Als klar wurde, dass der Dom noch lange nicht fertig werden würde, entschloss man sich, den Schrein in die Achskapelle zu überführen (s. S. 96 ff.).

Im Jahr 1863 erfolgte die Einwölbung mit dem über 200 m² großen Gewölbe. In den Schlussstein ließ man eine vom preußischen König Wilhelm unterzeichnete Urkunde ein. Der bis 1843 in der domeigenen Kirche St. Maria in pasculo („im Pesch") versehene Pfarrdienst wurde nun, nach einem Zwischenspiel in der Kreuz- bzw. Marienkapelle, an einem in der Vierung aufgestellten Pfarraltar versehen. Damit kam es zeitweise zu einer gewissen Konkurrenz zwischen den Hochämtern und den Pfarrgottesdiensten.

Die zu Beginn des Zweiten Weltkriegs mit Mörtel und Holzabdeckungen am mittelalterlichen Hochaltar, den Chorschranken und den Chorpfeilerfiguren vorgenommenen Sicherungsmaßnahmen machten einen Gottesdienst im Hochchor unmöglich. Stattdessen fanden bis zur kriegsbedingten Schließung des Doms im Jahr 1943 Gottesdienste wie auch die Weihe von Joseph Frings zum Erzbischof in der Vierung statt. Seit 1956 hielt man hier regelmäßig Hochämter ab. Auf die neue Bedeutung der Vierung als liturgisches Zentrum weisen inzwischen die Zeichen der drei Hauptaufgaben eines Bischofs hin: Der Altar steht für sein Priestertum, die Kathedra für sein Hirtenamt und die Kanzel für seine Aufgabe als Lehrer.

Der Dachreiter

Über der Vierung erhebt sich 109 m hoch der Dachreiter, auch Vierungsturm genannt. Er ist über einer 65 m hohen Unterkonstruktion aus Guss- und Walzeisen, die sich über den Vierungspfeilern erhebt, errichtet. Diese wurde 1855 von Dombaumeister Zwirner entworfen und 1859/60 ausgeführt. Heute erblickt man in ihr ein bedeutendes Denkmal des frühen Eisenbaus. Die filigrane Zinkgussverkleidung des Turms mit neugotischer Architektur war durch Verrottung und Kriegsschäden fast völlig vernichtet worden. In den Jahren 1965 bis 1970 wurde eine Bleibedeckung nach Entwürfen des Dombaumeisters Willy Weyres ausgeführt. Den oberen Teil der achteckigen Turmlaterne umstehen acht 4,25 m hohe Engel aus Lärchenholz, das mit Blei beschlagen ist. Die Figuren wurden in der Mitte der 60er-Jahre des 20. Jahrhunderts von Erlefried Hoppe geschaffen. Die Maßwerkbrüstung, die kupferne Kreuzblume und der bekrönende, vergoldete Morgenstern gehören noch zur Erstausstattung. Zwirner hatte letzteren am 15. Oktober 1860, dem Geburtstag des schwer erkrankten preußischen Königs Friedrich Wilhelm IV., samt einer in ihm eingeschlossenen Bleikapsel mit einer Urkunde auf den Turm gesetzt. Im Jahr 1966 wurde bei den Renovierungsarbeiten die Kapsel entnommen, fotografiert und ungeöffnet zurückgelegt.

Boisserée hatte sich stets für einen schweren achteckigen Vierungsturm aus Haustein eingesetzt, wie er auch in seinem „Domwerk" und in einer die Domvollendung antizipierenden Zeichnung bei DeNoel (DeNoel 12 f.) dargestellt ist. Dombaumeister Zwirner und Boisserée konnten sich allerdings nie über die endgültige Gestalt des Turmes einigen. Dabei war es keinem von beiden möglich, sich auf mittelalterliche Pläne zu berufen: Es gab keine. Nach Boisserées Tod 1854 hatte Zwirner endlich freie Hand für die Umsetzung seiner Vorstellungen. Mit Rücksicht auf die begrenzte Tragfähigkeit der schlanken Vierungspfeiler wählte er einen sehr filigranen Dachreiter. An seine Fertigstellung erinnert eine der vielen Neujahrsplaketten aus der Gießerei der Sayner Hütte[303].

Der First des mittelalterlichen Domchors hatte einen vergoldeten Dachreiter in gotischen Formen getragen, der seinen Platz natürlich einige Meter weiter östlich hatte: Die Vierung war ja noch nicht vollendet. In ihm waren zwei kleine Glocken, die alte Aveglocke und die Uhrglocke aufgehängt. Im Jahr 1744 musste er einem barocken Dachreiter weichen, der schon 1812 wegen Baufälligkeit wieder abgerissen wurde. Die Glocken kamen ins Depot und später in die Glockenstube des Südturms (s. S. 181 ff.). Nach der Fertigstellung des neugotischen Dachreiters 1863 war in ihm die (alte) Kapitels- oder Brandglocke (Schlagton g" $-^2/_{16}$ Ht., Gewicht 0,07 t, 1621 gegossen) aufgehängt worden. Diese stammt mit großer Wahrscheinlichkeit – wie die Reliefdarstellungen der hll. Clara und Franziskus nahelegen – aus dem 1804 abgerissenen Clarenkloster. Sie diente im 19. Jahrhundert als Alarmglocke des Domnachtwächters und wurde über ein langes, kompliziert geführtes Seil betätigt. Um 1900 fand die Glocke ihren Platz am östlichen Dach des Südquerhauses; seitdem gab es für fast 100 Jahre keine Glocken mehr im Vierungstürmchen. Erst im Jahr 1978 entdeckte man die ursprüngliche Herkunft der Glocken (SEIDLER, 1978, 51 ff.) und so entschloss man sich, den alten Zustand wiederherzustellen. Zusätzlich wurde hier 1991 die Mettglocke aufgehängt. Der derzeitige Bestand ist:

1.) **Alte Aveglocke** Schlagton gis' $+^2/_{16}$ Ht., Gewicht 0,78 t; die Glocke entstand um 1400; der Gießer ist unbekannt. Im Jahr 1911 wurde die Glocke wegen eines Sprungs durch die neugegossene Aveglocke ersetzt, 1953 mittels autogener Schweißung repariert. Die Inschrift weist einen eucharistischen Bezug auf: EN CELVM MATRE QVEM TERRA PARIT SINE PATRE PANIS MONSTRATVR DEVS EST CARO VIVA LEVATVR (etwa: „Sieh, den der Himmel der Erde durch die jungfräuliche Mutter geboren, ist Gott und wird in Brotesgestalt als Lebensspeise erhoben").

2.) **Uhrglocke** Schlagton e" $-^5/_{16}$ Ht., Gewicht 0,4 t; die Glocke wurde wahrscheinlich im 14. Jahrhundert gegossen; der Gießer ist unbekannt. Sie diente lange im Südturm dem Viertelschlag der Domuhr.

3.) **Mettglocke** Schlagton c" $-^{10}/_{16}$ Ht., Gewicht 0,28 t; 1719 von Antonius Cobelenz in Köln gegossen; sie trug im 19. Jahrhundert die Bezeichnung Capitelsglocke. Die Glocke war wegen eines Sprungs nicht benutzbar; nach der Schweißung kam sie in den Dachreiter.

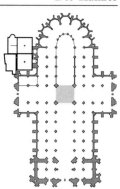

Podest, Altar und Kathedra

Seit 1960 wird in Anpassung an Liturgieveränderungen mit Podesten in der Vierung experimentiert. Ein erstes, dreistufiges Podest war wie eine Elipse mit abgeschnittenen Enden gestaltet, ein neues bedeckt heute formatfüllend die quadratische Grundfläche der Vierung. Seit dieser Zeit entzieht sich das Vierungsmosaik aus dem späten 19. Jahrhundert den Blicken des Dombesuchers (s. S. 39 ff.). Dieses zeigt in einem fast formatfüllenden Quadrat ein kleineres auf die Spitze gestelltes Quadrat, das einen großen Kreis einschließt. In diesem befindet sich die Sonne als Christussymbol in zentraler Position. Alles ist in einem merkwürdigen stumpfen Goldgelb- bis Ockerton gehalten und fügt sich dem umgebenden Mosaikboden nicht recht ein. 1996 wurde das Podest endgültig vierstufig gestaltet, während der Altar von einem kleinen, Suppedaneum genannten Podest mit drei Stufen getragen wird. Nicht nur der Vierungsaltar sollte herausgehoben sein – auch die große Podestfläche war stärker anzuheben, um die hier stattfindenden rituellen Handlungen den Gläubigen besser sichtbar zu machen (ROSER, 2000, 153 ff.). Der Altar, ein Bronzewerk von Elmar Hillebrand aus dem Jahr 1960, ist mit Ähren, Trauben und Cipolinosteinen geschmückt.

Der Thronsitz (Kathedra) für den Erzbischof wurde 1952 von Dombaumeister Weyres im Stil der Zeit entworfen und von der Domschreinerei aus Kirschbaumholz gefertigt. Die Armstützen zeigen außen die Erweckung von den Toten des hl. Maternus, des ersten Kölner Bischofs, durch die Berührung mit dem Petrusstab und die Übergabe der Schlüssel an Petrus.

Die Kanzel

Die schöne, 3,90 m hohe Renaissance-Arbeit aus Eichenholz steht auf sechs hölzernen Stützen. Sie trägt die Jahreszahl 1544 und ist die älteste erhaltene in Köln. Die zahlreichen Skulpturen sind sehr ausdrucksvoll; meist handelt es sich um bärtige Propheten und Figuren mit Spruchbändern. Auch ist ein Jüngling zu sehen, der gegenüber einem sich abwendenden alten Mann angebracht ist (wahrscheinlich Vertreter des Alten und Neuen Testaments). Ferner sind vertreten die Apostelfürsten Petrus und Paulus. Der französische Schriftsteller Victor Hugo lobte die Arbeit bei seinem Besuch in Köln als „ausdrucksvoll" und „wohlproportioniert".

Die Kanzel entstand in der Zeit, in der Erzbischof Hermann V. von Wied im Erzbistum Köln die Reformation einzuführen versuchte[304]. Die Kanzelpredigt war bald eins der wirkungsvollsten Mittel der protestantischen Bewegung geworden, mit der sie vor allem die städtischen Volksmassen erreichte. Der Straßburger Reformator Martin Butzer (Bucer, Bucerius), der von Hermann in das Erzbistum geholt worden war, trat auch als Kanzelprediger auf und hatte an manchen Orten einigen Erfolg. Als er aber 1542 die Kanzel im Kölner Dom – es handelt sich um eine ältere – besteigen wollte, um zu predigen, *„liefen die Schmiede nach ihren Hämmern, um ihn zu vertreiben"* (PODLECH, 369).

14 Die Westfassade, der Süd- und der Nordturm; die Portale

Die Westfassade

Die imposante, fast 7000 m² umfassende Fassade folgt in ihrer Gestaltung weitgehend dem mittelalterlichen Fassadenriss „F" (s. S. 149 ff.). Der Plan wurde *„im frühen 14. Jahrhundert wahrscheinlich von dem damaligen Dombaumeister Johannes oder seinem Nachfolger Rutger gezeichnet ... Die sehr strenge und einfache Grundstruktur der Fassade lässt vermuten, dass dieser Plan die Überarbeitung eines sehr viel älteren, möglicherweise noch auf Gerhard zurückgehenden Entwurfs ist"*, schrieb der Dombaumeister Arnold Wolff in seinem Domführer (WOLFF, Der Dom, 12).

Der sehr detaillierte Plan zeigt eine dreiportalige, fünfachsige Fassade mit den zwei viergeschossigen Türmen, die in den zwei unteren Geschossen jeweils zwei Fensterachsen umfassen. Das untere, etwa 20 m hohe Geschoss entspricht der Höhe der Seitenschiffe, während das zweite, 27 m hohe Geschoss die Höhe des Mittelschiffs erreicht. Seine größere Höhe erklärt sich daraus, dass es der Summe aus Triforien- und Obergadenhöhe entsprechen muss. Alle vier Geschosse bestehen aus Unterwand und Fensterbereich. Zu den Portalen sagte Dombaumeister Wolff: *„Relativ klein durchbrechen die drei Portale die geschlossene Fassadenwand."* Damit beschreibt er eine Situation, die vielleicht keine von vornherein gewollte, aber eine gewordene ist. Natürlich sind die Portale nicht wirklich klein, aber im Gesamtbild des erst im 19. Jahrhundert freigestellten Doms müssen sie so erscheinen. Schon Paul Clemen wies auf diese verhängnisvolle Freistellung im 19. Jahrhundert (s. S. 257 ff.) und die damit veränderte Wahrnehmung der Fassade hin:

„Trotz der künstlichen Überhöhung mit doppelten Wimpergen wirkt mit diesem die Gesamtgruppe der drei Westportale kleinlich im Verhältnis zu der Gesamtentwicklung der Westfront. Bei der Aufstellung des Betrachters auf einem engen geschlossenen Vorplatz konnte die Portalgruppe, nur um ein Stockwerk überhöht, bedeutend und beherrschend erscheinen. Wenn man sich vorstellt, dass der Bau wie in Amiens und Reims mit dem ersten freien Turmstockwerk (in Köln dem dritten von unten her) seinen Abschluss gefunden hätte, so würde die Portalgruppe, wenn auch beträchtlich bescheidener als bei den französischen Parallelen, immer noch ihr Gewicht besessen haben. Sobald sich die ganze Masse der Türme darüber aufzubauen begann, versanken die Portale immer mehr und schwanden zusammen. Die Front war niemals bestimmt, wie heute vom Margarethenkloster [auf der Westseite] aus gesehen, als Ganzes überblickt zu werden" (CLEMEN 111 f.).

Neben dem Plan „F" gibt es noch andere mittelalterliche Pläne, u.a. einen in Wien aufbewahrten, der eine fünfportalige Fassade vorsieht (Plan „A"; s. S. 24 ff.). Die dreiportalige Fassade wurde aber sicherlich – ungeachtet der sich eventuell im fünfschiffigen Bau aus ihr ergebenden gestalterischen Komplikationen – als die eigentliche Form angesehen, die die Zahl der Trinität aufnimmt[305].

Die Schwierigkeiten bei der Gestaltung entstanden weniger durch die Fünfschiffigkeit als durch die große Breite der Türme, die letztlich in ihrer enormen Höhe begründet ist. Jeder Turm überschreitet das Breitenmaß der zwei hinter ihm liegenden Langhausseitenschiffe an jeder Seite um etwa 2 m. Dies bedeutet, dass dem in die Fassade vorstoßenden Mittelschiff, das im Turmbereich auch als Vorhalle bezeichnet wird, von jedem Turm etwa 2 m, zusammen also 4 m an Breite genommen wird.

176

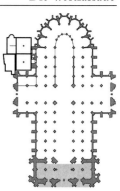

Die uns von vielen französischen Kathedralen und vom Straßburger Münster her bekannte Fensterrose, die dem Auge des Betrachters beim Abtasten der Formen einen Ruhepunkt gewährt, verbot sich damit von selbst. Das Spitzbogenfenster, das statt dessen die Mitte ausfüllt, nimmt nur die allgegenwärtigen, aufwärtsstrebenden Linien auf (s. S. 269 ff.). Daher rührt letztlich der oft am Dom kritisierte „Vertikalismus", den Goethe schon am unvollendeten Bau feststellte und den der Kunsthistoriker Ludwig Dehio erneut beklagte[306]. Somit hätte die – möglicherweise von Erzbischof Konrad von Hochstaden geforderte – repräsentative Höhe des Doms ihren Preis gehabt.

Erwiesen ist auf jeden Fall, dass der Turmhöhe nachträglich Tribut gezollt wurde. Der ältere Wiener Grundriss „A" zeigt noch zwischen den Türmen eine Vorhalle, die der ganzen Mittelschiffsbreite entspricht. Der die Maße bestimmende Riss „F" dagegen musste die Vorhalle, und damit die Mittelstirn der Kathedrale wegen der notwendigerweise vergrößerten Turmbreite um 4m einschränken. Um den Eindruck einer „Schmalbrüstigkeit" des mittleren Feldes zu vermeiden, hatte der Entwerfer des Plans „F" eine optische Akzentuierung der Mitte ersonnen, die er unter Zuhilfenahme einer Triforiengalerie bewerkstelligen wollte. Sie sollte – ähnlich wie bei der Pariser Kathedrale Notre Dame – nach vorne gerückt sein, durch ihre Schattenwirkung das Mittelfenster in seiner Bedeutung betonen und gleichzeitig eine Klammer zwischen den Türmen bilden. Kurz, der dominierenden Senkrechten sollte eine kräftige Waagerechte entgegengestellt werden. Durch die vorgefundene Bausituation am Südturm sahen sich jedoch die Baumeister des 19. Jahrhunderts außer Stande, diesen Entwurf zu realisieren[307].

Schon bei der Aufnahme des Bestandes für sein Domwerk hatte Boisserée die Abweichungen vom Plan „F" bemerkt. Als dann im Jahr 1863 der Fortbau des Mittelschiffs die Fassade erreichte, sah sich Dombaumeister Voigtel vor große Schwierigkeiten gestellt. Es erhob sich die Frage, ob der gezeichnete Plan oder der Baubestand als das von den mittelalterlichen Bauherren Gewollte anzusehen sei.

Während Richard Voigtel, in der Nachfolge Zwirners, ganz der Autorität der Zeichnung vertraute, ging August Reichensperger so weit, dass er diese nicht bloß zum Entwurfsplan, sondern gar zum *„verworfenen Entwurf"* erklärte. Beiden Kontrahenten war nicht recht bewusst, dass jeder für eine andere Entwicklungsstufe der gotischen Baukunst focht. Stellte der Riss „F" noch *„in der Nachbarschaft der Straßburger Münsterfront mit ihrem frei gearbeiteten Gitterwerk vor schattigem Raumgrund"* ein Werk des 13. Jahrhunderts dar, gehörte *„die ausgebaute Kölner Domfassade schon"* zu den Bauwerken des 14. Jahrhunderts, die *„auf der Bahn zur tafelartigen Stirnwand von Schwäb. Gmünd"* liegen. Die Entwicklung hatte also zu einer Zurücknahme von freigestellten plastischen Baugliedern, ihrer Inkorporierung in die Wand und somit zu einer Verringerung der Tiefenmaße geführt.

„War dem 13. Jahrhundert das Zusammentreten relativ selbständiger Glieder gemäß, so neigt das 14. Jahrhundert stärkeren Bindungen zu, assimiliert, schleift individualisierende Züge ab und strebt Kontrastlosigkeit an ... Die Kölner Domfassade sollte nicht nach Maßstäben des 13. Jahrhunderts beurteilt werden; als ein Erzeugnis des 14. Jahrhunderts ist sie von einer seltenen, nicht leicht wieder anzutreffenden Reinheit der Durchformung" (KAUFFMANN, Zur Frage, 89 f.).

Indem diese Überlegungen Kauffmanns, die auch der damals amtierende Dombaumeister Willy Weyres teilte, zugrundegelegt wurden, musste letztlich die Entscheidung für eine Wiederherstellung des Vorkriegszustandes fallen. Dem gleichzeitigen Vorschlag des Dombaumeisters, die Verglasung des Mittelfensters in das äußere Maßwerk zu verlegen, um *„einen kontinuierlichen Ebenenverband"* herzustellen, wurde allerdings nicht entsprochen.

Die Bautätigkeit an der Fassade setzte um 1360 mit der südlichen Wand des Südturms ein. Bis um 1410 hatte man seine zwei unteren Geschosse einschließlich des Petersportals beendet. Dem Nordturm wandte man sich erst im 16. Jahrhundert zu, wo an der Westseite bis zur Baueinstellung nur eine Höhe von etwa 6 m erreicht wurde. Die übrigen Teile der Fassade entstanden unter Zwirners bzw. Voigtels Leitung in den Jahren 1845 bis 1880 aus Obernkirchner Sandstein. Der ausgeprägte Vertikalismus des Baus täuscht leicht über die gewaltigen verbauten Steinmassen hinweg. Die untersten Geschosse besitzen immerhin fast 6 m dicke Wände. Trotz seiner Mächtigkeit entspricht der Turmbereich den Seitenschiffen und – mit der o. g. Einschränkung einer um etwa 4 m verringerten Breite – dem Mittelschiff des Innenraums[308]. Über dem zweiten Geschoss beginnen die Türme allmählich achteckige Gestalt anzunehmen, im dritten Geschoss noch wenig entfaltet, im achtfenstrigen vierten Geschoss jedoch stark ausgeprägt. Verdeckt werden diese Übergänge von großen Fialentürmen, die aus den Turmeckpfeilern aufsteigen. Sie begleiten den Turmhelm noch über das vierte Geschoss hinaus. Paul Clemen nannte diese Art des Übergangs vom Viereck zum Achteck *„die künstlerisch bedeutendste Lösung"* (CLEMEN 114). Darüber steigen die 50 m hohen, achtmal waagerecht geteilten, von Rosenfenstern durchbrochenen Turmhelme auf. Sie sind mit insgesamt 448 großen, fast 1 m ausladenden Krabben besetzt. Den bekrönenden Abschluss bilden zwei riesige, aus 24 einzelnen Steinen zusammengefügte Kreuzblumen von 8,6 m Höhe (Nachbildung in Originalgröße auf der Domplatte).

Von der Romanik an pflegten die mittelalterlichen Bauherren Skulpturenprogramme am Äußeren der Kirchen, insbesondere aber an der Schaufront und den Portalen anzuordnen. In der Gotik steigerte man den Aufwand an bildhaftem Schmuck, da sich zunehmend ein visuelles Moment im religiöses Leben bemerkbar machte. In Chartres, Reims, Amiens und Straßburg erreicht der Umfang des Skulpturenschmucks einen ersten Höhepunkt. Bei Ausführung der fünfportaligen Fassadenvariante hätte der Kölner Dom ein noch gewaltigeres Figurenprogramm erhalten. Bei der dann tatsächlich ausgeführten dreiportaligen Variante kam es zu einer deutlichen Reduzierung. In Plan „F" sind die Standorte der Figuren gut erkennbar angedeutet. Es wird heute angenommen, dass im Mittelportal ursprünglich ein christologischer Zyklus geplant war, während das Süd- und Nordportal dem hl. Petrus bzw. der Jungfrau Maria gewidmet werden sollten[309].

Auch das neugotische Figurenprogramm des Doms ist in vielfältiger Weise zueinander in Beziehung gesetzt. Es geht – wie auch das Figurenprogramm im Innern – letztlich auf Vorschläge von Sulpiz Boisserée aus dem Jahr 1845 zurück[310] und weicht daher vom intendierten mittelalterlichen Programm ab. Das Thema des Hauptportals ist die Zeit des Alten Testaments. Im Tympanon sind in vier Reihen von oben nach unten Motive aus dem Alten Testament dargestellt: der Sündenfall, die Arche, die Gesetzgebung auf Sinai sowie das Goldene Kalb und die Verkündigung der Geburt Jesu. Das Thema der nördlichen Seitenpforte der Westfassade ist die Universalität der Kirche, die hier mit entsprechenden Gestalten vertreten ist. Dagegen zeigen die je drei nördlichen und südlichen Portale heilige Gestalten der Germanenmission, Vertreter der west- und ostfränkischen Kirche sowie lokale Heilige. Insgesamt befinden sich in allen Portalen und Tabernakeln in den Türmen über eintausend teilweise unauffällige Skulpturen.

Der Südturm

Schriftliche Quellen über seinen Baubeginn liegen nicht vor, doch legt der Fund einer Goldmünze mit der Prägung des Erzbischofs Wilhelm von Gennep (reg. 1349–1362) nahe, dass mit dem Südturm um 1360 begonnen wurde[311]. Danach muss sehr zügig an ihm gearbeitet worden sein, denn

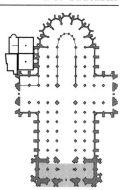

schon um 1410 wird er auf einem Tafelbild mit dem „Martyrium der hl. Ursula" (Meister der Kleinen Passion, WRM 51) als zweigeschossiger Bau dargestellt, auf dem der berühmte Kran steht. Der Bau des Turms war nicht erforderlich geworden, um – wie früher oft gesagt wurde – die „Turmsehnsucht" der mittelalterlichen Baumeister zu befriedigen, sondern um dem unfertigen südlichen Langhaus als kräftiges Widerlager zu dienen. Nicht grundlos führte man auf der Turmostseite die erforderlichen baulichen Anschlüsse für die Langhauswand (Gewände, Sockel und Fensterkapitell) sorgfältig aus. Der Turm wurde zunächst im Obergeschoss nach dem Plan „F" gestaltet, von dem man aber bald abwich. Auch die ausgeführten Anschlüsse entsprachen in ihren Maßen einer neueren Entwicklungsstufe, wahrscheinlich dem Langhausplan „E₁" (s. S. 24 ff.). Das 19. Jahrhundert beschloss jedoch, die *„die Aussage des Turms zu den Maßen des Langhauses"* zu ignorieren. Das Fensterkapitell im Obergaden, das 39 m über dem Fußboden, etwa 1,60 m über der entsprechenden Stelle am Hochchor, plaziert war und Hinweis auf die Bauabsicht des 15. Jahrhunderts hätte geben können, wurde von Dombaumeister Zwirner, ohne Aufhebens davon zu machen, weggeschlagen. *„Diese wichtige Entscheidung traf Zwirner ganz für sich alleine. Er vermied damit eine Auseinandersetzung, die die beiden vorangegangenen an Heftigkeit gewiss noch übertroffen hätte"* (WOLFF, 1969, 163; gemeint sind die Kontroversen um die Gestaltung der Strebepfeiler der Querschiff-Fassaden und um die Treppe im Nordturm, s. u.). Damit hatte er allerdings eine langwierige Diskussion vermieden und weitgehend die Bedingungen für den von Boisserée geforderten Obergaden nach Gestalt des Hochchors geschaffen (s. S. 190 ff.).

Im Bereich der Wendeltreppe unterscheidet sich der Südturm vom jüngeren Nordturm deutlich, denn im Gegensatz zu diesem errichtete man die Treppe in einem eigenen Gehäuse, das als Teil des Turmmassivs behandelt ist und dem westlichen Fenster der Turmsüdseite die Hälfte seines äußeren Maßwerks raubt (s. S. 183 ff.). Das Innere des Turmerdgeschosses weicht von den älteren Bauteilen ab: keine Kapitelle hemmen den Lauf der birnenförmigen Dienste; vom Sockel schießen sie ohne Unterbrechung bis in die Gurte und Rippen des Gewölbes hinauf.

Bei einer Höhe von 56,50 m Höhe stellte man den Bau ein; fast 500 Jahre lang blieb er ein unvollendeter Stumpf; auch die Gewölbe im Innern wurden nicht vollendet. Sein Inneres füllte ein Glockenstuhl aus, eine gewaltige Konstruktion aus Eichenholzbalken. Mit dem ihn jahrhundertelang beherrschenden, im Winde knarrenden Kran stellte der Südturm das wohl am häufigsten abgebildete Monument Kölns dar. Erst 1880 fand die bekrönende Kreuzblume auf dem Turm ihren Platz. In ihren Schlussstein wurde am 15. Oktober 1880 eine uns heute merkwürdig anmutende Urkunde eingeschlossen. Sie enthält einen Text, der im Dom ein *„ehrwürdiges Denkmal deutscher Baukunst"* erblickt, im Folgenden die staatliche Einigung Deutschlands unter Preußens Führung feiert und nicht mit Hohenzollernlob spart. Es folgen die Unterschriften von 65 Personen, von denen nur sieben (!) Katholiken waren; die anderen 58 sind die von preußischen und sonstigen deutschen Fürsten und Generälen; nur wenige Zivilisten sind vertreten; Würdenträger der katholischen Kirche fehlen ganz: Es war die Zeit des Kulturkampfs (s. S. 131 ff.). Als Erster hatte sich natürlich Kaiser Wilhelm I. eingetragen, dann folgten seine Frau Augusta, Prinzregent Luitpold von Bayern, der sächsische König Albert, Prinz Wilhelm von Württemberg, der preußisch-deutsche Kronprinz Friedrich Wilhelm (der spätere 99-Tage-Kaiser Friedrich III., s. S. 187 ff.) samt Frau Victoria, Prinz Heinrich von Hessen, Prinz Karl von Preußen, Großherzog Friedrich von Baden samt Frau Louise, Großherzog Karl Alexander von Sachsen, etc. etc. Den Schluss machten die Oberpräsidenten der Rheinprovinz (von Bardeleben), von Westfalen (von Kühlwetter), der Gouverneur von Köln (von Cranach), endlich dann Oswald Schmitz, Präsident des Central-Dombau-Vereins, Dom-

Fünf Jahre lang bestand rechts neben dem Portal die bekannte Kölner Klagemauer „für Frieden und Völkerverständigung". Sie war ein fragiles, nicht unbedingt schön zu nennendes Gebilde aus an Schnüren befestigten Papptafeln mit politischen Meinungsäußerungen und privaten Klagen. Auf ihnen hatten sich einfache Bürger, aber auch der Dalai Lama, der Friedensforscher Robert Jungk und der katholische Priester Ernesto Cardenal verewigt. Hervorgegangen war die Klagemauer aus den Aktivitäten verschiedener Mahnwachen während des sog. (1.) Golfkriegs gegen den Irak. Der Hauptinitiator, der Kölner Aktionskünstler Walter Herrmann, schlief meist nachts bei dem Werk, um es vor Vandalismus zu schützen. Auf Verlangen des Metropolitankapitels wurde die Klagemauer unter Einsatz von Polizeikräften in den frühen Morgenstunden des 15. Oktober 1996 abgeräumt.

baumeister Richard Voigtel und als letzter Hermann Heinrich Becker, ehemals der „rote Becker", der Kölner Oberbürgermeister[312].

Ausgrabungen unter dem Südturm im Jahr 1991 ergaben, dass das mittelalterliche Fundament noch viel mächtiger ist, als man bislang annahm: Es häuft unter einer Fläche von 1000 m² eine Stein- und Mörtelmasse von mehr als 33000 t an und reicht 15,34 m tief hinab!

Betritt man das Innere des Südturms durch das Petersportal (s. S. 180 ff.), erblickt man links das Kassenhäuschen, wo Eintrittskarten zum Turm und Souvenirs verkauft werden. An der Westwand des Turms befindet sich, seit kurzem von Holzschränken verdeckt, die Inschrifttafel vom Grabmals des Philipp Bertram von Hochkirchen, eines 1703 gefallenen kurpfälzischen Generalmajors der Kavallerie (Inschrift bei Clemen 289).

Unmittelbar neben dem Treppenaufgang steht die Inschrifttafel vom Epitaph des Franz Caspar von Francken-Siersdorff (das dazugehörige Epitaph befindet sich im Baptisterium; s. S. 264 ff.). Die Inschrift lautet:

Memoria / Francisci Caspari de / Franken Sierstorff / Episcopi Rodiopolitani / Suffraganei Coloniensis / huius Metrop. et in Capitolio / Canonici Presbiteri / Utrobique Senioris Jubilarii / et ad S. Severinum / olim Decani / qui / natus 22: Nov: 1683 obiit 6: Feb: 1770 / Ætatis 87, Episcopatu Anno 46 / Viator / qui hoc Marmor aspicis /quod humanæ conditionis Memor / vivus sibi posuit / Defuncti reminiscere.

Nur 98 Stufen über der Erde liegt der Eingang zu einer Halle, der ersten von zwei, die je etwa 27 m hoch sind. Diese erste Halle wird der Uhrboden genannt, denn in ihr befindet sich die sehr genau gehende, im Jahr 1878 von der Uhrenfabrik Mannhardt/München hergestellte Uhr. Sie wird noch heute jeden zweiten Tag mit einer Kurbel aufgezogen. Jede viertel und jede volle Stunde bringt sie die über ihr hängende Ave-Glocke zum Läuten. Das Zifferblatt der Uhr ist nur vom Innern des südlichen Seitenschiffs aus sichtbar. Die Glasmalereien bildeten zusammen mit jenen der Nordturmhalle einen Zyklus, der nach Entwürfen von Johannes Klein in Innsbruck angefertigt worden war. Im Zweiten Weltkrieg wurde dieses Werk weitgehend vernichtet. Das große, 1883 entstandene westliche Fenster, „Parabelfenster" genannt, unterzog man mit finanzieller Unterstützung des Kölner Karnevalsvereins „Ehrengarde" bis November 2002 einer Rekonstruktion.

Das Petersportal

Das Portal des Südturms ist das einzige im Mittelalter vollendete Portal des Doms. Seine Fertigstellung wurde Mitte des 20. Jahrhunderts in die Zeit um 1400, heute in das Jahrzehnt zwischen 1370 und 1380 gelegt. Den reichen figürlichen Schmuck schufen u. a. zwei Meister, die auch am Prager Veitsdom gearbeitet haben. Es handelt sich um Heinrich Parler und Michael von Savoyen. In ihrem Stil kündigt sich bereits deutlich der „Weiche Stil" an, der sich ab 1400 über ganz Europa verbreiten sollte. Insgesamt sind die Figuren körperhafter, gedrungener und naturnäher als die älteren, edleren Gestalten der Chorpfeilerfiguren. Die Skulpturen des Portals waren früher farbig gefasst. Wegen fortschreitender Verwitterung ersetzte man die fünf mittelalterlichen Gewändefiguren durch Kopien (s. u.).

Auch die Reliefs des Tympanons sind mittelalterlich. Oben in der Spitze des Feldes sieht man auf einer Wolke, dem Ort, der eigentlich Christus oder Gott zukäme, die Halbfigur des „schwarzen" Zauberers Simon Magus, der von der bösen Magie (einem kleinen Dämon, o. li.) in die Lüfte erhoben wurde. Durch die Macht des „weißen" Zauberers, das Gebet Petri, kann er zur Erde zurückkehren und liegt nun – im selben Bild – rücklings am Boden (auf ihm sichtbar die Beinchen

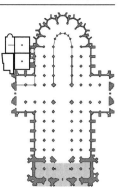

einer erst später zerstörten Dämonenfigur). Die Zeugen des Ereignisses, u. a. Petrus (li. stehend) und Paulus (li. kniend), sind in zwei Dreiergruppen aufgeteilt, die teils zum ersten Teil des Ereignisses nach oben, teils zum zweiten nach unten blicken (vgl. a. S. 46 ff. Chorschranke NI und S. 193 ff. Petrus-Wurzel-Jesse-Fenster, Scheiben 6b–7b).

Im Feld darunter sieht man auf der rechten Seite den Prozess und die Verurteilung Petri und Pauli durch Kaiser Nero (re. thronend). Der Kaiser wendet leicht den Kopf, um den Einflüsterungen eines Höflings zu lauschen; Petrus steht, nach rechts gewandt, im Streitgespräch mit Simon Magus, der die Rechte im Redegestus erhoben hat. Hinter den beiden (li.) steht Paulus, der von zwei geharnischten Knechten gehalten wird. Den linken Teil des Feldes nimmt die Hinrichtung der beiden Märtyrer ein: Ganz links wird Petrus ans Kreuz geheftet, auf eigenen Wunsch mit dem Kopf nach unten[313]. Rechts daneben erscheint die Enthauptung des knienden Paulus. Da dieser römisches Bürgerrecht besaß, erlitt er den weniger schmerz- und schmachvollen Tod[314]. In den sechs kleinen Feldern darunter sieht man sechs Prophetengestalten mit Schriftbändern.

■ Die äußeren Archivolten (Bogenläufe) zeigen zehn Figuren, links unten den Erzengel Gabriel, rechts unten den Michael, über beiden musizierende Engel und zwei Erzväter.

■ Die zweitäußere Archivoltenreihe zeigt links fünf weibliche Heilige: ■ Katharina ■ Barbara (Turm) ■ Dorothea (auffallend ihre Zöpfe) ■ Helena ■ Elisabeth; rechts sieht man fünf männliche Heilige: ■ Georg ■ Stephanus ■ Laurentius ■ Nikolaus ■ Quirinus. Kunsthistoriker wiesen auf die große Ähnlichkeit dieser letztgenannten Gestalt mit einer des hl. Wenzel in Prag hin.

■ Der nächste Bogen enthält acht Bildnisse. Auf der linken Seite sieht man (v. u.) die vier hll. Kirchenväter ■ Gregorius (Gregor der Große) ■ Hieronymus ■ Augustinus (1910 erneuert) ■ Ambrosius. Auf der rechten Seite thronen die vier Evangelisten: ■ Matthäus ■ Johannes ■ Lukas ■ Markus.

■ In den innersten Archivolten wird mit den zwei mal drei sitzenden Prophetengestalten die Sechszahl noch einmal aufgenommen; Auffällig ist die etwas gedrückte Stellung der beiden unteren Figuren. Alle Figuren stammen, wie auch die der übrigen drei Archivoltenbögen, noch aus dem Mittelalter.

Auf 3,70 m hohen Podesten im Gewände stehen leicht überlebensgroße Standbilder. Die drei inneren der Nordseite und die zwei inneren der Südseite waren schon im Mittelalter vollendet und aufgestellt worden. Es handelt sich um die Gestalten der Apostel mit ihren jeweiligen Attributen: ■ Jakobus d. Ä. ■ Andreas ■ Petrus ■ Paulus ■ Johannes. Im Jahr 1983 wurden sie entfernt und durch Kopien ersetzt. Die alten Figuren befinden sich nun in der neuen Schatzkammer.

Die Gewändefiguren der nördl. Seite stellen folgende Apostel dar (v. li.): ■ Simon ■ Matthäus ■ Thomas ■ Judas Thaddäus ■ Jakobus d. Ä. ■ Andreas ■ Petrus. Auf der südl. Seite sieht man (v. li.): ■ Paulus ■ Johannes ■ Philippus ■ Bartholomäus ■ Jakobus d. J. ■ Matthias ■ Barnabas. Alle nichtmittelalterlichen Gestalten stammen von Peter Fuchs und kamen 1884 zur Aufstellung[315].

Die Glocken

Das Geläute des Südturms hat im Lauf der Jahrhunderte die unterschiedlichsten Glocken umfasst. Die Entstehungszeit der jetzigen acht Glocken reicht vom frühen 15. bis zum späten 20. Jahrhundert. Ihre Aufhängung in der Glockenstube des Südturms erläutert die Skizze. Nachstehende Liste beschreibt die Glocken nach ihrem Gewicht, das in der Regel für die Tonhöhe entscheidend ist.

1.) **Petersglocke** („der decke Pitter", früher auch „Deutsche Glocke" genannt) Schlagton $c^0 - ^4/_{16}$ Ht., Höhe 3,15 m, Ø 3,21 m, Gewicht 24 t; 1923 in Apolda von Heinrich Ulrich gegossen; z. Z. größte freischwingende Glocke der Welt, Ersatz für die Kaiserglocke (sog. Gloriosa, vgl. u.).

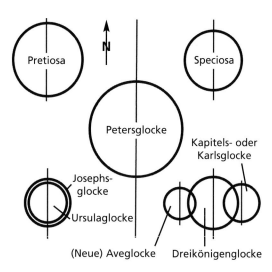

2.) **Pretiosa** Schlagton $g^0 + {}^1/_{16}$ Ht., Höhe 1,88 m, Ø 2,45 m, Gewicht 11,2 t; viermaliger Umguss, der vierte im Jahr 1448 von Heinrich Brodermann und Christian (Kirstin, Cirstgen) Cloit in Köln durchgeführt. Die Inschrift der Glocke: DUM SONO TRISTATUR DEMON, XPS *(Christus)* VENERATUR weist auf den dämonenabweisenden Einfluss der Stimme der Glocken hin: *„Wenn ich nur töne, wird der Dämon betrübt, Christus verehrt."* Die Glocke war mehrere Jahrhunderte lang die größte Glocke der Welt. Bis 1863 war sie bis nach Brühl zu hören. In diesem Jahr bekam sie jedoch einen leichteren Klöppel, womit der Schallpegel deutlich zurückging.

3.) **Speciosa** Schlagton $a^0 - {}^2/_{16}$ Ht., Höhe 1,60 m, Ø 2,0 m, Gewicht 6 t; 1449 in Köln von Johannes Hoerken von Vechel gegossen. Aus der Inschrift (...UT SOCIEM SOCIAM REDDENDO TONIS MELODIAM/PELLO NIMBOSA VOCOR IDCIRCO SPECIOSA) ist ersichtlich, dass die Glocke im Mittelalter auch als sog. Wetterglocke diente, die die Dämonen der Gewitter und Stürme mit ihrer Stimme vertreiben sollte.

4.) **Dreikönigenglocke** (früher auch als „Juridica" oder „Blutglocke" bezeichnet) Schlagton $h^0 - {}^5/_{16}$ Ht., Höhe 1,41 m, Ø 1,75 m, Gewicht 3,8 t; erster Guss 1418, erster Umguss 1693, zweiter Umguss 1862 durch Joseph Beduwe in Aachen, dritter Umguss 1880 durch J. G. Große in Dresden. Beim Hochamt an Sonn- und Feiertagen schlägt die Glocke bei der Wandlung.

5.) **St. Ursulaglocke** Schlagton $c' - {}^5/_{16}$ Ht., Höhe 1,28 m, Ø 1,6 m, Gewicht 2,5 t; gegossen 1862 von Joseph Beduwe in Aachen. Da die Glocke besonders häufig geläutet worden war, zeigte sie starke Abnutzungserscheinungen durch den Klöppelschlag; heute wird sie selten benutzt. Zu ihrer Schonung, aber auch zum Ausgleich einiger klanglicher Mängel, goss man 1990 die Josephsglocke.

6.) **St. Josephsglocke** Schlagton $d' - {}^2/_{16}$ Ht., Höhe 1,6 m, Ø 1,46 m, Gewicht 2,1 t; gegossen 1990 von Hans August Mark in Brockscheid (bei Daun/Eifel). Die Inschrift der Glocke zitiert in lateinischer Sprache die Lukasverse Lk 1,26–28.

7.) **Kapitelsglocke** (auch Karlsglocke; diese Bedeutung ist unklar) Schlagton e', Höhe 1,07 m, Ø 1,27 m, Gewicht 1,4 t; gegossen 1911 von Franz Otto, Bremen-Hemelingen. Die Glocke wurde von zehn Domkapitularen (unter ihnen Alexander Schnütgen) in Auftrag gegeben, die durch Inschrift ausgewiesen sind. Die Inschrift beginnt: FeLIX faVstaqVe CoLonIa qVae IesV ChrIsto DeI fILIo In eVCharIstIa LatentI CathoLICI orbIs LaVDes obtVLIstI *(„Du glückliches Köln, das du dem in der Eucharistie verborgenen Sohn Gottes, Jesus Christus, das Lob der katholischen Welt verkündet hast")*.

8.) (Neue) **Aveglocke** Schlagton g', Höhe 0,90 m, Ø 1,05 m, Gewicht 0,78 t; gegossen 1911 von Franz Otto, Bremen-Hemelingen. Sie läutet täglich zum „Engel des Herrn"; auch ist sie die Anschlagglocke des Stundenschlags der Domuhr. Die Glocke war als Ersatz für die damals gesprungene alte Aveglocke gegossen worden, die sich inzwischen im Dachreiter befindet.

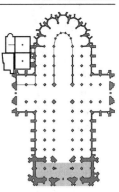

Die älteste Glocke des Doms ist die Dreikönigenglocke, früher auch „Juridica", „Armesünder-glocke" oder „Blutglocke" genannt, weil sie angeschlagen wurde, wenn das erzbischöfliche Gericht einen zum Tode Verurteilten dem städtischen Nachrichter übergab. Die Dreikönigenglocke wurde 1418 gegossen, sprang jedoch mehrmals und musste umgegossen werden. Bei jedem Umguss übernahm man Teile des alten Dekors, Neues wurde hinzugefügt. Von allen Domglocken ist sie am reichsten dekoriert und trägt die meisten Inschriften.

Die ältesten noch existierenden Großglocken sind die Pretiosa und Speciosa, die in einer Grube unter dem heutigen Mittelschiff gegossen wurden (s. S. 27 ff.). Für ihr Läuten benötigte man zwölf bzw. sechs Männer; die Dreikönigenglocke benötigte vier Männer und die Ursulaglocke kam mit zweien aus. Bis Ende des 18. Jahrhunderts beaufsichtigte der „Offermann" die Läutemannschaft, die hauptsächlich von den „zwölf Margarethenbrüdern", ehemaligen Kirchendienern, gestellt wurde. Auch im 19. Jahrhundert stand ein Glöckner den Läutemannschaften vor.

Nach dem deutsch-französischen Krieg 1870/71 erbat sich das Domkapitel vom neudeutschen Kaiser die Bronze einiger französischer Beutekanonen für den Guss einer neuen Glocke. Es wurden daraufhin 22 Geschützrohre, die zusammen über 25 t wogen, zur Verfügung gestellt. 1874 goss man aus ihnen nach dreimaligem Umguss in Frankenthal von Andreas Hamm die Kaiser-glocke (Gloriosa), mit 27 t die größte freischwingende Glocke aller Zeiten. Ihr Klang war jedoch nie gut; der Ton schwebte zwischen cis und e. Wenn sie geläutet werden sollte, musste das Deutzer Kürassierregiment, dessen Offiziere bekanntermaßen selbst Kaiser Wilhelm II. zu protzig auftraten, jedesmal 28 Kürassiere zum Klöppelschwingen abkommandieren. Bis zum Jahr 1909, als alle Glocken elektrische Läutemaschinen erhielten, erforderte ein Vollgeläute 52 Männer! Im Juni 1917 stellte das Domkapitel die Kaiserglocke der Heeresleitung ohne Vergütung zur Verfügung. Da das Ablassen der Glocke zu schwierig gewesen wäre, wurde sie zerstückelt und nach dem Motto „Glocken zu Kanonen" (Stankowski) in ihren Ursprung zurückverwandelt. Der gusseiserne Klöp-pel, der 1909 während des Läutens abgebrochen war, überlebte den Krieg und steht heute neben dem im Zweiten Weltkrieg stark beschädigten Strebepfeiler A5.

Der mittelalterliche Wasserspeier in der Mitte der zweiten Etage steht der Legende zufolge in engem Zusammenhang mit dem eitlen Dombaumeister Gerhard. Dieser hatte angeblich seine Seele dem Teufel vermacht, der als Gegenleistung dafür den Dom zu Ende bauen wollte, von Gerhards listiger Frau aber daran gehindert wurde. So blieb der Dom unvollendet, und der Teufel sprang wütend (hier als Hund dargestellt) vom Turm herab.

Der Südturm ist heute für die Öffentlichkeit freigegeben und kann über 509 Stufen bestiegen werden. In 97,25 m Höhe befindet sich eine ringförmige Aussichtsplattform[317].

Der Nordturm

Der Stumpf des Nordturm-Ostpfeilers (F3) ist das letzte größere Bauteil des Mittelalters und entstand kurz nach 1500. An seiner Nordseite findet man noch Durchdringungen von Profilen, Fischblasen und leicht geschweifte Giebel – spätgotische Formensprache auf hohem Niveau. Die westlichen Eckpfeiler (F1, D1) waren lediglich bis zu einer Höhe von etwa 6 m aufgeführt, während die Binnenpfeiler (E2, D2) noch ganz fehlten. Im Jahr 1846 stellte Zwirner auch das Fehlen von Fundamenten unter ihnen fest. Die notwendigen Arbeiten wurden noch im gleichen Jahr ausgeführt. Den begonnenen Südwestpfeiler (D1) musste Zwirner wegen schlechter Fun-damentierung abtragen und neu errichten. Ähnlich verfuhr er 1856 mit dem nordwestlichen Eckpfeiler (F1), in den er bei der Neuerrichtung die Wendeltreppe verlegte. Mochte dies auch eine elegantere Lösung sein, als die Errichtung der Treppe des Südturms in einem eigenen platz-raubenden Gehäuse – die Abweichung vom mittelalterlichen Baubefund auf der Südseite rief den heftigsten Widerstand August Reichenspergers hervor (s. S. 178 ff.).

Als ursprünglich vorgesehenes Figurenprogramm des Portals wird man in Hinblick auf das Petersportal im Süden einen Marienzyklus annehmen dürfen (KROOS, LQ 63).

Im Erdgeschoss des Turms befand sich seit 1943 ein runder, 10 m hoher kuppelförmiger **Bunker**, der so ausgelegt war, dass er dem stärksten Bombardement widerstehen konnte und zugleich die Last des eventuell über ihm zusammengebrochenen Nordturms tragen konnte. Der von Dombaumeister Güldenpfennig konstruierte Bunker nahm während des Krieges etliche Kunst-schätze, darunter auch zeitweise den Altar der Stadtpatrone, das sog. Dombild, auf (s. S. 60 ff.). Im Jahr 1986 riss man den Bunker ab.

Im ersten Stockwerk des Nordturms (27 m hoch) befand sich bis 1930 die Dombibliothek. Der Raum wird auch heute noch so genannt. Er dient jedoch als Magazin. Im zweiten Stockwerk liegt die sog. Modellkammer. Dort stehen zahlreiche beschädigte Steinfiguren und Kapitelle, aber auch Hunderte von Gipsabgüssen verschiedener Figuren.

Von außen sieht man die durch ihre Helligkeit auffallende **Plombe** (Strebepfeiler F1): Durch einen Luftminentreffer wurde am 3. November 1943 ein 80 Kubikmeter großes Stück Mauerwerk aus dem Nordturm herausgerissen. Für den Turm bestand Einsturzgefahr. Auf eigene Initiative ließ Paul Börger, der Kommandeur eines in Wahn stationierten Ausbildungspionierbataillons, die Lücke umgehend mit 28 000 Ziegelsteinen schließen.

In Köln entstanden noch während des Kriegs und insbesondere später, zahlreiche lokale Legenden, die sich um das Reparaturwerk rankten. So wurde z. B. berichtet, dass eben erwähnte Tat in Berlin missbilligt worden sei, weil die Naziführer einen Schaden an einer Kirche gerne in Kauf genommen hätten. Auch konnte man hören, dass bei der Reparatur zahlreiche KZ-Häftlinge geschunden worden seien. In weiten Teilen der Öffentlichkeit war die Domplombe tatsächlich so etwas wie ein Mahnmal gegen die Gräuel des Kriegs geworden.

Im Zuge eines vielerorts zu beobachtenden Geschichtsrevisionismus im letzten Jahrzehnt des 20. Jahrhunderts begann man, die Kriegsspuren auch hier allmählich zu überdecken. Zwar wandte sich die Untere Denkmalsbehörde gegen den vom Metropolitankapitel 1995 eingereichten Antrag auf Genehmigung der Wiederherstellung des Vorkriegszustandes. Der Dombaumeister Arnold Wolff argumentierte jedoch in der Begründung des Antrags vom 5. September 1995 wie folgt:

„Die gotische Kathedrale stellt als Bauwerk den Höhepunkt der nachantiken Architektur dar. Ihr wichtigstes Ziel war, ein absolut vollkommenes Kirchengebäude zu erstellen, und gerade der Kölner Dom hat dies in einem sehr viel höheren Maße erreicht als irgend eine andere Kathe-drale".

Sowohl die Untere wie die Obere Denkmalsbehörde bestanden weiterhin auf ihrer Auffassung, die Plombe sei eine *„Geschichtsspur"* und ein erhaltenswertes *„Abbild menschlicher Unvollkom-menheit"*. Das Rheinische Amt für Denkmalpflege hatte jedoch schon bekanntgegeben, dass es bereit sei, auf eine Ministeranrufung zu verzichten. Im März 1996 wurde dann der Stadtkon-servator von seiner Dienstherrin, der Kulturdezernentin, angewiesen, die Erlaubnis im Sinne des Antrags des Metropolitankapitels zu formulieren[318].

Auf dem Turm, von dem man übrigens seit 1951 weiß, dass er 7 cm höher als sein südlicher Nachbar ist, wurden 1984 vier junge Wanderfalken in 75 m Höhe ausgewildert. Die Initiative dazu ging auf den damaligen WDR-Redakteur Claus Doering (* 1922) zurück. Die Vögel, eine sonst im

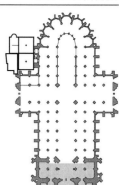

Rheinland ausgestorbene Vogelart, vermehrten sich bis zum Jahr 2000 zweimal und fanden unter den oft kranken Tauben reichlich Nahrung.

Ältere Dombesucher werden sich der Reliquienschränke erinnern, die ursprünglich innen an der Nordwand des Nordturms angebracht waren. Mittlerweile sucht man sie hier nun vergebens: Sie wurden 1998 abgenommen und nach einer Restaurierung in der Schatzkammer ausgestellt. Es handelt sich um mittelalterliche Vitrinenschränke, in denen zahlreiche präparierte, mit kostbaren Stoffen geschmückte Reliquienschädel aufbewahrt werden. Ähnliche Behältnisse befanden sich auch im Südturm und zahlreichen Nischen. Anton Legner, der ehemalige Leiter des Schnütgen-Museums, stellte Überlegungen an, dass sich die Vitrinen ursprünglich im Binnenchor befunden haben könnten.

Das Portal (Dreikönigenportal)

Das Portal, das in den Nordturm führt, wird wegen des Figurenprogramms auch Dreikönigenportal oder Dreikönigenpforte genannt. So wie die Heiligen Drei Könige mit ihren verschiedenen Lebensaltern und Hautfarben als Vertreter der gesamten Menschheit und ihren unterschiedlichen Befindlichkeiten angesehen werden können (s. S. 60 ff.), repräsentieren die Gestalten im Gewände – darunter ein weiteres Mal die drei Könige – und in den Archivolten die menschheitsumspannende Kirche. Dargestellt sind Vertreter der ältesten und der entlegendsten Kirche.

Im Tympanon sieht man drei Szenen mit den Heiligen Drei Königen: die Beobachtung des schon bei Moses angekündigten Sterns[319] (u. li.), den Besuch bei Herodes (u. re.) sowie die Anbetung Christi zu Bethlehem (o.).

■ Die äußerste Archivoltenreihe trägt zehn Heiligenfiguren: ■ Augustinus als Bischof ■ den britannischen König Lucius ■ den iro-schottischen Abt Columban ■ den irischen Bischof Patricius (Patrick) ■ Methodius und ■ Kyrillus, die Apostel Mährens ■ den norwegischen König Olav II. ■ den schwedischen König Erik IX. ■ den Jesuiten Petrus Claver ■ Rosa von Lima

■ In der zweitäußeren Archivoltenreihe sieht man ebenfalls zehn Figuren: ■ Dionysius (frz. Denis; identifizierbar an dem abgeschlagenen Haupt auf dem Schoß; es handelt sich also nicht um Dionysios Areopagita wie es CLEMEN, 140, angab) ■ den ersten kretischen Bischof Titus ■ Bischof Phontinus ■ die Märtyrerin Balbina ■ Bischof Lazarus ■ die Jungfrau Martha ■ Bischof Remigius ■ die fränkische Königin Klothilde (Chrodechilde) ■ Erzbischof Ildefonsus von Toledo ■ den gotischen Königssohn und Märtyrer Hermenegild

■ Die zweitinnere Reihe zeigt in acht Bildnissen: ■ Paulus, den ägyptischen Einsiedler in Orantenhaltung ■ Cyprian, den Bischof und Märtyrer von Karthago ■ die Romanhelden Barlaam und ■ Josaphat, die für Indien stehen ■ den palästinensischen Hauptmann Cornelius ■ Ignatios Theophoros, den Bischof von Antiochien in Syrien ■ den Apostel Indiens und Japans Franz Xaver ■ den japanischen Kind-Märtyrer Ludovicus Ibarki mit Kreuz

■ Die innerste Archivoltenreihe zeigt in sechs Bildnissen: ■ Abgar von Edessa, das Tuch mit dem Abbild des Heilands haltend ■ Gregorius Illuminator aus Armenien mit Kirchenmodell ■ Bischof Marutha ■ Bischof Simeon von Seleukia und Ktesiphon ■ Bischof Frumentius ■ Elersbaan, den frommen König von Äthiopien

Die vollplastischen Standfiguren stellen vor: links außen an Pfeiler E1 Kain als Sähmann; im linken Gewände (v. li.): ■ Abel mit Lamm (erneuert) ■ Hiob (erneuert) ■ die Königin von Saba (erneuert) ■ König Ezechias ■ Balthasar ■ Kaspar; im rechten Gewände (v. li.): ■ Melchior ■ Josias ■ König David mit Harfe ■ die Witwe von Sarepta ■ Melchisedech ■ Enoch und ■ Seth[320]

Die Grablegung-Christi-Gruppe

Diese lebensgroße, farbige Sandsteingruppe befindet sich im Nordturm an der Ostseite unter einem Architekturbaldachin. Sie zeigt sieben Figuren, die hinter dem aufgebahrten Leichnam Christi stehen. Außen halten Nikodemus und Joseph von Arimathia das Leichentuch mit dem toten Jesus[321]. Hinter diesem stehen seine Mutter Maria, die sich auf den Jünger Johannes stützt, sowie die drei Frauen, die als erste zu seinem Grabe kamen: Maria Magdalena, Maria (Mutter des „kleinen" Jakobus, der nicht mit Jakobus d. J. identisch ist) und Salome, alle drei mit ihren Salbgefäßen[322]. Die bildhauerisch bemerkenswerte Arbeit aus der Zeit um 1510 stammt von demselben namentlich nicht bekannten Meister wie die drei geschnitzten Figuren des Kreuzigungsretabels in der Maternuskapelle (s. S. 157 ff.. Ihr Stil ist nicht kölnisch, sondern süddeutsch, ihr Schöpfer von der Kunst des Ulmer Raums geprägt.

Die Köpfe der Maria und des Johannes zeigen starke Übereinstimmung mit denen der entsprechenden Figuren vom Kreuzigungsretabel in der Maternuskapelle. Darüber hinaus weist die Gestalt Mariens große Ähnlichkeit mit der Muttergottes im Gesprenge des Hochaltars der Blaubeurener Klosterkirche auf.

Bei der Gruppe handelt es sich wahrscheinlich um eine Stiftung. Sie stand im unvollendeten Dom in der Nähe des Eingangs zur Pfarrkirche St. Maria im Pesch, die 1843 wegen des Weiterbaus des nördlichen Querschiffs abgerissen werden musste. Nach 1895 erhielt die Gruppe einen neugotischen Baldachin von Wilhelm Mengelberg (s. S. 141 ff.) und wurde in den ebenfalls neugotischen Kreuzweg integriert. Seitdem dient sie als 14. Station des Kreuzwegs, der im nördlichen Seitenschiff beginnt und zum südlichen Seitenschiff und zum Südturm führt.[323]

Die Fenster im Nordturm

Die jüngst rekonstruierten Glasgemälde, Verbildlichungen von Szenen des Alten Bundes, waren 1884 eingesetzt worden und gehören zu einem größeren, beide Turmhallen schmückenden Zyklus, der im Zweiten Weltkrieg zerstört wurde. Die Entwürfe lieferte der Wiener Messbuchillustrator Johannes Klein, die Ausführung erfolgte in Innsbruck.

Das Hauptportal

Das Portal ist insgesamt 9,30 m breit und einschließlich bekrönendem Wimperg etwa 28 m hoch. Damit reicht dieser noch über das erste Geschoss hinaus. Die Gestaltung des Wimpergs weicht vom Fassadenplan „F" ab. In der Zeichnung sind deutlich die quadratischen Stufen – an jeder Seite sechs – gut zu erkennen, die die Stufen zum „Thron Salomonis" bilden – genau wie es in der etwa zeitgleichen gläsernen Architektur des Marienkrönungsfensters in der Michaelskapelle zu sehen ist (s. S. 125 ff.) – am Bau wurden sie jedoch nicht ausgeführt. Die aus der Zeit der Zeichnung stammenden Bezüge zum Straßburger Vorbild bleiben aber insgesamt deutlich.

Das Programm des Figurenschmucks wurde nach einem vom Metropolitankapitel im Jahr 1847 aufgestellten Plan, der auf Vorschlägen Sulpiz Boisserées fußt, geschaffen. Es umfasst die Heilsgeschichte seit Adam und Eva bis zur Vollendung dieser Schöpfung durch das Gericht.

Erhöht in der Mitte, umgeben von den vier Großen Propheten, thront Christus als Weltenrichter mit dem Buch des Lebens. Die eigentliche Pforte wird durch einen schmalen Mittelpfeiler (Trumeau) geteilt. An ihm steht, wie es bei mittelalterlichen Kathedralen häufig geübte Praxis war, als Trumeaumadonna die Mutter Gottes mit dem Kinde, die man sich als *„porta cæli"* dachte, hier auf der Mondsichel und der unterworfenen Schlange.

Die Seiten des Portalgewändes nehmen zwei mal sieben Standfiguren ein; dies sind links (v. li.): ■ Adam ■ Noë ■ Moses („gehörnt" wie es sich aus der Vulgatastelle „cornuta" ergab) ■ David ■ Elias ■ Joachim ■ Johannes der Täufer (mit runder Tafel, das Lamm zeigend); rechts sieht man (v. li.): ■ Joseph ■ Anna (mit Buch) ■ Elisa ■ Salomon (mit Tempel) ■ Samuel ■ Abraham ■ Eva Im Tympanon sieht man Reliefs, die in vier Reihen übereinander stehen. Sie zeigen (v. o. n. u.): ■ den Sündenfall und die Vertreibung aus dem Paradies ■ die Sintflut und die Arche; die Gesetzgebung am Sinai; das Goldene Kalb ■ die Verkündigung; die Geburt Christi; die Darbringung im Tempel ■ Christus als Lehrer im Tempel; die Jordantaufe; die Bergpredigt. Im Fries darunter sitzen die zwölf Kleinen Propheten.

Die vier Archivoltenreihen weisen 50 Gestalten auf, die von außen nach innen darstellen:

- Die äußerste Reihe besteht aus 14 Figuren, die die geistige und materielle Schöpfung Gottes repräsentieren, voran die sieben Engel, die nach Johannes Chrysostomos auch als die sieben Ämter des Täufers Johannes aufgefasst werden können: ■ Seraph ■ Cherub ■ Thronus ■ Dominatio ■ Virtus ■ Potestas ■ Principatus, die Erzengel ■ Michael ■ Gabriel ■ Raphael, ferner ■ Angelus ■ Sonne ■ Mond ■ Erde

- In der zweitäußeren Reihe sieht man 14 Gestalten, die der zwölf Kleinen Propheten und zweier Sibyllen als Hinweis auf die Verheißung der Erhaltung und Erlösung der Schöpfung: ■ Hosea ■ Joel ■ Amos ■ Abdia ■ Jonas ■ Micheas ■ Na(h)um ■ Habakuk ■ Zephanja (Sophonias) ■ Haggai (Aggæus) ■ Zacharias ■ Maleachi und ■ zwei Sibyllen, die gleichfalls als (heidnische) Künder des Erlösers angesehen wurden

- In der zweitinneren Reihe erkennt man zwölf Gestalten, die als israelitische Stammväter die Fleischwerdung Christi vorwegnehmen: ■ Jesse ■ Rehabeam ■ Josaphat ■ Joram ■ Osias ■ Joathan (Jotam) ■ Achaz ■ Ezechias ■ Manasse ■ Amon ■ Josias ■ Jechonias. Alle Gestalten außer Jesse sind als Könige dargestellt.

- In der innersten Archivoltenreihe stehen zehn Gestalten, die als königliche Stammväter Christi aus der nachbabylonischen Zeit gelten, und auf die Erfüllung der Verheißung hinweisen: ■ Salathiel als König ■ Zorobabel ■ Abiud ■ Eliakim ■ Azor ■ Zadok ■ Achim ■ Eliud ■ Eleazar ■ Matthan (Orantenhaltung).

An den vorspringenden Pfeilern ganz außen sieht man Standfiguren, die links (Pfeiler D1) die Kaiser Konstantin und Karl den Großen, rechts (C1) Kaiser Heinrich II. und König Stephan I. von Ungarn vorstellen. Nach dem von Boisserée 1845 ausgearbeiteten Figurenprogramm waren für die Plätze der letzten beiden Herrscher ursprünglich der deutsche König Wilhelm von Holland und der preußische König Friedrich Wilhelm IV. vorgesehen. Das Metropolitankapitel ersetzte diese im Jahr 1847 durch die beiden heiligen Herrscher Heinrich und Stephan von Ungarn. Die Figuren wurden zwischen 1872 und 1880 von Peter Fuchs geschaffen. Die Engel im Wimperg erneuerte Erlefried Hoppe um 1956[324].

Die Portaltore bestehen aus Eichenholz, auf die man die einzeln gegossenen Bronzefelder (ab 1887) aufschraubte. Die Entwürfe für das mittlere Tor stammen von Wilhelm Mengelberg (s. S. 141 ff.), diejenigen für das nördliche (s. S. 185 ff.) und südliche Westportal (s. S. 180 ff.) von Hugo Schneider, Kassel (zum Programm der Bronzetore s. HELMKEN 94 ff.).

Das große Westfenster (W I oder D1–C1)

Über dem durchlichteten Triforium zwischen den Türmen steigt 22 m hoch das sechsbahnige, etwa 10 m breite Fenster auf, das architektonisch und optisch wichtige Mittelfeld ausfüllend. Es befindet sich an einer Stelle, die in vielen französischen Kathedralen und im Straßburger Münster von einer großen Fensterrose eingenommen wird[325]. Die das Fenstercouronnement ausfüllende Figur des sphärischen Vierecks mit dem Vierstrahl war schon im mittelalterlichen Fassadenriss „F" vorgesehen (von hier wurde sie im 19. Jahrhundert auch auf die Querhausfassaden übertragen). Dennoch weicht das Westfenster vom Fassadenriss ab. Ein Unterschied besteht u. a. in seiner geringeren lichten Höhe, die durch die dicke Leibung bedingt ist. Auch sind der Wimperg, der sich über ihm erhebt, und der darüber schwebende Firstgiebel im 19. Jahrhundert größer und steiler ausgeführt worden als im Riss „F" vorgesehen. Die davon erhoffte Streckung des Fensters ist nicht eingetreten, im Gegenteil: Die Last der Bauteile drückt es herab (s. S. 176 ff.).

Das Fenster besitzt ein doppeltes Maßwerk, dessen inneres die Verglasung trägt. Dombaumeister Voigtel war vergebens dafür eingetreten, nur ein äußeres Maßwerk auszuführen, um den im Folgenden beschriebenen Glasgemälden zu mehr Licht zu verhelfen. Während des Zweiten Weltkriegs waren alle 48 Rechteckscheiben ausgebaut, jedoch nicht die Scheiben des Couronnements. Ein Bombentreffer vom 28. Januar 1945 zerstörte das Triforium, das äußere und innere Maßwerk sowie die verbliebenen Teile der Glasgemälde. Das äußere Steinwerk wurde bereits 1955, das innere erst 1993 wiederhergestellt. In letzterem befinden sich Glasgemälde, die von dem preußischen (und deutschen) Kronprinzen Friedrich Wilhelm – der im Jahr 1888 für 99 Tage als Kaiser Friedrich III. regieren sollte – und seiner englischen Frau Victoria für dieses Fenster gestiftet worden sind.

Noch ehe man nach dem Zweiten Weltkrieg mit den Erneuerungsarbeiten begann, wurde v. a. von dem Kunsthistoriker Hans Kauffmann die Diskussion eröffnet, ob man die Gunst der Stunde nutzen sollte, um zu den geglückteren Formen des Fassadenplans „F" zurückzukehren, oder ob die Erneuerung in den Formen des 19. Jahrhunderts zu geschehen hätte (KAUFFMANN, Zur Frage, 87 ff.; vgl. S. 176 ff.). Der mittelalterliche Plan gab nämlich dem vergleichsweise schmalen Mittelfeld zwischen den Türmen ein größeres Gewicht, als dies die Baumeister des 19. Jahrhunderts vermocht hatten. 1952 entschied man sich aus stilgeschichtlichen Gründen aber zur bloßen Wiederherstellung des Vorkriegszustandes.

Die vom Kronprinzen gestifteten Glasgemälde zeigen im Hauptfeld eine Illustration des Jüngsten Gerichts. Die Festlegung auf dieses Thema erfolgte bereits um 1864. Die Entwürfe stammen von dem (protestantischen) Lübecker Maler Julius Milde (1803–1875), einem damals im Rheinland völlig unbekannten Künstler. Dombaumeister Voigtel hatte schon den renommierten Maler E. Steinle mit Entwürfen beauftragt, als der Kronprinz wissen ließ, dass er und seine Frau sich für Milde entschieden hätten. Die fertigen Scheiben wurden im Sommer 1870, also während des deutsch-französischen Kriegs, nach Köln geliefert, konnten jedoch erst 1877, zwei Jahre nach dem Tod des Künstlers, eingebaut werden. Erst 1880 wurden die Gerüste und Bretterwände zwischen den Türmen abgebaut, so dass das Fenster sichtbar wurde.

Die Glasmalereien zeigen nach Art einer Biblia pauperum, einer Armenbibel, in den Längsbahnen 18 alt- und neutestamentliche Szenen, die von gotischer Maßwerksarchitektur hinterfangen werden. Die eine Hälfte der Glasgemälde präsentiert Handlungen, die zur Verdammnis, die andere Hälfte jene, die zur Seligkeit führen[326].

Das 1955 wiederhergestellte Steinwerk erhielt zunächst eine weiße Notverglasung, die jedoch zuviel Licht in den Dom hineinließ. Da mit der Wiedereinsetzung der vorhandenen und der wiederherzustellenden Milde-Scheiben nicht vor 1993 zu rechnen war, betrieb man die Einsetzung eines künstlerisch gestalteten Interim-Fensters. Vincenz Pieper legte einen Entwurf für eine Marien-

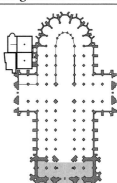

krönung bzw. Himmelfahrt Mariens mit Kölner Heiligen vor, der bald realisiert wurde. Im Jahr 1963 konnte das Fenster eingesetzt werden. Jedoch mehrte sich im Lauf der Zeit die Kritik an dem stark vom aktuellen Geschmack geprägten Fenster mit seinen extremen weiß-blau-gelben Farbkontrasten. Seit 1981 betrieb man verstärkt die Rückführung des Milde-Fensters und 1993 konnte das Pieper-Fenster endlich entfernt werden. Dabei zeigten sich übrigens schwerste Schäden am Blei und am Glas, die die Monteure des Pieper-Fensters zu verantworten hatten.

15 Das Langhaus und die Seitenschiffe

Zur Baugeschichte

Die Pfeiler, die Außenwände und die sechs westlichen Gewölbe des nördlichen Seitenschiffs sind im 15./16. Jahrhundert erbaut worden, die übrigen Gewölbe erst 1848. In den Jahren 1507 bis 1509 setzte man die fünf im Folgenden ausführlich behandelten Glasgemälde ein.

Die Fundamente zu den südlichen Seitenschiffen wurden in den Jahren 1323 bis 1325 gelegt. Am 6. Januar 1389 fand hier und im Südquerhaus der Gottesdienst anlässlich der Eröffnung der Kölner Universität statt. Damals fehlten allerdings noch die Gewölbe; sie wurden erst 1848 ausgeführt. In den Jahren 1842 bis 1863 entstanden die Obergaden des Langhauses. Auf Betreiben Boisserées, der die Bedeutung des Plans „E1" als Langhausriss (s. S. 24 ff.) nicht erkannt hatte, gestaltete man sie weitgehend nach dem Vorbild des Chors. Dombaumeister Zwirner übernahm von diesem das Triforium und die Kapitellhöhe der Obergadenfenster (s. S. 178 ff.). Das Maßwerk aber passte er der Architektur des Südturms an, indem er den Vierpass im Kreis als einziges Motiv verwendete. Im Jahr 1867 konnte man mit der Aufstellung von Pfeilerfiguren im Mittelschiff beginnen – zumeist Stiftungen, die von den Bildhauern Anton Werres, Peter Fuchs und Christian Mohr stammen[327].

Die jeweils 16,70 m hohen Glasfenster des Langhaus- und Querhausobergadens entwarf der Kölner Dekorationsmaler Michael Welter (1808–892) zwischen 1866 und 1873; die Herstellung erfolgte in diversen Glasmalerwerkstätten[328]. Gezeigt werden die biblischen Stammväter und -mütter, die Propheten, die Apostel sowie zahlreiche Heilige.

Allgemeines zum Fensterzyklus im nördlichen Seitenschiff

(nord XXV, nord XXIV, nord XXIII, nord XXII, nord XXI oder F3–F4, F4–F5, F5–F6, F6–F7, F7–F8)

Diese fünf spätmittelalterlichen Fenster haben sich seit ihrer Einsetzung stets an dieser Stelle befunden. In ihrer Gesamtheit sind sie seit der Barockzeit in der Literatur von mehreren Autoren, u.a. von Gelenius und dem Archivar Johann Godfried Redinghoven [411] genannt worden; dieser interessierte sich leider nur für die Wappen unter genealogischen Gesichtspunkten, nicht jedoch für die Bildprogramme.

Die reiche Ikonografie des Zyklus ist der Tradition verhaftet, die figürliche Ausführung der Themen steht in starker Abhängigkeit von der Kölner Tafelmalerei – ein Sachverhalt, den man schon im 19. Jahrhundert erkannt hatte.

Der Domarchivar und Kunsthistoriker Herbert Rode [1] wies auf die besondere Stellung des mittleren Fensters hin, das gewissermaßen als Achsenfenster fungiert. Gleichzeitig stellte er Übereinstimmungen mit einem Wandelaltar fest, dessen bedeutendstes Thema sich in der Mitte befindet und dessen äußere Halbfenster sich über Mittelteil und erste Schließung klappen lassen[329]. Ferner erkannte er in den fünf Fenstern einen thematisch zu einem Ganzen zusammengeschlossenen Zyklus, dessen Bedeutungszonen in der Senkrechten und Waagerechten korrespondierten: zuunterst die Stifter, neben oder über ihnen Schutzpatrone, Fürbitter und Ritterheilige, darüber Darstellungen aus dem Leben Christi, des hl. Petrus und Mariens als Patrone des Kölner Doms (Petrus ist zugleich Patron des Erzstifts) sowie der Heiligen Drei Könige. Ihnen sind jeweils typologische Darstellungen zugeordnet, nämlich die Wurzel Jesse, Moses vor dem brennenden Dorn-

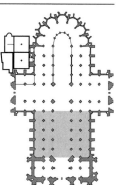

busch und die Königin von Saba vor Salomon. Rode nahm an, dass die Stifter offensichtlich auf die Auswahl der Heiligen Einfluss hatten, da Maria, der hl. Petrus und der hl. Georg als Schutzpatrone mehrmals wiederkehren. Auffällig ist das Fehlen des hl. Maternus, der in den Chorkapellenfenstern eine wichtige Rolle spielte (s. S. 96 ff.). Herbert Rode äußerte sich als ein großer Kenner des Zyklus zu einigen Besonderheiten folgendermaßen:

„Die typische Form des geschweiften Maßwerks wurde zuerst in der Kleinarchitektur, u. a. an flämischen Schnitzaltären ausgebildet und sodann auch auf gemalte Altäre übertragen … Der Ringnimbus, nur bei Maria in den szenischen Darstellungen in n XXIII und n XXII anstelle des Scheibennimbus, entstammt der niederländischen Kunst. Die eigenartigen Nischen unter den Fußböden bei den Heiligen finden sich zuvor im Heller-Fenster in St. Maria im Kapitol; die Gräser, Blumen und Früchte in ihnen symbolisieren wohl das Paradies" (CV 187). Die Erdbeeren dürfen wohl als die Blumen der Seligen angesehen werden.

Die fünf Fenster stellen das bedeutendste Werk der Kölner Glasmalerei im frühen 16. Jahrhundert dar. Es wird angenommen, dass die Fenster in ein und derselben Werkstatt hergestellt worden sind, die Entwürfe aber von zwei Meistern stammen. Der Zyklus ist gut erhalten: Die Originalsubstanz beträgt über 95 %.

„Hat die Übertragung der Entwürfe auf Glas den Stil auch weitgehend vereinheitlicht und weisen zudem die beiden Meister der Hl. Sippe u. der von St. Severin viel Gemeinsames auf durch die von der niederländischen Kunst übernommene Darstellung des Dinglich-Greifbaren, des Schmuckhaft-Festlichen und der malerischen Prägnanz, so lassen sich doch Unterschiede feststellen. Der Meister der heiligen Sippe ist offenbar der ältere, ähnlich wie in seinem Sippenaltar stellt er die großen Figuren der Schutzheiligen in n XXIII und n XXII füllend in den Bildrahmen. Sein Stil ist gotischer und zeichnerisch-flächig gehalten, während die Standfiguren des Meisters von St. Severin in n XXV und n XXI ein wenig kleiner sind und plastisch-freiräumlicher in der Arkade stehen. Sie sind eng verwandt mit den Darstellungen auf der Altartafel in St. Severin, wo der hl. Stephanus fast wörtlich dem hl. Laurentius in n XXV entspricht. Die stilistischen Unterschiede rechtfertigen die Annahme, dass die Entwürfe nicht – wie bislang angenommen – gleichzeitig von zwei Meistern geschaffen wurden, sondern nacheinander"[330].

Das zweite (n XXIV) und vierte (n XXII) Fenster im nördlichen Seitenschiff zeigen jeweils 16 verschiedene Wappen, deren Darstellung der um 1500 üblichen entspricht. Gelegentlich werden diese Fenster deshalb auch als Adelsfenster bezeichnet. Die Mitglieder des hochadligen Domkapitels, die sich hier als Stifter mit ihren Wappen und denen ihrer Vorfahren verewigten, mussten bis 1474 mindestens acht adelige Vorfahren nachweisen können; danach waren 16 vorgeschrieben. Zusammen mit dem vornehmen Straßburger Kapitel galt das Kölner Domkapitel als das exklusivste im Reich. Erasmus von Rotterdam (1449–1536), der während seines kurzen Aufenthalts in Köln den Schrein der Heiligen Drei Könige aufgesucht hatte, dürfte diese damals neuen Fenster wohl auch beachtet haben. Jedenfalls schrieb er später, dass Jesus kaum eine „Chance" gehabt hätte, in so ein feudales Domkapitel aufgenommen zu werden. In der 1474 verschärften „Ahnenprobe" (Ahnenaufschwörung) kann man ein Ringen um Exklusivität, eine Reaktion auf gesellschaftliche Umschichtungsprozesse sehen. Bei aller Feudalität bedurfte das Domkapitel zur korrekten Durchführung der Gottesdienste der Unterstützung von mindestens sieben nichtadeligen Priestern, die studiert und die Weihen empfangen hatten (s. S. 69 ff.). Die folgenden Wappenbeschreibungen bedienen sich des üblichen Rechts-Links-Begriffs – nicht des heraldischen – der diese Zuordnung aus Sicht des Wappenträgers vornimmt.

Das Passionsfenster (nord XXV oder F3–F4)

Dieses zweibahnige, Ende 1508 eingesetzte Fenster ist in sehr gutem Zustand; Flicken aus neuerer Zeit befinden sich nur im Couronnement. Unten ist der Stifter Philipp von Daun mit seinen Eltern zu sehen[331]; darüber befindet sich der hl. Laurentius und Maria im Strahlenkranz auf der Mondsichel[332]. Dann folgt eine sechsszenige Passion Christi. Das Couronnement zeigt das Weltgericht mit Auferstehung, Hölle, dem hl. Petrus als Seelengeleiter, Fürbittern und Engeln. In einigen Feldern sind unentzifferbare Schriftzeichen zu erkennen.

(vgl. Fensterschema)

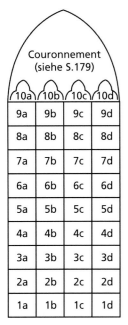

Schema der vier-bahnigen Fenster n XXII bis n XXIV

Zur Beachtung:
Fenster n XXI u. n XXV
sind nur Halbfenster!

1a) **Philipp von Daun zu Oberstein** Kniend als Domdechant (seit 1489), Erzbischof seit 1508 in weißem Mantel. In den Händen hält er eine rote Kopfbedeckung; rechts steht ein goldgelbes, rotgegittertes Schild, darüber ein goldener Helm, der als Zier einen weißen Hut trägt.

1b) **Eltern des Stifters** Wirich VI. von Daun zu Oberstein (†1501) in rotviolettem Mantel mit seiner in Rot gekleideten Frau Margareta, Gräfin von Leiningen, beide anbetend-kniend; links in „gespaltenem" (mittels senkrechter Teilung in zwei Hälften geteilt) Schild das rotgegitterte Dauner Wappen (wie in 1a), auch die Helmzier) und das Leininger Wappen: Dieses zeigt auf blauem Grund drei weiße, goldbewehrte Adler; die Helmzier darüber eine Krone und einen weißen Lindenbaum.

2a)–4a) **Heiliger Laurentius** Der Heilige, stehend als Diakon in roter Kasel und Albe mit seinen Attributen Buch und Rost; auf einer Bodenfliese ein Hase

2b)–4b) **Maria im Strahlenkranz** Maria in blauem Gewand mit Strahlenkranz und Mondsichel, mit zwölf Sternen an der Krone. Durch den Apfel in der Linken des Jesuskindes ist sie als die Neue Eva charakterisiert. Im Bild der Maria im Strahlenkranz verbinden sich Vorstellungen vom apokalytischen Weib mit Elementen einer seit dem 6. Jahrhundert überlieferten Legende, die später im lateinischen Mittelalter mit der römischen Kirche S. Maria in Araceli auf dem Kapitol in Verbindung gebracht wurde. Danach soll Augustus hier die weise tiburtinische Sibylle zu sich gerufen haben, um zu erfahren, wer größer sei als er und wer nach ihm herrsche. Die Sibylle soll auf die im Himmel stehende und vom Strahlenkranz umfangene Madonna mit dem Jesusknaben gewiesen haben, woraufhin Augustus auf seine weitere Anbetung als Gott verzichtet und sogar selbst angebetet und geopfert haben soll. Interessant sind die zwei gekreuzten Lötkolben in der siebten Fliese der zweiten Reihe als Abzeichen eines „glasworters" (Glasers) aus den Jahren 1515–1544.

5a)–6a) **Christus am Ölberg** Christus (in Blauviolett) kniet betend, rechts der Felsen mit dem Kelch; bei ihm sind die schlafenden Jünger Petrus (vorn, in Blau), Jakobus (re., in Braunviolett; mit goldgelbem Buch), Johannes (li. hinten, rot gewandet, mit blondem Haar). Hinten oben (klein, zwischen Johannes u. Christus) wird antizipierend die Gefangennahme Christi dargestellt, ein Soldat in Goldgelb begleitet die Szene.

5b)–6b) **Verspottung** Christus (in Blauviolett) sitzt gefesselt, mit verbundenen Augen, dem Betrachter zugewandt, unter einer Architektur (Palast des Pilatus). Christus ist umgeben von fünf Spöttergestalten; Pilatus, in grünem Mantel, steht beobachtend links in der Tür.

6a)–7a) **Geißelung** Christus (in hellem Lendenschurz) steht gekrümmt an der roten Geißelsäule; ihn umgeben drei rutenschwingende Geißler; links hinten steht beobachtend der grüngewandete Pilatus mit Zepterstab.

6b)–7b) **Ecce homo** Christus (in hellem Lendenschurz und rotem Mantel) steht auf einem altarähnlichen Tisch oder Podest (Anspielung auf die Darbringung); im halbrunden Fenster des

192

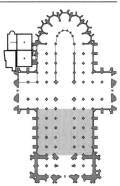

Sockels erscheinen die Gesichter der beiden Schächer, die mit Christus zusammen gekreuzigt werden sollen. Die Szene wird umstanden von sechs Juden und einem Soldaten; vorne links steht ein Pharisäer, auf dessen Mantelsaum zu lesen ist DOCTORSCLVRAVENIVDEIO[333]; Pilatus (mit hinweisender oder entschuldigender Geste) steht neben Christus. Die Gesichter der Juden sind in karikierender Weise entstellt.

8a)–9a) **Kreuzigung** Christus (mit Lendenschurz) ist mit drei Nägeln an das hohe Kreuz geheftet; über seinem Haupt die Inschrifttafel I.N.R.I. Auf grünem Boden am Fuß des Kreuzes liegen ein rosafarbener Stein – ein Hinweis auf den Stein Jakobs? – und der hellbraune Schädel Adams. Das Kreuz umstehen Maria (li. in Weiß und Blau) und der Jünger Johannes (li. in Rot); ganz links steht eine Trauernde, in der Herbert Rode Maria, die Frau des Kleophas (Bruder des Joseph) vermutete ([322]); rechts drei Soldaten, davon einer offensichtlich ein Offizier, ein hinterer ein Bannerträger. Im Hintergrund schimmern die Gebäude Jerusalems[334].

8b)–9b) **Auferstehung** Christus, in tiefrotem, vorne offenem Mantel, der den Blick auf die Wunden gestattet, schreitet, in der Linken ein Stabkreuz haltend, auf drei schlafende Wächter zu, die auf einem grünen Rasen ruhen. Die Grabplatte links ist blauviolett und trägt eine unklare Inschrift. Hinter Felsen und Sträuchern links erhebt sich eine Kirche (Christi Tod schuf die Kirche!); rechts wird in einer Nebenszene die (bereits stattgefundene) **Höllenfahrt** Christi dargestellt[335]: Christus ist gewandet wie in der Auferstehungsszene. Er reicht durch die aufgebrochene Pforte der Hölle Adam und Eva, hinter denen weitere Gestalten herandrängen, die Hand, während von oben ein sichtlich erboster Teufel mit Steinen wirft. Das Thema der Höllenfahrt stammt aus der byzantinischen Kunst (s. S. 170 ff.).

Das gesamte Couronnement (vgl. Schemaskizze S. 197 ff.; es ist zu beachten, dass die Felderbezeichnung nur nach der rechten Skizzenhälfte erfolgt) ist ausgefüllt mit einer Darstellung des Weltgerichts:

10c) In diesem Feld (über der Kreuzigung) erheben sich die **Oberkörper der Auferstehenden** aus einem grünen Rasen[336].

10d) (über der Auferstehung Christi) **Ein wolfsköpfiger Teufel zerrt Menschen in ein Flammenmeer**

C 3/C 4 In diesen kleinen Zwickeln sieht man **Sonne** und **Mond** nach Lk 21,25: *„Es werden Zeichen geschehen an Sonne und Mond und Sternen; und auf Erden wird den Leuten bange sein, und sie werden zagen …"*

B **Petrus**, in Weiß, mit Schlüssel als Himmelspförtner, empfängt rechts (B 2) Auferstehende.

E 1 **Christus** als Weltenrichter mit Schwert und Lilie

E 2 Hier vereinen sich in der Fürbitte **Maria** und **Johannes der Täufer** zur Deesis[337]. Hinter ihnen fungieren Petrus und der Apostel Johannes als Beisitzer.

Das Petrus-Wurzel-Jesse-Fenster (nord XXIV oder F4–F5)

Das vierbahnige Fenster – sein Stifter ist Philipp II. von Daun zu Oberstein als Erzbischof – erweckt den Eindruck eines aus zwei zweibahnigen Fenstern zusammengesetzten Fensters. In seinem linken Teil wird Petrus als Patron des Erzstifts ein bedeutender Platz zugewiesen, und zwar zwischen der Passion Christi (li. im Nachbarfenster n XXV) und der wiederum auf Christus bezogenen Wurzel-Jesse-Darstellung. Diese leitet zum rechten Fenster (n XXIII) mit der Geburt Christi über, bei der Maria als zweiter Patronin des Doms gewürdigt wird. Im Couronnement prangt das von Engeln gehaltene Wappen des Erzstifts; darunter erscheinen in den Vierpässen die

4a	
Daun	Kirburg

3a	
Hohen-fels Reipolds-kirchen	Isenburg-Limburg

2a	
Neuen-bamberg	Bolanden

1a	
Leiningen	Leiningen

**linke
Wappengruppe**

4d	
Baden	Öttingen

3d	
Sponheim	Helfen-stein

2d	
Leiningen	Kyburg

1d	
Salm	Habsburg

**rechte
Wappengruppe**

**Wappen der
Grafen von Daun**

hll. Antonius Eremita und Hubertus, zwei der im Rheinland hochverehrten vier heiligen Marschäl-le[338]. Im unteren Bereich seitlich des Stifterbildes mit dem hl. Petrus und seitlich des hl. Sebastian werden die Wappen des Erzbischofs Philipp von Daun nach der 16er-Ahnenprobe gezeigt, in a) die väterliche, in d) die mütterliche Linie. In der Abfolge der Wappen von oben nach unten in Zeile 4 und 2 die männlichen Vorfahren, darunter in Zeile 3 und 1 jeweils die Frauen. Links unter der Wurzel Jesse die Jahreszahl 1509.
(vgl. Fensterschema S. 192 ff.)

1a) **Zwei Wappen der Grafen von Leiningen** (entsprechend der Darstellung in 1b) von n XXV). In Blau je drei silberne Adler. Im linken Wappen erscheinen vier rote Kugeln, im rechten vier goldene Kreuze. Über beiden Wappen erheben sich je eine Helmzier mit silbernem Lindenbaum darüber; in den Helmen die Inschrift: LINIGEN[339]

2a) **Die Wappen der Raugrafen von Neu(en)bamberg** (li.) **und von Bolanden** (re.). Das linke Wappen ist „gespalten" – rechts golden, links rot. Der Helm wird von einem goldenen Hut mit einem roten (li.) und einem goldenen (re.) Büffelhorn bekrönt. Die Inschrift im Helmkragen lautet: RVGRAE. Das Wappen rechts trägt in Gold ein rotes, achtspeichiges Rad. Die Helmzier wird von einem spitzen, schwarzen Hut gekrönt; die Inschrift auf dem Helmkragen lautet: BOLAND[340].

3a) **Die Wappen von Hohenfels-Reipoltskirchen** (li.) **und von Isenburg-Limburg** (re.). Das linke Wappen ist quadriert. In Platz 1 und 4 (li. o. und re. u.) auf Blau je ein silbernes Rad; in Platz 2 und 3 (re. o. und li. u.) auf Silber je ein gestürzter Anker mit zehn kleinen Rechteck-steinen. Die Helmzier trägt ein silbernes Rad, am Helmkragen steht die Inschrift: HONSFELT. Das rechte Wappen trägt in der Mitte einen liegenden doppelreihig rot und silbern geschach-ten Balken; oben und unten liegen in Blau je sieben goldene Rechtecksteine; die Helmzier zeigt zwei blaue „Flüge" mit dem Wappen wie im Schild; die Inschrift im Helm lautet: LINPVRG[341].

4a) **Die Wappen von Daun und von Kirburg** Links. das Daun'sche Wappen (wie in Fenster n XXV, 1a), in Gold ein rotes Rautengitter; die Helmzier wird von einem silbernen Hut mit schwarzem Federbusch gekrönt; die Inschrift auf dem Helmkragen lautet: DVN. Das rechte Wappen zeigt in Rot drei goldene Löwen (2:1); die Helmzier besitzt einen silbern und rot ge-teilten „Flug" und wiederholt das Wappen, links jedoch gespiegelt; die Inschrift auf dem Helm lautet: KIRBVRG[342].

1b)–4b) **Hl. Petrus mit Erzbischof Philipp II.** Über einer grünen Wiese, bestanden mit Erdbee-ren und Blumen, bevölkert von drei weiß gekleideten Engeln, breitet sich ein gekachelter Fuß-boden, der den knienden, anbetenden Philipp und einen übergroßen hl. Petrus im Papstornat trägt (im Nimbus die Inschrift SANCTVS PETRVS). Der Erzbischof ist in eine Dalmatika und eine Goldbrokatpluviale gekleidet; er trägt Handschuhe und eine rote, perlenbesetzte Mitra; sein Bischofsstab zeigt in der Krümme die Anbetung der Heiligen Drei Könige[343]. Rechts vor dem Erzbischof hält ein Löwe das Wappen des Erzstifts, in dessen Mitte das Daunsche Wappen als kleiner Herzschild erscheint. Die Gestalt des Petrus ist eine Wiederholung von 5)–7 b) im Marienkrönungsfenster (s. S. 203 ff.).

1c)–4c) **Hl. Sebastian** Inmitten der gleichen prächtigen gotischen Architektur wie die neben-stehende Zweiergruppe steht der Heilige auf einem gekachelten Boden, der ihn von den Engeln des Paradieses trennt. Hier bläst einer der Engel übrigens eine Tuba, die das erzstiftliche und das Daun'sche Wappen trägt. Der hl. Sebastian (auffallend sein mürrischer Blick) ist hier als Patron der Kreuzritter mit Schwert und Schild[344] dargestellt. Er trägt eine weißliche Platten-

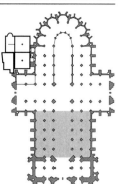

rüstung, einen grünen Waffenrock und rote Schuhe. In seiner Rechten hält er eine Lanze mit einer Fahne, die wie das mit der Linken gehaltene Schild ein feldfüllendes goldenes Kreuz und vier kleine Kreuze aufweist. Fahne und Schild zeigen in einem breiten blauen Saum zahlreiche weiße Pfeile.

1d) **Die Wappen von Salm und von Habsburg** Das linke Wappen zeigt in rotem Feld zwei silberne, abgekehrte Fische (Salme), darüber die Helmzier, gekrönt von zwei umgekehrten Salmen; die Inschrift im Helm lautet: SALME. Das re. Wappen zeigt in Gold einen roten Löwen, darüber eine Helmzier aus zwei silbernen Schwänen mit goldenen Ringen in den Schnäbeln; die Inschrift im Helm lautet: HABSBER[345].

2d) **Die Wappen von Leiningen und von Kyburg** Das linke Wappen zeigt das Leininger Wappen wie in 1a), aber ohne goldene Kreuze; die Inschrift lautet: LININGEN. Das rechte Wappen zeigt in Rot einen goldenen Schrägbalken und zwei goldene Löwen. Die Helmzier wird gekrönt von einem „wachsenden" goldenen Löwen mit rotem Nackenkamm und roter Zunge[346].

3d) **Die Wappen von Sponheim** (Spanheim) **und von Helfenstein** Das linke Wappen ist rot und gold geschacht und trägt einen Helm mit der Inschrift: SPAENEM; darüber erhebt sich eine goldene Krone mit goldenen Pfauenfedern. Das rechte Wappen zeigt auf Gold vor Rot einen silbernen Elefanten, der erstaunlich unheraldisch und perspektivisch gehalten ist. Die Helmzier wird von einem „wachsenden" Elefanten gekrönt, der nach links blickt (der Name Helfenstein wurde als „Elefanten-Stein" gedeutet; Helphant = Elefant). Die Inschrift lautet: HELFFENST[347].

4d) **Die Wappen von Baden und von Öttingen** Das linke Wappen trägt in Gold einen schrägen roten Balken, eine Helmzier mit goldener Krone und ein goldenes und ein rotes Gemshorn; die Inschrift lautet: BADEN. Das rechte Wappen zeigt einen silbernen Schragen (einem Andreaskreuz ähnlich) in rotem Feld, über dem Helm (Inschrift: OTTINGEN) erscheint ein „wachsender", silberner Hund (Bracke) mit roter Zunge; das sichtbare Ohr ist rot und trägt auch einen Schragen[348].

5a)–6a) **Petri Verurteilung** Links thront der bärtige Kaiser Nero unter einem Baldachin und lässt den gebundenen Petrus (in Blau mit weißem Obergewand) vorführen; im Hintergrund einige Soldaten[349]

5b)–6b) **Petri Kreuzigung** Petrus (in Blau) wird mit dem Kopf nach unten an das Kreuz gebunden. Links schaut Kaiser Nero zu; rechts vollenden zwei Schergen das Werk der Anbindung. Im Hintergrund stehen Kriegsleute mit Hellebarden, dahinter ist die freie Landschaft sichtbar. Die Kreuzigung erfolgt nach apokrypher Überlieferung; ähnlich auch die Darstellungen an den Chorschranken und am Petersportal (s. S. 46 ff., NI, 7; s. S. 180 ff.)

6a)–7a) **Papstkrönung Petri** Petrus (in Blau mit Goldbrokatpluviale darüber) thront, den Betrachter frontal anblickend, unter einem dunkelgrünen Baldachin. Auf dem Boden liegt ein roter Teppich. Links neben Petrus steht ein Bischof (in Rot), rechts steht ein andrer (in Blau); beide vollziehen gerade die Krönung Petri. Im Hintergrund halten zwei Diakone die roten Kardinalshüte der Bischöfe[350].

6b)–7b) **Sturz des Magiers Simon** Aus blauem Himmel stürzt der Zauberer Simon (in Gelb) zur Erde, während zur Linken ein roter Dämon, zur Rechten ein goldgelber Dämon (dieser mit weiblichen Brüsten und Flughäuten an den Armen) entweichen. Der Hut des Zauberers fällt dem Stürzenden voran. Links unten steht Petrus (in Blau mit weißem Übergewand), neben ihm kniet betend der Apostel Paulus. Auf der rechten Seite stehen Kaiser Nero (gewandet wie in 5a)–6a) und ein Höfling. Zwischen beiden Gruppen liegt der abgestürzte Simon Magus: zwei

Zeiten in einem Bild. Der Magier wird in der Apostelgeschichte 8,9 ff. erwähnt. Die Darstellung des Sturzes folgt apokryphen Berichten. Sie erscheint auch an den Chorschranken und im Tympanon des Petersportals.

8a)–9a) **Berufung des hl. Petrus**[351] (nach Mt 4,18–21). Im Bug eines Boots, das in schäumendem Wasser fährt, steht vorn der blaugewandete Fischer Simon (von Jesus später Petrus, aramäisch Kephas, genannt). Simons Haupt trägt einen Nimbus. Links neben ihm steht, rotgekleidet, Johannes, der das Fischernetz hält. Dahinter sieht man den schlafenden Andreas und Jakobus den Älteren, der einen T-Stab hält. Rechts am grünen Ufer steht Christus (in Blauviolett). Es handelt sich nicht nur um die Berufung Petri, sondern auch um die der anderen Anwesenden zu Aposteln. Die Berufungsszene erscheint auch an den Chorschranken.

8b)–9b) **Petri Befreiung** (nach Apostelgesch. 12,3–11). Ein weißgekleideter Engel mit großen rötlichen Flügeln führt den blaugewandeten, deutlich gebückt gehenden Petrus an der Hand aus dem Turmverlies. Das Thema wird auch an den Chorschranken dargestellt.

5c), d)–9c), d) **Wurzel Jesse** Die Darstellung des biblischen Stammbaums Christi, der auf Jesse zurückgeht (nach Jes 11,1–3) Aus dem Leib des in 5c)–5d) ruhenden Jesse steigt ein gewaltiger, goldgelber Weinstock auf, an dessen sich verzweigenden Ranken biblische Könige als Halbfiguren aufsteigen. In 6c)–d), 7c)–d) und in 8c)–d) sind jeweils zwei Gestalten dargestellt, die durch ihr Zepter als Könige gekennzeichnet sind. Gut erkennbar ist König David in 6c), der zwar kein Zepter, aber eine Harfe in den Händen hält. Oben, in 8d/9d), thront Maria in einer goldenen Mandorla, das Kind auf dem Schoß. Sie trägt einen weißen Mantel, darunter ein blaues Kleid, auf dem Kopf eine Krone. Alle Gestalten der oberen Felder wenden ihr den Blick zu. Die Szene spielt sich vor einem hellblauen Grund ab und wird von reicher Architektur umrahmt. Unter dem Kopfkissen des Jesse ist auf der Bank die Jahreszahl 1509 zu lesen[352].

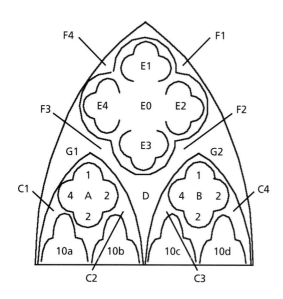

Schema der Couronnements über den vierbahnigen Fenstern

Das Passions- und das Marienkrönungsfenster haben, entsprechend ihrer Zweibahnigkeit, nur ein halbes Couronnement

Herbert Rode schrieb zu dieser Darstellung (CV 196): *„Die Wurzel Jesse ist – gegenüber den Darstellungen im 12. und 13. Jahrhundert – stärker mariologisch bezogen, denn wie vielfach seit dem 14. Jh. gipfelt die Ahnenreihe zumeist rechts oben in Maria mit dem Gotteskind. Der Stamm als Weinstock mit Trauben verweist auf Christi Priestertum (Joh 15,1), wogegen seine königliche Herkunft – gleichfalls nach der Tradition – durch zwölf der auf Jesse folgenden königlichen Ahnen bekundet ist, die als Halbfiguren aus einer Blattknospe wachsen."*

Das Couronnement (vgl. Skizze):

10a) **Prophet Daniel** im Spruchband: DANIEL PROPHETA

10b) **Prophet Isaia** (Jesaias) im Spruchband: IJSAIAS PROPHETA

10c) **Prophet Zacharias**[353] im Spruchband: SACHARIAS PROPHETA

10d) **Prophet Jeremias** im Spruchband: IHEREMIE PROPHETA

A **Hl. Antonius Eremita** Er ist in der damaligen Ordenstracht der Antoniter mit Antoniuskreuz auf der linken Brust und den Attributen Buch, Fackel und Schwein[354] zu sehen.

D **Geflügelter Hirschkopf** Er darf sowohl als Hinweis auf den Hirsch, der mit dem hl. Hubertus verbunden ist, gesehen werden, wie auch als Christussymbol.

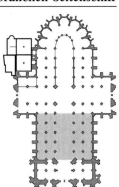

B) Der **hl. Hubertus**[355] Er ist in eine Goldbrokatpluviale gewandet, mit roter Mitra, Buch und Stab, dazu der übliche Hirsch, der ein Kruzifix zwischen dem Geweih trägt.

E O, E 1–E 4 **Wappen mit Engeln und hl. Petrus** In E 0 sieht man das Wappen des Erzstifts, das 1952 rot statt schwarz erneuert wurde; es wird von drei Engeln in den Feldern E 2–E 4 gehalten. Über dem Wappen sieht man Petrus mit Buch und Schlüssel.

F 1–F 4 Vier **Cherubim** neueren (italienischen) Typs; es handelt sich um geflügelte Engelsköpfe

G 1–G 2 Zwei **Fanfaren blasende Engel** Die Fanfaren tragen Fahnen mit dem Wappen des Erzstifts.

Das typologische Geburt-Christi-Fenster

(nord XXIII oder F5–F6)

Als Mittelfenster nimmt dieses vierbahnige Fenster in dem Zyklus eine bevorzugte Position ein. Gestiftet wurde es von der Stadt Köln, die entsprechend der Ahnenaufschwörung (Ahnenprobe) in den benachbarten Fenstern ihr Wappen anbringen und ihre ältere, römische Herkunft durch die Darstellungen ihres Gründers Marcus Vipsanius Agrippa sowie ihres legendären Befreiers Marsilius bekunden ließ. Über diesen heidnischen Zeugen nobler, antiker Abstammung stehen als christliche Schutzherrn Kölns und Mittler zwischen den Sphären des Irdischen und Himmlischen die vier Ritterheiligen Georg, Mauritius, Gregorius Maurus und Gereon, die übrigens auch in einem Altar des Meisters der Hl. Sippe vereinigt sind[356].

Es ist wohl kein Zufall, dass sich Köln das ikonografisch zentrale Thema der Geburt Christi vorbehalten hat. Hier ließ sich eine politische Selbstaussage machen, die die Bedeutung der Stadt unterstrich. Man dachte sich im Mittelalter nämlich die Stadtgründung Kölns durch den Feldherrn des Kaisers Augustus, Agrippa, als zeitgleich mit der Geburt Christi[357]. Zwar ist diese Auffassung keine offizielle und theologisch begründete, aber seit Eusebios von Cäsarea erkannte die Kirche in der Regel das römische Kaisertum als heilsgeschichtlich notwendigen, gottgewollten und ordnenden Faktor an. Das galt auch für die deutschen mittelalterlichen Kaiser, die sich ja als „römische" Kaiser verstanden. Die Stadt Köln, seit dem Neußer Krieg 1475 endlich auch von Rechts wegen Freie Reichsstadt, konnte hier ihre Verbundenheit mit Kaiser und Reich und gleichzeitig ihre „Anciennität" gegenüber den in den benachbarten Fenstern mit sechzehn und zweiundreißig Vorfahren prahlenden Adelsfamilien ausspielen.

(vgl. Fensterschema S. 192 ff.)

1a)–2a) **Marcus Vipsanius Agrippa** Der bärtige Agrippa, behelmt und geharnischt mit einer hellen Plattenrüstung über einem Kettenhemd, steht mit gegrätschten Beinen da und pflanzt das Kölner Banner (rot und weiß, im Rot die drei Kronen) auf. Ein Schriftband flattert durch die Szene; es trägt die Inschrift: *MARCUS + AGRIPPA + EYN + ROEMSCHF + MAN + AGRIPPINA(M) + COLONIAM + EITST + BEGAN.* Eine ähnliche Darstellung Agrippas mit Spruchband befindet sich am Kölner Gürzenich.

1b)–2b) **Wappen Kölns** In einer architektonisch gestalteten Nische steht unten ein sich nach rechts neigendes, plastisch ausgearbeitetes Wappen in Weiß, dessen oberes Drittel rot gehalten ist („Schildeshaupt"); es zeigt die drei Kronen, den traditionellen Hinweis auf die Heiligen Drei Könige (s. S. 51 ff.). Über dem Wappen sieht man einen goldenen Helm, der einen roten Hut mit Hermelinkrempe trägt. Darüber wird in runder, verkleinerter Form das Kölner Wappen wiederholt. Alles ist in Rot, Weiß und Gold gehalten; lediglich in den Bändern am Helm tritt Blau auf.

1c)–2c) **Wappen Kölns** Die Darstellung entspricht weitgehend derjenigen von 1b)–2b); das Wappen neigt sich jedoch nach links.

1d)–2d) **Marsilius**[358] Der von einem schweren Plattenharnisch geschützte Marsilius hält in der rechten, rot behandschuhten Faust die Fahnenstange, an der das fast spiegelgleiche Banner der Agrippa-Darstellung weht. Marsilius trägt einen stachelbewehrten Helm mit blauem Federbusch und ein krummes Schwert, dessen Griff ein Adlerkopf ziert. Im unteren Teil der Szene flattert ein Schriftband mit der Inschrift: *MARSEILUS + EYN + HEIDE + SOE + STOLTZ + BEHOELDE + COELLEN + SY + VOEREN + ZO + HOLTZ* ("Marsilius, ein Heide, so stolz, verteidigte Köln, sie fuhren zu Holz"). Eine ähnliche Darstellung des Marsilius befindet sich am Gürzenich.

3a)–5a) **Hl. Georg** Den Rahmen dieser Darstellung bildet eine kostbare, perspektivisch darge-stellte Architektur, die von Säulen getragen und von Maßwerk bekrönt wird. In 3d)–5d) (Gereon) findet sie eine weitgehend getreue Wiederhohlung. Im Gegensatz zu den beiden mittleren Architekturdarstellungen finden sich hier keine kleinen Konsolen mit Heiligengestal-ten. Der hl. Georg steht in seinem weißen Plattenharnisch mit rotem Kreuz auf der Brust über einem dunkelroten Drachen mit weißen Zähnen, Krallen und Augen. Der Heilige trägt ein Federbarett, hält in der Rechten eine Lanze mit weißer Fahne und rotem Kreuz.

3b)–5b) **Hl. Mauritius** Die Architektur weicht von der oben beschriebenen ab: Über dem Haupt des Heiligen springen rechts und links aus dem Hintergrund zwei kleine säulentragende Kon-solen mit je einer Heiligenfigur hervor. Diese Architektur erscheint auch in der rechts anschlie-ßenden Heiligendarstellung (3c–5c). Der hl. Mauritius trägt keinen Panzer, jedoch einen grü-nen Waffenrock mit einem goldenen Adler auf der Brust. Sein Untergewand und die Bein-kleider sind tiefrot; sein Haupt bedeckt ein Hut mit einer Agraffe. In der Rechten hält er das blanke Schwert, in der Linken die Lanze mit grüner Fahne, in der ein goldener Adler – das Attribut des Heiligen – zu sehen ist. Mauritius erlitt als Offizier vor dem Jahr 302 in Agaunum an der oberen Rhône (Wallis) das Martyrium[359]. Bei den beiden Figuren auf o.g. Konsölchen handelt es sich um die beiden Apostelfürsten, Petrus (li.) und Paulus (re.).

3c)–5c) **Hl. Gregorius Maurus** Der Heilige steht vor einem blauen Vorhang in einer Architektur, die weitgehend der obigen (in 3b–5b) entspricht. Er ist mit einer weißen Rüstung gepanzert, trägt einen roten Mantel, einen roten Hut und violette Handschuhe. Er stützt sich leicht mit der Rechten auf seinen goldenen Schild, der sich in der Mitte stark wölbt; die Wölbung ist blau und zeigt ein goldenes Krückenkreuz. Mit der Linken hält der Heilige eine Lanze, die eine blaue Fahne mit Krückenkreuz trägt. Auf den Konsölchen rechts und links über dem Haupt des Heiligen befinden sich der hl. Johannes Evangelist mit Kelch[360] und der hl. Quirinus mit Schwert und neun Kugeln im Banner[361].

3d)–5d) **Hl. Gereon** Der Heilige steht in einer Architektur (weitgehend wie in 3a–5a). Über seiner weißen Rüstung trägt er einen rotbraun gemusterten, pelzgefütterten Umhang; sein roter Hut hat eine weiße Krempe. Seine geöffnete Rechte weist wie im Redegestus leicht nach oben, seine Linke hält eine Lanze mit tiefblauer Fahne, die mit dem Krückenkreuz geziert ist. In den vier Ecken weist sie je ein großes gelbes "A" auf, das die Identifizierung des Heiligen ermög-lichte[362]. Gereon gehörte zur mehrheitlich christlichen Thebaischen Legion, die von Italien kom-mend, über Agaunum in den Alpen nach Xanten hinzog. Er und seine Gefährten wurden in Köln, wahrscheinlich bei St. Mechtern, ermordet und anschließend in einen Brunnen gewor-fen, den man im Mittelalter vergebens unter der Kirche St. Gereon suchte[363].

6a)–9a) **Moses vor dem brennenden Dornbusch** Moses, rotgewandet mit hellem Umhang und blauen Beinkleidern, auf einer grünen Wiese am Berg Horeb (Sinai) liegend, hat seine Schuhe ausgezogen. Damit folgt er einem Befehl, der in dem Schriftband über ihm zum Ausdruck

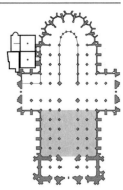

kommt (nach Ex 3,5): CALCEOLOS + SOLVAS + EST + NAM + SACOR + IPSE +LOCELLUS („Zieh deine Schuhe aus von deinen Füßen; denn der Ort, darauf du stehst, ist ein heilig Land"). Rechts neben Moses steht ein Hütehund, im Hintergrund weidet eine Schafherde; hinter ihr steigt ein Wald auf, aus dessen Blattgrün Gott, umgeben von roten Feuerzungen, herausschaut. Das o. g. Schriftband nähert sich seinem Mund, sodass fast der Eindruck einer modernen Sprechblase entsteht. Links auf einem Hügel erheben sich weiße Gebäude. Die Szene ist traditionell das typologische Vorbild zur Geburt Christi; sie weist nicht nur auf die rechts anschließende Geburtsszene hin, sondern greift auch kompositorisch in sie hinein.

6b), c), d)–9b), c), d) **Geburt Christi** In der Mitte (Bahn c) steht Maria in weißem, rotviolett gefüttertem Mantel über blauem Kleid und blickt nach unten auf das unbekleidete Christuskind, das in einem wohl schwebenden, goldenen Strahlenkranz schläft. Sein Lager ist umstanden von zahlreichen, auffallend kleinen Engeln. Rechts (Bahn d) steht in anbetender Haltung Josef (violett). Unter ihm sieht man den roten Kopf des Ochsen und den grauen des Esels. Links ein Hirte, der mit seiner Rechten Moses (aus 6a–9a) herbeiwinkt; mit dieser Geste bezeugt er die Erfüllung des Alten Testaments im Neuen Testament. Rode (CV 200) wies auf den starken Einfluss der niederländischen Malerei in der Geburtsszene, vor allem auf das Vorbild des Portinari-Altars des Hugo van der Goes (um 1437/40–1482) hin.

Das Couronnement (vgl. Schemaskizze S. 196 ff.):

10a)–d) Je ein **Cherubim**, nach neuer, italienischer Art nur ein Kopf mit Flügeln, in den vier Scheiben.

A Das **Kölner Stadtwappen**, weiß und rot, mit den drei Kronen, bekrönt von einem Helm, über den wiederum drei Kronen getürmt sind; in den Seitenpartien reiche Ornamentik.

B Das **Kölner Stadtwappen** (wie A)

C ?

D **Cherubimkopf** mit Flügeln

E O **Madonna mit Kind**; in den umgebenden Feldern E 1–E 4 sind vier Propheten mit Inschriften zu sehen.

F 1–F 4 **Vier Cherubim-Köpfe**

G 1–G 2 **Zwei musizierende Engel**; der Engel in G 1 besitzt eine Art Fiedel, der in G 2 spielt Flöte.

Das typologische Dreikönigenfenster (nord XXII oder F6–F7)

Der Stifter dieses vierbahnigen Fensters, des vierten von Westen, ist Erzbischof Hermann von Hessen; das Thema des Fensters ist die Anbetung der Heiligen Drei Könige. Damit schließt es ikonografisch an das linke Nachbarfenster, das typologische Geburt-Christi-Fenster (nord XXIII), an. Ähnlich wie dieses weist es ein zum Hauptthema gehörendes typologisches Vorbild auf, nämlich den Besuch der Königin von Saba bei König Salomon.

Die unteren Felder zeigen – analog zum Petrus-Wurzel-Jesse-Fenster (nord XXIV) – die Ahnenprobe des Stifters mit 16 Wappen[364]. Zwischen diesen Wappen als Abzeichen der gottgewollten irdischen Ordnung der Menschen und dem oberen, göttlichen Bereich erheben sich vier große Bildnisse. Es handelt sich um den hl. Petrus mit seinem Schützling, dem Stifter, um Maria im Strahlenkranz, um die hl. Elisabeth und um den hl. Christophorus. Die Fenster sind nach einem Entwurf des Meisters der Hl. Sippe ausgeführt und im November 1508, einen Monat nach dem Tod des Stifters, eingesetzt worden.

Wappen des Dreikönigen-Fensters

2a		2b		2c		2d	
Hessen	Nürnberg	Sponheim	Masowien	Reipolts-kirchen ?	Meißen	Branden-burg	Teck

1a		1b		1c		1d	
?	Braun-schweig	Braun-schweig Lüneburg	Sachsen-Wittenberg	Bayern	Böhmen	Kärnten	Pommern

(vgl. Fensterschema S. 192 ff.)

1a) Ein nicht zugeordnetes Wappen und das Wappen von Braunschweig Das linke, wahrscheinlich willkürlich zusammengesetzte Wappen ist quadriert: In Platz 1 (o. li.) ein rot-silbern gestreifter Löwe auf Blau; in Platz 2 (o. re.) fünf schwarze Balken auf Gold, diagonal darüber ein grünes Band (heraldisch gesagt: von Gold und Schwarz neunmal geteilt mit schräglinks übergelegtem grünen Rautenkranz); in Platz 3 (u. li.) schwarzer Löwe auf Gold; Platz 4 (u. re.) goldener Adler auf Blau; über dem Helm eine goldene Krone und ein spitzer Hut in den Farben des Platzes 2. Das rechte Wappen zeigt in Rot zwei schreitende goldene Leoparden. Über dem weißen Helm eine goldene Krone mit einem weißen Pferd. Rode ordnete das linke Wappen unter Vorbehalt Thüringen zu[365].

1b) Die Wappen von Braunschweig-Lüneburg und von Sachsen-Wittenberg Das linke Wappen zeigt in Gold einen blauen Löwen mit weißer Zunge, über dem weißen Helm mit silbernem „Flug" einen „wachsenden", blauen Löwen. Das rechte Wappen ist ein von Gold und Schwarz neunmal geteiltes Feld mit schrägrechts übergelegtem grünen Rautenkranz[366].

1c) Die Wappen von Bayern und von Böhmen(?) Das linke Wappen ist quadriert, die Plätze 1 und 4 (o. li. und u. re.) sind blau-weiß gerautet („geweckt"), die Plätze 2 und 3 zeigen je einen goldenen, silbergekrönten Löwen in Schwarz; über dem weißen Helm zwei blau-weiß gerautete Büffelhörner. Das rechte Wappen trägt in Rot einen silbernen Löwen mit einer goldenen Krone; der Helm über dem Wappen ist bekrönt und mit schwarzem „Flug" und goldenen Blättern verziert[367].

1d) Die Wappen von Kärnten und Pommern Das linke Wappen ist „gespalten", links (d. h. in der Heraldik: „vorn") in Gold drei schwarze Löwen, rechts („hinten") ein silberner Balken in Rot; der Helm darüber trägt als Zier einen goldenen Pfauenfederbusch. Das rechte Wappen zeigt in Rot einen silbernen Greif; über dem Helm sieht man einen „wachsenden", ebenfalls silbernen Greif[368].

2a) Die Wappen von Hessen und von Nürnberg Das linke quadrierte Wappen ist auf Platz 1 (o. li.) „geteilt" (heraldisch: in eine obere und eine untere Hälfte geteilt): unten Gold, oben sieht man einen sechszackigen silbernen Stern in Schwarz; Platz 2 (o. re.) zeigt in Blau einen rot-silbern gestreiften Löwen; Platz 3 (u. li.) ebenso; Platz 4 (u. re.) ebenfalls geteilt: unten Gold, darüber in Schwarz zwei achtzackige silberne Sterne. Die Helmzier besteht aus zwei silbernen Büffelhörnern, die an ihren Außenseiten Ästchen mit Lindenblättern tragen. Das rechte Wappen ist quadriert: die Plätze 1 und 4 sind silbern-schwarz quadriert; die Plätze 2

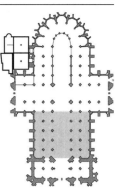

und 3 zeigen in Gold je einen schwarzen Löwen. Über dem Helm erscheint der Kopf einer Bracke, deren Ohr schwarz-silbern quadriert ist (vgl. 4d) in Fenster n XXIV)[369].

2b) **Die Wappen von Sponheim und von Masowien**(?) Das linke Wappen ist in Gold und Blau geschacht (in der Regel Rot und Gold, vgl. Scheibe 3d) in n XXIV) der darüberstehende Helm trägt eine goldene Krone, aus der goldene Pfauenfedern aufsteigen. Das rechte Wappen zeigt in Rot einen silbernen, goldbewehrten Adler, der mit einer liegenden, goldenen Mondsichel belegt ist. Der Helm über dem Wappen weist eine Krone auf, ähnlich der linken; darüber sieht man einen „wachsenden" silbernen Adler. Das rechte Wappen ist nicht eindeutig zu identifizieren. Rode (CV 202) erwog, es dem Königreich Polen zuzuweisen, hielt es dann aber für richtiger, es den Herzögen von Masowien zuzuschreiben[370].

2c) **Die Wappen von Reipoltskirchen**(?) **und Meißen** Das linke Wappen trägt in Blau, das oben mit zwei, unten mit fünf goldenen Blättern bestreut ist, ein silbernes, sechsspeichiges Rad. Der Helm über dem Wappen wird geziert von einer goldenen Krone, darüber erhebt sich ein runder, blauer Schirm mit dem gleichen silbernen Rad. Das rechte Wappen ist quadriert: In Platz 1 und 4 (li. o. und re. u.) steht je ein schwarzer Löwe in Gold; in Platz 2 und 3 (re. o. und li. u.) steht je ein rot-silbern gestreifter Löwe in Blau. Über dem Helm erhebt sich ein bärtiger Männerkopf mit einem blau-silbernen Hut[371].

2d) **Die Wappen von Brandenburg und Teck** Das linke Wappen zeigt in silbernem Feld einen roten Adler, belegt mit einer liegenden, goldenen Mondsichel; über dem Helm ein schwarzer Flug, der mit goldenen, herzförmigen Seerosenblättern besteckt ist und zwei goldene Maueranker trägt. Das rechte Wappen ist schwarz-gold gerautet („geweckt"); ebenso der „Flug" über dem Helm[372].

3a)–5a) **Der hl. Petrus mit dem Stifter, Erzbischof Hermann IV.** Vor einem roten Vorhang steht in einem prächtigen Architekturtabernakel (alle vier in dieser Reihe sind verschieden gestaltet) der hl. Petrus als Patron des Erzstifts. Er trägt über einem rotvioletten Untergewand ein helles Goldbrokatpluviale, das an den goldenen Borten mit weißen Perlen besetzt ist; die rotgoldene, runde Pluvialschließe zeigt in einem gotischen, krabbenbesetzten Tabernakel Maria mit dem Kind (hier sind sicherlich alte Formen aufgenommen worden; möglicherweise wurde sogar ein altes Madonnenbildnis zitiert). Der Heilige trägt ein prunkvolles Stabkreuz, das oben die Architektur hinterschneidet, und blickt nach rechts auf Christus und die Madonna im Strahlenkranz. Mit seiner behandschuhten Rechten schirmt er leicht seinen deutlich kleineren Schützling Hermann, den Landgrafen von Hessen, der – mit Goldbrokatpluviale angetan und mitragekrönt – in Anbetung niedergekniet ist. Vor dem Knienden steht ein Betpult mit aufgeschlagenem Buch; seitlich am Pult sieht man ein Wappen, das aus acht Plätzen zusammengefügt ist. Beschreibung von links oben nach rechts unten: 1) schwarzes Kreuz in Silber (Erzstift Köln); 2) steigender, rot und silbern gestreifter Löwe in Blau (Wappen von Hessen-Marburg, das von Thüringen übernommen worden ist, als Hessen noch Teil Thüringens war); 3) rotes Kreuz in Silber (Bistum Paderborn); 4) silbernes Pferd in Rot (Herzogtum Westfalen); 5) drei goldene Seerosenblätter – gelegentl. auch als Herzen bezeichnet – in Rot (Engern); 6) im geteilten Platz, oben in Schwarz ein silberner Stern, unten Gold (Grafschaft Ziegenhain); 7) in Rot ein silberner Adler (Grafschaft Arnsberg, s. S. 85 ff.); 8) im geteilten Platz, oben in Schwarz zwei silberne Sterne, unten Gold (Grafschaft Nidda)[373].

3b)–5b) **Maria mit dem Kind im Strahlenkranz** In einem prächtigen Architekturtabernakel (dem einzigen der vier ähnlichen, dessen Schlussstein zu erkennen ist; nach Mt 21,42:

Wappen des Kurfürst-Erzbischofs Hermann von Hessen

„Der Stein, den die Bauleute verworfen haben, der ist zum Eckstein geworden") steht vor einem roten Vorhang die Muttergottes. Sie ist in ein blaues Gewand gekleidet, über dem sie einen weißen, zurückgeschlagenen Mantel trägt. Sie steht auf einer weißen, liegenden Mond-sichel. Marias Gestalt ist in hellgoldene Strahlen gehüllt, die ein blaues Wolkenband umgibt. In ihrer Linken hält sie eine Lilie; auf ihrem rechten Arm trägt sie das nur in Windeln gehüllte Christuskind, das nach links zum hl. Petrus blickt und mit der Rechten ein Segenszeichen macht. Während der Nimbus der Mutter hellgold und weiß schimmert, ist der des Kindes von gleicher braungoldener Sattheit wie der des hl. Petrus. Unter der Mondsichel breitet sich ein kleines Rasenstück mit Blumen aus, davor schwebt der Kopf eines Engels mit roten Flügeln. Bei dieser Mariendarstellung handelt es sich um eine sog. Mondsichelmadonna, die aus älteren Formen des „apokalyptischen" Weibs hervorgegangen ist[374]. Diese Darstellung gemahnt jedoch kaum noch an das Apokalyptische: Ein neuer Madonnentyp hat sich herausgebildet. An die Deutung der Mondsichel ist mit großer Vorsicht heranzugehen. Sicherlich ist es erlaubt, den Aspekt des Schwindenden, des Vergehenden hervorzuheben. Damit ergäbe sich die Ana-logie zum Bild der „Synagoge". Der Mond, auf uralte Vorstellungen gestützt, kann evtl. als Verkörperung des (hier besiegten) Dämonischen aufgefasst werden.

3c)–5c) **Die hl. Elisabeth von Thüringen** Die Heilige steht vor einem blauen Vorhang in einem Architekturtabernakel. Sie trägt ein violettes Gewand unter einem faltenreichen, weißen Mantel, dessen goldene Borten perlenbesetzt sind. Ihre Krone und ihr Nimbus sind weiß und gold; eine zweite Krone, die für die Entsagung von der weltlichen Herrschaft steht, trägt sie in der Linken. In ihrer Rechten hält sie einen grünen Geldbeutel. Hinter der linken Säule kauert ein kniender Bettler, der ihr seine Schale entgegenstreckt. Die Heilige und der Bettler stehen über einer Nische, in der Rasen und Blumen gedeihen[375].

3d)–5d) **Der hl. Christophorus** Er ist in Rot mit weißem Umhang gekleidet, schreitet rüstig mit entblößten Beinen durch helles Wasser, das Christuskind (mit goldenem Nimbus) auf den Schultern. Dieses trägt ein violettes Gewand und einen weißen Umhang. Mit der Rechten macht es die Segensgeste, in der Linken hält es eine weiße Weltkugel mit goldenem Kreuz. Der gewaltige Stab, den Christophorus mit der Rechten führt, weist grüne Blätter auf, wie es in der Legenda aurea beschrieben ist. Aus der Nische unter dieser Szene erhebt der Einsiedler sein Haupt. Er ist in eine Kutte mit Kapuze gekleidet und hält in der Linken einen Rosenkranz, in der Rechten eine Laterne[376].

6a)–9a) **Die Königin von Saba bei König Salomon** Erhöht auf seinem purpurnen Thron sitzt Salomon in blauem Damastmantel, unter dem er ein violettes Gewand trägt. Sein Haupt ziert ein weißes, agraffenbesetztes Barett; mit der Rechten führt der Herrscher ein Zepter, das oben in einer goldenen Kreuzblume endet. Von rechts nahen die bekrönte, in Grün gekleidete Königin von Saba und zwei ihrer Hofdamen; die stehende ist in prächtiges Rot gewandet, die kniende in Blau. Alle drei Gestalten tragen goldene, pokalähnliche Geschenke in den Händen. Hinter der Gruppe trägt eine erhöhte Konsole zwei große, goldene Kannen, zwischen denen ein weißes kelchähnliches Gefäß steht. Ob es für letzteres einen eucharistischen Bezug gibt? Die Szene ist traditionell das Vorbild der Anbetung der Heiligen Drei Könige, wie in der „Biblia pauperum" beschrieben[377].

6b), c), d)–9b), c), d) **Die Anbetung der Heiligen Drei Könige** Anders als im typologischen Geburt-Christi-Fenster (n XXIII, s. S. 197 ff.) schuf man zwischen dem typologischen Vorbild und dem neutestamentlichen Hauptthema keine kompositorische Verbindung. Das mag damit zusammenhängen, dass Salomon im Gegensatz zu Moses eine stärkere Abwertung durch

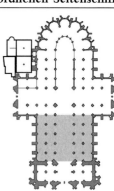

Christus erfahren hatte[378]. Den Rahmen der dreiteiligen Komposition bildet eine Ruinenarchitektur, die das Innere des verfallenen Palasts Davids darstellt, durch seine Öffnungen schaut der blaue Himmel. Die Ruine wird zwar als prächtig, doch auch als bizarr, vielleicht gar als verwunschen dargestellt. Man betrachte die merkwürdig gebogenen Fialen und Türmchen in 9b) und 9d). Im Palastinnern (6c), 7c), 8c) sitzt vor einem von Engeln gehaltenen roten Baldachin – deutlich verweist dieser auf das Ruinenhafte, im übertragenen Sinn auf die Leere und Öde des Alten Bundes – Maria mit dem Kind auf dem Schoß. Sie trägt ein blaues Gewand, darüber einen weißen Mantel mit breiten Goldborten; das Kind liegt auf einer Windel, ist aber unbekleidet. Links von Maria stehen Ochse und Esel, wie von Jesaia verkündet. Von rechts naht sich der älteste der drei Könige und küsst im Niederknien dem Kinde die Hand. Hinter dem König steht Josef, der seinen Blick dem von rechts hinzutretenden schwarzen König samt Gefolge zuwendet. Von links tritt demutsvoll gebückt ein bärtiger König mit zahlreichem Gefolge, darunter auch Kriegsleute, hinzu. Auch ein blaues Banner mit goldenen Sternen wird mitgeführt. Das Banner des knienden Königs ist ebenfalls blau und weist einen goldenen Halbmond und einen Stern auf. Das dritte, rotgoldene Banner gehört offenbar zum schwarzen König; es zeigt einen Mohren in roter Rüstung, der eine Lanze führt. Die Ähnlichkeit der Komposition mit dem älteren Altarbild von Rogier van der Weyden, das in St. Columba stand und danach auch den Namen Columba-Altar trägt, ist verblüffend[379].

Das Couronnement (vgl. Schemaskizze S. 197 ff.)

10 a)–d) Architektur (Mitte des 19. Jahrhunderts eingesetzt)

A **Hl. Judas Thaddäus** stehend, mit Buch und seinem Attribut der Keule, sein Gesicht ist erneuert[380].

B **Hl. Jakobus d. Jüngere** (durch das Attribut des Wollbogens[381] als dieser ausgewiesen; der Nimbus mit dem Namen Matheus wurde grundlos im 19. Jahrhundert einer nicht mehr erhaltenen Scheibe entnommen)

D, C 1–C 4 **Engel** mit Blasinstrumenten

E 0 **Christus Salvator** in Rotviolett mit rotem Kreuz und weißer Weltenkugel

E 1 **Hl. Johannes Ev.** mit dem Attribut des Kelchs

E 2 **Hl. Jakobus d. Ältere**

E 3 **Hl. Philippus** mit dem Attribut des Kreuzstabs[382]

E 4 **Hl. Simon** (?)

F 1–F 4 **vier Propheten** mit Inschriften

G 1–G 2 **Zwei Engel mit goldgelben Räucherfässern**

Das Marienkrönungsfenster (nord XXI oder F7–F8)

Dieses Fenster ist das fünfte, das letzte von Westen. Es ist zweibahnig wie seine spiegelbildliche Entsprechung ganz im Westen (n XXV, s. S. 192 ff.).

Unten ist der Stifter Graf Philipp II. von Virneburg mit seinen beiden Frauen, Gräfin Johanna von Horn und Gräfin Walburga von Solms-Münzenberg, zu sehen, darüber die hll. Maria Magdalena und Georg, Johannes Ev. und Petrus; zuoberst dann die Krönung Mariens. Das Fenster entstand um 1509 nach Entwürfen des Meisters von St. Severin. Das Couronnement sowie das Gewölbe entstanden erst in der Mitte des 19. Jahrhunderts; dabei wurden neugotische, aber auch alte Scheiben aus dem Depot eingesetzt.

(vgl. Fensterschema S. 192 ff.)

1a) **Die Gräfin von Solms** (li.) **und die Gräfin von Horn** (re.). In anbetender Haltung knien beide Frauen, ihrem gemeinsamen Gemahl (1b) zugewandt. Die Gräfin Walburga von Solms-Münzenberg (Mynzenberg) trägt ein purpurrotes Kleid, ihre Haube ist von gleicher Farbe. Vor ihr steht ihr Wappen, das in Gold einen steigenden blauen Löwen mit weißer Zunge zeigt. Die Helmzier besteht aus einem kleinen blauen Löwen zwischen goldenen Flügeln. Die Gräfin Johanna von Horn trägt ein violettes, hermelingefüttertes Kleid und eine violette Haube. Das Wappen vor ihr zeigt in Gold drei rote Hörner mit weißen Binden. Der Helm trägt zur Zier einen goldenen Hut mit einem Blumenkranz. Auffällig ist sowohl die vordere Platzierung der Gräfin Johanna von Horn, wie auch ihre reichere Ausstattung mit Schmuck[383].

1b) **Stifter Philipp II. Graf von Virneburg und Neuenahr, Herr zu Saffenburg und Sombreff** Der bärtige Ritter kniet in goldener Rüstung vor einem Betpult mit aufgeschlagenem Buch; links vom Pult ist sein Wappen zu sehen: es ist quadriert und zeigt in Platz 1 sieben rote Rauten in Gold (Virneburg, s. S. 51 ff.); in Platz 2 steht ein schwarzer Adler in Gold (Neuenahr); Platz 3 zeigt in Schwarz einen goldenen, silberbewehrten Adler (Saffenburg); Das Gold von Platz 4 wird geteilt von einen roten Balken, auf dem drei rote Vögel stehen (Sombreff). Über dem Wappen zwei goldene Helme, deren Zier links zwei schwarze Büffelhörner und dazwischen ein kleines, goldenes Wappen mit sieben weißen Rauten, rechts eine Krone mit wachsendem schwarzen Adler und goldener, liegender Mondsichel sind[384].

2a)–4a) **Die hl. Maria Magdalena** Sie steht vor einem roten Vorhang auf einem gefliesten Boden, unter dem in einer Nische grüner Rasen und Blumen wachsen; dort tummeln sich zwei weiße und ein brauner Hase. Die Heilige trägt ein reiches, violettes Goldbrokatkleid, das unten mit Hermelin besetzt ist; darunter sieht man ein hellviolettes Kleid. Über allem trägt sie einen Mantel. Ihre rote Haube ist reich mit Gold und Perlen verziert. Im Nimbus stehen die gut lesbaren Buchstaben MARIA MAGTALE. In ihrer Rechten hält sie ein schweres, braunes Salbgefäß, in der Linken den dazugehörigen Deckel[385].

2b)–4b) **Der hl. Georg** Er kämpft in weißer Rüstung und rotem Waffenrock mit erhobenem Schwert gegen einen sich windenden grünen Drachen, auf den er schon seinen linken Fuß gesetzt hat; zugleich hat er ihn mit der behandschuhten Linken am schlangenartigen, langen Schwanz gepackt. In der Nische unter dem kämpfenden Heiligen geht es nicht so idyllisch zu wie links daneben: Ein grüner Drachen mit weißen Augen nagt an einem Knochen, eine rote Schlange windet sich bei einem bräunlichen Totenschädel. Dieser darf wohl als Adams Schädel verstanden werden, während (wie Rode, CV 206, bemerkt) das ganze Ensemble in der Nische als Symbol des Bösen und Vergänglichen gesehen werden muss[386].

5a)–7a) **Der hl. Johannes Ev.** In Rot mit weißem Überkleid gewandet, macht er mit der Rechten ein Segenszeichen und hält in der Linken einen goldenen Kelch, aus dem ein winziger geflügelter Drachen herausschaut – ein Hinweis auf den wirkungslosen Giftbecher, den der Evangelist auf Patmos getrunken haben soll. Der Apostel und Evangelist, der der Tradition entsprechend bartlos dargestellt ist, steht über einer Nische, in der eine grüne Landschaft mit einer weißen Burg zu sehen ist (vgl. S. 199 ff., Scheibe E 1).

5b)–7b) **Der hl. Petrus** Er steht rechts neben dem Evangelisten Johannes vor einem blauen Vorhang in päpstlichem Ornat. Er ist angetan mit einem reichen Pluviale, das von einer vierpassförmigen Schließe verschlossen wird – ein Hinweis auf die Welt mit ihren vier Richtungen. Darunter trägt er ein blaues Untergewand – wahrscheinlich eine Dalmatika. Gekrönt ist der Heilige von einer edelsteinbesetzten Mitra. In seiner Linken trägt er einen gewaltigen

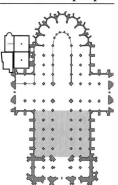

goldenen Schlüssel und ein violettes Buch, mit der Rechten führt er einen mit Figuren (den vier Evangelisten?) gezierten, goldenen Kreuzstab. Auf Tuch schaut unten aus dem Pluviale ein mandylion-ähnlicher Christuskopf hervor.

8a), b)– 9a), b) **Die Krönung Mariens** In einem gotischen Interieur thront der auferstandene Christus erhöht mit den Insignien seiner Macht, dem Zepter und der von einem Kreuz gezierten Weltkugel. Der Auferstandene ist in ein tiefrotes Pluviale gehüllt, das von einer dreipassförmigen Schließe gehalten wird – ein Hinweis auf die Dreifaltigkeit. Zu seinen Füßen kniet, frontal dem Betrachter zugewandt, die reich in Blau und Weiß gekleidete Maria in betender Haltung; ihre Augen sind geschlossen. Über ihr schweben drei Engel, die im Begriff sind, sie mit einer riesigen goldenen Krone zu schmücken. Unten links ordnet ein Engel die Kleider der zu Krönenden. Im rechten Bildteil thront Gott-Vater in einem hellgrünen Goldbrokatpluviale, das mit Edelsteinen und Perlen besetzt ist; es ist ebenso wie dasjenige Christi mit einer dreipassförmigen Schließe verschlossen. Mit der Rechten macht Gott das Segenszeichen, mit der Linken hält er eine Weltkugel, die etwas größer als die Christi ist. In Kopfhöhe schwebt vor Gott-Vater ein hellgoldener Nimbus, in dem der Geist als Taube erscheint. Rechts unten sind zwei Engel mit dem Ordnen der Gewänder beschäftigt.

Da das Maßwerk des Couronnements (Schemaskizze s. S. 197 ff.) erst Mitte des 19. Jahrhunderts gebaut worden ist, gehören seine Scheiben nicht zu den ursprünglichen des oben beschriebenen Zyklus. In den Feldern 10a), b); und A Weißer Kielbogen mit Krabben und goldener Kreuzblume, in D ein kleines Wappen mit zwei Pfeilen; in E 0–E 4; F 3–4 und G 1 alte Fragmente mit Stiftern und Propheten (großenteils erneuert).

Zwei Epitaphe

Innerhalb und unterhalb des Doms gibt es zahllose Gräber. Bei Grabungen werden immer wieder ältere, unbekannte Grabstellen entdeckt; daher kann niemand die genaue Zahl der Bestattungen angeben. Alle Inschriftplatten über Bodengräbern, von denen die meisten aus der Barockzeit stammten, wurden Ende des 19. Jahrhundert zugunsten eines einheitlich gestalteten Fußbodens (s. S. 76 ff.) entfernt.

Auf ein immer schon bekanntes, tief unter dem jetzigen Fußboden liegendes Grab weist eine Marmortafel am dritten Pfeiler (E6) des nördlichen Seitenschiffs hin: auf das eines „Grafen" **Emundus von Frisheim**, der bald nach 825 an dieser Stelle – also knapp außerhalb der Westapsis des Alten Doms – begraben wurde, da er dem Dom reiche Stiftungen und eine kostbare Handschrift hinterlassen hätte[387]. Die Inschrift Tafel lautet:

INCLITUS ANTE FUI COMES EMUNDUS VOCITATUS / HIC NECE PROSTRATUS, SUBTEGOR UT VOLUI / FRISHEIM SANCTE MEUM FERO PETRE TIBI COMITATUM. / ET MIHI REDDE STATUM TE PRECOR ÆTHEREUM. / HÆC LAPIDUM MASSA COMITIS COMPLECTITUR OSSA

(„Einst war ich weithin berühmt und ward Graf Emundus benannt / Tot lieg ich ausgestreckt hier, begraben, so wie ich es wollt / Dir bringe, heiliger Petrus, mein Friesheim, die Grafschaft, ich dar / Gib mir dafür einen Platz im Himmel, so bitte ich dich / Dies Fundamentes Gestein bedecket des Grafen Gebein"; Übersetzung Önnerfors/Wolff).

Beim Bau des gotischen Doms wurde das Grab Emundus', das bei diesem Pfeiler lag, geöffnet. Die sterblichen Überreste vermauerte man im Pfeilerfundament, während die heute noch unterirdisch zu besichtigen Grabreste stehenblieben. Der angeschnittene, beim Pfeilerbau geöffnete Sarkophag des Emundus wurde von Otto Doppelfeld im Jahre 1946 wiederentdeckt. Die marmorne Gedenktafel, angebracht in 2,50 m Höhe und 0,60 m x 0,70 m messend, stammt aus dem Jahr 1771 und dient als Ersatz für eine ältere, verlorengegangene Bronzetafel. Von dieser berichtete schon Ägidius Gelenius in seiner berühmten Köln-Chronik „*De admiranda sacra et civilii magnitudine Coloniæ Claudiæ Agrippinensis Augustæ Ubiorum Urbis*"[388]. Er überlieferte auch den Text der Inschrift, sodass nach dem Verlust dieser Tafel im 18. Jahrhundert diese neue Marmortafel angefertigt werden konnte.

An der Außenwand des nördlichen Seitenschiffs, unter dem typologischen Dreikönigenfenster (westl. von Pfeiler F7), befindet sich das Epitaph des **Anton Wormbs** († 1697). Seine Beschädigungen verdankt es der Tatsache, dass es seinen Platz während des Zweiten Weltkriegs auf der Nordterrasse hatte. Die Umschrift ist nur bruchstückhaft erhalten (lesbar: NTON WOR und ECCLÆ: PRESB: CAN: CAP: SIGILF, also Siegelbewahrer). In der Mitte sieht man über einem Wappenfeld einen Kelch, unter dem Wappen liest man die Inschrift: HVMILITAS EXALTAT / R • I • P. (Ganze Inschrift bei ALFTER, Inscriptiones, Bl. 6). Wormbs war zunächst Pfarrer an St. Laurenz in Köln und seit 1655 Theologieprofessor an der Kölner Universität. Wiederholt nahm er stellvertretend für Johann Heinrich von Anethan († 1693) die Geschäfte des Generalvikars wahr und versah das Amt nach dessen Tod kontinuierlich bis 1695.

Der Claren-Altar

Seit dem Jahr 1982 steht dieser große, mittelalterliche Wandelaltar wie ein Querriegel zwischen dem nördlichen Seitenschiff und dem Querhaus. Das in geöffnetem Zustand 6,10 m breite und 2,80 m hohe Altarretabel ist der älteste bekannte Sakramentsaltar mit einem fest eingebauten eucharistischen Tabernakel. In diesem konnte die geweihte Hostie aufbewahrt werden, Zeichen der permanenten Präsenz Christi im Sakrament.

Das von Gold und Rot dominierte Werk wurde um 1350/60 als Aufsatz für den Hochaltar der 1804 abgerissenen Franziskanerinnen-Klosterkirche St. Clara am sog. Römerturm geschaffen[389]. Es handelte sich möglicherweise um eine Stiftung der beiden Gräfinnen Philippina und Isabella von Geldern. Zwischen 1806 und 1811 kam der Altar auf Veranlassung F. F. Wallrafs und S. Boisserées in den Dom. In den Jahren 1859/61 erfolgte eine erste Restaurierung durch den Bildhauer Christoph Stephan (1797–1864), der auch sieben fehlende Schnitzfiguren ersetzte. Nach Abriss der barocken Aufbauten des Hochaltars im Domchor wurde der Claren-Altar in etwa 1,5 m Entfernung hinter diesem in erhöhter Position aufgestellt. Während des Zweiten Weltkriegs hatte man ihn ausgelagert und danach zunächst nicht mehr aufgestellt. Es hatte sich herausgestellt, dass er dringend der Restaurierung bedurfte[390]. Erst 1970 fand sich eine geeignete Werkstatt. Nach Abschluss der zwölf Jahre währenden Arbeiten wurde das Altarretabel auf einer alten, bei Domgrabungen gefundenen Altarplatte im nördlichen Langhausseitenschiff aufgestellt. Mit der Wahl dieses Orts verfolgte man das Konzept, die Bereiche der Vierung und des Langhauses gegenüber dem jahrhundertelang bevorzugten Chor aufzuwerten.

In **geschlossenem Zustand** (Werktagsseite) zeigt das Altarretabel zwei von gemalten gotischen Arkaden gegliederte Flügel, die mit Leinwand bespannt sind (die ältesten erhaltenen Großgemälde auf Leinwand). Aus der 60 cm breiten Lücke zwischen ihnen springt der eucharistische Tabernakel hervor, dessen oberer Teil als offener Baldachin ausgebildet ist. In diesem steht eine (erneuerte) knapp 55 cm hohe Figur, die Christus als Salvator zeigt. Den unteren Teil des Tabernakels verschließt eine gemalte Bildtafel, die auf Goldgrund eine Messfeier zeigt: Ein barhäuptiger Bischof

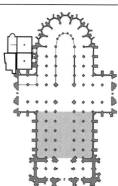

in Kasel erhebt die Hostie vor dem Altar; zwei Diakone hinter ihm assistieren. Oben in einer Wolke steht eine goldene Scheibe mit Gesicht, von der Strahlen ausgehen, die auf Hände und Unterarme des Zelebranten gerichtet sind. Die Szene wird von manchen Autoren als „Gregorsmesse" bezeichnet, die in der Kunst häufig abgebildet wurde (P. CLEMEN, A. WOLFF, B. SCHOCK-WERNER)[391]. Aber dazu fehlen eindeutig die üblichen Attribute (v.a. der Schmerzensmann). Vielmehr kann der Bildinhalt keinen Zweifel aufkommen lassen, dass folgendes, durch die Legende überliefertes Ereignis aus dem Leben des hl. Martin gemeint sein muss: Der Heilige schenkte einem Bettler kurz vor der Messe seine Tunika und ließ sich durch einen Diakon eine andere besorgen. Diese war jedoch viel zu klein, sodass sich die emporgereckten Unterarme bei der Hostienelevation entblößten. Eine feurige Kugel erschien nun am Himmel und ein Engel bedeckte die Blöße mit kostbaren Tüchern und Geschmeide. Daher ist es geboten, das Bild als eine der selteneren Darstellungen der „Martinsmesse" anzusprechen[392].

Die Außenseiten der geschlossenen Flügel zeigen auf Goldgrund zwölf Heilige, von denen sieben der Armut bzw. der Nächstenliebe verpflichtet sind. Unten sieht man (v. li.): Maria Magdalena, Elisabeth von Thüringen, Clara, Katharina von Alexandrien, Agnes und Barbara. Die obere Reihe stellt dar (v. li.): Antonius von Padua[393], Ludwig (Lodovicus) von Toulouse[394], Franziskus, Johannes den Täufer, Nikolaus und Laurentius. Ihre Anordnung erfolgte in der Art, dass die wichtigen Ordensheiligen, Clara und Franziskus, dem Tabernakel am nächsten stehen.

Die **erste Öffnung** (Festtagsseite) zeigt zwölf Ereignisse aus der Kindheit Christi (v. li.): ■ Verkündigung mit Erzengel Gabriel und Maria ■ Heimsuchung mit Elisabeth und Maria ■ Marias und Josephs Reise nach Bethlehem wegen der von Kaiser Augustus durchgeführten Volkszählung (nach Lk 2) ■ Anbetung des Jesuskindes durch Maria und Joseph, im Dreipass drei musizierende Engel, im Wimperg der Evangelist Markus ■ Verkündigung der Geburt an die Hirten, im Dreipass ein Engel mit Inschriftband, im Wimperg Madonna mit Kind auf der Mondsichel ■ Bad des Jesuskindes; die Szene ist nicht biblisch, bezeugt aber die Tatsache, dass Gott wirklich Mensch geworden ist; im Wimperg der Apostel Johannes ■ Anbetung des Kindes durch die Heiligen Drei Könige; im Dreipass halten drei Engel Mitren für sie bereit– ein Hinweis darauf, dass die drei Könige später vom hl. Thomas zu Bischöfen geweiht wurden; im Wimperg der Evangelist Matthäus. Die Szene ist wie in den nur wenig älteren Chorschrankenmalereien aufgefasst ■ Darstellung Jesu im Tempel auf einem Altar, der zwei kleine Wappen zeigt, die möglicherweise die Stifterwappen der Philippina und Isabella von Geldern († 1352 und 1354) sind (steigender gekrönter Löwe in blauem Feld); im Dreipass drei anbetende Engel und Baldachin; im Wimperg die Marienkrönung. ■ Flucht nach Ägypten; im Wimperg der Evangelist Lukas ■ Bethlehemitischer Kindermord ■ Rückkehr der Hl. Familie aus Ägypten ■ Der zwölfjährige Jesus im Tempel

In der oberen Reihe befinden sich zwölf Szenen der Leidensgeschichte: ■ Christi Gebet am Ölberg ■ Kuss des Judas ■ Verurteilung Christi durch Pilatus ■ Geißelung ■ Krönung mit der Dornenkrone; im Wimperg das „Wahre Antlitz" Christi[395] ■ Kreuztragung ■ Abnahme vom Kreuz ■ Grablegung und Beweinung; im Wimperg das „Wahre Antlitz" ■ Auferstehung: Christus steigt unter den Augen zweier kleiner Engel mit der Siegesfahne aus dem Sarg ■ Höllenfahrt: Christus entreißt Adam und Eva dem Rachen der Hölle ■ Noli me tangere: Maria Magdalena kniet vor Christus nieder ■ Himmelfahrt Christi; Maria und die Apostel blicken dem nach oben entschwindenden Christus nach; auf einem Felsen bleiben seine Fußspuren zurück.

Bei der **zweiten Öffnung**, die nur an besonderen Festtagen erfolgt, erscheint eine feingliedrige, reichgeschnitzte Architektur. In die zwölf Gefache der oberen Arkadenreihe sind 55 cm hohe geschnitzte Apostelfiguren eingestellt (davon sechs erneuert), in die unteren zwölf jener für Köln so typischen Reliquienbüsten von Jungfrauen aus dem Gefolge der hl. Ursula.

In bemerkenswerter Weise ist bei dem Altar ganz Verschiedenes zu einer Einheit zusammengefügt: Malerei, Kleinarchitektur, Plastik, Reliquien und eucharistischer Tabernakel. Von der ersten bis zur dritten Ansicht ist eine Steigerung der künstlerischen Mittel zu beobachten. Die Entwicklung schreitet von der bemalten Leinwandfläche mit gemalten Arkaturen fort zur Dreidimensionalität der Plastik. Offensichtlich ist es diese, die dem Anspruch der zweiten Öffnung am besten entspricht und eine gesteigerte Präsenz des Heiligen zu vermitteln vermag. Zweifellos stellt der Claren-Altar im religiösen Schaffen des 14. Jahrhunderts einen Höhepunkt dar. Allein schon seine Funktion als Reliquiendepositorium war zu jener Zeit bemerkenswert, die zusätzliche Funktion als Aufbewahrungsort der Eucharistie war aber noch ungewöhnlicher – die stilistisch verwandten Altäre von Marienstatt (1324) und Oberwesel (1331) weisen diese Vorrichtung noch nicht auf. Aber auch mit seinen zahlreichen Szenen aus dem Leben und Sterben Christi, die die Aufstellung eines Bildprogramms voraussetzen, nimmt der Altar eine herausragende Stellung ein. Komplette Programme waren erst zu Anfang des 14. Jahrhunderts vor allem in Italien aufgekommen. Drei italienische Meister hatten in der ersten Jahrhunderthälfte die Darstellung von Bildzyklen zu einem Höhepunkt geführt: Es handelt sich um Duccio di Buoninsegnas Bilder zur Maestà für den Dom von Siena (1308/11), Giovanni Pisanos Bildnisse der Domkanzel zu Pisa (1305/06) und Ugolino di Vieris Emails am Reliquiar des heiligen Corporale in Orvieto (1337/38)[396]. Diesen Zyklen und dem dem Claren-Altar ist gemeinsam, dass insbesondere Kindheit und Passion Jesu behandelt werden.

Alle Bilder einschließlich der Martinsmesse wurden um 1400/10 unter Beibehaltung der Themen mit größerem Detailreichtum und gesteigerter Farbigkeit übermalt. Als Maler der älteren Bilder wurde häufig ein Meister Wilhelm, als Hauptmeister der jüngeren Fassung Tilman Eckardi genannt (ZEHNDER 24), eine Zuweisung, die aber auch bezweifelt wurde (BELLOT 220). Im Jahr 1909 legte man auf Betreiben Alexander Schnütgens auf den Außenflügeln die Erstfassung wieder frei, sodass an dem Altar heute zwei Stilstufen kölnischer Tafelmalerei sichtbar sind.

Das neugotische Gemälde auf der Rückseite stellt die heilige Dreifaltigkeit in Gestalt eines Gnadenstuhls dar[397]. In einer von vier Seraphim umgebenen goldenen Mandorla thront Gottvater, dem Betrachter frontal zugewandt. Er hält das Kreuz mit seinem gekreuzigten, geopferten Sohn. In den vier Ecken außerhalb der Mandorla sitzen die vier Evangelisten mit ihren Attributen. Die grüne Umrandung der Mandorla trägt die Inschrift: SANCTUS, SANCTUS, SANCTUS, DOMINUS DEUS SABAOTH, PLENI SUNT COELI ET TERRA MAJESTATIS GLORIÆ TUÆ.

Das Bild wurde 1905 von Wilhelm Mengelberg gemalt und 1907 hinzugefügt. Es sollte das rohe Holz der Rückseite des Claren-Altars bedecken, die bei der Aufstellung im Hochchor sichtbar geworden war. Derselbe Künstler entwarf auch den neugotischen Steinunterbau, auf den der Altar damals gestellt wurde. Ferner gestaltete er in Schnütgens Auftrag den Dreikönigenaltar in der Achskapelle, wobei seinem Schnitzmesser leider auch die Füssenicher Madonna nicht entging.

Das Adlerpult

Das Lesepult vor dem Claren-Altar ist der Nachguss eines mittelalterlichen Pultes von Jehans Joses, einem berühmten Messinggießer des späten 14. Jahrhunderts aus Dinant. Lesepulte dieser Art waren im Mittelalter weit verbreitet. Ihre Adlerform bildet einen Hinweis auf den Evangelisten Johannes, dessen Attribut bzw. Symbol der Adler (der Auferstehung) ist.

**Dreikönigenkapelle
(Achskapelle)**
Füssenicher Madonna
im Dreikönigenaltar

209

Johanneskapelle
Mittelalterliche
Wandmalerei

210

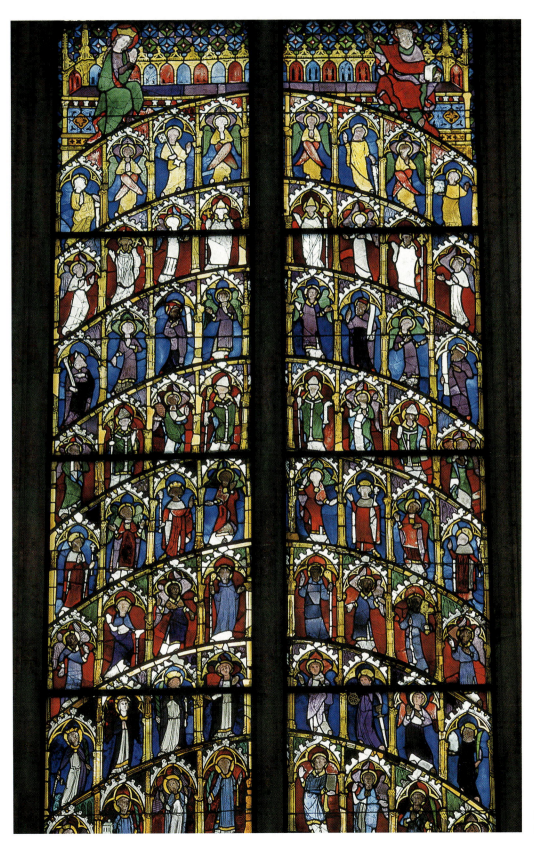

Johanneskapelle
Allerheiligenfenster

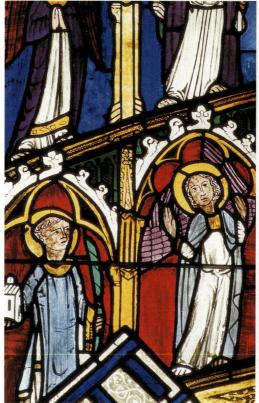

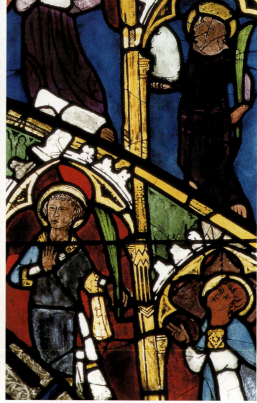

Johanneskapelle
Allerheiligenfenster,
Details aus den
unteren Bögen

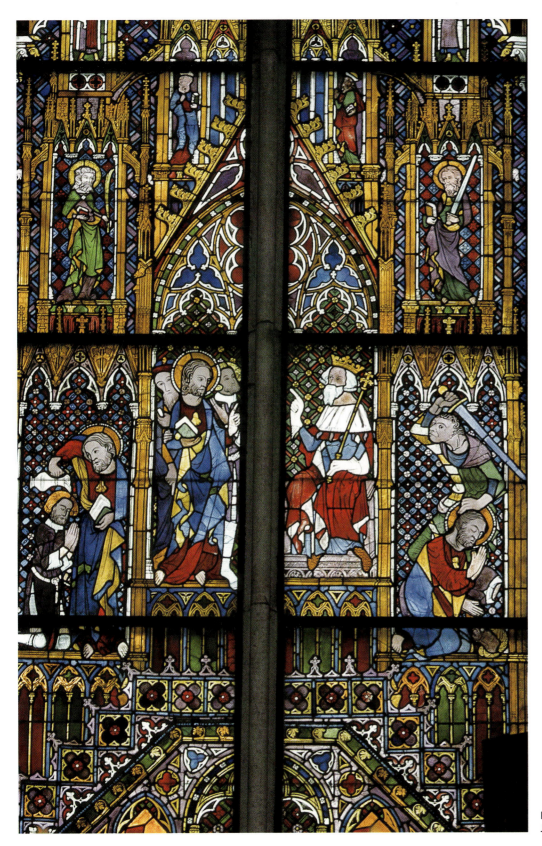

Maternuskapelle
Jakobus-Fenster

213

Engelbertuskapelle
Grabmal des
Erzbischofs Anton
von Schauenburg,
Liegefigur

Kreuzkapelle
Zunftbalken
der Schneider
Mittelalterliche
Malerei, Christus vor
Pilatus, Geißelung,
Kreuztragung

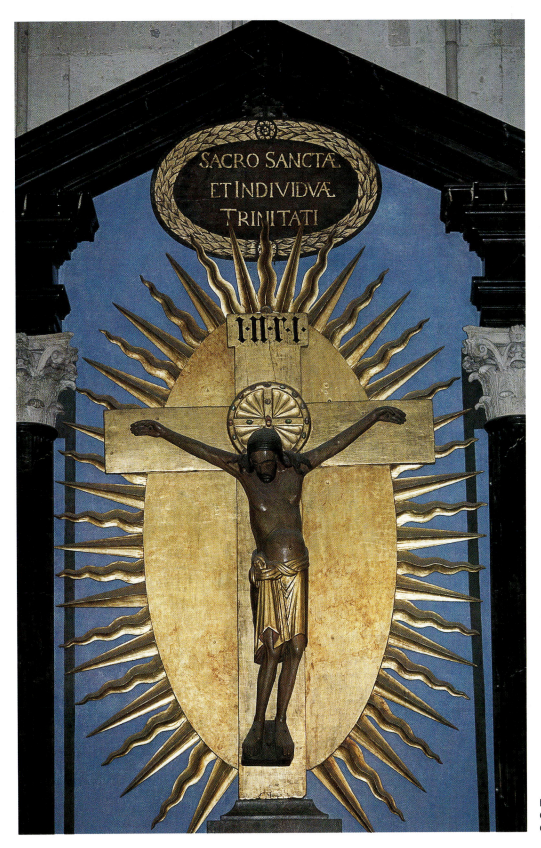

SACRO SANCTÆ
ET INDIVIDVÆ
TRINITATI

Kreuzkapelle
Gero-Kreuz,
Gesamtansicht

215

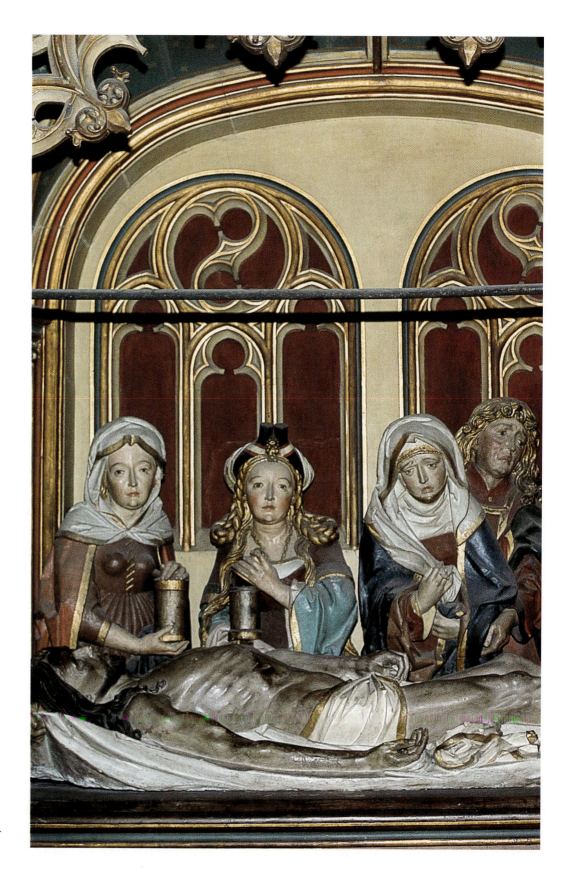

Nordturm
Grablegung-Christi-
Gruppe

216

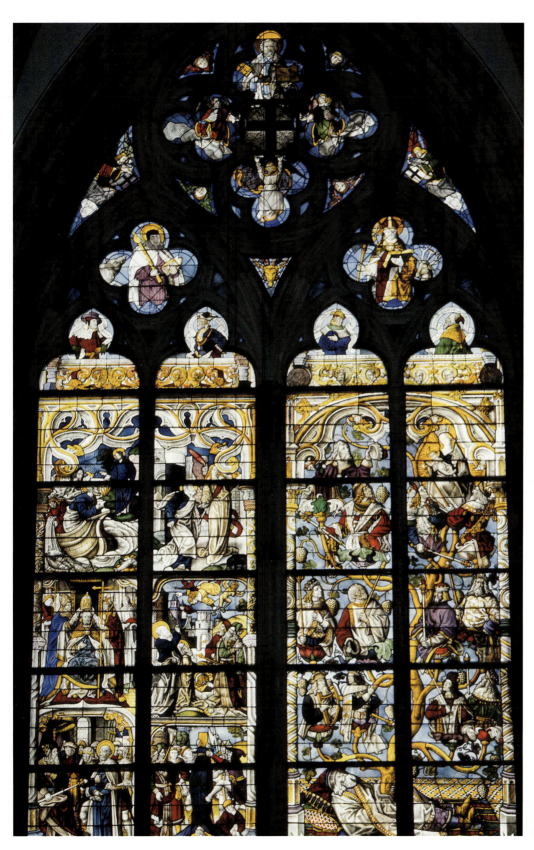

Nördliches Seitenschiff
Petrus-Wurzel-Jesse-
Fenster

Nördliches Seitenschiff
Petrus-Wurzel-Jesse-
Fenster
Ausschnitt,
Stifter Erzbischof
Philipp von Daun

218

Nördliches Seitenschiff
Typologisches
Dreikönigenfenster,
Ausschnitt,
Die Anbetung

219

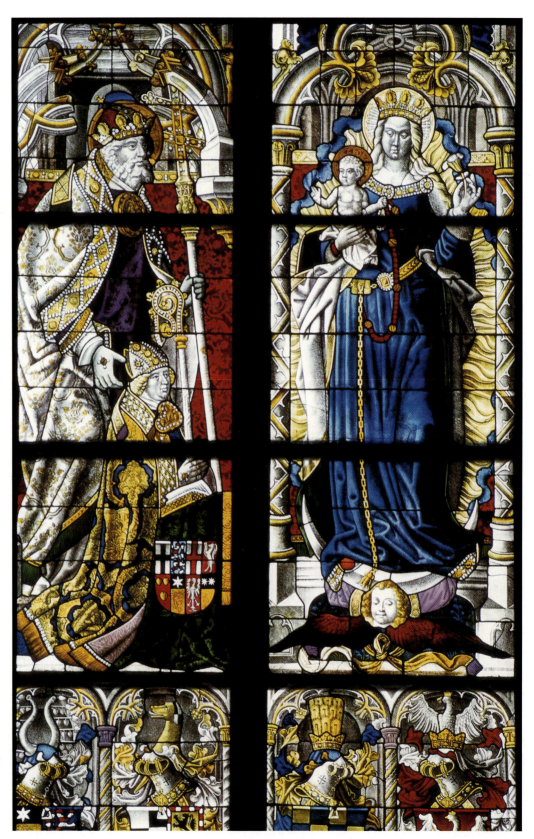

Nördliches Seitenschiff
Typologisches Dreikönigenfenster, Ausschnitt, Stifter Erzbischof Hermann von Hessen

220

Nördliches Seitenschiff
Marienkrönungs-
fenster, Ausschnitt,
Stifter Philipp von
Virneburg

221

Mittelschiff
Die barocken
Rubens-Teppiche
Triumph der Kirche
(Nr. 3)

Mittelschiff
Die barocken
Rubens-Teppiche
Triumph des Glaubens
(Nr. 4)

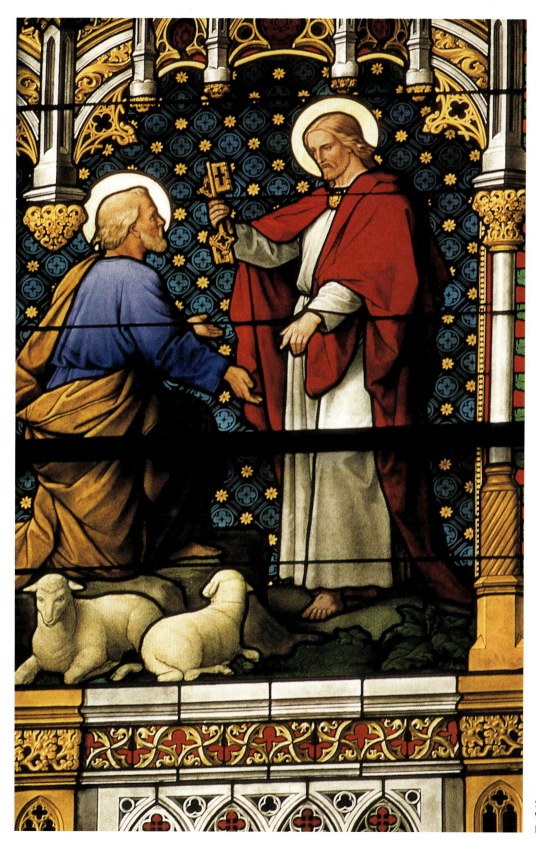

Südliches Querhaus
Westseite
Petrus-Fenster

223

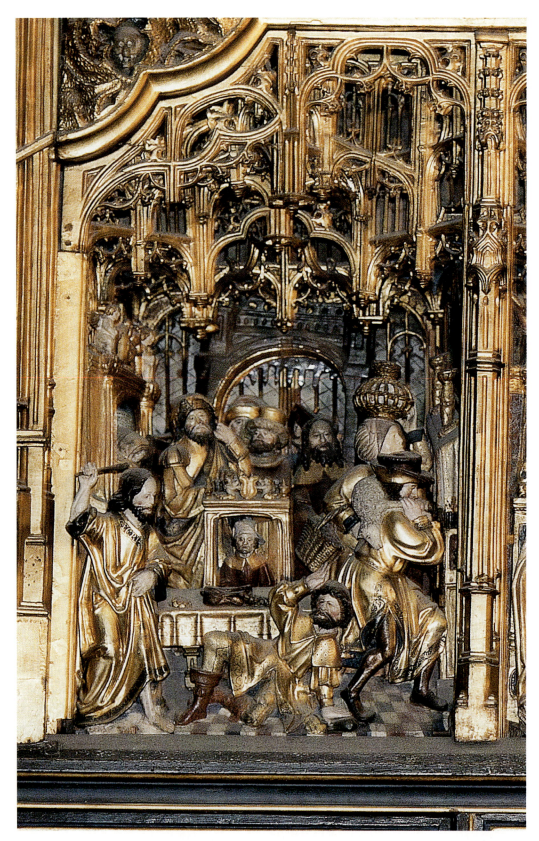

Südliches Querhaus
Ostseite
Agilolfusaltar
Ausschnitt, Reinigung
des Tempels

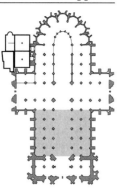

Das Vorbild dieses Pults steht in der Marienkirche von Tongern und stammt etwa aus dem Jahr 1370. Das Kölner Lesepult wurde 1854 gegossen und kam durch Vermittlung des neugotischen Bildhauers und Architekten Vincenz Statz in den Dom[439].

Die hl. Ursula als Schutzmantelheilige

Die 1,64 m hohe, farbig bemalte Holzstatue entstand im frühen 16. Jahrhundert: Wo sie geschaffen wurde und welche Geschichte sie hatte, ist unbekannt. Sie stammt aus dem umfangreichen Nachlass des Frankfurter Sammlers und katholischen Stadtpfarrers von Frankfurt, Ernst Franz August Münzenberger (1833–1890), einem Freund Alexander Schnütgens; 1893 wurde die Figur dem Dom übereignet. Sie zeigt die Mitpatronin der Stadt Köln, unter deren Mantel zehn Jungfrauen ihres Gefolges Schutz suchen. Diese Darstellung geht auf sehr alte religiöse und auch rechtliche Vorstellungen zurück[398].

Die barocken Bildteppiche

Diese acht von Gold, Blau und Rot beherrschten, jedoch stark verblassten Tapisserien sind ein Inventar, das nur in der Passionszeit bis zu Pfingsten im Mittelschiff des Doms zu sehen ist. Sie waren vermutlich Anfang des Jahres 1688 – das genaue Datum ist nicht belegt – dem Kölner Domkapitel von einem Mann geschenkt worden, der sich große Hoffnungen machte, in Bälde den Kölner Erzstuhl zu besteigen und damit auch Kurfürst zu werden. Es handelt sich um den Fürstbischof von Straßburg und Kardinal Wilhelm Egon von Fürstenberg, der seit 1682 auch Kölner Domdechant war. Mit diesem prächtigen Geschenk, das an die 4000 Goldtaler gekostet haben muss, wollte sich der französisch gesonnene und von Ludwig XIV. begünstigte Schwabe das Kölner Kapitel verpflichten. Nachdem er schon im Jahr zuvor die Wahl eines Koadjutors beantragt hatte, war es ihm gelungen, sich in einer Wahl am 7. Januar 1688 mit 24 gegen 17 Stimmen zum Nachfolger des kränkelnden Erzbischofs Maximilian Heinrich postulieren zu lassen. Es ist sehr wahrscheinlich, dass die Schenkung eine freudige Reaktion auf diese verheißungsvolle Wahl darstellte. Obwohl der Fürstenberger dann nach dem Tod des Wittelsbachers schließlich doch nicht Kölner Erzbischof wurde und mit seinen Postulanten nach Bonn auswich[399], nahm man sein Geschenk gerne an, um die als unmodern empfundenen gotischen Chorschrankenmalereien abzudecken (s. S. 46 ff.).

Die Kölner Teppiche sind Teil eines Zyklus', der in verschiedenen Ausführungen bekannt ist. Ihnen allen liegen die Entwürfe (1. Ölskizzen, sog. Grisaillen in kleinem Format, 2. Farbskizzen in größerem Format, 3. Kartons in Originalgröße) von Peter Paul Rubens zugrunde, die dieser im Auftrag der Infantin Isabella Clara Eugenia, einer Tochter König Philipps II. von Spanien und Witwe des Erzherzogs Albrecht von Österreich, zwischen 1625 und 1627 in Brüssel herstellte[400]. Der erste Teppichzyklus war ein Geschenk der Infantin an die barfüßigen Karmelitinnen (*Descalzas Reales*) in Madrid, in deren Kloster sie sich noch heute befinden. Mehrere Manufakturen teilten sich in diesen und einige spätere, von anderen Personen vergebene Aufträge. Die Kölner Bildteppiche wurden bei Frans van der Hecke nach den Rubensschen Kartons hergestellt und mit „BB" für Brüssel/Brabant signiert[401].

Die acht Kölner Teppiche sind ein Ausschnitt aus dem ursprünglich elf Bilder umfassenden Werk, das nach den Rubens'schen Vorlagen gefertigt wurde und in der damaligen Zeit unter der Bezeichnung „Le triomphe et les figures de l'Eucharistie" und „Triomphes de la foi" bekannt war. Die Elfzahl kann hier in Verbindung mit den elf Teppichen der alttestamentlichen Stiftshütte gebracht werden[402]. Lediglich das Madrider Karmelitinnenkloster besitzt den kompletten Zyklus mit allen elf Teppichen. Dem Kölner Zyklus fehlen: die vier Evangelisten, Sieg des Eucharistischen Opfers über den heidnischen Opferdienst und eucharistische Heilige und Lehrer. Darüber hinaus wurden für das Fürstenberg'sche Geschenk die Teppiche nicht in der originalen Größe hergestellt, sondern in den Randzonen, in denen sich Architekturformen befinden, stark beschnitten (vgl. auch ELBERN, 1955, 43 ff.).

In vier Teppichen des Kölner Zyklus' wird der Sieg der eucharistischen Wahrheit gefeiert (Teppich Nr. 1, 3, 4, 7), denen vier Teppichen mit präfigurierendem, alttestamentlichem Inhalt (Teppich Nr. 2, 5, 6, 8) gegenüberstehen.

Die spiralförmig gedrehten Säulen, die die Bildinhalte der Teppiche einrahmen, gehen auf ältere Vorbilder zurück: Gemeint sind die Säulen des salomonischen Tempels, wie er in einem um 1600 in Rom herausgegebenen dreibändigen Werk des Giovanni Baptista Villalpando rekonstruiert wurde[403]. Zunächst beziehen sie sich aber auf sechs antike Spiralsäulen, die Kaiser Konstantin aufstellen ließ und die später um weitere sechs antike Säulen ergänzt wurden. Diese zwölf, anschließend untereinander verbundenen, Säulen bildeten die Chorschranken vor dem Hochaltar, in dem sich das Petrusgrab von Alt-St. Peter befand. Bernini, der zwischen 1624 und 1633 das Ziborium von St. Peter in Rom errichtete, kannte noch neun dieser Säulen. Jesus soll sich an eine von ihnen, die „Colonna santa", angelehnt haben; sie kam in die Schatzkammer von St. Peter. Den übrigen acht Säulen wurden vier bronzene Säulen hinzugefügt, sodass die angestrebte symbolische Zwölfzahl wieder zustande kam.

Die Kölner Teppiche hingen bis 1842 über den Malereien der Chorschranken und wurden dann wegen ihrer Stilfremdheit in dem gotischen Umfeld abgenommen. Da erst entdeckte man die Pracht der gotischen Erstausstattung (s. S. 46 ff.). Während nun einige Neugotiker, voran Reichensperger auf eine Restaurierung der Malereien drängten, lehnte Boisserée diese ab, weil er an ihrem Gelingen zweifelte. Er schlug statt dessen neue Gemälde auf Tuch oder Holz vor, die vor den Schranken anzubringen seien. Der Vorschlag, neue Textilbehänge zu schaffen, wurde von Erzbischof-Koadjutor Geissel begünstigt. Daraufhin erhielt der Zeichner Johann Anton Ramboux den Auftrag Entwürfe für textile Wandbehänge vorzulegen. Als Programm wurde *„eine Paraphrase des nicäanischen Glaubensbekenntnisses"* zugrundegelegt. Die Gestaltung der Behänge erfolgte in Anlehnung an die gotischen Arkaden der Chorschrankenmalerei. Die Ausführung, eine mehrjährige Fleißarbeit, oblag einem Kölner Frauenverein.

Nach Fertigstellung der Wandbehänge in den 50er-Jahren des 19. Jahrhunderts verlor man jedes Interesse an den barocken Teppichen; zeitweise wurden sie als Bodenteppiche bei Prozessionen verwendet. Bald gingen sie ganz verloren. Erst 1925 wurden sie von Fritz Witte (1876–1937), dem ersten Direktor des Schnütgen-Museums, in einem Turmdepot wiederentdeckt und als Leihgabe des Metropolitankapitels an das Museum übergeben. Dort unterzog man sie in mehrjähriger Arbeit einer gründlichen Restaurierung; bis 1939 waren sie dort zu besichtigten. Nach dem Zweiten Weltkrieg kehrten sie in den Dom zurück und wurden 1954/55 bei einer Ausstellung in der Essener Villa Hügel gezeigt. 1975 bis 1986 kam es zu einer erneuten Restaurierung der Teppiche.

Liste der acht Kölner Teppiche (s. auch CLEMEN 318 ff.):

1.) **Triumph der göttlichen Liebe** (4,10 m hoch x 4,92 m breit). Auf einem Wagen, den zwei Löwen ziehen, geführt durch einen Putto, steht eine weibliche Gestalt (Caritas), die mit der Linken ein Kind trägt, an der Rechten zwei andere führt. Neben dem Wagen reiten zwei Putten,

226

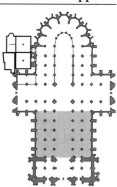

der eine mit gestürzter Fackel, der andere mit Bogen und flammendem Herzen. Den Wagen umgibt ein Reigen von schwebenden, bewegten, geflügelten Putten, die sich an den Händen fassen. Im oberen Bereich Kartusche mit der Inschrift: AMOR DIVINUS

2.) **Der Prophet Elias in der Wüste** (4,00 m hoch x 3,92 m breit). Im Vordergrund nach rechts gewandt streckt die mächtige bärtige Gestalt des Propheten die Rechte aus, um ein Glas zu empfangen, das ihm der Engel, eine jugendliche, blondgelockte Gestalt, darreicht. Im oberen Bereich ein großer, eine Art Zelt bildender Vorhang

3.) **Der Triumph der Kirche über Unwissenheit und Verblendung** (4,23 m hoch x 7,25 m breit). Auf einem vierrädrigen Wagen, der von vier Schimmeln gezogen wird, sitzt die allegorische Figur der Kirche – in Chormantel mit Stola, ein Kreuz vor sich haltend, über ihr schwebend ein Engel, der sie mit einer Papstkrone schmückt. Der rechte der vier Schimmel trägt einen jugendlichen Engel. Dieser hält – überhöht von einem Baldachin – einen Stab mit den gekreuzten Schlüsseln Petri. Drei weibliche Gestalten lenken die Rosse; darüber befinden zwei geflügelte Gestalten mit Lorbeer. Vorne links sind zwei ältere halbnackte Gestalten zu sehen: die eine taumelnd, die andere mit verbundenen Augen (Zwietracht und Neid). Der Wagen fährt über niedergeworfene Gestalten, vorne ist die Medusa zu erkennen. Im oberen Bereich Kartusche mit Inschrift: ECCLESIAE TRIUMPHUS

4.) **Triumph des Glaubens über die weltliche Weisheit, die Wissenschaft und die Natur** (4,18 m hoch x 6,51 m breit). Auf einem von zwei Engeln gezogenen zweirädrigen Karren befinden sich zwei Frauengestalten, die eine kniend und mit beiden Händen das große Kreuz haltend, die andere fast schwebend, in der Linken einen Kelch emporhebend. Zwischen beiden hat die Erdkugel ihren Platz. Putten umgeben den Wagen; hinter diesem schreiten fünf Gestalten – zwei Philosophen, der eine auf einen Stab gestützt, eine weibliche Gestalt mit sechs Brüsten, die ungezähmte Natur darstellend, ein jüngerer Mann mit einem Lorbeerkranz. Hinten links ist ein farbiger Mann mit Federschmuck auf dem Haupt zu erkennen. Im oberen Bereich Inschrift: FIDES CATHOLICA

5.) **Das Opfer des Alten Bundes** (4,00 m hoch x 6,65 m breit). Vor dem mit reicher Säulenarchitektur dargestellten Tempel befindet sich ein erhöhter Altar, auf dem das brennende Opferlamm liegt. Dahinter hält der Hohepriester im jüdischen Ornat mit der Rechten das Messer. Den Blutstrahl fängt eine kniende Person in einer Schale auf. Im Mittelpunkt naht sich eine in einen weiten Mantel eingehüllte Gestalt, die ein weiteres Opferlamm trägt, vorne links befindet sich eine ähnliche Halbfigur. Im Hintergrund umgeben betende Personen den Priester mit der Bundeslade[404].

6.) **Begegnung Abrahams und Melchisedechs** (4,20 m hoch x 6,55 m breit). Melchisedech ist in einen reichen, hermelingeschmückten Mantel gehüllt; sein Haupt ziert ein Lorbeerkranz. Er reicht Abraham, der sich in kriegerischer Tracht von rechts nähert, zwei Brote. Hinter diesem zeigt sich sein Gefolge, Diener mit Pferd. Hinter Melchisedech ist ein Priester zu erkennen, neben ihm ein Diener, der einen Brotkorb trägt.

7.) **Der Triumph der Eucharistie über die Häresie** (4,14 m hoch x 5,20 m breit). Eine Frauengestalt – die Wahrheit – schwebt nach rechts und wird von der geflügelten Gestalt eines alten Mannes mit Sense – der Zeit – geführt. Hinter der Frau erscheint der Kopf eines bärtigen niederschauenden Mannes. Dem Paar eilen zwei halbbekleidete Männer, Lüge und Rebellion vorstellend, flüchtend voraus. Unter ihnen befindet sich ein niedergeworfener Drache, neben diesem liegen am Boden verschiedene männliche Gestalten: die eine als Tanchelin bezeichnet, die zweite – Calvin – noch teilweise aufgerichtet, mit Buch und Feder, die dritte Luther als 'Augustiner, der sein Gesicht einem beschriebenen Blatt zuwendet[405]. Am rechten Rand über gestürztem Altar befinden sich zwei weitere Gestalten. Über der Szene fliegend ein fauchender, doppelköpfiger Drache. Im oberen Bereich die Inschrift: HOC EST CORPUS MEUM

8.) **Der Mannaregen** (4,10 m hoch x 4,19 m breit). Links vorne ist Moses zu sehen wie er die Linke beschwörend erhebt; in der Mitte regnet es das Manna, das Gestalten aufsammeln. Zwei Frauen tragen auf dem Haupt große volle Körbe davon.

Die Langhausorgel (Schwalbennestorgel)

Seit 1998 steigt im nördlichen Mittelschiff (zwischen den Pfeilern D7 und D8) aus 18 m Höhe, also über dem Scheitel der Arkaden, die 20 m hohe und 2,50 m tiefe Langhausorgel auf.

Seit 1987 hatte es Pläne, eine neue Orgel im Dom zu installieren, gegeben, da die 1948 errichtete Orgel (s. S. 141 ff.) trotz eines Ausbaus im Jahr 1956 akustisch nicht den Ansprüchen der Zeit genügte. Ein von Dombaumeister Arnold Wolff ausgearbeitetes Orgelprojekt mit einem Standort zwischen den östlichen Turmpfeilern (D3 und C3) der Westvorhalle wurde 1990 verworfen. Bei Versuchen, den besten Platz für die Schallabstrahlung zu bestimmen, hatte sich nämlich herausgestellt, dass vom akustischen Gesichtspunkt die Seitenwände des Mittelschiffs besser geeignet waren. Wie allerdings zu erwarten war, ergaben sich mit der Entscheidung, die neue Orgel an dieser Stelle anzubringen, nicht nur statische Probleme.

Um ein Kippmoment, das bei der geplanten schwalbennestartigen Gestaltung zwangsläufig entstanden wäre, zu vermeiden, entwickelte man eine stählerne Konstruktion der Aufhängung im Gewölbe. Leider senkte sich das Gewölbe unter dem Zug der Orgel während der Montage (immerhin wiegt die Orgel fast 30 t und ihre größte Pfeife ist 11,80 m lang !), sodass man weitere Entlastungswege schaffen musste. Das Orgelwerk wurde von der Fa. Johannes Klais Orgelbau (Bonn) gebaut und 1998 aufgestellt. Ein kleiner Scherz: Auf Knopfdruck kann aus einer Klappe ein kleiner Narr herausfahren, dem man die Gestalt des derzeit amtierenden Dompropstes Bernhard Henrichs (* 1928) gab.

Schon vor ihrer Installation bildete die Orgel Anlass für eine Kontroverse zwischen Denkmalschützern und dem Metropolitankapitel. Aufgrund ihrer geplanten Lage nahe der Vierung und einer Tiefe von 2,50 m war es klar, dass die Orgel durchaus eine Beeinträchtigung der Raumästhetik darstellen würde. Der damalige Dombaumeister Arnold Wolff, dessen Dienstherr das Metropolitankapitel war, sah sich durch dieses Orgelprojekt in eine schwierige Lage manövriert. Sein ganzes Bestreben hatte bis dahin immer der größtmöglichen Annäherung an ein ideales, rein hochgotisches Bauwerk gegolten. Aus diesem Grund hatte er sich auch 1995 gegen die Bedenken der Denkmalschützer ausgesprochen, die die sog. Plombe am Nordturm erhalten wissen wollten (s. S. 183 ff.). Tatsächlich konnte er sich nicht dazu durchringen, die Installation der Langhausorgel eindeutig zu begrüßen.

Der Stadtkonservator wie auch der Landeskonservator wandten sich aus sachlichen Gründen entschieden gegen die projektierte Orgel, doch wurde der Stadtkonservator von seiner Dienstherrin, der Kölner Kulturdezernentin, angewiesen, die Erlaubnis zur Anbringung der neuen Orgel zu erteilen. Das Metropolitankapitel hatte nämlich zuvor den Oberstadtdirektor umstimmen können. Damit wurde dem Aspekt der kultischen Nutzung des Doms der Vorzug vor dem denkmalpflegerischen Gesichtspunkt gegeben[406].

228

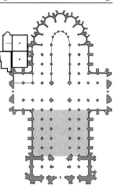

Die Vorgängerin dieser und der o. g. Nachkriegsorgel wurde bei einem Bombenangriff auf Köln am 28./29. Juni 1943 fast vollständig vernichtet. Ihr Platz war an der Nordwand des nördlichen Querhauses gewesen. Dombaumeister Zwirner hatte ihr gegen allerlei Widerstände diesen Standort zugewiesen, eine Stelle, die sich aufgrund des langen Nachhalls als sehr problematisch erwies. Orgelwerk und Gehäuse bestanden im wesentlichen aus Teilen der älteren Renaissance-Orgel des Binnenchors. Diese war 1572 an der mittelalterlichen Chorquerwand installiert und 1842 von Zwirner in neugotischem Geschmack umgestaltet worden. Gleichzeitig inkorporierte man dem Orgelwerk Teile der Orgel aus der zur selben Zeit abgerissenen Kirche St. Maria im Pesch, die auf dem Fundament des nördlichen Querhauses gestanden hatte. Unabhängig davon existierte und existiert in der Marienkapelle eine eigene Orgel (s. S. 87 ff.).

Das Kriegerdenkmal

Am zweiten Pfeiler (D5) des nördlichen Langhauses befindet sich ein domeigenes Kriegerdenkmal aus dem Jahr 1921, geschaffen von Georg Grasegger[407]. Dieses stellt das einzige Kunstwerk des Expressionismus im Dom dar. Neben der Inschrift „Den gefallenen Kämpfern aus Dompfarrei und Bauhütte" sind die Namen der Gefallenen des Ersten Weltkriegs aufgelistet.

Die hohe Holzfigur des hl. Michael befindet sich auf dem Schädel eines Drachen. Sollte etwa dieser Heilige, der den Deutschen so nahesteht, nachträglich noch das Kriegsglück korrigieren?[408] Unten rechts ist ganz klein der damals amtierende Dombaumeister Hertel in Stifterpose dargestellt.

Die Gedenktafel für Papst Johannes Paul II.

Am ersten nördlichen Pfeiler des Langhauses (D4) erblickt man eine Tafel mit deutschsprachiger Inschrift, die sich eng an einen Pfeilerdienst schmiegt. Ihre Anbringung erfolgte im Jahr 1985 und soll an den Deutschlandbesuch von Papst Johannes Paul II. am 15. November 1980 erinnern. Die Tafel wurde nach einem Entwurf von Elmar Hillebrand in Bronze gegossen. Vor ihrer Fertigstellung befand sich an dieser Stelle vier Jahre lang ein Provisorium in Gestalt einer in Ton geschnittenen Tafel.

Der neugotische Kreuzweg

Die Kreuzwegstationen im nördlichen Seitenschiff sind Bestandteil eines 14 Stationen umfassenden Zyklus. Dreizehn dieser Stationen wurden zwischen 1893 bis 1898 von Wilhelm Mengelberg geschaffen – eine enorme Fleißarbeit, deren künstlerische Umsetzung aber nicht nur auf Anerkennung stieß (vgl. u.).

Die Stationen erstrecken sich von der Ecke zwischen Nordturm und nördlichem Seitenschiff (1. Christus vor Pilatus) über die Nordwand desselben (2. Kreuzauflegung, 3. erster Fall Christi, 4. Begegnung mit Maria, 5. Hilfe Simons von Kyrene, den die Soldaten zwangen, Christus beim Tragen zu helfen [Mt 27,32], 6. Veronika reicht das Schweißtuch) bis zur Wand des südlichen Seitenschiffs (7. zweiter Fall Christi, 8. die weinenden Frauen, 9. dritter Fall Christi [erneuert], 10. Entkleidung Christi, 11. Annagelung an das Kreuz, 12. Kreuzigung) bis zum Südturm (13. Beweinung Christi, gestiftet von Kardinal-Erzbischof Krementz[409]; diese Station wurde in Anlehnung an die folgende, zur vierzehnten gemachten Station lebensgroß und in vollplastischer Weise geschaffen) und schließlich zurück zum Innern des Nordturms (14. Grablegung Christi, diese von etwa 1510; vgl. s. S. 186 ff.).

Kreuzwege in dieser Form gab es erst seit dem 18. Jahrhundert. Ihr Abschreiten durch die Gläubigen wurde als ein Ersatz für eine Pilgerfahrt nach Jerusalem verstanden. Gegen Ende des 19. Jahrhunderts wurde der Kreuzweg als ein Mittel angesehen, die Seitenschiffe und Turmhallen von großen Kirchen zu beleben. Die Errichtung dieses Kreuzwegs im Dom propagierte insbesondere Alexander Schnütgen[410].

Die südlichen Seitenschiffe

Mit der Fundamentierung der südlichen Seitenschiffe wurde im Jahr 1323 begonnen. Nach der Abdeckung mit einem provisorischen Holzdach übergab man diesen Bauabschnitt dem gottesdienstlichen Gebrauch. Die Gewölbe wurden erst 1848 ausgeführt. Hier sowie im südlichen Querhaus fand anlässlich der Gründung der Kölner Universität am 6. Januar 1389 ein feierlicher Gottesdienst statt. Die mittelalterlichen Scheiben des südlichen Seitenschiffs sind inzwischen leider verschollen. Seit der Mitte des 19. Jahrhunderts sind an dieser Stelle die Bayernfenster eingesetzt. Deren formale und inhaltliche Gliederung entwarf kein Geringerer als Sulpiz Boisserée.

Mittelalterliche Fenster im Dom: Durch einen einzigen Hinweis in der älteren Literatur ist bekannt, dass das südliche Seitenschiff mit einem um 1415–1440 geschaffenen Fensterzyklus ausgestattet war, der zahlreiche Stifterwappen enthielt – darunter auch die Wappen Karls des Kühnen, seiner Braut und seiner Eltern[411]. Es ist denkbar, dass zwischen der Vollendung des Zyklus und dem Besuch des burgundischen Herzogs Philipps des Guten in Köln bei Erzbischof Dietrich von Moers (s. S. 73 ff.) im Jahr 1440 ein Zusammenhang bestand[412]. Leider sind die Scheiben seit Anfang des 19. Jahrhunderts verschollen. Nach einer Übergangsverglasung wurden im Revolutionsjahr 1848 hier die Bayernfenster eingesetzt.

Die Bayernfenster

Die fünf Fenster zeigen eine Reihe von Szenen, die vom Beginn des Christentums zur Entstehung der Kirche fortschreiten; beginnend mit Johannes dem Täufer im Westen und endend mit dem ersten Märtyrer Stephanus im Osten. Sie sind ein Geschenk des Königs Ludwig I. von Bayern und wurden bei der 600-Jahr-Feier der Grundsteinlegung am 14./15. August 1848 feierlich enthüllt. Dieser Akt wurde von vielen Beteiligten als peinlich empfunden, hatte doch Ludwig I. im März 1848 vor allem wegen seines Verhältnisses zu der Tänzerin und Abenteurerin Lola Montez zurücktreten müssen[413].

Die Fenster wurden 1843/1848 in München unter der Gesamtleitung von Max Emmanuel Ainmiller (1807–1870) angefertigt, der neue Techniken zum Überfangen farbigen Glases mit einer weiteren Schicht farbigen Glases entwickelt hatte. Die dazugehörigen Entwürfe stammen von H. v. Heß (1798–1863). Die drei mittleren Vollfenster malte J. Fischer, die zwei äußeren Halbfenster J. Hellweger. Die Arbeiten sind handwerklich solide, wurden damals aber (wie CLEMEN, 201, wohl zu Recht vermerkt) deutlich überschätzt. Auch bemerkte man schon bald, dass die Fenster trotz ihrer Farbenpracht nicht an das edle Leuchten des Fensterzyklus' im nördlichen Seitenschiff herankommen:

„ … erweist sich ihre Technik als weit hinter derjenigen ihrer alten vis-à-vis zurückstehend. Diese älteren erglänzen in edelsteinartigem Feuer, während diese neuen wie Transparentbilder auf Oelpapier aussehen. Obschon die alten Fenster die Nordseite des Domschiffs und die Münchener dessen Südseite einnehmen, kommt doch das meiste Licht von der Nordseite her.“ [414]

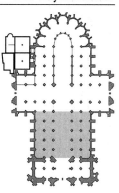

Die Malweise der Bayernfenster, die tatsächlich an große, durchleuchtete Ölgemälde erinnert, wurde von den Neugotikern des 19. Jahrhunderts entrüstet abgelehnt, weil sie alles „musivisch", d.h. aus vielen Teilen zusammengesetzt, gestalten wollten. Dabei übersahen sie allerdings, dass die mittelalterlichen Glasmaler oftmals zur „musivischen" Arbeitsweise genötigt waren, weil ihnen noch nicht die späteren glastechnischen Möglichkeiten offenstanden. Die ideologische Debatte, die im 19. Jahrhundert zwischen den Neugotikern und den Nazarenern mit Leidenschaft geführt wurde, berührt uns heute kaum noch.

Westliches Halbfenster (süd XXII oder A3–A4)
Johannes der Täufer predigt in der Wüste[415] (nach Mt 3,1ff.). Darunter sieht man sechs Felder, die zuunterst das Stifterwappen und die Stifterinschrift des bayrischen Königs tragen; darüber sind die Kaiser Karl der Große (li.) und Friedrich I. Barbarossa (1122–1190) zu erkennen; die nächste Zeile bildet Kaiser Konstantin (re.) und seine Mutter Helena mit dem Attribut des Kreuzes ab. Über dem Hauptfeld mit Johannes dem Täufer erblickt man in vier Medaillons (v. li. n. re.) die Kölner Bischöfe Evergislus, Kunibert, Agilolf und Heribert. Die beiden großen Medaillons darüber sind der Verkündigung und der Geburt des Johannes gewidmet; sie werden von sechs Medaillons mit Heiligen der Kölner Kirche gekrönt: in der unteren Reihe sieht man (v. li. n. re.) die hll. Hubertus, Nabor, Felix und Anno, darüber die hll. Ursula und Gereon.

Westliches Vollfenster (süd XXI oder A4–A5)
Die Anbetung durch die Heiligen drei Könige und die Hirten (nach Mt 2,11 und Lk 2,15 f.). Während im unteren Bereich die vier Großen Propheten Isaias, Jeremias, Ezechiel und Daniel in Arkaden stehen, zeigt das Hauptfeld die Anbetung. Darüber sieht man die Verkündigung (mi.) und sechs in Grisaille gemalte Gestalten, die Abraham, Noë (Noah), David, Salomon, Jakob und Isaak darstellen, darüber Adam und Eva (li.) und die Unbefleckte Empfängnis Mariens (re.).

Mittleres Vollfenster (süd XX oder A5–A6)
Die Kreuzabnahme und Beweinung Christi Unten stehen Matthäus, Markus, Lukas und Johannes, die vier Evangelisten mit ihren Attributen[416]; darüber sieht man im Hauptfeld die Kreuzabnahme und Beweinung. Die Mitte darüber illustriert das Letzte Abendmahl. Die oberen Tabernakel rechts und links enthalten in Grisaille gemalt die Ereignisse Christus mit dem ungläubigen Thomas (re.) und Christus mit Maria Magdalena (li.).

Östliches Vollfenster (süd XIX oder A6–A7)
Die Ausgießung des Heiligen Geistes[417] Unten in den Arkaden stehen die vier Kirchenväter des Westens, Augustinus, Hieronymus, Gregorius und Ambrosius[418]. Die in Grisaille gemalten Figuren stellen die vier Haupttugenden dar, und zwar von links: „temperantia", „sapientia", „prudentia" und „fortitudo". Die obere mittlere Szene beschreibt die Aushändigung der Schlüssel an Petrus.

Östliches Halbfenster (süd XVIII oder A7–A8)
Die Steinigung des Stephanus Wie im westlichen Halbfenster stehen unter dem Hauptbild sechs Scheiben, die wiederum Stifterwappen und Inschrift zeigen. Die Zeile darüber stellt in Brustbildern (v. li.) die hll. Apollinaris und Gregor von Spoleto, die dritte Zeile in gleicher Weise die

hll. Maternus und Silvester I. dar[419]. Über dem Hauptfeld mit der Steinigung des ersten christlichen Märtyrers erscheinen kleine Medaillons mit vier heiligen Kölnern; dies sind (v. li.) Engelbertus, Bruno der Karthäuser, Severin und Hermann Joseph[420]. Die größeren Medaillons nehmen Bezug auf Stephanus: Links sieht man ihn als Diakon, rechts bei seiner Verurteilung. Die Zeile darüber enthält vier Brustbilder von weiblichen Heiligen, nämlich (v. li.) Katharina, Cordula, Columba und Clara; über ihnen sind die hll. Cäcilie (li.) und Agnes zu sehen.

Das südliche Querhaus

Das südöstlichste Joch dieses Baugliedes war früh fundamentiert und bildete den Eingangsbereich für den im Mittelalter am häufigsten benutzten, im Süden gelegenen Zugang, der sich ein Joch weiter nördlich befand (vgl. Skizze). Das östliche Seitenschiff des Querhauses entstand im späten 13. Jahrhundert, die Pfeiler der Westseite hatte man im 14. Jahrhundert bis über die Kapitelle vollendet. Zusammen mit den zwei südlichen Langhausschiffen bildete das südliche Querhaus einen großen, nutzbaren Raum. Der Bau der Südfassade, zugleich die Südwand des Querhauses, wurde 1855 abgeschlossen (s. S. 240 ff.).

Die Figur des hl. Christophorus

Um vom „Domhof" kommend den südlichen Eingang zu passieren, musste man zunächst an dem so genannten „Presenzpfaffen" vorbei, bei dem man eine Messe oder einen anderen geistlichen Dienst bestellen konnte. Danach fiel der Blick auf die riesige, 3,73 m hohe Steinfigur des hl. Christophorus am südlichen Mittelpfeiler des Chorumgangs (B11, vgl. Pfeilerschema). Aufgrund seines Standorts war dieser Heilige derjenige im Dom, der von den Besuchern am häufigsten angeblickt wurde[421]. Man glaubte, dass ein täglicher „Kontakt" mit dem Heiligen davor schützte, am selben Tag im Stand der Sünde, d. h. ohne Sakramente zu sterben.

Die Christophorus-Figur wurde um 1470 von Meister Tilman, einem Bildhauer und Bildschnitzer vom Niederrhein, geschaffen[422]. Inzwischen konnte man eine ganze Reihe von Werken identifizieren, die von seiner Hand bzw. aus seiner Werkstatt stammen (KARRENBROCH, in: Die Holzskulpturen, 58). Typisch für die von Tilman geschaffenen Physiognomien sind *„sorgenvoll hochgezogene Brauen"*.

Während Christophorus deutlich unter der gewaltigen Last des Christuskindes mit der Weltenkugel ächzt, stützt das himmlische Personal – die zwei Wappenengel an der Konsole – die ganze Szene mühelos. Die Figur besteht aus drei Quadern feinen Tuffsteins. Die Bemalung stammt aus dem 19. Jahrhundert. Heinrich Heine sah den Christophorus und erwähnte ihn in einem Gedicht, das 1821 im „Buch der Lieder" erschien[423].

An dem Pfeiler nördlich davon (C11) steht der hl. Joseph, den Dom beschützend. Diese vergoldete Holzfigur mit den geheimnisvollen, orientalischen Gesichtszügen wurde 1935 von Otto Bussmann geschaffen[424].

Der Agilolfusaltar oder der Altar der fünf hll. Mauren

An der Ostseite des südlichen Querhauses des Doms, zwischen den Pfeilern A11 und H11 *(vgl. Pfeilerschema)*, steht ein großer, goldschimmernder Schnitzaltar, der Agilolfusaltar, gelegentlich auch Altar der fünf hll. Mauren genannt. Sein erster Name leitet sich von dem früher in ihm aufbewahrten Schrein des hl. Agilolfus her, dessen Gebeine 1062 auf Veranlassung des Erzbischofs Anno II. von Malmedy hierher übertragen wurden. Seine zweite Bezeichnung nimmt Bezug auf die fünf hll. Mauren, die im Westteil der früher östlich vom Dom gelegenen Stiftskirche St. Maria ad gradus verehrt wurden und deren Gebeine sich heute in der Predella befinden.

Der Agilolfusaltar war bis zur Auflösung des Mariengradenstifts im Jahr 1802 der Hauptaltar der Stiftskirche und stand in ihrem Ostchor. Bei ihm handelt es sich um eine um 1520 in Antwerpen für diese Kirche geschaffene Auftragsarbeit, die als wohl größter Schnitzaltar des rheinisch-südniederländischen Raums gelten kann. Er besitzt gemalte Flügel und trug früher auf den

Giebeln Konsolen mit großen, geschnitzten Figuren der hl. Maria (Mitte), des hl. Anno und des hl. Agilolfus (beide in Bischofstracht). Agilolfus trug als Attribut ein Buch, das die Jahreszahl 1867 als Jahr der ersten Restaurierung verzeichnete (Abb. bei CLEMEN 233).

Bereits vor der Auslagerung aus der zum Abriss bestimmten Stiftskirche St. Maria ad gradus [468] müssen die Silberbeschläge des Agilolfusschreins und Altarteile, insbesondere Tafelbilder von den Flügeln, entfernt worden sein. In unvollständigem Zustand wurde das Werk 1816/17 in den Dom transferiert, wo es wechselnde Standorte innehatte; seit 1867 befindet es sich an der jetzigen Stelle. In den Jahren 1867, 1909, 1976/77 und 1991/95 fanden Restaurierungsarbeiten statt [425].

Der Altar ist mit seiner 1 m hohen Predella insgesamt 5,50 m hoch, 3,44 m bzw. mit den geöffneten doppelten Flügeln 6,80 m breit. Einige ihrer Tafeln befinden sich heute in der Kreuzkapelle (zwischen den Pfeilern E11 und E12; Beschreibung unten). Ihre Malerei entstand im künstlerischen Umfeld des Adriaan van Overbeeke; der Altarschrein und die geschnitzten Szenen mit den vollplastischen Figuren stammen aus einer Antwerpener Werkstatt, die stilistisch dem Schaffen Jan de Molders nahestand [426]. Eine völlig einheitliche Handschrift tragen die Schnitzfiguren allerdings nicht; zu viele Hände haben bei solch großen Auftragsarbeiten mitgewirkt. Es darf sogar angenommen werden, dass Gehäuse und Figuren für diese Art von Schnitzaltar serienmäßig und im Baukastensystem vorfabriziert wurden.

Der Schrein besteht aus einem hochrechteckigen mittleren Gehäuse, das rechts und links je ein niedrigeres Gehäuse flankiert. Jedes von ihnen wird etwa in Höhe des unteren Drittels horizontal von einem Boden geteilt. Die so entstandenen unteren drei Fächer erfahren genau in der Mitte noch einmal eine vertikale Teilung. In den auf diese Weise entstandenen neun Fächern sieht man geschnitzte Szenen aus dem Leben Jesu. Die unteren sechs – kleinen – zeigen Ereignisse aus dem Wirken Christi, die drei oberen Fächer stellen Szenen der Passion dar.

Die drei Passionsszenen zeigen an ihren seitlichen Rändern zahlreiche kleinere Szenen von kaum 15 cm Höhe, die in Bezug zum jeweiligen Hauptereignis stehen. In den drei großen Fächern sind folgende Ereignisse zu sehen (von li. nach re.):

1. **Die Kreuztragung** Links sieht man das Jerusalemer Tor, durch das sich ein Zug von Kriegern in die Bildmitte wälzt. Christus, zusammengebrochen unter dem schweren Kreuz, wird von einem Knecht geschlagen. Die im Vordergrund kniende Veronika (man sieht sie nur von hinten) reicht Christus das Schweißtuch. Im Mittelgrund stützt Johannes die Mutter Christi; ganz hinten werden die beiden Schächer vorbeigeführt. Die vier kleinen Seitenszenen zeigen die Ereignisse „Gethsemane" (1a), die „Gefangennahme Christi" und die Heilung des Malchus (1b), „Christus vor Pilatus" (1c) und die „Dornenkrönung" (1d). Die letzte Szene weist zu Füßen Christi eine eingebrannte kleine Hand auf: das Zeichen der Antwerpener Lukasgilde (Malergilde), die im Jahr 1442 zum erstenmal urkundlich erwähnt wurde und bis etwa 1773 bestand.

2. **Die Kreuzigung** Unter reichgeschnitztem Schleierschmuck, einer symbolischen Himmelsdarstellung, steht in der Mitte des Feldes das überlange Kreuz mit dem gekreuzigten Christus, dessen Blut von einem Engel aufgefangen wird. Rechts und links hängen mit schrecklich verrenkten Armen die beiden Schächer an langen T-Kreuzen. Im Vordergrund links sieht man Johannes mit den klagenden Marien, rechts und in der Mitte vorn zahlreiche berittene Soldaten. Die sieben kleinen Nebenszenen stellen die sieben Sakramente dar, links die „Taufe" (2a), die „Firmung" (2b), die „Ehe" (2c), die „Letzte Ölung" (über der Kreuzigung; 2d), rechts die „Priesterweihe" (2e), die „Buße" (2f) und das „Altarsakrament" (2g).

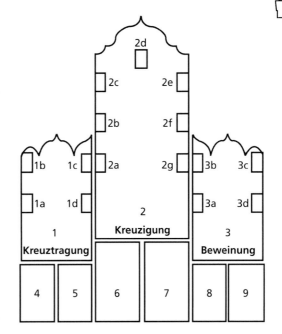

3. **Die Beweinung** Im Hintergrund der Szene sieht man die Kreuzabnahme. Joseph von Arimathia hält die Dornenkrone, Nikodemus zieht einen Nagel aus der Hand Christi, während ein anderer Helfer unter Zuhilfenahme einer Leiter den rechten Arm ergreift. Im Vordergrund umgeben trauernde Frauen und Männer den Leichnam; rechts stehen Frauen mit Salbgefäßen. Die vier kleinen Seitenszenen zeigen die „Grablegung" (3a), die „Auferstehung" (3b), die „Drei Frauen am Grab" (3c) und „Noli me tangere" (3d).

In den sechs kleineren Gefachen der unteren Reihe erblickt man (v. li. nach re.):

4. **Die Auferweckung des Lazarus** Christus, ganz links, macht die Segensgeste, während Petrus dem mit dem Leichentuch bekleideten Lazarus aufhilft. Von den Zeugen im Hintergrund halten sich einige die Nase zu: Der Leichnam des Lazarus roch bereits (nach Joh 11,1 ff.).

5. **Der zwölfjährige Jesus im Tempel** Der bartlose Jüngling Jesus sitzt zwischen Schriftgelehrten, die mit ihm diskutieren. Rechts sieht man ein Tor, das von zwei Putten bekrönt ist und das auch in anderen Szenen erscheint – handelt es sich um die *porta clausa*? Hinter den Teilnehmern der Debatte sieht man die Stadt Jerusalem (nach Lk 2,41–52).

6. **Die Austreibung der Wechsler aus dem Tempel** Ganz links in der Darstellung ist ein Tor mit zwei Putten zu erkennen, vor dem Christus knüppelschwingend steht; am Boden liegt ein Wechsler und hält schützend den Arm hoch. Rechts fliehen zwei Personen, im Hintergrund sitzen weitere Händler und Wechsler starr an ihren Tischen (nach Mt 21,12 f., Mk 11,15 ff., Lk 19,45 ff.).

7. **Der Abschied Christi** Christus wendet sich, während er von Petrus begleitet nach rechts schreitet, zurück, um zwei hinter ihm niederknienden Frauen den Segen zu spenden. Im Mittelgrund sieht man zahlreiche Personen, hinter ihnen die Stadt. Ganz links befindet sich ein Tor, das von Putten gekrönt ist (die Szene wird nach dem apokryphen gnostischen Evangelium der Maria dargestellt).

8. **Die Fußwaschung** Christus kniet vor dem sitzenden Petrus, dessen linker Fuß in einer Wasserschüssel steht, während sein rechter gerade gewaschen wird; seine rechte Hand vollzieht eine abwehrende Geste. Mit erstauntem Gesichtsausdruck sehen die Jünger dem Geschehen zu (nach Joh 13,1–15). Der Schemel, auf dem Petrus sitzt, trägt das Zunftwappen der Maler (drei kleine Schilde im Feld).

9. **Das letzte Abendmahl** Hinter der Tafel sitzt Christus, an seiner Brust ruht das merkwürdig verdrehte Haupt des Johannes. Um die Tafel herum haben sich die Jünger gruppiert. Dem Betrachter den Rücken zuwendend sitzt Judas Ischarioth; hinter seinem Rücken trägt er den Geldbeutel mit dem Verräterlohn. Hinter Christus trägt eine bartlose Person Brot und eine Kanne herbei (Ereignis nach Mt 26,17 ff., Mk 14,12 ff., Lk 22,7 ff.).

Bei der 1816/17 erfolgten Transferierung des Altars gelangten neben dem eigentlichen Altarschrein das innere Flügelpaar und die Predella samt Flügel und Predellenbild in den Dom. Von den bereits verschollenen Tafeln der äußeren Flügelpaare blieben einige für immer verschwunden, andere ließen sich an insgesamt neun verschiedenen Orten nachweisen[427].

Zur Zeit sind an dem Altar keinerlei gemalte Flügel angebracht; lediglich die Predella, die einst den Agilolfusschrein barg und mittels einer langrechteckigen Bildtafel mit einer Darstellung desselben verschlossen war (Abb. bei CLEMEN 234), weist vier Tafelbilder auf. Sie stellen Szenen aus dem Leben des in den Niederlanden ums Leben gebrachten Heiligen dar.

Zum Altar gehörige Flügelbilder der ersten Schließung befinden sich in der Kreuzkapelle (s. S. 164 ff.). Die zwei mal fünf nach Süden weisenden Bilder gehören zur Innenseite und illustrieren das Marienleben; demgemäß sind ihre nach Norden weisenden Rückseiten die Außenseiten und zeigen Bilder aus dem Leben der hll. Anno und Agilolfus. Nimmt der Betrachter seinen Standpunkt an den Chorschranken, erblickt er also die Innenseite der Flügel.

- Die rechts an Pfeiler E12 angebrachten fünf Felder zeigen (von u. li. nach re. o.): ▪ die „Geburt Mariens" ▪ „Mariä Tempelgang" (nach Protoevangelium des Jakobus und Evangelium des Pseudo-Matthäus) ▪ „Joseph am Altar im Tempel" (Joseph mit grünendem Stab) ▪ die „Vermählung Mariens" (CLEMEN: Verlobung) ▪ die „Geburt Christi"
- die links an Pfeiler E11 angebrachten fünf Felder zeigen (von u. li. nach re. o.): ▪ die „Flucht nach Ägypten" ▪ „der zwölfjährige Christus im Tempel" (diese Szene erscheint auch bei den figürlichen Szenen) ▪ die „Anbetung durch die Heiligen Drei Könige" ▪ die „Darbringung im Tempel" ▪ die „Beschneidung Christi"[428]

Von der nördlichen Seite der Kreuzkapelle erblickt man die Illustrationen von Szenen aus dem Leben der hll. Agilolfus und Anno (II.):

- Die links an Pfeiler E12 angebrachten fünf Felder sind dem hl. Anno gewidmet und tragen alle die Inschrift S. ANNO. Sie zeigen (von u. li. nach re. o.): ▪ Anno predigt von der Kanzel einer Kirche aus (interessant die Anwesenheit eines Hundes) ▪ Anno tröstet einen wohlhabenden Kranken ▪ Anno wäscht an Gründonnerstag einem Armen die Füße ▪ Anno (stehend) speist die Armen an seiner Tafel ▪ Anno auf dem Sterbelager
- die rechts an Pfeiler E11 angebrachten 5 Felder zeigen Ereignisse aus dem Leben des hl. Agilolfus und tragen alle die Inschrift S. AGILOLPHVS (Man sieht von u. li. nach re. o.): ▪ Agilolfus in offener Landschaft mit Kriegern ▪ Agilolfus hört sich Bittsteller an ▪ Agilolfus predigt von einer Balustrade aus ▪ Agilolfus wird von einem Bogenschützen getroffen und mit Knüppeln totgeschlagen ▪ Der Leichnam des Erschlagenen wird auf einem Karren fortgeschafft

Eine weitere Tafel, die wohl zu diesem Altar gehört, befindet sich in der Maternuskapelle. Sie zeigt zwei Bischöfe in pontifikalem Gewande, die durch Inschriften als Agilolfus und Blasius ausgewiesen sind (s. S. 159 ff.).

„Die Himmelfahrt Mariens" von Overbeck

An der Südwand des südlichen Querhauses befindet sich am östlichen Pfeiler des Mittelportals (G10) ein großes Gemälde, das die Himmelfahrt Mariens verbildlicht. Das 4,7 m hohe und 2,3 m breite Ölgemälde stammt von dem Haupt der Nazarenerschule Friedrich Overbeck (1789–1869), der es im Auftrag des „Kunstvereins für die Rheinlande und Westfalen" malte. Der Auftragserteilung im Jahr 1834 gingen längere Verhandlungen unter Beteiligung von Sulpiz Boisserée und Peter Cornelius (1783–1867) voraus. Es war beabsichtigt, das Bild am Marienaltar der Marienkapelle

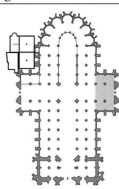

aufzustellen (s. S. 78 ff.). Es wurde erst 1854 von Overbeck in Rom fertiggestellt und gilt als eines der Hauptwerke des Künstlers. Das Bild zeigt in einer goldenen Mandorla die himmelwärts entschwebende Muttergottes, die von acht Engelsgestalten umgeben ist. In den Lichtstrahlen über ihrem Haupt sieht man vier Cherubim, Engelsgestalten ohne Leiber. Die große Figurengruppe direkt unter Maria stellt alttestamentliche Vorfahren dar. Gut erkennbar sind Abraham (mit Opfermesser) und König David (mit Harfe). In kleinerem Maßstab erscheinen ganz unten in einer offenen Landschaft die zwölf Apostel vor dem leeren Grab. Links am unteren Rand knien die beiden Kölner Erzbischöfe, in deren Amtszeit das Gemälde entstand, Clemens August von Droste zu Vischering und Johannes von Geissel.

1856 erhielt das Gemälde seinen Platz an dem von Dombaumeister Zwirner entworfenen neugotischen Altar der Marienkapelle. Zu diesem Zweck hatte man einen Architekturrahmen geschaffen, der mit Skulpturen von Christian Mohr besetzt war. Der Altar samt Rahmen wurde 1949 jedoch abgebrochen, um dem „Altar der Stadtpatrone" von Stephan Lochner (s. S. 87 ff.) Platz zu machen. Damit ist das Overbeck'sche Werk etwas in den Hintergrund getreten.

„Die Verkündigung an Maria"

Am rechten Pfeiler des mittleren Südportals (G9), westlich der „Himmelfahrt Mariens" (s. S. 236 ff.), hängt eine „Verkündigung", eine 2,1 m x 3,07 m große Kopie auf Leindwand des im 14. Jahrhundert entstandenen Gnadenbildes aus der Kirche SS. Annunziata in Florenz. Die „Verkündigung" wurde 1712 im Auftrage des Domherrn Peter Bequerer für den Dom angefertigt. Inschrift links: PETRVS BEQVERER 1712. 1982/83 wurde das Bild restauriert.

Gedenktafel für Sulpiz Boisserée

An der Westseite, unterhalb des sog. Görres-Fensters (s. S. 238 ff.) befindet sich die auf Anregung und auf Kosten seiner Nachfahren gestiftete Bronzetafel. Sie wurde von dem Kölner Bildhauer Stefan Kaiser, der an der Kölner Hütte seine Ausbildung genossen hatte, gestaltet. In der unteren Mitte der Tafel fand eine auf Sulpiz Boisserée zurückgehende Figur ihren Platz: ein Kleeblatt, das ein sphärisches Dreieck – ein Hinweis auf die „altdeutsche" (gotische) Baukunst – einschließt und das bereits in der französischsprachigen Ausgabe seines „Domwerks" erschienen war. Heute ist die Figur so etwas wie das Signet des Verlags Kölner Dom. Die Gedenktafel wurde im Mai 1997 nach einer Messfeier für die Verstorbenen der Familie enthüllt.

Die Gedenktafel für die Hohenzollern

Die Gedenktafel für die preußischen Könige Friedrich Wilhelm IV. und Wilhelm I. befindet sich unter dem Fenster mit dem Apostelkonzil auf der Westseite des südlichen Querhauses. Sie wurde 1895 eingesetzt und war eine Stiftung der inzwischen verstorbenen Witwe Wilhelms I., Kaiserin Augusta. Die in historisierendem Stil gehaltene Tafel zeigt im linken Wappen den Adler des neuen deutschen Reichs (im Herzschild der preußische Adler) und im rechten Wappen die Farben Sachsen-Weimars (neunmal von Schwarz und Gold geteiltes Feld mit grünem Rautenkranz). Die Tafel enthält den einzigen direkten, vom preußischen Herrscherhaus angebrachten Hinweis innerhalb des Doms auf die Beteiligung seiner Könige an der Fertigstellung des Baus[429].

Die Figur des hl. Hubertus

Auf einer Konsole an Pfeiler B8 steht eine prachtvolle, holzgeschnitzte Barockfigur des hl. Hubertus. Das Werk wurde um 1650 von Jeremias Geißelbrunn († zwischen 1659 und 1664) geschaffen und stand früher auf dem Hochaltar der Dompfarrkirche St. Maria im Pesch. Dieser Kirchenbau war 1508 direkt auf den Fundamenten des nördlichen Domquerschiffs für die beim Dom Beschäftigten und deren Angehörige („familia" des Doms) errichtet worden und musste 1843 abgerissen werden, um den Fortbau des Querhauses nicht zu behindern[430].

„Mit St. Hubertus war in Köln eine eigene, volksliturgische Tradition verbunden, die noch lange ins „aufgeklärte" 19. Jahrhundert nachwirkte. Wohl dieser Tatsache ist es zu verdanken, dass die überlebensgroße, polychromierte Holzplastik nicht mit den vielen anderen Barockwerken des Domes zugrundeging, verkauft oder abgestellt wurde ... Die ausdrucksstarke, aber doch nur sehr dekorative Statue ... mit reichem Chormantel, damaszierter Mitra und dem pathetisch ausgreifend geführten Stab zeigt das Pluviale mit bandelwerkartigen Dekorationen ... Die Albe trägt am unteren Ende noch eine damals längst schon nicht mehr übliche Parure. Ob unsere feierliche Statue auf einen spätgotischen Vorgänger zurückgeht?" (HOSTER 49).

Die Fenster

Die vier Fenster der zwei Seitenschiffe des südlichen Querhauses lehnen sich formal an die Bayernfenster an. In ihrer Entstehungszeit müssen sie den Preußen als „ultramontane" Provokation erschienen sein: Neben Darstellungen des Kirchenvaters Athanasios[431], des katholischen Publizisten Joseph Görres, der mit der Streitschrift „Athanasius" die preußische Regierung scharf angegriffen hatte, und des Papsts Pius IX. fand man an dieser Stelle bis zum Zweiten Weltkrieg eine Darstellung der Gefangennahme des Papsts Sixtus I. In der Zeit des Kulturkampfs setzte man diese zur Verbringung des Kölner Erzbischofs von Droste zu Vischering auf die Festung Minden im Jahr 1837 in Beziehung (s. S. 153 ff.).

Westseite

Vollfenster (süd XVI oder G8–H8)

Dieses Fenster wird meistens **Petrus-Fenster** genannt. Es zeigt im Sockel die Vertreter vierer bedeutender Orden: Papst Leo IV. (Benediktiner), den hl. Bernhard (Zisterzienser), den hl. Thomas von Aquin (Dominikaner) und den hl. Bonaventura (Franziskaner)[432]. Im Hauptfeld sind Simon Petrus, die übrigen Apostel und andere Teilnehmer des Konzils zu Jerusalem dargestellt[433]. Darüber illustriert eine kleinere Szene die Übergabe der Schlüssel durch Christus an Petrus, womit die protestantische Elite Preußens in nachdrücklichster Weise daran erinnert werden sollte, wer in der rechtmäßigen Nachfolge Christi stehe[434]. Zur Seite sieht man Papst Pius IX. mit einem Engel. Das eigentliche Politikum des Fensters ist die Darstellung des Papsts mit einer Bulle; diese verweist auf das sog. Erste Vatikanische Konzil von 1869/70, auf dem die heftig umstrittene päpstliche Unfehlbarkeit beschlossen wurde. Bei dem Fenster handelt es sich um eine Stifung der Rheinischen Eisenbahn-Gesellschaft von 1870; seine Ausführung fand in München statt.

Halbfenster (süd XVII oder H8–A8)

Das als **Görres-Fenster** bezeichnete Glasgemälde besitzt ebenfalls einen ausgesprochen politischen Charakter. Es war als Denkmalersatz für den am 29. Januar 1848 in München verstorbenen Joseph Görres geschaffen worden. Im Hauptfeld kniet der streitbare katholische Publizist und Professor nach der Art mittelalterlicher Stifter, von seinem Namenspatron, dem hl. Joseph, geleitet, vor der thronenden Muttergottes. Jede der beiden Fensterbahnen weist darüber einen prächtigen, neugotischen Baldachin auf. In der Sockelzone des Fensters werden nationale Mythen bemüht: Links sieht man den hl. Bonifatius, der als Apostel der „Deutschen" verstanden wurde, rechts ein Bildnis Karls des Großen – dem 19. Jahrhundert der erste „deutsche" Kaiser. Beide Heilige sollen auf die Leistungen des Verstorbenen auf kirchlichem wie staatlichem Bereich hinweisen. Das Fenster wurde von Leonard Faustner in München hergestellt und 1856 eingesetzt. Die Figur Görres' ist in Anlehnung an das Bildnis auf seinem Grabstein auf dem Südfriedhof an der Thalkirchner Straße in München nazarenisch gestaltet[435].

Das Fenster verdankt seine Entstehung dem Umstand, dass es nicht zur Errichtung eines Denkmals in Koblenz, der Heimatstadt von Görres, kam. Die preußischen Behörden hatten gleich nach Bekanntwerden des Todes ihres alten Gegners jede Art von Denkmalsaufstellung im öffentlichen Raum untersagt. Görres, der sich im Jahr 1819 seiner Verhaftung durch die Flucht ins Münchener Exil entzogen hatte, war in Preußen eine Unperson geblieben. Planungen für ein bescheidenes, vom Bildhauer Jacob Schorb (s. S. 153 ff.) zu schaffendes Denkmal in der Koblenzer Kirche St. Castor, für das sich auch der dortige Pfarrer – der nachmalige Kölner Erzbischof-Kardinal Krementz – und August Reichensperger einsetzten, scheiterten aus verschiedenen, hauptsächlich finanziellen Gründen.

Ostseite

Vollfenster (süd XV oder H11–G11)

Im Sockel dieses als **Paulus-Fenster** bezeichneten Glasgemäldes stehen die vier hll. Kirchenväter der östlichen Kirche: Athanasios, Basilius der Große, Gregor von Nazianz und Johannes Chrysostomos[436]. Das Hauptbild zeigt die Bekehrung Pauli (das sog. Damaskus-Erlebnis des Paulus nach Apg 9,1–7). Gestiftet wurde das Werk 1868 von den Direktoren der Köln-Mindener Eisenbahngesellschaft (ihre Namen, darunter der von Heinrich von Wittgenstein, als Inschriften). Im Zweiten Weltkrieg wurde das Fenster (wie das nördliche Nachbarfenster) völlig zerstört, anhand wiederaufgefundener Unterlagen rekonstruiert und 1994 erneut an seinem alten Platz eingesetzt. Das dort in der Zwischenzeit befindliche Kinderfenster von B. Kloß wurde nach Entfernung des spätmittelalterlichen Gnadenstuhlfensters in die Öffnung J8–K8 (vgl. Pfeilerschema) verbracht.

Halbfenster (süd XIV oder A11–H11)

Der Ornamentteppich dieses Fensters wurde Anfang der 50er-Jahre des 20. Jahrhunderts vom damaligen Dombaumeister Willy Weyres entworfen. Er dient als Ersatz für das im Zweiten Weltkrieg zerstörte Sixtus-Fenster. Dieses zeigte im Hauptfeld die Gefangennahme des Papsts Sixtus I., vor diesem kniete der hl. Laurentius[437]. Im Sockel standen die hll. Lambertus und Hilarius[438]. Das Fenster war von den Ehepaaren Hilar und Dünn sowie von Odilie Göbbels gestiftet und in Köln von der Werkstatt Friedrich Baudris angefertigt worden[439].

17 Die Südfassade und die Portale

Geschichte

Die Fundamente für diesen Bauabschnitt waren bereits im Mittelalter gelegt worden, jedoch gab es keinen überlieferten Aufrissplan. Ein erster Rekonstruktionsversuch Sulpiz Boisserées schlug fehl. Dombaumeister Zwirner entwickelte daher in Zusammenarbeit mit Schinkel, Boisserée und König Friedrich Wilhelm IV. in den Jahren 1833 bis 1842 im Anschluss an die Architektur des Südturms und des Fassadenrisses „F" zwei neue Entwürfe. Zwirner legte die beiden als „A" und „B" bezeichneten Entwürfe dem König zur Begutachtung vor. Dieser entschied, dass „B" an der südlichen Fassade zur Anwendung kommen sollte und der einfachere, „A", an der nördlichen. Das Motiv der in Frankreich auch an der Querhausfassade häufigen Fensterrose hatte man nicht aufgenommen und auch gar nicht erst erwogen, da der mittelalterliche Fassadenplan „F" dieses Element nicht kennt (s. S. 176 ff.).

Am 4. September 1842 legten der preußische König und Erzbischof-Koadjutor Johannes von Geissel über dem Fassadenfundament den Grundstein zum Weiterbau des Doms[440]. An dieses Ereignis erinnert eine bronzene Inschriftentafel (s. S. 242 ff.). Im Jahr 1855 war die 70 m hohe Südfront vollendet, am 2. Oktober wurde der Schlussstein von König Friedrich Wilhelm IV., der wegen der Grundsteinlegung der ersten nachrömischen Rheinbrücke nach Köln gekommen war, in die fast 6 m hohe Kreuzblume eingefügt.

Die Fassade ist zum größten Teil aus Schlaitdorfer Sandstein erbaut. Der figürliche Schmuck der drei Portale wurde von dem Bildhauer Christian Mohr zwischen 1851 und 1869 nach den Entwürfen Ludwig Schwanthalers (1847) ausgeführt. Die Werke gelten als *„Höhepunkt romantisch-nazarenischer Bildhauerkunst in Deutschland. Die Südfassade ist eines der bedeutendsten und künstlerisch vollkommensten Werke der Neugotik überhaupt, klassizistisch in der Strenge und Konsequenz der architektonischen Entwicklung, romantisch in der Wahl des stilistischen Vorbildes"* (WOLFF, Der Dom 44). Die schmiedeeisernen Gitter, die den Portalbereich vom Roncalliplatz trennen, wurden 1995 von Paul Nagel entworfen. Sie mussten angebracht werden, um die Portale vor zunehmendem Vandalismus und mutwilliger Verunreinigung zu schützen.

Das westliche Portal (Ursulaportal)

Das Tympanon ist dem Martyrium der hl. Ursula gewidmet. In den vier umgebenden Archivolten sitzen insgesamt 30 Gefährtinnen der Heiligen. Die Standfiguren im Gewände stellen heilige Märtyrer dar. Links stehen (v. li.): ■ Sebastian ■ Ursula ■ Engelbertus ■ Cäcilie und ■ Felix. Rechts sieht man (v. li.) ■ Nabor ■ Columba ■ Lambertus ■ Cordula ■ Fabian. Die Köpfe der hl. Cäcilie und der hl. Ursula (2. u. 4. li.) wurden 1973 von Elisabeth Baumeister-Bühler (1912–2000) ergänzt[441].

Das 1953 von Ewald Mataré (1887–1965) geschaffene Bronzeportal – „Pfingsttür" – genannt, zeigt rechts das brennende Köln, links oben Noë (Noah) mit Arche und Regenbogen als Zeichen der Versöhnung. Das Verhältnis der beiden Bereiche kann auch als dasjenige zwischen Irdischer und Himmlischer Stadt gesehen werden.

Das mittlere Portal (Passionsportal)

Bis auf die Figurengruppe im Wimperg, die Christus zwischen den vier Evangelisten – zu ihren Füßen erblickt man ihre jeweiligen Symbole – zeigt, ist das Portal den Passionsthemen gewidmet.

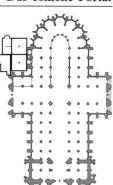

Im Tympanon sieht man die Passion (v. u. n. o.): ■ „Einzug Christi in Jerusalem", das „Abendmahl", „Christus am Ölberg" ■ die „Geißelung", die „Krönung mit der Dornenkrone", „Ecce Homo", „Kreuztragung", „Veronika reicht das Schweißtuch" ■ „Aufrichtung des Kreuzes", „Christus am Kreuz", „Grablegung" ■ „Auferstehung"

In den Archivolten (Bogenläufen) ist ein vierteiliger Engelszyklus zu sehen: Die innerste Reihe wird von zwölf Passionsengeln, die nächste von 14 Verkündigungsengeln gebildet; die folgende besteht aus 16 anbetenden und preisenden Engeln; die äußerste Reihe zeigt 16 apokalyptische Engel, von denen vier das Gericht mit ihren Posaunen begleiten, indem sie in die vier Weltrichtungen blasen.

Am Mittelpfeiler (Trumeau) steht der hl. Petrus, der Patron des Erzbistums, früher auch des Erzstifts, begleitet von heiligen Märtyrern der frühen Kirche in den Gewänden. Links sieht man (v. li.): ■ Clemens ■ Katharina ■ Cosmas ■ Bonifatius ■ Margareta und ■ Laurentius. Rechts befinden sich (v. li.): ■ Stephanus ■ Agnes ■ Apollinaris ■ Pantaleon ■ Barbara (mit Turm) und ■ Cornelius. An den vorspringenden Zwischenpfeilern (G9 bzw. G10) stehen die hll. Georg und Gereon bzw. Mauritius und Quirinus.

Die Bronzebeschläge der Tore schuf Ewald Mataré anlässlich des Domjubiläums von 1948. Die rechte Tür, „Papsttür" genannt, ist Papst Pius XII. gewidmet; im oberen Teil zeigt sie dessen Wappen und Wahlspruch *„Opus justitiæ pax"* („das Werk der Gerechtigkeit ist der Frieden"), als Mosaik sind Pelikan (Liebe) und Hahn (Wachsamkeit) ausgeführt.

Die linke Tür, die „Bischofstür", zeigt oben das Wappen von Kardinal Frings (* 1887, Erzbischof 1942–69) und seinen Wahlspruch *Pro hominibus constitutus* („für die Menschen bestellt"). Als Repräsentanten der Gaben des Heiligen Geistes sieht man, zu einem Reigen geordnet, sieben in Köln verehrte Heilige: (links) ■ Hermann Joseph (Frömmigkeit) ■ Johannes Duns Scotus (Verstand) ■ Petrus Canisius (Wissenschaft) ■ Gereon (Stärke); (rechts) ■ Albertus Magnus (Rat) ■ Thomas von Aquin (Weisheit) ■ Ursula als Schutzmantelheilige (Gottesfurcht)[442]

Unter dem Tympanon ist eine lateinische Inschrift angebracht, die an die Fertigstellung des Doms im Jahr 1880 erinnert:

METROPOLITANA HÆC ECCL. AMPLISSIMUM HUIUS URBIS MONUMENTUM TOTIUS GERMANIÆ INSIGNE DECUS A. MCCXLVIII A CONR. DE HOSTADEN ÆPO ÆDIFICARI COEPTA EST. CHORUM CONSECRAVIT A. MCCCXXII HENRICUS DE VIRNEBURG ÆPUS. OPERIS PER INSEQUENTIA DUO SÆC. CONTINUATI PROGRESSUM INDE A SÆC. XVI TEMPORUM INJURIA IMPEDIVIT ATQ. INTERRUPIT. TANDEM A. MDCCCXLII FRID. GUILELMUS IV REX NOSTER AUGUSTISS. IDEMQU. OPERIS PROTECTOR LIBERALISS. ÆDIS PERFICIENDÆ PRIMUM LAPIDEM CUMQ. AB JOH. DE GEISSEL CLEMENTIS AUGUSTI ÆPI COADIUTORE SACRATUM IN HUIUS PORTÆ FUNDAMENTO POSUIT. SOCIETATE HUIC MONUMENTO PERAGENDO CONSTITUTA AC STIPE UNDIQUE COLLATA TEMPLUM IPSUM A. MDCCCXLVIII AB EOD. JOH. ÆPO CONSECRATUM EST. GEMINARUM VERO TURRIM EXÆDIFICATIO PAULO MELCHERS ÆPO RECEPTA. CONSUMMATARUM SOLLEMNITAS CONCELEBRATA EST PRÆSENTE AUGUSTISS. IMP. NOSTRO ET REGE GUILELMO I. OPERIS PROTECT. MUNIFICENTISS. A. MDCCCLXXX D. XV OCT. LEONIS P. P. XIII A III.

Das östliche Portal (Gereonsportal)

Das Tympanon ist dem Martyrium des hl. Gereon und seiner Gefährten gewidmet, in den Archivolten sind 16 Heilige der thebaischen Legion und die 14 Nothelfer dargestellt. Das Gewände weist Figuren von Heiligen auf, die in Köln und am Rhein wirkten bzw. verehrt werden. Links stehen (v. li.): ■ Johannes von Nepomuk ■ Agatha ■ Victor ■ Gregor von Spoleto und ■ Evergislus. Rechts sieht man (v. li.): ■ Alban ■ Agilolfus ■ Eliphius ■ Cassius und ■ Blasius[443].

Die 1954 von Ewald Mataré als letzte von dreien fertiggestellte Bronzetür wird wegen ihres Programms auch „Schöpfungstür" genannt. Sie zeigt die in einen Kreisbogen, den Weltenkreis (besetzt mit Adam, Eva und zahlreichen Tieren), hineinfahrende Schöpferhand Gottes, diese ganz in weißem Mosaik ausgeführt. Einer der langen Finger deutet auf eine einzelne Gestalt, die demütig kniende Maria, die den zwölften Teil eines schwebenden Kreises von elf kleinen Engelsdarstellungen bildet. Der Engelsreigen schließt zwei biblische Szenen – die Erscheinung Gottes im Alten und im Neuen Testament – ein: Während links der Brennende Dornbusch (einschließlich der von Moses beiseite gelegten Sandalen) zu sehen ist, erscheint rechts der verklärte Christus auf dem Tabor[444] (in hellem Mosaik ausgeführt) vor dreien seiner Jünger (vgl. auch s. S. 247 ff., Scheibe 9). Unter dem Kranz ist ein großes Netz ausgespannt, das oft fälschlich als Symbol der Kirche bezeichnet wird. Die als Türgriff ausgebildete Teufelsfratze in der Mitte des Netzes und die unten an ihm hängenden Dämonendarstellungen lassen keinen Zweifel daran, dass es als Symbol der Sünde und der sündhaften Verstrickung des Menschen verstanden werden will. Auch die Leidenswerkzeuge Christi befinden sich im Netz. Sie sind Symbol der Erlösung von dieser Verstrickung.

Tafel zur Erinnerung an die Grundsteinlegung

Die Bronzetafel erinnert an die Grundsteinlegung vom 3./4. September 1842 am südwestlichen Eckpfeiler des südlichen Querhauses (G8; vgl. Pfeilerschema): An der Stelle, an der König Friedrich Wilhelm IV. von Preußen und Erzbischof-Koadjutor Johannes von Geissel den Grundstein zum Weiterbau des Doms legten, ließ im Jahr 1908 Dombaumeister Hertel, der Nachfolger Voigtels, eine Bronzetafel mit folgendem Text anbringen:

„Am 4. September 1842 legte an dieser Stelle König Friedrich Wilhelm IV. den Grundstein zum Fortbau des Domes mit einer ewig denkwürdigen Rede, welche in die Worte ausklang: ‚Das große Werk verkünde den spätesten Geschlechtern von einem durch die Einigkeit seiner Fürsten und Völker großen, mächtigen, ja, den Frieden der Welt unblutig erzwingenden Deutschland, von einem durch die Herrlichkeit des großen Vaterlandes und durch eigenes Gedeihen glücklichen Preußen, von dem Brudersinne verschiedener Bekenntnisse, der inne geworden, dass sie Eines sind in dem einigen göttlichen Haupte. Der Dom von Cöln, das bitte ich von Gott, rage über diese Stadt, rage über Deutschland, über Zeiten, reich an Menschenfrieden, reich an Gottesfrieden bis an das Ende der Tage.' Seinem unvergesslichen ersten Protektor gewidmet von dem Zentral-Dombau-Verein im Jahre 1908."

Die Worte Friedrich Wilhelms IV. stammen aus seiner damals aufsehenerregenden Rede, die er bei der Grundsteinlegung gehalten hatte. Die Tafel wurde im Zweiten Weltkrieg beschädigt, ist inzwischen jedoch wieder hergestellt[445].

Das nördliche Querhaus

18

Allgemeines

Die Stelle des nordöstlichen Jochs dieses Querhauses diente jahrhundertelang als Eingangsbereich vor dem nördlichen Seiteneingang. Die nach Westen anschließenden Joche waren mit der Pfarrkirche St. Maria im Pesch überbaut, die 1843 abgerissen werden musste. Die östlichen Pfeiler des Querhauses hatte man bereits im 13., die westlichen im 15. Jahrhundert aufgeführt. Die anderen Bauteile stammen aus der Zeit zwischen 1844 und 1863. Die Arkaden sind nicht wie im Langhaus mit Krabben besetzt. Im Jahr 1865 wurde das von dem Glasmaler Friedrich Baudri ausgeführte „Nordfenster" (N XIII) in die Nordfassade eingesetzt. Dabei handelte es sich um eine Stiftung Kölner Bürger, die an die Erhebung des Erzbischofs Johannes von Geissel zum Kardinal erinnern sollte.

Am 28./29. Juni 1943 zerstörte ein Bombentreffer am Dachfirst die Gewölbe des nördlichen Querhauses und die Fassade samt Giebel. Dabei wurden das o.g. Nordfenster sowie die Vorkriegsorgel (s. S. 228 ff.) vollständig zertrümmert. Der heute freigebliebene Platz weist daher im Gegensatz zur Südseite keinen figürlichen Schmuck auf. Die Gewölbe wurden bis 1956 wiederhergestellt, die Orgel erneuerte man an dieser Stelle nicht [286].

Der Dreikönigenaltar mit der Gnadenmadonna

Die hohe, schwarze Marmorarchitektur an der Ostwand des nördlichen Querschiffs bildete ursprünglich die Stirnseite des barocken Dreikönigenmausoleums (s. S. 132 ff.), das Ende des 17. Jahrhunderts in der Achskapelle errichtet worden war. Dort barg es bis 1864 den Dreikönigenschrein. Nachdem man das Mausoleum 1889 während der zweiten neugotischen Purifizierungswelle abgebrochen hatte, ließ das Domkapitel 1920 seine Vorderseite an dieser Stelle als Altar wieder aufbauen. Darauf weist die lateinische Inschrift über dem erleuchteten Glaskasten mit der Gnadenmadonna hin. Er lautet: Ex sacello Beatæ Mariæ Virginis ubi antea stabat huc translatum anno pacis 1920. Der Rahmen der schwarzen Marmorarchitektur wurde bei den Umgestaltungsarbeiten um fast einen Meter angehoben, verfügt also nicht mehr über die Originaldimensionen des Mausoleums.

Vier schwarze kannelierte Säulen tragen ein reichgestaltetes Gesims mit goldener Inschrift: Tribus ab Oriente Regibus devicto in Agnitione veri numinis Mundo Capitulum Metropol. Erexit. Darüber erhebt sich in schwarzem Marmorrahmen ein großes, rechteckiges Alabasterrelief, das die Anbetung durch die Heiligen Drei Könige zeigt. Die Könige nähern sich von rechts; der älteste König beugt sich zum Fußkuss zu einem ausgesprochen kindlichen Christus, der nackt auf dem Schoß seiner Mutter eher liegt als sitzt. Die äußeren Säulen der Architektur setzen sich nach oben über dem Sims in kleinen Sockeln fort, auf denen die 1699 von Michiel van der Voort[446] geschaffenen Marmorstatuen der hll. Felix und Nabor stehen. Damals wurde von anderer Hand auch eine Büste des hl. Gregor von Spoleto hinzugefügt, deren genaue Platzierung sich nicht mehr feststellen lässt. Sie galt lange als verschollen, wurde nach dem Zweiten Weltkrieg jedoch wiederaufgefunden.

Über dem Relief erhebt sich ein dreieckiges Giebelstück, in dessen Mitte das Wappen des wittelsbachischen Kurfürst-Erzbischofs Maximilian Heinrich, das ein Kurhut krönt, prangt. Rechts und links auf den Giebelschrägen ruhen zwei hingelagerte Frauengestalten, die ein Wappen halten; das rechte ist das des Erzstifts. Über allem schwebt der vergoldete Stern von Bethlehem. Nach einer Reinigung in den 70er-Jahren konnte man darauf die Jahreszahl 1709 entziffern.

Durch das vergoldete, barocke Eisengitter in der Mitte des Ensembles bot sich dem Besucher von 1920 bis 1939 der Blick auf den in der dahinterliegenden Schatzkammer aufbewahrten Dreikönigenschrein. Die davor stehende Vitrine birgt die seit dem Zweiten Weltkrieg hochverehrte Gnadenmadonna aus dem 18. Jahrhundert[447]. Die Marienstatue mit dem Kind auf dem Arm hat einen vergleichsweise kleinen Kopf. Das 1991 in weißer Moiréseide erneuerte Gewand ist über und über mit Schmuckstücken, Ketten, Ringen, Perlen, Münzen oder Medaillons behängt, deren älteste aus dem frühen 19. Jahrhundert stammen. Noch heute liefern Menschen mit bestimmten Wünschen und Sorgen wertvolle Schmuckstücke in der Sakristei ab, die anschließend geweiht und der Figur angeheftet werden. Die Spender bleiben in der Regel anonym[448].

Rechts am Altar befindet sich eine Inschrift zum Gedächtnis an Papst Johannes XXIII., der hier 1921 als junger Priester das Messopfer feierte[449].

Die Querhausorgel

Der große Bombenangriff auf Köln in der Nacht vom 28. zum 29. Juni 1943 hatte nicht nur die starke Beschädigung der nördlichen Querhausfassade zur Folge, sondern auch den Untergang der an ihr aufgehängten großen Orgel. Die vier mittleren Gewölbe des Querhauses waren ebenfalls eingestürzt (vgl. Skizze), sodass zunächst ein provisorisches Dach in Triforienhöhe eingezogen werden musste. Der gesamte Chorbereich wurde vom Langhaus und den Querschiffen mittels einer bis ins Gewölbe reichenden Wand abgetrennt, um den Gottesdienst im wiederhergestellten Ostteil des Doms zu ermöglichen. Als Standort für die neu zu errichtende Orgel mit Sängerbühne bestimmte Dombaumeister Willy Weyres die beiden zum Chor hin gelegenen östlichen Joche des nördlichen Querhauses, die innerhalb des vorübergehend abgetrennten Chorbereichs lagen. Aus dieser durch die Kriegsfolgen bedingten Positionierung wurde die Orgel eine „Chororgel". Daraus ergaben sich später – nach dem Abriss der Trennwand vor dem Katholikentag von 1956 – gewisse akustische Unzulänglichkeiten der Orgel.

Die Orgel wurde 1948 auf einer damals als sehr modern und gewagt empfundenen Empore errichtet, die von zwei pilzförmigen Betonkörpern getragen wird. Ihre Architektur sollte durchaus den Aufbruch in eine neue Zeit widerspiegeln. Die Gemälde auf ihrer Unterseite führte 1964 der Kirchenmaler Peter Hecker aus[450]. Sie weisen auf die Bedeutung der Musik im Gottesdienst hin, wobei sich die Nordseite Themen des Alten Bundes, die Südseite solchen des Neuen Bundes widmet. Die nach Süden weisende Malerei nächst der zur Krypta führenden Treppe stellt u. a. den Kardinal-Erzbischof Frings beim Geigenspiel dar.

Das Orgelwerk wurde von der Fa. Johannes Klais Orgelbau (Bonn) erbaut. „Das technische Konzept von 1948 war innovativ für die damalige Zeit. Das System der elektro-pneumatischen Kegelladen, das Hans Klais von ca. 1920 bis 1960 im Prinzip unverändert gebaut hat, erlaubte die Realisierung einer großzügigen Anlage in der Tradition der spätromantischen Orgel. Hiervon ausgehend hatte Hans Klais durch Einflüsse der Bauhausarchitektur und der Orgelbewegung zu seinem Stil gefunden: hintereinander stehende Kegelladen, teils auf zwei Ebenen (16'/8'-Lade oben, 4'-Lade unten ...), durch Stimmgänge strukturiert, hinter einer sprechenden Front ohne geschlossenes Gehäuse ... Die klingenden Prospektpfeifen verdecken auf allen sichtbaren Seiten das weitläufige Instrument, das frei im Raum auf der Empore steht" (HANS WOLFGANG THEOBALD). Bereits nach der Niederlegung der Chortrennwand traten allerdings akustische Mängel zutage.

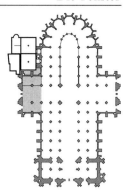

Die Orgel vermochte nur mit Not den gewaltigen Raum zu beschallen. So wurde noch im selben Jahre eine Erweiterung durchgeführt, sodass die Orgel nun insgesamt über 7 600 Pfeifen, 88 Stimmen und vier Manuale verfügte. *„Die Zusätze von 1956 kann man ... als Ergänzung einer Übergangszeit erkennen, in der sich neue Einflüsse manifestierten: die neuen Laden wurden als elektrische Schleifladen mit den damals aufkommenden hochliegenden Aliquot-Registern gebaut – allerdings um den Preis der einheitlichen Struktur, die bis dahin die Orgel ausgezeichnet hatte"* (THEOBALD).

Seit Januar 2001 wurde die Orgel in grundlegender Weise überarbeitet, wobei die wiederum durchführende Fa. Klais eine „Restauration" ebenso wie eine „Reparatur" ausschloss und von einer „Reorganisation" sprach. Dabei galt es, den Charakter der Orgel von 1948 mit ihrem elektrischen Kegelladensystem als ein Denkmal der unmittelbaren Nachkriegszeit zu bewahren. Alle Windladen dieser Baustufe ebenso wie der Hauptteil des Pfeifenwerks wurden beibehalten, dagegen die Ergänzungen vom Jahr 1956, die elektrischen Schleifladen, entfernt.

„Hierauf aufbauend wurde die klangliche Präsenz der Orgel durch ein Anheben der Windladen, die Erhöhung des Winddrucks, die konsequente Ordnung der Windladen und den Austausch einzelner Stimmen auf den nun in ganzer Größe vorhandenen Kirchenraum ausgerichtet" (WINFRIED BÖNIG/PHILIPP KLAIS).

Das Instrument wurde insgesamt um zwei Meter angehoben, um mittels der größeren Nähe zu den Gewölben die Resonanz zu verstärken. Im April 2002 nahm man es wieder in Betrieb. In Zukunft soll durch elektronische Vernetzung mit der Langhausorgel das Spielen beider Orgeln von einem Spieltisch aus möglich sein.

Die Jahresstäbe

Die Jahresstäbe über der Tür zur Beichtkapelle, der ehemaligen Schatzkammer (s. S. 249 ff.), zeigen – einem älteren Brauch folgend, der seit 1587 bezeugt ist – an, wie viele Jahre der regierende Erzbischof bereits im Amt ist. In einen Vierpass ist eine schwarze Tafel in die Wand eingelassen, auf der in goldenen Buchstaben steht: QUOT PENDERE VIDES BACULOS; TOT EPISCOPUS ANNOS HUIC AGRIPPINÆ PRÆFUIT. Dieser Brauch ist nur aus dem Erzbistum Köln bekannt.

Die Fenster

Die beiden Seitenschiffe des Querhauses weisen an ihrer Nord- bzw. Südseite je zwei Fensteröffnungen auf. Diejenigen, die an das Langhaus anschließen, sind konstruktionsbedingt zweibahnig. Außen befinden sich jeweils vierbahnige Fenster.

Auf der Nordseite sah DeNoel im Jahr 1834 Fenster, die die hll. Pantaleon, Laurentius, Petrus und Andreas darstellten. Paul Clemen äußerte später die Vermutung, diese Fenster seien verschollen. Sie waren jedoch nach 1871 in das sog. Gnadenstuhlfenster eingesetzt worden, das sich bis in die 90er-Jahre des 20. Jahrhunderts im westlichen vierbahnigen Fenster befand (K8–J8). Bis dahin waren hier die alten domeigenen Scheiben mit den Darstellungen der hll. Silvester, Gregor von Spoleto, Felix und Nabor zusammengefasst worden (s. S. 124 ff.).

Heute, nach der Entfernung des Gnadenstuhlfensters, befindet sich hier das 1966/67 entstandene vierbahnige Kinderfenster, eine durchaus ungotische Darstellung mit Szenen aus dem Leben Jesu Christi. Finanziert wurde es mit Spenden Kölner Kinder, die seit dem Domjubiläum von 1948 gesammelt wurden. Die Entwürfe stammen von dem Kunstmaler Bernhard Kloß, die glasmalerische Umsetzung besorgte Dr. Reuter, das zugrundeliegende theologische Programm erdachte

Bernhard von Clairvaux
(1090–1153) stammte
aus einer burgundischen
Ritterfamilie, trat 1113
mit ca den 30 jungen
Adligen dem Kloster
Cîteaux bei und wurde
schon 1115 ausgesandt,
um in Clairvaux ein
neues Kloster zu grün-
den. Er avancierte
binnen kurzem zu
einer Führerpersönlich-
keit im europäischen
Kirchen- und Kloster-
wesen, machte Front
gegen die frz. Krone und
die Wohlhabenheit des
benediktinischen Cluny.
Er griff in die Papstwahl
ein, förderte Ritterorden
und griff Abälard wegen
dessen Rationalismus
scharf an. Nach Bern-
hards Auffassung hätten
Könige und Ritter
nur die Aufgabe, die
Ungläubigen (mit allen
Mitteln) zu bekämpfen,
während der (von ihm
eingesetzte) Papst die
Welt regieren sollte.
Er agitierte für den
Zweiten Kreuzzug, trat
jedoch für die rheini-
schen Juden ein, nach-
dem Kreuzfahrer began-
nen, sich an ihnen zu
vergreifen. Er predigte
mit Erfolg in Köln (Jan.
1147), ohne jedoch der
Volkssprache mächtig zu
sein. Der ausgelöste
Kreuzzug war fast ganz
erfolglos, was zu einem
Ansehensverlust Bern-
hards führte. Ein Neben-
ergebnis des Zugs war
allerdings, dass sich eng-
lische, flämische und
Kölner Kreuzfahrer an
der Eroberung des von
Sarazenen verteidigten
Lissabon beteiligten.

der derzeitige Dompropst Hermann Josef Hecker. Links daneben, in dem zweibahnigen Fenster der Westseite (nord XX bzw. F8–J8), sieht man den sog. Christuszyklus, der ursprünglich nicht domeigen war. Ebenso ist das Bernhard-Fenster auf der Nordseite (n XVIII bzw. K11–J11) ursprünglich domfremd.

Das hl. Bernhard-Fenster (nord XVIII oder K11–J11)

Seine Scheiben stammen ursprünglich aus dem Kreuzgang des abgerissenen Klosters St. Apern und St. Bartholomäus zu Köln[451]. Nach der Säkularisation wurden die Fenster des Kreuzgangs ab 1803 in das ehemalige Jesuitenkolleg gebracht. Aus diesen sonderte man die Bernhard-Scheiben aus und verwendete sie zunächst auf der Westseite des nördlichen Querhauses. 1963 wurden sie in die Fensteröffnung K11–J11 eingesetzt. Die Entscheidung für diese abgelegene Stelle über den Jochen der ehemaligen Schatzkammer bedeutet jedoch praktisch, dass die schönen Scheiben dem Dombesucher vorenthalten bleiben.

Diese Glasgemälde sind in den Jahren 1524–1526 entstanden. Dabei muss es sich um den Rest eines einstmals größeren Zyklus handeln (CV 164 ff., hier die vollständigen Inschrifttexte und farbige Abbildungen).

1a) **Bernhard nimmt Abschied vom Elternhaus** Bernhard, in dunkelroter, weltlicher Tracht mit ebensolcher Kopfbedeckung, steht mitten im Hof des elterlichen Schlosses zu Fontaines (sein Haupt ist von einem schwachen Nimbus umgeben). Von links nach rechts sind zu erkennen: Bruder Bartholomäus, Vater Tezelin, Schwester Gumbeline, hinter ihr Elisabeth und Guido Veiths, Bruder Gerhard und Oheim Galdricus, rechts unten der kleine Bruder Nivard. Unter dem Torbogen versucht Bernhard, seinen Bruder Gerhard zum Eintritt ins Kloster zu bewegen.

1b) **Der Novize Bernhard wird vom Abt getadelt** In der Mitte thront der Abt; rechts und links sitzen die Novizen. Bernhard, vorne ganz links an der Säule, gekleidet in den vorn offenen Novizenmantel, hält demütig das nimbengezierte Haupt gesenkt. Die Darstellung lehnt sich an die des zwölfjährigen Jesus im Tempel an.

1c) **Bernhard im Gebet bei der Ernte** Bernhard (nimbiert) kniet betend vor einem kleinen Bildnis des Auferstandenen um die Kraft, das Mähen zu erlernen; rechts im Hintergrund mähen fleißig vier Mitbrüder.

1d) **Stifterin mit hl. Maria Magdalena und weiblicher Familie** Sechs kniende Stifterinnen mit der hl. Maria Magdalena, erkennbar an dem Attribut des Salbgefäßes. Die Stifterinnen halten Rosenkränze in der Hand. Sie sind keine Nonnen, sondern Kölner Bürgersfrauen (was mag sie zu dieser Stiftung bewogen haben?). Es ist unklar, ob diese Stifterscheibe ursprünglich zum Bernhard-Zyklus gehörte.

2a) **Bernhard auf dem Krankenlager** Hingestreckt auf einer Liege, die Augen geschlossen, liegt Bernhard. Den Hintergrund des Raums füllt eine Gruppe von 11 Mönchen, in deren Mitte der Abt Wilhelm von St-Thierry (um 1085–1148) steht, der den Kranken besucht. Der Mönch zu seiner Rechten scheint Erklärungen zum Zustand des Kranken zu machen; ganz links sieht man zwei Mönche, von denen der rechte sich erschrocken die Hand vor den Mund hält, als hätte er gerade etwas Unerhörtes gesagt.

2b) **Vision des Gerichtes** Durch eine Arkade erblickt man eine offene Landschaft mit Burgen und einer Kirche. Im Himmel thront auf einer Bank die Hl. Dreifaltigkeit, in tiefrote Gewänder gekleidet. Auf der linken Seite nähert sich ihr der hl. Bernhard, die Hände zum Gebet gefaltet (seine Gestalt wurde erneuert); von rechts naht ein graublauer Teufel. Es handelt sich um eine

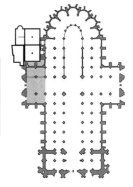

Vision, die Bernhard als Schwerkranker hatte; rechts die Inschrift: SATAN EX ADVERSO IMPROBIS ELUM ACCUSATIONIBUS PULSANS.

2c) **Bernhard auf dem Sterbelager** Hingebettet auf eine ähnliche Liege wie in 2a), liegt der Heilige; hinter ihm stehen zwei Mönche, deren Rede in einem Inschriftband festgehalten ist: NUN-QUID NON MISERERIS (HUIC MONASTERII, PATER). Bernhard antwortet: QUID ELIGAM IGNORO COARCTOR AUTEM E DUOBUS DESIDERIUM HABENS DISSOLVI ET ESSE CUM CHRISTO MULTO MAGIS MELIUS MELIUS PERMANERE AUTEM IN CARNE NECESSARIUM PROPTER VOS nach Philipper 1,22–25[452]. Im Hintergrund zwei singende Mönche.

2d) **Bernhards Himmelfahrt** Der Heilige wird von zwei Engeln emporgetragen; die Rahmenarchitektur entspricht der der Gerichtsvision (2b).

Das Christus-Zyklus-Fenster (nord XX oder J8–F8)

Diese Scheiben sind die Reste zweier nur fragmentarisch erhaltener Zyklen. Es ist möglich, dass ein Teil von ihnen, die jüngeren, aus dem Kreuzgang von St. Cäcilien stammen, während sich die älteren wohl im Kloster St. Apern befanden. Nach der Zerstörung der genannten Bauten im frühen 19. Jahrhundert wurden die Fenster in einem Depot gelagert. Als sie später in den Dom kamen, waren sie schon nicht mehr vollständig.

Die chronologisch nicht immer ganz richtige Anordnung der Rechteckscheiben in zwei Bahnen mit je neun Feldern erfolgte im Jahr 1870. Die vier unteren Scheiben gehören vermutlich zur älteren Gruppe (entstanden um 1525), die stilistisch eng mit den Bernhard-Scheiben verwandt ist. Die Entstehungszeit der jüngeren Gruppe darf mit 1562 angesetzt werden.

1a) **Der hl. Antonius Eremita** Der Heilige mit den Attributen der Fackel, des T-Stabs (daran zwei Glöckchen) und des Schweins stellt den namentlich nicht genannten Stifter vor.

1b) **Der hl. Gereon mit Stiftern** Der in Blau und Gold gerüstete Heilige (durch Inschrift SENT GERIIOEN ausgewiesen) stellt das Stifterpaar vor.

2a) **Der Stifter mit wappenhaltendem Engel** Links kniet der blaugekleidete Stifter; rechts vor ihm hält ein Engel sein Wappen. Dieses zeigt in Blau sieben goldene Eichen: Es ist das Wappen der Familie Seveneich. Der Stifter Johann Seveneich war 1550 Kölner Schöffe.

2b) **Der hl. Gereon** Der Heilige ähnlich wie in 1b)

3a) **Die Taufe Christi** Johannes in härenem Gewand steht rechts am Ufer, Christus bis zu den Knien im Wasser; hinter ihm hält ein Engel ein blaues Tuch bereit. Im Himmel sieht man eine flachovale goldene Mandorla, in der die Taube schwebt; dahinter erscheint, ebenfalls in Mandorla, der segnende Gottvater mit Weltkugel und Kreuz.

3b) **Christus am Jakobsbrunnen** In der Mitte steht ein Brunnen, darüber hängt ein Eimer am Seil. Christus, links in Blau mit goldenem Nimbus, bittet die Samariterin (rechts in Grün) um einen Trunk Wasser. Das Ereignis ist nach Joh 4,6 ff. dargestellt: Zwischen den beiden entspinnt sich ein Gespräch, in dessen Verlauf Jesus ihr die Eigenschaften Gottes als Geist, der im Geist und in der Wahrheit angebetet werden muss, erläutert und das Weib in ihm den Messias erkennt. Vers 21 weist auf den menschheitsumspannenden Charakter des Glaubens hin: „*Jesus spricht zu ihr: Weib, glaube mir, es kommt die Zeit, dass ihr weder auf diesem Berge, noch zu Jerusalem werdet den Vater anbeten.*" Der Berg, von dem die Rede ist, ist der Garizim[453].

4a) **Das Mahl bei dem Pharisäer Simon** Christus, links in Blau mit goldenem Nimbus, sitzt mit

| 2a | 2b | 2c | 2d |
| 1a | 1b | 1c | 1d |

Schema der Bernhardscheiben

10a	10b
9a	9b
8a	8b
7a	7b
6a	6b
5a	5b
4a	4b
3a	3b
2a	2b
1a	1b

Fensterschema

vier Personen an einer gedeckten Tafel, während vor ihm die Sünderin seine Füße mit ihren Haaren trocknet. Nach Lk 7,37 ff. dargestelltes Ereignis: Nachdem die Sünderin (identisch mit Maria Magdalena?) dem beim Pharisäer zu Tisch geladenen Jesus die Füße mit ihren Tränen gewaschen hatte, trocknete sie diese mit ihrem Haar und salbte sie anschließend.

4b) **Die Auferweckung des Lazarus** Aus einem leicht gekippten Sarg richtet sich der mit Binden umhüllte Lazarus zu Christus auf, der ihn an der rechten Schulter berührt und dazu das Segenszeichen macht. Eine aus zahlreichen Personen bestehende Gruppe umgibt die Szene, die nach Joh 11,1 ff. gestaltet wurde. Die Auferweckung wird oft als Präfiguration der Auferstehung verstanden.

5a) **Der Einzug Christi in Jerusalem** Auf einer Eselin reitet Christus, umgeben von zahlreichen ihn begrüßenden Juden, in Jerusalem ein. Die Juden verstanden den Einzug als die Erfüllung der Weissagung des Friedensfürsten (s. die Textstelle 9,9 beim Kleinen Propheten Sacharja: *„Aber du Tochter Zion, freue dich sehr, und du Tochter Jerusalem, jauchze; siehe, dein König kommt zu dir, ein Gerechter und ein Helfer, arm, und reitet auf einem Esel und auf einem jungen Füllen der Eselin"*). Das Ereignis wird geschildert bei Mt 21,1–11, Mk 11,1–10, Lk 19,29–40 und Joh 12,12–19. Es wird von allen christlichen Kirchen als Palmsonntag (Palmarum) am Sonntag vor Ostern gefeiert.

5b) **Die Reinigung des Tempels** Christus, blaugewandet mit goldenem Nimbus, schwingt in der Rechten eine Geißel mit sieben Schwänzen. Rechts vor ihm ein Tisch, von dem Geldmünzen herunterfallen; die Wechsler und Händler wenden sich bei ihrer Flucht um. Das Ereignis wird bei Mt 21,12 f., Mk 11,15–17 und Lk 19,45–48 im Zusammenhang mit dem Einzug in Jerusalem geschildert. Bei Joh 2,13–17 fand die Reinigung im Anschluss an die Hochzeit von Kana statt.

6a) **Christus vor Kaiphas** Ein mit Schuppenharnisch gerüsteter römischer Legionär zieht Christus vor Kaiphas; im Hintergrund unter dem Tor zahlreiche Soldaten mit Spießen[454]

6b) **Christus vor Herodes** Christus tritt gefesselt und von zwei Knechten gehalten vor den links thronenden Herodes, der am Zepter zu erkennen ist.

7a) **Christus vor Hannas** Christus, von einem Legionär im Schuppenpanzer am Arm ergriffen, wird vor Hannas, der rechts thront, gezerrt[455]

7b) **Christus vor Pilatus** Ein Legionär (ähnlich wie in 7a) hält Christus, der Pilatus vorgeführt wird. Im Hintergrund befinden sich Krieger.

8a) **Die Verspottung Christi** Christus (in Violett) mit verbundenen Augen ist auf einen Schemel gesetzt worden. Vor ihm sitzt ein Mensch, der ihn anspeit, andere strecken ihm die Zunge heraus. Ereignis nach Mt 26,67 (*„Da spieen sie aus in sein Angesicht und schlugen ihn mit Fäusten"*) und Mk 14,65 (*„Da fingen an etliche ihn zu verspeien und zu verdecken sein Angesicht"*); bei Joh 19,3 erhält Jesus Ohrfeigen.

8b) **Die Kreuzbereitung** Christus wird von Zivilisten und geharnischten Soldaten, von denen einer auf dessen zu Boden geworfenen Mantel steht, auf das bereitgelegte Kreuz gedrückt. Im Hintergrund stehen Maria und Johannes, dahinter liegt die Stadt.

9a) **Die Kreuzabnahme** Mit einem Gehilfen, der auf eine Leiter gestiegen ist, nimmt Joseph von Arimathia den gestorbenen Christus vom Kreuz. Rechts stehen abgewandt und in fassungsloser Trauer Maria und Johannes. Ereignis nach Mt 27,57–60, Mk 15,43–46, Lk 23,50–56 und Joh 19,38–42. Bei Johannes findet auch Nikodemus Erwähnung.

9b) **Die Verklärung auf dem Berg Tabor** Auf einem Berggipfel steht Christus, frontal dreien seiner Jünger zugewandt. Bei diesen handelt es sich um Petrus (mi.), Jakobus d. Ä. (li.) und Johannes (re.). Im Himmel erscheinen rechts und links über Wolken, die vom Berg ausgehen, Moses mit den Gesetzestafeln und der Prophet Elias. Diese Scheibe ist falsch eingereiht, denn die Verklärung (auch: *Transfiguration*) fand vor der Kreuzigung statt. Das Ereignis ist dargestellt nach Mt 17,1 ff., Mk 9,2 ff. und Lk 9,28 ff.

10a) und 10b) Je zwei Propheten mit unleserlichen **Spruchbändern**
Im Couronnement wurden Scheibenfragmente verschiedener Herkunft zusammengeführt.

Die ehemalige Schatzkammer

Fast anderthalb Jahrhunderte lang lag die Domschatzkammer auf der Ostseite des nördlichen Querhauses und war von diesem aus zugänglich (vgl. Skizze). Der aus zwei Jochen bestehende Raum wurde in dieser Form erst in der zweiten Hälfte des 19. Jahrhunderts zur Schatzkammer ausgestaltet. Das südliche der beiden Joche fungierte im Mittelalter als Eingangshalle für Besucher des Doms, die nicht vom damaligen südlichen Haupteingang, sondern über die Treppen von der Trankgasse zwischen St. Maria in pasculo und dem (neuen) Kapitelsaal (s. S. 254 ff.) herauf-stiegen. Dieser Funktion verdankt das Netzgewölbe seine besonders aufwändig gestalteten Schlusssteine: Neun farbige Steine zeigen Maria mit dem Kind, umgeben von den vier Evangelistensymbolen und den vier Kirchenvätern. Das von Zwirner in Anlehnung an den spätgotischen Bau gestaltete nördliche Gewölbejoch aus dem Jahr 1845 weist dagegen keinen Schmuck auf. Über dem mittelalterlichen Gewölbe befand sich bis 1794 die berühmte, 1803 vom Landgrafen von Hessen-Darmstadt geraubte Dombibliothek (s. S. 69 ff.).

Die ursprüngliche Schatzkammer des gotischen Doms hatte sich im nördlichen Joch des sog. Nordbaus, einem 1867/68 unter Dombaumeister Richard Voigtel abgerissenen hochgotischen Bau von etwa 1248, befunden. Einen Ort zur Aufbewahrung der Schätze gab es bereits im Alten Dom; er trug die Bezeichnung „aurea camera" („Goldene Kammer").

Die im 19. Jahrhundert eingerichtete Schatzkammer war – zusammen mit dem Schrein der Heiligen Drei Könige – bevorzugter Ort zahlreicher Diebstähle und Diebstahlversuche. Der letzte Diebstahl fand hier am 8. Februar 1995 statt. Bei der Beute handelte es sich um ein silbernes Vortragekreuz, das auf ungeklärte Weise abhanden kam. Der 1997 verstorbene Kölner Zuhälter Schäfers Nas' erbot sich, das Diebesgut in der Kölner Unterwelt aufzuspü-

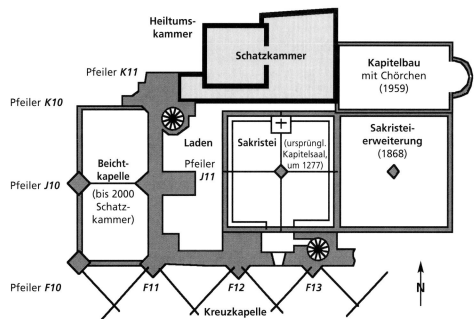

Sakristeikomplex mit ehemaliger und Neuer Schatzkammer (heutiger Zustand)

ren („*es ist eine Sauerei, im Dom etwas zu klauen*") und zurückzuerstatten. Tatsächlich händigte er bald darauf das Vortragekreuz einem Geistlichen aus. Der Täter blieb unbekannt.

Da die Räumlichkeiten nicht ausreichten, alle Schätze und Ausgrabungsfunde in angemessener Weise zu zeigen, baute man die mehrgeschossigen Kellerräume der ehemaligen Sakristei zu diesem Zweck um und übergab sie am 21. Oktober 2000 ihrer neuen Bestimmung. Auf eine Beschreibung muss im Rahmen dieses Buchs verzichtet werden[456].

Die Nordfassade und die Portale

19

Allgemeines

Mit dem Bau der nördlichen Querhausfassade begann man bereits im 14. Jahrhundert, erreichte im Gewände beiderseits des Ostportals (s. S. 251 ff.) bis zur Baueinstellung aber lediglich eine Höhe von etwa 5 m. Aus dem Vorgefundenen entwickelte Dombaumeister Zwirner die Grundrissform der 1843–1855 errichteten neugotischen Nordfassade. Beim Aufriss hatte man sich für die einfachere Variante zweier Pläne Zwirners entschieden (s. S. 243 ff.). Der Fortbau konnte erst beginnen, nachdem die Pfarrkirche St. Maria im Pesch, die seit 1508 auf den nördlichen Jochen des nördlichen Querhauses gestanden hatte, sowie der (neue) Kapitelsaal abgerissen worden waren.

Der Schlaitdorfer Sandstein, aus dem man die Fassade errichtet hatte, war schon um 1900 sehr verwittert. Die Bombenschäden des Zweiten Weltkriegs setzten der Fassade ebenfalls sehr zu, sodass sie in den Jahren 1962 bis 1982 fast völlig erneuert werden musste. Zur Verwendung kam der widerstandsfähige Londorfer Basalt. Bis 1972, dem Jahr des Ausscheidens von Dombaumeister Willy Weyres, wurden nur die Architekturformen genau repliziert, die figürlichen Arbeiten auf der Ostseite jedoch im Zeitgeschmack ausgeführt (man beachte insbesondere die Krabben). Mit dem Amtsantritt des Dombaumeisters Arnold Wolff dagegen wurden die alten Formen im mittleren und westlichen Bereich getreulich wiederholt.

Das östliche Portal (Bonifatiusportal)

Das heute zugemauerte Portal liegt vor dem nördlichen Eingangsbereich des unvollendeten Doms; direkt dahinter befinden sich die zwei Joche der ehemaligen Schatzkammer (s. S. 249 ff.). Die figürlichen Darstellungen an dem Portal sind dem Leben des britannischen Missionars Bonifatius, zahlreichen Schutzheiligen und Bischöfen Germaniens, des späteren Deutschland gewidmet. Die auf dem Wimperg stehende Kreuzblume (von Erlefried Hoppe, 1965) illustriert Szenen aus dem Leben des Apostels Paulus, der auch im Schlussstein des Wimpergs dargestellt ist. In den Krabben sieht man irische Mönche, die Waldmenschen predigen. Die um 1964 entstandenen Werke wurden von den Bildhauern Werner Meurer, Ewald Bell und Engelbert Davepon († 1983) geschaffen.

Das Tympanon zeigt drei Szenen: die Fällung der Eiche des heidnischen Gottes Donar, die Weihe des hl. Bonifatius zum Bischof durch Gregor II. und den Märtyrertod des Bonifatius.

Die Archivolten weisen in vier um das Gewände herumlaufenden Reihen Bildnisse von Schutzheiligen und Patronen (ehemals) deutscher Bistümer und Landschaften auf:

- Die acht Gestalten in der äußersten Archivoltenreihe zeigen: ■ Bischof Ulrich von Augsburg ■ Adalbert, Erzbischof von Prag ■ die Kaiserin Kunigunde ■ den Stifter Leopold III. von Österreich ■ Elisabeth von Thüringen ■ Notburga, die Patronin der Sonntagsruhe ■ den Märtyrer Johannes Sarkander ■ den Kapuziner Fidelis von Sigmaringen
- Im zweitäußeren Archivoltenbogen stehen weitere acht Bildnisse: ■ Willibald von Eichstätt ■ Walburgis ■ Burchard von Würzburg ■ Sturmi(us) von Fulda ■ Adalhard von Corbie ■ Meinrad von Einsiedeln ■ Königin Mathilde ■ Wolfgang von Regensburg
- In der zweitinneren Bogenreihe sieht man acht Bildnisse mit folgenden Gestalten: ■ Alban von Mainz ■ Emmeram von Regensburg ■ Goar vom Rhein ■ Rupert von Salzburg ■ Fridolin von Bayern ■ Kilian von Würzburg ■ Arbogast von Straßburg ■ Corbinian von Freising
- Die sechs Bildnisse der innersten Archivoltenfiguren zeigen: ■ Crescentius ■ Agritius, den

Bischof von Trier ■ Castor, den Einsiedler von Karden an der Mosel ■ Afra von Augsburg
■ Severin von Noricum ■ Valentin von Passau.

Die Standfiguren im Gewände stellen links (v. li.) ■ Ansgar ■ Willibrord ■ Servatius und ■ Bonifatius
dar; rechts (v. li.): ■ Eucharius ■ Lambertus ■ Ludgerus und ■ Liborius[457].

Der plastische Schmuck des inneren Portals wurde zwischen 1879 und 1881 in der Werkstätte
des Peter Fuchs gefertigt.

Das mittlere Portal (Michaelsportal)

Im Wimperg steht der auferstandene Christus mit der Siegesfahne zwischen den vier Kirchen-
lehrern Hieronymus, Ambrosius, Augustinus und Gregor dem Großen. Während im Mittelportal
der Südseite die Passion die Thematik bestimmt, wird hier die Verwirklichung des Heilsgeschehens
dargestellt.

Das Tympanon zeigt die Gründungsgeschichte der Kirche: ■ die Übergabe des Hirtenamts an
Petrus ■ die Aussendung der Apostel und die Himmelfahrt Christi ■ die Sendung des Hl. Geistes
und das Damaskuserlebnis des Paulus ■ die Apostelteilung und das Konzil von Jerusalem

Ursprünglich waren für die Archivolten des Mittelportals Darstellungen der 24 Ältesten der
Apokalypse vorgesehen. Da es jedoch galt, die vorhandenen 58 Konsolen zu besetzen, musste
man von diesem Vorhaben absehen. Man entschied sich für 58 Schutzheilige verschiedener
Berufe (Helmken 90 u. Clemen 142).

- ■ In den äußersten Archivoltenreihen sieht man 16 Gestalten: ■ Albertus Magnus – Theologen
  ■ Raymund von Peñaforte – Kanoniker ■ Ivo von Chartres – Juristen ■ Pantaleon – Ärzte
  ■ Cosmas – Chirurgen ■ Katharina von Alexandrien – Philosophen ■ Georg – Soldaten ■ Joseph
  – Zimmerer ■ Johannes der Täufer – Küfer, Kürschner ■ Petrus – Uhrmacher ■ Paulus – Tep-
  pichwirker ■ Eliphius – Fischer ■ Servatius – Gerber ■ Stephanus – Steinhauer ■ Martin von
  Tours – Gewandschneider ■ Evergislus –Glasmaler.

- ■ In der zweitäußeren Reihe sieht man 16 Bildnisse: ■ Eligius – Goldschmiede ■ Brigitta von
  Schweden – Nadelmacher ■ Maria Magdalena – Friseure, Kammacher ■ Elisabeth von Thüringen – Bäcker ■ Erasmus – Drechsler ■ Eustachius – Harnischmacher ■ Crispinus – Schuster
  ■ Antonius Eremita – Bürstenbinder, Schweinemetzger ■ Florian – Kaminfeger ■ Agatha – Glo-
  ckengießer ■ Afra von Augsburg – Schellenmacher ■ Mauritius – Waffenschmiede ■ Bonifatius,
  der Apostel Germaniens – Feilenhauer ■ Reinoldus – Maurer ■ Kilian von Würzburg – Tüncher
  ■ Rochus – Pflasterer

- ■ In der zweitinneren Reihe befinden sich folgende 14 Bildnisse: ■ Ludovicus (Ludwig IX.), König
  von Frankreich – Buchbinder ■ Goar – Gastwirte, Töpfer ■ Werner von Oberwesel – Winzer
  ■ Medardus – Fuhrleute ■ Dorothea – Gärtner ■ Wendelin – Schäfer ■ Nikolaus – Schiffer, Fass-
  binder, Apotheker ■ Petrus von Mailand – Bierbrauer ■ Severus – Weber ■ Anna – Näherinnen,
  Hausfrauen, Schreiner ■ Barbara – Baumeister ■ Cäcilie – Musiker ■ Papst Clemens – Seeleute
  ■ Frumentius – Kaufleute.

- ■ Ganz innen sieht man zwölf Figuren: ■ Hubertus – Jäger ■ Isidor – Bauern ■ Laurentius – Köche
  ■ Leonardus – Schlosser ■ Martha – Wirte ■ Onesimus – Dienstboten ■ Cassianus – Schullehrer
  ■ Ursula – Lehrerinnen ■ Veronika – Leineweber ■ Vincentius Ferrer (Vererius) – Dachdecker
  ■ Lukas – Maler, Bildhauer ■ Christophorus – Walker, Lastträger

Am Mittelpfeiler (Trumeau) des Portals steht der Erzengel Michael über dem am Boden liegenden
Satan, der sich mit der Hand an den Kopf fasst, womit er – antiker Gebärdensprache folgend –

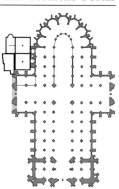

die Trauer über seinen Sturz ausdrückt. Im linken Gewände sieht man (v. li.): ■ Karl Borromäus (Kreuz) ■ Franz von Assisi (z. Z. Leerstelle) ■ Antonius Abbas (Schwein) ■ Papst Leo den Großen (Mitra); im rechten Gewände stehen (v. li.): ■ Athanasios ■ Benedikt von Nursia (Rabe) ■ Ignatius von Loyola (Buch) und ■ Vincentius a Paulo (Knabe)[458]

Alle Bildhauerarbeiten (außer dem erneuerten Benedikt) stammen aus der Werkstatt des Peter Fuchs und wurden in den Jahren 1879 bis 1881 geschaffen. Nur die erwähnte Michaelsfigur hatte bereits 1875 Franz Meynen (1840–1915) geschaffen. Da ihr klassisch gestalteter Kopf und Teile der Satansfigur im Zweiten Weltkrieg zerschmettert wurden, fertigte Erlefried Hoppe um 1970 eine neue Skulptur, die allerdings eher an eine Comicfigur erinnert.

Die Bronzetüren von Wilhelm Mengelberg (1892) gehören zu den *„besten Arbeiten"* des 19. Jahrhunderts am Dom (WOLFF). Unter den zahlreichen Bildthemen ragen die Darstellungen der klugen und törichten Jungfrauen durch *„Zartheit der Komposition und Lieblichkeit des Ausdrucks"* hervor (zu den Portalen s. HELMKEN 94 ff.)

Das westliche Portal (Maternusportal)

Dieses Portal ist Gestalten der Kölner Kirche gewidmet. Im Tympanon sieht man drei Szenen aus Geschichte des hl. Maternus, der Legende zufolge der erste Bischof von Köln (um 313). Oben: Maternus wird vom Papst (Mitte) mit den hll. Eucharius und Valerius nach Germanien entsandt; darunter: Maternus wird mit dem Stab des Petrus von den Toten auferweckt; (re.) der Leichnam des Maternus fährt auf einem Boot von Lyskirchen bis Rodenkirchen, zwei Kölner Ortsteilen, den Rhein hinauf.

In den Archivolten stehen insgesamt 30 Heilige der Stadt und des Erzbistums Köln.

- Die äußerste Reihe der Archivoltenfiguren zeigt folgende acht Heiligengestalten: ■ Lüftildis ■ Christina von Stommeln ■ Famianus ■ den schwarzen Ewald und ■ den weißen Ewald ■ Irmgardis ■ den Jesuiten Petrus Canisius sowie ■ den Dominikaner und frühneuzeitlichen Märtyrer Johannes de Colonia

- Die zweitäußere Archivoltenreihe trägt ebenfalls acht Bildnisse: ■ den Abt Sandradus ■ Hermann Joseph ■ den Hirten Irmundus von Mündt ■ die Adelheid von Vilich ■ Adelricus von Füssenich ■ Everhard von Berg ■ den Abt Wolfhelm von Brauweiler und ■ Gezelin von Schlebusch

- Die zweitinnere Reihe der Archivolten weist folgende acht Gestalten auf: ■ Benedikt von Aniane ■ Arnoldus ■ Rupert ■ Willeicus ■ Cassius ■ Florentius ■ Remaclus und ■ Abt Poppo (Popo)

- In der innersten Reihe sieht man sechs Figuren: ■ den Bischof und Zisterzienser Adolf (fehlt) ■ den Bischof Gerhard von Toul ■ Mauritius ■ Reinoldus (fehlt) ■ Albertus Magnus und ■ die letzte ursulanische Märtyrerin Cordula

Die Standfiguren im linken Gewände sind (v. li.): ■ Heribert ■ Kunibert ■ Suitbertus ■ Maternus (mit der Mitra eines zweiten Pontifikats); im rechten Gewände sieht man (v. li.): ■ Valerius ■ Severin (mit Modell der Severinskirche) ■ Bruno und ■ Anno II.; ihre Köpfe sind zumeist ergänzt[459].

20 Die Sakramentskapelle

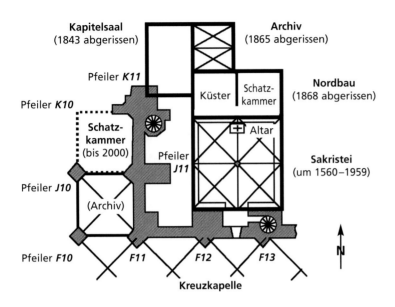

Kapitelsaal
(1843 abgerissen)

Archiv
(1865 abgerissen)

Pfeiler *K11*

Pfeiler *K10*

Schatz-kammer
(bis 2000)

Pfeiler *J10*

(Archiv)

Pfeiler *F10*

F11

F12

F13

Kreuzkapelle

Küster

Schatz-kammer

Nordbau
(1868 abgerissen)

Altar

Pfeiler *J11*

Sakristei
(um 1560–1959)

N

Der vierjochige quadratische Bau, den man durch eine Tür in der Nordwand der Kreuzkapelle betritt, ist heute ausschließlich Betenden zugänglich. Dabei handelt es sich um den ältesten Teil des noch bestehenden gotischen Sakristeikomplexes, der 1277 in die Lücke zwischen der Domnordwand und dem sog. Nordbau eingefügt wurde. Diesen nach Osten gerichteten, isoliert stehenden zweijochigen Bau, hatte man bald nach 1248 begonnen und schon vor 1265 vollendet. In stilistischer Hinsicht wich er deutlich von dem später eingefügten Bau ab: So waren u.a. die Fenster dreiteilig statt vierteilig gestaltet und der Scheitel seines Gewölbes lag etwa 1,30 m tiefer als bei dem jüngeren Gebäude. Im Jahr 1868 sollte diese Abweichung dem Bauwerk zum

Der Sakristei-komplex (bis 1868)

Verhängnis werden: es wurde abgerissen (vgl. u.).

Die ursprüngliche Funktion der vierjochigen Sakramentskapelle war die eines **Kapitelsaals**. Den Altar weihte der gelehrte Priester Albertus Magnus noch im Jahr der Vollendung, also 1277. Die Architektur des Raums ist äußerst feingliedrig. Ein schlanker Birnstabmittelpfeiler stützt die Gewölbe in der Mitte. Auf den steinernen Randbänken saß einst das Domkapitel bei der Ausübung seines „vornehmsten Rechts", der Wahl des neuen Erzbischofs. Seit dem späten 16. Jahrhundert diente der Raum als Sakristei, weshalb man einen neuen Kapitelsaal errichtete. Dieser musste 1843 dem Ausbau des nördlichen Querschiffs weichen, lag er doch mit seiner südlichen Mauer auf dem Platz des Pfeilers s. S. 155 ff. (vgl. Skizze).

Die Planungen des 19. Jahrhunderts zur Domumgebung zielten auf eine Freistellung des Doms und eine Vereinheitlichung noch vorhandener Annexbauten (s. S. 258 ff.). Nachdem bereits der o. g. (jüngere) Kapitelsaal abgebrochen worden war, beseitigte man 1865 auch den nördlich des Nordbaus angefügten Archivraum. Somit ragte der Nordbau, der zu dieser Zeit die Schatzkammer und das Küsterzimmer beherbergte, am weitesten, nämlich um etwa eine halbe Jochbreite, über die von der Nordfassade des Doms vorgegebene Fluchtlinie hinaus.

Um die durch die Abrisse entstandene Raumnot des Domkapitels auszugleichen, baute Zwirner in den Jahren nach 1848 das nordöstliche Joch des Nordquerhauses in gleicher Weise wie den südlich danebenliegenden zweiten Archivraum aus (die zwei Joche sollten bis zum Jahr 2000 als Schatzkammer fungieren). Dennoch blieb der Domgeistlichkeit für ihre Aufgaben nur wenig Platz. Als 1864 der neue Dombaumeister Voigtel Pläne für einen östlichen Anbau an die Sakristei vorlegte, schaltete der Oberpräsident der Rheinprovinz einen staatlichen Kommissar ein. Dessen Aufgabe war es, Alternativpläne zu erarbeiten, die mit der geplanten Terrassengestaltung harmonierten. Im Zuge dieser Einmischung wurden die Fluchtlinien so festgelegt, dass der Abriss des Nordbaus unvermeidlich wurde. Die Entscheidung fiel um so leichter, als man der irrigen Annahme war, der Bau sei eine Zutat späterer Jahrhunderte. Vergebens setzten sich August Reichen-

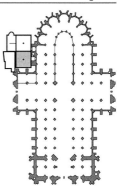

sperger und der Bildhauer Vincenz Statz ([439]) für den Erhalt des Bauwerks ein, der Abriss war beschlossene Sache. Voigtel legte nun verschiedene Entwurfsvarianten für Annexbauten vor, bis man sich 1866 entschloss, die Sakristei nach Osten hin um das gleiche ihrer Grundfläche, also um vier Joche zu erweitern. 1868 erfolgten der endgültige Abriss und der Baubeginn des Neubaus. Die Jahre vor dem Baubeginn waren von unschönen Streitereien zwischen dem Domkapitel und staatlichen Stellen geprägt. Letztere erachteten die Raumnot der Geistlichkeit als so nebensächlich, dass sie die Neubaufrage auf die Zeit nach der Fertigstellung des Doms vertagen wollten. Gegen diese Zumutung protestierte das Domkapitel, das zu Recht erklärte, städtische und staatliche Instanzen würden den Dombau *„lediglich zum Zwecke bewundernder Besichtigung ... vollführen, statt denselben für die praktischen Bedürfnisse des kirchlichen Dienstes"* auszustatten.

Der 1870 fertig gestellte Neubau sah sich der allgemeinen Kritik der Fachwelt ausgesetzt. Es wurden sowohl die Außerachtlassung denkmalpflegerischer Gesichtspunkte als auch die verunglückte Ästhetik gerügt. Vor allem hielt schon damals der Stadtarchivar Leonard Ennen die Zerstörung des alten Baus für unverantwortlich. Sechzig Jahre später kritisierte Paul Clemen die Voigtelschen Veränderungen wie folgt:

„Die ... alte Sakristei ... war in der Gesamterscheinung von viel glücklicherer Wirkung als das unglückliche trockene Werk doktrinärer Schulgotik, das an ihre Stelle getreten ist, und das einen falschen Maßstab hier mitbringt" (CLEMEN 102)[460].

Nördlich des Voigtelschen Anbaus fügte Dombaumeister Willy Weyres 1959 einen zweijochigen Bau an, der als Kapitelsaal dient. Der nach Osten weisende winzige Chor mit kleinen unregelmäßigen Fensterchen trägt ebenso wie das nach Westen weisende „Reißverschlussfenster" deutlich die Handschrift der späten 50er-Jahre des 20. Jahrhunderts.

Nach Bauabschluss des neuen Kapitelsaals erhielt die Sakristei die Funktion einer Sakramentskapelle. In ihr befinden sich spätgotische Glasmalereien, die aus einem Zyklus des 1804 abgerissenen Kreuzgangs von St. Cäcilien stammen[461]. Das bis unters Gewölbe gehende spätgotische Tabernakel stammt möglicherweise vom Dombaumeister Konrad Kuyne. In zwei Nischen stehen über der Tür die Kirchenväter Hieronymus und Gregorius, oben sieht man eine kleine Muttergottesfigur mit Kind (Abb. bei CLEMEN 302). Bei dem Altar handelt es sich um den barocken Antonius-Altar aus dem Hochchor. Im vergoldeten Strahlenkranz erkennt man noch das „τ" (tau) des hl. Antonius. Der Altar war nach Entwürfen von Étienne Fayn in Lüttich angefertigt und 1767 nach Köln geliefert worden. Die Neugotiker entfernten ihn 1889 aus dem Hochchor. Seinen heutigen Standort erhielt er 1961.

In der westlichen Wand befindet sich eine zweiteilige Inschrift aus dem 13. bzw. 15. Jahrhundert. Sie bezieht sich auf eine Weinrente und die Größe und das Gewicht von 60 Bündeln Holz aus Unkel, das der „camera" zum Heizen zur Verfügung gestellt wurde. Dabei handelt es sich um eine Stiftung der 1063 in Saalfeld verstorbenen Königin von Polen, Richeza[462].

Von der Sakristei aus steigt man über eine Wendeltreppe, die durch das Innere des Pfeilers F13 führt, in eine winzige Klause, in der der Franziskanerbruder Angelicus Meier bis zu seinem Tod im Jahr 1975 als Wächter lebte. Das zur römischen Stadtmauer hin abschüssige Gelände musste bei Baubeginn des gotischen Doms um fast 10 m aufgeschüttet und durch Fundamente befestigt werden, wobei man die Stadtmauer als Südwand integrierte. Die drei Stockwerke unter der Sakristei beherbergten diverse Keller- und Lagerräume des Doms. Bis ins 19. Jahrhundert verpachtete man einige Räumlickeiten an Weinhändler. Während des Kriegs befand sich hier ein Luftschutzbunker. Inzwischen gehört der Keller zu der neuen, im Oktober 2000 eröffneten Schatzkammer des Doms[463].

21 Die Krypta

An der westlichen Chorschranke auf der Nordseite des Hochchors führt eine erst 1977 erbaute Treppe in die 1960 erbaute Krypta mit der Bischofsgruft. Die Treppe weist in ihrem Absatz ein achteckiges, etwa 1,50 m großes, weiß in den Boden eingelegtes Labyrinth auf, in dessen Mitte sich das sog. Kreuz von Jerusalem, ein Kreuz mit vier kleinen Kreuzen in den Ecken befindet[464]. Der Entwurf zu diesem Labyrinth stammt von dem damaligen Dombaumeister Arnold Wolff.

Die Stuckdecke des dreischiffigen Raums schuf der Bildhauer Erlefried Hoppe, die schmiedeeisernen Gitter stammen von dem Kunstschmied Paul Nagel. Inschriften geben die Namen der in der Krypta beigesetzten Erzbischöfe an:

- Ferdinand August von Spiegel   Erzbischof 1825–1835
- Johannes von Geissel, Kardinal   Erzbischof 1845–1864
- Paulus Melchers, Kardinal   Erzbischof 1866–1885
- Philipp III. Krementz, Kardinal   Erzbischof 1885–1899
- Hubertus Theophilus Simar   Erzbischof 1900–1902
- Antonius Fischer, Kardinal   Erzbischof 1903–1912
- Felix von Hartmann, Kardinal   Erzbischof 1913–1919
- Karl Joseph Schulte, Kardinal   Erzbischof 1920–1941
- Joseph Frings, Kardinal   Erzbischof 1942–1969
- Joseph Höffner, Kardinal   Erzbischof 1969–1987

An die sechs erstgenannten Erzbischöfe erinnern zusätzliche Messingtafeln (mit dem jeweiligen Bildnis) im Fußboden des Hochchors auf der Höhe der mittleren Chorschranke (Inschriften bei CLEMEN 276).

Im Jahr 1959 wurden beim Bau der Krypta zwei Bestattungen fränkischer Adliger, einer Dame und eines Knaben, entdeckt. Sie lagen als einzige unberührt in einer von mehreren, heute noch nicht zur Gänze erforschten Grabkammern, die zu einem fränkischen Gräberfeld von über 40 m Länge gehörten. Aufgrund der reichen Ausstattung, die derjenigen der in Saint-Denis bestatteten fränkischen Königin Arnegunde vergleichbar ist, kam der Historiker Eugen Ewig zu dem Schluss, dass es sich durchaus um eine Königin mit ihrem Sohn handeln könnte, nämlich um Wisigard, die Frau König Theudeberts I. oder eine namentlich nicht bekannte Nachfolgerin[465].

Der Fürstin waren Münzen, die teilweise zu Schmuck umgearbeitet worden waren, beigegeben. Darunter waren sowohl Münzen römischer, auch oströmischer Kaiser, als auch solche der Gotenkönige Theoderich d. Gr. († 526) und Athalarich († 534). Die jüngste von ihnen war um 526 geprägt worden. Die dendrochronologische Untersuchung der Eichenbretter vom Grab des Knaben ergab ein Fälldatum um 537 (± 10 Jahre).

Die Umgebung des Doms

22

Sakralbereich und Säkularisation

Nicht nur die endgültige Gestalt und Ausstattung des unvollendeten Doms schienen geeignet, die Gemüter zu erhitzen, auch sein Umfeld war von 1814 an Gegenstand zahlreicher Debatten, die bis heute offen oder im Vorborgenen andauern. In ihnen spiegeln sich politische, weltanschauliche und ästhetische Vorstellungen – und nicht zuletzt ökonomische Interessen wider.

Als Hauptkirche des Kölner Erzstifts war der Dom nie ein isoliertes Bauwerk, sondern stets Mittelpunkt eines Immunitätsbezirks mit zahlreichen, im Lauf vieler Jahrhunderte entstandenen Gebäuden. Sie dienten so verschiedenen Zwecken wie der Religionsausübung und kirchlichen Bildung, aber auch weltlicher Verwaltung und Rechtsprechung des Kurstaats. Viele dieser Bauten waren dem Dom sehr nahe gerückt; manche hatten sich sogar auf seiner noch unbebauten Grundfläche breitgemacht – so z.B. die Pfarrkirche St. Maria im Pesch, die auf den nördlichen Jochen des nördlichen Querhauses stand – oder in unvollendeten Bauteilen eingenistet, wie die Küsterwohnungen im Nordturm.

Eingezwängt von den zahlreichen Gebäuden lagen im Süden bzw. Südwesten des unfertigen Doms zwei kleine, lediglich durch das „Dom-Gässchen" miteinanderverbundene Plätze. Dies waren das „Domkloster" und der „Domhof", die inzwischen zusammen den ineinander übergehenden großen Platz im Westen und Süden des Doms bilden. Das „Domkloster", noch heute die offizielle Adresse des Doms, lag südlich eines Bauhofs und des Südturmstumpfs. Vom „Domhof" gelangte man durch den südlichen Eingang in den Dom (s. S. 233 ff.). Der Platz war in reichsstädtischer Zeit ein Tummelplatz von Pilgern und Besuchern, aber auch von Dieben und Bettlern, die ihren Beruf mitunter recht aggressiv ausübten. Noch Georg Forster hatte sich empört über das organisierte Bettlerwesen in Köln ausgelassen[466]. Dieser Platz sah Fürstenaufzüge, aber auch Bücherverbrennungen und Hinrichtungen; auf seiner Nordseite, beim Hochgericht, befand sich der „Blaue Stein", an den die Delinquenten vor ihrer Hinrichtung vom Henker gestoßen wurden. Im Süden lagen das höchste erzbischöfliche Gericht, das Offizialat, und das Gefängnis, die Hacht, wo diejenigen, die mit den Gesetzen des Kurstaats in Konflikt geraten waren, gefangen gehalten, verhört und evtl. auch peinlich befragt wurden[467].

Nachdem im Jahr 1803 der Reichsdeputationshauptschluss die Säkularisation und damit die Auflösung der meisten im Domumfeld angesiedelten geistlichen Amtsstellen besiegelt hatte, erschien es den Preußen schon bei ihrer Ankunft im Rheinland durchaus legitim, dort ein Zurückstutzen der alten, historisch überholten Bausubstanz ins Auge zu fassen. Bald setzte sich die Erkenntnis durch, dass die zusammengewürfelte Bebauung der Domumgebung nicht der einstigen Bauabsicht des hohen Mittelalters entsprechen konnte. Es stellte sich die Frage, ob der Dom als **Stiftskirche** nicht ursprünglich einen Kreuzgang erhalten sollte, wie ihn andere vergleichbare Sakralgebäude besaßen (z.B. Altenberg). Der Mitbegründer des Central-Dombau-Vereins Everhard von Groote (1789–1864), verdient um die Rückführung rheinischen Kulturguts aus Frankreich, widmete sich insbesondere dieser Frage – wahrscheinlich um mit der entsprechenden Antwort in die stadtplanerische Diskussion einzugreifen. Es fiel der verhängnisvolle Satz: *„Die ganze Grundlage des Doms deutet auf eine ringsum freie Stellung dieses Gebäudes".* Das Diktum – lediglich auf die mittelalterliche Bauabsicht bezogen – stammt nicht einmal von Groote selbst, aber in seiner Griffigkeit sollte es eine legitimatorische Formel zur Beseitigung des alten

Baubestands im Domumfeld werden und dabei seine Wirkung nicht nur an den alten, historisch überholten Gebäuden des untergegangenen Kurstaats entfalten, sondern auch noch an späteren klassizistischen Bauten im Domfeld und sogar an domeigener Substanz, wie dem nördlichen Teil der gotischen Sakristei[468].

Die Gestaltung des Domumfelds nach 1814

Es waren nicht nur die protestantischen Preußen, die die alte Bausubstanz gering achteten, sondern auch ausgemachte Liebhaber von Altertümern wie Goethe und Boisserée. Sowohl ihnen wie den Nationalgesonnenen, den bürgerlichen und adligen Romantikern beider Konfessionen, den Verehrern des deutschen Mittelalters, den Freunden der Gotik und den nachsäkularen Katholiken war eines gemeinsam: Sie alle huldigten einer ästhetischen Anschauung, die auf die **Freistellung** des erhabenen Kunstwerks, auf seine Heraushebung aus der profanen Umgebung hinauslief.

Diese Auffassung, durch ältere bürgerliche Emanzipationsprozesse in England und Frankreich vorgebildet, bedeutete einen Wandel in der Wahrnehmung. Die ikonologische Gebundenheit des sakralen Bauwerks wurde überlagert, ja abgelöst von seiner Bedeutung als bloß **ästhetisch** zu wertendes Monument. Nicht mehr der Priester und der theologisch Gebildete schufen den Maßstab zur Beurteilung des sakralen Kunstwerks, sondern der bürgerliche Laie, der sich diesem mit Begriffen wie dem „Sublimen" und „Erhabenen" annäherte. Bauwerke wurden hinfort daraufhin untersucht, inwieweit sie religiöse Schauer zu erzeugen vermochten oder ob sie Eigenschaften wie „Größe" und „Weite" ausdrückten[469]. Von hier ist es nur ein kleiner Schritt zur isolierten Betrachtung eines Gebäudes und zur Herauslösung aus seinem Kontext. Tatsächlich hatte man in England und Frankreich diesen Schritt mit der Freistellung historisch bedeutsamer Bauwerke wie der Kathedrale von York (erste Hälfte 18. Jh.) und der Pariser Kathedrale Notre Dame (1804 anlässlich der Kaiserkrönung Napoleons I.) bereits vereinzelt getan. Neben der auf das „Sublime" ausgerichteten bürgerlichen Ästhetik hatte auch die französische Revolutionsarchitektur ihre Wirkung auf die Kölner Planer. Diese liebte es, Bauwerke und Bildnisse mittels einer emporhebenden Terrasse, eines übergroßen Sockels und der bedeutungsvollen Einbeziehung eines leeren Umraums zu akzentuieren. Schinkel, der im Jahr 1804 in Paris weilte, hat sich ganz zweifellos mit dieser Architektur auseinandergesetzt, war doch sein Lehrer, der Architekt Friedrich Gilly (1771–1800), selbst von der Revolutionsarchitektur beeinflusst.

Noch im Jahr 1816 war die nationale Bewegung in Deutschland von Aufbruchsstimmung und dem Streben nach Volkssouveränität geprägt. In Köln fanden diese Neigungen in einem Vorschlag zum Anlegen eines großen Platzes für das Volk, *„das sich freuen würde, sein altes Heilthum ... zu sehen"* (von Groote) ihren Niederschlag. Die Idee zu solchen Sammelplätzen geht eindeutig auf die französische Revolution zurück, doch wird sie in diesem Fall ins Religiöse und Nationale umgebogen; diese beiden Faktoren waren ja überhaupt die Antriebe der deutschen Befreiungskriege.

Weder dieser noch andere gestalterische Vorschläge, wie Schinkels Plan, wurden zunächst in die Praxis umgesetzt; allein das konsequente Abreißen der Gebäude aus kurstaatlicher Zeit schritt voran[470]. Auf den freigewordenen Plätzen südwestlich des Domklosters und nördlich der Trankgasse errichtete man Häuser im klassizistischen Stil, die bis ins letzte Viertel des Jahrhunderts, teilweise darüberhinaus Bestand haben sollten. Schon vor der Jahrhundertmitte drängte von Norden und Osten der Einzugsbereich des aufstrebenden Verkehrsmittels Eisenbahn heran. Im Jahr 1837 war die Rheinische Eisenbahn Gesellschaft gegründet worden, die ab 1841 die Strecke Köln-Aachen betrieb; die Köln-Mindener Eisenbahngesellschaft (seit 1843) hatte ihre Hauptstrecke

Deutz-Minden 1847 fertig gestellt. Eine Vereinigung der Schienennetze mittels einer festen Rheinbrücke war nun nur eine Frage der Zeit. Favorisierte man anfangs noch einen Brückenbau bei der Markmannsgasse, entschied man sich bald für eine Rheinüberquerung beim Dom mittels einer kombinierten Eisenbahn- und Straßenbrücke, die als Gitterbrücke ausgeführt werden sollte.

1855 erfolgte der erste Spatenstich für den Brückenbau, während die Grundsteinlegung für einen Zentralbahnhof auf dem Gelände des ehemaligen Botanischen Gartens zwei Jahre später erfolgte. Zwar handelte man sich mit diesem Standort einige Nachteile ein, aber die ästhetische und politische Aussage des geplanten axialen Zulaufs der Brücke auf den Dom erschien so zwingend, dass man sich nicht entschließen konnte, auf sie zu verzichten[471]. Der preußische König legte sie schließlich in einer Kabinettsordre fest, und Heinrich von Wittgenstein (1797–1869), Präsident der Köln-Mindener Eisenbahngesellschaft, die die Hauptlast der Baukosten trug, feierte die Brücke als *„Symbol der untrennbaren Vereinigung der Provinzen diesseits und jenseits des Rheins"*. Das waren Töne, die in Berlin gerne vernommen wurden. Eine ähnliche Verbindung zwischen einem mittelalterlichen Bauwerk und einer modernen Eisenbahnbrücke war übrigens schon 1850 im Zuge der Überbrückung der Weichselarme bei der Marienburg geschaffen worden. Sowohl am Rhein wie auch an der Weichsel stellte man einen zusätzlichen urbanistischen Bezug her, indem man das Mauerwerk der Brücken in einem klassizistisch getönten neugotischen Stil aufführte, von dem man glaubte, dass er eine harmonische Verbindung mit dem zu vereinnahmenden Bauwerk eingehe. Die Kölner Brücke, Klammer zwischen den preußischen Provinzen und das herausragende Bauwerk hohenzollern'scher Selbstdarstellung im Rheinland überhaupt, wurde darüber hinaus mit kolossalen Reiterstandbildern von Friedrich Wilhelm IV. und Wilhelm I. an den Brückenköpfen geschmückt.

Mit dem Brücken- und Bahnhofsbau waren die technischen Einrichtungen der modernen bürgerlichen Welt dem Dom bis auf 38 m nahegerückt. Das wirtschaftlich erstarkte Kölner Bürgertum empfand den Eisenbahnbau wie den Fortbau des Doms mittlerweile als eigenständige Leistung im preußischen Staat; seit der Revolution von 1848/49 wurde dessen Legitimität im Rheinland nicht mehr infrage gestellt. Vielmehr regte sich das Bedürfnis, das Domumfeld durch Sichtachsen, Grünanlagen und repräsentative Gebäude zu gliedern; die schon so oft geforderte „Umschreitbarkeit" der Kathedralkirche war mittlerweile herbeiführt. Ihre völlige Einverleibung in ein der bürgerlichen Ästhetik entsprechendes Umfeld korrespondierte mit dem neuen Selbstwertgefühl. Den Wunsch nach gliedernden Achsen und nach Symmetrie sollte man allerdings teuer bezahlen, nämlich mit der Zerstörung des Nordteils der mittelalterlichen Sakristei (s. S. 254 ff.).

Man strebte nicht nur die Schaffung des freien Blicks von Süden auf das der Vollendung entgegengehende Langhaus an, was mit Hausabrissen insbesondere an den Straßen „Unter Taschenmacher" und „Unter Fetten Hennen" bewerkstelligt wurde, sondern projektierte nach 1885/86 eine breite Prachtstraße, die axial auf die Westfassade zulaufen sollte. Diese Sichtachse, ein Vorschlag des Kölner Kaufmanns Jacob Kaaf (1812–1897), sollte unter dem Namen „Kaiserstraße" wie eine „via triumphalis" von der Friesenstraße her, am Appellhofplatz vorbei, auf die Westfassade des Doms stoßen. Damit hätte sich das Bürgertum eines sehr alten Stilmittels aus der Antike und dem Feudalismus bemächtigt. Dass die Umsetzung schließlich an den enormen Kosten scheiterte, mag auch an veränderten ästhetischen Vorstellungen gelegen haben.

Im Jahr 1893 wurde der alte Centralbahnhof niedergelegt und sukzessive durch einen größeren Neubau, der den gesteigerten Anforderungen der seit 1880 verstaatlichten Eisenbahnen genügte, ersetzt. Der Bau des neuen Bahnhofs machte den Abriss zahlreicher klassizistischer

Häuser, darunter einiger in der Trankgasse, die noch von Zwirner ausgeführt worden waren, notwendig. Auch scheute man sich nicht, die unter Denkmalschutz stehende ehemalige Propstei von St. Maria ad Gradus aus dem späten 14. Jahrhundert zu zerstören. Mit der Vollendung dieses Bahnhofbaus, der über 22 000 m² bedecken sollte – das dreifache der Domfläche – verlor der Dom seine quartierbeherrschende Stellung. Nicht unbeteiligt an diesem Wandel war auch der im Jahr 1903 begonnene mächtige Neubau der Rheinbrücke, der doppelt so breit und erheblich höher wie der Vorgängerbau war. Nicht mehr zwei sondern vier hohenzollern'sche Reiterstandbilder wurden aufgestellt, wobei man die beiden oben erwähnten auf der Deutzer Seite aufstellte. Für die Kölner Seite wurden Figuren von Friedrich III. und Wilhelm II. neu geschaffen.

Das öffentliche Interesse am Dom hatte sich schon früher, bald nach der Vollendung im Jahr 1880, weitgehend von ihm abgewandt. Dieser – einst vornehmstes deutsches Baudenkmal – wurde lediglich zu einem sicherlich wertvollen, aber doch nicht einzigartigen Objekt der Denkmalpflege.

Vertreter der älteren Generation, denen der Dombau ein säkulares Ereignis geblieben war, wollten durch die Errichtung von Denkmälern die Erinnerung daran wach halten. 1891 wurde ein Zwirner-Denkmal, im Jahr darauf ein Denkmal für den königlichen Initiator der Domvollendung, Friedrich Wilhelm IV. (mit zahlreichem historischem Personal wie Kaiser Wilhelm I., Erzbischöfen, Dombaumeistern etc.), vorgeschlagen, das auf der Domsüdseite Aufstellung finden sollte. Köln ist dieses Denkmal durch ein überraschendes Gutachten des Dombaumeisters Hertel erspart geblieben. Im Jahr 1903 wies er auf den hohen Grad von Verwitterung beim Domchor hin, der nur unter Einsatz erheblicher finanzieller Mittel behoben werden könnte. Daraufhin stellte man das Denkmalprojekt 1904 zurück.

Im neuen Jahrhundert machte sich allmählich eine Abkehr von den bis zum Überdruss ausgereizten historisierenden Baustilen und dem Freilegungsprogramm am Dom bemerkbar. Seit 1903 setzte unter dem ehemaligen Regierungsbaumeister Alois Bohrer eine vorsichtige Einengung und „Einbauung" des Domumfelds ein, das nun eine Ruhezone bieten und den Verkehrslärm abhalten sollte. Der Bohrer'sche Plan wies auch der von Dombaumeister Hertel gegründeten ständigen Bauhütte ihren Platz an die Nordostseite des Doms an[472].

Der Zweite Weltkrieg brachte einen beträchtlichen Verlust an Bausubstanz im Domumfeld mit sich, alte Dominanten dagegen wie Bahnhof und Eisenbahnbrücke, Deichmannhaus an der „Trankgasse", Reichardhaus an „Unter Fetten Hennen" und Domhotel am „Domhof" haben sich erhalten. Damit blieb auch die schwierige topografische Lage, die gegenüber der Trankgasse um 4,5 m erhöhte Abrisskante des Domniveaus und der spitzwinklige Bahnhofsvorplatz, ferner die Lage an einem Verkehrsknotenpunkt ersten Rangs, bestehen. Als die Bebauung der Trümmerflächen fortschritt, stellte sich die Frage der Gestaltung der unmittelbaren Domumgebung neu.

Bereits 1964 lag ein Verkehrsgutachten (Prof. Wehner, TU Berlin) vor, mit dem die Weichen für den U-Bahn-Bau gestellt wurden. 1965 kam es zur Ausschreibung eines Wettbewerbs zur Gestaltung der Ost-, Nord- und Westseite des Domumfeldes, der von dem Architekten Fritz Schaller (1904–2002) gewonnen wurde.

Mit den Bauten der Jahre von 1967 bis 1986 (insbesondere das Museum Ludwig mitsamt der Philharmonie, das Römisch-Germanische Museum und Domforum und die Bebauung an der Trankgasse) versuchte man die teilweise Rückgängigmachung der alten Freilegungsprogramme und Wiederanbindung an die Altstadt. Die unmittelbar den Dom berührenden Flächen wurden in den Jahren 1968/71 nach den Plänen Fritz Schallers einer erheblichen Anhebung unterzogen und auf ein Niveau gebracht, vereinheitlicht und zur **Domplatte** zusammengebracht – einer großen Steinfläche, die bei Teilen der Öffentlichkeit durchaus Beifall fand. Bei anderen erweckte sie dagegen den Argwohn, sie könne weniger der Sorge um dem Dom entsprungen sein, als der Ablehnung von Gestaltungen, die die Handschrift des 19. Jahrhunderts tragen. Der Schriftsteller und Kölnkenner Johann Jakob Häßlin (1902–1985) sah beispielsweise in der Domplatte durchaus keine Verschlechterung gegenüber den Gestaltungen des 19. Jahrhunderts mit der „albernen Grünanlage" beim Domhotel. Dagegen stellte Judith Breuer in der Auseinandersetzung mit den zeitgenössischen Gestaltern der Domplatte fest:

„Indem die Planer des 20. Jahrhunderts auf die vermeintlichen Fehlplanungen des 19. Jahrhunderts mit Zerstörung reagieren, bekunden sie ein Verhältnis zu historischer Architektur und Urbanistik, das sich in dieser Beziehung nicht von dem ihrer Vorgänger unterscheidet!" [473]

Unter ihrem westlichen und südlichen Teil befindet sich eine zweistöckige Tiefgarage, über deren Einfahrt an der Trankgasse sich in ungerechtfertiger Höhe der traurige Rest des römischen Nordtors erhebt.

Betritt man die Tiefgarage durch die kleine Stahltür bei der Treppe, die zur unterirdischen Straßenbahn führt, also von der Straße „Unter Fetten Hennen" aus, gelangt man über Treppen auf die Ebene der alten römischen Stadt. Große Teile der römischen Nordmauer sind in diesem Bereich erhalten, gleichfalls der sog. Annostollen, durch den der Erzbischof Anno II. im Jahr 1074 vor den empörten Kölnern fliehen musste. Anno II. hatte nach dem Osterfest 1074 für Bischof Friedrich von Münster ein kölnisches Handelsschiff beschlagnahmen lassen. Dieser (erneute) Willkürakt führte zu einem Aufstand Kölner Kaufleute und ihrer Verbündeten. Anno wäre wahrscheinlich gelyncht worden (Unbekannte hatten ihn schon einmal nächtens niedergeschlagen), konnte aber mit knapper Not in den Alten Dom entkommen. Von dort gelangte er durch den unterirdischen Stollen, der heute Annostollen genannt wird, ins Freie und von da nach Neuß. Er kehrte mit der erzbischöflichen Streitmacht (*militia*) zurück, die sich ein Vergnügen daraus machte, Köln zu züchtigen. Anno ließ die Rädelsführer des Aufstandes blenden, versuchte wohl aber, das Rasen seiner *„militia"* zu zügeln. Ein vergleichbarer Bürgeraufstand hatte kurz zuvor in Worms stattgefunden: Zeichen eines wachsenden Selbstbewußtseins der Städte. Die Zeit ließ vieles in einem anderen Licht erscheinen, und so pries man später Annos Milde und Gerechtigkeit, die sogar armen Witwen zu ihrem Recht verholfen hätten.

Vor zehn Jahren wurde der Stollen vermauert, da sich Obdachlose in ihm niedergelassen hatten. Nur wenige Schritte entfernt liegt der Brunnen des Alten Doms. Hinter ihm erhebt sich ein Teil der beeindruckenden 15 m hinabreichenden Basaltfundamente der Westfassade.

Die Dombauhütte

Bald nach Baubeginn des gotischen Doms gründete man im Zusammenhang mit dem ungeheuren Steinbedarf und einer veränderten Bauweise die mittelalterliche Bauhütte. Die Steine wurden nicht mehr vor Ort, also direkt an der Stelle, an der sie gebraucht wurden, zurechtgehauen. Es wurde nicht mehr „gemauert". Fertigteilbauweise bestimmte weitgehend den Bau; zu diesem Zweck musste ein Lager geschaffen werden, aus dem bei Bedarf Bauteile entnommen werden konnten. Der Vorteil war, dass die Steinmetzen nicht mehr im Winter nach Hause gingen, sondern in der „Hütte" weiterproduzieren konnten. Allerdings war in Köln die Fertigteilbauweise nie so ausgeprägt, wie zuvor bereits in Amiens (KIMPEL 277 f.). Spätestens in der ersten Hälfte des 16. Jahrhunderts erlosch die Hütte, womit auch tradierte Kenntnisse verloren gegangen sein

Im Jahr 1894 erreichte das Geheime Zivilkabinett Wilhelms II. ein anonymes Gedicht, das in Knittelversen den Abriss der Reste des römischen Nordtors (*„Trümmer"*) forderte. Ja, Wilhelm II. wurde gedrängt, ein Machtwort zu sprechen. Auch Kölner Geschäftsleute, der Regierungspräsident, der Polizeipräsident, die Mehrheit der Stadtverordneten und selbst das Metropolitankapitel (!) hatten immer wieder die Beseitigung der Reste gefordert. Dagegen engagierten sich rheinische Altertumsfreunde für den Erhalt des Bauwerks; einige verlangten sogar die Wiedererrichtung des Monuments an der Originalstelle und legten dazu komplette Pläne vor. Wilhelm II. entschied am 18. 6. 1897 vor Ort: Er besichtigte die „Trümmer", die von den Behörden systematisch vernachlässigt worden waren, ordnete die „Verbringung" des Torbogens in die Grünanlage beim Wallraf-Richartz-Museum und die völlige Abtragung der Fundamente an: endlich hatte „Germania" über ‚Romania' gesiegt. Erst 1971, als die sog. Domplatte entstand, transferierte man den kleinen (östlichen) Bogen an die heutige Stelle, die in etwa der originalen entspricht, doch steht der Bogen etliche Meter zu hoch! (s. auch THOMAS PARENT, Schmerzensschrei des Kölner Doms an Deutschlands Kaiser, in: KDb. 47. Folge, Köln 1982, 193 ff.)

dürften. Bauhütten wurden (und werden) nicht nur unterhalten, um arbeitsorganisatorischen Gesichtspunkten Genüge zu tun – diese Einrichtungen sind stilbildend, bewahren handwerkliches Wissen und geben dieses auf hohem Niveau über Generationen hinweg weiter.

Seit dem Jahr 1816, als Sulpiz Boisserée die Bedeutung einer Bauhütte erkannte und ihre Errichtung dem preußischen Oberbaurat Karl Friedrich Schinkel vorschlug, strebte man deren Neugründung an. In dieser Zeit lag der alte Bauhof, durch die Gasse „Auf der Litsch" von der unvollendeten Westfassade getrennt, auf der Westseite des Doms. Die Werkstätten, die ab 1824 das Strebewerk im Chor unter Ahlerts Leitung ausbesserten, hatten ihren Platz auf dem Domhof, also an der Südseite des Doms. 1843 wurden über den Grundstücken des niedergelegten Hochgerichts und der Kirche St. Johannes Evangelist neue Werkstätten als Fachwerkbauten errichtet, die man im Lauf der Zeit nach Süden und Osten erweiterte.

Die Werkstätten des 19. Jahrhunderts, die mit ihrer Leistungsfähigkeit die Domvollendung überhaupt ermöglicht hatten, wurden aber von der bürgerlichen Öffentlichkeit nur mit Not auf dem Domhof geduldet und waren mehrfach von Ausweisung durch städtische Behörden bedroht. Im Jahr 1866 musste sich sogar der Oberpräsident der preußischen Rheinprovinz schützend vor die Hütte stellen. Dombaumeister Voigtel wies auf die *„eben so inhuman, wie sanitätspolizeilich unzulässige"* Arbeitssituation in den mit bis zu 300 Steinmetzen belegten Räumen hin. Das liberale Kölner Bürgertum zeigte sich recht kurzsichtig, indem es an einer funktionsfähigen Hütte, der Voraussetzung für die Domvollendung, nicht das geringste Interesse bekundete. *„Die Diskussion um die Verlegung der Bauhütten zeigt, dass an die Stelle des 1813/14 und 1840/42 beschworenen gemeinsamen Arbeitens an der Domvollendung als Ausdruck des Fortschritts der nationalen Findung ein Ästhetizismus getreten ist, der nach ungestörter Ansicht des inzwischen im wesentlichen vollendeten Baukörpers verlangt"* (BREUER 82).

Nachdem die Hütte des 19. Jahrhunderts 1883 vom Domhof verschwunden war, blieb dieser Platz während der nächsten zwei Jahrzehnte frei von Handwerksbetrieben. 1905 jedoch musste eine neue, dritte Hütte gegründet werden, um den schon beginnenden Verfall des gerade vollendeten Baus aufzuhalten. Sie wurde von Dombaumeister Bernhard Hertel nach vorausgegangenen Kompetenzstreitigkeiten mit dem Metropolitankapitel eingerichtet[474]. Seit dieser Zeit besteht auch eine gemischte staatlich-kirchliche Baukommission. Damals wurde sie von dem Oberpräsidenten der Rheinprovinz, dem Erzbischof, dem Dompropst und Vertretern des Metropolitankapitels gebildet.

Die jetzige Gestalt erhielt die Dombauhütte im Zusammenhang mit dem Bau des Römisch-Germanischen Museums (1969/70) über dem antiken Dionysos-Mosaik. Sie liegt unter dem Niveau der Domplatte an der rheinwärtigen Südseite des Doms. Der Hütteneingangsbereich wurde 1984 neu gestaltet. Die Werkstätten beschäftigen z.Z. 96 Handwerker, die für die Erhaltung und Pflege des Bestandes vonnöten sind. Der Betrieb wird durch Kollekten, Spenden, regelmäßige Zuschüsse von Stadt und Land, die Dombaulotterie und den Dombauverein (bis zu 75 %!) finanziert.

Die bleigedeckte Mauer im Hof der Dombauhütte ist ein Rest der erzbischöflichen Pfalzkapelle St. Johannes in Curia, die zwischen 1000 und 1020 von Erzbischof Heribert erbaut wurde. Die einzige Darstellung befindet sich auf dem mittelalterlichen **Hillinus-Codex**. Wahrscheinlich stellte St. Johannes in Curia die erste Doppelkapelle über Vierstützengrundriss mit Mittelöffnung dar. Dieser Bautyp ahmte in vereinfachender Form die Pfalzkapelle Karls des Großen in Aachen nach. Er kam bei Burgen und Palästen, ferner bei Kathedralen, deren Bischöfe Territorialherren waren, vor. Die Kapelle wurde um 1248 abgerissen, um Platz für den Dombau zu schaffen[475].

262

Verschwundene Ostterrasse und Petersbrunnen

Seitdem man mit dem ersten Brückenbau von 1855/59 einen deutlichen Akzent im Stadtbild gesetzt hatte, sollte der Dom auf seiner Ostseite ebenfalls eine Aufwertung erfahren. Aus diesem Grund realisierte man hier ab 1865 die bereits von Schinkel vorgeschlagene Terrasse in allerdings veränderter Form. Die sie einfassenden Quadersteine steigerten geschickt den Sockelcharakter der Anlage, was das Denkmalhafte des Doms betonte. Die Terrasse war als Spazierweg für das Kölner Bürgertum geplant, das mehr denn je von der Idee der Freistellung und Umschreitbarkeit des Doms ergriffen, ja besessen war. Den Durchgang musste es sich allerdings in einem Gerichtsprozess gegen das Domkapitel erstreiten, das eine Beeinträchtigung der gottesdienstlichen Bestimmung des Doms befürchtete. 1866 wurde eine mehrläufige Treppe angelegt, die auf den Chor ausgerichtet war. Seit 1870 stand in ihrer Mitte der heute verschwundene Petersbrunnen. Bei den Schachtungsarbeiten für die Treppe stieß man, nur drei Jahre nach dem Spolienfund aus der Chorquerwand, auf die Inschrifttafel des Mercurius-Augustus-Tempels.

Der von Dombaumeister Voigtel entworfene und dem neugotischen Bildhauer Peter Fuchs ausgeführte Petersbrunnen – ein Geschenk der Kaiserin Augusta an die Stadt Köln – fand wegen seiner verunglückten Proportionen nur wenig Beifall in der Öffentlichkeit. Die zumeist unzureichende Wasserversorgung durch die Stadt Köln trug dem Brunnen im Volksmund die Bezeichnung „Drügge Pitter" ein. Während des U-Bahnbaus wurde er demontiert, dann östlich der Sakristei erst wieder auf- dann bald erneut abgebaut. Seit dem Ausscheiden des langjährigen Dombaumeisters Arnold Wolff und der Amtsübernahme durch die neue Dombaumeisterin Barbara Schock-Werner wird eine Aufstellung des Brunnens vor der Westfassade ins Gespräch gebracht (SCHOCK-WERNER 1999, 14).

Möglicherweise plante Dombaumeister Voigtel die Aufstellung einer Nachbildung der großen Kreuzblume vom Südturm auf der östlichen Terrasse. Erhaltene Entwurfsskizzen von 1879 lassen dies vermuten. Ab dem Jahr 1894 begann man, die im Chorumgang abgeräumten Grabplatten auf der Terrasse aufzustellen. Dort waren sie jedoch schutzlos den Einwirkungen des Zweiten Weltkriegs ausgeliefert; einige, wie die Inschriftplatten der Wittelsbacher Kurfürst-Erzbischöfe blieben verschollen.

Der Domherrenfriedhof

Verstorbene Erzbischöfe und Kardinäle werden in der 1960 unter dem Dom erbauten Krypta beigesetzt. Andere hochrangige Priester (Generalvikare, Weihbischöfe, Dompröpste etc.) finden ihre letzte Ruhestätte auf einem kleinen Friedhof, der über eine kleine Pforte nördlich der Dombauhütte zugänglich ist. Unter dem Platz liegt eine 1925 erbaute Gruft mit 60 Grabstellen. Diese überstand den Zweiten Weltkrieg unbeschadet, während der Friedhof und eine große, aus dem 16. Jahrhundert stammende Kreuzigungsgruppe Bombensplittern zum Opfer fiel. In den Jahren 1954/55 ließ Dombaumeister Willy Weyres den Begräbnisplatz nach eigenen Entwürfen neu gestalten. An diesem Ort ruhen auch Domkapitular Joseph Hoster († 1969) und Dompropst Hermann Joseph Hecker († 1960).

Die Annosäule

Die 5,80 m hohe Sandsteinsäule – Annosäule genannt – und die drei Säulenbasen markieren einen um 1075 von Erzbischof Anno II. errichteten Säulengang zwischen dem Ostatrium des Alten Doms und der damals noch romanischen Stiftskirche St. Maria ad gradus. Diese beiden Kirchen bildeten ein organisches Ensemble, genau wie ihre beiden gotischen Nachfolgerinnen[5]. Schon für den Bau des gotischen Doms entnahm man dem Säulengang zwei Säulen, die bis heute das Kellergewölbe des Sakristeikellers tragen (s. S. 254 ff.).

Im Jahr 1817 zerstörte man die baufällige gotische Kirche St. Maria ad gradus, im Folgenden auch den Arkadengang. Sulpiz Boisserée gelang es, wenigstens eine der beiden Säulen vor der Vernichtung zu bewahren. Diese wurde später vor dem Reichardhaus aufgestellt. 1936 wies der Kunsthistoriker Albert Verbeek (1909–1984) nach, dass die Säule ursprünglich zum Ost-Atrium gehörte. Die ab 1966 einsetzenden Grabungen am Osthang des Doms legten die Fundamente der Arkaden frei, und man konnte die gerettete Säule an einem ihrer möglichen Originalstandorte aufstellen. Im Jahr 1981 wurde sie etwa 1,70 m über ihrer alten Höhe wiederaufgerichtet.

Der **steinerne Kopf** im Scheitel des Mittelfensters der Achskapelle stellt möglicherweise den ersten Dombaumeister Gerhard dar. Er begann den Dombau 1248 und leitete ihn mindestens zwölf Jahre lang.

Taufbecken und frühchristliches Baptisterium

Wer die Treppen zum östlich des Doms gelegenen Dionysos-Hof (gestaltet von Fritz Schaller unter Einbeziehung einer bronzenen Brunnenfigur des Dionysos von Karl Burgeff) hinabsteigt, entdeckt eine verschlossene Gittertür, hinter der ein der Öffentlichkeit unzugänglicher Raum liegt. Es handelt sich um das Baptisterium mit kreuzförmigem Grundriss, in dem ein 1866 entdecktes Taufbecken vom Anfang des 6. Jahrhunderts steht. Dieses weist acht nach innen durchgebogene Seiten und rechteckig ausgeformte Spitzen auf. Ursprünglich war es wohl mit einem Ziborium überwölbt. Daher fällt es unter die Gattungsbezeichnung „zentral geformte Piscine mit Ziboriumsvorsätzen". Der Durchmesser beträgt etwa 4,50 m; man beachte die Stufen, mittels derer der Täufling das Wasser ganz durchschreiten konnte. Die Taufe wird im Christentum mit der Neuschöpfung, ja zeitweise mit dem Mysterium der Wiedergeburt in Verbindung gebracht; diese betrifft zunächst den einzelnen Menschen, mit ihm aber auch das gesamte Universum[256].

Etwa 2 m östlich unter dem Taufbecken liegt noch ein älteres, ein wenig kleineres Becken in reiner Achteckform, das noch in den Kontext der kaiserzeitlichen Bebauung gehört; seine Nutzung als christliches Taufbecken ist umstritten. Zwar lässt sich eine spätere Umnutzung denken, doch stellt die oktogonale Beckenform in der römischen Thermal-, Industrie- und Privatarchitektur keine Besonderheit dar.

Die seit 1866 betriebenen Grabungen an dieser Stelle werden von großen Schwierigkeiten begleitet. Das Errichten der östlichen Domfundamente im Mittelalter hat zu einem enormen Verlust an möglichen Quellen geführt und überdies den Zusammenhang des Geländes zerrissen. Münzfunde können bei der Datierung von einzelnen Teilarchitekturen nicht weiterhelfen, da die Münzzufuhr aus Rom und Konstantinopel Anfang des 5. Jahrhundert abbricht. Einzig ein gut datierbarer Gegenstand wurde hier im Boden gefunden: eine Kleinbronze, die das Bildnis des oströmischen Kaisers Arkadius zeigt[476].

Bei den nächst der Gittertür an der Nordwand befestigten drei Steinplatten handelt es sich um 1894 aus dem Dom entfernte Grabplatten – die im Zweiten Weltkrieg stark beschädigten Epitaphe von Domherr Gottfried Gropper († 1598), Domherr Joseph Maria Sigismund Graf von Königsegg-Rotenfels († 1756) und Weihbischof Franz Caspar von Francken-Siersdorff († 1770). Die Inschriftentafel vom Epitaph des zuletzt genannten befindet sich im Südturm beim Treppenaufgang[477].

Die Gotik und ihre Rezeption

23

Die missverstandene Gotik

Der „Gotik" als Baustil – der übrigens von den Zeitgenossen nie so genannt worden ist – standen nach ihrem Verklingen im 16. Jahrhundert Generationen von Menschen gleichgültig oder sogar ablehnend gegenüber. Die Gleichgültigkeit zeigte sich beim Dom z. B. in der barocken Umgestaltung zahlreicher Details, in der Übertünchung mancher bedeutender mittelalterlicher Wandmalerei und insbesondere in der sinnlosen Zerstörung gotischer Glasmalereien. Die Kunde vom Ursprung der „Gotik" war bereits in der Hochrenaissance verlorengegangen. Man hielt sie fälschlicherweise für den typisch deutschen Baustil. Dies rührt von den Aussagen italienischer Renaissanceschriftsteller her. Sie verstanden den Begriff „Gotik" als einen rein polemischen: Dieser Stil sollte als von den **Goten**, den Barbaren jenseits der Alpen, herrührend gekennzeichnet werden. Nur in England (rudimentär in Frankreich) konnte sich die Gotik dauerhaft einen gewissen Grad der Anerkennung bewahren[478].

In den 1435 von Leone Battista Alberti veröffentlichten „*Della Pittura Libri Tre*" tauchte erstmals das Adjektiv „gotisch" auf. In der von ihm selbst verfertigten lateinischen Übersetzung (1450 gedruckt) wählte er für „*gotiche*" das Adjektiv „*rusticanæ*", was soviel wie bäurisch oder grob bedeutet[479]. Die endgültige Abklassifizierung der Gotik betrieb Giorgio Vasari[480]. Er fasste in seinem Buch „*Le vite dei più eccellenti pittori, scultori e architettori*" den Begriff Gotik äußerst polemisch und verhalf ihm damit für mehr als zweihundert Jahre zu seiner negativen Besetzung:

„*Es gibt noch ein anderes Gliederungssystem, das man das deutsche zu nennen pflegt und das sich in Ornamentbildung und Proportionierung von der Art sowohl der Alten als auch der Modernen stark unterscheidet. Heutzutage ist dasselbe nicht mehr in Übung; ja, die bedeutenden Meister fliehen sein Beispiel als etwas Monströses und Barbarisches: als etwas, dem jegliche Harmonie abgeht und das man am ehesten als Durcheinander und als Un-Ordnung bezeichnen kann. Zahllose Werke dieser Bauart verseuchen die Welt. Ihre Portale zeigen unverhältnismäßig dünne Säulen, die zudem oft schraubenartig gedreht und nie kräftig ausgebildet sind, dass sie ein Gewicht, wie gering auch immer es sei, (glaubhaft) zu tragen vermöchten. Dieser verfluchten Gestaltungsweise folgen auch jene verwirrend vielen kleinen Gehäuse (tabernacolini), von denen die Gebäude nach allen Seiten und in jeder verzierten Partie über und über bedeckt sind: eines ist über das andere gestaffelt und jeweils mit einer Vielzahl von Zierobelisken (piramidi), Spitzen und Blättern ausgestattet. Erst recht in solcher Verschachtelung besitzen diese in sich selbst labil wirkenden Gehäuse keinerlei Standfestigkeit; und sie scheinen viel eher aus Papier denn aus Stein oder Marmor gebildet. Allüberall finden sich Vorsprünge, Knickungen, Konsolen und Rankengewinde, wodurch jedes Ebenmaß verlorengeht; nicht selten gerät das Schachtelwerk derart in die Höhe, dass eine Portalbekrönung bis zum Dach hinaufreicht. Erfinder dieser Manier waren die Goten: Sie ließen, nachdem sie die Werke der Alten zerstört und die Kriegsverheerungen auch die Architekten dahingerafft hatten, ihre Bauten durch die Überlebenden in solcher Weise errichten. Die Goten waren es auch, die die spitzbogigen Wölbungen eingeführt und ganz Italien mit ihren verfluchten Machwerken erfüllt haben. Um ihren Scheußlichkeiten zu entgehen, meidet man (heute) jeden Anklang an die gotische Manier. Bewahre Gott die Völker künftig vor solchen Ideen und Machwerken, die der Schönheit unserer Bauweise gänzlich entbehren und es verdienen, dass man nicht länger von ihnen rede als hier schon geschehen ist*"[481].

Diesem vernichtenden Urteil schlossen sich im Folgenden verschiedene Autoren, wie etwa die Franzosen Fénelon und Voltaire, aber auch solche aus Deutschland an. Der Hass, mit dem Schriftsteller der Renaissance- und des Barock die Werke der Gotik verfolgten, ist wohl nicht nur mit bloßem Missverstehen ihres geistigen Gehalts zu erklären. Er wird seinen Grund in dem gotischen Bestreben haben, alle Materie aufzulösen, ja selbst den Menschen als Ornament unter dem Himmelsgebäude zu sehen. Überspitzt lässt sich ja sagen, dass die Gotik die Materie bis zur Selbstverleugnung unters Joch der Vergeistigung zwang. Dagegen hatte der Renaissance die Rezeption der Antike die Versöhnung mit Materie und mit Menschenmaß eingetragen. Instinktiv spürte die neue Zeit eine Bedrohung ihrer neu errungenen Werte durch die immer noch allgegenwärtige Gotik. Vergessen wir nicht, wie lange noch die Strahlkraft der Gotik im östlichen Mitteleuropa anhielt, wie tief und dauerhaft alles Schaffen von der gotischen Formensprache durchtränkt war.

Als gegen Ende des 18. Jahrhunderts allmählich ein entspannteres, historisch bestimmtes Interesse am Mittelalter entstand, brachte man auch der Gotik mehr Wohlwollen entgegen. Die beginnende romantische Rückwendung führte schließlich recht plötzlich zu einer Gotikrezeption, der allerdings nur sehr lückenhafte und teilweise falsche Kenntnisse zugrunde lagen. Man neigte zu der Auffassung, dass die Gotik, ihrem Namen gemäß, etwas Germanisches, ja Deutsches, sei[482].

Auch Goethe, vor dem Straßburger Münster stehend, reproduzierte den Irrtum über die deutsche Herkunft des Stils. Und schon kündigt sich, allerdings gemildert durch indirekte Rede, ein fataler nationaler Zungenschlag an:

„Und nun soll ich nicht ergrimmen, heiliger Erwin, wenn der deutsche Kunstgelehrte, auf Hörensagen neidischer Nachbarn, seinen Vorzug verkennt, dein Werk mit dem unverstandenen Wort gotisch verkleinert. Da er Gott danken sollte, laut verkündigen zu können: Das ist deutsche Baukunst, unsere Baukunst, da der Italiener sich keiner eignen rühmen darf, viel weniger der Franzos. Und wenn du dir selbst diesen Vorzug nicht zugestehen willst, so erweis uns, dass die Goten schon wirklich so gebaut haben; wo sich einige Schwierigkeiten werden ... "[483].

Noch in dem frühen Bemühen der deutschen Romantiker (wie etwa Schlegel und Boisserée) um die Vollendung des Kölner Doms spiegelt sich die verkehrte Auffassung von der Gotik als etwas genuin Deutschem wieder.

Die Gotikdiskussion bei Paul Clemen

Die Darstellung und Bewertung der Gotik findet in der ersten Hälfte des 20. Jahrhunderts in Deutschland und anderen europäischen Ländern durchaus auf hohem Niveau statt, ist jedoch immer noch überschattet von Denkansätzen, die dem Nationalismus der Zeit geschuldet sind.

Paul Clemen fasste in dem verdienstvollen Werk *„Der Dom zu Köln"* aus der Reihe *„Die Kunstdenkmäler der Rheinprovinz"* seine eigene Beurteilung des Dombaus zusammen und referierte die Meinungen einiger Kunsthistoriker und Architekten zum Kölner Dom. Darin heißt es:

„Der Bau von 1248 hatte nichts mehr mit der Entwicklung der letzten staufischen Kunst am Rhein, mit dem Ausgang des sog. Übergangsstils zu tun. Zwischen dem letzten Werk dieser Kunstschule, der Kirche von St. Kunibert in Köln, die 1247 vollendet war, und dem Chorbau des Domes klafft eine tiefe Kluft. Die bei diesem tätigen Kräfte mussten alle von Grund auf umlernen. Wohl sind in den Kölner Kirchen seit dem 2. Jahrzehnt des 13. Jh., in St. Gereon, St. Severin, Groß St. Martin, St. Maria im Kapitol, ausgeprägt frühgotische Gewölbe eingezogen worden. Aber nicht wie in Trier (an St. Matthias und Minoriten) oder in Koblenz (Dominikanerkirche) bestand schon eine eigentliche Schule der neuen Formensprache mit ausgebildeten Hütten-

kräften. Eine völlige Revolution der Kunstanschauungen findet statt. Nach 1248 ist in Köln kein einziges Bauwerk mehr in den Formen des bis dahin unbeschränkt herrschenden Stiles errichtet.

Der Meister des Domchors trägt in sich als Erbe seiner rheinischen Jugend nur die Erinnerung an den schweren Mauerstil der letzten hochstaufischen Zeit und dazu an die ersten schon in Köln ausgeführten frühgotischen Dienste und Gewölbe, die sich in der Architektur des Kapellenkranzes zeigt; er hat dann auf der Wanderschaft die französische Nordgotik ganz in sich aufgenommen und ist durch die beste Schule, die von Paris, und daneben die von Amiens gegangen."

(Nachfolgend eine kurze Passage, in der Clemen die These des Kunsthistorikers Ludwig Dehio zurückweist, der behauptete, die Kathedrale von Amiens sei ebenfalls vom Kölner Baumeister errichtet worden).

„Das Innere gibt einen Begriff von der Wirkung, die die Kathedrale von Beauvais gehabt hätte, wenn sie je vollendet und wenn die Harmonie des Chors nicht nachträglich zerstört worden wäre. Das Maßhalten in dem Höherstreben, das bewusste Ausponderieren der drei horizontalen Regionen, das Aufbauen des Grundrisses wie des Querschnitts auf einfachen großen Verhältniszahlen zeugt von einer künstlerischen Reife und Weisheit, die nicht in Erregung, sondern in feierlicher Ruhe das höchste Ziel sieht. Dies Werk ist ‚aus der größten Disziplin der Kräfte' hervorgegangen (Görres). Gewiss liegt viel Mathematik darin – wie auch im Parthenon. Die Legende, dass Albertus Magnus, der große Theolog und Mathematiker, der Berater bei dem Dombau (er weilt in Köln von 1248 bis 1260 und von 1271 bis 1280) gewesen sei, gibt einen Hinweis auf die Möglichkeit von Verbindungen mit den Gelehrten der kölnischen Dominikaneruniversität – die Druckkurven des Strebesystems sind hier vielleicht zuerst bewusst statisch rechnerisch ermittelt. Niemand wird sich dem erhabenen und überwältigenden Eindruck des Innenraums entziehen, den in dieser Geschlossenheit mit einem so abgewogenen Spiel der Lichteinführung keine Kathedrale der Gotik bringt. PETRARCA gab bei seinem Besuch des Doms 1333 seiner Empfindung Ausdruck mit den Worten: Pulcherrimum quamvis inexpletum templum. GEORG FORSTER, FRIEDRICH VON SCHLEGEL, JOHANNA SCHOPENHAUER [484], aber auch CHÂTEAUBRIAND haben hier das Bild von einem Walddom mit aufragenden Stämmen und einem Geflecht von Zweigen gebracht. Dem Geschlecht aus der Mitte des 19. Jh. erschien der Dom in einer Übersteigerung der Wertung als eine höchste Schöpfung der Baukunst an sich (AUGUST REICHENSPERGER: das erhabenste Symbol der Unendlichkeit – JAKOB BURCKHARDT: die unerlässliche Offenbarung eines himmlischen großen Genius ohnegleichen). Es liegt in der Harmonie dieser gewaltigen Fuge vielleicht die letzte klassische Leistung der Hochgotik überhaupt vor, die hier wie in einem Normalschema ihren Kanon findet. Der Kölner Dom ist ‚ebenso klassisch wie das Straßburger Münster in seiner heutigen Gestalt romantisch' (Leo Bruhns).

Zum Schluss muss auch hier auf die Bewertung des Kölner Doms als des steinernen Symbols der Stadt und des ganzen Niederrheins, als Sinnbild der deutschen Geschichte und erstes Denkmal der Einigungsbestrebungen hingewiesen werden. Diese Sonderstellung, die im höchsten Sinne hier ein nationales historisches Denkmal und ein Symbol erblickt, die den Fall der Erhaltung und Wiederherstellung auch als einmaligen, besonderen Gesetzen unterworfen sieht, ist zuletzt für unsere Zeit feierlich bei der Tagung für Denkmalpflege und Heimatschutz in Köln 1930 und der daran angeschlossenen Beratung als gemeinsames Bekenntnis ausgesprochen ..."

Weiter fährt Clemen zur Würdigung der Neugotik fort:

„Querschiff und Langhaus sind in der Ausführung nur eine Wiederholung der Architektur des Chors, ohne den Mut, hier Neues zu wagen, mit einer sehr korrekten aber trockenen

Behandlung der Einzelformen, die als erste große Leistung der Neugotik des 19. Jh. hohe Anerkennung verdient, jedoch kalt lässt. Man wird immer wieder beklagen, dass dies ängstliche und gewissenhafte Abschreiben, dass die allzu strenge Disziplin der Bauhütte keine individuelle, sich wandelnde künstlerische Handschrift zuließ. Die bescheidenen Figürchen am Beginn des oberen Laubkranzes um die Fenster...erscheinen schon als kecke Wagnisse. In den großen Maßen ist dies neue Werk auch nicht eine Leistung der Jahre 1842–1880, sondern noch der ersten Jahrzehnte des 19. Jh.; als der eigentlich schöpferische Geist muss SULPIZ BOISSERÉE mit seinen architektonischen Helfern angesehen werden, in dessen Domwerk wir, überraschend für das Langhaus und den Querschnitt mit den Jahreszahlen 1809 und 11, schon die ganze dann von ZWIRNER ausgeführte Architektur im einzelnen durchgebildet vorfinden. Der damals erst 25-jährige BOISSERÉE bekennt, dass er die Risse entworfen und dass die Zeichnungen unter seinen Augen von den vorzüglichsten Architekturzeichnern angefertigt seien. Schon 1810 waren die ersten entscheidenden Blätter Goethe vorgelegt. HASAK ... erklärt als Architekt: diese Künstler waren in der Beherrschung gotischer Einzelheiten allen ihren Nachfolgern in Deutschland, England und Frankreich um 50 Jahre voraus.

Schmerzlich empfindet das Auge vor allem, dass die Anfänge zu einer leichteren, aufgelösten Architektur in spätgotische Formen, wie sie an der Nordseite des Turmstumpfes schon begonnen waren, aufgegeben worden sind, und dass über ihnen die gleiche schematische hochgotische Formenwelt wie an der Westfront weitergeführt ist. LOUIS GONSE nennt den Stil der Türme lourd und prétentieux, und FREDERIK LEIGHTON erklärt, die fabelhafte Menge vertikal aufsteigender Linien rufe den Eindruck arithmetisch prosaischer Dürre und Armut der Inspiration hervor. Das gilt dem Werk der Neugotik. In diesem Sinne redet DEHIO von einer „kalten archäologischen Abstraktion".

An der Westfront ist allzuleicht zu vermerken, was ihr fehlt, und was das Auge vermisst – der ruhige Unterbau mit leeren Flächen wie in Freiburg und Ulm, von denen sich dann der reiche Oberbau deutlicher abheben könnte, der Mangel an dem großen beherrschenden Motiv der Rose wie am Straßburger Münster, das zunächst unwillkürlich sich als Parallele einstellt – das große Mittelfenster ist wie in Sens, in dem verschwunden Bau von St. Nicaise in Reims, an St. Gudule in Brüssel nur in einer Verbreiterung des gewöhnlichen Motivs gegeben. Das Auge sucht auch vergeblich nach der ‚dialektischen Auseinandersetzung der Vertikalen mit den Horizontalen' (DEHIO) – aber ist dieser von Anfang an betonte alleinherrschende Vertikalismus, den der erhaltene große mittelalterliche Aufriss bis zum Äußersten durchgebildet zeigt, den schon der älteste Stich bei Crombach 1654, dann aber der Aufriss Boisserées verständnisvoll aufnimmt, nicht etwas ganz Bewusstes, etwas höchst Gewagtes, dem der Autor der Westfront alles, selbst die Wirkung der Portale opfert? Und wenn dies untere Geschoss mit seiner Neigung zur Auflösung einen allzu kleinen Maßstab bringt, das zweite dann etwas eintönig mit der Wiederholung der leeren Fenstermotive arbeitet, das vertikale Pfostenwerk, mit dem die Front überspannt ist, nicht die schwingende Linienschönheit der Harfenbespannung der Erwin'schen Westfront in Straßburg erreicht – so ist der Aufbau dieser beiden Türme, die Übersetzung des Massivs in das Achteck, das langsame Auflockern, Aufhellen, die Loslösung des achtseitigen Leibes von den vier Ecktürmen, die Entwicklung der Helme aus der Krone der acht Wimperge, dem überlieferten Plan genau nachgebildet – eine künstlerische Leistung von ganz großem Format ohne Vorbild und ohne Parallele. Man möchte das Bild der „ungeheuren Kristallisation" aufnehmen, an das FRIEDRICH SCHLEGEL (Briefe auf einer Reise durch die Niederlande) bei dem Äußeren des Doms denkt.

Auf französischem Boden auch im 14. Jh. ist nirgendwo ein durchbrochener Turmhelm dieser Art zu verzeichnen – die Helme von der Kathedrale von Seez [[485]*], von St. Pierre in Caen, von St. Paul de Léon zeigen nur von Passfenstern durchlöcherte Steinflächen. Die Erfindung des durchbrochenen Turmhelms gehört der deutschen Kunstzone an. Freiburg und Eßlingen sind hier die Vorbilder und Vorgänger. In Freiburg klingt das Viereck nicht mit soviel überschäumender Kraft weiter nach oben aus, der achteckige durchbrochene Turmleib löst sich deshalb in selbstständiger Wirkung früher freier mit seiner zierlichen Haube heraus. Für die ganze weitere Geschichte der Neugotik ist das Kölner System aber das kanonische geworden. In Regensburg, an der Wiesenkirche in Soest, übertragen in Ulm und Wien, lebt seine Architektur weiter ...*

Die mathematischen Verhältnisse und die Symbolik des Doms: Von der „unerreichten Eurhythmie" in der Ausbildung des Grundrisses ist schon von BOISSERÉE, von KUGLER und DOHME gesprochen worden. Die einzelnen Teile sowohl wie die des Aufbaues kann man sich durch feste Verhältnisse einfachster Art bestimmt vorstellen. Bei der Annahme von 50 römischen Fuß (als dem Maß des Mittelalters) ergibt sich für das Innere ungefähr: die Gesamtlänge = 9; die Gesamtbreite = 3; die Mittelschiffbreite von Achse zu Achse = 1; Höhe = 3; Seitenschiffe und Interkolumnien von Achsen = 0,5; Kreuzschifflänge = 5; Kreuzschiffbreite = 2. PFEIFFER geht aus von der Vierung als Fundamentalmaß und begründet darauf ein zweifaches Einheitsprinzip, HAASE hat vielleicht die Hauptmaßverhältnisse am kompliziertesten auszulegen gesucht. Ob den Meistern des 13. Jahrhunderts eine so verwickelte Kontrapunktik vorschwebte?" Soweit also Paul Clemen (1937, 123 ff.).

Dass dem Dom, wie jedem sakralen Bauwerk der damaligen Zeit, ein Symbolgehalt beigegeben war, der sich auch in Proportionen, in Maß und Zahl ausdrückte, war dem Mittelalter selbstverständlich und schon seit dem 17. Jahrhundert wieder bekannt und bleibt auch heute unbestritten (s. S. 272 ff.). Die gelegentlich geäußerte Annahme, dass verborgene, nur für Eingeweihte erkennbare Zahlenverhältnisse eingearbeitet worden seien, lässt sich bislang allerdings nicht belegen[486]. Gerade die Abwendung von dem in Amiens verwendeten Dreizehneck und die Hinwendung zum mathematisch leichter zu handhabenden regelmäßigen Zwölfeck als Grundriss des Kölner Chorpolygons spricht nicht für den Wunsch nach komplexen mathematischen Verhältnissen. Zwar hat es an Versuchen – auch computergestützten – nicht gefehlt, aus den in gotischen Sakralbauten vorkommenden Teilstrecken bestimmte Zahlenverhältnisse und damit Proportionen abzuleiten[487], doch sind derartige Entschlüsselungsversuche erfolglos geblieben. Auch in den Winkelmaßen konnte noch keine geheime Regelmäßigkeit entdeckt werden, sodass wir Meister Gerhard von dem „Verdacht", er sei ein Spätpythagoräer oder Zahlenmystiker, vorläufig freisprechen müssen.

Neuere Bewertungen des Doms und der Gotik allgemein

Die von Paul Clemen referierten bzw. von ihm selbst vorgenommenen Bewertungen des Doms weisen oft eine merkwürdige Zwiespältigkeit auf. Einerseits erweisen sich die ihnen zugrundeliegenden Gedankengänge Strömungen gegenüber, die mit national affizierten Begriffen arbeiten, in der Regel als nicht resistent, andererseits fallen die ästhetischen Bewertungen des Doms zumeist recht „herb" [ARNOLD WOLFF] aus. In der internationalen Literatur wurde dem Dom erst nach dem Zweiten Weltkrieg einige positive Aufmerksamkeit zuteil. Der Kunsthistoriker Paul Frankl publizierte 1962 einen Artikel über den Dom, den Wolff als „einen beträchtlichen Fortschritt in der *gerechten Beurteilung dieses gewaltigen Bauwerks"* einstufte[488]. Frankl versöhnte hier auch mit der *„Einklemmung der Mittelzone"* der Westfassade durch die mächtigen Türme, die noch am Ende der 40er-Jahre des 20. Jahrhunderts in abwertender Weise konstatiert wurde (s. S. 176 ff.):

„Man braucht jedoch diese Fassade nur mit der anderer fünfschiffiger Kirchen, wie etwa Paris oder Bourges, zu vergleichen, um zu sehen, dass sie alle in diesem Punkt übereinstimmen. Die Anordnung eines langen spitzbogigen Fensters an Stelle der Rose war schon in der Zeit nach 1260 durch den Architekten der Elisabethkirche in Marburg eingeführt worden, der aus der Kölner Hütte hervorgegangen war ... Das Schöpferische [des Kölner Architekten] liegt [gerade] darin, dass er die horizontalen Linien unterdrückte, die Fläche betonte, alle Teile in strikter Einheitlichkeit entwarf und, was dasselbe ist, die Einzelformen radikal dem Ganzen unterordnete" (Übersetzung aus dem Englischen von Arnold Wolff).

Ganz unabhängig von solchen speziell auf den Dom bezogenen architektur- und stilgeschichtlichen Erörterungen entstand eine insbesondere von Erwin Panofsky ausgehende Gotikrezeption, der das Verdienst gebührt, den geistesgeschichtlichen Hintergrund des alten Europa gewürdigt zu haben. Sie unternahm den Versuch, eine Brücke zwischen der Erscheinungsweise gotischer Architektur und scholastisch-theologischem Denken zu schlagen. Neben Erwin Panofsky haben Hans Sedlmayr und Otto von Simson ein Gotikbild entwickelt und verbreitet, das die nahtlose Einheit von scholastischer Lehre, Lichtmetaphysik und Kreuzrippengewölbe suggerierte. Dabei übersah man jedoch, dass schon seit der Spätantike der Kirchenbau *(ecclesia materialis)* in engem Zusammenhang mit der Kirche als Gemeinschaft der Gläubigen *(ecclesia spiritualis)* gesehen wurde[489]. Jüngere Kunsthistoriker haben daher an diesen Deutungen Zweifel angemeldet und den ehemals postulierten direkten Zusammenhang zwischen gotischer Architektur und Scholastik infrage gestellt.

Die Auswertung mittelalterlicher Texte, auch die des Abts Suger von Saint-Denis, ergeben tatsächlich wenig Anhaltspunkte für die bewusste Umsetzung solcher Lehren in der Architektur. Die Ausgestaltung der Liturgie nach himmlischem Vorbild stand am Ende der Romanik nach wie vor im Mittelpunkt aller Überlegungen. In traditioneller Weise wurde von konkreten, himmlischen Symbolen, die es angemessen umzusetzen galt, gesprochen. Nach wie vor waren es Gottes Herrlichkeit, seine Wohnstatt und das Himmlische Jerusalem, die die von Klerikern angeleiteten Künstler beschäftigten und im Bild dargestellt werden sollten[490]. Viele biblische Aussagen, besonders die der Offenbarung, verstand man wörtlich und setzte sie dementsprechend um. Dies bedeutete aber nicht, dass man jederzeit bestrebt war, naturalistische Darstellungen zu finden. Solange die ins Christentum inkorporierte (neu)platonische Lehre wirkte, war die bloße Nachahmung der Natur nicht unbedingt erstrebenswert, führte sie doch nur zu leicht vom Gottähnlichen hinweg.

Als gutes Beispiel für die Umsetzung eines Bildes aus der Offenbarung des Johannes möge das Gläserne Meer aus Vers 4,6 und 15,2 dienen: *„Und vor dem Stuhl war ein gläsernes Meer, gleich dem Kristall ..."* Johannes entwickelt die Vorstellung von dem Meer, an dem die Fixsterne und die Tierkreiszeichen (Zodiak) befestigt sind; vor allem steht auf ihm der Thron Gottes. Dieses Gläserne Meer wurde dann im Mittelalter sowohl als ein real von Fischen bevölkertes Meer dargestellt, wie auch als betont abstraktes **kristallines** Meer. Und: stehen in den Kölner Chorobergadenfenstern die zwei mal 24 Könige bzw. Ältesten nicht in einem kristallinen gläsernen Meer, das von den schmalen farbigen Bändern seine Struktur erhält? (s. S. 51 ff.).

Auch der schon des Öfteren zitierte französische Historiker Georges Duby folgte in vielem den Lehren Panofskys und Sedlmayrs. Konsequent spitzte er die „Erfindung" der Gotik und der gotischen Lichtführung auf den Punkt zu, der vom Abt Suger markiert wird[491]. Die Gotik mit ihrer „Lichtästhetik" ist jedoch nicht in dieser Plötzlichkeit entstanden. Nicht nur, dass – wie bereits erwähnt – wichtige Bauelemente wie das Kreuzrippengewölbe früher, wohl im Orient, entstanden sind; auch gab es schon vor Suger die Auseinandersetzung mit dem Fensterlicht: Eine Generation früher schrieb ein Mönch namens Roger, der dem Benediktinerkloster Helmarshausen unter dem Namen Theophilus angehörte, eine *„Schedula Diversarum Artium"*, in der er sich mit Glasfenstern aus der Sicht des Praktikers beschäftigte[492]. Ähnlich wie später Suger sah Roger sich nicht selber in erster Linie als Künstler, sondern als Praktiker und Sachwalter einer würdigen und angemessenen Ausschmückung der Gotteshäuser; und – gleich diesem – verteidigte er den großen handwerklichen und künstlerischen Aufwand, der stets zugleich ein finanzieller war und ist. Roger ging jedoch in einem entscheidenden Punkt über Suger hinaus: Für ihn war die Leistung des von göttlichen Gaben beflügelten, inspirierten Künstlers entscheidend; durch ihn werden erst die göttlichen Geheimnisse enthüllt – Kunst führt zur Gotteserkenntnis.

Roger machte einen deutlichen Unterschied in der Wertigkeit der Materialien. Offensichtlich ging er von der Vorstellung aus, dass Materialien wie Holz, Metall und Stein eher dem Irdischen verhaftet sind, Glas dagegen der Himmelssphäre schon nähersteht, während Farben noch darüber anzusiedeln sind. Er machte sich Gedanken, wie das Glas beschaffen sein müsste, damit es das Licht nicht ausschließe. Die Durchsichtigkeit ist für ihn von größter Wichtigkeit. Das durchsichtige Glas wird als Baustoff geradezu geadelt und den Edelsteinen gleichgestellt: Die Darstellung z. B. von Heiligen in leuchtendem Glas lässt sie dem Betrachter als in himmlische Sphären, ja, ins himmlische Jerusalem entrückt erscheinen.

Die Theorien des Roger waren sicherlich nicht nur im ostfränkischen Reich bekannt. Wenn man der Überlegung folgt, dass Roger möglicherweise aus der Abtei Stablo, also aus dem maasländischen Raum stammte, der eine Brückenfunktion zwischen dem späteren Frankreich und Deutschland innehatte, waren seine Gedanken vielleicht nur Teil einer allgemeiner geführten, uns jedoch unbekannten Debatte, die zu den geistigen Voraussetzungen der kommenden Veränderungen führen sollte.

24 Die Symbolik von Altar und Tempel

Nicht erst der Kirchenbau der Gotik wurde als eine Abbildung des Himmels oder des Himmlischen Jerusalem verstanden. Auch die Baumeister der karolingischen, ottonischen und romanischen Kirchen verstanden ihre Werke in dieser Weise: *„ecclesia materialis significat ecclesiam spiritualem".* Damit schloss das christliche Mittelalter unmittelbar an weitverbreitete antike Vorstellungen an. Keinem der alten Kulturvölker war die Vorstellung vom Sakralbau (aber auch der Stadt!) als Abbild des göttlichen Universums fremd gewesen.

Dem frühmittelalterlichen Christentum Westeuropas freilich blieben diese heidnisch-antiken Auffassungen zumeist verborgen. Dagegen waren die Anweisungen Gottes zum (jüdischen) Tempelbau durch systematische Bibelexegese wohlbekannt; sie bildeten die Grundlage für die Gestaltung des Kirchenbaus aus dem Geist der jeweiligen Zeit heraus. Allgemein gilt, dass der Sakralbau das göttliche Universum nachbildet:

– weil er den Schöpfungsakt Gottes nachvollzieht

– weil er den Grundnormen entspricht, die Jahwe offenbarte.

In einer Vision erscheint dem Propheten Ezechiel der „neue Tempel" als ein Gebäude auf einem hohen Berg (Vulgata: *super montem excelsum nimis*) wie eine Stadt *(quasi ædificium civitatis),* in deren Osttor ein Mann steht, *„des Ansehen ... wie Erz"* ist[494]. Das auf dem Berg-Liegen des Heiligtums entspricht jüdischer, überhaupt altorientalischer Vorstellung. Auch von dem Jahrhunderte zuvor errichteten Salomonischen Tempel zu Jerusalem wird berichtet, dass er sich auf einem Berg befand. Salomon berichtet darüber:

„Und hießest mich einen Tempel bauen auf deinem heiligen Berge und einen Altar in der Stadt deiner Wohnung, der da gleich wäre der heiligen Hütte, welche du vorzeiten bereiten ließest" (Weisheit 9,8).

Tempel und Altar werden als ein Abbild einer höheren Wirklichkeit aufgefasst. Dabei hat der Altar zunächst einen noch verdichteteren Symbolgehalt als der Tempel, denn er ist älter und bedurfte nicht des Tempels, um der Ort zu sein, an dem das Göttliche sich mit der menschlichen Sphäre verbindet[495]. Darüber hinaus ist der Altar bereits ohne Tempel ein Abbild des Kosmos[496]. Seine Heiligkeit strahlt allerdings auf den Sakralbau aus, der – den Altar umfangend – ebenfalls ein Abbild des Kosmos ist[497]. Der Ort, an dem Altar und Tempel stehen, wurde von altersher – nicht nur bei den Juden – als der heilige Mittelpunkt der Welt verstanden[498].

Die heilige Hütte, von der Salomon spricht, ist aber die Vorläuferin des Tempels, die **Stiftshütte**, die eigentlich ein aus elf Teppichen gemachtes Zelt war (s. S. 57 ff.). Dieses ist offensichtlich ein Abbild des Himmelszelts, der

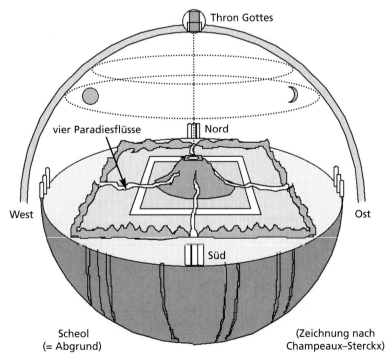

Thron Gottes

vier Paradiesflüsse — Nord

West — Ost

Süd

Scheol
(= Abgrund)

(Zeichnung nach Champeaux–Sterckx)

Altjüdische Kosmografie

Himmelskuppel. Es ist das stärkste Symbol der souveränen Allmacht Gottes. Nicht nur das Judentum, alle Kulturen haben ihre Symbolik vorrangig aus der Anschauung der natürlichen himmlischen Erscheinungen bezogen.

Aus dem oben Gesagtem wurde bereits deutlich, dass man sich Altar und Tempel als auf einem **Berg** gelegen dachte. Der jüdischen Überlieferung zufolge entstand der salomonische Tempel auf demselben Berg, auf dem der Erzvater Abra(ha)m sein Menschenopfer darzubringen gedachte (nach islamischer Traditon der Fels in Jerusalem, von dem Mohammed mitsamt seiner menschengesichtigen Stute Burak in den Himmel entrückt wurde). Auf dem Berg ragte nach Vorstellung des Altertums die Sphäre des Irdischen derjenigen des Göttlichen am weitesten entgegen. Darum war der Berg in seiner Bedeutung dem Tempel gleichgestellt. Hier auf dem Berg war traditionell der Ort, an dem Gott erschien, um seine Anweisungen oder Gebote zu gegeben, hier fanden Verklärungen und Entrückungen statt.

Aus diesem Grund ist der Berg auch ein Vorbild des Tempels bzw. der Kirche überhaupt; er bringt die Vorstellung vom Aufstieg, der Initiation, der Reinigung und dem Gericht ins Spiel. Bei Jesaia 2,2 ff. heißt es:

„...Es wird zur letzten Zeit der Berg, da des Herrn Haus ist, feststehen, höher denn alle Berge, und über alle Hügel erhaben werden; und werden alle Heiden dazulaufen / Und viele Völker hingehen und sagen: Kommt, lasst uns auf den Berg des Herrn gehen, zum Haus des Gottes Jakobs, dass er uns lehre seine Wege und wir wandeln auf seinen Steigen! Denn von Zion wird das Gesetz ausgehen und des Herrn Wort von Jerusalem / Und er wird richten unter den Heiden und strafen viele Völker. Da werden sie ihre Schwerter zu Pflugscharen und ihre Spieße zu Sicheln machen. Denn es wird kein Volk wider das andere ein Schwert aufheben, und werden hinfort nicht mehr kriegen lernen."

Auch Bischof Eusebios von Cäsarea, der Apologet Kaiser Konstantins und Vater der Kirchengeschichte, sah im Kirchenbau ein Symbol für den Berg des Herrn[499]. Und hatte nicht endlich die Gotik mit ihren gewaltigen Kathedralen mit den Wimpergen und Fialen, den großen und kleinen Kreuzblumen und Lilien ein Bauwerk geschaffen, das sowohl dem Himmlischen Jerusalem als auch dem Berg glich und das an der Berührungslinie mit dem Himmel alle Schärfe aufhob und die Kontur – wie bei einem Berg, der in den Wolken verschwindet – unscharf werden ließ? Trug nicht dieser „Berg" auf seinem Rücken eine großes vergoldetes Kreuz, das Symbol des Lammes, genau wie der Berg Zion?

Jedoch kein bloß gewaltiger, ungeschlachter Berg war den Theologen und Baumeistern der gotischen Kathedralen ein erstrebenswertes Vorbild: Der Bau sollte in den seit undenklichen Zeiten als harmonisch erkannten Propor-

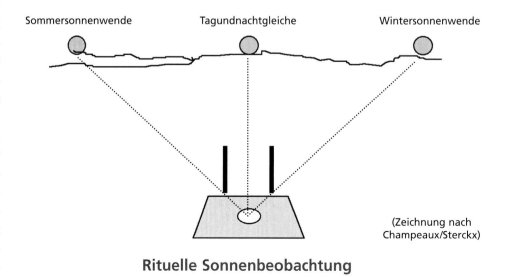

Sommersonnenwende   Tagundnachtgleiche   Wintersonnenwende

(Zeichnung nach Champeaux/Sterckx)

Rituelle Sonnenbeobachtung

tionen errichtet werden. Diese waren bereits in der von Herodot beschriebenen Anlage Babylons verwirklicht, bei der Gestaltung Ninives angewandt, beim Bau des Pantheons in Rom umgesetzt und in der Offenbarung des Johannes bei der Beschreibung des Himmlischen Jerusalem[500] bestätigt worden. In allen Fällen galt das Quadrat bzw. sein Mehrfaches als Grundlage des Baus.

Dies traf auch für den Kölner Dom zu, den die mittelalterlichen Baumeister gleichfalls über der Grundform des Quadrats entwickelten. Das Verdienst, die Hauptmaße des Doms und die zugrunde liegende Maßeinheit, den römischen Fuß, wiederentdeckt zu haben, kommt dem Kölner Jesuiten Hermann Crombach zu. Er bestimmte die Grundmaße als 25 bzw. 50 römische Fuß und deren Vielfaches, nämlich 100, 250, 300 und 500 Fuß. Das Maß eines Jochs betrug 25 Fuß, das der Vierung 50 Fuß im Geviert (vgl. Skizze). Damit stand fest, dass sich die Breite zur Höhe des Baus (150 Fuß) wie 1:1 und die Länge der Vierung einschließlich des Chors zum Langhaus (je 150 Fuß) ebenfalls wie 1:1 verhielt. Eine weitere 1:1-Proportion tritt beim Verhältnis der äußeren Gesamtlänge des Baus zu seiner Höhe auf, wenn man annimmt, dass die Türme 500 Fuß ohne Kreuzblume erreichen sollten. Eine 1:2-Proportion findet sich im Verhältnis von der Vierungs- (50 Fuß) zur Querhausbreite (100 Fuß), eine 1:3-Proportion von der Vierungs- zur Chorbreite (50 und 150 Fuß). Es ließen sich wohl noch etliche andere Proportionen durch Betrachtung verschiedener Teilstrecken finden.

Die Grundform des Kölner Doms ist, wie die praktisch aller gotischen Kathedralen, das Kreuz. Beim Zitieren des Kreuzes handelt es sich natürlich um eine Anspielung auf den Kreuzestod Christi sowie die gesamte christliche Kreuzsymbolik. Dieses Symbol ist jedoch uralt und nicht erst seit dem Aufkommen des Christentums geläufig.

Von den romanischen, germanischen und besonders den keltischen Völkern ist bekannt, dass sie das Symbol des Kreuzes als Abbild kosmischer Ordnung kannten. Die Hauptachse des Kreuzes war auf den Polarstern, den Angelpunkt, gerichtet. Sie wurde in Ost-West-Richtung vom Querbalken gekreuzt.

Bei den Völkern des Alten Orients war die rituelle Beobachtung und Deutung der Himmelsphänomene sehr weit entwickelt. Der rituelle Sonnenbeobachter, ein Priester, ließ sich nach Osten, der aufgehenden Sonne zugewandt, im Zentrum der heiligen Stätte auf einem rituellen Sitz nieder, dessen Standort stets gleich blieb. Er beobachtete die Verschiebung der Sonnenaufgänge am Horizont zwischen den beiden äußersten Punkten der Sommer- und der Wintersonnenwende. Diese beiden entscheidenden Punkte wurden im Gelände durch zwei Pfähle markiert, bei Tempeln durch zwei Säulen. Auf derartige Säulen stieß man beiderseits bestimmter alter, nach Osten ausgerichteter Tempel – so auch im Fall des Tempels von Jerusalem[501]. Besonders interessant sind in diesem Zusammenhang die beiden Pylonen vor den Eingängen ägyptischer Tempel, weil sie mit dem eigentlichen Gebäude verbunden waren, ohne irgendwelche architektonische Funktion zu erfüllen. Sie gelten als die Vorläufer der Westmassive vieler abendländischer Kirchen: als der Ursprung der beiden Türme rechts und links des Westportals, der zunächst nicht unmittelbar offensichtlich erscheint (CHAMPEAUX–STERCKX 120 ff.).

Bei den Römern entstand aus diesem Verständnis der Weltordnung das Vermessungswesen mit Kardo und Decumanus – und zwar mit großer Wahrscheinlichkeit weitgehend unabhängig von orientalischen Vorbildern.

Im Rom der Kaiserzeit ging manches Wissen um die religiösen Grundlagen des altrömischen Gemeinwesens verloren. Römische Baumeister und Architekturschriftsteller machten unterschiedliche Angaben zu den Ursprüngen und Grundlagen des ehemals heiligen, zur Erkundung der

Auspizien unerlässlichen Vermessungswesen[502]. So kam es, dass die Ausrichtung von neu gegründeten Städten, Militärlagern und bedeutenden Gebäuden nicht mehr an klaren Nord-Süd- und West-Ost-Orientierungen erfolgte. Darüber hinaus erhielt der Decumanus vor dem Kardo den Vorrang, was sich in seiner erheblich größeren Breite manifestierte. Ferner folgte man seit der Vergöttlichung der Kaiser der Praxis, die Hauptachse nach politischen Gesichtspunkten zu drehen. So gibt es z. B. römische Stadtgründungen (u. a. in Nordafrika), deren Hauptachse auf den Punkt des Sonnenaufgangs am Geburtstag des jeweils regierenden Kaisers zeigt.

Die Abwendung vom Kardo und die Hinwendung zum Decumanus als bevorzugter Hauptstraße in spätrömischer Zeit kam der meist ausgeübten Praxis der West-Ost-Ausrichtung früher christlicher Kirchen, aber auch der von Synagogen entgegen. Schließlich lag ja auch beim Himmlischen Jerusalem, wie oben erwähnt, das wichtigste Tor im Osten. Die jüdischen Synagogen wiesen nach Daniel 6,11 ebenfalls ostwärts: „ ... er [ging] *hinein in sein Haus; (er hatte aber an seinem Söller offene Fenster gegen Jerusalem); und er fiel des Tags dreimal auf seine Knie, betete, lobte und dankte seinem Gott, wie er denn bisher zu tun pflegte"*.[503]

Das Christentum beerbte das Heiden- und Judentum gründlich. Nach der historischen Niederlage von Heidentum und Gnosis zur Zeit Kaiser Julians Apostata konnte sich die Kirche auch den souveränen Umgang mit heidnischen Symbolen und Vorstellungen erlauben[504]. So verfügte die Kirche nun etwa über das alleinige Monopol zum Gebrauch des Kreuzes. Die schon lange angewandte Praxis der Ostung von Sakralbauten übernahm die Kirche schon früher; das Erste Konzil von Nikäa machte sie für den Kirchenbau verbindlich. Dennoch setzte diese sich nicht sofort und allgemein durch; so war z. B. die Konstantinische Grabeskirche in Jerusalem (325/26 begonnen, 614 von den Persern zerstört) gewestet. Dies hing allerdings mit deren Lage westlich des Kardo maximus zusammen, denn Golgatha lag nur wenig westlich der alten Hauptstraße, und eine Zugänglichmachung der Schädelstätte von Osten lag nahe.

So war der Tempel- bzw. Kirchenbau in die vier kosmischen Richtungen eingespannt. In ihrer Mitte aber sollte ADAM, der Mensch, stehen, der vor seiner Erlösung in alle vier Richtungen zerstreut war, durch die Erlösung jedoch aus allen vier Winden her wieder gesammelt und in der Kirche zusammengefasst wurde. Diesen Zusammenhang zeigten dem mittelalterlichen Menschen die Anfangsbuchstaben der alten Richtungsbezeichnungen an:

Anatole   Osten, Aufgang
Dysis   Westen, Untergang
Arktos   Norden, (Großer) Bär[505]
Mesembria   Süden, Mittag

In engem Zusammenhang mit der Symbolik der Himmelsrichtung steht die Rechts-Links-Symbolik. Bei dieser entspricht **Rechts** dem **Süden** und **Osten** und gehört dem Guten an; dagegen ist das Böse das **Linke**, welche durch die Himmelsrichtung **Norden** und **Westen** vertreten ist[506]. Daher wurde das Evangelium nach Norden hin (in Richtung der Heiden) gesungen, und in den Ländern nördlich der Alpen hat das Bildnis des drachentötenden und dämonenabweisenden Erzengels Michael in der Regel seinen Platz an der Westseite des Kirchenbaus. Manchmal findet man an dieser Stelle einen ihm geweihten Altar oder gar eine Kapelle mit seinem Patrozinium [206].

Die **rechte Seite** vertritt auch das Neue Testament, die **linke Seite** das Alte Testament. In gleicher Weise sind die beiden Bibelfenster des Kölner Doms gestaltet, die jeweils auf der linken Seite alttestamentliche, auf der rechten dagegen neutestamentliche Szenen zeigen. Diese Auffassung von der Höherwertigkeit des rechten Platzes ist mehrfach belegt, so etwa bereits bei

Hrabanus Maurus (†856). Im geosteten Kirchengebäude, das von Westen her betreten wird, ist die nördliche, also linke Seite, die Region des Alten Bundes, des Gesetzes, aber auch des Satans. Die Südseite gilt als die Region Christi, des Neuen Bundes, der Erlösung. Oft kann diese Auffassung am Bildprogramm einer Kirche nachgewiesen werden, nicht jedoch am Fensterprogramm der Seitenschiffe des Doms[507].

Es sind jedoch auch Auffassungen belegt, die das kreuzförmige Kirchengebäude als Symbol des liegenden Leibes Christi ansehen, wobei das Haupt in der Ostapsis bzw. im Ostchor, die Füße dagegen im Westen zu finden sind (¹⁷). Durch die Identifizierung des Betrachters mit dieser Ausrichtung ergibt sich die umgekehrte Sichtweise. Sehr wahrscheinlich stehen diese Vorstellungen in Zusammenhang mit dem schon von dem Frühscholastiker Petrus Comestor geprägten und auf dem Vierten Laterankonzil von 1215 offiziell eingeführten Begriff der „transsubstantiatio" (vgl. S. 54 ff., S. 69 ff.).

Bei Darstellungen der Kreuzigung (Christus in der Mitte) finden sich die bedeutenderen Personen immer rechts (Maria, Ecclesia; manchmal auch die Sonne), die weniger bedeutenden (wie Johannes und die Synagoge sowie mitunter der Mond und der zerrissene Tempelvorhang[508]) links. Bei Darstellungen des Jüngsten Gerichts liegt das Paradies rechts und die Hölle links vom Weltenrichter.

Anhang

Schematischer Grundriss mit den Pfeilerbezeichnungen

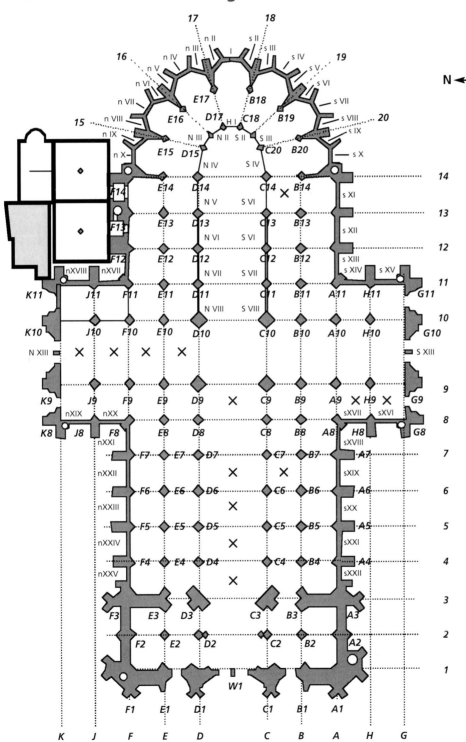

Pfeiler-
bezeichnungen
in Kursivschrift

Fenster-
bezeichnungen
nach CVMA

Die Buchstaben mit den römischen Ziffern sind die Fensterbezeichnungen nach CVMA (Großbuchstaben bezeichnen Obergadenfenster, Kleinbuchstaben die Fenster der Seitenschiffe und Chorkapellen). Im Zweiten Weltkrieg eingestürzte Gewölbe sind mit einem × versehen.

Schematischer Grundriss
mit Bemaßung in römischen Fuß

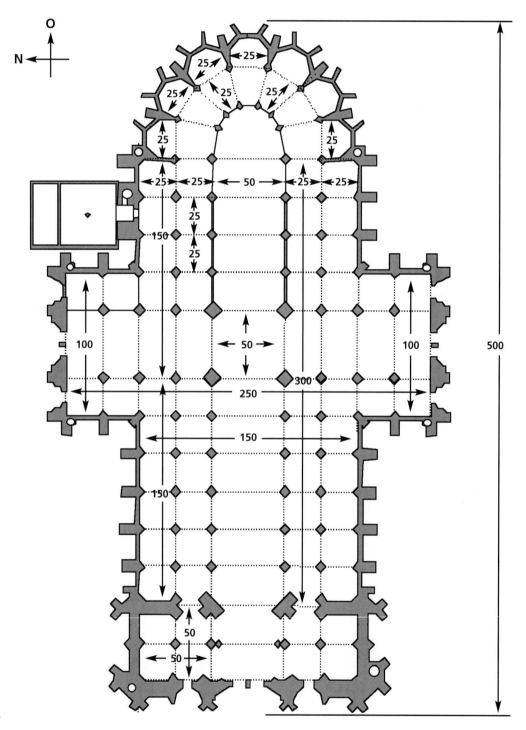

(nach HERBERT RODE:
Der Kölner Dom als
Abbild des Himmlischen
Jerusalem, in: Almanach
für das Erzbistum Köln,
Jahrbuch 1974/75, S. 86)

1 röm. Fuß = 0,2957 m

Schematischer Grundriss
des mittelalterlichen Baus um 1265

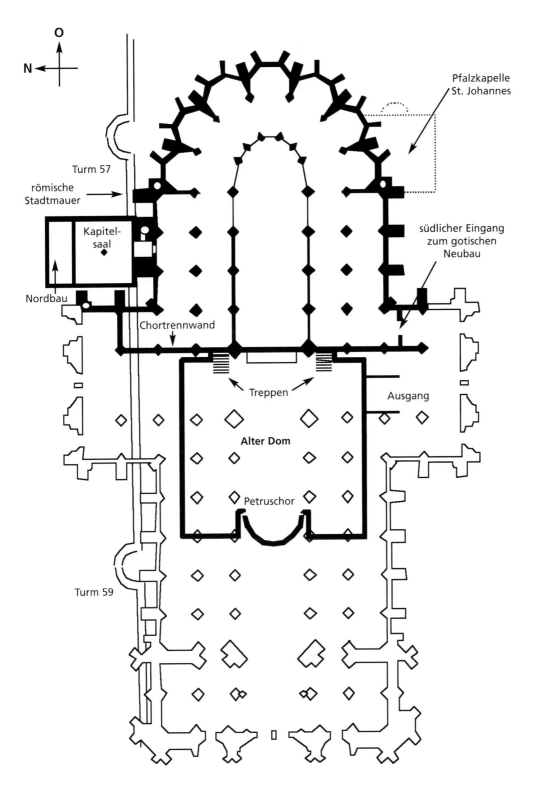

O

N

Pfalzkapelle
St. Johannes

Turm 57

römische
Stadtmauer

Kapitel-
saal

südlicher Eingang
zum gotischen
Neubau

Nordbau

Chortrennwand

Treppen

Ausgang

Alter Dom

Petruschor

Turm 59

Schema des aufgehenden Mauerwerks im Jahr der Chorweihe 1322

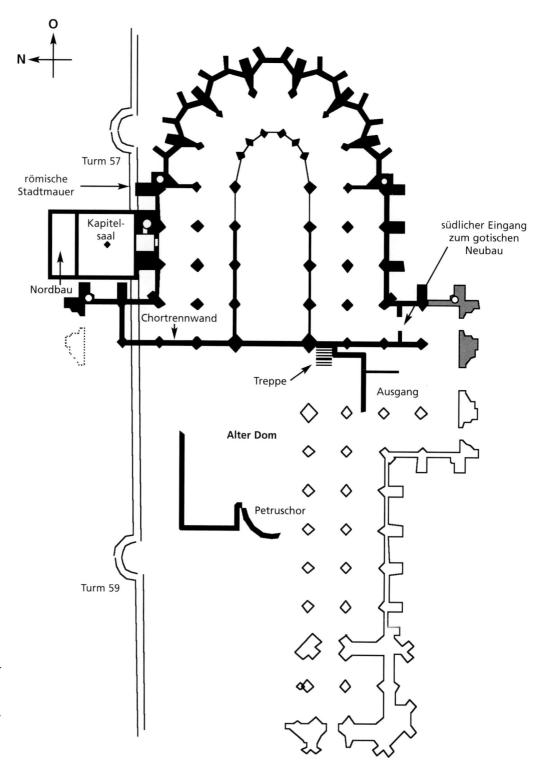

O

N

Turm 57

römische
Stadtmauer

Kapitel-
saal

Nordbau

Chortrennwand

südlicher Eingang
zum gotischen
Neubau

Treppe

Ausgang

Alter Dom

Petruschor

Turm 59

Der Bestand des aufge-
henden Mauerwerks aus
der Zeit der Chorweihe
(1322) ist schwarz darge-
stellt, bereits fundamen-
tierte Teile sind schräg
schraffiert; die Baumaß-
nahmen des 14. Jahrhun-
derts sind weiß, unge-
klärte Stellen gestrichelt
konturiert.

Maße des Kölner Doms und einiger vergleichbarer Sakralbauten

Daten des Kölner Doms

Äußere Gesamtlänge	144,58 m
Gesamtbreite beim Querschiff	86,25 m
Breite der Westfassade	61,54 m
Mittelschiffbreite	13,70 m
Lichte Weite des Mittelschiffs	12,50 m
Breite eines normalen Jochs etwa	7,50 m
Höhe eines Pfeilers der Arkaden	13,20 m
Höhe des Triforiengangs	5,80 m
Höhe der Sohlbank	19,75 m
Höhe des Dachfirsts	61,00 m
Innenhöhe des Mittelschiffs	43,35 m
Höhe der Obergadenfenster	17,80 m
Höhe des Nordturms	157,38 m
Höhe des Südturms	157,31 m
Höhe des Dachreiters	109,00 m
Fundamenttiefe unter dem Südturm	15,34 m
Fläche der Westfassade	7000 m²
Grundfläche eines jeden Turms	861 m²
Fensterflächen, etwa	10000 m²
Überbaute Fläche	7914 m²
Innere Nutzfläche	6166 m²
Dachflächen	12000 m²
Umbauter Raum ohne Strebewerk	407000 m³
Gewicht des Steinskeletts	160000 t
Gewicht einer Kreuzblume der Haupttürme	30 t
Durchmesser der Kreuzblume	4,58 m

Daten anderer Kirchen

Mittelschiff	Breite	Innenhöhe
Laon (1160)	11,20 m	24,30 m
Straßburg (1176)	16,20 m	31,00 m
Chartres (1194)	15,20 m	33,40 m
Reims (1211)	13,30 m	37,20 m
Amiens (1218)	13,00 m	41,30 m
Beauvais (1225, 1284 eingestürzt)	13,30 m	46,80 m[509]

Turm	Höhe
Chartres (1160) Südturm der Kathedrale	105,00 m
Cremona (1284) Campanile	111,00 m
Amiens (um 1400) Vierungsturm der Kathedrale	113,00 m
Lincoln (1311) Mittelturm der Kathedrale	160,00 m
Brügge (1320) Liebfrauenkirche	124,00 m
Lübeck (1351) Doppeltürme der Marienkirche	125,00 m
Wien (1433) Turm von St. Stephan	137,00 m
Straßburg (1439) Münsterturm	142,00 m
Stralsund (1478) Turm der Marienkirche	151,00 m
Beauvais (1569) Kathedrale, 1573 eingestürzt	153,00 m

Obergaden	Höhe
Amiens (1218)	12,00 m
Beauvais (1225)	16,00 m[510]

Anmerkungen

1) Herbert Rode (1910–1981) war von 1948 bis 1975 Leiter des Dombauarchivs. Aus einer Fülle von Publikationen zu verschiedenen Einzelthemen ragt sein Hauptwerk, der „Corpus Vitrearum Medii Aevi" Deutschland IV, 1 (künftig nur CV; vgl. Literaturliste im Anhang), heraus.

2) Paul Clemen (1868–1947), Geheimrat, Kunsthistoriker, Universitätsprofessor in Bonn bis 1937, war Provinzialkonservator der preußischen Rheinprovinz und Herausgeber der Reihe „Die Kunstdenkmäler der Rheinprovinz, Im Auftrage des Provinzialverbandes".

3) Der Codex, ein Evangeliar, wurde um 1025 im Auftrag des Kölner Domherren Hillin im Kloster Reichenau verfasst und befindet sich heute in der Domschatzkammer (vgl. Anm. 456). Die Darstellung zeigt den Alten Dom von der Südseite mit der u. g. Pfalzkapelle St. Johannes in curia.

4) Anno II. (Hanno, Eb. 1056–1075) legte das Fundament des erzstiftlichen Territoriums, verdrängte die Pfalzgrafen aus dem Hause Ezzos nach Süden, erwarb Siegburg, Rees und Aspel. Im mittelhochdeutschen Annolied (um 1106) wird sein Lob gesungen; er wurde 1183 heilig gesprochen.

5) St. Maria ad Gradus, auch „Mariengraden", „Maria zu den Staffeln" und „Maria zu den Stufen", stellte durch die axiale Ausrichtung eindeutig einen Bezug zum Alten Dom, nach der gotischen Erneuerung auch zum gotischen Domneubau her, so wie die im 8. Jh. bei der Peterskirche in Rom errichtete Kirche St. Maria ad gradus. Auch in Mainz gab es eine gleichnamige Kirche beim dortigen Dom.

6) Über diese ersten Schreine ist wenig bekannt. Sie wurden während des Truchsess'schen Kriegs im Nov. 1587 aus dem Bonner Münster von Söldnern des Martin Schenck von Nideggen, der im Dienst des Erzbischofs Gebhard Truchsess von Waldburg stand, geraubt.

7) Der Apostel Thomas missionierte nach einem apokryphen Bericht in Edessa, Persien und Indien und betätigte sich dort als Baumeister. Als er das Standbild eines heidnischen Gottes einschmelzen wollte, erlitt er das Martyrium, indem er von einer Lanze durchbohrt wurde.

8) Lettner entstehen ab dem 12. Jh. als architektonische Schranke zwischen Chor und Langhaus, also zwischen Priesterschaft und Laien. Sie sind der Ort, wo das „lectorium", das Lesepult, steht. Insbesondere die Gotik baute die kunstvollsten Lettner mit Arkaden und auch Wendeltreppen. Das Konzil von Trient (Tridentinum, 1545/63) schaffte die Lettner ab, damit die Gemeinde freien Blick auf das Geschehen am Altar bekam. Für Köln wurden die Beschlüsse von Trient erst 1662 (Kölner Synode) verbindlich. Das Ziborium, eine meist von vier Säulen getragene leichte Kuppelkonstruktion über dem Altar, ist ein Abbild des Universums über dem von Jakob zu Bet-El gesalbten Stein (vgl. S. 57 ff. u. S. 272 ff.).

9) Es gab auch andere Deutungen der Zahl 96. Der Frühscholastiker Petrus Comestor († um 1180) z. B. deutete sie als die Summe von zwölf Aposteln + zwölf Propheten + 72 von Christus ausgesandten Jüngern (die 72-Zahl nach Lk 10,1–11; vgl. auch Anm. 61 u. S. 265–281).

10) Weisheit 11,21: „Aber du hast alles geordnet mit Maß, Zahl und Gewicht ..." (Omnia in mensura, et numero, et pondere disposuisti)

11) Der Architekturhistoriker Günther Binding erkennt Spitzbogen, Rippengewölbe, Strebewerk, Wimperg, Fiale, gegliederte Pfeiler und Wandgliederungen als Einzelerscheinung schon in der romanischen Architektur vorgebildet. Das Maßwerk trat zum ersten Mal an den Chorkapellenfenstern der Kathedrale von Reims auf (Binding, 1999, 163, 225).

12) Paul Clemen: „Rassenmäßig und anthropologisch gesehen ist es der Typus des Nordfranken, der in diesen plastischen Werken sein Abbild sucht und findet. Nur mit aller Vorsicht mag man darauf hinweisen, dass es in der Normandie die Oberschicht der aus dem skandinavischen Norden zugeströmten Wikinger gewesen war, die ... eine besondere Art Aristokratie darstellten, aber sich sehr schnell mit der keltoromanischen Urbevölkerung mischten und nun ihrerseits von der Welt des französischen Königtums ihre Befruchtung empfingen"; in: Hürlimann 19.

13) Franzien entspricht in etwa der Ile-de-France. Einige Kunsthistoriker vertreten die Ansicht, dass Elemente der neuen Bautechnik ursprünglich aus dem christlichen Armenien stammen, so z. B. v. Simson, 56.

14) So konnte man vielfach lesen, dass die Legionen des röm. Feldherrn Varus von dem „Deutschen" Hermann geschlagen wurden; selbst die noch älteren Völker der Kimbern und Teutonen wurden zu „Deutschen" umgedeutet, den Gallier Vercingetorix erklärte man zum „Franzosen".

15) Paul Clemen, 123 ff., zitiert einige dieser Meinungen (s. S. 265 ff.). Kein Kunsthistoriker schreckte früher vor dieser Klassifizierung zurück, auch wenn er wie Clemen (z. B. in: Hürlimann, 11) in liebevollster Weise von Frankreich spricht. Dass solche Vorstellungen auch auf Schriftsteller u.a. Künstler wirkten, konnte nicht ausbleiben: „Beethoven bringt uns Deutschland, Shakespeare England, Dante Italien, Cervantes Spanien, Rubens Flandern ... Wenn wir an Frankreich denken, so überfällt uns ein Zögern ... Nun wohl! die Kathedrale hat alles das an sich, was wir lieben an Victor Hugo oder Michelet, alles das, was wir von uns wiederfinden in Rabelais, Molière oder Lafontaine ... Der französische Held, das ist die Kathedrale" (Elie Faure, „Die gotische Revolution"). Die Stimme des berühmten frz. Bildhauers Rodin: „Die Kathedrale ist die Synthese des Landes ... Felsen, Wälder, Gärten, die Sonne des Nordens, dies alles ist in ihrem gigantischen Körper enthalten, unser ganzes Frankreich ist in unseren Kathedralen, wie ganz Griechenland im Parthenon war" (Auguste Rodin: „Die Kathedralen Frankreichs").

16) Für den Domklerus war es über Jahrhunderte hinweg ganz undenkbar, Kunstwerke nicht im Maasland, im Pariser oder Reimser Raum, später in Flandern oder Brabant anfertigen zu lassen oder wenigstens Künstler zu beauftragen, die an entsprechenden Werken geschult waren.

17) Georges Duby schrieb: „Als Poetik der Menschwerdung hatte die Kunst der großen Kathedralen den Leib Christi auf wunderbare Weise zelebriert. Das heißt, sie hatte die siegreiche Kirche, ja sie hatte die ganze Welt gefeiert. Nachdem aber das 13. Jahrhundert sein Werk vollbracht hatte, lenkte die Wachstumsbewegung, in deren Gefolge sich das Denken Europas unmerklich von dem vorherrschenden Einfluß der Priester befreite, die Aufmerksamkeit der abendländischen Menschen vom Übernatürlichen ab. Sie führte auf neue Wege, bedeutete ihnen andere Eroberungen. ‚Die Natur, die Kunst Gottes'. Eine Kunst, die zum Glück führen sollte. Dante und seine ersten Bewunderer setzten einen neuen Kurs, sie steuerten auf neue Ufer zu" (GEORGES DUBY 321).

18) Otto v. Simson konstatierte: „Vergleicht man die französische Gotik des 14. Jahrhunderts mit der des vorausgehenden Jahrhunderts, so wird man die Symptome der ‚Erschlaffung'... auch hier bemerken" (v. SIMSON 68). Zur Frage des Kathedralbaus in Deutschland s. auch PABLO DE LA RIESTA, Architektur der Gotik in den ‚deutschen Landen', in: v. SIMSON, Gotik, Architektur – Skulptur – Malerei, Köln 1998, 190 ff.

19) Paul Clemen schrieb: „Alle Pfeiler und Wandflächen sind von unten auf mit engem vertikalen Pfostenwerk überspannt, das nirgendwo eine Fläche freilässt" (CLEMEN 114). Hans Kauffmann: „Der ganze Baukörper ist in ein Gerüst zerlegt, die Mauer in extremer Weise bis auf verschwindende Reste verdrängt und vertilgt" (KAUFFMANN, 1948, 124)

20) Der um 1241 im Auftrag des frz. Königs Ludwig IX. begonnene hochgotische Bau barg die kostbare Reliquie der Dornenkrone Christi. Domarchivar Rolf Lauer vermutete, dass die Kölner Bauherren der Sainte-Chapelle wohl den Gedanken der Oberkirche als Ort der Reliquienaufstellung übernommen hätten. Er sah eine Parallele in der Gestaltung des Kölner Chorobergaden mit seinen farbigen Glasfenstern.

21) Nachdem man bei Grabungen nach dem Zweiten Weltkrieg den Grundstein an dieser Stelle nicht fand, kam die Vermutung auf, er könne sich auch unter der Johanneskapelle verbergen, wo das Grab des Grundsteinlegers Erzbischof Konrad von Hochstaden seinen Platz hat; vgl. S. 147 ff.

22) vgl. dazu auch S. 20 ff.. Die Erhöhung des Chorobergadens über das Maß von Amiens hinaus soll (nach ERLANDE-BRANDENBOURG 8; allerdings hier keine Quellenangabe) auf Anordnung des Erzbischofs Konrad von Hochstaden geschehen sein.

23) Saul wurde um 1020 v. Chr. von Samuel, dem letzten Richter, als erster israelischer König eingesetzt und gesalbt (1 Sam). Zu Melchisedech vgl. Anm. 189

24) PAUL CLEMEN 120 f. Obergaden (Lichtgaden) sind die durchlichteten oberen Seitenwände des Mittelschiffs und Hochchors in dem Bereich, der die Seitenschiffe überragt; im Prinzip gab es sie schon in der antiken Basilika. Das Triforium, ein Teil der Gliederung der hohen gotischen Wand, stammt von der romanischen Empore ab. Es bildet de facto einen schmalen Laufgang vor der Hochschiffwand und war später meist durchlichtet.

25) Der Begriff Wimperg (ahd. wintberga = vor Wind bergen, schützen; ursprüngl. eine Schutzvorrichtung am bäuerlichen Strohdach) wurde von Wilhelm Lübke (Grundriss der Kunstgeschichte, 1860) für den meist von Maßwerk durchbrochenen gotischen Ziergiebel eingeführt. In den Wimpergen wird vielfach eine Darstellung von Häusergiebeln erblickt, die als (unterer) Teil der „himmlischen Stadt" figurieren.

26) bei Diensten handelt es sich um dem Pfeiler oder der Wand vorgelegte, meist halbrunde Säulchen, die (scheinbar) die Gurtbögen oder Kreuzrippen tragen; der Begriff wurde bereits in der Prager Parlerhütte geprägt, im 19. Jh. dann von dem Architekturschriftsteller Georg Gottfried Kallenbach erneut eingeführt.

27) PAUL FRANKL, Gothik Architektur, Harmondsworth 1962, in der Übersetzung von A. Wolff (vgl. auch S. 269 ff.).

28) Erlande-Brandenbourgs Annahme von einer später angeordneten Erhöhung des Obergadenmaßes fußt sicherlich auf diesem Umstand; vgl. Anm. 22.

29) HANS KAUFFMANN, 1948, 78 ff.; s. ferner den Katalog zur Austellung „Der Kölner Dom", Abschnitt Pläne vom Dom, in: KDb. 11. Folge, Köln 1956, 30 ff.; vgl. auch S. 176 ff.. Die mittelalterl. Pläne befinden sich: „A" in der Akademie der Bildenden Künste, Wien; „B", „C" u. „E1" im Historischen Museum Köln (Zeughaus); „E" und „G n" im Archiv der Dombauverwaltung Köln; „F" in der Johanneskapelle des Kölner Doms; vgl. S. 149 ff.

30) Arnold Wolff (* 1932) war von 1972 bis 1998 Dombaumeister; sein erstes Verdienst ist die Absage an die seit dem Zweiten Weltkrieg praktizierte „freie" Nachschöpfung erneuerungsbedürftiger Bauteile, sein zweites ist wohl die schon mit seiner Dissertation 1968 begonnene, systematische Erfassung der verschiedenen Bauabschnitte des Doms unter archäolog. Gesichtspunkt. Er publizierte eine große Fülle von Arbeiten zum Dom und zu Themen verschiedener angrenzender Bereiche. Am 11.12.1998 wurde er vom Metropolankapitel feierlich verabschiedet.

31) Zur Einordnung des Risses s. H. RODE, Zur Baugeschichte, 67 ff., insbesondere aber A. WOLFF, 1969,137 ff. G. BINDING, 2000, 76, datiert den Riss „E1" auf „um 1330/40".

32) Ausstellungskatalog „Der Kölner Dom" 33.

33) H. KAUFFMANN, 1948, 79. Aus diesen und ähnlichen Äußerungen Kauffmanns spricht gewiss eine frühere, wertendere Gotikrezeption; dennoch spiegelt sie eine Aufbruchsstimmung und Offenheit nach 1945, die heute so nicht mehr anzutreffen ist.

34) In der Regierungszeit Heinrichs II. von Virneburg (reg. 1304/06–1332) traten in Köln erstmals Begarden bzw. Beginen auf. 1326 ließ er einen unter Ketzerverdacht stehenden Priester namens Walter verbrennen und

leitete ein Verfahren gegen den in Köln lehrenden Mystiker Meister Eckhart ein. Für das ESt Köln konnte Heinrich die Gft Hülchrath erwerben, die die Landbrücke zwischen Ober- und Niederstift bildete.

35) Der ehemalige Dombaumeister A. Wolff, gibt an, dass der Dom insgesamt sehr unregelmäßig gebaut ist; die äußeren Seitenschiffe sind schmaler als die inneren; das nördl. Querhaus ist fast 60 cm kürzer; Längsachse des Mittelschiffs u. des Hochchors stimmen nicht überein (WOLFF, 1988, 57 ff.).

36) J. J. Merlo (1810–1890), Kölner Kunsthistoriker, Sammler und Heimatforscher, veröffentlichte u. a. „Die Glocken des Doms zu Köln" in: KDb. 1851 u. „Kölnische Künstler in alter und neuer Zeit" (von E. Firmenich-Richartz 1895 erneut herausgegeben, vgl. Literaturliste im Anhang).

37) Das Epitaph des Konrad Kuyne (†1469) befindet sich als einziges eines Dombaumeisters noch heute im Dom; vgl. S. 164 ff. Konrad stammte möglicherweise aus Tournai (Doornik).

38) Heinrich Heine stellte in „Deutschland – ein Wintermärchen" (1844) die Verbindung Dombau – Reformation her: „Doch siehe! dort im Mondenschein / Den kolossalen Gesellen / Er ragt verteufelt schwarz empor / Das ist der Dom von Cöllen // Er sollte des Geistes Bastille sein / Und die listigen Römlinge dachten / In diesem Riesenkerker wird / Die deutsche Vernunft verschmachten! // Da kam der Luther, und er hat / Sein großes „Halt" gesprochen / Seit jenem Tage blieb der Bau / des Domes unterbrochen" (Luther als Vertreter der Vernunft?).

39) H. CROMBACH (1598–1680), Kölner Jesuit, veröffentlichte 1654 „Primitiæ gentium seu historia s. s. trium regum magorum", das im Vorwort die an den Erzbischof gerichtete Bitte enthielt. Es scheint, dass Crombach als erster in der Neuzeit entdeckte, dass den Maßen des Doms der römische Fuß (= 0,2957 m) zugrunde liegt und die Maße des Grundrisses sowie die Aufmaße in geregelten Verhältnissen zueinander stehen; vgl. Skizze im Anhang.

40) In der Vierung trug die Zeichnung den Vermerk „locus futuræ quietis SS. Trium Regum"; s. auch den Hinweis von KROOS, Liturgische Quellen zum Kölner Domchor (künftig: LQ), 56 f. Zum Fassadenplan vgl. auch S. 149 ff. u. S. 176 ff.

41) In der Revolutions- wie auch in der Restaurationszeit ging man v. a. in Frankreich mit dem künstlerischen Erbe der Gotik wenig pfleglich um. Man denke nur an die gewissenlose Zerschneidung der bedeutenden Glasfenster von Saint-Denis für das Pariser Musée des Monumtents Français durch Alexandre Lenoir. Der große frz. Schriftsteller STENDHAL (Henri Bayle; 1783–1842) schrieb noch 1838 verächtlich über die Bildhauer der Gotik: „ ... diese armen Barbaren, die keine Statue sublim wie den Laokoon machen konnten – sie machten dafür deren viertausend."

42) Die rechtsrheinischen Gebiete des Kölner Erzstifts und andere geistliche Territorien wurden 1803 durch den Reichsdeputationshauptschluss auf weltliche Herrschaften aufgeteilt: Das kurköln. Vest Recklinghausen fiel an das Hztm Aremberg, dessen Eifler Gebiete an Frankreich gefallen waren; das kurköln. Westfalen mit dem Hauptort Arnsberg kam an Hessen-Darmstadt; die kleinen rechtsrheinischen Gebiete Deutz, Vilich und die Herrlichkeit Königswinter wurden zu Nassau-Usingen geschlagen. Die Gebiete der Reichsabteien Essen u. Werden fielen an das Königreich Preußen.

43) J. H. J. von Caspers zu Weiß (†1822) wurde am 3.8.1801 vom Domkapitel gewählt.

44) s. auch A. KLEIN 50 ff.; hier auch zahlreiche Quellenangaben.

45) J. G. Forster (1754–1794), Wissenschaftler, Reisender u. Schriftsteller, begleitete zusammen mit seinem Vater 1772 die zweite Reise des Weltumseglers James Cook. Forsters Darstellung des Doms findet ihren Niederschlag in den „Ansichten vom Niederrhein". Er war wohl der Erste, der den Dom mit einem Wald verglich; darin folgten ihm u. a. später der frz. Schriftsteller Châteaubriand (1768–1848) und der schlesische Romantiker Joseph v. Eichendorff. Viele Jahre später las der junge Boisserée die mitreißende Schrift Forsters über den Dom.

46) 1814 schlug Joseph Görres vor, den Dom zu einem deutschen Nationaldenkmal zu erheben. Darauf konterte der Dichter Achim v. Arnim (1781–1831) in einem Brief an Görres, das Volk solle sich lieber etwas in seiner Mitte bauen: damit meinte er Berlin.

47) J. Görres (1776–1848), Lehrer, Wissenschaftler, Publizist, legte das Fundament zum polit. Katholizismus; 1814 gründete er den „Rheinischen Merkur"; vgl. S. 238 ff. F. v. Schlegel (1772–1829) lernte 1804 auf einer Reise nach Paris Sulpiz u. Melchior Boisserée sowie deren Freund Joh. Bapt. Bertram kennen und bewertete unter deren Einfluss fortan die gotische Kunst (die er für „altdeutsch" hielt) bzw. den Katholizismus hoch.

48) Das Königreich Preußen erhielt auf dem Wiener Kongress u. a. die überwiegend katholischen Rheinlande. Sie umfassten die ehemaligen Herzogtümer Kleve-Mark und Jülich-Berg (einstiger pfälzischer Besitz), die beiden Erzstifte Köln und Trier, Teile der Herzogtümer Limburg und Luxemburg, einige Grafschaften, ferner die ehem. freien Reichsstädte Köln und Aachen sowie die aufgehobenen Abteien Malmedy und Kornelimünster.

49) Aufgrund der Gunthar'schen Güterumschreibung von 866 gehörte der Dom dem Domkapitel; von 1794 bis 1814 war er im Besitz des französischen Staates; 1815 fiel er an Preußen. Das Abkommen von 1821 berührte nicht die Besitzverhältnisse des Doms: Formal blieb der Dom Eigentum des preußischen Staats. Die daraus folgenden Rechte nahm er jedoch nicht in Anspruch. Als 1880 im Königreich Preußen die Kirchengemeinden generell mit allen Rechten und Pflichten zu Eigentümern ihrer Kirchen erklärt wurden, ging man davon aus, dass ein Kirchenvorstand die Kirchen verwaltete. Da es am Dom aber keinen Kirchenvorstand gab, übernahm das Domkapitel rechtlich seine Verwaltung. Deshalb ist heute noch die „Hohe Domkirche", vertreten durch das Domkapitel, Eigentümerin des Domkirchengebäudes. Der Dom gehört sich selbst, und so ist es auch unter der Adresse „Domkloster 4" im Kölner Grundbuch eingetragen: Hohe Domkirche in Köln.

50) J. Freiherr v. Eichendorff (1788–1857), dt. romantischer Dichter aus Schlesien, setzte sich für die Wiederherstellung der Marienburg (an der Nogat, unweit von Danzig) und später für die des Kölner Doms ein. In einem Gedicht bezeichnete er die Architektur des Doms als „steinernen Wald".

51) So schrieb 1842 beispielsweise der französ. Architekt César Daly: „Erinnern wir uns, dass … die Künstler auch eine große Nation im Bereich der Humanität bilden und man jetzt an den Ufern des Rheins ein Denkmal zu vollenden beabsichtigt, das die Krone der mittelalterlichen Baukunst darstellen wird. Beweisen wir jetzt unsere Liebe zu diesem schönen Unternehmen. Möge daher ein Pfeiler, ein Strebebogen oder ein Glasgemälde mit dem Namen Frankreichs bezeichnet, den künftigen Zeitaltern sagen, dass auch wir zugegen waren und dass man einst mit Freude in diesem christlichen Tempel den Keim der Vereinigung der Nationen auffinde, den der Atem der Kunst ins Leben gerufen hat." Tatsächlich erfolgte 1844 aus Paris das Angebot zur Stiftung eines Glasgemäldes, das jedoch von Boisserée aus Sorge um die Einheitlichkeit des gesamten Fensterprogramms leider abgelehnt wurde.

52) Die Feier zu C. Garthes 200. Geburtstag gipfelte 1996 in einer Wiederholung des Versuchs mit dem Foucaultschen Pendel vor einem großen Publikum im südlichen Querhaus. Garthe hat sich auch um den Kölner Zoo verdient gemacht; dort ist sein Bronzebildnis aufgestellt.

53) Umberto Ecos Roman von 1992 „Das Foucaultsche Pendel" bezieht sich auf das Pendel von 1855, das von Foucault für die Weltausstellung dahingehend weiterentwickelt wurde, dass er die Amplituden durch Elektromagneten gleichbleibend ausführen ließ.

54) Bereits drei Jahre später fand Voigtel bei Arbeiten östlich des Domchors einen weiteren wichtigen Hinweis für einen Tempel: die unvollständige Mercurius-Augustus-Inschrift, um deren richtige Ergänzung auch heute noch debattiert wird. Gesichert ist die Datierung der Inschrift durch die Nennung des Namens des Kaisers Titus (reg. 79–81).

55) Vor dem Abriss fertigte man von den Wandgemälden Fotografien, die anschließend koloriert wurden.

56) Der Dichter Heinrich Böll (1917–1985), dem das vollendete Dom immer ein Hohenzollerndenkmal blieb, fühlte sich beim Anblick der Kräne am WDR-Neubau an den alten Domkran erinnert; er schrieb 1971 in dem Gedicht „Köln III": „ ...gleich neben St. Gerling St. Gereon / Brunnen / und der WDR / unverkennbar / baut er für ewig / das hat er vom Dom gelernt / die Baukräne des WDR / gehören zum Stadtbild / wie früher / bevor die Preußen kamen / die des Doms."

57) P. Melchers (1813–1895), Eb. von Köln 1866 bis 1885, musste wegen der Konflikte mit der Regierung ins Kölner Gefängnis „Klingelpütz", weil er sich weigerte, die gegen ihn verhängten Geldstrafen zu zahlen; 1875 floh er zunächst nach Holland und ging bald für immer nach Rom.

58) J. Baudri (1804–1893), Domkapitular und langjähriger Generalvikar, seit 1850 Weihbischof, leitete während des Kulturkampfs die Erzdiözese. Sein Bruder war der Maler und Fensterhersteller Friedrich Baudri.

59) 1855 hatte König Friedrich Wilhelm IV. per Kabinettsordre verfügt, dass die neuzuerrichtende Rheinbrücke (wegen ihrer geschlossenen Kastenform später im Volksmund „Muusfall" genannt) für die von Deutz kommende Bahn direkt auf den Dom zuzulaufen habe; vgl. S. 258 ff.

60) Hans Alex Güldenpfennig (1875–1945) trat sein Amt als Kölner Dombaumeister 1928, in der Zeit der großen Wirtschaftskrise an; seine Amtszeit ist von Geld- und Materialmangel, Personalentlassungen, besonders jedoch von der Naziherrschaft u. dem Zweiten Weltkrieg geprägt. Güldenpfennig entwarf und realisierte den mächtigen kuppelüberwölbten Bunker im Nordturm des Doms. Zur Durchführung von kriegsbedingten Reparaturen am Dom empfahl er die Firma Wildermann: „Diese Firma ist in der Lage, fünf Stammarbeiter einzusetzen. Sie benötigt dazu weiter etwa zehn Kriegsgefangene, darunter vier Maurer, und etwa 15 KZ-Leute" (zit. nach: G. Dietrich 334).

61) Die Zwölfzahl erscheint als Zahl des geschlossenen Kreises an vielen Stellen. Ihre Bedeutung liegt in den zwölf Zeichen des Zodiaks: der Mond wandert als „Herrscher der Monate" durch die zwölf Stationen; die zwölf nördlichen und zwölf südlichen Sterne, die man im Altertum kannte, erscheinen in der Mythologie als die 24 Richter der Lebenden u. Toten. Ferner kennen wir die zwölf Stämme Israels mit zwölf Königen, die zwölf Kl. Propheten, zwölf Edelsteine im Brustschild des Hohepriesters (zuerst Aaron) von Israel. Im NT kommt Jesus mit zwölf Jahren in den Tempel; es gibt zwölf Jünger; das himmlische Jerusalem hat zwölf Tore, auf denen zwölf Engel stehen; zwölf mal zwölf Auserwählte nehmen an der Anbetung des Lammes teil.

62) Anlässlich der Aufstellung des letzten Engels 1841 verfasste J. Eichendorff ein mehrstrophiges Gedicht: „Die Engel vom Cölner Dom", in dem er ausdrückte, dass ihm der Weiterbau des Doms wie ein „Erwachen des katholischen Sinnes" erscheine.

63) Eugène-Emmanuel Viollet-le-Duc (1814–1879) entdeckte zeitgleich mit Jacob Burckhardt den frz. Ursprung der Gotik. Im Streit um die Verwendung von Eisenkonstruktionen am neugotischen Bau vertrat er die Meinung, dass gerade das Eisen der gotischen Bauweise entspreche.

64) Nach Clemen, 1937, 101 (unter Berufung auf die Autoren Stephan Broelmann [Jurist, Geschichtsforscher, Ratsherr; Inhaber des röm. Turms Nr. 31 am Mauritiussteinweg in Köln, Anfang 17. Jh.] und Hermann Crombach).

65) Nach Clemen, 1937, 148 f.; Clemen zitiert hier aus dem Boisserée'schen Domwerk „Ansichten, Risse und einzelne Theile des Doms von Köln".

66) Bernd Wedemeyer zählt dazu vor allem Wilhelm Lübke, Leonard Ennen und Maximilian Hasak (Wedemeyer 8). Erst Paul Clemen beendete diesen Irrtum (Clemen, 1937, 151). Ägidius Gelenius (eigentlich Gelen; 1595–1656) veröffentlichte 1645 das Geschichtswerk „De admiranda sacra et civili magnitudine Coloniæ Claudiæ Agrippinensis Augustæ Ubiorum Urbis". Ferner gibt es 30 Bände „Farragines Gelenii" (ungedruckt; die ersten fünf waren schon von seinem Bruder Johannes, der von 1626 bis 1631 Kölner Generalvikar war, angelegt worden). Gelenius ist normalerweise recht zuverlässig.

67) RODE, 1973, 439. Auf dem sog. Kölner Domkolloquium (Nov. 1979) wurde Rodes Datierung zurückgewiesen, v. a. von Robert Suckale, der 1290/1300 vorschlug. Dem schloss sich auch Willibald Sauerländer an, nachdem er noch 1963 die Figuren ins 14. Jh. verlegt hatte. Die Datierung 1290/1300 wird heute noch vielfach geteilt, jedoch von WEDEMEYER , 179, wohl zu Recht bestritten.

68) SUCKALE, 1979/80, 244, urteilte: „Die Figuren sind optisch, nicht ursächlich gedacht: d. h. der Körper nicht von dem Charakter, dem Ausdruck oder der Rolle einer Person in einer erzählenden Komposition her, das Gewand nicht durch die Bewegung des Körpers primär bestimmt; es entwickelt sich nicht einmal in sich selbst ursächlich-logisch und erklärbar. So darf man also sagen: ‚Die Form wird weniger Tat der Gestalt als ihr angetan'." Suckale nimmt auch an einer Breithüftigkeit der Figuren Anstoß (m. E. fällt eine solche beim hl. Thomas tatsächlich deutlich auf).

69) Der wichtigste Befürworter der Frühdatierung, Domarchivar Herbert Rode, war schon im Jahr 1981 gestorben. Möglicherweise erfreute sich Wedemeyer bei seiner Arbeit zeitweise der Ermunterung durch Dombaumeister Arnold Wolff und den Rode-Nachfolger Rolf Lauer, die sich mit Suckales Datierung nicht abfinden mochten.

70) „Den Pfeilerzyklus hat Robert Suckale stilkritisch vorzüglich analysiert und überzeugend den 1290er-Jahren zugewiesen" (KURMANN, 2002, 100). Diese Aussage erstaunt um so mehr, als Kurmann eine gänzlich andere Ableitung der Kölner Figuren vornimmt als Suckale; s. o.

71) z. B. bei RODE, 1976, 92; SCHULTEN, Der Schrein, o. J., 6; derselbe: 1977, 38; WEDEMEYER 66 ff.

72) Die „majestas domini" (Herrlichkeit des Herrn) ist schon sehr früh ein zentrales Bild sowohl der Ost- wie der West-kirche. Im Westen erlebt dieses Bild seine Blüte in der Romanik. Seine Bestandteile sind der frontal thronende Chris-tus in der Mandorla und die Vier Wesen der Apokalypse bzw. die Cherubim oder Seraphim. Später Reflex der romanischen „Majestas domini" in Köln war der thronende Christus auf der 1863 niedergelegten Chorquerwand aus dem frühen 14. Jahrhundert. s. auch KROOS, LQ 62.

73) Offb 19,7: „Lasset uns freuen und fröhlich sein und ihm die Ehre geben! denn die Hochzeit des Lammes ist gekommen, und sein Weib hat sich bereitet"; 21,2: „Und ich Johannes sah die heilige Stadt, das neue Jerusalem von Gott aus dem Himmel herabfahren, bereitet als eine geschmückte Braut ihrem Mann." Diese Auf-fassung vertreten u. a. Willy Weyres, Joseph Hoster, Herbert Rode und Bernd Wedemeyer; s. auch WEDEMEYER 67

74) vgl. S. 46 ff., S. 69 ff. u. S. 272 ff., s. ferner EWALD WALTER 92 ff.

75) WOLFF, Der Dom 28, schrieb noch 1995: „Die Gemälde ... sind die ältesten Zeugnisse der später so berühmten Kölner Malerschule." Die Existenz einer „Kölner Malerschule", die von den Meistern des Claren-Altars bis hin zu Barthel Bruyn reichen sollte, wurde insbes. von Carl Aldenhoven (1902) und Heribert Reiners (1925) in zwei gleich-namigen Publikationen behauptet; vgl. auch BAUDIN 215

76) Im Jahr 1688 kamen acht Teppiche als Geschenk Wilhelm Egon von Fürstenbergs an das Domkapitel. Ihr Thema ist „Le triomphe et les figures de l'Eucharistie" (zu den Rubens'schen Bildteppichen vgl. S. 225 ff.). J. A. Ramboux (1790–1866), Zeichner u. Maler, war 1844–1866 Direktor und Konservator der Sammlungen des Wallraf-Richartz-Museums. Die Entwürfe zu den Stickereien zeigten Heiligenszenen innerhalb von Architektur-darstellungen, die die Formen der Chorschrankenmalereien aufnahmen. Die Teppiche wurden beschrieben u. a. von PAUL V. NAREDI-RAINER, Die Wandteppiche von J. A. Ramboux im Kölner Domchor, in: KDb. 43. Folge, Köln 1978, 143–188.

77) Es ist denkbar, dass aus einer Abbreviatur des latein. Namens „valis" entstand, das später durch einen Lesefehler zu „vaus" wurde. Auf einer in der Vatikan. Bibliothek befindlichen Weltkarte aus dem Jahr 1448 ist ein Berg „Vaus" an der Euphratmündung eingezeichnet.

78) Der Karmeliter Johannes (um 1315–1393) kompilierte zwischen 1364 und 1375 im Auftrag des Kölner Kanonikers Florentius von Wevelinghoven aus diversen Quellen die Geschichte der Heiligen Drei Könige in dem Werk „Liber de trium Regum corporibus Coloniam translatis". Man bedenke, dass Rainald von Dassel in Hildesheim, der Her-kunftsstadt des Johannes, einst Dompropst gewesen war und dass sich auch hier Dreikönigenreliquien, nämlich drei Finger, die Rainald 1164 geschenkt hatte, befanden.

79) Melchiades amtierte 310 bis 314; sein Nachfolger Silvester (Sylvester; hl., Papst 314–335) taufte Kaiser Konstantin und empfing nach einem im 8. Jh. gefälschten Dokument die sog. Konstantinische Schenkung, darunter den Lateranpalast, Ländereien und das Privileg, auf einem weißen Pferd reiten zu dürfen. – Silvesters Haupt ruht im Drei-königenschrein (vgl. S. 131 ff.); sein Tag ist der 31. Dezember, daher „Silvesterabend".

80) Der hl. Maternus, 313/314 nachgewiesen, war nach der Kölner und der Tongerer Bischofsliste erster Bischof von Köln bzw. Tongern, nach der Trierer Liste der dritte Bischof von Trier (nach den hll. Eucharius u. Valerius); erst im 8. Jh. entstand die Legende, er sei ein Schüler des hl. Petrus gewesen.

81) RODE, 1952, 20 ff. Martin von Troppau († 1278) bezeichnete in seiner Chronik „Martini oppaviensis Chronicon pontificum et imperatorum" den Zeitraum des Römischen – also gegenwärtigen – Reichs als das Vierte Weltreich. In diesem Zusammenhang erwartete Martin den von der tiburtinischen Sibylle prophezeiten Anbruch der Herrschaft des Endkaisers (s. auch MÖHRING 350).

82) Dieser hohe Anspruch der Kölner Kirche drückt wahrscheinlich den vorübergehenden Bedeutungszuwachs aus, den sie durch die Tätigkeit des Kurfürst-Erzbischofs Walram von Jülich im Rhenser Kurverein (1338) erfahren hat.

83) Die Zwei-Schwerter-Theorie stützte sich auf eine sehr wörtliche Auslegung einer Äußerung Christi am Ölberg nach Lk 22,38: „Sie sprachen aber: Herr, siehe, hier sind zwei Schwerter. Er aber sprach zu ihnen: Es ist genug."

84) Die Deutungen der Patrizierwappen durch Eltester werden heute meist abgelehnt; s. BRINKMANN/LAUER 31.

85) Der Kunsthistoriker F. Kugler (1808–1858) stellte die Gotik als erster in den Gesamtzusammenhang der Kunst-geschichte und betrachtete sie nicht als isoliertes Phänomen. Der Architekturhistoriker BINDING, 1999, 35, urteilt, Kugler habe erstmals den „Vorrang des Formalen vor dem Konstruktiven in der Gotik erkannt".

86) Älteste nach Offb 4,4: „Und um den Stuhl waren vierundzwanzig Stühle, und auf den Stühlen saßen vierund-zwanzig Älteste, mit weißen Kleidern angetan, und hatten auf ihren Häuptern goldene Kronen."

87) Die Triforienfenster des Chors enthalten keine mittelalterliche Substanz mehr. Nach der ersten Blankverglasung im 18. Jh. folgte nach 1848 eine zweite mit neugotischen Ornamentscheiben. Allerdings wurden die gesamten Triforienscheiben in den Jahren 1988–1993 rekonstruiert.

88) Nach Offb 4,6: „Und vor dem Stuhl war ein gläsernes Meer, gleich dem Kristall, und mitten am Stuhl und um den Stuhl vier Tiere, voll Augen vorn und hinten" und 15,2: „Ich sah wie ein gläsernes Meer, mit Feuer gemengt; und die den Sieg behalten hatten an dem Tier und seinem Bilde und seinem Malzeichen und seines Namens Zahl, standen an dem gläsernen Meer und hatten Harfen Gottes." Vgl. S. 269 ff.

89) Die Meinung Rodes teilt auch SUCKALE, 1998, 76: „Man darf sogar behaupten, die Königsreihe der Kölner Ober-gadenfenster sei eine malerische Umsetzung der skulptierten Königsgalerien an den französischen Kathedralfas-saden". In diesem Zusammenhang verweist er auch auf die Abhängigkeit dieser Glasgemälde von der Skulptur.

90) Als Erzstift wird das Territorium bezeichnet, in dem der Erzbischof die westliche Landesherrschaft ausübte. Engern, Westfalen mit der Gft Arnsberg u. das Vest Recklinghausen wurden meist gesondert genannt. Die Lehnshoheit des Reichs über die Gft Hennegau blieb bis 1404 erhalten; danach ging sie durch Heirat an Burgund über. Die Gft Hol-land erlangte mit der Königswahl Wilhelms II. von Holland Bedeutung auf Reichsebene. 1299 kam die Gft auf dem Erbwege an die Grafen von Hennegau: Daher rührt die **Vereinigung** der Wappen beider Grafschaften in den Fens-tern N II u. N III bzw. D15–16 und D16–17. Im Jahr 1433 gelangte Holland an Burgund. Die Gft Kleve fiel 1368 an jenen Grafen Adolf III. von der Mark, der 1363/64 Kölner Eb. gewesen war (s. S. 168 ff.). 1417 wurde die Gft von Kaiser Sig(is)mund zum Hztm erhoben.

91) BRINKMANN/LAUER 31. Die Kölner Patrizier gehörten nicht zum Feudaladel. Meist behaupteten sie von sich, von den Römern abzustammen. Die 15 wichtigsten Patrizierfamilien führten sich im Spätmittelalter auf römischen Ursprung zurück; die Koelhoffsche Chronik (1499) erzählt, sie seien unter Kaiser Trajan (der sich bei den röm. Truppen im Gebiet von Köln befand, als er 98 n.Chr. Kaiser wurde) „mit wiff ind kynderen ind mit aller have" nach „Agrip-pina" aufgebrochen und der Grund dafür geworden, dass die Stadt „allzeit standhaft und getreulich am Römi-schen Reich und an der heiligen Kirche" festgehalten habe.

92) Die Epiphanie ist die Erscheinung Gottes in Gestalt Christi auf Erden, also seine Geburt. Epiphanias fiel zunächst mit der Feier von Christi Geburt zusammen, doch wurde letztere in der Westkirche wegen des heidnischen Sol-Invictus-Fests, das am 25. Dezember stattfand, auch auf dieses Datum verlegt.

93) Obwohl die Elf in Zusammenhang mit der Stiftshütte im AT erscheint, gilt sie als ‚stumme' und ungünstige Zahl, die zwischen der vollen Zehn (zwei mal die Fünf für den Bereich des menschliche Lebens) und der universalen Zwölf steht.

94) P. KURMANN, Architektur in Architektur, 38 f.: „Motivgeschichtlich gesehen reichen die Wurzeln der gläsernen Bau-risse weit zurück … Sicher fußen aber die ‚geschachtelten Spielzeugarchitekturen', mit denen teilweise noch im fortgeschrittenen 13. Jh. Arkadenstellungen bekrönt werden, letztlich auf der pseudoperspektivischen Illusions-malerei der Spätantike."

95) Joseph Hoster (1910–1969), seit 1948 Herausgeber des Kölner Domblatts, Domkapitular und Direktor des Erz-bischöflichen Diözesanmuseums, leitete die Restaurierungsarbeiten am Schrein bis zu seinem Tod; vgl. insbes. S. 60 ff.

96) Der Bildtyp der Eleousa (auch: Elëusa, ‚Erbarmerin') zeigt die Muttergottes in ganzer Figur, den Jesusknaben im Arm liebkosend.

97) HIMMELSLICHT, 138 f., erläuternder Text von ULF-DIETRICH KORN, Münster, mitsamt einer farbigen Abbildung des Fensters.

98) Korn weist hier auch auf das eigentümliche Verhüllen eines Fußes Mariens mit ihrem Gewand hin, das sie auch mit der Sedes sapientiæ aus Saint-Jean in Lüttich (um 1235/45) gemeinsam hat. Zum Verhüllen des Fußes vgl. auch Anm. 197.

99) Auf den Holztüren von S. Sabina in Rom ist der sechsstufige Thron Mariens als *sedes sapientiæ* bereits zwischen 420 u. 430 dargestellt worden.

100) Juliana von Cornillon (1193–1258), eine Augustinerin, setzte sich ab 1208 für die Einführung des Fronleichnam-fests ein. Nach einer Wallfahrt nach Köln, die sie in ihrem Vorhaben bestärkte, gab sie ihre Vorschläge zur Feier des Leichnams des Herrn an die Kirchenoberen weiter.

101) Heinrich (1269–1313), Sohn des in der Schlacht von Worringen 1288 gefallenen Grafen Heinrich III. von Luxemburg und der Beatrix von Beaumont-Avesnes, heiratete 1292 Margareta von Brabant. Seine Wahl zum König wurde von seinem mächtigen Bruder Balduin, Erzbischof von Trier, und Peter von Aspelt, Erzbischof von Mainz, betrieben.

102) Die Platte misst 4,50 m x 2,12 m x 0,25 m; ihr Gewicht beträgt 6,7 t. Lediglich der Magdeburger Dom beherbergt eine größere Altarmensa.

103) Darbringung im Tempel nach Lk 2,22–40. An dieses Motiv wird man später bei der Errichtung des eucharistischen Tabernakels nördlich des Hochaltars anknüpfen; vgl. S. 74 ff. u. S. 134 ff. (Scheibe 5b).

104) Johannes der Täufer muss als der letzte der Propheten angesehen werden. Bileam, ein heidnischer Wahrsager, sprach wider seinen Willen statt einer dreifachen Verfluchung Israels einen dreifachen Segen aus. Motiv des stehenden Christuskindes vgl. S. 54 ff. u. S. 141 ff..

105) LEGNER, 1972, 371 ff. Hier behauptet Legner auch die heute nicht mehr aufrechterhaltene stilistische Verwandtschaft der Altarfiguren mit den Schnitzfiguren des Chorgestühls. SUCKALE , 1979/80, 252 (in seiner Anmerkung 42) sah die Mensafiguren ebenfalls als lothringisch beeinflusst und erwog ihre Frühdatierung um 1300.

106) Gen 35,14: „Jakob aber richtete ein steinernes Mal auf an dem Ort, da er mit ihm [Gott] geredet hatte, und goß Trankopfer darauf und begoß es mit Öl." Zur Symbolik s. S. 272 ff.

107) K. Duisbergh (1597–1641), Kölner Goldschmied, vollendete den von ihm signierten Engelbertusschrein 1633; von 1617 bis zu seinem Tod war er insgesamt neun Mal Kölner Ratsherr. Das ikonografische Programm entwickelten Ägidius und Johannes Gelenius, und zwar sehr wahrscheinlich in Anlehnung an die damals noch existierenden zwölf Bischofsdarstellungen in den Chorkapellenfenstern (vgl. S. 96 ff.).

108) Bei den zwölf Bischöfen handelt es sich Ä. Gelenius zufolge um die „zwölf Perlen der Kölner Geschichte". Die zehn Gestalten der Langseiten sind in chronologischer Reihenfolge die hll. Severin, Evergislus, Kunibert, Agilolfus, Hildiger, Hildebold, Bruno (Bruder Kaiser Ottos II., Bruno hat hier den Fuß auf dem Nacken des unterworfenen Herzogs von Lothringen), Gero, Heribert und Anno II.; genau genommen sind die wenigsten kanonisierte Heilige.

109) W. Schulten vermutete einen bewussten Rückgriff Berninis auf den Rundtempel Donato Bramantes (1444–1541), den dieser 1502 über der Kreuzigungsstelle Petri, dem späteren Kloster S. Pietro in Montorio, errichtete. Mit dieser Annäherung sollte in der Peterskirche, also in Grabesnähe, der Bezug zum Kreuzestod Petri erneuert und bekräftigt werden (SCHULTEN, 1979/80, 368).

110) Die Rückseite des Tempietto trägt die Inschrift: „Sapientia ædificavit sibi domum excidit columnas septem. Immovalit victimas suas, miscuit vinum et proposuit mensam et bibite vinum quod miscui vobis" (nach Sprüche 9,1–2 u. 5); teilweise stimmt diese mit der 1. Antiphon der Laudes des Fronleichnamsfests überein: „Die Weisheit hat sich ein Haus gebaut, hat den Wein bereitet und den Tisch gerichtet, halleluja". Das traditionelle Ziborium, Abbild des Universums im Kirchenraum, weist lediglich vier Säulen auf.

111) Nikolaus von Verdun (* um 1150, † nach 1205) kam aus der Schule des Reiner von Huy, der den Gipfelpunkt der maasländischen Metallkunst („art mosan") repräsentierte. Zwei Arbeiten des Magisters Nikolaus sind durch seine Signatur gesichert: das Altarretabel von Klosterneuburg (1181) sowie der Marienschrein von Tournai (1205). Lange Zeit war unklar, welchem Meister der unsignierte Kölner Dreikönigenschrein zuzuordnen sei. Vergleichende Untersuchungen der Metallprägungen (Punzen) – vorgenommen ab 1964, dem Jahr der Dreikönigen-Ausstellung mit Werken des Nikolaus und seiner Zeitgenossen – bestätigten jedoch seine Autorschaft; s. a. H. REINHARDT, Nicolaus von Verdun und die Kunst in Reims, Diskussionsbeitrag am Kolloquium über den „Meister des Dreikönigenschreins" vom 17. und 18. Juli 1964, in: KDb. 26./27. Folge, Köln 1967, 125 ff.

112) Die Gebeine der Heiligen Drei Könige wurden in einem spätantiken Sarkophag in S. Eustorgio außerhalb Mailands aufbewahrt und bei Kriegsbeginn in die Stadt gebracht. Sie hatten für Mailand keinesfalls die Bedeutung, die sie später für Köln erlangen sollten. Deutungen, die in ihnen einen Schatz von verborgenem katharerisch-gnostischen Gehalt sehen, dürften unzutreffend sein. Eine Kölner Legende berichtete, dass Rainald die Reliquien von der Schwester des Mailänder Bürgermeisters gutwillig ausgehändigt bekam, weil er ihnen als würdigen Platz einen Dom versprach; er erwähnte allerdings nicht, dass dieser Dom nicht in Mailand, sondern in Köln stehen sollte. Mailand unternahm jahrhundertelang den Versuch, wieder in den Besitz der Reliquien zu gelangen: „1495 verlangte Papst Alexander VI. auf Ersuchen des Herzogs Ludovico Sforza il Moro ... die Reliquien der Heiligen Drei Könige wieder nach Mailand zurückzugeben. Später setzte sich der hl. Karl Borromäus bei Papst Gregor XIII. und bei König Philipp II. von Spanien dafür ein, dass diese den Mailänder Forderungen Nachdruck verliehen; 1675 versuchte nochmals der Erzbischof von Mailand Alfonso Kardinal Litta, beim Kölner Erzbischof die Rückgabe zu erreichen. Doch Domkapitel, Erzbischof und Rat der Stadt hüteten getreulich ihren Besitz" (J. TORSY 66 f.). Im Jahr 1903 einigten sich endlich der Kölner Kardinal Antonius Fischer und der Mailänder Kardinal Ferrari dahingehend, dass Mailand einige kleinere Dreikönigsreliquien im Austausch gegen eine Kasel (liturg. Gewand) des hl. Karl Borromäus erhalten sollte.

113) Besonders in Italien prallten die Interessen beider Kaiserreiche aufeinander. Der oströmische Kaiser Manuel I. (reg. 1143–1180) unterstützte Mailand u. den Lombardischen Bund. Im Frühjahr 1165 machte er sogar Papst Alexander III. das Angebot einer Union der Ost- mit der Westkirche, wenn dieser ihn im Gegenzug zum gesamtrömischen Kaiser krönen würde.

114) Die Zuweisung an die drei Kontinente stammt von Bruno dem Karthäuser († 1101); die Zuordnung der Königsgaben Gold, Weihrauch und Myrrhe zu den Hauptereignissen in Jesu Leben erfolgte durch Rupert von Deutz, d. h., dass die Dreikönigsthematik schon vor der Übertragung der Reliquien nach Köln in dieser Stadt bedeutsam war (vgl. S. 54 ff.).

115) Felix und Nabor, zwei römische Soldaten aus Afrika, wurden wegen ihres christlichen Glaubens in Mailand verurteilt und am 12. 7. 304 in Lodi enthauptet; ihre Reliquien kamen nach Mailand. Gregor von Spoleto (Gregorius Spoletanus) war Priester in Spoleto und erlitt am 24. 12. 304 den Märtyrertod. Er wurde im Rheinland, wo seine Verehrung verbreitet war, meistens mit Buch, Kelch, Schwert und Knüppeln dargestellt.

116) Wie naiv man im MA antiken Themen gegenüberstand, geht z. B. daraus hervor, das selbst eine Gemme, Leda und den Schwan zeigend, als Siegel des Archidiakons von Soissons, Andreas, dienen konnte (s. ZWIERLEIN-DIEHL 100).

117) Indem J. Torsy auf das Fehlen eines irgendwie gearteten Papstbezugs am Schrein verwies und den Ptolemäer-Kameo zum Kaiser- bzw. Königtum in Beziehung setzte – die beiden hellen Köpfe wären nach seiner Ansicht als Personifikationen des Kaiser- bzw. Königtums aufgefasst worden – gelangte er zu der Überzeugung, dass die Stirnseite des Schreins „eine Darstellung des Sendungs- und Machtbewusstseins des deutschen Königtums und des abendländischen Kaisertums" sei; TORSY 29 f.

118) In Köln unterstützte ihn v. a. die traditionell vom Englandhandel lebende Bürgerschaft, aber auch Erzbischof Adolf I. von Altena, der sich mit dem Streben des ältesten Sohnes Kaiser Friedrich I. Barbarossas, Heinrichs VI., eine staufische Erbmonarchie zu errichten, nicht abfinden konnte: Die wichtige Rolle der Kölner Erzbischöfe bei der Königskrönung wäre durch eine Erblichkeit der Krone gefährdet gewesen.

119) Gemeint ist Heinrich VI. (1165–1197), der Sohn Kaiser Barbarossas. Er wurde 1190 Kaiser und 1194 auch König von Sizilien.

120) Für Antike und MA war es selbstverständlich, dass sich wichtige Ereignisse in Himmelserscheinungen wie Sternen kundtun. Sie wurden auch in Verbindung mit bedeutenden Persönlichkeiten gebracht: So soll z. B. bei Alexanders Geburt und bei Cäsars Tod ein heller Stern geleuchtet haben.

121) Weissagung des Jeremias bei Jer 31,31. Der hl. Paulus, von Christus erst nach der Auferstehung berufener Apostel, war als Saulus bis zum Damaskuserlebnis als Parteigänger der Pharisäer ein Christenverfolger. Zu den Tugenden schrieb er: „Nun aber bleibt Glaube, Hoffnung, Liebe, diese drei; aber die Liebe ist die größte unter ihnen" Der antike, von Platon entwickelte Tugendkanon umfasste die vier Grundtugenden: „temperantia" (Mäßigkeit), „prudentia" (Klugheit), „fortitudo" (Stärke) und „justitia" (Gerechtigkeit). Sie wurden in die christliche Ethik integriert. Papst Gregor der Große fügte die von Paulus angeführten Tugenden „fides" (Glaube), „caritas" (Liebe) und „spes" (Hoffnung) hinzu und schuf die Siebener-Gruppe, die zu den sieben Gaben des Heiligen Geistes in Beziehung gesetzt wurden. Später erweiterten andere Autoren die Gruppe.

122) Über den Evangelisten Matthäus ist wenig bekannt (Mk 2,14; Lk 5,27–32). Jakobus d. Ä. (J. major) galt dem MA als Begründer des Patriarchats von Jerusalem. Die Cherubim (Einzahl: Cherub) sind Engel, die (mit den Seraphim) die oberste der neun Engelshierarchien bilden; sie nehmen den ersten Platz neben Gottes Thron ein. Sie gelten als Träger göttlichen Weisheit und Allgegenwart; sie sind Wächter des Paradieses (Gen 3,24) und Bewacher der Bundeslade (Gen 25,18 ff.). Ihr Aussehen beschreibt Ezechiel 1,5 ff. Die erste bekannte bildliche Darstellung der Ezechiel-Vision (586) zeigt das seltsame Gebilde des Tetramorph. Bartholomäus, einer der zwölf Apostel (Mt 10,2 ff.), erlitt das Martyrium, indem ihm die Haut abgezogen wurde. Simon Zelotes, Apostel, wahrscheinlich ein Bruder des Jakobus d. J. (J. minor).

123) Moses hält hier die Gesetzestafel, die jedoch den ersten Vers der Genesis wiedergibt: I(n) PRINCIPIO CREAVIT D(eu)S CELUM ET TERRAM. Mit seiner Verfluchung dessen, der am Holz (= am Kreuz) gehangen hat, präfigurierte Moses (negativ) den Kreuzestod Christi. Abdias (Obadja), der vierte der Kl. Propheten, lebte in der Zeit des babylon. Exils und verfasste nach 586 v. Chr. ein nur 21 Verse umfassendes Buch mit Drohreden gegen das Nachbarvolk der Edomiter; David regierte etwa 1013–973 v. Chr., er war der bedeutendste Kg der Juden; Daniel: der vierte der vier Gr. Propheten; Joachim: Ehemann der Anna, Großvater Jesu; Jeremias: zweiter der 4 Gr. Propheten

124) Judas Thaddäus, Apostel, hier mit Marterwerkzeug Beil; Seraphim (Einzahl: Seraph), Engel der obersten Klasse, nur bei Jesaia 6,1–8 erwähnt, werden als Wesen mit sechs Flügeln beschrieben. In christlicher Zeit galten sie als von brennender Liebe erfüllt. In der bildlichen Darstellung wird ihre Gestalt meist mit der der Cherubim vermischt; Andreas, Bruder des Petrus, galt als der Gründer des Patriarchats von Konstantinopel; Simon Petrus, Erstapostel (Mt 16,18–19: „Du bist Petrus, und auf diesen Felsen will ich bauen") und Empfänger der Himmelsschlüssel, nahm eine führende Stellung ein und trat oft als Sprecher der Jünger auf. Er und Paulus – sie gelten als die Apostelfürsten – erlitten das Martyrium in Rom. Von einem juridisch praktizierten Führungsanspruch Petri und seiner Nachfolger kann zunächst keine Rede sein. Erst der Bischof von Rom Calixtus I. († 222) formulierte den Führungsanspruch des Stuhls Petri, den man aus der o. g. Matthäusstelle ableitete.

125) Amos, Kl. Prophet aus der Zeit Jerobeams II. (um 787 bis um 746 v. Chr.); Na(h)um, Kl. Prophet, Zeitgenosse des Jeremia, sagte den Untergang Ninives voraus, der 612 v. Chr. eintrat; Joel, Kl. Prophet, lebte im 4. Jh. v. Chr.; sein Vers 3,1 („will ich meinen Geist ausgießen über alles Fleisch; und eure Söhne und Töchter sollen weissagen") wird als typolog. Hinweis auf die Ausgießung des Hl. Geistes an Pfingsten angesehen; Salomon erlangte schon zu Lebzeiten seines Vaters David den Thron als König des Gesamtreiches (Juda u. Israel). Er wird im NT ausdrücklich als Vorfahr Christi erwähnt (Mt 1,6–7 u. Mt 6,29); Christus stellte sich aber über ihn (Mt 12,42); Ezechiel, dritter der Vier Gr. Propheten, ist Autor großartiger Visionen, die häufig dargestellt wurden; Habakuk, Kl. Prophet, reagierte unwirsch, als er von einem Engel aufgefordert wurde, dem in der Löwengrube gefangenen Daniel Speise zu bringen (Dan 14,33 ff.); Aaron, Bruder des Mose, war erster Hohepriester des Alten Bundes.

126) B. J. B. Alfter (1728–1808) verzeichnete in seinem Werk „Coloniensia seu inscriptiones, epitaphia, monumenta sepulchralia, quae in locis et ecclesiis Coloniensis olim legebantur aut adhuc dum extant" auch die Inschriften im Kölner Dom. J. P. N. M. Vogel verfasste im Auftrag des Kurfürst-Erzbischofs M. F. von Königsegg-Rotenfels die „Sammlung der prächtigen Edelgesteinen, womit der Kasten der dreyen heiligen Weisen Königen in der hohen Erz-

Domkirche zu Köln ausgezieret ist". Neben diesem Buch waren bislang zwei sehr ähnliche Handschriften bekannt, die sich diesem Thema widmeten. In den 80er-Jahren des 20. Jh.s tauchte eine weitere, bisher unbekannte, gleichzeitige Handschrift zum selben Thema auf (s. K. Weyand, KDb. 1985, 157; KDb. 1987, 179). Das Vogel'sche Werk war bis zum Erscheinen des Buchs „Die Gemmen und Kameen des Dreikönigenschreins" von Erika Zwierlein-Diehl (1998) das einzige, das die Edelsteine abbildete und beschrieb.

127) s. Peter Diemer 231 ff.; Richard Hamann-Maclean 43 ff.; Herbert Rode, 1969, 27 ff.

128) s. Sabine Schrenk, Die spätantiken Seiden in der Schatzkammer des Kölner Doms, in: KDb., 66. Folge, Köln 2001, 83 ff.

129) Den Schrein besuchten u. a.: Otto IV. (1198); Philipp von Schwaben (1207); Friedrich II. (1215); Wilhelm von Holland (fünf mal zwischen 1247 und 1255); Richard von Cornwall (1257 und 1268); Rudolf I. von Habsburg (1273); Adolf von Nassau (1292 und 1297); Albrecht von Österreich (1298, 1300, 1302); Heinrich VII. von Luxemburg (1309); Ludwig der Bayer (1314); Eduard III. von England (1338); Johann von Böhmen (1346); Karl IV. (1349, 1357); Peter Lusignan von Zypern (1363); Waldemar von Dänemark (1364); Wenzel (1380, 1398); Ruprecht von der Pfalz (1401); Sigmund (1414); Herzog Philipp der Gute von Burgund (1440); der Habsburger Friedrich III. (zwischen 1442 und 1486 sechs mal); Maximilian (Sohn Friedrichs III., zwischen 1477 und 1512 elfmal); Karl V. (1520, 1530/31); Ferdinand (1530/31); Anna von Ungarn (1531). Francesco Petrarca kam 1333; Aeneas Silvius Piccolomini (später Papst Pius II.) kam 1447; Luther, noch Augustinermönch, besuchte auf seiner Romreise 1511/12, die er im Auftrag seines Ordens ausführte, Köln und den Schrein; er wohnte bei den Augustiner-Eremiten nur wenig nördl. von St. Maria im Kapitol (Augustinerplatz). Liste teilweise nach Torsy.

130) Goethe hatte den Schrein am 8. 7. 1815 bei seinem Dombesuch besichtigt, wobei er die schlechte Beleuchtung beklagte. 1817 wurde wurden ihm Schwefelabgüsse der Gemmen angeboten, die er im Folgenden erhielt; s. auch E. Zwierlein-Diehl 45 f.

131) Hüffer, 266 f. schrieb: „Das Kölner Domkapitel zählte in der letzten Zeit seines Bestehens fünfzig Canonikate. Von diesen besaßen der Papst und der römische Kaiser oder König jeder eins, hatten deshalb die ersten Plätze auf beiden Seiten des Chors und ihre eigenen Vikare. Vormals standen an den für sie bestimmten Plätzen ihre Bildnisse, wurden aber bei Errichtung des neuen Hochaltars im Jahr 1770 weggenommen. Doch liest man noch jetzt auf den Piedestalen der Statuen vor beiden Reihen der Chorstühle eine hieher bezügliche Inschrift, nämlich unter der hl. Maria auf der Evangelien-Seite [Nordseite] die Worte: Latus papæ, und unter dem hl. Petrus auf der anderen Seite: latus imperatoris [Südseite]"; vgl. zu Nord- u. Südseite auch S. 41 ff., S. 46 ff. u. S. 272 ff. Zu den Figuren und Kanonikaten des Papsts und des Kaisers s. a.: A. Stelzmann, Kaiser und Papst als Kanoniker am Kölner Dom, KDb. 8./9. Folge, Köln 1954, 131 ff.

132) Blattmasken stellen Wesen der wilden, nicht erlösten Natur dar; ihnen eignet etwas Dämonisches, das in der Welt des Mittelalters durchaus seinen Platz am Rande des Universums hatte: bei Kirchen (die ja ein Abbild des Universums waren) an Gesimsen, Sockeln und an Dachansätzen. Das Blattwerk kann auch für „Wald" stehen, der von Augustinus als „silva dæmonorum", angesehen wurde.

133) Darstellung des Hochmuts (superbia, s. auch Bergmann, II, 63)

134) Richter 14,5–6: „Siehe, da kam ein junger Löwe brüllend ihm entgegen / Und der Geist des Herrn geriet über ihn, und er zerriß ihn". Die Szene gilt als Präfiguration des Siegs Christi über den Teufel. Abel ist die Präfiguration von Christi Opfertod, Kain die Symbolgestalt des jüdischen Volkes (Jesusmord); die Brüder stellen die Entscheidungsmöglichkeit für das Gute und das Böse dar (s. auch Bergmann, II, 13, 50, 93).

135) Terra (Erde) war nach antiker und mittelalterlicher Vorstellung eines der vier Elemente (Wasser, Erde, Luft, Feuer). Eine im MA seltene Darstellung zeigt den Athener Cimon (Kimon), den seine Tochter Pero im Gefängnis an ihrer Brust nährt, um ihn vor dem Hungertod zu erretten. Das Thema des verspotteten Philosophen taucht in Westeuropa erstmals bei Jacques de Vitry (um 1170–1240, Chronist, später Bischof von Akkon) auf.

136) Das im MA häufige Motiv des Kampfs Mensch gegen Bär ist als Kampf gegen das Böse zu verstehen. Die Szene ließe sich auch als Kampf Davids mit dem Bären interpretieren, ohne dass sich die Deutung änderte (s. Bergmann, II, 69).

137) Ein Affe spielt Geige, ein zweiter schwingt eine Glocke; die Szene könnte höllische Musik versinnbildlichen (s. Bergmann, II, 44).

138) Ulrike Bergmann hält eine Darstellung der Unkeuschheit (luxuria) für möglich (s. Bergmann, II, 18).

139) Die Judensau soll das Laster der Unmäßigkeit (gula) mit den Juden in Verbindung bringen. Möglicherweise geht das Motiv auf Hrabanus Maurus zurück. Es ist auf den deutschsprachigen Raum beschränkt! Bei der Szene mit dem Christenknaben handelt sich um eine Anspielung auf die den Juden unterstellten Ritualmorde. Bergmann verweist auf den angeblichen Ritualmord von Oberwesel (1287). Der Tod des Kindes Werner löste zwischen Andernach, Boppard u. Oberwesel einen Judenpogrom aus, dessen Haupttäter allerdings bestraft wurden (458). „Jungenprobe" nach Aelianus von Preneste (Sophist und heidnischer Oberpriester, um 170–235 n. Chr.): die Jungen, die das Sonnenlicht nicht ertragen, werden verworfen. Das Einhauchen von Leben durch den Löwen im linken Vierpass galt im MA auch als Präfiguration der Auferstehung Christi. Der Pelikan im re. Vierpass hat seine eigenen Jungen totgepickt und erweckt dieselben voller Reue mit seinem Blut zum Leben; die Analogie zu Gott, den es reute, die Menschen gemacht zu haben, diese schließlich doch erlösen ließ, liegt auf der Hand. Beide Szenen richten sich in ihrer Darstellung nach Physiologus.

140) Bergmann, I, 111 f., 116 f.; Rainer Palm, Das Maßwerk am Chorgestühl des Kölner Doms, in: KDb. 41. Folge, Köln 1976

141) Bis zum Jahr 1474 genügte zur Ahnenprobe der Nachweis acht adliger Vorfahren (vgl. S. 190 ff.). Die Wappen sind ungenau erneuert worden, wahrscheinlich bei der farblichen Erneuerung des gesamten Grabmals (1904).

142) Dietrichs Vater, Friedrich III. († 1417), Herr zu Baer und Lathum, erbte 1399 die halbe Gft Saarwerden. Er war der Sohn Dietrichs V. von Moers († 1372), Herrn zu Didam, und der Elisabeth, Erbin der Hrft Baer; diese war eine Tochter Johanns und Richardis' von Batenburg. Dietrichs Mutter Walburga († 1418) war die Erbtochter des Grafen Johann II. von Saarwerden; ihre Mutter war Klara von Finstingen (Vinstingen, Fénétrange), Tochter Heinrichs I. von Finstingen und Falkenberg. Johanns II. Vater, Graf Friedrich II. war verheiratet mit Agnes von Salm. Seine Eltern waren Johann I. von Saarwerden und Ferriata von Leiningen, Tochter des Grafen Friedrich IV. von Leiningen.

143) F. Maidburg, auch Magdeburg genannt, wohl aus Sachsen gebürtig, lebte in der ersten Hälfte des 16. Jh.s. Einige seiner Arbeiten in Annaberg und Freiberg/Sachsen sind gesichert. Beim Sakramentshaus handelt es sich von der Funktion her um eine große, stationäre und zur Aufbewahrung der Eucharistie bestimmte Monstranz. Ihr Aufkommen steht in Zusammenhang mit der Einführung des Fronleichnamsfestes im Jahr 1264 (s. S. 54 ff.).

144) LEGNER, 1984, 67 f., schrieb: „Insbesondere die Figur des schlafenden Johannes des Ölbergreliefs gehört zu den nobelsten Inventionen der spätgotischen Kunst. Sie erinnert an das Menschenbild in der Augsburger klassischen Kunst der Frührenaissance, insonderheit der Kunst Dauchers. Es ist jener Stil, der südlich der Mainlinie zur Donau hin stärker beheimatet ist als in den Niederlanden und am Niederrhein: im Oberdeutschen entfaltet sich die Skulptur zur Dürerzeit in einer ungemein kräftereichen Landschaft, eine höchst differenzierte Szenerie von ganz individuellen Wertungen entsteht". Adolf Daucher (auch: Dauher, Dauger oder Tawer; um 1460 bis um 1523), Bildhauer im Ulmer Raum.

145) KDb. 110, 1844. Hildesheim: Gemeint ist Franz Carl Joseph von Hillesheim (1731–1803), zu jener Zeit ein Vertreter febronianischer Auffassungen, die er als Berater des Generalvikars und des Erzbischofs Max Friedrich von Königsegg-Rotenfels auch an diesen herantrug. Später distanzierte sich Hillesheim vom Febronismus.

146) Die hl. Veronika (Zusammenziehung aus vera und ikon = wahres Bild), erhielt der Legende zufolge auf ihre Bitte hin von Christus das (wahre) Bild seines Antlitzes. Später wurde das Ereignis mit der Passion in Verbindung gebracht.

147) Der Mannaregen (Gen 16), das Opfer des Melchisedech (Gen 14,18–20) und die Speisung des Elias (1 Kön 19,5ff.) in der Wüste sind Themen mit eucharistischem Bezug, die auch auf den barocken Bildteppichen nach Kartons von Rubens erscheinen (vgl. S. 225 ff.).

148) A. O. Essenwein (1831–1892) hatte sich früher schon an dem Wettbewerb zur Gestaltung der Bronzetüren des Doms beteiligt. Ab 1885 arbeitete er an dem Programm für ein Bodenmosaik. Er war kein Neugotiker im engeren Sinne, sondern hing dem Historismus an. Die Fußbodengestaltung Essenweins darf eine „ungotische" Beflurung genannt werden (SPRINGER 111).

149) s. hierzu und zum Grabmal des Rainald den Aufsatz von LAUER, 1984, 9 ff. und DEML 183 ff.

150) CLEMEN 244, schrieb: „Standfigur … wohl eine in Verbindung mit der Weihe des Chors 1322 oder im Anschluss daran gefertigte Erneuerung eines älteren … Kultbildes". R. Suckale und W. Sauerländer setzten entsprechend ihrer Spätdatierung der Chorpfeilerfiguren (s. S. 41 ff.) die Entstehungszeit der Mailänder Madonna auf 1290/1300 an, H. Rode auf 1280. B. WEDEMEYER 180, dagegen: „Aber noch wichtiger … ist der frische, direkte Reflex des Figurenstils aus den Maßwerken der Straßburger Jungfrauenportalsockel auf das Gehäuse (-fragment) der Kölner ‚Mailänder Madonna', die nach den Pfeilerfiguren, aber vor 1285/90 entstanden sein muss."

151) Der Heilsspiegel (Speculum humanæ salvationis) entstand um 1324; er war ähnlich der „Biblia pauperum" für Priester und gebildete Laien gedacht. Anders als diese nahm er in die Typologie nicht nur biblische, sondern auch profane Ereignisse auf.

152) A(nton) E(ngelbert) D'HAME („Historische Beschreibung der berühmten Hohen Erz-Domkirche zu Cöln am Rhein", Köln 1821, die älteste Monografie über den Dom) wird zitiert von CLEMEN, 1937, 253. Der 1947 verstorbene Paul Clemen konnte noch gar nicht wissen, was es mit dem „zugespitzten Thron" auf sich hat: Die ersten Funde der Baldachinfragmente datieren von 1949/1950.

153) P. SCHONEMANN, Thesaurus ss. reliquiarum templi metropol. Coloniensis, 1671, gestochen von Johann Eckhard Löffler. Ein Exemplar des Pilgerblatts befindet sich in der Schatzkammer, ein Abdruck in dem bei Fußnote 456 genannten Buch zur neuen Schatzkammer.

154) Richard Lauer verweist auf Herbert Rodes Aufsatz von 1950: Der Altar der Mailänder Madonna, vgl. Literaturliste

155) Joseph Maria Laporterie war zwar kein besonders begnadeter Zeichner, aber seine antizipierende Innenansicht eines fertig gestellten Kölner Doms (perspektivisch ziemlich verunglückt) ist recht bekannt. Bemerkenswert sind daran die abgemagerten Säulen, die wie die Vorwegnahme des späteren neugotischen Eisenbaus erscheinen.

156) J. G. Bequerer (1646–1720), ein (bürgerlicher) Priesterkanoniker, trat bei der Koadjutorwahl vom 7. 1. 1688 im Domkapitel als Wortführer der pro-wittelsbachischen, gegen Kardinal Wilhelm Egon von Fürstenberg gerichteten Fraktion auf. Im Jahr 1696 wurde er Nachfolger im Offizialat des wegen Eigenmächtigkeiten abgesetzten A. Eschenbrender.

157) W. von Veyders Position zwischen Domkapitel und Erzbischof war heikel: Einerseits musste er aus kirchlichen Gründen mit dem nach Frankreich geflohenen Kurfürst-Erzbischof Joseph Clemens die Verbindung aufrechthalten, andrerseits handelte das mehrheitlich kaiserlich gesonnene Domkapitel, das 1702 die Verwaltung des Erzstifts aufgrund eines kaiserlichen Mandats übernommen hatte, als wäre der Erzstuhl unbesetzt (sog. Sedisvakanz). Eleutheropolis (Betagabra, heute Bet Guvrin) liegt an der Straße von Jerusalem nach Askalon (Ashqelon).

158) Der angesehenen Kölner Familie Franken-Siersdorf entstammten mehrere hohe kirchliche Würdenträger, z.B. war Franz Caspar (1683–1770) Kölner Weihbischof, dessen Neffe Johann Andreas (1696–1754) Generalvikar; ferner war Peter Joseph Kölner Domherr und als kaiserlich Gesonnener ein Gegner des Erzbischofs Joseph Clemens; 1711 wurde er Bischof von Antwerpen.

159) Balken dieser Art waren früher auch über der Maternuskapelle (im MA: Jakobuskapelle) und über der Johannes-kapelle angebracht: bei dieser befand sich der Eligiusbalken, bei jener der Jakobusbalken. 1406 war die Jakobus-bruderschaft von Kölner Jakobspilgern gegründet worden. In der 1448 gegründeten Eligiusbruderschaft verei-nigten sich die Goldschmiede. Ihr Patron, der hl. Eligius (um 590–659), war ein berühmter Münzmeister und Goldschmied am merowingischen Hof gewesen, der später Priester und Bischof von Noyon wurde.

160) Die hl. Anna Selbdritt, ein Andachtsbild, das sich insbesondere im deutschsprachigen Raum ausbildete, spiegelt die zunehmende Anerkennung der Unbefleckten Empfängnis und Mariens Freiheit von Erbsünde wider. Nach kirch-licher Auffassung hatte Maria diese Eigenschaften von ihrer Mutter Anna geerbt. In Köln war die Stiftskirche St. Andreas, die einen Finger der Heiligen besaß, ein Mittelpunkt der Annenverehrung.

161) Matthias Joseph DeNoel (1782–1849) erwähnte diese Figur in seinem Domführer von 1834; und auch Leonard Ennen (1820–1880, Historiker, Stadt-Archivar und Stadtbibliothekar, fünfbändige „Geschichte der Stadt Köln") registrierte sie noch im Jahr 1872.

162) 1423 beschloss der Rat der Stadt Köln, das Aufenthaltsrecht der Juden für das nächste Jahr nicht mehr zu verlängern. Im Oktober 1424 wurde das Ghetto am Rathaus aufgelöst. Der Platz der Synagoge liegt neben dem bis heute erhaltenen Fundament der Ostapsis der römischen Aula Regia, die vielleicht noch in fränkischer Zeit teil-weise bestand.

163) Ab 1803 war der Dom Pfarrkirche, eine der vier Hauptpfarrkirchen Kölns.

164) Goethe glaubte in dem Werk den Beginn der Porträtmalerei entdecken zu dürfen: „Das Dombild war die Achse ge-nannt worden, worum sich die ältere niederländische Kunst in die neue dreht; nun betrachtet man die Eyckschen Werke als zur Epoche der völligen Umwälzung jener Kunst gehörig" (aus dem Entwurf für den Aufsatz „Über Kunst und Alterthum in den Rhein- und Mayn-Gegenden").

165) Ein zeitgenössischer Bericht lautet: „Item darna maindag (Montag, 25. Juni 1442) zo morgen zo 8 uren stoende der koeningk boeven der doeren dae dat marienbilde steit, ind dae was ein gulden doich das afhienk upgeslagen". Daher ist zu vermuten, dass der Kölner Rat das Altarbild bereits nach der Wahl des Habsburgers Friedrich III. (1415–1493) im Januar 1440 in Auftrag gegeben hatte, da mit einem Besuch des neuen Königs in Köln nach der Krönung in Aachen zu rechnen war.

166) Michael Wolfson, Vor „Stephan Lochner"? Über den Maler des Kölner Dombildes und den Meister des Heister-bacher Altars, in: Stephan Lochner, Meister zu Köln, 1993, 97 ff. Die Debatte drehte sich um die Interpretation der Tagebuchnotiz Dürers aus dem Jahr 1520, die davon berichtet, dass er sich den Altar (?) für zwei Weißpfennige habe öffnen lassen. Dürer hatte die Reise wahrscheinlich in der Absicht unternommen, eine günstige Gelegenheit zur Vorsprache bei Kaiser Karl V. zu erlangen.

167) Darstellungen religiöser Themen in Innenräumen waren erst kurz zuvor von Robert Campin (Meister von Flémalle, † 1444) eingeführt worden (Täube, 1993, 55).

168) Der Vorhang ist eine sehr alte Hoheits- oder Würdeformel, die ebenfalls bei eventuellen italienischen Vorbildern, etwa bei Simone Martini, erscheint. Dieses Motiv hat sein Vorbild letztlich in dem Vorhang der alttestamentlichen Stiftshütte, der das Heilige vom Allerheiligsten trennte; Gen 26,33: „Und [du] sollst ... die Lade des Zeugnisses [Bundeslade] innen hinter den Vorhang setzen, dass er euch eine Scheidewand sei zwischen dem Heiligen und Allerheiligsten."

169) Üblich war auch die Darstellung eines aufgeschlagenen Buchs, in dem man die Weissagung des Propheten Jesaia von der Geburt des Knaben Immanuel lesen konnte.

170) In den ältesten christlichen Kunstwerken wurde der Bildgrund in der Regel blau (oft mit regenbogenfarbenen Wol-ken) dargestellt. Der seit dem 5. Jh. aufkommende Goldgrund entspricht dem bei Gen 1,3 genannten Schöp-fungslicht: „Und Gott sprach: Es werde Licht. Und es ward Licht". (Pseudo-)Dionysios Areopagita unterschied in seiner Schrift „Über die göttlichen Namen" drei Grade des Lichts: 1) die Sonne, 2) das Urlicht und 3) das erhaben-ste, göttliche, das Schöpfungslicht. Wenn Christus häufig mit der Sonne gleichgesetzt wird, so handelt es sich um eine „Symbolik des Unsichtbaren", wie sie insbesondere von Clemens von Alexandrien (um 150 bis um 215) eingeführt wurde; Christus gehört natürlich aufgrund seiner Gottgleichheit dem dritten, höchsten Grade des Lichts an.

171) Darstellungen der Madonna dell' Umiltà zeigen Maria meist demütig auf dem Boden sitzend und ihr Kind haltend, dem sie mitunter die Brust reicht; der Boden ist in der Regel zu einem mit Blumen besäten Rasen ausgebildet – eine Anspielung auf das Paradies. Mitte des 14. Jh.s war dieser Bildtyp in Siena recht verbreitet. In den Niederlanden wurde dieses Motiv von Robert Campin eingeführt.

172) Das Einhorn wird bereits in Ps 92,11 erwähnt. In der christlichen Symbolik können Einhorn und Einhornjagd sehr unterschiedlich aufgefasst werden. In Verbindung mit der Verkündigung kam das Symbol der Einhornjagd im aus-gehenden MA auf. Es gibt Jagdszenen, in denen der Erzengel Gabriel als Jäger mit Speer und Jagdhorn auftritt, jedoch nicht jagt, sondern vor Maria niederkniet. Die Jagdhunde (2, 3 oder 4) sind festgelegte Tugendsymbole. Sie treiben das Einhorn zu Maria, die es zähmt, indem sie seinen Kopf auf ihren Schoß legt. Die Mauer um den

Garten (*hortus conclusus*), in dem die Jagd stattfindet, ist nach Hohe Lied 4,12 („Meine Schwester, liebe Braut, du bist ein verschlossener Garten, eine verschlossene Quelle, ein versiegelter Born") gestaltet: sie ist die Unberührtheit Mariens, die auch der Satan nicht erreichen kann.

173) Die hl. Ursula, Märtyrerin und angebliche Braut eines Königssohns namens Aetherius, kam mit elf Schiffen zu je 1000 Jungfrauen – deren Anführerin sie war – nach Köln. Sie wurde samt Begleiterinnen vor der Stadt von Hunnen abgefangen und mit Pfeil und Bogen getötet. Ihr und den übrigen Märtyrerinnen weihte man außerhalb der römischen Stadtmauern die Kirche St. Ursula.

174) Noch Jahrzehnte nach Lochners Tod verwendete der Meister der Verherrlichung Mariä bei seinen Werken den Goldgrund. Ein auffälliges Beispiel noch 70 Jahre später in Köln verwendeter Bedeutungsperspektive bietet das typologische Dreikönigenfenster im nördlichen Seitenschiff mit der Darstellung des hl. Petrus und des Erzbischofs Hermann von Hessen; vgl. S. 199 ff.

175) In dem 1993 von F. G. Zehnder herausgegebenen Katalog „Lochner – Meister zu Köln" wird der Spur gleichfalls nachgegangen. Es sei darauf hingewiesen, dass der Bildtypus der sienesischen Maestà-Darstellungen bis in Lochners Zeit schon eine lange Wirkungsgeschichte hatte. Vielfältige Beziehungen verbanden Siena, das traditionelle Haupt der ghibellinischen Städte, mit dem Reich. Die Stadt wurde aufgrund ihrer Lage am Hauptpilgerweg nach Rom, häufig von den Kaisern und deren Gefolge aufgesucht. Duccio di Buoninsegna (um 1255 – um 1318) begründete eine Schule gotischer Malerei (Schule von Siena). Sein Stil war stark von der byzantinischen Kunst beeinflusst. Simone Martini (1284–1344), toskanischer Maler, baute auf Duccios byzantinisch-sienesischer Maltradition auf und verband diese Kunst mit derjenigen Giottos aus Florenz.

176) Im Jahr 1260 errang die Stadt Siena – damals bedeutendste der ghibellinischen Städte Italiens – einen entscheidenden Sieg über das traditionell guelfische Florenz bei Montaperti. Am Vorabend der Schlacht wurde von den Sienesern angeblich eine Proklamation verlesen, die besagte, dass in Zukunft Maria die Herrin der Stadt sei. Der Dom von Siena stand dem Volksglauben zufolge auf einem alten Minervaheiligtum und die Sienesische Marienverehrung nahm sicherlich Elemente der Minervaverehrung auf.

177) Die Bruderschaft war bald nach der Übertragung der Dreikönigsreliquien nach Köln entstanden und erlosch wohl im 16. Jh. (TORSY 84 f.).

178) Ein Einfluss des Kreises um Simone Martini auf die älteren Chorschrankenmalereien wird von Rolf Lauer selbst erwogen; s. MATZ-SCHENK 45

179) Zur Regierungszeit des Trierer Erzbischofs und Administrators des Kölner Erzbistums Kuno von Falkenstein hatte der Rat der Stadt die Aufstellung von zwei städtischen Wächtern beim Dreikönigenschrein verlangt (zusätzlich zu jenen vom Domkapitel bestellten). Im Jahr 1393 erwirkte die Stadt vom Papst das Privileg, dass niemand, nicht einmal der Erzbischof, Reliquien oder ihre Teile, verschenken oder veräußern dürfte. Es wäre zu überlegen, ob nicht innerhalb des Dreikönigenthemas allmählich ein Paradigmenwechsel eingetreten war. Lauer stellt die Frage, welche Bedeutung die Stelle des Dietrich-Grabs für den Rat gehabt hat, fragt aber nicht, ob die Errichtung dieses Grabs nicht eventuell die bewusste Zerstörung eines Bildes nach sich zog, das eine Art „Palladium" der Kölner Bürgerschaft gewesen war.

180) Marcus Vipsanius Agrippa (63–12 v. Chr.), Schwiegersohn des Kaisers Augustus (reg. 31 v. Chr. – 14 n. Chr.), siedelte nach einem Bericht des Tacitus die Ubier in Köln an; er ist einer der Architekten des römischen Weltreichs. Die Idee von der Gleichzeitigkeit der Gründung Kölns und der Geburt Christi scheint 70 Jahre später noch einmal auf in der Verherrlichung des „heidnischen" Agrippa (und des legendären Köln-Verteidigers Marsilius) im typologischen Geburt-Christi-Fenster im nördlichen Seitenschiff; s. S. 197 ff.

181) Die Devotio moderna, eine religiöse Erneuerungsbewegung, geht auf Gert Groote (1340–1384) aus Deventer zurück, der die Lebensweise der Urchristen als Vorbild predigte. Herrschte noch um 1400 in den Niederlanden, wie auch anderwärts im Reich, der Weiche oder Internationale Stil vor, so entstand ein im ersten Drittel des neuen Jahrhunderts ein Stil, der den Geist der Devotio moderna ausdrückt. Er wird oft als „altniederländisch" bezeichnet. Mit dem Marienaltar von Rogier van der Weyden aus St. Columba (durch Boisserée nach München gekommen) besaß Köln mindestens ein hervorragendes Kunstwerk der neuen Richtung.

182) Der hl. Stephanus war der erste der sieben von den Aposteln in Jerusalem geweihten Diakone und erster christlicher Märtyrer (daher Erzmärtyrer). Sein Leben und sein Martyrium werden in Apg Kap. 6–7 beschrieben. Seine Gebeine wurden 417 aufgefunden und nach Irrfahrten (ausgeschmückt in der LA) in Rom in der Kirche S. Lorenzo fuori le mura neben denen des hl. Laurentius bestattet. Die beiden sind die Stadtpatrone von Rom.

183) Gero (Erzbischof 969–976), ein Neffe des thüringischen Markgrafen Thietmar, wurde von Kaiser Otto I. erst nach einem Traum, in dem ein Engel mit dem bloßen Schwert auftrat, bestätigt. Gero galt bis in die Barockzeit als Heiliger (vgl. Anm. 108).

184) Porphyr (griech. = Purpur) war ursprünglich ein den Kaisern vorbehaltener Baustoff.

185) Der hl. Clemens (I.; Clemens Romanus, Clemens von Rom, † um 100) soll noch Schüler des Petrus gewesen sein. Nach Tertullian war er der zweite, nach Irenäus von Lyon der dritte römische Bischof in der Nachfolge Petri. Der Legende nach soll er unter Kaiser Trajan als Märtyrer gestorben sein. Die Kirche St. Kunibert zu Köln hatte ursprünglich das Clemens-Patrozinium; zu P. Graß vgl. S. 156 f.

186) Wahrscheinlich ist Abias, der unfromme König des Südreichs Juda (reg. 910–908 v. Chr.) gemeint. Er wird bei 2 Chr 13,2–20 und 1 Kön 15,3 genannt; bei Mt 1,7 erscheint er als ein Vorfahr Christi. Zorobabel (Serubbabel)

wurde 538 v. Chr. vom Perserkönig Kyros (reg. 559–529 v. Chr.) als Statthalter von Juda eingesetzt. Er führte die erste Abteilung der aus babylonischer Gefangenschaft heimkehrenden Juden und begann mit dem Aufbau des Tempels (Neh 12,1 ff.); er gilt als königlicher Vorfahr Christi (genannt bei Mt 1,12–13 und Lk 3,27).

187) Wahrscheinlich ist nicht Nathan, ein dem König David günstig gesonnener Prophet und erster Verheißer des Messias gemeint (1 Chr 17,14), sondern der Köngssohn gleichen Namens (1 Chr 3,5).

188) Salathiel (Sealthiel) war der Sohn des in Babylonische Gefangenschaft verschleppten Königs Jojachin von Juda, Onkel des Zorobabel; er wird im Stammbaum Jesu (Mt 1,12; Lk 3,27) erwähnt; vgl. auch S. 134 ff., Scheibe 6b)

189) Melchisedech war in vorisraelitischer Zeit König von Salem. Nach Hebr 7,2 ff. war Abraham ihm tributpflichtig. „Ohne Vater, ohne Mutter, ohne Geschlecht, und hat weder Anfang der Tage noch Ende des Lebens; er ist aber verglichen dem Sohn Gottes und bleibt Priester in Ewigkeit / Schauet aber wie groß ist der, dem auch Abraham, der Patriarch, den Zehnten gibt von der eroberten Beute."

190) Es gab zwei Träger des Namens Joram; der erste war König des Nordreichs Israel (851–845 v. Chr., Bericht über seinen Götzendienst 2 Kön 3,2 f.), der zweite König des Südreichs Juda (847–845 v. Chr.); auch er diente den Götzen: 2 Kön 8,18 und 2 Chr 21,6).

191) Im Christentum gilt die Schlange/der Drache als Symbol des Bösen. Im alten Israel wurde Schlange/Drache jedoch ursprünglich als heilend verehrt. Spätestens seit der Zeit des Königs Hiskia (König von Juda, wahrscheinlich 725–697 v. Chr.) trat ein Wandel ein: „Und er tat, was dem Herrn wohlgefiel ... / Er tat ab die Höhen und zerbrach die Säulen und rottete das Ascherabild aus und zerstieß die eherne Schlange, die Mose gemacht hatte; denn bis zu der Zeit hatten ihr die Kinder Israel geräuchert, und man hieß sie Nehusthan." (2 Kg 18,3–4). Noch um 445 v. Chr. wird eine alte Drachenquelle bei Jerusalem genannt (Neh 2,13); vgl. auch Anm. 205 und 386

192) Asa (König von Juda 908–868 v. Chr.) findet u.a. bei 1 Kön 15 ff. Erwähnung. Im Stammbaum Jesu wird er bei Mt 1,7 genannt. Achim taucht bei Mt 1,14 als ein Vorfahr Josephs auf.

193) Manasse (König von Juda 696–642 v. Chr.) förderte den Baalskult (1 Kön 21,3–9; 1 Chr 33,3–10). Um 690 v. Chr. soll er den Propheten Jesaias zersägt haben; daher rühren vereinzelte Darstellungen des Jesaia mit von oben nach unten durchgesägtem Leib. Trotzdem gilt Manasse als königlicher Vorfahr Christi (Mt 1,10). Die Wiederholung des Namens Nathan geht auf eine verkehrte Erneuerung im späten 19. Jh. zurück.

194) Ulrike Brinkmann, 35, und Daniel Hess, 63, machen auf den Einfluss des sog. Zackenstils aufmerksam; dieser fällt besonders bei der Gestaltung der Wolke ins Auge. Die Inschrift DANIEL meint vielleicht einen Sohn Davids (Mutmaßung von Rode, CV 90), JACHIM vielleicht Jojachim oder Achim?

195) Ex 19,18 berichtet: „Der ganze Berg Sinai aber rauchte, darum dass der Herr herab auf den Berg fuhr im Feuer; und sein Rauch ging auf wie der Rauch vom Ofen, dass der ganze Berg sehr bebte." Auch in dieser Darstellung ist der Einfluss des Zackenstils deutlich sichtbar.

196) Der Name Abyas (Abias) tauchte bereits in Scheibe 2b) auf.

197) Das Verhüllen, aber auch das Entblößen der Füße (hier und in Scheibe 10b) geht auf uralte religiöse Vorstellungen zurück. In der „Aeneis" Vergils (70–19 v. Chr.) opferte Dido den Göttern mit einem nackten und einem bekleideten Fuß (IV. Gesang, 518). Wahrscheinlich symbolisierte dieser Unterschied den gleichzeitigen Zugang zum Himmel wie zur Unterwelt; jedenfalls müssen die Füße im Zusammenhang mit dem Opfergedanken gesehen werden. Im europäischen MA pflegten Frauen, die mit einem abwesenden Bräutigam (z.B. in Zeiten der Kreuzzüge) getraut wurden, während der Feier einen Fuß zu entblößen. Es ist denkbar, dass das Verhüllen des Fußes hier auf die vollzogene Trauung Mariens mit Christus verweisen soll; zu Vergil vgl. auch Anm. 324 und 386

198) Es handelt sich um Hexameter und Pentameter, in denen Mitte und Schluss des Verses aufeinander reimen. Die Versform kam schon vereinzelt in der Antike vor, wurde indes nach einem mittelalterlichen Dichter des 12. Jh.s namens Leo benannt.

199) Mt 1,1–17: Hier werden von Abraham über Isaak, Jesse und Salomon alle männliche Vorfahren in 14 Gliedern aufgezählt, also von der Vergangenheit zur Gegenwart schreitend, die zu Joseph, der ja nicht der Vater Jesu ist, führen. Bei Lk 3, 23–38 finden wir eine ähnliche Aufzählung der männlichen Vorfahren, diesmal jedoch von der Gegenwart in die Vergangenheit zurückschreitend. Die Vaterschaft Josephs wird indirekt und auf doppelte Weise ausgeklammert. Zuerst heißt es in Vers 22: „Und der heilige Geist fuhr hernieder in leiblicher Gestalt auf ihn wie eine Taube, und eine Stimme kam aus dem Himmel, die sprach: Du bist mein lieber Sohn, an dem ich Wohlgefallen habe." Dann fährt Vers 23 fort: „Und Jesus war, da er anfing, ungefähr dreißig Jahre alt und ward gehalten für einen Sohn Josephs, welcher war ein Sohn Elis."

200) Die Gft Sternberg war 1377 von ihren Besitzern an die Grafen von Schauenburg verkauft worden. Um 1400 wurde Sternberg an Lippe verpfändet. Die Hrft Gemen (Gehmen) bei Borken kam 1476 durch die Heirat der Kordula (Karda), Erbtochter Heinrichs von Gemen, an Johann IV. von Schauenburg, den Großvater der beiden Kölner Kurfürst-Erzbischöfe. Die Grafen von Schauenburg wurden 1111 von dem Sachsenherzog Lothar von Supplinburg mit der Gft Holstein u. Stormarn belehnt, verloren diesen Besitz aber um 1220 an Dänemark. Im späten 13. Jh. spaltete sich das Haus Schauenburg in mehrere Linien auf. Die an der Weser begüterte Linie erhielt um 1307 Holstein/Pinneberg. 1622 starb die Hauptlinie, 1640 auch die Gemener Nebenlinie aus. Die Territorien wurden aufgeteilt, ein Teil der Besitzungen gelangte auf dem Erbweg an Schaumburg-Lippe, ein anderer mit Rinteln an Hessen-Kassel.

294

201) Andrea Sansovino (eigentl. Contucci, 1460–1529) schuf hier um 1508/09 die Grabmäler für Ascanio Sforza und Girolamo Basso della Rovere.

202) ■ Nr. 1) ? ■ Nr. 2) Das bei beiden Grabmälern ursprünglich nach Osten zeigende mittlere Wappen ist erneuert worden und zeigt das feldfüllende Kreuz des Kölner Erzstifts. Möglicherweise war ursprünglich das Ankerkreuz der Gft Zütphen gemeint, deren Drost Jobst I. war. ■ Nr. 3) Wappen des Vaters der Brüder Adolf und Anton von Schauenburg, Jobst I. (auch Jodokus; † 1531). Er war Graf von Schauenburg, Holstein/Pinneberg und Herr zu Gemen, auch Drost der Gft Zütphen und Pfandbesitzer des Vests Recklinghausen; verheiratet war er mit der Gräfin Maria von Nassau.

203) ■ Nr. 4) Wappen der Kordula von Gemen († nach 1524; s.o.) ■ Nr. 5) Wappen der Gräfin Maria von Nassau († 1547), Tochter Johanns V. († 1516), Graf von Nassau-Dillenburg und der Elisabeth († 1523), Tochter des Landgrafen Heinrich III. von Hessen ■ Nr. 6) ? ■ Nr. 7) Wappen der Elisabeth, Gräfin von Honstein († 1466), Tochter des Gf Ernst († 1426) und der Anna von Stolberg; Elisabeth heiratete 1425 Otto II. von Schauenburg-Holstein/Pinneberg. ■ Nr. 8) Wappen der Anna von Wevelinghoven († 1495), verheiratet mit Heinrich von Gemen ■ Nr. 9) Wappen der Gräfin Helene von Hoya († 1410), Tochter des Grafen Erich I. von Hoya; sie heiratete 1395 Graf Adolf VIII. von Schauenburg († 1426). ■ Nr. 10) Wappen der Oda von Horn († nach 1442), Tochter Wilhelms VI. von Horn u. Altena, verheiratet mit Johann, Herr zu Gemen, Bredevoort, Winterswijk ■ Nr. 11) Wappen der Gräfin Margareta von der Mark († 1404), Tochter Adolfs II. von der Mark, verheiratet mit Johann I. von Nassau ■ Nr. 12) Wappen der Herzogin Helene, Tochter des Herzogs Erich von Sachsen-Lauenburg, die 1338 Graf Johann II. von Hoya und Bruchhausen heiratete. Sie sind die Großeltern der o.g. Helene von Hoya. ■ Nr. 13) Wappen der Gräfin Marie von Loos und Heinsberg († 1502), der Tochter Graf Johanns II. von Loos-Heinsberg-Löwenberg († 1438) und der Margarethe zu Solms († 1433).

204) ■ Nr. 14) Wappen von Nassau-Dillenburg, vielleicht Ersatz für das hier fehlende Wappen der Anna von Katzenelnbogen († 1494), Mutter der Elisabeth von Hessen. Die 1479 im männlichen Stamm ausgestorbene Gft Katzenelnbogen wurde von Nassau beansprucht, später unter Nassau, Hessen-Kassel und Hessen-Darmstadt aufgeteilt. ■ Nr. 15) Wappen der o.g. Gräfin Anna von Stolberg († 1430), Tochter des Grafen Heinrich ■ Nr. 16) ?

205) Der Erzengel Michael wird dem Propheten Daniel als einer der ersten der Engelsfürsten vorgestellt: „Und siehe, Michael, der vornehmsten Fürsten einer, kam mir zu Hilfe: da behielt ich den Sieg bei den Königen in Persien" (Dan 10,13); weitere Erwähnungen bei Dan 10,21 und 12,1.In der Offenbarung (12,7 ff.) kämpft Michael mit dem Teufel: „Und es erhob sich ein Streit im Himmel: Michael und seine Engel stritten mit dem Drachen; und der Drache stritt und seine Engel / Und siegten nicht, auch ward ihre Stätte nicht mehr gefunden im Himmel / Und es ward ausgeworfen der große Drache, die alte Schlange, die da heißt der Teufel und Satanas, der die ganze Welt verführt, und ward geworfen auf die Erde, und seine Engel wurden auch dahin geworfen." Michael gilt als Schutzengel Israels, später der Kirche. Dem MA war er auch Seelenwäger beim Jüngsten Gericht. Darstellungen von ihm und anderen Erzengeln (in der Regel maximal vier) finden sich in der Spätantike seitlich an den Triumphbögen der Kirchen (Verbindungsbögen zwischen dem Mittelschiff und der Apsis). Es ist denkbar, dass beim gotischen Dombau eine Aufnahme dieser Tradition zur Bestimmung des Michaelspatroziniums an diesem Ort führte.

206) Vereinzelt sind sogar hochgelegene Michaelskapellen in Turmobergeschossen bekannt. Auch der Kölner Plan „C", der Zweite Wallraf-Plan, zeigt im Turmobergeschoss zwei Altäre und weist dem vierjochigen Raum damit die Funktion einer Kapelle zu (S. 24 ff.). Ob hier ein Michaelsaltar geplant war, ist unbekannt.

207) RODE, CV 79, wies das Wappen dem Domherrn Graf Johann I. von Nassau († 1329) zu.

208) Veracundia trägt ein rotbraunes Gewand. Eigentlich wurde in der mittelalterlichen Farbsymbolik Braun als Farbe der Erde (*humus*) mit der Humilitas identifiziert. Prudentia trägt einen blauen Mantel. Das Blau ist die Farbe des Himmels, der Luft, des Wassers, der Reinheit, der Wahrheit und der Treue. Maria trägt häufig einen blauen Mantel; Engel, die Blau tragen, gelten als zur irdischen Sphäre gehörig. Virginitas trägt einen grünen Mantel; Grün darf hier als Farbe des Frühlings, der Auferstehung und Hoffnung gelten. Humilitas trägt einen roten Mantel; Rot ist die Farbe der Liebe, des himmlischen Glanzes, auch des Bluts und damit des Opfers Christi und seiner Blutzeugen. Die Inschriften bei RODE, CV 69. Die seit Beginn des 14. Jh.s in Italien entstandene Madonnendarstellung *„Madonna dell' umiltà"* lässt die alte Farbsymbolik weitgehend hinter sich.

209) z.B. Westseite des Hochaltars S. 57 ff., Allerheiligenfenster S. 151 ff., Chorschrankenmalerei S. 46 ff., S I, 7

210) Der Domscholaster bildete zusammen mit Domdekan, Subdekan, Chorbischof, Diaconus maior und Diaconus minor innerhalb des Domkapitels eine eigene Gruppe von Amtsinhabern, die auch als Prälaten bezeichnet werden. Zusammen mit dem Dompropst (*præpositus*) und den hochadligen Domkapitularen gehörten sie zu den sog. Domgrafen (vgl. S. 69 ff.).

211) RODE, CV 79, erkannte darin das Wappen des Johann von Kleve (seit 1310 Domherr, seit 1320 Domdechant, † 1368). Das gleiche Wappen befindet sich im Chorobergadenfenster N IV.

212) Bartholomäus Bruyn d. Ältere (Barthel Bruyn, um 1493–1555), Kölner Maler, war seit 1518 Ratsherr der Stadt; sein Malstil entspricht altkölner Tradition, ist aber auch vom Antwerpener Manierismus geprägt.

213) St. Marcellus, eine kleine romanische Kapelle an der Marzellenstraße, wurde 1802 geschlossen und 1835 zerstört (s. CLEMEN, Die ehemaligen Kirchen, 341 f.). Die Tafel gelangte wohl 1802 in den Dom, denn 1821 erwähnt sie d'Hame in seinem Domführer. Nach der Kölner Überlieferung zelebrierte einst der Priester Hildebold in St. Marcellus die Messe, als Karl d. Gr., als Jäger gekleidet, einen Gulden opfern wollte. Da Hildebold diese große Summe

zunächst nicht annehmen wollte, wurde er wegen seiner Unbestechlichkeit später zum Erzbischof von Köln erhoben (eine Darstellung aus dem 19. Jh. zeigt diese Szene auf Wange SF im Chorgestühl; S. 69 ff.).

214) Nikolaus († um 350), Bischof von Myra, erfuhr insbesondere im Osten große Verehrung und galt als Verteidiger Russlands und als Schutzpatron der Seeleute; sein Kult kam auch in den Westen, wo er bis heute besteht (Nikolaustag). Wendelin († 617 in Tholey), der Legende nach iro-schottischer Königssohn, übte in der Gegend des späteren St. Wendel als Klausner Hirtendienste für Adelige aus: Er ist einer der Schutzpatrone des Viehs; s. HORST-JOHS TÜMMERS, Der Kölner Dom und die Malerfamilie Bruyn, in: KDb. 1963, 69–76

215) Hochkirchen fiel am 15.11.1703 – nachdem er kurz vorher den Titel eines Generalmajors erhalten hatte – während des Spanischen Erbfolgekriegs in der unglücklichen Schlacht am Speyerbach (Speierbach), in der die Franzosen unter Tallard über ein zum Entsatz von Landau in der Pfalz ausgesandtes niederländisches Hilfskorps siegten. Hochkirchens Dienstherr war der Kurfürst Johann Wilhelm von Pfalz-Neuburg (1658–1716).

216) Joachim (Giovacchino) Fortini (1671–1736), Florentiner Bildhauer und Architekt

217) Die hl. Agnes verweigerte sich einem römischen Präfektensohn und wurde deshalb unter Diokletian oder Valerian mit Feuer und Schwert getötet. Nach ihrem Begräbnis erschien sie ihren Eltern, von einem Lamm begleitet, in goldenen Kleidern. Das Lamm wurde ihr Attribut.

218) Die christliche Königstochter Kümmernis wurde von ihrem Vater gekreuzigt; sie wird immer mit langem Gewand dargestellt. Paul Clemen vermutete: „Vielleicht Vermischung der Tradition der hl. Irmgard mit der Legende der hl. Kümmernis. Wohl ursprünglich Darstellung des Kruzifixus, das die hl. Irmgard bei ihrer Romfahrt in S. Paolo gesehen hat, das einem im Dom zu Köln befindlichen sehr ähnlich gewesen sei (dem Gerokreuz?)" (CLEMEN, 171). Dagegen Herbert Rode: „In den beiden Baldachinen war zweimal der am Kreuz hängende Heiland dargestellt, links lang gewandt, rechts mit dem Lendentuch bekleidet" (RODE, 1954). Cosmas und Damian, christliche Ärzte aus Kilikien, heilten Kranke unentgeltlich; sie wurden um 303 enthauptet oder gekreuzigt. Besondere Verehrung wird ihnen in der Ostkirche zuteil. Seit dem 10./11. Jh. sind sie auch in westlichen Darstellungen zu finden; vgl. S. 78 ff.

219) Irmgardis hatte einer späteren Legende zufolge auch das Haupt des hl. Silvester dem Kölner Dom geschenkt (Abbildung auf dem Pilgerblatt des Petrus Schonemann von 1671; ein Exemplar befindet sich in der neuen Schatzkammer des Doms; vgl. Anm. 456).

220) Helena († 330), Mutter Kaiser Konstantins, unternahm 327 eine Pilgerfahrt ins Heilige Land. Sie soll sowohl die Gebeine von zweien der Heiligen drei Könige und des Apostels Thomas als auch das Kreuz Christi in Jerusalem aufgefunden haben. Ihre Attribute sind das Kreuz in T-Form, die Krone sowie das Kirchenmodell. Apollonia von Alexandrien erlitt 249 den Märtyrertod; zuvor sollen ihr die Zähne eingeschlagen bzw. einzeln mit der Zange gezogen worden sein. Sie wird meist elegant gekleidet dargestellt, mit den Attributen Buch, Palme, Krone und Zange. Barbara wurde im 3. Jh. in Nikomedia (heute: Izmid) von ihrem Vater in einem Turm gefangengehalten und bekehrte sich zum Christentum. Sie erlitt zahllose Martern und wurde schließlich vom eigenen Vater enthauptet. Im MA war sie eine sehr populäre Heilige und Patronin vieler Berufe und Städte; sie gehört zu den 14 Nothelfern; auf Darstellungen befindet sie sich häufig in Begleitung der hl. Katharina von Alexandrien, der hl. Margaretha sowie der hl. Dorothea (als sog. *Quattuor Virginæ Capitales*).

221) Herbert Rode bestritt vehement die Behauptung von Renate Kroos, die Kapelle sei noch eine Baustelle gewesen, weshalb der Erzbischof zunächst im Alten Dom beigesetzt worden sei; H. RODE, 1979/80, 217 f.

222) Grisaillen: etwa „Graumalerei", meistens Pflanzenmuster und andere Ornamentik auf einfarbigem Glas mit Braun- oder Schwarzlot gemalt

223) Motiv des auf dem Mutterschoß stehenden Kindes vgl. bes. S. 53, S. 54 ff. u. S. 141 ff.

224) Schon lange vor Augustinus lieferte das in Mt 12,40 überlieferte Christuswort „Denn gleichwie Jonas war drei Tage und drei Nächte in des Walfisches Bauch, also wird des Menschen Sohn drei Tage und drei Nächte mitten in der Erde sein" den Exegeten den Anstoß zur Forschung; auch Textstellen bei Paulus weisen in diese Richtung. Für Augustinus unterteilte sich das Geschick der Menschheit in zwei durch die Geburt Christi voneinander getrennte Zeiten; er verstand die Geschichte des AT als gelebte Prophezeiung, in der sich die christliche Geschichte schon vor ihrem wirklichen Ablauf symbolisch erfüllt hatte. Es handelt sich um eine vorzeitige Wirkung der Wahrheit, nicht um ihre Ursache.

225) Jesaia (2. Hälfte des 8. Jh.s v.Chr.), der erste der vier Gr. Propheten, weissagte die Geburt des Knaben Immanuel und die Rute, die aus der Wurzel Jesse (Isai) aufgehen und Frucht tragen werde (Jes 7,14: „Siehe, eine Jungfrau ist schwanger und wird einen Sohn gebären, den wird sie heißen Immanuel" und Jes 11,1–2: „Es wird eine Rute aufgehen von dem Stamm Isais ..."). Daniel, vierter der vier Gr. Propheten, lebte in der babylonischen Gefangenschaft nach Eroberung und Zerstörung Jerusalems durch Kg Nebukadnezar 587 v.Chr., er gilt als Vorfahre Christi.

226) Jeremia, der zweite der vier Gr. Propheten, um 628 v.Chr. zum Propheten des Reichs Juda ernannt, soll um 580 v.Chr. vom eigenen Volk gesteinigt worden sein (Jer 44,15–19). Jeremia sah in den polit. Umwälzungen seiner Zeit, die in der Zerstörung Jerusalems durch Nebukadnezar gipfelten, das Strafgericht Gottes. Sein Name erscheint in dieser Scheibe wegen seiner Weissagung des Neuen Bundes (Jer 31,31).

227) Dass Maria und Joseph in der Geburtsdarstellung erscheinen, war keinesfalls immer selbstverständlich. Maria wurde erst nach dem Konzil zu Ephesos (431), das sie als Theotokos (Gottesgebärerin) anerkannte, an der Krippe dargestellt. Ochs- und Esel-Darstellungen fußen in der Regel auf Jesaia (1,3): „Ein Ochse kennt seinen Herrn und

ein Esel die Krippe seines Herrn, aber Israel kennt's nicht, und mein Volk vernimmt's nicht". Bereits im 3. Jh. werden die Tiere als Vertreter des Juden- und Heidentums gedeutet. Ochse (Stier) und Esel können auch als Vertreter der vom Christengott endgültig überwundenen heidnischen Gottheiten gedeutet werden, die sich besiegt und huldigend der Geburtsszene nähern.

228) Der Name Ieruboa (Jerobeam) erscheint, weil generell alle Kge als Vorfahren Christi gelten (es bleibt unklar, ob Jerobeam I. oder II. gemeint ist). Ezechiel, dritter der vier Gr. Propheten, erlebte um 587 unter Nebukadnezar das babylonische Exil. Mit der Vision von der ‚porta clausa' (verschlossenes Tor) gilt er dem MA als Ankünder Mariens. Sie ist ein beliebtes Mariensymbol wegen der Analogie zur Unbefleckten Empfängnis.

229) Zur Ikonografie vgl. S. 114 ff., Scheibe 3b). Osias (Ozias, Usija), 787–736 König des Reichs Juda, führte anfangs das Land zu Wohlstand, stellte sich später gegen die Priesterschaft und wurde mit Aussatz gestraft (1 Chr 26,1–16).

230) Nach jüdischem Glauben waren alle erstgeborenen Kinder Eigentum Jahwes. 40 Tage nach der Geburt wurden sie im Tempel dargebracht und durch ein Opfer ausgelöst. Nach Lk 2,22–40 folgten auch Maria und Joseph diesem Brauch.

231) Der Geist ist im Hebräischen (ruah) eigentlich weiblich und wird selbst vom patriarchalisch geprägten AT als vorschöpfungsgeschichtlich bezeichnet: „Der Herr hat mich gehabt im Anfang seiner Wege; ehe er etwas schuf, war ich da. Ich bin eingesetzt von Ewigkeit, von Anfang, vor der Erde" (Sprüche 8,22–23). Augustinus bezeichnete mit „Taube" (columba) auch die Kirche (ecclesia).

232) Bei der Darbringung erkannte der Priester Simeon in Jesus den verheißenen Messias, nahm ihn auf die Arme und weissagte Maria ihre künftigen Schmerzen (Lk 2,35: „Und es wird ein Schwert durch deine Seele gehen"). Mit der Darbringung ist bei Lk 2,32 die Purifikation der Mutter verbunden, die (nach Lev 12) am 40. Tag nach der Geburt stattfand. Im 6. Jh. wurde die Reinigung auf den 2. Februar (Mariä Lichtmess) gelegt.

233) Jakob, der Sohn Isaaks u. Rebekkas, erschlich sich die im Patriarchat so wichtige Erstgeburt vor Esau mithilfe seiner Mutter. Er zeugte mit vier Frauen, zwölf Söhne, die die Stämme Israels verkörpern (Gen 49,1–27). Sein Name erscheint hier, weil er und seine zwölf Söhne als typologisches Vorbild Christi und der zwölf Apostel gelten. Abraham, ein Nachkomme des Noë und des Sem (Gen 11,10 ff.) u. der erste der jüdischen Patriarchen (Gen 12–25), wanderte aus Mesopotamien nach Palästina ein; er ist wie Isaak und Jakob ein Vorfahr Christi.

234) Sulpiz Boisserée muss diese Darstellung als so peinlich empfunden haben, dass er in seinem 18 Kupferstiche umfassenden „Domwerk" die Szene so bereinigte, dass er nur drei Männer beim Mahl abbilden ließ; s. auch HIMMELSLICHT, Katalogteil, 315 und 317.

235) Josaphat, König von Juda, Sohn des Königs Asa, regierte 868–847 v. Chr. zur gleichen Zeit wie König Ahab im Nordreich (Israel); Josaphat entfernte die letzten Hierodulen (Tempeldirnen) aus dem Land, weshalb er positiv beurteilt wird (1 Kön 22,43 ff., 1 Chr 17,3–5).

236) Morija, eine Landschaft, deren Lage nicht bekannt ist, wurde später (1 Chr 3,1) mit dem Land identifiziert, in dem Jerusalem liegt. Damit erfolgte eine Identifizierung des Bergs, an dem Abraham seinen Sohn Isaak opfern sollte, mit jenem, auf dem Salomon den Tempel errichten ließ.

237) Baum- und Rankenkreuz kommen unter dem Einfluss der Mystik auf; der hl. Bonaventura spricht vom „lignum vitæ", dem Holz des Lebens. Die Vorstellung beim Baumkreuz war, dass das Kreuz Christi der wahre Baum des Lebens sei. Das Rankenkreuz nimmt Bezug auf die Wurzel Jesse. Joel (Johel), zweiter der Kl. Propheten, kündigte die Ausgießung des Geistes über das Volk Israel, aber auch das Gericht des Herrn an. Absalom, ein Sohn Davids u. der Maacha (2 Sam 3,3), organisierte einen Aufstand gegen David u. wurde von Joab getötet (2 Sam 17,24 ff.).

238) Hosea (reg. 732–723 v. Chr.), der letzte König des Nordreichs (Israel), wurde von dem assyrischen König Salmanassar V. ins Gefängnis geworfen (1 Kön 17,4). Der Kl. Prophet Jona(s) wirkte in Israel zur Zeit des Königs Jerobeam II. (um 787–747) und predigte in Buße in Ninive.

239) Elias, Prophet zur Zeit des Königs Ahab und der Königin Isebel (9. Jh. v Chr.), brachte das Volk gegen die Baalspriester auf, die daraufhin erschlagen wurden. Vor dem Zorn der Königin floh er in die Wüste, wo die wunderbare Speisung stattfand (1 Kön 19,1 ff.; vgl. S. 225 ff., Teppich Nr. 2). Die Darstellung seiner Himmelfahrt erfolgt nach: „Siehe, da kam ein feuriger Wagen mit feurigen Rossen, die schieden die beiden voneinander; und Elia fuhr also im Wetter gen Himmel". Elias genoss im AT und NT allergrößtes Ansehen; seine Entrückung gab Anlass, auf seine Wiederkehr zu hoffen.

240) Micheas (Micha), Kl. Prophet im Südreich (Juda) in der zweiten Hälfte des 8. Jh.s. Ezechias (Hiskija), König von Juda 725–697 v. Chr., beseitigte den Baalskult, wurde jedoch 701 vom assyrischen König Sanherib besiegt. Ezechias wird bei Mt 1,9–10 im Stammbaum Christi erwähnt.

241) R. KROOS, LQ 106: „Auffallend ist der hl. Maternus zu seiner [Petri] Linken. Denn zwar galt er in der chronikalischen Überlieferung auch als erster Bischof von Köln, aber von einem Hochfest oder gar Altar, auch bedeutenden Reliquien im Dom ist nichts bekannt. Sicher spielt er hier auch auf eins der alten Heiltümer des Doms an, jenen Petrusstab, der ihn vom Tode erweckt hatte".

242) H. APPEL 128. Der Autor machte in diesem Zusammenhang auf die Brückenfunktion der Gegend um Jülich zwischen dem Maasland und dem Rheinland aufmerksam.

243) H. APPEL 130. Der Autor beschreibt die Rückseite der Madonna wie folgt (132): „ ... zeigt bis zur Höhe von 32,8 cm eine 29,5 cm breite Aushöhlung, die ursprünglich durch ein Brett verschlossen war. Im Innern erreicht diese Aus-

höhlung eine Höhe von 62 cm und eine Tiefe von 28,5 cm bei einer Gesamthöhe der von mir gemessenen Figur von 96,5 cm, einer Breite von 39 cm und einer Tiefe von 35 cm."

244) Vielfach verhält sich die Kunstgeschichte „vermeidend": In dem 1961 erschienenen Bändchen „Kölner Madonnen" stellte der Kunsthistoriker Peter Bloch etwa 40 rheinische Madonnen vor – die Schnütgen-Madonna bzw. Füssenicher Madonna wird nicht einmal erwähnt.

245) Weitere Beispiele thronender Madonnen mit stehendem Kind sind die Madonna auf der breiten Thronbank (1260/70), die Madonna vom Wassenberger Chorgestühl (beide im Schnütgen-Museum) und die Bonner Dietkirchenmadonna; vgl. S. 54 ff. u. S. 141 ff.

246) P. CLEMEN, 246, sah in dem Drachen ein „Hündchen"; entweder kannte er die Figur nur oberflächlich oder Mengelberg hatte sie so gründlich verdorben, dass diese Verwechslung möglich war.

247) P. CLEMEN, 294, spricht fälschlicherweise von Katharina von Medici.

248) Dieser Gisant ist der am meisten idealisierende im Dom. A. Angenendt führte zur idealisierenden Darstellung Verstorbener als junge Menschen grundsätzlich aus: „Für uns stellt sich die Frage, ob nicht die Idee des ‚corpus incorruptum' [unverweslicher Leib] auf die Herausbildung der Grabfigur eingewirkt haben könnte. Zu erinnern ist dabei an Emile Mâle's Hinweis, dass das nordalpine Grabbild der Zeit von 1300 bis 1330 den Menschen als Dreißigjährigen darstellt, in seinem ‚status perfectionis', der seit der Antike mit dem dreißigsten Jahr und bei den Christen wegen der Lebensjahre Jesu mit dem dreiunddreißigsten Jahr gleichgesetzt wurde. Tatsächlich lehrten die Theologen, auch Thomas von Aquin, dass der Auferstehungsleib die Beschaffenheit des Dreißig- bzw. Dreiunddreißigjährigen besitze" (ANGENENDT 17).

249) R. KROOS, 1984, 98. P. CLEMEN, 257, setzte das Datum des Gusses mit „um 1322" später an. Er bezog sich auf eine Nachricht des Kölner Fortsetzers der Chronik des Martin von Troppau. Hinweise auf den Stil der Dombauhütte u. a. bei BERGMANN/LAUER 37 ff.

250) R. KROOS ist Exponentin dieser Auffassung. Rode geht im einzelnen auf ihre Argumente ein; s. H. RODE, 1979/80, 207 ff.

251) Die vier Gekrönten (Quattuor Coronati) waren vier römische Bildhauer, die sich weigerten, heidnische Götterbilder anzufertigen. Sie wurden 304 unter Kaiser Diokletian hingerichtet, indem man ihnen spitze Steine als „Krone" in den Kopf trieb.

252) Der Plan war schon im MA geteilt worden; die sorgfältiger gezeichnete Hälfte, die den Nordturm abbildet, war beim Domkapitel, die andere mit dem Südturm bei der Dombauhütte aufbewahrt worden.

253) Napoleon hatte dem zum Großherzogtum erhobenen Hessen-Darmstadt das kurkölnische Westfalen mit Arnsberg zugeschlagen, die übrigen westfälischen Gebiete einem neugegründeten Königreich Westfalen mit der Hauptstadt Kassel zugeteilt.

254) Kaiser Otto III. hatte dieses Eheversprechen wahrscheinlich bei seiner berühmten Fahrt nach Gnesen im Jahr 1000, also wahrscheinlich noch vor der Geburt Richezas gegeben. Die Verabredung wird sich wohl nur grundsätzlich auf eine Verbindung des Pfalzgrafenhauses mit dem polnischen Herzogshaus bezogen haben. Miesko II. starb 1034.

255) Zwischen Tyniec, Köln und Brauweiler haben im MA Verbindungen bestanden, die heute nicht mehr genau nachzuvollziehen sind: In Tyniec waren liturgische Geräte aus Köln in Gebrauch, auch gab es neben dem Krakauer Dom eine dem hl. Gereon geweihte Kirche.

256) Im Altertum bezeichnete die Acht in der Form des Achtecks den Übergang vom Irdischen zum Himmlischen, vom Viereck zum Kreis. Sie war die Zahl der Ewigkeit und der Erfüllung dessen, was die Sieben vorbereitet hat: Taufbecken wurden vorzugsweise achteckig gestaltet, weil die Taufe die Gnade der Auferstehung und des ewigen Lebens verhieß. Die Neun kann als dreimal die göttliche Drei angesehen werden. Dionysios Areopagita kennt die neun Chöre oder Ordnungen der Engel, denen zur Vollkommenheit eins fehlt: die Gottheit, mit der zusammen es zehn sind.

257) Offenbarung des Johannes 5; 7; 19, besonders 22,14. Hier heißt es: „Selig sind, die seine Gebote halten, auf dass sie Macht haben an dem Holz des Lebens und zu den Toren eingehen in die Stadt [= himmlisches Jerusalem]". Es fällt auf, dass das Holz dem Leben, nicht mehr dem Tod angehört; vgl. den Bedeutungswandel auch bei Kelch, Apfel u. Ä.

258) KROOS, LQ 100. DENOEL, 93; zu DeNoel vgl. auch Anm. 161

259) So übernahm z. B. HEIKO STEUER (Die Wappen der Stadt Köln, 1981) die Auffassung, es handele sich um das „Heinsberg'sche" Wappen; s. dagegen z. B. RIETSTAP/ROLLAND, Illustrations to the Armorial général, London 1903/26, Nachdruck von 1967, vgl. auch HERBERT M. SCHLEICHER, Ernst v. Oidtman und seine genealogisch-heraldische Sammlung in der Universitätsbibliothek Köln, Bd. XV, 508, 1998; Bd. XVIII, 494, 1999

260) Seit der Zeit des Zwistes Kaiser Heinrichs IV. mit seinem Sohn Heinrich V. (1106) besaß die Stadt Köln das von Heinrich IV. ausgesprochene Befestigungsrecht. Die im Folgenden errichteten Mauern umfassten die außerhalb der römischen Stadtmauer liegenden Viertel Oversburg, St. Aposteln u. Niederich. Die Kölner Erzbischöfe, besorgt wegen der wachsenden Patriziermacht, versuchten immer wieder, diese Rechte der Stadt einzuschränken. 1179 begann Stadtköln mit dem Bau der gewaltigen Mauer, die heute als staufisch bezeichnet wird, und zwar zunächst gegen den ausdrücklichen Willen des Erzbischofs Philipp von Heinsberg.

261) Engern, ursprünglich die Landschaft nördlich der Eder und beidseitig der Weser, lag in der Mitte zwischen Westfalen und Ostfalen; es galt als Kernland der alten Sachsen. Seitdem bei der Auflösung des Hztms Sachsen 1180

einerseits die herzogliche Gewalt über Westfalen an den Erzbischof von Köln gekommen, andrerseits in Verbindung mit askanischem Gebiet ein neues Hztm Sachsen im Osten geschaffen worden war, führten nicht nur die Erzbischöfe von Köln, sondern auch die askanischen Herzöge von Sachsen und später die wettinischen Kurfürsten von Sachsen den Titel eines Herzogs von Engern. Im Spätmittelalter verschwand die Gebietsbezeichnung fast gänzlich aus dem Sprachgebrauch; Soest galt als die Hauptstadt von (Rest)-Engern. Die Stadt und die Börde gingen 1449 aufgrund eines päpstlichen Schiedsspruchs dem Kölner ESt verloren und fielen an Kleve-Mark.

262) Herodes Agrippa I. (10 v. Chr.–44 n. Chr.), jüdischer König und Tetrarch, erscheint im NT als König Herodes; ihm wurde Christus auf Anordnung des Pilatus vorgeführt (Lk 23,7); er war es, der Jakobus d. Ä. Ostern im Jahr 44 hinrichten (Apg 12,2) und Petrus ins Gefängnis werfen ließ.

263) Krabben (von lat. carabus) sind die Kriechblumen an den Kanten, Graten, Fialen und Wimpergen.

264) Der Sizilianer Vitus (Veit) überstand unversehrt viele Martyrien, z. B. ein Bad in kochendem Öl (Blei, Pech, Harz) und zähmte die Löwen, denen er zum Fraß vorgeworfen wurde, durch das Kreuzzeichen. Sein Attribut ist der Kessel, seltener das Buch, der Löwe, die Ampel oder der Hahn. Vitus ist der Schutzheilige der Stadt Mönchen-Gladbach. Der hl. Valentinianus war Bischof von Chur; seine Tage sind der 8./9. Sept. und der 13. Jan.

265) s. die Aufsätze von BARBARA ROMMÉ 109 ff. und HANNES ROSER, 1999, 157 ff.

266) ROMMÉ 134. Der Meister der Georgslegende hat seinen Notnamen von dem Altarbild mit der Georgslegende (WRM 114, 115, 116). Der Meister, der offensichtlich Rogier van der Weyden und Dieric Bouts kannte, gilt als wichtiger Vertreter des niederländischen Stils in Köln. Er lebte wahrscheinlich in der Zeit zwischen 1460 und 1490 in Köln und arbeitete zeitweise mit dem Meister des Marienlebens zusammen.

267) J. Gossaert (†1532), seit 1503 als Meister bei der Antwerpener Lukasgilde eingeschrieben, vereinigte in seinem Werk Einflüsse des Hugo van der Goes und der italien. Renaissance; s. PAUL PIEPER, Ein neues Dreikönigbild im Kölner Dom, in: KDb. 20. Folge, Köln 1961/62, 137 ff.

268) Blasius, Bf von Sebaste (heute Sivas) in Kappadokien, wurde 316 unter Kaiser Licinius hingerichtet. Er ist im Westen als einer der 14 Nothelfer bekannt. Agilolfus fand 748 als Kölner Bischof Erwähnung, ist aber kaum mit dem gleichnamigen Märtyrer identisch, dessen Gebeine Erzbischof Anno II. im Jahr 1062 von Malmedy nach St. Maria ad gradus übertragen ließ; es liegt wohl eine Verwechslung vor. Die Reliquien wurden in einen Schrein gebettet, der im Ostchor stand. Um 1520 wurde in der Kirche auch der große Antwerpener Agilolfusaltar aufgestellt (s. S. 233 ff.).

269) Die Herren von Westerburg erbten 1467 die Güter der älteren Hauptlinie der Grafen von Leiningen und nannten sich fortan Grafen von Leiningen-Westerburg.

270) Die hl. Katharina von Alexandrien soll unter Kaiser Maxentius (reg. 306–312) den Märtyrertod gefunden haben; sie wurde auf dem Berg Sinai begraben. Ihre Attribute: Krone, Buch u. Palme, später auch (zerbrochenes) Rad und Schwert; zu ihren Füßen befindet sich häufig der überwundene Kaiser mit Krone.

271) Die später errichteten Tumben (z. B. die des Erzbischofs Friedrich von Saarwerden) besitzen dagegen einen reichen figürlichen Schmuck aus Stein. Eine Ausnahme bildete die Tumba des Dombegründers Konrad von Hochstaden, die bronzener Figurenschmuck zierte (s. S. 147 ff.).

272) Die Piscina ist die nischenähnliche Öffnung in der Kapellenwand und dient dem Ausgießen des liturgisch gebrauchten Wassers.

273) Christian Geerling (1797–1848) war einer jener Kunsthändler, die, meist aus der florierenden Wein- oder Tuchbranche kommend, Kölner Altertümer in großem Stil verhökerten. Er verkaufte gotische Fenster nach England, aber auch dem Freiherrn vom Stein und trat bei Kunstkäufen als Mittelsmann des preußischen Kronprinzen Friedrich Wilhelm auf. Geerling hatte sich vor allem dem Sammeln mittelalterlicher Glasmalerei verschrieben, später betrieb er auch eine Glasmalereiwerkstatt.

274) Der hl. Georg, christl. Soldat, um 303 unter Kaiser Diokletian enthauptet, später einer der 14 Nothelfer, wurde der Heilige der Berufssoldaten, insbesondere in Schlachten gegen die Heiden; er erfreute sich daher in Russland besonderer Beliebtheit. Im 11. Jh. wurde seine Legende mit dem Drachenkampf verbunden. Nach dem Fall Konstantinopels 1453 erfolgte die Gründung des Georgs-Ordens mit dem Ziel der Türkenbekämpfung.

275) Jan de Beer, nachweislich zwischen 1490 und 1515 in Antwerpen tätig, wurde lange nach einem seiner Hauptwerke als „Meister der Mailänder Anbetung" bezeichnet. Henrik Blesius (* vermutlich 1480, † nach 1555) signierte eine Anbetung der Heiligen drei Könige (heute Pinakothek München) mit Henricus Blesius. Einige Werke, die man ihm früher zuordnete, werden heute als Pseudo-Blesius bezeichnet.

276) Cornelis Floris (eigentlich de Vriendt; 1514–1575), Antwerpener Bildhauer aus einer großen Künstlerdynastie, schuf für Köln die Grabmäler der beiden Schauenburg'schen Erzbischöfe Adolf und Anton und in den südlichen Niederlanden zahlreiche ähnliche Werke, z. B. in Breda, aber auch das Grab Albrechts († 1568), des letzten Hochmeisters des Deutschen Ritterordens, im Dom zu Königsberg/Preußen.

277) s. den kleinen Aufsatz von FRIEDHELM HOFMANN, Neuer Osterleuchter im Dom, in: KDb., 53. Folge, Köln 1988, 195 ff.

278) Im Querhaus des Alten Doms standen im Nordosten der Severins-, im Nordwesten der Martins-, im Südosten der Cosmas-Damian-, im Südwesten der Stephanusaltar. Renate Kroos: „Ihre Vikare hoben sich als Gruppe der vicarii principales bis zur Aufhebung des Erzstifts durch besondere Rechte und bestimmte Pflichten von den übrigen ab; zwei von ihnen waren dem Erzbischof, zwei dem Kaiser zugeordnet"; s. KROOS, 1984, 96

279) Ein Wunderbericht Bischofs Thietmar von Merseburg (1100–1168) verleitete die Kunsthistoriker zu diesem Schluss.

280) s. den Bericht von Matthäi, Schulze-Senger, Hollstein, Lauer 39 ff.

281) Der Kunsthistoriker Willibald Sauerländer äußerte sich zu der dendrochronologischen Untersuchung wie folgt: „Die Quellenkritik und erst recht die kunsthistorische Stilkritik werden nie in der Lage sein, mit ihren eigenen Mitteln diese Hypothese zur Gewissheit zu erheben ... " (Sauerländer, KDb., 41. Folge, Köln 1976, 48).

282) Bei älteren Kreuzigungsdarstellungen erscheint Christus eher mit einer Königskrone oder einem Lorbeerkranz gekrönt als Zeichen seiner Herrschaft und des Triumphs. Die seit etwa 1300 einsetzende Darstellung mit der Dornenkrone sollte den Betrachter (wie überhaupt die Darstellung der Leidenswerkzeuge wie Martersäule, Geißel, Kreuz, Nägel, Hammer, Zange, Lanze u. a.) auf die Nachempfindung der Passion hinlenken.

283) Der Bilderstreit (Ikonoklasmus) erschütterte das oströmische Reich seit der Zeit Kaiser Leos III. († 741) bis zu Kaiser Theophilos († 842). Auf dem ökumenischen Konzil zu Nikäa (787), dem letzten, das die Ostkirche anerkennt, wurden die Bilderfeinde theologisch widerlegt und verdammt.

284) Diese in der Romanik häufig nach Ezechiel dargestellte Majestas Domini des siegreichen, herrschenden Christus trat jedoch im Westen später in den Hintergrund, da die Betonung zunehmend auf der Menschwerdung Gottes und der damit verbundenen Teilnahme Mariens am Erlösungswerk lag (*Corredemptrix*).

285) Clemen 244; Schulten, 1977, 19; DeNoel, 95, konnte die Figur nicht identifizieren.

286) Heribert (von) Neuss (1640–um 1683), Bildhauer, wurde 1663 in die Kölner Steinmetzzunft aufgenommen, ist seitdem bis 1675 vor allem in Köln, aber auch in Koblenz nachgewiesen. Er schuf, beauftragt von dem Domherren H. Mering, auch die heute in der Beichtkapelle aufgestellten Alabasterfiguren der Maria und des Petrus für den Hochaltar (vgl. S. 57 ff.).

287) Friedrich, ein Vetter zweiten Grades des Ermordeten und Bruder jenes Philipps von Altena, der später als Domcustos bei der Finanzierung des gotischen Doms eine Rolle spielte (s. S. 18 ff.), war seit 1209 Graf von Altena und seit 1216 Graf von Isenburg, auch Vogt des Stifts Essen; verheiratet war er mit Sophia von Limburg. Friedrich hatte mancherlei Förderung und Schonung durch Engelbert erfahren. Im Gegensatz dazu waren die Mitverschwörer Friedrichs allesamt Geschädigte der Engelbertschen Revindikation. Es handelte sich v. a. um die Grafen von Limburg als Hauptverschwörer, die Grafen von Kleve, von Arnsberg, von Tecklenburg, von Schwalenberg und die Elekten Dietrich von Münster und Engelbert von Osnabrück.

288) Engelbert I. befand sich mit etlichen Mitgliedern seiner Familie im Konflikt, insbesondere mit seinen Vettern Dietrich und Engelbert, Elekten von Münster und Osnabrück, die zur Gegenpartei hielten. Auch war er als Graf von Berg von seinem Bruder Adolf III. nicht abgefunden worden. Dieser fiel 1218 auf dem fünften Kreuzzug vor Damiette und hinterließ nur eine Erbtochter, Irmgard, die den Herzog Heinrich von Limburg († 1247) heiratete.

289) Die Vereinigung der beiden Grafschaften wurde nach 1247 wieder aufgehoben. Limburg fiel durch die Schlacht von Worringen 1288 an Brabant und kam 1493 mitsamt Burgund an das Haus Habsburg. Berg, 1380 zum Hzgtm erhoben, wurde 1423 durch Erbfall mit dem Hzgtum Jülich vereinigt und fiel 1614 mit diesem an Pfalz-Neuburg, 1685 an die Kurpfalz.

290) In dieser Szene schwebt Engelbertus in segnender Haltung über seiner eignen – gotisch gestalteten – Grabtumba, während sich von rechts die Bedürftigen und Hungernden nähern (vgl. S. 57 ff.).

291) Der tollkühne protestantische Söldnerführer Christian, Herzog von Braunschweig-Wolfenbüttel, wurde 1622 von dem kaiserlichen Feldherrn Tilly bei Höchst und erneut am 6. 8. 1623 bei Stadtlohn geschlagen. Die Siege führte man auf das Eingreifen des hl. Engelbertus zurück.

292) Gelenius nennt an nichtkölner Reliquien die des hl. Bonifatius aus Fulda, den Deutzer Heribertschrein und den Annoschrein aus Siegburg.

293) G. Duby, 179, weist auf den Ursprung dieser schon bei Aufkommen von Gräbern mit Liegefiguren (ab 1200) feststellbaren Idealisierung hin: „Der Tod kennzeichnet die Rückkehr des Lichts zu seinem ursprünglichen Prinzip, die Rückkehr des Geschöpfes zu seinem göttlichen Vorbild. Aus diesem Grund sind die Liegenden des 13. Jahrhunderts denn auch ohne Alter und ohne Physiognomie: von den Zufällen des Schicksals befreit, sind sie zum Typus der Art zurückgekehrt, das heißt, zum Mensch gewordenen Gott."

294) Manchmal wird der Löwe als Symbol der hohen Gerichtsbarkeit, der Hund dagegen als das der niederen angesehen. Allgemeiner ist die Auffassung, dass die Tiere Tugendsymbole sind. Der Löwe kann auch, wie schon in vorgotischer Zeit, das Heilige bzw. das Erschrecken vor dem Heiligen bedeuten.

295) Arnold Wolff, Zwei Erzbischöfe aus einer Säule, in: KDb. 66. Folge, Köln 2001, 277 ff.

296) Eustachius, legendärer christlicher Feldherr Kaiser Trajans, erlitt unter Hadrian das Martyrium; seine Darstellung mit dem Hirschgeweih oder -kopf führte zu Verwechslungen mit dem hl. Hubertus. Theobald von Thann (o. Provins, Diebolt, Thibaut; † 1066), Einsiedler im Luxemburgischen, wurde kurz nach seinem Tod heilig gesprochen. Ivo, Bischof von Chartres († 1116), Anwalt der Armen, Kirchenrechtler und gemäßigter Gregorianer, wurde als Schutzpatron der Juristen verehrt; Renate Kroos hält es für möglich, dass seine Verehrung in Köln auf die Gründung der Universität (1388) zurückgeht, die im Dom gefeiert wurde (Kroos, LQ 81). Maria Magdalena (von Magdala, einer Stadt am See Tiberias), eine unbestimmte Person, gab es als Frau, der Jesus sieben Teufel austrieb (Mk 16,9) und die später Zeugin der Auferstehung wurde, dann als Sünderin, die Christi Füße wusch (Lk 7,37 f.) und schließlich als Schwester des auferweckten Lazarus (Joh 11,1-45); ihr Attribut ist die Salbbüchse (vgl. Anm. 322).

297) Pontius Pilatus, römischer Statthalter von Judäa 26–36 n. Chr., endete wegen seiner ungeschickten Palästina-Politik durch Selbstmord.

300

298) Die Noli me tangere-Szene ist in der Kölner Malerei des 15. Jh.s lediglich zweimal erhalten. Hier auf dem Schneiderbalken wird Christus als Gärtner mit der Schaufel dargestellt nach Joh 20,15: „Spricht Jesus zu ihr: Weib, was weinest du? Wen suchest du? Sie meint, es sei der Gärtner, und spricht zu ihm: Herr, hast du ihn weggetragen, so sage mir, wo hast du ihn hingelegt? so will ich ihn holen"). Auf dem Claren-Altar (s. S. 204 ff.), der dieselbe Szene auch darstellt, hält Christus zusätzlich die traditionelle Siegesfahne.

299) Der Höllenschlund wird hier – ähnlich wie bei Lochner – als Burgeingang gestaltet, nicht mehr als Maul: Leviathans Burg als Gegenstück zum Himmlischen Jerusalem. Adam und Eva und die Gerechten des Alten Bundes werden hier nicht am Handgelenk, sondern durch Ergreifen der Hand aus der Hölle gelöst; s. auch Lambert, 1993, 145 ff., 335

300) Clemen 1937, 307 ff., hier (wie meistens) auch der lateinische Text der Urkunde

301) A. Daemen (1649–1717) gründete 1702 auf der Rheininsel Mönchenwerth bei Düsseldorf ein Kloster, das den Regeln der Trappisten folgte. Der Kurfürst Johann Wilhelm von Pfalz-Neuburg („Jan Wellem") verlegte es 1707 ins Düsseltal. Daemen stimmte bei der Wahl des Domkapitels von 1688 mit den Kaiserlichen für den Wittelsbacher Joseph Clemens. M. Alberti (1646–1735), ein hervorragender venezianischer Baumeister, kannte die klassischen Bauwerke wie Madonna della Salute in Venedig und die englischen Architekten des 17. Jh.s, die auf Palladio fußten. Von 1690 bis 1716 war er Baudirektor des o. g. Kurfürsten Johann Wilhelm, errichtete das Bensberger Schloss; ferner ist ihm auch der Bau der Kölner Kirche Corpus Christi, genannt Fronleichnam, in der Machabäerstraße zu verdanken (1709–1712).

302) P. Fuchs (1829–1898), begann 1844 an der Dombauhütte eine Lehre als Steinmetz, arbeitete später als selbstständiger Bildhauer. Für den Dom wurden in seinem Atelier über 700(!) Standbilder geschaffen. Er führte auch den Petersbrunnen aus (s. S. 261 ff.).

303) A. Wolff gibt als Querschnittfläche des Vierungspfeilers für Reims 6,48 m², für Amiens 5,5 m² und für Köln 3,52 m² an (Wolff 1998, 25). Die Sayner Hütte (heute: Bendorf bei Koblenz), 1824/28 als erste europäische Hütte ganz aus Eisen erbaut, verdankte ihren Aufschwung der in Preußen sehr geförderten Eisengießerei. Gusseisen wurde als moderner Werkstoff im Brückenbau und Eisenfachwerkbau verwendet.

304) Graf Hermann V. von Wied (Erzbischof 1515–1547, † 1552) stimmte 1521 auf dem Reichstag zu Worms für die Acht gegen Luther, ließ 1529 die protestantischen Prediger Fliesteden und Clarenbach auf dem Richtplatz Melaten verbrennen und erklärte sich auch 1530 auf dem Reichstag zu Augsburg gegen Luther. Vergebens versuchte er aber in seinem Erzbistum Reformen durchzusetzen und berief daher 1542 die Reformatoren Martin Butzer (1491–1551; latinisiert Bucerius) und Philipp Melanchthon (1497–1560) nach Köln, die einen Reformationsentwurf ausarbeiteten. Die Mehrheit der Kölner Geistlichkeit bewog daraufhin Kaiser Karl V., Einspruch zu erheben, während Papst Paul III. Hermann für abgesetzt erklärte und Adolf von Schauenburg zu seinem Nachfolger ernannte. Hermann dankte ab und zog sich auf seinen Besitz Altwied zurück. Zwei weitere Kölner Erzbischöfe, Salentin von Isenburg (Erzbischof 1567–1576) und Gebhard Truchsess von Waldburg (Erzbischof 1577–1583), versuchten der Reformation in Köln Eingang zu verschaffen – doch vergebens: Nach kurzem Schwanken hielten die meisten Kleriker, der Rat und die Bevölkerung am alten Glauben fest. Dadurch blieb auch der rheinische Adel beim Katholizismus – auf seine geistlichen Pfründe wollte er nicht verzichten.

305) G. Duby, 186, schrieb: „Das Portal ist dreiteilig; bei seiner Weihe führten drei Priester simultan dieselben Riten aus. Es ist also eine Darstellung der Dreifaltigkeit, deren Bild auch über dem Hauptportal an der Spitze der Archivolte zu sehen ist. Die Theologie des Dionysius Areopagita hatte das Thema der Dreieinigkeit, das selbst wieder als Symbol der Schöpfung galt, in ihren Mittelpunkt gestellt." Es gab durchaus fünfportalige Fassaden, besonders bekannt ist das der Kathedrale von Bourges.

306) Der Kunsthistoriker L. Dehio (1850–1932) gab zusammen mit Ernst Gall zahlreiche, heute noch bekannte, ständig aktualisierte Kunstführer heraus. Dehio vertrat die Ansicht, dass der gotische Kölner Neubau ursprünglich nur für den Chorbereich beabsichtigt gewesen sei und sich im Westteil des Alten Doms hätte fortsetzen sollen; zu Dehio vgl. auch S. 266 ff.

307) s. H. Kauffmann, Zur Frage, 87 ff.; ferner im Anschluss daran W. Weyres, Nachwort, 91 ff. Kauffmann bemerkte dazu, dass diese Art von Galerie „von der deutschen Architekturgeschichte nur hier in Köln aufgenommen worden" sei, „ein interessantes und denkwürdiges Unikum, das wohl verdient, ins Licht gerückt zu werden".

308) A. Wolff, Der Dom 14, misst dem Westbau eine eigene Schönheit bei: „Zusammen mit den beiden Erdgeschosshallen der Türme bildet das Innere des Westbaus eine architektonische Einheit mit eigenem Formenschatz."

309) s. Kroos, LQ 63. Das ganze neugotische Figurenprogramm, einschließlich der hier ausgelassenen Turmfiguren, listen ausführlich auf: Helmken 75 ff.; Clemen 1937, 139 ff.; Rode, in: KDb. 16./17. Folge, Köln 1959, 152 ff.

310) Sulpiz Boisserée, Vorschlag, die Heiligen Bildwerke zum Dom von Köln betreffend; erstmals veröffentlicht von Rode, in: KDb. 16./17. Folge, Köln 1959, 141 ff.

311) Wolf, Lauer, Hauser, Kulturschutt aus der Domgrabung, KDb. 59. Folge, Köln 1994. Die Goldmünze, ein Viertelflorin kölnischer Prägung, zeigt auf der Vorderseite eine stilisierte Lilie und die Umschrift WILh.: A...REPVS, die Rückseite zeigt Johannes den Täufer in härenem Gewande und die Umschrift S IOA NNES B, links neben seinem Kopf eine stilisierte Schafschere, ein Teil des Gennepschen Wappens (vgl. Abb. S. 169 ff.). Die 12 mm große Münze wird um 1357 datiert (ausgestellt in der neuen Schatzkammer; vgl. Anm. 456).

312) Friedrich Wilhelm von Preußen (1831–1888) war als Friedrich III. deutscher Kaiser und König von Preußen vom 9. März bis zum 15. Juni 1888. Er heiratete 1858 die Prinzessin Victoria Adelheid Marie Louise von England

(1840–1901; vgl. S. 187 ff.). H. H. Becker (1820–1885), Jurist, Publizist aus Elberfeld, nahm an den revolutionären Ereignissen der Jahre 1848/49 teil, wurde deshalb zu mehrjähriger Festungshaft verurteilt. Für die Fortschrittspartei saß er seit 1862 im preußischen Abgeordnetenhaus, später im Reichstag. 1870 wurde er Oberbürgermeister von Dortmund, 1875 Oberbürgermeister von Köln.

313) Simon Magus wird in den Apokryphen und in der Apg 8,9–24 erwähnt. Auf ihn geht der Begriff „Simonie" für Ämterkauf zurück. Nero (reg. 54–68) gilt der Geschichtsschreibung als übler Schurke, der sogar seine eigene Mutter, Agrippina d. J., ermordete. Petrus und Paulus sollen schon im Frühjahr 64 hingerichtet worden sein, ehe die allgemeine Christenverfolgung nach dem Feuer in Rom vom 19. Juli 64 begann. Die Symbolik von dem auf den Kopf gestellten und damit in sein Gegenteil verkehrten Menschen kehrt oft wieder, auch in der Kreuzigung Petri. Tatsächlich sah schon Origines in dieser Kreuzigung ein Symbol des ersten Sündenfalls, eine Mahnung an jenen Augenblick, in dem der Mensch kopfüber in die Sünde stürzte. Christus wird jedoch aufrecht gekreuzigt. Er bleibt noch im Sterben aufrecht und teilt den Menschen von der göttlichen Natur mit (vgl. Darstellung von Petri Kreuzigug auf den Chorschranken, s. S. 46 ff., N I).

314) Das Figurenprogramm bei: HELMKEN 77; CLEMEN 1937, 134 ff.; RODE, in: KDb. 16./17. Folge, Köln 1959, 152 ff.

315) Der hl. Barnabas, eigentlich Joseph, wird in der Apostelgeschichte als Missionshelfer des Paulus, in den Briefen an die Galater und Kolosser erwähnt. Er erlitt das Martyrium durch Steinigung. Im Jahr 482 fand man der Legende zufolge seine Gebeine in Zypern auf.

316) Die zahlreichen Inschriften und weitere Fakten finden sich bei WILHELM KALTENBACH, Das Kölner Domgeläute, in: KDb. 33. / 34 Folge, Köln 1971, 183 ff.; s. auch MARTIN SEIDLER, Eine neue Domglocke, in: KDb. 55. Folge, Köln 1990, 221 ff. Inschriften auch bei HELMKEN 153 ff.

317) Tritt man hier oben bei starkem Wind ins Freie, kann es einem so vorkommen, als bewege sich der Turm. Tatsächlich glauben auch viele Besucher, dass der Turm bis zu einem Meter schwanke. Dies ist natürlich nicht der Fall. Selbst der 207 m hohe „Colonius" schwankt bei Windstärke 11 nur zwischen 30 cm und 40 cm. Die Domtürme dürften, so gibt es die Dombauverwaltung an, wohl nur maximal 2 cm bis 3 cm schwanken. Neben den Bewegungen bei Sturm führt der Südturm auch eine temperaturbedingte Bewegung aus: Heizt die Sonne die Südseite stark auf, dehnen sich die Steine aus und der Turm neigt sich etwa 2 cm nach Norden.

318) s. auch den Aufsatz von KRINGS, Im Jahr des Domjubiläums, 224.

319) Der Stern wird erstmals bei Num 24,17 von dem heidnischen Propheten Bileam wider eignen Willen geweissagt (allerdings noch auf ein irdisches Israel bezogen): „Ich sehe ihn, aber nicht jetzt, ich schaue ihn, aber nicht von nahe. Es wird ein Stern aus Jakob aufgehen und ein Zepter aus Israel aufkommen und wird zerschmettern die Fürsten der Moabiter und verstören alle Kinder des Getümmels."

320) Columban d. J. († 615) Abt von Luxueil und Bobbio. Patricius († 461), Apostel und Schutzheiliger Irlands, Bischof von Irland. Methodius und Kyrillus († 885 und † 869) missionierten im Auftrag des oströmischen Kaisers Michael III. in Mähren. König Olav II. Haraldson († 1030) zwang Norwegen das Christentum auf, wurde aber getötet. Erik, König von Schweden fiel um 1160 dem Mordanschlag heidnischer Adliger zum Opfer. Petrus Claver († 1659), Jesuit, setzte sich für die schwarzen Sklaven ein („Sklave der Sklaven"). Rosa von Lima († 1617) eiferte der hl. Katharina von Siena nach, sie wird oft mit zwei Hasen dargestellt. Titus, von Paulus bekehrter Heide, wird schon in den Paulusbriefen genannt; Eusebios von Cäsarea bezeichnete ihn als den ersten Bischof Kretas. Balbina († 130), nach der Legende Tochter des Quirinus, wurde von Papst Alexander I. von ihrer Kropfkrankheit geheilt; später fand sie die Ketten Petri auf. Martha wird bei Lk 10,38 ff. erwähnt. Remigius († 533) Bischof von Reims. Klothilde (Chrodechilde; † 545) burgundische Prinzessin, Frau des Königs Chlodwig, brachte Remigius an den Hof, der den König bekehrte und taufte. Ildefonsus, Erzbischof von Toledo. Hermenegild, Sohn des arianischen Gotenkönigs Leowgild, trat unter dem Einfluss seiner fränkischen Frau Ingund zur römischen Kirche über und wurde 585 ermordet. Paulus (von Theben, † um 341) lebte über 90 Jahre in der Wüste und gilt als der erste Anachoret; der hl. Antonius besuchte ihn zwecks Gedankenaustauschs. Cyprian erlebte die Christenverfolgung des Kaisers Decius (reg. 249–251) und erlitt 258 unter Kaiser Valerian (reg. 253–260) das Martyrium. Barlaam und Josaphat, zwei Helden eines christlichen Romans, der von Johannes von Damaskus († um 750) nach buddhistischen Vorlagen geschrieben und im 13. Jh. durch die LA bekannter wurde. Cornelius, Hauptmann einer in Cäsarea stationierten römischen Kohorte, wurde von Petrus bekehrt und getauft; hiermit begann die Heidenmission (Apg 10). Ignatios Theophoros († 110) gilt als Schüler des Apostels Johannes und soll in Rom das Martyrium erlitten haben. Franz Xaver († 1552), Jesuit, gilt als Apostel Indiens und Japans. Ludovicus Ibarki (Ibarchi), ein elf- oder zwölfjähriger zum Christentum übergetretener Japaner, wurde 1597 in Nagasaki gekreuzigt. Gregorius Illuminator, der Apostel Armeniens, überlebte ein Martyrium, wurde um 311 zum Bischof von Armenien geweiht. Marutha(s) war im 4. Jh. Bischof in Armenien. Frumentius, um 350 von Athanasios zum Bischof von Äthiopien geweiht. Elersbaan, heiligmäßig lebender König von Äthiopien im 6. Jh. Simeon (Symeon, † 341), Märtyrer in Persien. Josias, König von Juda, reg. ab 639 v. Chr.; in seiner Regierungszeit wurde im Tempel von Jerusalem das Mosaische Gesetzbuch wiedergefunden (2 Kön 22 und 23). David, König von Juda und Israel ca. 1013–973 v. Chr. Im MA leiteten vereinzelt jüdische Gemeindevorsteher ihre Abstammung von ihm ab. Die Witwe von Sarepta (Zarpath) verbarg und speiste den verfolgten Propheten Elias, der ihren Sohn vom Tod auferweckte (1 Kön 17,9 ff.). Enoch (Henoch), Sohn des Jered, eines Nachkommen des Seth, wurde 365 Jahre alt, starb nicht, sondern wurde von Gott entrückt; er war der Vater Methusalems (Gen 5, 18 ff.). Seth war ein Sohn Adams und Evas (Gen 4,25).

321) Nikodemus und Joseph von Arimathaia waren nach Joh 3,1 ff. und 19,38 ff. zwei Jesus nahestehende Bürger, die in der darstellenden Kunst oft den in Tücher gewickelten Leichnam Jesu zu Grabe tragen.

322) Die Salbgefäße sind die Attribute der Maria Magdalena (vgl. Anm. 296), der Maria (Frau des Kleophas) und der Salome (Mutter des Jakobus u. Johannes; sie beteiligte sich an der Beisetzung Jesu; Mt 27,56 u. Mk 15,40 u. 16,1).

323) Der Kreuzweg entstand erst im 15. Jh. unter dem Einfluss der Volksfrömmigkeit. Er bildete die einzelnen Stationen des Leidenswegs Christi nach und zeigte anfangs sieben, später – unter dem Einfluss des franziskanischen Kreuzweggedankens – 14 Stationen. Die sieben ursprünglichen Stationen sind: Christus trägt das Kreuz; Christus fällt zum ersten Mal; Begegnung mit der Mutter; Christus fällt zum zweiten Mal; Veronika reicht das Schweißtuch; Christus fällt zum dritten Mal; Grablegung Christi; vgl. S. 229 ff.

324) Engelsverehrung und Engelshierarchien sind seit dem 3. Jh. bekannt. (Pseudo-)Dionysios entwickelte seine Engelslehre gegen Ende des 5. Jh.s. Seit 1215 ist die Engelslehre in der Kirche kanonisiert. Sibyllen sind Frauen mit Sehergabe; zunächst kannte die Antike nur die von Erythräa, später nannte man auch die Sibyllen von Cumä, Samos, Delphi, ferner die libysche, persische und die tiburtinische. Augustinus glich ihre Anzahl der Zwölfzahl der Propheten an. Dabei stützte er sich auf eine Textstelle bei Vergil, in der das Ende des Eisernen und das Kommen des Goldenen Zeitalters, angekündigt durch die Geburt eines (göttlichen) Knaben, prophezeit wird. Jesse (Isai) war der Vater des späteren Königs David. Joathan (Jotam; reg. 756–741), Mitregent für seinen an Aussatz erkrankten Vater Osias (2 Chr 27,3). Achaz (Ahas), König von Juda 736–725, unterwarf sich gegen den Rat des Propheten Jesaia dem assyrischen König Tiglatpileser III. (2 Kön 16). Abiud (Abihud), Sohn des Zorobabel, wird genannt bei Mt 1,13. – Eliakim, eigentlich Jojakim, Vasallenkönig der Ägypter in Juda; ab 605 Vasall der Babylonier; sein Sohn Jojachin wurde sein Nachfolger (2 Kön 23 und 24). Azor (Hazor), Personifizierung Arabiens? (Jer 49, 28–30). Eleazar, ein Urgroßvater Josephs (Mt 1,15 f.). Matthan, ein Sohn Eleazars. Stephan I., König von Ungarn (reg. 997–1038) erhob das Christentum im Jahr 1000 zur Staatsreligion.

325) Auch die frz. Kathedralen von Tours, Bourges, Sens und Coutances, ebenso St. Gudule in Brüssel, weisen an dieser Stelle keine Rose, sondern ein ähnlich gestaltetes, sechsbahniges Fenster auf; vgl. auch S. 269 ff.

326) s. Gerhard Dietrich, „Bei dem eigenthümlichen Schicksale dieses Fensters" – Die Geschichte des großen Westportalfensters am Kölner Dom, in: KDb. 49. Folge, Köln 1984, 129 ff.; ferner Wolff, 34. Dombaubericht von Oktober 1992 bis September 1993, in: KDb. 58. Folge, Köln 1993, 28 ff. und Dorothee Beckersjürgen, Gerlinde Möhrle, Carola Mueller-Weinitschke; Die Rekonstruktion der Glasmalereien im Maßwerk des Westfensters, daselbst, 347 ff.

327) A. Werres (1830–1900) war ein Schüler Chr. Mohrs und P. J. Imhoffs. Figurenprogramm z. B. bei Helmken 111, bei Rode, in: KDb. 16./17. Folge, Köln 1959, 152 ff. und bei Clemen 1937, 143.

328) s. Ursula Blanchebarbe, Michael Welter und seine Glasfensterentwürfe für den Kölner Dom, in: KDb. 50. Folge, Köln 1985, 13 ff. Programm z. B. bei Helmken 109 und im o. g. Aufsatz von Barbeblanche.

329) Rode, CV 186 ff. Diese Entwicklung eines Fensters zu einem eigenständigen, autonomen Kunstwerk stellt eine Abwendung vom ursprünglichen gotischen Ideal der formalen Integrierung der Fenster in den Kirchenbau dar; vgl. S. 54 ff.

330) Rode, CV 189; seine Fensterbezeichnungen wurden der neueren Schreibweise des CVMA angepasst. Meister von St. Severin ist ein Notname, den der Kunsthistoriker Franz Kugler einführte (Rheinreise, 1841). F. G. Zehnder, 82, schreibt über den Maler: „Der Stil des Severinmeisters zeigt deutliche niederländische Einflüsse ... Sein Stil steht im Frühwerk nachhaltig in der Kölner Tradition und entwickelt sich erst später vom harten Zeichenstil zur malerischen Gesamtauffassung. Dabei wirken noch die Werke Lochners nach und werden auch Einflüsse des Sippenmeisters sichtbar. In seinen späteren Hauptwerken äußert sich ein Hang zur Charakterisierung der Physiognomien, die sich dem Grotesken nähern."

331) Philipp (Erzbischof 1508–1515), vormals Straßburger Dompropst, war seit 1504 Verwalter der sog. Domfabrik zu Köln. Er wurde 56-jährig zum Erzbischof gewählt. Die Altarsetzung erfolgte nach der eidlichen Zusage, die „Einigung" von 1463 (Unio rhenana), die schon Erzbischof Ruprecht von der Pfalz hatte beschwören müssen, einzuhalten. Wie sein Vorgänger Hermann IV. starb er in Poppelsdorf und wurde neben ihm im Chorumgang des Doms gegenüber der Engelbertuskapelle begraben. Die Stelle ist durch eine kleine, erneuerte Bronzeplatte gekennzeichnet; die alte Platte war 1796 von Revolutionären geraubt worden. Nach Janssen, II, 291, führten Philipp II. und seine unmittelbaren Nachfolger „die ecclesia Coloniensis auf den Tiefpunkt ihrer Entwicklung in spiritualibus wie (in) temporalibus".

332) Zum typologischen Dreikönigenfenster vgl. auch S. 199 ff. (Scheiben 3b–5b).

333) Rode, CV 192: vielleicht nach Mt 22,35–36: „und einer unter ihnen, ein Schriftgelehrter, versuchte ihn und sprach: Meister, welches ist das vornehmste Gebot im Gesetz?" Rode weist auf die vergleichbare Darstellung eines Pharisäers in Kloster Steinfeld hin, der im Kleidersaum die lateinische Inschrift trägt: „Heilige den Sabbath".

334) Rode, CV 192, erkannte eine so große Ähnlichkeit mit der Kreuzigung in St. Severin, dass er eine gemeinsame Vorlage annahm.

335) Die Höllenfahrt (Anastasis) findet unmittelbar nach seinem Tode statt. Christus erlöst in der Hölle Adam und Eva und führt sie mit eigener Hand dem Erzengel Michael zu. Andeutungen darüber finden sich in Mt 12,40 und 27,51–52 („Und siehe da, der Vorhang im Tempel zerriss in zwei Stücke, von oben an bis unten aus / Und die Erde erbebte, und die Felsen zerrissen, und die Gräber taten sich auf, und standen auf viele Leiber der

Heiligen, die da schliefen"), mehr darüber im apokryphen Nikodemusevangelium und in der LA. Die Höllenfahrt ist in der Ostkirche schon früh verbreitet (meist dargestellt mit dem überwundenen, am Boden liegenden Gott Hades, der Adam vergebens am Bein zu halten versucht).

336) Im Urchristentum glaubte man an eine Auferstehung der Leiber der Gläubigen bald nach dem Tode. Wegen der ausbleibenden „Parusie" (Wiederkunft Christi) nahmen dann Spätantike und MA einen Wartezustand der Seelen an, die in einem unterirdischen Bereich, vergleichbar dem antiken Hades oder dem jüdischen Scheol, bis zum Jüngsten Gericht verbleiben mussten.

337) Die Darstellung der Deesis (griech. = Bittgebet, Fürbitte) drückt in der Ostkirche ebenso wie die Anastasis (Höllenfahrt) den Aspekt der göttlicher Gnade aus. Die Deesis zeigt Maria und Johannes den Täufer zu Seiten des Erlösers, der hier der Vermittler zu Gott während des Gerichts ist. Diese beiden einzigen gerechten Menschen, Maria und Johannes, beten zu Gott und bitten um Gnade für die Welt. Die Deesis tritt häufig an der Ikonostase auf und ist in der Ostkirche weit verbreitet; die früheste bekannte Darstellung befindet sich indes in S. Maria Antiqua in Rom (7. Jh.).

338) Die Vier hll. Marschälle sind Antonius, Hubertus, Cornelius und Quirinus. Cornelius amtierte von 251 bis 253 als Papst; er wurde verbannt und starb kurz darauf; seine Reliquien kamen nach Kornelimünster bei Aachen und nach St. Severin in Köln.

339) Die Gft Leiningen lag im Wormsgau. RODE, CV 194, bezeichnet das linke Wappen als das der Gräfin Agnes von Leiningen, die mit Philipp Raugraf von Neuenbamberg verheiratet war, das rechts als das einer Gräfin von Leiningen, die mit Philipp von Bolanden verheiratet war.

340) Die Raugrafen (comites hirsuti) waren ein reichsgräfliches Geschlecht im Nahegau. Ihre Gft ist um 1160 aus der Zweiteilung der alten Gaugrafschaft entstanden. Die andere Hälfte kam an die Wildgrafen (comites silvestres). Die Herren von Bolanden waren ein weitverzweigtes Ministerialengeschlecht mit der Stammburg Donnersberg, das im Lauf der Zeit Lehen von etwa 40 Herren sammelte. Während die Hauptlinie 1376 erlosch, blühten die Seitenlinien Hohenfels (in Reipoltskirchen bis 1602) und Falkenstein (bis 1407/1418). RODE, CV 194, nennt als Inhaber des linken Wappens Raugraf Philipp von Neu(en)bamberg (Neue Boinburg; zwischen Kreuznach und Alzey), der mit o. g. Agnes von Leiningen verheiratet war, 1376 urkundlich genannt; das rechte Wappen gehörte Philipp von Bolanden, 1330–1376 genannt, verheiratet mit o. g. Gräfin ohne Namensangabe.

341) Limburg /Lahn gehörte seit etwa 1220 den Herren von Isenburg und war Sitz einer Linie dieses Hauses. 1414 kam die Stadt durch Kauf an das ESt Trier. RODE, CV 194, gibt als Inhaber der Wappen an: links das Wappen der Agnes von Hohenfels und Reipoltskirchen (†1356), verheiratet mit Cuno von Daun (†1342); rechts das Wappen der Ude von Isenburg-Limburg (†1361), verheiratet mit Wildgraf Gerhard II. von Kirburg (†1356). Die Ruine der Kirburg (Kyrburg), Stammsitz der Wildgrafen, liegt über Kirn/Nahe.

342) RODE, CV 194, weist das linke Wappen dem Cuno von Daun zu Oberstein und Falkenstein, 1329–1342 genannt, zu, der mit der o. g. Agnes von Hohenfels verheiratet war; das rechte Wappen weist er dem o. g. Gerhard II., Wildgraf von Kirburg zu, der mit o. g. Ude von Isenburg-Limburg verheiratet war. Die Gft Daun, benannt nach der gleichnamigen Burg an der Lieser, wurde 1356 vom ESt Trier lehnsabhängig. Die Hrft Oberstein kam 1270 teilweise an die Grafen von Daun, die sich nun Grafen von Daun und Oberstein, später Grafen von Falkenstein nannten; der Ort Oberstein ist seit 1933 Teil von Idar-Oberstein. Die Hrft bzw. Gft Falkenstein war nach der gleichnamigen Burg am Donnersberg benannt. Ihre Herren starben 1418 aus; die Gft fiel an die Grafen von Virneburg, denen sie 1456 die Herren von Daun und Oberstein abkauften.

343) Die Dalmatika, das liturgische Obergewand des Diakons, wird beim Pontifikalamt auch vom Bischof unter Pluviale oder Kasel getragen. Das Pluviale (Chormantel) ist ein Radmantel, der nur über der Brust mit der Pluvialschließe (Pektorale) zusammengehalten wird; diese hat ihr Vorbild in dem Brustschmuck Aarons. Die Mitra ist Bestandteil der bischöfl. Pontifikalkleidung. RODE, CV 194, deutete die Szene mit den musizierenden Engeln als das Paradies und sah in der Glaskugel einen Hinweis auf den „reinsten Lichtstoff des himmlischen Elements".

344) Wegen seiner Hilfe für Christen wurde Sebastian unter Diokletian mit Pfeilen beschossen, dann totgeschlagen und in die *cloaca maxima* der Stadt Rom geworfen. Eine Christin bestattete ihn *ad catacumbas*, wo über seinem Grab die erste Sebastians-Kirche (S. Sebastiano fuori le mura) errichtet wurde; sie zählt zu den sieben frühchristlichen Pilgerkirchen in Rom. Sebastian zählt zu den 14 Nothelfern, und zwar insbesondere gegen die Pest.

345) RODE, CV 195, weist das linke Wappen einer Gräfin von Salm zu, die mit einem Grafen von Leiningen verheiratet war; das rechte Wappen gehörte einer Gräfin von Habsburg, die einen Grafen von Kyburg geheiratet hatte. Die Gft Salm lag im Moselgau und wurde 1158 geteilt. Die Gft Kyburg bei Winterthur gelangte 1442 in den Besitz Kaiser Friedrichs III., der sie 1452 für ausstehende Soldzahlungen Zürich aushändigte.

346) RODE, CV 195, gibt das linke Wappen an als das eines Grafen von Leiningen, der mit einer Gräfin von Salm verheiratet war; das rechte Wappen weist er einem Grafen von Kyburg zu, der mit o. g. Gräfin von Habsburg verheiratet war.

347) RODE, CV 195, weist das linke Wappen der Gräfin Mechtild von Sponheim (Spanheim), 1346–1409, zu, die mit Rudolf VI. Mgf von Baden verheiratet war; das rechte Wappen gehörte demnach der Gräfin Beatrix von Helfenstein, die mit Graf Ludwig von Öttingen verheiratet war.

348) Öttingen, eine später zum Ftm erhobene Gft, lag im ehemaligen Schwäbischen Kreis. RODE, CV 195, gibt als Träger des linken Wappen an: Mgf Rudolf VI. von Baden, †1372, verheiratet mit o. g. Gräfin Mechtild von Sponheim;

der Träger des rechten Wappens ist Graf Ludwig von Öttingen, verheiratet mit o. g. Gräfin Beatrix von Helfenstein. Die Gft Helfenstein war nach Burg Helfenstein an der Geislinger Steige benannt.

349) RODE, CV 196, bemerkte die Abweichung von der Thematik der Chorschrankenmalerei und verwies auf die Entsprechung zur Vorführung Christi vor Pilatus.

350) RODE, CV 195, verwies auf die Ähnlichkeit mit der Darstellung an den Chorschranken.

351) Die Szene wurde früher als „reicher Fischzug" gedeutet, so etwa bereits bei DENOEL, 115, und bei CLEMEN 1937, 194.

352) Die bei Mt 1,1–16 und Lk 3,23–38 aufgeführte Genealogie Christi, die seine Herkunft in dreimal 13 Generationen von Abraham, David und Jechonia aufstellt, bei Lukas gar auf Adam zurückführt, wurde vom frühen MA an auch bildlich dargestellt. Auch die Statuen an den Königsgalerien frz. gotischer Kathedralen (Chartres, Amiens, Paris, Reims) werden als jüdische Könige und Vorfahren Christi gedeutet. Ab dem 12. Jh. wurde die Darstellung des Stammbaums Christi in Form der Wurzel Jesse üblich, die ursprünglich gekrönt wurde von Christus als Salvator mundi, als Weltenrichter oder Gekreuzigter. Die Wurzel bekam später einen Bezug zum Baum des Lebens (arbor vitae).

353) Dem Priester Zacharias wurde die Geburt des Johannes (des Täufers) und dessen Bedeutung als Vorläufer des Messias verkündet (Lk 1,11–17 „ ... dein Weib Elisabeth wird dir einen Sohn gebären, des Namen sollst du Johannes heißen / ... er wird noch im Mutterleibe erfüllt werden mit dem heiligen Geist / ... und er wird vor ihm hergehen im Geist und Kraft des Elias").

354) Der hl. Antonius (um 251–356) lebte als Asket in der Wüste, war ein Freund des Athanasios und gilt als einer der Begründer des christlichen Mönchtums. Sein Grab wurde 561 wiederentdeckt, seine Gebeine nach Alexandrien überführt.

355) Der hl. Hubertus (um 665–727), Bischof von Tongern-Maastricht, verlegte den Bischofssitz um 725 nach Lüttich; er gilt als Apostel der Ardennen. Der Hirsch war eigentlich Attribut des hl. Eustachius und wurde erst seit dem späten MA mit dem hl. Hubertus in Verbindung gebracht.

356) Die vier Ritterheiligen sind in dieser Zusammenstellung offenbar eine rheinische Besonderheit. Gregorius Maurus galt als Angehöriger der Thebaischen Legion und soll in Köln das Martyrium erlitten haben. Bei den mittelalterlichen Grabungen unter der Kirche St. Gereon (vgl. Anm. 363) glaubte man, auch seine Gebeine gefunden zu haben (Bericht in der „Vita Annonis"). Der Meister der Heiligen Sippe (Notname, abgeleitet von dem im WRM befindlichen Sippenaltar, Inv. Nr. 165) lebte wohl zwischen 1450 und 1515. In seinem Werk vereint sich Kölner Überlieferung mit moderner niederländ. Kunst. Man darf annehmen, dass er die Werke des Rogier van der Weyden, Justus van Gent und Hugo van der Goes kannte.

357) Noch Ägidius Gelenius vermeinte, dass die Ansiedlung der Ubier im Jahre 14 v. Chr., dem (legendenhaften) Geburtsjahr Mariens, stattgefunden habe; die Stadtgründung sei demnach 14 Jahre später erfolgt (nach der Legende des MA war Maria bei der Geburt Christi 14 Jahre alt): „Siehe, o Köln, was dir aus diesem Synchronismus an Ehre erwächst."

358) Marsilius, ein legendärer Held des römischen Köln, soll durch seine „Holzfahrt" – einen Ausfall aus der belagerten Stadt unter massivster Beteiligung der Frauen – die Stadt gerettet haben.

359) Eine erste Basilika für die Mauritiusreliquien wurde hier in den Jahren 369–391 gebaut. 936 ließ König Otto I. die Reliquien an das neugegründete Moritzkloster in Magdeburg überweisen; der hl. Mauritius wurde der Schutzheilige der Diözese Magdeburgs und Patron des Reichs (vgl. Anm. 408).

360) Der Kelch, im AT Symbol des Zornes Gottes (Jes 51,17), wird durch seine Annahme durch Christus und die Einsetzung des Abendmahls zum Symbol der Gnade; seine Darstellung hat immer einen eucharistischen Bezug.

361) Quirinus, ein römischer Tribun, erlitt unter Kaiser Hadrian (117–138) das Martyrium. Seine Reliquien kamen durch Papst Leo IX. an dessen Schwester Gepa, Äbtissin in Neuß. Quirinus wurde der Stadtpatron von Neuß und auch einer der „Vier hll. Marschälle".

362) RODE, CV 199, weist auf ein Fenster in der Kölner Kirche St. Maria Lyskirchen hin, bei dem die vier „Ⱥ" zur hl. Helena gehören und somit auf die Kölner Kirche St. Gereon verweisen. Rode erwähnt hier eine Deutung des „Ⱥ" bei CARL ALDENHOVEN, Geschichte der Kölner Malerschule, Lübeck 1902: eigentlich sei das „Ⱥ" aus einem zusammengezogenen „LT" entstanden, das für „Legio Thebaica" stehe.

363) Im MA glaubte man, dass der hl. Gereon und seine Gefährten bei der Kirche St. Gereon ermordet worden seien. Deshalb begann man hier unter der Leitung Norberts von Xanten (1085–1134, seit 1582 hl.) mit Ausgrabungen. Die Aktion stand in Zusammenhang mit dem Streit der Stifte St. Gereon (dass aufgewertet werden wollte) und St. Cassius (Bonn) wegen Rangfragen im sog. Priorenkolleg, einem Kollegium verschiedener Würdenträger (Pröpste, Dekane, Kölner Äbte, die Pröpste von Bonn, Xanten, Soest). Das Priorenkolleg wurde später vom Domkapitel verdrängt.

364) RODE, CV 201 f., wies auf die fehlende heraldische Anordnung wie im Petrus-Wurzel-Jesse-Fenster (s. S. 193 ff.) hin, nur acht Wappen stimmten mit der 16er-Ahnenreihe überein, mehrere seien der 32er-Ahnenreihe entnommen, andere heraldisch ungenau Offenbar habe man auch Wappen aufgenommen, die als besonders vornehm galten oder von denen man annahm, dass sie in der Ahnenreihe des Hauses vorkommen (den Stammbaum habe man sogar zurückgeführt auf die hl. Elisabeth von Thüringen und Karl d. Gr).

365) RODE, CV 202, deutete die vier Plätze des linken Wappens wie folgt: 1. Thüringen, 2. Sachsen, 3. Jülich, 4. Sachsen-Wittenberg; damit könnte das heraldisch ungenaue Gesamtwappen evtl. einen Hinweis auf die Thüringer Linie des

Geschlechts geben. Das rechte Wappen deutete Rode als das des Herzogs Magnus II. von Braunschweig (†1373), verheiratet mit Katharina von Anhalt-Bernburg.

366) RODE, CV 202, mutmaßte, dass beide Wappen der 32er-Ahnenreihe entnommen sein könnten; das linke Wappen ordnete er vorsichtig der Adelheid von Braunschweig (†1274) zu, das rechte der Agnes von Sachsen-Wittenberg (†1338).

367) RODE, CV 202, wies das linke Wappen der Herzogin Mechtild von Bayern (†1346) zu, die mit Friedrich dem Ernsthaften, Markgraf von Meißen (2c), verheiratet war; im rechten Wappen sah er das des Königreichs Böhmen, wies aber darauf hin, dass es in dieser Form weder in die 16er- noch 32er-Ahnenreihe gehörte.

368) RODE, CV 202, vermutete den Grund für die Anbringung des Kärntner Wappens in der Heirat von Burggraf Friedrich IV. von Nürnberg (†1332) mit Margareta, einer Tochter des Herzogs Albrecht von Kärnten (†1348); das rechte Wappen identifizierte er als das des Herzogs Wratislaw von Pommern (†1394), der mit der Herzogin Anna von Mecklenburg-Stargard verheiratet war, deren Wappen fehlt.

369) Hessen wurde 1264 an Heinrich, einen Enkel der hl. Elisabeth von Thüringen, verliehen. Die Stadt Nürnberg entstand Mitte des 11. Jh.s an der älteren Burg. RODE, CV 201, identifizierte das linke Wappen als das des Landgrafen Otto von Hessen (1272–1328), verheiratet mit Gräfin Adelheid von Ravensberg (†um 1338); ihr Wappen fehlt (Wappen in Platz 1: Gft Ziegenhain, in Platz 4: Gft Nidda). Das rechte Wappen erkannte Rode als das Johanns von Hohenzollern, Burggraf von Nürnberg (†1357), verheiratet mit Gräfin Elisabeth von Henneberg, deren Wappen auch fehlt.

370) Sponheim war eine Gft zwischen Nahe und Mosel; im Kölner Raum erlangten die Herren von Sponheim einigen Einfluss, u. a. durch die Gründung des Klosters Knechtsteden. Masowien, Kerngebiet des polnischen Königreichs, hauptsächlich links der Weichsel gelegen, wurde 1138 von Boleslaw III. zu einem der vier Herzogtümer Polens erhoben. RODE, CV 202, erkannte im linken Wappen das des Grafen Simon II. von Sponheim (1291–1337), verheiratet mit Elisabeth von Montjoie-Valkenburg; das rechte Wappen ist als ein häufig auftretender Typ schwer zuzuordnen.

371) Die kleine Hrft Reipoltskirchen lag bei Meisenheim/Glan in der Pfalz und blieb bis zum Reichsdeputationshauptschluss reichsunmittelbar. Meißen, von Otto I. gegründete Mgft am Westufer der Elbe; war das Kerngebiet des Herrscherhauses Wettin. RODE, CV 202, hielt es für möglich, dass das linke Wappen das der Herren von Reipoltskirchen ist, in denen er eine Seitenlinie der Herren von Hohenfels erblickte; das rechte Wappen identifizierte er mit einiger Sicherheit als das des Markgrafen von Meißen, Friedrich II. des Ernsthaften, der mit Herzogin Mechtild von Bayern verheiratet war.

372) Teck, ein kleines Herzogtum in Schwaben, ging schon 1381 durch Kauf an Württemberg über; das herzogliche Geschlecht starb erst 1439 aus. Titel und Wappen von Teck wurden 1495 dem Hzg von Württemberg zugesprochen. RODE, CV 202, erkannte im linken Wappen das der Markgräfin Jutta (Guta) von Brandenburg (†1353), verheiratet mit Graf Heinrich XII. von Henneberg, dessen Wappen fehlt; im rechten Wappen erblickte er mit einiger Sicherheit das der Herzöge von Teck.

373) Das Bm Paderborn gehörte zur Erzdiözese Mainz, wurde aber oft von Kölner Erzbischöfen regiert. Die Gft Ziegenhain lag zwischen Niederhessen und Oberhessen. Durch Erbfall kam die Gft Nidda 1206 an Ziegenhain. Beide Territorien wurden 1437 hessische Lehen und fielen 1450 nach dem Aussterben der Grafen von Ziegenhain an Hessen. Erzbischof Hermann hat neben dem Wappen Hessen-Marburgs die Wappen beider Grafschaften geführt. 1604 wurde Hessen-Marburg unter Hessen-Kassel und Hessen-Darmstadt aufgeteilt.

374) Das apokalyptische Weib wird seit dem 9. Jh. als Ecclesia gedeutet. Seit dem 12. Jh. finden sich Darstellungen, bei denen der Bezug zu Maria deutlich wird. In der Folge erhält das Weib immer mehr madonnenhafte Züge. Nach Ottb 12,1 ist das apokalyptische Weib die vom Drachen verfolgte Frau, die das Kind gebiert, das der Erzengel Michael rettet und die von der Sonne bekleidet und von den Sternen bekrönt und dem Mond steht.

375) Elisabeth von Thüringen (1207–1231) gründete in Marburg a. d. Lahn ein Armenspital. Schon 1235 wurde sie heiliggesprochen. Sie gilt in dieser Darstellung als hessische Landespatronin; Hermann von Hessen ist ihr Nachfahr.

376) Die Legenda Aurea (LA), eine um 1270 auf Lateinisch abgefasste Sammlung von Heiligenlegenden, ist die bedeutendste Quelle der mittelalterlichen Ikonografie. Der Autor, Jacobus de Voragine, Bischof von Genua, fußt auf den Enzyklopädien der Kirchenlehrer.

377) Besuch der Königin von Saba bei Salomo nach 1 Kön 10 und 2 Chr 9,1–12. Die Konsole mit den Gefäßen erscheint schon im Älteren Bibelfenster, Scheibe 4a! Die „Biblia pauperum" ist ein Mitte des 13. Jh. entstandenes typologisches Werk zum AT und NT, in dessen Mittelpunkt 34 Bildgruppen stehen: ein Ereignis des NT („Antitypus") wird erläutert von zwei Vorbildern („Typen") des AT. Vermittler sind die Büsten von vier Zeugen des AT.

378) Nach Mt 12,42. Auch dachte man sich den salomonischen Tempelplatz als verflucht. Als einzige Verbindung zwischen den Szenen könnte man die Darstellung einer sehnsüchtig nach links blickenden Frau (in 6b/7b) deuten, die sich damit dem nun beginnenden Neuen Bund verweigert.

379) Rogier van der Weyden (1399 oder 1400–1464), niederländischer Maler, ein Vertreter der „Devotio moderna", war seit 1435 Stadtmaler in Brüssel.

380) Judas Thaddäus wird bei Mt 10,3 und Mk 3,18 als Apostel, sonst nur als Sohn des Jakobus bezeichnet. Er erlitt zusammen mit Simon Zelotes das Martyrium. Seine Marterinstrumente werden verschieden angegeben: Beil (am Schrein der Heiligen Drei Könige), Schwert oder Steine; hier: Keule.

381) Der Wollbogen ist eine an einer langen Stange befestigte, gelochte Platte; dieses Gerät ist der Nachfolger der sog. Walkerstange, mit der Jakobus d. J. (Jacobus minor) wahrscheinlich im Jahr 62 vom Jerusalemer Pöbel erschlagen wurde. Er war der Bruder des Simon Zelotes.

382) Der Apostel Philippus war bei der Brotvermehrung der Mittler zwischen Jesus und der Menge (Joh 6,5–7); in Apg 8,26–40 taufte er den Kämmerer. Seine Attribute sind T-Kreuz oder Kreuz mit zwei Balken, seltener ein Stein oder eine Schüssel, in der sich eine Schlange windet.

383) Nach dem Tod der Gräfin Johanna von Horn († 1479) heiratete Philipp die Gräfin Walburga von Solms-Münzenberg († 1499). Die Gft Horn (auch Horne, Hornes, Hoorn) fiel 1614 an das Hochstift Lüttich. Die Hrft Münzenberg (Wetterau) kam über die Herren von Falkenstein 1418 an eine Linie der Grafen von Solms, die sich nun Solms-Münzenberg nannte; die Grafschaft zählte zum oberrheinischen Reichskreis.

384) Philipp (1466–1517) war mit Erzbischof Philipp von Daun verwandt: Melchior († 1517), ein Bruder des Erzbischofs, war mit Margareta von Virneburg verheiratet. Die Gft Virneburg fiel 1546 an Manderscheid-Schleiden. Die Gft Neuenahr, ursprünglich ein pfalzgräfliches Lehen, von Jülich an die Grafen von Virneburg als Afterlehen verliehen, wurde nach deren Aussterben im Mannesstamm von Jülich eingezogen. Die Saffenburg, Sitz einer kl. Hrft bei Mayschoss, liegt auf dem südlichen Ahrufer. 1424 fiel die Hrft an die Grafen von Virneburg. Die jüngere Linie der Herren von Sombreffe, einer Baronie bei Namur, hatte einen Anteil an Kerpen (Eifel) erworben. 1518 fielen Hrft und Burg Kerpen an die Grafen von Manderscheid-Schleiden.

385) Man deutete die drei Hasen früher gern als Trinitätssymbol; heute sieht man sie eher als in Bezug zu den drei Phasen des Mondes stehend.

386) Die Schlange (Drache) ist ein mehrdeutiges Symbol, dessen Haupteigenschaft negativ besetzt ist. Bei Gen 3,15 wird die Schlange zertreten, die auch der Drache ist, der dem apokalyptischen, sonnengekleideten Weib nach Offb 12,2 entgegentritt. Bei Jes 34,14 f. übernimmt der Prophet aus assyrisch-babylonischer Vorstellung den weiblichen Nachtgeist („Lilith", bei Luther: „Kobold"; Lilith ist nach rabbinischer Tradition die erste Frau Adams nach Gen 1,27; sie verband sich nach der Trennung von Adam mit dem Teufel; ihre Kinder waren Kobolde und Gespenster), der vor allem Neugeborene zu vernichten trachtet; er hat Schlangengestalt. Negativ besetzt ist die Schlange auch bei dem von Augustinus hochgeschätzten und über 500 mal zitierten Vergilius Maro. In dessen 4. Ekloge muss die Schlange erst sterben, damit das Goldene Zeitalter beginnen kann.

387) Die historische Gestalt des Emundus ist inzwischen recht verblasst; sehr wahrscheinlich handelt es sich um einen Sendboten (*missus*), den Kaiser Ludwig I., der Fromme (reg. 814–840) im Jahr 825 ernannte (ÖNNERFORS/WOLFF 173 ff.). Der Tote genoss jahrhundertelang hohes Ansehen; er hatte dem Domkapitel die Hrft Friesheim (heute Ortsteil von Erftstadt) und mindestens ein wertvolles Buch vermacht. Bis 1794 wurde sein Anniversar feierlich im Dom begangen; nach der Feier gab es ein Mahl, das lediglich aus Brot und rotem Wein (*convivium rufum*) bestand; die Bezeichnung rührte aber von den roten Talaren der adligen Kanoniker her.

388) Ägidius Gelenius berichtet vom Grab des Emundus, auch über die Weise, wie das Jahresgedächtnis gefeiert wurde: die Küster pflegten rund um den Pfeiler die vier Kerzenleuchter aufzustellen, so wie man es „früher" (also in vorgotischer Zeit!) beim Grab gemacht hätte. Das Volk glaube, dass hier ein Baumeister begraben sei; aber er – Gelenius – wisse, dass hier das Grab des Grafen sei.

389) Zu Datierung u. früherem Standort s. BELLOT 221. Die hl. Clara von Assisi († 1253) schloss sich der franziskanischen Armutsbewegung an u. gründete den Clarissenorden. In Köln erschien der Orden um 1300. Die Klosterkirche St. Clara dürfte um 1347 vollendet gewesen sein.

390) s. a. HILGER, 1978, 11 ff.; SCHULZE-SENGER, 1978, 23 ff.; insbesondere BELLOT 211 ff.

391) Es handelt sich um die Legende von einer Bäckerin, die während der Messe an der Eucharistie zweifelte u. vor deren Augen Papst Gregor d. Gr. (590 - 604) eine Hostie in blutiges Fleisch verwandelte.

392) W. SCHULTEN deutete die Szene auch als Martinsmesse u. wies in seinem Aufsatz „Der Klarenaltar" (13 ff.) besonders auf die Ausmalung der Martinskapelle in der Unterkirche von S. Francesco in Assisi hin, die wohl zwischen 1330 u. 1340 von Simone Martini ausgemalt wurde: „Alle Heiligen der Leinwandflügel des Klarenaltares erscheinen im Bilde auch hier, außer Johannes d. T., Agnes u. Barbara. An der Ost- u. Westwand der Kapelle ist in zehn Feldern das Leben des hl. Martin wiedergegeben, darunter auch die Martinsmesse". Der Autor verwies auf die Taten Martins, die bes. dem franziskanischen Armutsideal entsprächen. Er vermutete, dass die Kölner Clarissen das Bildprogramm der Martinskapelle kannten.

393) Antonius von Padua, hl. († 1231), Franziskaner, Professor der Theologie in Bologna, predigte gegen Ketzerei, Wucher u. Unterdrückung der Armen.

394) Ludwig von Toulouse (1274 - 1297), Franziskaner, Sohn Karls II. von Anjou, des Kgs von Neapel u. Sizilien, wurde von Papst Bonifaz VIII. 1296 zum Bf von Toulouse erhoben; seine bischöfl. Tafel teilte er mit den Armen u. bediente diese selber.

395) Dem Bedürfnis nach einem authentischen Christusbild entspringen Legenden, die seit dem 6. Jh. von einigen nicht von Menschenhänden gemalten (griech. acheiropoietos) Bildnissen Christi berichten. Besonders bekannt war das sog. Abgar-Bild. Christus selbst soll den Abdruck seines Gesichtes auf einem Schweißtuch (Mandylion) an Abgar, den Fürsten von Edessa, gesandt haben. Es kam über Konstantinopel nach Westeuropa.

396) zu Duccio vgl. Anm. 176. - Giovanni Pisano († um 1320), sienesischer Bildhauer, schuf auch für Kaiser Heinrich VII. eine Madonna. Ugolino di Vieri († um 1380), Goldschmied aus Siena, schuf zwei Hauptwerke des Trecento, das Silberreliquiar des Corporales (Hostientüchlein) im Dom von Orvieto u. das Reliquiar des hl. Savino.

397) Die Vorstellung von der Dreifaltigkeit (Trinität) findet ihren konzentrierten Ausdruck in der bei Mt 28,19 benutzten Formel: „Taufet sie im Namen des Vaters und des Sohnes und des heiligen Geistes". Unter den verschiedenen Dreifaltigkeitsdarstellungen ist die des Gnadenstuhls sicher die entwickeltste. Der dt. Begriff geht zurück auf Luthers Übersetzung von ‚thronus gratiæ' (Deckplatte der Bundeslade). In Hebr 5,16 heißt es „Darum lasset uns hinzutreten mit Freudigkeit zu dem Gnadenstuhl, auf dass wir Barmherzigkeit empfangen und Gnade finden auf die Zeit, wenn uns Hilfe not sein wird".

398) In Konstantinopel wurde seit dem 5. Jh. das Kleid der Muttergottes verehrt. Dieser Kleid- bzw. Mantelreliquie *(Maphorion)* schrieb man besondere Schutzkraft gegen Belagerung, Pest und Erdbeben zu. Auch wurde die Muttergottes selber „als Kleid der Fürsprache des durch die Sünde Entblößten" gesehen.

399) Nach dem Tod Maximilian Heinrichs am 3.6.1688 war die Neuwahl des Erzbischofs erforderlich geworden. Sie fand am 19.7. statt; keiner der beiden Kandidaten, weder Wilhelm Egon von Fürstenberg noch Joseph Clemens, erreichte die nötige kanonische Mehrheit. Am 28.7.1688 zog der Fürstenberger mit seinem Anhang nach Bonn, um von da aus das Erzstift zu regieren, musste jedoch trotz Unterstützung durch französische Truppen im April 1689 fliehen.

400) Albrecht VII. (der Fromme; 1559–1621), sechster Sohn Kaiser Maximilians II., heiratete 1599 die Infantin Isabella (1566–1633). Diese brachte als Mitgift die spanische Niederlande (etwa das heutige Belgien) in die Ehe.

401) Nur Teppich Nr. 7 (Triumph der Eucharistie über die Häresie) trägt diese Signatur nicht. Im folgenden werden die Teppiche in der Numerierung und Kurzbeschreibung von Paul Clemen aufgeführt (CLEMEN 319 ff.).

402) Gen 26,7: „Du sollst auch eine Decke aus Ziegenhaar machen zur *[Stifts-]*Hütte über die Wohnung, von elf Teppichen". Es ist erstaunlich, wie stark das Barock die Zahlensymbolik des AT wiederbelebte.

403) ELBERN, 1955, 59, sah in der gewundenen Säule „gleichsam" das „Kennzeichen des gegenreformatorischen Barock".

404) ELBERN, 1963, 77 ff., verwies darauf, dass Rubens mit der Gestaltung dieser Szene etwas Neues geschaffen hatte. War noch auf dem Abendmahlsaltar des Dieric Bouts (1464–1468 entstanden für die St. Peters-Kirche in Löwen) in Anlehnung an Ex 12,11 („Also sollt ihr's aber essen: Um eure Lenden sollt ihr gegürtet sein und eure Schuhe an euren Füßen haben und Stäbe in euren Händen, und sollt's essen als die hinwegeilen; denn es ist des Herrn Passah") die Szene des Passahopfers mit den auszugbereiten Juden wiedergegeben, stellte Rubens das Opfer in allgemeinerer Weise dar: „Ja, Rubens sprengt die Enge der historisch-liturgischen Szene nach Exodus 12 zugunsten einer freieren, zentrifugalen Gruppierung, die ihm eine doppelte Steigerung erlaubt: in der festlichen Darbringung des Lammopfers als Präfiguration der eucharistischen Opferung des ‚wahren Lammes' einerseits, zur Prozession mit der Bundeslade in der anderen Hälfte der Komposition anderseits, als Präfiguration der Prozession mit der ‚wahren Bundeslade', der eucharistischen Monstranz."

405) Tanchelin (Tanchelm) erschien 1112 von zwölf Schülern begleitet in Antwerpen, predigte gegen Klerus und Reichtum, er wurde 1115 ermordet; die Bewegung hielt noch an, bis sie vom Prämonstratenser-Orden unterdrückt wurde. Jean Calvin (1509–1564) widmete sich seit 1536 der Reformation in Genf, geriet mit den Zwinglianern in Konflikt, floh 1538 nach Straßburg, wo er von Butzer aufgenommen wurde. Nach dem Sieg seiner Partei in Genf kehrte er zurück und errichtete hier ein religiöses Schreckensregiment nach der Art Savonarolas. Seine Darstellung in diesem Teppich bezieht sich auf seine vom kath. Glauben abweichende Abendmahlslehre, die zwar nicht eine Realkommunikation mit dem Fleisch und Blut Christi, jedoch die Realpräsenz leugnet. Luther griff diese Auffassung scharf an. M. Luther (1483–1546) ist hier wegen seiner gleichfalls vom kath. Glauben abweichenden Lehre dargestellt.

406) s. (THOMAS GOEGE), Kurzberichte aus den Landesdenkmalämtern, in: Die Denkmalpflege, Wissenschaftliche Zeitschrift der Vereinigung der Landesdenkmalpfleger 1/96, 63 f.; ferner den Aufsatz von KRINGS, Im Jahr des Domjubiläums, 223.

407) G. Grasegger (1873–1927), bayrischer Bildhauer und Lehrer an der Kölner Kunstgewerbeschule; er schuf auch den Fastnachtsbrunnen mit dem Goethespruch auf dem Gülichplatz nahe beim historischen Kölner Rathaus.

408) Seit dem glänzenden Sieg Ottos I. auf dem Lechfeld über die Ungarn am 10. August 955, dem Tag des hl. Laurentius, wurde dieser Heilige neben dem hl. Mauritius zum Reichspatron. Im Spätmittelalter verdrängte der hl. Michael die beiden Heiligen; er galt als Schutzheiliger des Hl. Römischen Reichs und Deutschlands; sein Bildnis zierte das alte deutsche Kriegsbanner.

409) Philipp Krementz (1819–1899) stammte aus Koblenz, war hier Pfarrer an St. Castor, dann seit 1867 Bischof von Ermland (Ostpreußen); er wurde am 14.12.1885 als Nachfolger des von der preuß. Regierung verfolgten Paulus Melchers feierlich als Kölner Erzbischof inthronisiert.

410) s. a. WALTER GEIS, Der Kreuzweg im Kölner Dom, in: KDb. 54. Folge, Köln 1989, 159 ff. In dem Aufsatz wird auch auf die Kritik des Kunsthistorikers Peter Bloch („Sein weicher Stil steigert sich zu süßlicher Eleganz, artistische Perfektion überspielt jegliche ursprüngliche Gestaltung") und des Domarchivars Rolf Lauer („Die religiöse Aussage verflüchtigt sich gleichsam in formalistischer Perfektion") eingegangen.

411) Der jülich-bergische Archivar Dr. Joh. Godfried von Redinghoven (1628–1704) hatte einen Katalog der Wappen im nördlichen und südlichen Seitenschiff und eine Beschreibung der Stifter erstellt; leider berichtete er so gut wie nichts über den sonstigen Inhalt der Fenster.

412) Zur Zeit der Vollendung des Zyklus war Karl der Kühne (1433–1477) noch nicht Herzog von Burgund, sondern nur der Graf von Charolais. Sein Vater, Philipp III. (der Gute) regierte 1419–1467 und war seit 1429 in dritter Ehe

verheiratet mit Isabella von Portugal, der Mutter Karls; es waren ihre Wappen, die die Fenster trugen. Nach der Niederlage Karls im Neußer Krieg (1475) erlangte die Stadt Köln als Verbündete des Kaisers Friedrich III. endlich auch von Rechtswegen ihre Anerkennung als Freie Reichsstadt. Diesen Status hatte Köln aber praktisch schon seit der Schlacht von Worringen 1288 inne.

413) Der Wittelsbacher Ludwig I. (1786–1868) befolgte während der 16 Monate dauernden Liebschaft all ihre Ratschläge – einschließlich personeller Entscheidungen – aufs genaueste. Besagte Lola (1821–1861) wäre am Tag der Beisetzung von J. Görres († 29. 1. 1848) in München von aufgebrachten Trauernden fast gelyncht worden, als sie versuchte, mit ihrer Peitsche wild um sich schlagend, sich einen Weg durch den Trauerzug zu bahnen.

414) ANDREÄ, Gedanken, Studien und Erfahrungen auf dem Gebiet der Glasmalerei, 1879; zitiert nach Helmken, 106

415) Johannes der Täufer, der letzte der Propheten, taufte auch Jesus, erkannte ihn als den Messias und gab ihm die Bezeichnung „Lamm Gottes" (Joh 1,29: „des anderen Tages sieht Johannes Jesum zu ihm kommen und spricht: Siehe, das ist Gottes Lamm, welches der Welt Sünde trägt"). Seit dem 5. Jh. ist das Fest der Geburt des Johannes am 24. Juni. Er wird dargestellt mit dem Lamm Gottes. Er gilt zusammen mit Maria als der einzig schuldlose Mensch, weshalb er in der Deesis auch als Bittsteller dargestellt wird (vgl. Anm. 337).

416) Matthäus gilt als Verfasser des 1. Evangeliums, dessen Grundgedanke die Erfüllung der Messiasverheißung ist. Markus, ein Missionshelfer des Paulus und Barnabas (Apg 12,25 und 13,5), verfasste das 2. Evangelium (entstanden vor 65 n. Chr.), das als das ursprünglichste und der Predigt Petri nahestehend gilt. Lukas, Verfasser des 3. Evangeliums (entstanden 80–90 n. Chr.), hat der Legende zufolge authentische Bilder von Maria und dem Jesuskinde gemalt. Johannes, Bruder des Jakobus d. Ä. und Lieblingsjünger Jesu, ist der Verfasser des 4. Evangeliums und möglicherweise der Apokalypse (Geheime Offenbarung), die er nach seiner Verbannung auf der Insel Patmos schrieb (Offb 1,9). Beide Schriften wurden gegen Ende des 1. Jh.s geschrieben. Es unterscheidet sich von den vorigen (die wegen ihrer parallel nebeneinanderstellbaren Handlung als synoptisch bezeichnet werden) dadurch, dass es den Akzent auf die Heilsbedeutung von Leben und Taten Christi legt. Als einziger der Evangelisten bezeichnet Johannes Christus als Lamm (Joh 1,29 und 1,36).

417) Apg 2, 1–4 berichtet: „Und als der Tag der Pfingsten erfüllt war, waren sie alle einmütig beieinander / Und es geschah schnell ein Brausen vom Himmel wie eines gewaltigen Windes und erfüllte das ganze Haus, da sie saßen / Und es erschienen ihnen Zungen zerteilt wie von Feuer, und er setzte sich auf einen jeglichen unter ihnen / Und sie wurden alle voll des heiligen Geistes und fingen an zu predigen mit anderen Zungen, nachdem der Geist ihnen gab auszusprechen;" vgl. S. 114 ff. Scheibe 10b).

418) Ihre Vierzahl wurde ab dem 8. Jh. zur Gruppe der vier Evangelisten und deren Symbolen in Bezug gesetzt. Weitere Bezüge gab es zu den vier Gr. Propheten, den vier Paradiesflüssen, den vier Kardinaltugenden. Hieronymos (um 345–420) übersetzte das NT aus dem Griechischen, das AT aus dem Hebräischen neu; das Werk wurde als Vulgata bekannt. Gregor(ius) (um 540–573) wurde 590 zum Papst gewählt und festigte während der Zeiten von Hungersnot und Anarchie die weltliche Herrschaft des Papsttums. Ambrosius (um 340–397), Bischof von Mailand, war Gegner der Arianer und Vorkämpfer der kirchlichen Freiheiten.

419) Apollinaris wurde der Legende nach von Petrus nach Ravenna geschickt, wo er Bischof wurde. Hier soll er ein Martyrium überlebt haben.

420) Bruno der Karthäuser († 1101) stammte aus Köln; er leitete die zunächst die Domschule von Reims und gründete 1084 bei Grenoble eine Karthause. Severin war nach Gregor von Tours z. Z. des Todes des hl. Martin Bischof in Köln, also zwischen 397 und 401. Die Legende besagt, dass Hermann Joseph († 1236) der Statue der Maria mit dem Kind, die heute noch an der Nordseite der mittleren Konche von St. Maria im Kapitol steht, einen Apfel reichte, den das Kind angenommen haben soll.

421) Christophorus, ursprünglich der anmaßende Riese Reprobus (auch: Offerus, von „o phoros" = der Träger), in der Ostkirche gar ein hundsköpfiger Menschenfresser, stellte auf Anraten eines Einsiedlers seine Dienste Pilgern zur Verfügung. Nachdem er das Christuskind, das mit jedem Schritt schwerer wog, getragen hatte, wurde er zum „Christophorus"; unter Kaiser Decius († 251) soll er das Martyrium erlitten haben.

422) Meister Tilman wird u. a. ein spätes Werk aus der Zeit um 1500 in St. Patricius zu Eitorf (a. d. Sieg) zugeordnet. In seiner Werkstatt genoss sehr wahrscheinlich der sog. von Carben-Meister seine Ausbildung (vgl. S. 87 ff.).

423) HEINRICH HEINE (* 1797 in Düsseldorf, † 1856 in Paris), dt. Dichter und Schriftsteller. Die Textstelle lautet: „Die alten, bösen Lieder / Die Träume schlimm und arg / Die lasst uns jetzt begraben / Holt einen großen Sarg //... // Und holt mir auch zwölf Riesen / Die müssen noch stärker sein / Als wie der heil'ge Christoph / Im Dom zu Köln am Rhein." (Lyrisches Intermezzo, 65)

424) Otto Bussmann (1877– Todesjahr nicht eruierbar), dt. Figurenbildhauer, der meistens in Düsseldorf lebte und arbeitete.

425) Schnitzaltäre dieser Art gab es früher mehrere im Dom und in anderen Kirchen. Leider hielten die Brüder Boisserée und Wallraf diese Altäre zunächst nicht für wert, gesammelt zu werden. Daher beschränkten sie ihre Sammeltätigkeit zunächst hauptsächlich auf Tafelbilder. Zu diesem Werk s. auch BRIGITTE SCHWANECKE, Der Agilolfusaltar im Kölner Dom, Aufbau, Würdigung und Restaurierungsbericht, in: KDb. 43. Folge, Köln 1978, 37 ff., besonders aber LAMBERT, 1996, 61 ff. Der über dem alten Holzkern bis 1914 erneuerte Agilolfusschrein befindet sich heute, die Gebeine des Heiligen bergend, in der Schatzkammer des Doms; vgl. Anm. 456

426) LAMBERT, 1996, 66 f., ordnet das Werk stilgeschichtlich wie folgt ein: „Der geschnitzte Altarschrein steht stilistisch dem Werk des Meister Gielisz, der den Altar der Petrikirche in Dortmund fertigte, und dem Meister Jan

de Molder, dem Schnitzer des Altars von Averbode *[Flandern]* nahe. Die Malereien der Flügel sind in Zusammenhang mit Adrian von Overbecke zu sehen, der urkundlich für die Malereien am Hochaltar der Stiftskirche in Kempen bezeugt ist"; ebenso CLEMEN 235. Adriaan (Adriaen) van Overbeeke (Overbeke) war Anfang des 16. Jh.s Maler in Antwerpen, seit 1508 Meister. Jean (Jan) de Molder lebte Anfang des 16. Jh.s als Bildschnitzer in Antwerpen.

427) Auch das Wallraf-Richartz-Museum besitzt eine dieser Tafeln; sie zeigt den hl. Agilolfus beim Zelebrieren der Messe (WRM 467); s. LAMBERT, 69, ferner den Katalog der Deutschen und Niederländischen Gemälde bis 1550 (mit Ausnahme der Kölner Malerei) im Wallraf-Richartz-Museum und im Kunstgewerblichen Museum der Stadt Köln, von IRMGARD HILLER und HORST VEY, Köln 1969, 71 ff.

428) Die Beschneidung, seit dem Apostelkonzil von Jerusalem von den Heidenchristen nicht mehr gefordert, wurde an Jesus am 8. Tag nach seiner Geburt vollzogen (Lk 2,21). Weil hier erstmals das Blut Jesu vergossen wurde, sah man dieses Ereignis auch als erste Leidensstation an.

429) Der König von Bayern, Ludwig I., hat sein Wappen im östlichen und westlichen Halbfenster der Bayernfenster einsetzen lassen.

430) Der Dom war für das Volk keine Pfarrkirche; ebensowenig die umliegenden Stiftskirchen St. Andreas und St. Maria ad Gradus oder die Kirche St. Johannes Evangelist, die zum erzbischöflichen Hof gehörte. St. Maria im Pesch (in pasculo, „auf der Wiese") hatte einen bereits 1140 bezeugten Vorgängerbau, der wahrscheinlich im Westatrium des Alten Doms gestanden hatte.

431) Der hl. Athanasios (um 296–373), Hauptwidersacher des Arianismus, verfasste auf dem 1. Konzil von Nikäa (325) das nach ihm benannte Glaubensbekenntnis, das bis heute fast unverändert das Glaubensbekenntnis des katholischen und orthodoxen Christentums ist.

432) Leo IV. (Papst, reg. 847–855), ursprünglich Benediktinermönch, machte sich verdient um den Wiederaufbau Roms. Bonaventura (1221–1274), Generalmeister des Franziskanerordens, war dem augustinischen Denken verhaftet und lehnte den Aristotelismus der Dominikaner (vertreten durch Thomas von Aquin, Schüler des Albertus Magnus) ab. Er wies die Prämissen des Thomismus zurück und förderte damit die ab 1270 einsetzende Hinwendung zum Mystizismus.

433) Das Apostelkonzil (Konzil zu Jerusalem; 49 n. Chr.?), eine Versammlung der zwölf Apostel und Ältesten sowie der Heidenmissionare Barnabas und Paulus, beschäftigte sich mit der Frage, ob die zum Christentum bekehrten Heiden sich gemäß mosaischem Gesetz beschneiden lassen müssten (Apg 15,1–5). Jakobus der Herrenbruder, der als Bruder Jesu galt (Mt 13,55, Mk 6,3, Gal 1,19) schlug für das ungestörte Zusammenleben von Juden und Christen das sog. Aposteldekret vor (auch Jakobusklauseln genannt: sie verbieten z.B. das Verzehren von nicht ausgeblutetem Fleisch), das die Apostel akzeptierten. Ansonsten wurden die Heiden weitgehend vom mosaischen Gesetz freigestellt (keine Beschneidung mehr). Damit war der für die Ausbreitung des Christentums wichtige Schritt von der judenchristlichen zur heidenchristlichen Mission getan.

434) Mt 16,19 („Und ich will dir des Himmelreichs Schlüssel geben: alles, was du auf Erden binden wirst, soll auch im Himmel gebunden sein, und alles, was du auf Erden lösen wirst, soll auch im Himmel los sein") und Apostelgeschichte 15,7–14 („Da man sich aber lange gestritten hatte, stand Petrus auf und sprach zu ihnen: Ihr Männer, liebe Brüder, ihr wisset, dass Gott lange vor dieser Zeit unter uns erwählt hat, dass durch meinen Mund die Heiden das Wort des Evangeliums hörten und glaubten ... ").

435) s. a. BERND WACKER, „Dem Verteidiger der katholischen Wahrheit" – Das Görres-Fenster im Kölner Dom – Ikonographie und Geschichte, in: KDb. 62. Folge, Köln 1997, 245 ff.

436) Basilius d. Gr. (um 330–379) aus Cäsarea in Kappadokien (Kayseri), gründete eine Mönchsgemeinde, deren Regel zur Grundlage des orthodoxen Mönchstums wurde. Gregor von Nazianz (um 328–um 390) widmete sich vorrangig der Verteidigung der Athanasischen Orthodoxie. Johannes Chrysostomos (347–407), Bischof von Konstantinopel, wurde von Kaiser Arkadius gegen seinen Willen zum Patriarchen erhoben, predigte gegen die Unmoral der Kaiserin Eudoxia und des Hofs. Später wurde er nach Pontus verbannt und ermordet.

437) Der hl. Laurentius, Diakon und Lieblingsschüler des im Zuge der Christenverfolgung 258 enthaupteten Papstes Sixtus I. (Xysthos), verteilte in dessen Auftrag die Kirchenschätze unter die Armen und wurde auf einem Feuerrost zu Tode gemartert. Über seinem Grab ließ Kaiser Konstantin um 330 die Kirche S. Lorenzo fuori le mura in Rom errichten.

438) Der hl. Lambertus, † um 705/06, missionierte im heidnischen „Toxandrien" (Bezeichnung der Landschaft westlich des Maasbogen, in der Kaiser Julian Apostata unterworfene Franken, sog. „Salier", angesiedelt hatte) und wurde von fränkischen Adligen ermordet. Sein Nachfolger wurde Hubertus. Der hl. Hilarius von Poitiers, † 367, Kirchenlehrer, wurde kurz nach 359 Bischof von Poitiers und während des Arianismusstreites nach Phrygien verbannt.

439) F. Baudri (1808–1874), ein Exponent der Neugotiker, Maler und Stadtverordneter, gab mit seinem Bruder, dem Weihbischof Johann Baudri 1851–1865 die Zeitschrift „Organ für christliche Kunst" heraus und konnte im Rheinland viele Anhänger gewinnen; der Bildhauer, Architekt und Diözesanbaumeister Vincenz Statz (1819–1898) stand ihnen im Kampf für ihre Kunstauffassung (u.a. gegen Eisenbau am Dom) bei. Beim Dombau wurde F. Baudri erst ab 1870 berücksichtigt. Auf Initiative der Brüder Baudri geht auch die Gründung des Diözesanmuseums zurück. Wollten die Neugotiker alle Fenster „musivisch"' ausführen (von Mosaik, Begriff aus der damaligen Biologie, der den Vorgang des Sehens mit Facettenaugen bezeichnen sollte; heute unüblicher Begriff, weil der Vorgang des

Malens unterschlagen wird) und dabei auch weitgehend auf räumliche Wirkung verzichten, so knüpften die Nazareaner bei der Frührenaissance und der Tafelmalerei an.

440) Anwesend war auch Alexander v. Humboldt, der 52 Jahre früher schon mit Georg Forster am Domtorso gestanden hatte.

441) Die hl. Cäcilie hatte das Anliegen, ihren Bräutigam am Hochzeitstag zum Christentum und zur Keuschheit zu bekehren. Die hl. Cordula (dt. „Herzchen") war der Legende nach die letzte Überlebende der Schar der Ursula; sie lieferte sich selbst nach dem Tod all ihrer Gefährtinnen freiwillig den Mördern aus. Der hl. Fabian, Papst (reg. 236–250), erlitt das Martyrium während der Verfolgung des Kaisers Decius.

442) Johannes Duns Scotus (1266–1308), Minorit und Gelehrter, vereinigte in seiner Lehre den Aristotelismus mit dem Denken des Augustinus. Petrus Canisius (Peter de Hondt, † 1597) begründete den Jesuitenorden in Deutschland. Die Zurückdrängung des Protestantismus ist großenteils seinem Wirken zuzuschreiben. Albertus Magnus fällte zwei Schiedssprüche im Streit des Erzbischofs Konrad von Hochstaden mit Stadtköln (vgl. S. 114 ff.). Thomas von Aquin († 1274) trat dem Dominikanerorden bei, der damals intellektuell führend war, und wurde der wichtigste Schüler des Albertus Magnus. 1266–74 verfasste er die „Summa theologiæ", ein Werk, das die gesamte christliche Theologie behandelt; seine Exegese „war allerdings behindert durch seine Unkenntnis des Hebräischen und Griechischen" (Handbuch der Kirchengeschichte, III, 2; 328). Sein auf Aristoteles aufbauendes System geriet ab 1270 in die Kritik der Franziskaner, die es als gefährlich rational ansahen.

443) Die 14 Nothelfer baten der Überlieferung zufolge Gott vor ihrem Martertod, demjenigen Hilfe zu gewähren, der ihn in ihrem Namen darum ersucht. Seit dem 14. Jh. rechnet man folgende Heilige zu ihnen: Achatius, Aegidius (frz. Gilles), Barbara, Blasius, Christophorus, Cyriakus, Dionysius (frz. Denis), Erasmus, Eustachius, Georg, Katharina, Margareta, Pantaleon und Vitus (Veit). Johannes von Nepomuk, Generalvikar des Prager Erzbischofs Johannes von Jenstein, beharrte auf den kirchl. Rechten gegenüber Wenzel dem Faulen, der ihn folterte und schließlich 1393 von der Brücke in die Moldau stürzen ließ. Der Emordete galt noch ehe er 1729 heilig gesprochen wurde, als Nationalheiliger Böhmens. Agatha (Märtyrerin; † um 250) wurden unter Kaiser Decius die Brüste abgeschnitten; ihr Sarkophag soll den Lavastrom des Ätna aufgehalten haben. Victor, Führer einer zur Thebaischen Legion gehörenden Kohorte, erlitt in Xanten das Martyrium. Alban, röm. Soldat in Britannien, wurde 303 in Verulam (bei London) enthauptet; seine Reliquien kamen durch Kaiserin Theophanu nach St. Pantaleon in Köln. Eliphius (frz. Elophe) lebte in Toul und erlitt angeblich 362 das Martyrium; der größte Teil seiner Reliquien gelangte 964 nach St. Martin in Köln.

444) Tabor (tabur = Nabel, griech. omphalos; s. S. 272 ff.), Berg in Palästina, 9 km südöstl. von Nazareth, 588 m hoch. Er galt nach dem sog. Hebräer-Evangelium als Berg der Verklärung Christi. Im AT fand der Tabor bei Richter 4,6 ff. Erwähnung. Der Name Tabor wurde im MA übertragen, so z. B. 1217 auf Hunebach (o. Humbach) im Westerwald (Mons Tabor = Montabaur) und auf Tabor in Böhmen, wo die Hussiten 1420 in der alten Festung Kotnow ihr Lager Tabor errichteten.

445) Text der ganzen Rede Friedrich Wilhelms IV. u. a. bei A. KLEIN 114 f. Mit der Anbringung der Tafel war ein Schlussstrich unter die Debatte über ein monumentales Denkmal gezogen worden; vgl. S. 258 ff. Im Dom selbst gibt es nur einen Hinweis auf die beiden genannten Monarchen. Es handelt sich um die von Kaiserin Augusta, der Frau Wilhelms I., gestiftete Tafel unter dem Petrus-Fenster im südlichen Querhaus; vgl. S. 237 ff.

446) Michiel van der Voort, gen. Verwoort (1667–1737), Antwerpener Bildhauer, war seit 1699 Mitglied der Antwerpener Lukasgilde, arbeitete mindestens zehn Jahre in Rom, ließ sich später in Antwerpen nieder. Er schuf neben den oben genannten Statuen zahllose Werke für Kirchen in Antwerpen, Ath, Brügge, Brüssel, Gent und Mechelen. Er ist nicht mit seinem gleichnamigen Sohn (1704–1777) zu verwechseln.

447) Ein Gnadenbild ist eine Plastik oder ein Gemälde, die bzw. das sich durch Erhörung der Gebete auszeichnet.

448) Der Schmuck zieht immer wieder Diebe an: In der Nacht zum 4. Januar 1969 stieg ein Dieb über einen Bauwagen in den Dom ein, zertrümmerte die Glasscheibe der Vitrine und entkam mit dem eilig zusammengerafften Schmuck. Zwei Tage später konnte der Täter aufgrund seiner Unvorsichtigkeit gefasst werden: aus seiner Hosentasche schauten Schmuckstücke heraus. In der Nacht zum 31. August 1971 wurde die Madonna wieder beraubt, zwei Domwächter bemerkten jedoch den Täter und hielten ihn fest bis die Polizei eintraf. Es handelte sich um denselben Täter wie beim vorhergehenden Mal; s. auch Dela v. Boeselager, Zu Votivgaben an der „Schmuckmadonna" im Kölner Dom, in: KDb. 56. Folge, 1991, 295 ff.

449) Später vermeinte der Papst die Messe in der „Dreikönigenkapelle" (Achskapelle) gefeiert zu haben.

450) Von P. Hecker (1884–1971) stammten auch die Freskenmalereien in der 1944 zerstörten Kirche St. Mechtern.

451) Dieses Kloster wurde 1475 als Ersatz für das außerhalb der staufischen Stadtmauer Kölns liegende Kloster St. Mechtern errichtet. Man hatte es nebst einigen Höfe abgerissen, als Köln während des ‚Neußer Kriegs' die Belagerung durch Karl den Kühnen drohte. Es hätte dessen Truppen im Vorfeld der Stadt als Stützpunkt dienen können. Auch andere Gebäude und Höfe wurden damals abgetragen.

452) Brief des Apostels Paulus an die Philipper 1,23–25: „Denn es liegt mir beides hart an: ich habe Lust abzuscheiden und bei Christo zu sein, was auch viel besser wäre / Aber es ist nötiger, im Fleisch bleiben um euretwillen / Und in guter Zuversicht weiß ich, dass ich bleiben und bei euch allen sein werde, euch zur Förderung und Freude des Glaubens."

453) Der 881 m hohe Garizim liegt in Zentral-Samaria. Er galt den Juden der Zeit der Landnahme als Berg des Segens, während man den Nachbarberg Ebal für verflucht hielt (Deut 27, 12 ff., Josua 8,33).

454) Kaiphas (Joseph Kajaphas), von den Römern eingesetzter jüdischer Hohepriester (18–37 n. Chr. im Amt). Er war der Schwiegersohn des ehemaligen Hohepriesters Hannas (Joh 18,13). Er leitete das Verhör Jesu und empfahl dessen Hinrichtung (Joh 11,49 f.; Joh 18,4). In Mk 14,61 fragte er Jesus, ob er der Messias sei.

455) Hannas (Annas), Hohepriester, wurde von den Römern im Jahr 6 n. Chr. eingesetzt; trotz seiner Absetzung 15 n. Chr. durch die Römer (Lk 3,2) behielt er großen Einfluss. Deshalb wurde Jesus auch erst ihm und anschließend Kaiphas vorgeführt (Joh 18,13 ff.).

456) Einen guten Überblick über die Exponate der neuen Schatzkammer gibt: LEONIE BECKS, ROLF LAUER, Die Schatzkammer des Kölner Domes, Mit Beiträgen von DELA V. BOESLAGER und GEORG HAUSER und mit Fotografien von Winfried Kralisch, Reinhard Matz und Axel Schenk, Verlag Kölner Dom, Köln 2000.

457) Ulrich († 973), Bf von Augsburg. Adalbert (von Gnesen, poln. Woitech), Eb. von Prag, erlitt 997 an der Ostsee das Martyrium; in Gnesen beigesetzt, wurde er poln. Nationalheiliger. Kunigunde von Luxemburg († vor 1039) gründete mit ihrem Mann, Ks. Heinrichs II., das Bm Bamberg. Leopold III., (1136), Mgf von Österreich, machte zahlreiche fromme Stiftungen. Notburga von Rattenberg († 1313), Patronin der Sonntagsruhe, wurde 1862 kanonisiert. Johannes Sarkander (eigentl. Fleischmann; 1576–1620), Geistlicher und Gegenreformator aus Teschen, wurde in Olmütz verhaftet, gefoltert und getötet, weil er das Beichtgeheimnis nicht brechen wollte; 1860 sprach man ihn heilig. Fidelis († 1622), Gegenreformator, Prediger; wurde von Calvinisten in Graubünden ermordet. Willibald († 787), Missionshelfer des Bonifatius, wurde Bf von Eichstätt. Walburgis († 779), Benediktinerin, Nichte des Bonifatius, Äbtissin von Heidenheim. Burchard († 753), Mitarbeiter des Bonifatius, wurde 742 von Pippin (III.) d. Kurzen zum Bf Würzburgs ernannt. Er nahm an der berühmten Prälatengesandtschaft teil, die von Papst Zacharias die Erlaubnis erhielt, den letzten Merowinger Childerich III. zu entmachten. Sturmi(us) († 779), ein Missionshelfer des Bonifatius, wurde später Bf von Fulda. Adalhard († 826), Abt von Corbie in der Picardie. Meinrad, ermordet 861, lebte als Einsiedler auf dem Berg, auf dem jetzt das Kloster Einsiedeln steht (Kanton Schwyz). Mathilde († 968), die Mutter von Otto I., Bruno (Eb. von Köln) und Heinrich (von Bayern), gründete mehrere Klöster. Wolfgang († 994) wurde 972 Bf von Regensburg. Alban erlitt um 406 das Martyrium und wurde in Mainz begraben. Emmeram, Märtyrer des 7. Jh.s, wurde in Regensburg begraben. Goar († 575) missionierte in der Gegend des heutigen Sankt Goar. Rupert († 718) kam Ende des 7. Jh.s als Missionar nach Salzburg. Kilian, Bf von Würzburg, taufte den Frankenhzg Gozbert und wurde um 689 von dessen Verwandtschaft ermordet. Arbogast († 678) lebte als Einsiedler bei Hagenau, bis ihm Kg Dagobert I. das Bm Straßburg übertrug. Corbinian († 725) gündete das Bm Freising und wurde dessen erster Bf. Agritius, dritter Bf von Trier, im Jahr 314 bezeugt. Castor lebte im 4. Jh. als Einsiedler a. d. Mosel; seine Gebeine wurden 836 vom Trierer Eb. Hetti nach Koblenz ins Castorstift übertragen. Afra, in Rom der Venus geweiht, ging nach Augsburg und betrieb hier ein Bordell; zum Christentum bekehrt, erlitt sie um 303 den Märtyrertod. Severin († 482) missionierte in Noricum Mitte des 5. Jh.s. Valentin († 470), Wanderbischof in Rhätien. Bonifatius, eigentl. Winfrid, unterstützte die Karolinger bei der Entmachtung des letzten Merowingers Childerich III. (751); er erlitt 754 in Friesland das Martyrium. Das 19. Jh. sah in ihm den „Apostel der Deutschen". Servatius († 387), Bf von Tongern, trat auf den von Ks. Constantius II. terrorisierten Synoden von Serdica (Sofia; 343) und Rimini (359) als Gegner der Arianer auf. Willibrord († 739) wurde 695 zum Bf von Utrecht ernannt. Ansgar (801–865), Eb. von Hamburg bzw. Bremen, wurde vom picardischen Kloster Corbie zum Tochterkloster Corvey gesandt und missionierte in Schleswig und Schweden. Eucharius, erster Bf der Trierer Bischofsliste vor dem Jahr 314. Ludgerus (Liutger; 744–809) wurde von Karl d. Gr. 794 zum Bf von Münster eingesetzt. Liborius († um 397), Bf von Le Mans; seine Reliquien kamen 834 nach Paderborn.

458) Raymund von Peñaforte (1175–1275), Dominikaner, seit 1230 Beichtvater des Papsts Gregor IX. Katharina, Patronin der Philosophen, soll in Alexandrien 50 Philosophen zum Christentum bekehrt haben. Brigitta von Schweden (um 1303–1373) bemühte sich um die Rückkehr der Päpste von Avignon nach Rom. Crispinus erlitt in Soissons, wo er als Schuster tätig war, das Martyrium. Florian († 304), ein röm. Legionär, der verfolgten Christen zu Hilfe eilte, wurde in der Enns mit einem Mühlstein um den Hals ertränkt. Reinoldus, Mönch des Klosters St. Pantaleon zu Köln, wurde von Steinmetzen ermordet. Seine Gebeine ließ Eb. Anno II. nach Dortmund übertragen. Rochus, ein Pilger, pflegte Pestkranke, erkrankte, wurde von einem Engel gesundgepflegt. Werner von Oberwesel († 1287), ein Knabe, der angeblich nach der ersten Kommunion von Juden ermordet wurde; diese hätten sich, nachdem ihnen die Schändung der Hostie nicht gelungen war, an dem Blut des Kindes schadlos gehalten. Nach Entdeckung der Tat kam es zu einem Judenpogrom am Mittelrhein. In Oberwesel weihte man dem Heiligen eine Kirche (vgl. Anm. 139). Medardus († um 560), Bf von Noyon, wirkte beim Aufbau des Merowingerreichs mit und wurde ein Patron des Königshauses. Petrus von Mailand, franziskan. Einsiedler. Severus, ehem. Wollweber, später Bf von Ravenna. Isidor († um 1130), ein frommer Bauer aus der Gegend um Madrid, wurde beim Pflügen von einem Engel unterstützt. Leonardus lebte im 6. Jh. am fränk. Königshof, soll von Remigius getauft worden sein; er besuchte die Eingekerkerten und bat um ihre Freilassung. Onesimus, ein aus Kolossä (Phrygien) geflohener Sklave, bediente den im Gefängnis zu Ephesos einsitzenden Apostel Paulus (Brief des Paulus an Philemon 8–20); der Legende zufolge überbrachte er den Paulusbrief an die Kolosser. Cassianus erlitt Mitte des 4. Jh.s zu Imola (Forum Syllae) das Martyrium. Vincentius Ferrer († 1419), Dominikaner, war Beichtvater Papst Benedikts XIII. Karl Borromäus (1538–1584), Eb. von Mailand, förderte die erfolgreiche Beendigung des Konzils zu Trient. Benedikt von Nursia († 547) gründete 529 in Monte Cassino ein Kloster, das für das westl. Mönchswesen wegweisend wurde. Vincentius a Paulo (1576–1660) lebte viele Jahre als Sklave in Tunis; später entfaltete er seelsorgerische Tätigkeit unter den Galeerensträflingen.

459) Lüftildis (†im 10. Jh.?), Einsiedlerin, wird im Rheinland (Lüftelberg bei Rheinbach) verehrt. Christina (†1312), Mystikerin, die bei den Beginen lebte, wurde wegen ihrer Visionen auch von Studenten des Albertus Magnus aufgesucht; sie erlebte eine Stigmatisierung. Famianus (†1150), ein Pilger aus Köln, wurde 1154 heilig gesprochen; sein Leib ist bis heute unverwest. Die beiden Ewalde, zwei Missionare – der Weiße und der Schwarze Ewald genannt – erlitten 691/92 den Märtyrertod; ihre Reliquien befinden sich in St. Kunibert, Köln. Johannes (eigentl. J. Heer) eilte als seelsorgerischer Beistand nach Gorkum (einer 1572 von Calvinisten eroberten Stadt in Südholland) und wurde dort samt den schon inhaftierten kathol. Priestern und Ordensleuten gefoltert. Zusammen mit 18 Gefangenen ermordeten ihn der Calvinist Lumey und seine Gehilfen am 9. 7. 1572 in Brielle. Sandrad (†986), erster Abt in dem von Eb. Gero in (Mönchen-)Gladbach gegründeten Kloster. Irmund, ein Viehhirte aus Mündt im Jülichschen, öffnete mit seinem Gebet eine wundertätige Quelle (S. Irmundi puteus). Adelheid (um 938–1015), Äbtissin von Vilich (Bonn-Beuel), zeitweise auch Äbtissin von St. Maria im Kapitol und Beraterin des Eb. Heribert. Adelricus (Alderich, †um 1200), ein Diener und Hirte im Prämonstratenserkloster Füssenich bei Zülpich. Wolfhelm (1065–1091), Abt von Brauweiler; er besaß nach Ansicht der Zeitgenossen ein zu ausgeprägtes Interesse an antiker Literatur. Gezelin (†um 1137), Laienbruder des Stifts Altenberg; seine Gebeine befinden sich seit 1814 in St. Andreas zu Schlebuschrath. Cassius und Florentius, zwei Märtyrer, die wahrscheinlich der Thebaischen Legion angehörten; sie wurden vor 400 in Bonn in einer Memoria bestattet, über der heute das Bonner Münster steht. Remaclus gründete um 650 die Benediktinerabtei Malmedy. Poppo (987–1048) wurde 1020 zum Abt der Reichsklöster Stablo und Malmedy, 1022 auch als Abt von St. Maximin (Trier) eingesetzt. Adolf (um 1185–1224), Kanoniker, gründete in Camp bei Rheinberg das erste Zisterzienserkloster, das im heutigen Deutschland liegt. Gerhard (963–994), Bf von Toul, übergab Eb. Bruno I. die Reliquien des hl. Eliphius. Suitbert (†713), Missionar aus Britannien, gründete auf dem heutigen Kaiserswerth ein Kloster (Suitbertswerth). Valerius, zweiter Bf von Trier nach der Trierer Bischofsliste, vor dem Jahr 314.

460) Die Frage des „Maßstabs" bewegte bereits das 19. Jahrhundert in starkem Maß. Reichensperger und andere Neugotiker hatten deshalb auch den Erhalt der Annexbauten gefordert, weil sie diese als maßstabsstiftend empfanden; der Dom sollte im Vergleich „als eine Mutter erscheinen, um welche sich die Kinder des verschiedenen Alters und Wunsches drängen" (zit. n. J. Breuer 101).

461) Ausführliche Beschreibung s. H. Rode, Die Kreuzgangfenster von St. Cäcilien, Ein christologischer Zyklus in der Sakramentskapelle des Kölner Doms, in: KDb. 1959, 79 ff.

462) Eberhard Kühnemann, Eine Inschrift in der Domsakristei, in: Forschung im Kölner Dom, KDb. 4. / 5. Folge, Köln 1950, 19 ff.

463) Zur Geschichte des Sakristeikellers s. vor allem Ana Pancini, Gerhard Fitzek, Der Sakristeikeller des Kölner Doms, in. KDb. 58. Folge, Köln 1993, 251 ff. u. Bernd Billecke, Der Bau der neuen Domschatzkammer, in: KDb. 66. Folge, Köln 2001, 237 ff.

464) Labyrinthe waren im MA in vielen frz. Kathedralen anzutreffen; besonders bekannt sind die Fußboden-Labyrinthe der Kathedralen von Chartres und Amiens; jenes der Kathedrale von Reims wurde auf Befehl des dortigen Domkapitels zerstört, weil die Kinder in ihm spielten und lärmten. Der Legende zufolge war das Labyrinth eine Erfindung des Daidalos, Vater des Ikaros. Er galt der Antike und dem MA als erster Baumeister und Bildhauer. Mit Labyrinthdarstellungen nahmen gotische Dombaumeister ausdrücklich auf ihn bezug.

465) Arnegunde war die fünfte Frau des heiratswütigen Chlotar I. (511–561), Kg des Frankenreichs von Soissons. Bei Wisigard handelte es sich um eine langobardische Prinzessin.

466) G. Forster ließ sich über die „Köllnische Klerisei" wie folgt aus: „Die Bettlerrotten sind ihre Miliz, die sie am Seil des schwärzesten Aberglaubens führen, durch kärglich gespendete Lebensmittel in Sold erhalten, und gegen den Magistrat aufwiegeln, sobald er ihren Absichten zuwider handelt. Es ist wohl niemand so unwissend, dass er noch fragen könnte, wer den Pöbel gereizt habe, sich der Erbauung eines protestantischen Gotteshauses zu widersetzen?" (Forster 61). Damit spielte Forster auf die gescheiterten Versuche des Kurfürst-Erzbischofs Maximilian Franz an, den Protestanten ein Bethaus zu verschaffen (sog. Toleranzstreit).

467) Den Blutbann, die Hohe Gerichtsbarkeit, behielt sich der Kurfürst-Erzbischof bis zum Ende des Kurstaats 1794 vor; andere richterliche Befugnisse eignete sich die Stadt im Lauf der Jahrhunderte an (zu Offizialat vgl. S. 131 ff.).

468) Abgerissen wurden in Domnähe u. a. (im Uhrzeigersinn): die Küsterhäuser im Nordturm (1843); das mehrteilige Dompfarrhaus mit Schauseite zur Trankgasse (1865); die kleine romanische Kirche St. Lupus auf der Nordseite der Trankgasse mit Hospital der Lupus- oder Schreibrüder (1808); die Pfarrkirche St. Maria im Pesch (1843); der nördl. Teil der gotischen Sakristei (zerstört 1868; vgl. S. 254 ff.); der Kapitelsaal (1843); St. Maria ad Gradus (zerstört 1817); die Drachenpforte an der Einmündung von Unter Gottesgnaden in den Domhof (1807); das barocke Priesterseminar (1864); die ehem. Palastkirche und spätere Pfarrkirche St. Johannes Evangelist (1828/29); das erzbischöfl. Hochgericht (1829); die Domvikarien auf den Fundamenten des Südportals (1827 und 1843); die Hofkirche St. Thomas (zerstört im Zweiten Weltkrieg); das Heiliggeisthospital (1846); die Aula Theologica (1844); die alte Dompropstei, die Wallraf als Wohnhaus gedient hatte (1830); die Pfaffenpforte („Paphinportz"), das alte röm. Nordtor (1826 zerstört). Seit 1998 erinnert eine 1,8 x 1,2 m große, in den Boden eingelassene Bronzeplatte auf der Südseite des Roncalliplatzes an die Bebauung von vor 1794.

469) Auch der progressiv eingestellte G. Forster (vgl. Anm. 45) unterwarf sich diesen Vorstellungen: „So oft ich Köln besuche, gehe ich immer wieder in diesen herrlichen Tempel, um die Schauer des Erhabenen zu fühlen. Vor der

Kühnheit der Meisterwerke stürzt der Geist voll Erstaunen und Bewunderung zur Erde; dann hebt er sich wieder mit stolzem Flug über das Vollbringen hinweg, das nur Eine Idee eines verwandten Geistes war."

470) 1816 fertigte der Düsseldorfer Hofgärtner Maximilian Friedrich Weyhe (1775–1846) nach Schinkels Angaben einen Plan zur terrassenförmigen Heraushebung des Doms mit einem platzähnlichen Durchbruch zum Rhein an. In diesem Entwurf tritt bereits der Charakter der Domumgebung als Volksversammlungsplatz zurück.

471) Die schon von Goethe begrüßte Niederlegung der Kirche St. Maria ad gradus hatte u. a. ursprünglich der Freistellung des Domchors dienen sollen; nun wurde der gewonnene Raum von der Brückenanlage verdeckt; der beim Rhein liegende Frankenplatz und das Rheinpanorama wurden praktisch zerstört.

472) Zur Dombauhütte vgl. S. 263 ff. Zu dem hier nicht behandelten Plan Fritz Schumachers s. insbes. Arnold Wolff, Fritz Schumachers Planungen für die Kölner Domumgebung von 1923, in: KDb. 65. Folge, Köln 2000. Hier wird auch kurz auf den phantastischen Plan des Dombaumeisters H. A. Güldenpfennig eingegangen, der gar die Verlegung des Hauptbahnhofs forderte.

473) Judith Breuer 171. Die Autorin vertritt in ihrer Dissertation die Auffassung, dass das 19. Jh. keineswegs eine „maßstabslose Freilegung des Kölner Doms" betrieben habe, wie in den 70er-Jahren des 20. Jh.s gerne von Architekten und Stadtplanern gesagt wurde. Man hätte damals im Gegenteil „größere Rücksicht auf den dominierenden Bau und auf ausgewogene Viertelfunktionen" genommen.

474) Hans-Georg Lippert, Eintracht und Ausdauer? Dombauverwaltung und Dombauhütte zwischen 1884 und 1904, in: KDb. 59 Folge, Köln 1994, 308 ff.

475) A. Wolff, Der Dom 46; s. auch A. Wolff, S. Johannes in Curia, Die erzbischöfliche Pfalzkapelle auf der Südseite des Kölner Domes und ihre Nachfolgebauten, in: KDb. 33. / 34. Folge, Köln 1971, 125 ff. In der Pfalzkapelle, die höchstwahrscheinlich Johannes dem Täufer (ursprünglich also nicht dem Evangelisten) geweiht war, fand Weihnachten 1020 die Versöhnung Kaiser Heinrichs II. mit Eb. Heribert statt: Der Kaiser hatte vergeblich den schon tödlich erkrankten Eb. um Unterstützung der Reichsexekution gegen den in nicht-kanonischer Ehe lebenden Otto von Hammerstein, Grafen von Wetterau, ersucht. Nach seinem Tod 1021 wurde Heribert in der von ihm geweihten Deutzer Abtei vor dem Altar beigesetzt und 1075 heiliggesprochen. Zwischen 1160 und 1170 schufen Künstler, die der Kunst des Rhein-Maasgebietes („art mosan") verpflichtet waren, den Schrein für Heribert, der als ein Hauptwerk der romanischen Goldschmiedekunst gilt. Auf ihm sind Ereignisse aus dem Leben des Verstorbenen dargestellt, u. a. die Versöhnung mit dem Kaiser.

476) Kaiser Arkadius, ältester Sohn und Nachfolger des Kaisers Theodosius, kam mit 18 Jahren auf den Thron und regierte von 395–408.

477) G. Gropper, ein Verwandter des berühmten Domherrn Johann Gropper, war zugleich Propst zu Soest und Statthalter des kurkölnischen Vests Recklinghausen. J. M. S. von Königsegg-Rotenfels, Herr zu Aulendorff und Stauffen, war Domdechant zu Köln und Domherr zu Straßburg. Sein Epitaph kam nach 1890 auf die Domterrasse; es zeigt das gleiche Wappen wie die Kartusche mit dem Wappen des Kurfürst-Erzbischofs Maximilian Friedrich von Königsegg-Rotenfels vor der Marienkapelle. F. C. von Francken-Siersdorff, ein Verwandter des Ferdinand Eugen von Francken-Siersdorff, war Stiftsdechant von St. Severin in Köln und (Titular)Bf von Rhodiapolis (lat. Rodiopolis; antike griech. Stadt in der südl. Türkei bei Kumluca).

478) In England „Gothic Revival"; in Frankreich z. B. der erstaunliche „Rettungsbau" der Kathedrale von Orléans im 16./17. Jh. (vgl. S. 31 ff.).

479) L. B. Alberti (1404–1472), italienischer Humanist und Kunsttheoretiker, auch Jurist, wirkte selbst als Architekt, Bildhauer, Maler und Dichter.

480) G. Vasari (1511–1574), italienischer Maler und Baumeister, vor allem Kunstschriftsteller und Kunsttheoretiker.

481) Übersetzung nach A. Klein, Der Dom zu Köln.

482) Diese Auffassung wurde von der seit dem Humanismus üblichen Gleichsetzung Gallien = Frankreich, Germanien = Deutschland begünstigt; s. auch C. Brühl 153

483) J. W. Goethe, Von deutscher Baukunst, 1772. Zit. nach J. W. Goethe: Werke in sechs Bänden, VI, Frankfurt–Leipzig 1993, 249. Erwin von Steinbach gilt als der Baumeister des Münsters.

484) Johanna Schopenhauer (1766–1838), Schriftstellerin, Mutter des Philosophen Arthur Schopenhauer, lebte von 1829 bis 1837 in Bonn, bereiste den Niederrhein und das bis 1830/31 noch mit dem Königreich der Niederlande vereinigte Belgien, worüber sie in „Ausflug an den Niederrhein und nach Belgien im Jahre 1828" berichtete.

485) Gemeint ist die kleine franzöz. Stadt Sées, etwa 60 km nördlich von Le Mans.

486) Dazu z. B. die Beobachtung A. Wolffs, 1998, 25, zu den Chorschlussfenstern der Kathedrale von Reims: „Gotische Baumeister streben ... nicht nach maßlicher oder formaler, sondern ausdrücklich nach optischer Gleichheit der Bauglieder. Dem Bauwerk innewohnende nicht sichtbare Maße und Zahlen, die in vorromanischer und noch in romanischer Zeit sehr wichtig genommen wurden, interessieren sie zunehmend weniger."

487) Es sei auf zwei Bücher verwiesen, die sich intensiv mit der Kathedrale von Chartres beschäftigen: Sonja Ulrike Klug, Kathedrale des Kosmos, Die heilige Geometrie von Chartres, Kreuzlingen 2001, u. Louis Charpentier, Die Geheimnisse der Kathedrale von Chartres, Köln 1997[14].

488) Der Aufsatz des aus Prag gebürtigen, nach den USA emigrierten P. Frankl (1878–1962) wurde von Dombaumeister A. Wolff übersetzt und vorgestellt, vgl. KDb., Folge 28/29, Köln 1968, 241 ff.

489) A. Wolff, 1998, 45: „Es liegt eine gewisse Tragik darin, dass die Kunstgeschichte diese Erkenntnis fast

hundert Jahre ignorierte, um sie dann, ohne sie wirklich zu verstehen, als neu entdeckten Schlüssel für die Entstehung der Gotik anzubieten." S. auch **A. Speer** 89 f., **H. Westermann-Angerhausen**, 1998, 95 ff.

490) Himmlisches Jerusalem und Wohnstatt Gottes nach Offb 21,2,3: „Und ich Johannes sah die heilige Stadt, das neue Jerusalem, von Gott aus dem Himmel herabfahren, bereitet als eine geschmückte Braut ihrem Mann / ... Siehe da, die Hütte Gottes bei den Menschen; und er wird bei ihnen wohnen, und sie werden sein Volk sein, und er selbst, Gott mit ihnen, wird ihr Gott sein."

491) **G. Duby**, 254: „Die Kathedrale ... sorgt sich eher um eine dialektische Analyse der Strukturen. Sie strebt nach der Klarheit der scholastischen Beweisführung." Mit solchen und ähnlichen Äußerungen erweist sich Duby deutlich als in der Nachfolge E. Panofskys stehend.

492) Bei Helmarshausen, einem Dorf bei Hofgeismar, bestand 998–1535 ein Benediktinerkloster. **A. Legner** hielt es für möglich, dass Roger, nachdem er im Benediktinerstift Stablo (Stavelot, Ardennen) gelebt hatte, sich auch länger in St. Pantaleon zu Köln aufgeheilt, ehe er nach Helmarshausen weiterzog (**A. Legner**, 1991, 182 ff.). G. E. Lessing hat das Buch des Roger nach dem Wolfenbütteler Manuskript veröffentlicht. Schon früher befanden sich Abschriften des Manuskripts im Besitz von Nikolaus Cusanus (von Cues), Regiomontanus (Joh. Müller) und Paracelsus (Theophrast Bombastus von Hohenheim).

493) Edelsteine erfreuten sich schon in der vorchristlichen Antike bei allen Völkern hoher, oft religiös bedingter Wertschätzung. Bei Gen 28,17 ff. weist Gott Moses an, seinem Bruder Aaron Priesterkleider mit einem Amtsschild aus 12 Edelsteinen zu machen.

494) Ez 40,2 ff.: „Durch göttliche Gesichte führte er mich ins Land Israel und stellte mich auf einen sehr hohen Berg, darauf war's wie eine gebaute Stadt gegen Mittag / Und da er mich dahingebracht hatte, siehe, da war ein Mann, des Ansehen war wie Erz; der hatte eine leinene Schnur und eine Messrute in seiner Hand und stand unter dem Tor / Und er sprach zu mir: Du Menschenkind, siehe und höre fleißig zu und merke auf alles, was ich dir zeigen will ... auf dass du solches ... verkündigest dem Hause Israel." Es folgen die Beschreibung des Tempels und die Angabe seiner Maße. Ezechiel, dritter der 4 Gr. Propheten, wurde 597 v. Chr. mit der jüdischen Oberschicht von Kg Nebukadnezar nach Babylonien verschleppt. Gregor d. Gr. (I., Gregorius), ein bedeutender Bibelexeget des frühen MA, deutete den Mann als Christus selbst und das Tor als „fides" (Glaube).

495) Der Altar konnte ohne Tempel sein, aber auch in ihm stehen. Er war diesem weniger verbunden als dem Ort der Theophanie der Gottheit, die wohl erst später als im Tempel geschehend gedacht wurde. Nach Gen 12,8 errichtete Abra(ha)m in Bet-El einen Altar unter freiem Himmel.

496) Die Altarweihe der kath. Kirche erinnert noch heute daran: Zweimal zeichnet der Priester fünf Kreuze auf den Altar. Das erste Kreuz wird in der Mitte gezeichnet (das ist der Punkt, an dem Himmel und Erde sich berühren); die vier übrigen Kreuze werden diagonal als Zeichen der Ausdehnung des Raumes gezeichnet. Die erste Zeichnung der Kreuze erfolgt mit Weihwasser: damit reinigt der Priester und wiederholt zugleich die Sintflut; er führt den Kosmos in seinen Urzustand zurück. Gleichzeitig besprengt er den Altar mit dem Wasser des Lebens, aus dem Noë als Überlebender hervorging. Die zweite Zeichnung der Kreuze wird mit hl. Öl ausgeführt; die Weihe umfasst den nunmehr gereinigten Kosmos.

497) Auch der Vorgang der Weihe der Kirche erinnert heute noch bei der kath. Kirche an den Kosmos-Charakter des Gebäudes: der Priester reinigt durch Besprengen mit Wasser den Boden. Dabei beginnt er in der Mitte und beschreibt dann ein Kreuz. Dazu werden Worte Jakobs gesungen. Dann wird im Namen Christi der gereinigte Kosmos in Besitz genommen, indem mit Asche ein Kreuz auf den Boden der Kirche gezeichnet wird, das ihre vier Ecken diagonal miteinander verbindet.

498) Bei den Griechen „omphalos" (Nabel), bei den Römern „mundus".

499) Eusebios von Cäsarea (um 260–339/340), Bf von Cäsarea (Palästina), vermittelte im Streit zwischen Arianern und Orthodoxen und war die wichtigste kirchenpolitische Stütze Kaiser Konstantins seit dem Konzil von Nikäa (325). Er war der erste, der in den römischen Kaisern (von Augustus an) die Vollstrecker des göttl. Heilsplans gesehen hat. In Konstantin erblickte Eusebios das auserwählte Werkzeug Gottes, wie es früher Moses und David gewesen waren, um das Evangelium in der Welt auszubreiten und die Einheit des Reichs mithilfe der Kirche wiederherzustellen.

500) Offb 21,16: „Und die Stadt liegt viereckig, und ihre Länge ist so groß als die Breite. Und er *[der Engel]* maß die Stadt mit dem Rohr auf zwölftausend Feld Wegs. Die Länge und die Breite und die Höhe der Stadt sind gleich."

501) Die vom Erzgießer des Kgs Salomon, Hiram aus Tyrus, geschaffenen Bronzesäulen des Jerusalemer Tempels hatten Namen: „Und er richtete die Säulen auf vor der Halle des Tempels. Und die er *[der Erzgießer]* zur rechten Hand setzte, hieß er Jachin, und die er zur linken Hand setzte, hieß er Boas. Und es stand also oben auf den Säulen wie Lilien. Also ward vollendet das Werk der Säulen" (1 Kön 7,15 ff.; 2 Chr 3,15 ff.).

502) Z. B. waren dem römischen Heeresingenieur und Architekturschriftsteller Vitruv(ius) († 26 v. Chr.?), der im MA und in der Renaissance eine hoch geachtete Autorität darstellte und dessen zehnbändiges Werk viel gelesen wurde, nicht mehr all diese Zusammhänge bekannt.

503) Da dieses Haus Daniels in Babylonien zur Zeit Nebukadnezars stand, lag Jerusalem eher im Westen. Für die Ostausrichtung der Synagogen spielt diese Tatsache allerdings keine Rolle.

504) Die Gnosis (griech. = Wissen, Erkenntnis) war im östl. Mittelmeerraum lange einer der Hauptkonkurrenten des jungen christlichen Glaubens und drang mit ihrer Abwertung des Leiblichen auch in das Christentum ein. Der

mysteriöse Tod des bekennenden „Heiden" Julian am 26. 6. 363 kurz nach der siegreichen Schlacht gegen die Perser vor Ktesiphon bei Bagdad wurde von vielen Zeitgenossen als Strafe des christl. Gotts angesehen.

505) Im Großen Bären, der stets um den Polarstern wandert, ohne sich von ihm zu entfernen, erblickte Papst Gregor (I.) d. Gr. das Symbol der Kirche.

506) Den Juden des Alten Testaments war der Süden heilig, der Norden unheilvoll, denn Satan entwich nach seinem Sturz nach Norden. Den mittelalterlichen Menschen war besonders der Westen bedrohlich, denn von hier erfolgte der Angriff der Dämonen.

507) Aufgrund seiner etappenweisen Fertigstellung und unserer Unkenntnis der Inhalte der verlorengegangenen, mittelalterl. Südfenster (S. 190 ff.) kann dies am Kölner Dom jedoch nicht nachgewiesen werden.

508) Ecclesia („Volksversammlung"), nach Paulus die Gemeinschaft der Christen, bezeichnet erst später den Sakralbau, nach Eph 5,23 auch die Braut Christi, die nach Augustinus als Christenheit die mystische Hochzeit mit Christus feiert. Diese Vorstellung vertrat auch noch M. Luther. Im 12./13. Jh. wurde Ecclesia oft mit Maria gleichgesetzt (vgl. S. 114 ff.). Synagoge („Versammlung"), das Symbol des Alten Bundes, wurde oft mit verbundenen Augen und zerbrochener Fahnenstange als Frauengestalt dargestellt, wendet sich im Gegensatz zur Ecclesia vom Gekreuzigten ab. Bekannt sind die Figuren vom Jungfrauenportal am Straßburger Münster; hier wird Synagoge lieblicher als Ecclesia dargestellt.

509) Einstürze und Einsturzgefahr gab es bei diesen neuen, ungewohnten Dimensionen oft genug, so kam z.B. Anfang des 13. Jh.s die Südfassade der Kathedrale von Bourges ins Rutschen, die Chöre der Kathedralen von Meaux und von Saint-Denis mussten wegen Einsturzgefahr erneuert werden; 1267 brach der Südturm der Kathedrale von Sens zusammen, 1284 der Chor von Beauvais, 1382 der Turm der Marienkirche von Stralsund, 1506 der Nordturm von Bourges, 1547 der Mittelturm von Lincoln, 1573 der Vierungsturm von Beauvais. Der Anschluss des polygonalen Chorteils an den parallelen Teil war in Beauvais fehlerhaft berechnet. Durch ungenaue Bestimmung der Winkel der einzelnen Chorkapellen klaffte zwischen dem Chorpolygon und dem Langteil eine Lücke von mehreren Zentimetern, die ausgeglichen werden musste.

510) Die größere Chorhöhe der Kathedrale von Beauvais gegenüber Köln resultiert aus ihrer ungeheuren Arkadenhöhe von fast 21 m. Im Triforium und im Obergaden sind die Maße vergleichsweise gemäßigt. Im Gegensatz zu dieser Unproportioniertheit verwirklicht Köln mit 17 m Obergadenhöhe ein Ideal: Von insgesamt $^7/_7$ der Gesamtinnenhöhe entfallen etwa $^3/_7$ auf die Arkaden, $^1/_7$ auf das Triforium und $^3/_7$ auf den Obergaden.

Literatur

Hinweis: Auch im Rahmen der einzelnen Kapitel befinden sich Literaturhinweise, die nicht in dieser Liste erscheinen.

Amberg, Gottfried, Tod und Begräbnis des Kurfürsten Ernst, in: KDb., 49. Folge, Köln 1984, 111 ff.

Angenendt, Arnold, Der Kult der Reliquien, in: Reliquien, Verehrung und Verklärung, Skizzen und Noten zur Thematik und Katalog zur Ausstellung der Kölner Sammlung Louis Peters im Schnütgen-Museum, hrsg. v. Anton Legner, Köln 1989, 9 ff.

Appel, Heinrich, Die Füssenicher Madonna in der Achskapelle des Domes, in: KDb., 21./22. Folge, Köln 1963, 127 ff.

Baudin, Helma, Kirchliche und weltliche Aspekte in Stefan Lochners Altar der Kölner Stadtpatrone, in: Stefan Lochner – Meister zu Köln, Herkunft – Werke – Wirkung, hrsg. v. Frank Günther Zehnder, Köln 1993, 215 ff.

Becksmann, Rüdiger, Bildfenster für Pilger, Zur Rekonstruktion der Zweitverglasung der Chorkapellen des Kölner Domes unter Erzbischof Walram von Jülich (1332–1349), in: KDb., 67. Folge, Köln 2002, 137 ff.

Bellot, Christoph, Klarissenkloster St. Klara, in: Colonia Romanica, Jahrbuch des Fördervereins Romanische Kirchen Köln e. V., Folge X, Köln 1995, 211 ff.

Belting, Hans, Bild und Kult, Eine Geschichte des Bildes vor dem Zeitalter der Kunst, München 1990

Bergmann, Ulrike, Das Chorgestühl des Kölner Domes (2 Bde), Köln 1987

Bergmann, Ulrike, Der Skulpturenfund im Kölner Domchor, in: Verschwundenes Inventarium, Der Skulpturenfund im Kölner Domchor, Köln (1984), 19 ff.

Bergmann, Ulrike/**Lauer**, Rolf, Die Domplastik (im Inhaltsverzeichnis heißt es: *Domwerkstatt*) und die Kölner Skulptur, in: Verschwundenes Inventarium, Der Skulpturenfund im Kölner Domchor, Köln (1984), 37 ff.

Binding, Günther, Hochgotik, Die Zeit der großen Kathedralen, Köln 1999

Binding, Günther, Was ist Gotik, Eine Analyse der gotischen Kirchen in Frankreich, England und Deutschland 1140–1350, Darmstadt 2000

Bloch, Peter, Rheinische Madonnen, Mönchengladbach 1961

Borger, Hugo (Hrsg.), Der Kölner Dom im Jahrhundert seiner Vollendung, Katalog zur Ausstellung der Historischen Museen in der Josef-Haubrich-Kunsthalle, Köln 16. 10. 1980 bis 11. 1. 1981, Köln 1980

Borger, Hugo u. **Gaertner**, Rainer, Der Kölner Dom, Köln 1980

Breuer, Judith, Die Kölner Domumgebung als Spiegel der Domrezeption im 19. Jahrhundert, hrsg. vom Landeskonservator Rheinland, Köln 1981

Brinkmann, Bodo, Jenseits von Vorbild und Faltenform: Bemerkungen zur Modernität Stefan Lochners, in: Stefan Lochner – Meister zu Köln, Herkunft – Werke – Wirkung, hrsg. v. Frank Günther Zehnder, Köln 1993, 81 ff.

Brinkmann, Ulrike, Das jüngere Bibelfenster, Köln 1993²

Brinkmann, Ulrike, Die Wiederherstellung der Kölner Domfenster im 19. Jahrhundert, in: CVMA Deutschland, Studien II, Berlin 1996, 101 ff.

Brinkmann, Ulrike, Der typologische Bilderkreis des Älteren Bibelfensters im Kölner Dom, in: Dombau und Theologie im mittelalterlichen Köln, Festschrift zur 750-Jahrfeier der Grundsteinlegung des Kölner Domes und zum 65. Geburtstag von Joachim Kardinal Meisner, Köln 1998, 151 ff.

Brinkmann, Ulrike u. **Lauer**, Rolf, Die mittelalterlichen Glasfenster des Kölner Domchores, in: Himmelslicht, Ausstellungskatalog des Schnütgen-Museums Köln, Köln 1998, 23 ff.

Brühl, Carlrichard, Deutschland – Frankreich, Die Geburt zweier Völker, Köln–Wien 1995

Burckhardt, Jacob, Die Kunst der Renaissance in Italien, Berlin–Leipzig 1932

Champeaux, Gérard und **Sterckx**, Dom Sébestien, Einführung in die Welt der Symbole, Würzburg 1990

Clemen, Paul, Die Kunstdenkmäler der Rheinprovinz, Die ehemaligen Kirchen, Klöster, Hospitäler und Schulbauten der Stadt Köln, Düsseldorf 1937[1]

Clemen, Paul, Die Kunstdenkmäler der Rheinprovinz, Der Dom zu Köln, Düsseldorf 1937[1] *(immer noch maßstabsetzend u. eine Fundgrube)*

Daly, César, Du Projet d'achèvement de la Cathédrale de Cologne, Paris 1842

Deml, Ingo Matthias, Der Altar der Mailänder Madonna und die Neuausstattung des Kölner Domes im 17. Jahrhundert, in: KDb., 64. Folge, Köln 1999, 183 ff.

DeNoel, M. J., Der Dom zu Köln, Historisch-archäologische Beschreibung desselben, Köln 1834

Die Holzskulpturen des Mittelalters, Katalog des Schnütgen-Museums II., 1, 1400–1540, hrsg. von Hiltrud Westermann-Angerhausen, bearbeitet von Reinhard Karrenbroch, Köln 2001

Die neue Schwalbennest-Orgel im Kölner Dom, Festschrift aus Anlass der Einweihung am 29. Juni 1998 (im Auftrag des Metropolitankapitels, hrsg. vom Verlag Kölner Dom e. V., mehrere Autoren) Köln 1998

Diemer, Peter, Zum Darstellungsprogramm des Dreikönigenschreins, in: KDb., 41. Folge, Köln 1976, 231 ff.

Dietrich, Gerhard, Einige Nachrichten über Hans Güldenpfennig, Dombaumeister in dunkler Zeit, 1928–1944, in: KDb., 51. Folge, Köln 1986, 334

Duby, Georges, Die Zeit der Kathedralen, Kunst u. Gesellschaft 980–1420, Frankfurt 1992 *(frz.: Le temps des cathédrales, l'art et la société; eloquent geschriebene Arbeit der 70er–Jahre, fußt in manchem auf Panofsky)*

Elbern, Victor H., Die Rubensteppiche des Kölner Domes, Ihre Geschichte und ihre Stellung im Zyklus „Triumph der Eucharistie", in: KDb., 10. Folge, Köln 1955, 43 ff.

Elbern, Victor H., Addenda zum Zyklus „Triumph der Eucharistie" von P. P. Rubens, in: KDb., 21./22. Folge, Köln 1963, 77 ff.

Engels, Odilo, Die Stauferzeit, in: Rheinische Geschichte in drei Bänden, Bd. 1.3, Düsseldorf 1983

Ennen, Leonard, Geschichte der Stadt Köln, meist aus den Quellen des Kölner Stadt-Archivs, Köln–Neuß 1869

Erlande-Brandenburg, Alain, Triumph der Gotik, 1260–1380, München 1989

Ewig, Eugen, Frühes Mittelalter, in: Rheinische Geschichte in drei Bänden, Bd. 1.2, Düsseldorf 1980

Fischer, Steven Roger, Die Familie Lochner und der Bodenseeraum, in: Stefan Lochner – Meister zu Köln, Herkunft – Werke – Wirkung, hrsg. v. Frank Günther Zehnder, Köln 1993, 15 ff.

Forster, Georg, Ansichten vom Niederrhein, von Brabant, Flandern, Holland, England und Frankreich im April, Mai und Junius 1790, Nachdruck Leipzig 1979

318

Frankl, Paul, Gothic Architecture (Harmondsworth 1962), hier in der Übersetzung von A. Wolff, abgedruckt in: KDb., 28./29. Folge, Köln 1968, 241 ff.

Gestalten der Kirchengeschichte, hrsg. von Martin Greschat, 12 Bde., Stuttgart-Berlin-Köln 1984

Gompf, Ludwig, Der Kölner Dom, die Heiligen Drei Könige und der Apostel Thomas, in: KDb., 61. Folge, Köln 1996, 99 ff.

Hamann, Richard, Geschichte der Kunst von der altchristlichen Zeit bis zur Gegenwart, Berlin 1932²

Hamann-MacLean, Richard, Der Dreikönigenschrein im Kölner Dom, Bemerkungen zur Rekonstruktion, Händescheidung und Apostelikonographie, in: KDb., 33./34. Folge, Köln 1971, 43 ff.

Handbuch der Kirchengeschichte, hrsg. von Hubert Jedin, Freiburg – Basel – Wien 1985

Hardering, Klaus, Rheinische Reliquientumben, in: KDb., 64. Folge, Köln 1999, 55 ff.

Hauser, Georg, Abschied vom Hildebold-Dom, Die Bauzeit des Alten Domes aus archäologischer Sicht, in: KDb., 56. Folge, Köln 1991, 209 ff.

Hauser, Georg, Das fränkische Gräberfeld unter dem Kölner Dom, in: Die Franken, Wegbereiter Europas, Austellungskatalog, Mainz 1996, 438 ff.

Hausherr, Reiner, Der tote Christus am Kreuz, Zur Ikonographie des Gerokreuzes, Bonn 1963

Hegel, Eduard, Das Erzbistum Köln zwischen Barock und Aufklärung, Bd. IV, hrsg. von Eduard Hegel, Vom Pfälzischen Krieg bis zum Ende der französischen Zeit (1688–1814), Köln 1979

Heise, Carl Georg u. **Wundram**, Manfred (Hrsg.), Das Gero-Kreuz im Kölner Dom, Einführung von Max Imdahl, Stuttgart 1964

Helmken, Frz. Theod., Der Dom zu Coeln; seine Geschichte und Bauweise, Bildwerke und Kunstschätze; Ein Führer für die Besucher, Köln 1894³

Hess, Daniel, Barocke Spätromanik oder byzantinische Gotik? in: Himmelslicht, Ausstellungskatalog des Schnütgen-Museums Köln, Köln 1998, 63 ff.

Hilger, Hans Peter, Das mittelalterliche Erscheinungsbild des Kölner Domchores, in: Verschwundenes Inventarium, Der Skulpturenfund im Kölner Domchor, Köln (1984), 83 ff.

Hilger, Hans Peter, Der Claren-Altar im Dom zu Köln, in: KDb., 43. Folge, Köln 1978, 11 ff.

Hilger, Hans Peter, Die Chorschrankenmalerei im Dom zu Köln und der Meister des Hohenfurter Altars in Prag, in: KDb., 48. Folge, Köln 1983, 275 ff.

Himmelslicht, Europäische Glasmalerei im Jahrhundert des Kölner Dombaus (1248–1349), Ausstellungskatalog des Schnütgen-Museums Köln, herausgegeben von H. Westermann-Angershausen in Zusammenarbeit mit Carola Hagnau, Claudia Schumacher u. Gudrun Sporbeck, Köln 1998

Hoster, Joseph, Der Dom zu Köln, Köln 1965

Hüffer, Hermann, Forschungen auf dem Gebiete des französischen und des rheinischen Kirchenrechts nebst geschichtlichen Nachrichten über das Bistum Aachen und das Domkapitel zu Köln, Münster 1863

Hürlimann, Martin, Gotische Kathedralen in Frankreich, Aufnahmen von Martin Hürlimann, Einleitung von Paul Clemen, Bilderläuterungen von Peter Meyer, Zürich 1966⁶ *(betagte Arbeit, die durchaus ihren Reiz hat)*

Huiskes, Manfred, Die Finanzierung des Dombaus und ihr Zusammenbruch, in: Ad Summum – 1248 – Der gotische Dom im Mittelalter, Ausstellungskatalog, Köln 1998

Janssen, Wilhelm, Geschichte des Erzbistums Köln, Bd. II, hrsg. von Eduard Hegel, Das Erzbistum Köln im späten Mittelalter (1191–1515), Köln 1995

Kauffmann, Hans, Die Kölner Domfassade, Untersuchung zu ihrer Entstehungsgeschichte, in: Der Kölner Dom, Festschrift zu 700-Jahrfeier 1248–1948, hrsg. vom Zentral-Dombau-Verein, Köln 1948, 78 ff.

Kauffmann, Hans, Das Dombild von Stephan Lochner, in: KDb., 6./7. Folge, Köln 1952, 7 ff.

Kauffmann, Hans, Zur Frage der Restaurierung des Mittelfensters der Domfassade, Nachwort von Willy Weyres, in: KDb., 6./7. Folge, Köln 1952, 87 ff.

Kier, Hiltrud, St. Maria in Jerusalem (Ratskapelle), in: Colonia Romanica, Jahrbuch des Fördervereins Romanische Kirchen e. V., XI, Köln 1996, 77 f.

Kimpel, Dieter, Die Versatztechniken des Kölner Domchores, in: KDb., 44./45. Folge, Köln 1979/1980, 277 ff.

Klein, Adolf, Der Dom zu Köln, Die bewegte Geschichte seiner Vollendung, Köln 1980

Klein, Bruno, Beginn und Ausformung der gotischen Architektur in Frankreich und seinen Nachbarländern, in: Die Kunst der Gotik, Architektur – Skulptur – Malerei, Köln 1998, 28 ff.

Klug, Sonja Ulrike, Kathedrale des Kosmos, Die heilige Geometrie von Chartres, Kreuzlingen-München 2001   *(enthält u. a. den Versuch, die verschlüsselten mathematischen Verhältnisse zu erklären)*

Kölnische Künstler in Alter und neuer Zeit, Johann Jacob Merlos neu bearbeitete und erweiterte Nachrichten von dem Leben und den Werken Kölnischer Künstler, hrsg. von Eduard Firmenich-Richartz unter Mitwirkung von Hermann Keussen mit zahlreichen bildlichen Beilagen, Düsseldorf 1895

Kramp, Mario, Die Akte Paris, Heinrich Heine und der „Hülfsverein" für den Kölner Dombau, in: KDb., 66. Folge, Köln 2001, 119 ff.

Kramp, Mario, „Style Gautique" zwischen Deutschland und Frankreich, Der Architekt Franz Christian Gau (1789–1853), der Kölner Dombau und der Beginn der Neugotik in Paris, in: KDb., 60. Folge, Köln 1995, 131 ff.

Krings, Ulrich, Im Jahr des Domjubiläums 1998: Der Kölner Dom als „ganz normales" Baudenkmal, in: Colonia Romanica, Jahrbuch des Fördervereins Romanische Kirchen Köln e. V., XIII, Köln 1998

Kroos, Renate, Der Domchor: Bildwerke und Nutzung, in: Verschwundenes Inventarium, Der Skulpturenfund im Kölner Domchor, Köln (1984), 93 ff.

Kroos, Renate, Liturgische Quellen zum Kölner Domchor, in: KDb., 44./45. Folge, Köln 1979/1980, 35 ff.

Kurmann, Peter, Architektur der Spätgotik in Frankreich und den Niederlanden, in: Die Kunst der Gotik, Architektur – Skulptur – Malerei, Köln 1998, 156 ff.

Kurmann, Peter, „Architektur in Architektur": der gläserne Bauriß der Gotik, in: Himmelslicht, Ausstellungskatalog des Schnütgen-Museums Köln, Köln 1998, 35 ff.

Kurmann, Peter, Köln und Orléans, in: KDb., 44./45. Folge, Köln 1979/1980, 255 ff.

Kurmann, Peter, „Um 1260" oder „um 1290", Überlegungen zur Liegefigur Erzbischof Konrads von Hochstaden im Kölner Dom, in: KDb., 67. Folge, Köln 2002, 99 ff.

Kurmann-Schwarz, Brigitte, Glasmalerei der Gotik, in: Die Kunst der Gotik, Architektur – Skulptur – Malerei, Köln 1998, 468 ff.

Lambert, Birgit, Der Schneiderbalken im Hohen Dom zu Köln, in: KDb., 58. Folge, Köln 1993, 145 ff.

Lambert, Birgit, St. Maria ad Gradus, in: Colonia Romanica, Jahrbuch des Fördervereins Romanische Kirchen Köln e. V., Folge XI, Köln 1996, 61 ff. *(hierin eine Übersicht über den verblie-*

benen Bestand an Flügelmalereien des Agilolfusaltars; mit Schemazeichnung, leider mit Schreibfehlern)

Lauer, Rolf, Bildprogramme des Kölner Domchores vom 13. bis zum 15. Jahrhundert, in: Dombau und Theologie im mittelalterlichen Köln, Köln 1998, 185 ff.

Lauer, Rolf, Das Grabmal des Rainald von Dassel und der Baldachin der Mailänder Madonna, in: Verschwundenes Inventarium, Der Skulpturenfund im Kölner Domchor, Köln (1984), 9 ff.

Lauer, Rolf, Fragmente vom Baldachin der Mailänder Madonna, in: Schatz aus den Trümmern, Der Silberschrein von Nivelles und die europäische Hochgotik, Ausstellungskatalog, Köln 1995, 294 f.

Lauer, Rolf, **Schulze-Senger**, Christa, **Hansmann**, Wilfried, Der Altar der Stadtpatrone im Kölner Dom, in: KDb., 52. Folge, Köln 1987, 9 ff.

Legner, Anton, Das Sakramentshäuschen im Kölner Dom, in: Verschwundenes Inventarium, Der Skulpturenfund im Kölner Domchor, Köln (1984), 61 ff.

Legner, Anton, Kölnische Hagiophilie, Die Domreliquienschränke und ihre Nachfolgeschaft in Kölner Kirchen, in: KDb., 51. Folge, Köln 1986, 195 ff.

Legner, Anton, Rheinische Kunst und das Kölner Schnütgen-Museum, Köln 1991

Legner, Anton, Die Hochaltarmensa des Kölner Doms und ihr Skulpturenschmuck, 371–374; Klagefigur von der Grabtumba des Walram von Jülich, 376; Figuren vom Grabmal Erzbischof Friedrichs von Saarwerden, 414–416, in: Rhein und Maas, Kunst und Kultur 800–1400, Eine Ausstellung des Schnütgen-Museums, der Stadt Köln u. der belgischen Ministerien für französische u. niederländische Kultur, Köln 1972

Löcher, Kurt, Ein niederländischer Dreikönigenaltar des 16. Jahrhunderts im Kölner Dom und verwandte Altarretabel in Kölner Kirchen, in: KDb., 67. Folge, Köln 2002, 195 ff.

Lüpnitz, Maren, Der mittelalterliche Ringanker in den Chorobergadenfenstern des Kölner Domes, in: KDb., 62. Folge, Köln 1997, 65 ff.

Matthäi, Bernhard **Schulze-Senger**, Christa, **Hollstein**, Ernst, **Lauer**, Rolf, Das Gero-Kreuz im Kölner Dom, Ergebnisse der restauratorischen und dendrochronologischen Untersuchungen im Jahre 1976, in: KDb., 41. Folge, Köln 1976, 9 ff.

Matz, Reinhard, **Schenk**, Axel, Menschen, Engel, Ungeheuer, Ausstattungsdetails des Kölner Doms, Mit Texten von Rolf Lauer, Begleitbuch einer Ausstellung zur 750-Jahrfeier des Doms, Heidelberg 1998

Merlo s. Kölnische Künstler in alter und neuer Zeit

Möhring, Hannes, Der Weltkaiser der Endzeit, Entstehung, Wandel und Wirkung einer tausendjährigen Weissagung, Stuttgart 2000

Müller, Werner, Die heilige Stadt, Roma quadrata, himmlisches Jerusalem und die Mythen vom Weltnabel, Stuttgart 1961 *(ein vergessenes Buch)*

Oedinger, Friedrich Wilhelm, Geschichte des Erzbistums Köln, Bd. I, 2, hrsg. von Eduard Hegel, Das Bistum Köln von den Anfängen bis zum Ende des 12. Jahrhunderts, Köln 1972

Önnerfors, Alf u. **Wolff**, Arnold, Die Inschrift des Emundus-Epitaphs, KDb., 52. Folge, Köln 1987, 173 ff.

Päffgen, Bernd u. **Ristow**, Sebastian, Die Römerstadt Köln zur Merowingerzeit, in: Die Franken, Wegbereiter Europas, Austellungskatalog, Mainz 1996, 145 ff.

Petersohn, Jürgen, Der König ohne Krone und Mantel, Politische und kultgeschichtliche Hintergründe der Darstellung Ottos IV. auf dem Kölner Dreikönigenschrein, in: Überlieferung, Frömmigkeit, Bildung als Leitthemen der Geschichtsforschung, Vorträge beim wissenschaftlichen Kolloquium aus Anlaß des 80. Geburtstags von Otto Meyer, 25. 10. 1986, hrsg. v. Jürgen Petersohn, Sigmaringen 1987, 43 ff.

Podlech, E., Geschichte der Erzdiözese Köln, Mainz 1879

Rave, August Bernhard, Fronleichnam in Siena, Die Maestà von Simone Martini in der Sala del Mappamondo, Worms 1986 *(sehr bedeutsam, hochkonzentriert)*

Rheinische Geschichte, Frühes Mittelalter, Bd. 1,2; Hohes Mittelalter, Bd. 1,3, hrsg. von Franz Petri und Georg Droege, 1980 bzw. 1983, Düsseldorf (s. auch Odilo Engels u. Eugen Ewig)

Ristow, Sebastian, Das Baptisterium im Osten des Kölner Domes, in: KDb., 58. Folge, Köln 1993, 291 ff.

Rode, Herbert, Der Altar der Mailänder Madonna, Seine Fragmente, Rekonstruktion und Geschichte, in: Forschung im Kölner Dom, KDb., 4./5. Folge, Köln 1950, 30 ff.

Rode, Herbert, Der Kölner Dom als Abbild des Himmlischen Jerusalem, in: Almanach für das Erzbistum Köln, Jahrbuch 1974/1975, Köln 1976

Rode, Herbert, Der verschollene Christuszyklus am Dreikönigenschrein, Versuch einer Rekonstruktion und einer Analyse, in: KDb., 30. Folge, Köln 1969, 27 ff.

Rode, Herbert, Die Chorschrankenmalereien des Kölner Domes als Abbild des Sacrum Imperium, in: KDb., 6./7. Folge, Köln 1952, 20 ff.

Rode, Herbert, Die mittelalterlichen Glasmalereien des Kölner Domes, in: Corpus Vitrearum Medii Aevi (CV) Deutschland IV, 1, Berlin 1974

Rode, Herbert, Die Wandmalereien in der Agneskapelle, Bericht über die Freilegung im Sommer 1952, in: KDb., 8./9. Folge, 1954

Rode, Herbert, Ernst Friedrich Zwirners Planentwicklung für den Ausbau des Kölner Domes 1833–1844, in: KDb., 20. Folge, Köln 1961/62, 45 ff.

Rode, Herbert, Erzbischof Clemens August I. und der Kölner Dom, Zum 200. Todestag am 6. 2. 1961, in: KDb., 20. Folge, Köln 1961/62, 15 ff.

Rode, Herbert, Plastik des Kölner Doms in der zweiten Hälfte des 13. Jh., in: Rhein und Maas, Kunst und Kultur 800–1400, Bd. II, Köln 1973, 429 ff.

Rode, Herbert, Zur Baugeschichte des Kölner Doms. (I.) Ein unbekannter mittelalterlicher Aufriß- plan vom Domchor, (II.) Zur Bauplastik des Südturmes, in: KDb., 8./9. Folge, Köln 1954, 67 ff.

Rode, Herbert, Zur Grablege und zum Grabmal des Erzbischofs Konrad von Hochstaden, Eine Entgegnung, in: KDb., 44./45. Folge, Köln 1979/1980, 203 ff.

Rommé, Barbara, Das Kreuzigungsretabel in der Maternuskapelle des Kölner Doms, in: KDb., 64. Folge, Köln 1999, 109 ff.

Roser, Hannes, „...das heilige liturgische Wechselspiel", Zur Aufwertung der Vierung des Kölner Doms in der Nachkriegszeit, in: KDb., 65. Folge, Köln 2000, 153 ff.

Roser, Hannes, Valentin Engelhardt von Geltersheim, Stifter des Kreuzigungsretabels auf dem Kiliansaltar? in: KDb., 1999, 157 ff.

Sauerländer, Willibald, Das Jahrhundert der großen Kathedralen, 1140–1260, München 1989

Schelbert, Georg, Die Chorgrundrisse der Kathedralen von Köln und Amiens, in: KDb., 62. Folge, Köln 1997, 85 ff.

Schiller, Gertrud, Ikonographie der christlichen Kunst, 5 Bde., Gütersloh 1966 ff.

Schmid, Wolfgang, Stefan Lochners Auftraggeber, in: Stefan Lochner – Meister zu Köln, Herkunft – Werke – Wirkung, hrsg. v. Frank Günther Zehnder, Köln 1993, 19 ff.

Schmidt, Gerhard, Die Chorschrankenmalereien des Kölner Domes und die europäische Malerei, in: KDb., 44./45. Folge, Köln 1979/1980, 293 ff.

Schneider, Wolf, Der Kölner Dom, Wie die Deutschen zu ihrem Weltwunder kamen, Hamburg 1991

Schock-Werner, Barbara, Das Grabmal des Philipp von Heinsberg im Kölner Dom, Wehrelemente an mittelalterlichen Grabmälern, in: KDb., 65. Folge, Köln 2000, 85 ff.

Schock-Werner, Barbara, 40. Dombaubericht, Von Oktober 1998 bis September 1999, in: KDb., 64. Folge, Köln 1999, 7 ff.

Schulten, Walter, Der barocke Hochaltar des Kölner Domes, in: KDb., 44./45. Folge, Köln 1979/80, 341 ff.

Schulten, Walter, Der Dom zu Köln, Köln 1977

Schulten, Walter, Der Klarenaltar, schreibmaschinenschriftl. Manuskript (16 Seiten, o. J.)

Schulten, Walter, Der Kölner Domschatz, mit Aufnahmen von Rainer Gaertner, Köln 1980

Schulten, Walter, Der Schrein der Heiligen Drei Könige im Kölner Dom, Köln o. J.

Schulten, Walter, Triumph der Eucharistie, Bildteppiche nach Entwürfen von P. P. Rubens, Köln 1986

Schulze-Senger, Christa, Der Claren-Altar im Dom zu Köln, Bemerkungen über Konzeption, technischen Aufbau, Gestaltung und gegenwärtige Restaurierung eines Kölner Groß-Altars (Stand 1977), in: KDb., 43. Folge, Köln 1978, 23 ff.

Schumacher, Thomas, Großbaustelle Kölner Dom, Technik des 19. Jahrhunderts bei der Vollendung einer gotischen Kathedrale, Köln 1993

Sedlmayr, Hans, Die Entstehung der Kathedrale, Zürich 1950

Seidler, Martin, Das Grabmal des Erzbischofs Wilhelm von Gennep im Kölner Dom, in: Verschwundenes Inventarium, Der Skulpturenfund im Kölner Domchor, Köln (1984), 55 ff.

Seidler, Martin, Die Dachreiterglocken des Kölner Domes, in: KDb., 43. Folge, Köln 1978, 51 ff.

Seidler, Martin/**Wolff**, Arnold, Der Kölner Domchor und seine Ausstattung zur Zeit des Kölnischen Krieges, in: Verschwundenes Inventarium, Der Skulpturenfund im Kölner Domchor, Köln (1984), 79 ff.

Simson, Otto v. (Herausgeber u. Autor), Das Hohe Mittelalter (Bd. VI), Berlin o. J.

Speer, Andreas, Lux mirabilis et continua, Anmerkungen zum Verhältnis von mittelalterlicher Lichtspekulation und gotischer Glaskunst, in: Himmelslicht, Ausstellungskatalog des Schnütgen-Museums Köln, Köln 1998, 89 ff.

Springer, Peter, Das Kölner Dom-Mosaik, Ein Ausstattungsprojekt des Historismus zwischen Mittelalter und Moderne, Köln 1991

Suckale, Robert, Die Kölner Domchorstatuen, Kölner und Pariser Skulptur in der zweiten Hälfte des 13. Jahrhunderts, in: KDb., 44./45. Folge, 1979/80, 223 ff.

Suckale, Robert, Glasmalerei im Kontext der Bildkünste um 1300, in: Himmelslicht, Ausstellungskatalog des Schnütgen-Museums Köln, Köln 1998, 73 ff.

Suckale, Robert u. **Weniger**, Matthias, Malerei der Gotik, hrsg. von Ingo F. Walther, Köln 1999

Täube, Dagmar Regina, Zwischen Tradition und Fortschritt: Stefan Lochner und die Niederlande, in: Stefan Lochner – Meister zu Köln, Herkunft – Werke – Wirkung, hrsg. von Frank Günther Zehnder, Köln 1993, 55 ff.

Täube, Dagmar (Regina), Zur Frage nach der Zusammengehörigkeit, Gemeinsamkeiten und Unterschiede von Glasmalerei und Malerei um 1300 in Köln, in: Himmelslicht, Ausstellungskatalog des Schnütgen-Museums Köln, Köln 1998, 79 ff.

Torsy, Jakob, Achthundert Jahre Dreikönigenverehrung in Köln, in: KDb., 23./24. Folge, Köln 1964, 15 ff.

Verbeek, Albert, Zur Vollendung des Dominnern im Jahre 1863, in: KDb., 21./22. Folge, Köln 1963, 95 ff.

Walter, Ewald, Die Ehrenseite im Kölner Dom, in: KDb., 8. u. 9. Folge, Köln 1954, 92 ff.

Wedemeyer, Bernd, Die Pfeilerfiguren des Kölner Domchores und ihr stilgeschichtliches Verhältnis zu Reims: eine Studie zur Entwicklung von Kölner und Reimser Skulptur in der 2. Hälfte des 13. Jahrhunderts, Braunschweig 1990

Westermann-Angerhausen, Hiltrud, Die Heiligen Drei Könige, Köln 1996

Westermann-Angerhausen, Hiltrud, Glasmalerei und Himmelslicht – Metapher, Farbe, Stoff, in: Himmelslicht, Ausstellungskatalog des Schnütgen-Museums Köln, Köln 1998, 95 ff.

Weyres, Willy, Die Apostel im Kölner Dom, in: KDb., 6./7. Folge, Köln 1952, 11 ff.

Wolff, Arnold, Chronologie der ersten Bauzeit des Kölner Domes 1248–1277, in: KDb., 28./29. Folge, Köln 1968, 7 ff.

Wolff, Arnold, Der Dom zu Köln, Köln 1995   *(sehr empfehlenswerte Kurzdarstellung)*

Wolff, Arnold, Der Kölner Dom, mit Fotos von Rainer Gaertner, Köln 1995

Wolff, Arnold (Hrsg.), Der gotische Dom in Köln, Köln 1986

Wolff, Arnold, Die Auffindung der Skulpturenfragmente unter dem Hochchor des Kölner Domes 1966/67, in: Verschwundenes Inventarium, Der Skulpturenfund im Kölner Domchor, Köln (1984), 7 ff.

Wolff, Arnold, Die vollkommene Kathedrale, Der Kölner Dom und die Kathedralen der Ile-de-France, in: Dombau und Theologie im mittelalterlichen Köln, Köln 1998, 15 ff.

Wolff, Arnold, Ein neuer Grundriß des Domes, in: KDb., 53. Folge, Köln 1988, 57 ff.

Wolff, Arnold, Mittelalterliche Planzeichnungen für das Langhaus des Kölner Doms, in: KDb., 30. Folge, Köln 1969, 137 ff.

Wolff-Wintrich, Brigitte, Kölner Glasmalereisammlungen des 19. Jahrhunderts, in: Lust und Verlust, Kölner Sammler zwischen Trikolore und Preußenadler, hrsg. von Hiltrud Kier und Frank Günther Zehnder

Zehnder, Frank Günther, Gotische Malerei in Köln, Altkölner Bilder von 1300 bis 1550, Mitarbeit bei der Text- und Bildredaktion Christoph Joosten, Tobias Nagel, Dagmar Täube (Wallraf-Richartz-Museum Köln, Bildhefte zur Sammlung) Köln 1989

Zwierlein-Diehl, Erika, Die Gemmen und Kameen des Dreikönigenschreines, Der Dreikönigenschrein im Kölner Dom, hrsg. von Arnold Wolff u. Rolf Lauer, Köln 1998

Register

Parler, Künstlerfamilie 28; 180

Passahfest, -mahl 119; 137

Patricius, hl. (Patrick) 185

Patroclusaltar 40

Paulus, ägypt. Einsiedler, hl. 194

Paulus, Apostel, hl. 41; 42; 45; 49; 66; 84; 85; 90; 140; 152; 153; 175; 181; 195; 239; 251; 252

    Damaskuserlebnis 239; 253

    Enthauptung 49; 181

Pektorale s. Pluvialschließe

Pero und Cimon 72

Petersglocke 181

Petersportal 178; 180; 184; 195; 196

Petrarca, Francesco 69; 267

Petrus Claver s. Claver, Pedro

Petrus Comestor, Scholastiker 56; 276

Petrus von Mailand, hl. 252

Petrus, Apostel, hl. 14; 42; 44; 45; 49; 58; 60; 66; 71; 74; 79; 85; 114; 117; 129; 132; 140; 164; 175; 178; 181; 190–199; 201–205; 226; 235; 238; 241; 245; 249; 252

    Ketten Petri 15; 195

    Kreuzigung 49; 181; 195

    Papstkrönung 49; 195

    Schlüsselübergabe 57; 73; 127; 140; 152; 175; 193; 197; 231; 238

    Stab 15; 140; 175; 253

    Stuhlfeier in Antiochien 49

Petrusaltar (im Alten Dom) 22; 148

Petruspatrozinium 14

Pfalzgrafen, -gft bei Rhein 150; 155

Pfeiler 13; 20; 25; 45; 48; 179; 198; 232; 244

Pfingsten 119; 225

Pfingsttür im Südportal 240

Philemon s. Onesimus, hl.

Philipp I. u. II. s. Erzbischöfe

Philipp III. (der Gute), Hzg von Burgund 73; 230

Philipp von Schwaben, Kg 64; 60

Philipp von Virneburg, Stifter 203; 204

Philippina von Geldern, Stifterin 206; 207

Philippus, Apostel 41; 44; 45; 181; 203

Phontinus, hl. 185

Pieper, Vincenz, Maler 188

Pinder, Wilhelm, Kunsthistoriker 44

Pius IX. (G. M. Mastai Ferretti), Papst 93; 238

Pius X. (G. M. Sarto), Papst 93

Pius XI. (A. Ratti), Papst 93; 94; 114

Pius XII. (E. Pacelli), Papst 94; 241

Platon, Platonismus s. a. Neuplatonismus 56; 72; 152; 270

Plettenberg (div. Familienmitglieder) 83

pleurants 123; 169

Pluviale, Pluvialschließe 85; 140; 194; 195; 197; 201; 204; 205; 238

Poppo, hl., Abt 253

Porta clausa 136; 235

Präfiguration 75; 117; 118; 119; 166; 248 s. a. Typologie

Presenzpfaffe 233

Pretiosa (Glocke) 25; 182; 183

Preußen, Kgreich 32; 34; 68; 93; 179; 238; 239; 242; 257; 258

Priorenkolleg 22; 168; 170

Privatus, hl. 15

Pseudo-Dionysios s. Dionysios Areopagita

Ptolemäer-Kameo 63; 64; 132

Q

Quaglio, Angelo, Zeichner 32

Quattuor Coronati s. vier Gekrönte, hll.

Quattuor Virginæ Capitales s. hll. Barbara, Dorothea, Katharina von Alexandrien, Margaretha

Quirinus, hl. 181; 198; 241

Quirinus-Agnes-Altar 129

R

Rainald s. Erzbischöfe

Ramboux, J. A., Zeichner, Maler 48; 226

Raphael, Erzengel 187

Raugrafen 194

Rave, August Bernhard 55; 56; 142

Raymund von Peñaforte, hl. 252

rayonnant, style rayonnant 20; 21; 54

Rebekka 115; 135

Rechts-Links-Symbolik 191; 275

Recklinghausen, Vest 168

Redinghoven, J. G., Archivar 190

Regensburg, Dom St. Peter 269

Rehabeam, Kg von Juda 187

Reichensperger, August, Jurist 34; 37; 47; 76; 124; 177; 226; 239

Reichsapfel 42; 52; 83; 151

Reichsinsignien u. -kleinodien 65; 166

Reims, Kathedrale 18; 21; 22; 39; 43; 45; 148; 176; 178; 268; 281

Reinigung des Tempels 248; 273

Reinigung Naëmans s. Naëman

Reinoldus, hl. 252; 253

Reipoltskirchen, Hrft 201

Remaclus, hl. 253

Remigius, hl. 185

Richard von Cornwall, dt. Kg 54; 148

Richeza, polnische Kgn 150; 151; 255

Ringanker im Chorobergaden 39; 40

Ritterheilige 92; 190

Rochus, hl. 252

Rode, Herbert, Domarchivar 13; 24; 26; 42–44; 50–55; 68; 80; 82; 113; 114; 118; 120; 126; 129; 131; 134; 137; 139; 140; 142; 152; 153; 166; 190; 191; 193; 196; 199; 200; 201; 204

Roger von Helmarshausen 271

Rogier van der Weyden, Maler 159; 203

Rom 12; 72; 75; 102; 104; 106; 166; 188; 237

    als Krönungsort 60

    Pantheon 274

    S. Maria in Aracœli 192

    S. Paolo fuori le mura 129

    S. Pietro in Vaticano 15; 59; 226

Römisch-deutsche Kaiser s. unter den Namen

Rosa von Lima, hl. 185

Rose, Fensterrose s. Fenster (allgemein)

Rosenkranz, -fest 49; 202

Rubens, Peter Paul 48; 64; 225

Rupert von Deutz 55

Rupert von Salzburg, hl. 251

Ruprecht s. Erzbischöfe

Ruprecht, Wilhelm, Glasmaler 163

Rutger, Dombaumeister 28; 176

S

Saarwerden, Gft 74; 84; 85

Sacharja, Kl. Prophet 248

Saffenburg, Hrft 204

Saint-Denis 18; 148; 152; 153; 256; 270

Sakramentsaltar 59; 75; 79; 206

Salathiel, Kg 120; 187

Salentin s. Erzbischöfe

Salm, Gft 74; 195

Bildnachweis:
S. 101 Archiv für Kunst und Geschichte, Berlin;
alle übrigen Abbildungen: Harald Friese, Köln